傅军 著

国富之道
国家治理体系现代化的实证研究
（第2版）

The Dao of the Wealth of Nations
A Theory-oriented Empirical Study of Modern Governance

北京大学出版社
PEKING UNIVERSITY PRESS

图书在版编目(CIP)数据

国富之道:国家治理体系现代化的实证研究/傅军著. —2版. —北京:北京大学出版社,2014.10
ISBN 978－7－301－25007－5

Ⅰ. ①国… Ⅱ. ①傅… Ⅲ. ①政治经济学—研究 Ⅳ. ①F0

中国版本图书馆CIP数据核字(2014)第244934号

书　　　名：国富之道——国家治理体系现代化的实证研究(第2版)
著作责任者：傅　军　著
责　任　编　辑：高桂芳(pkuggf@126.com)
标　准　书　号：ISBN 978－7－301－25007－5/F·4075
出　版　发　行：北京大学出版社
地　　　址：北京市海淀区成府路205号　100871
网　　　址：http://www.pup.cn
新浪微博：@北京大学出版社
电子信箱：ss@pup.pku.edu.cn
电　　　话：邮购部 62752015　发行部 62750672　编辑部 62753121
　　　　　　出版部 62754962
印　　刷　者：北京大学印刷厂
经　　销　者：新华书店
　　　　　　730毫米×980毫米　16开本　31.75印张　439千字
　　　　　　2009年10月第1版
　　　　　　2014年10月第2版　2014年10月第1次印刷
定　　　价：68.00元

未经许可,不得以任何方式复制或抄袭本书之部分或全部内容。
版权所有,侵权必究
举报电话:010－62752024　电子信箱:fd@pup.pku.edu.cn

为再版而写

> 人类社会经济发展的秘密和机制到底是什么？一旦一个人开始思考这些问题，他就很难再去思考别的问题了。
>
> ——罗伯特·卢卡斯

《国富之道》首版出版后成了一本畅销学术著作。在再版之际，按出版社要求，最好写个新的引言。为此，我用课堂上我与学生之间的相关问答来代替。

问:《国富之道》中的"道"作何解释？

答:"道"是很中国的说法。中国语境中，道有形上和形下两个意思。一般人也许会取其形下之意，想到"道路"。但在哲学思考中，道有十分形上的意思，"求道"即"求真理"。老子说:"道可道，非常道。"他又说:"道生一，一生二，二生三，三生万物。"这里，从道到万物是一个从抽象到具象的过程；反过来，从万物到道是从具象到抽象的认知过程。理论思考就是从具象到抽象，要透过现象看本质。

《国富之道》的"道"首先是形上之道，即理论思考；然后是形下之道，即回到现实世界中验证理论并指导实践。可以说，这是一项理论导向的实证研究，它试图探寻各国社会经济发展的秘密和机制，或称"道"。"道"指明了方向，但要达到这个"道"，各国所走的具体"道路"或许不同，在现实世界中表现为各国现代化的进程也不同。这里涉及共性和个性的关系。

问:《国富之道》对"国富"的考量标准是什么？

答：现代经济学鼻祖亚当·斯密在《国富论》中也谈国富，但他用的英文是"wealth of nations"而不是"wealth of states"。可见，他指的更多是"国民"（nationals）富裕，而不是"国家"（states）富裕。国家富裕和国民富裕是两个相关但不同的概念；说到底，民富是因，国富是果。如果国富民不富，由于民间收入、民间消费和民间投资的缺乏，而政府主导的投资又往往效率低下并容易滋生腐败，从长远计，"国富民穷"最终敌不过"藏富于民"。

观测经济增长，GDP总数固然重要，但更关键的是国民人均收入，因为生产效率是经济增长的动力。诺贝尔经济学奖得主道格拉斯·诺斯指出："人均收入的持续提高，反映了生产效率的提高才是财富增长的真正源泉。"说得更深入一步，我认为财富的真正源泉是一个民族的创新能力，特别是制度创新能力，因为人毕竟是社会的人。是的，人是理性的，但同时其理性也是制度的函数。相应的，《国富之道》从理性经济人的微观基础出发，更注重国民富裕；在考量各国的"民富"时，在可能的情况下，我系统地使用国际可比人均GDP，不但比今天，还作历史的比较。

严格地说，《国富之道》应该叫《国民富裕之道》。

问：《国富之道》的中心命题是什么？

答：制度有机理，解剖之。简而言之，制度决定财富，这是《国富之道》的中心命题。在我看来，政府是个层级的制度安排，市场是个平行的制度安排，大学作为"思想市场"（market of ideas）也是个制度安排。在某种意义上，社会科学探讨制度这个黑匣子，就好比自然科学已经从牛顿的世界进入爱因斯坦的世界，并借助非欧几里得数学开始了对"场域"（field）的研究。

就本研究而言，拆开制度这个"场域"的黑匣子，财富是以下三个方面制度因素的函数：

（1）建立和完善以人才为导向的、以法治为基础的权力和利益制衡的政治制度，即在强调国家能力的同时，还要强调法治政府和问责政府。这里讲的是一个建设"国家"（state）的故事。

（2）建立和完善以个人激励、产权清晰和保护产权为基础并与全球经济接轨的市场制度。这里讲的是一个拓展"市场"(market)的故事。

（3）各国在经济发展的不同阶段动态地运用好各自的比较优势。特别是就劳动力而言,不断地提高人力资本的开发和运用,包括从技术和制度学习到技术和制度创新的努力。这里涉及的不仅是自然禀赋的问题,还涉及"思想市场"的问题。

越来越多的证据表明,制度真空是社会溃烂和动乱的滥觞;政府与市场的关系不是非此即彼,历史上这两者之间的不同组合最终决定了国民的财富。历史同样显示,要追求国民财富的可持续发展,一个国家必须同时追求效率、正义和自由。这不是一个简单的经济学命题,而是政治经济学命题。理论和经验都告诉我们,国家的存在既是经济增长的关键,也是人为钳制思想创新、阻滞生产效率、造成经济衰退的原因。

相关的,权力导致腐败,绝对权力导致绝对腐败。因此,就现代国家治理而言,市场需要"能力政府",但是这个"能力政府"必须同时是"法治政府"和"问责政府",其中的核心是"法治"(rule of law)。如果没有真正意义的"法律至上"的法治,就难言把权力这只老虎关进笼子,并锁好钥匙;对于市场,也难言防范政府这只"帮助之手"(helping hand)不变为"掠夺之手"(grabbing hand)。注意,市场与法治是一枚硬币的两面,不能分离。

《国富之道》为大众而写,但不是应景之作,而是严肃的学术研究;本书的视角是全球的,但对中国也有现实意义。2013年年底中国共产党第十八届三中全会宣布启动新一轮的改革,总目标是国家治理体系和治理能力的现代化。本研究的焦点是制度,制度是治理的机制;希望世界各国的兴衰经验,特别是经验背后的制度机理和因果逻辑对我们思考现代国家治理问题有所启示。

目 录

序言：政策是船只，理论是灯塔 /1
    为何有的国家那么富，有的国家那么穷？ /1
    学者不懈的探索 /7
    亚当·斯密《国富论》的贡献和局限 /11
    知识从何而来？ /12
    本书的中心论点和方法 /15
    不要让历史变为非历史 /24
    阅读指南 /26

第一部分　BMW 的理论假说

以全球视野探究国富国穷的逻辑 /31
哲学和社会科学理论 /34
    在"知识生态"中论道：为什么要先谈一点哲学？ /34
    科学理论的科学性到底是什么？记住证伪的必要性 /47
解释财富增长的理论假说 /53
    胡适对了一半！假设与假说——大胆假说，系统证伪 /53
    BMW 假说的框架及其内涵 /56
人类历史经验的初步检验 /63
    制度突破曾使中国成为最富的地方 /64
    形上与形下、科学与技术：揭开李约瑟之谜 /75

市场的建立与西方的崛起　/83
　　走向市场的共性与亚洲经济的勃兴　/90
发展背后逻辑的普适性与中国的特点　/110
　　有效的政府和失败的国家：政府大小强弱之辩　/110
　　民主、法治、市场与经济发展　/118
　　"华盛顿共识"还是"北京共识"？争论的焦点错了　/127

第二部分　国家的角色和要件

国家是纵向的制度安排　/141
中国四大发明以外的发明：科举制度　/145
　　举才与国富：科举的渊源与权力的委托代理　/147
　　僵化的考试内容最终导致思想的僵化　/157
东学西渐与西方的兴盛　/161
　　追踪古代中国影响西方的传送带　/165
　　西方哲学家对科举的思考和扬弃　/170
　　科举在西方：区分规范和现实，中立的文官制度　/176
权力和利益的制衡　/187
　　从美国选举人团制度说起——缜密的权和利的制衡安排　/187
　　少数和多数人暴政的困惑：雅典民主的实践与哲学家的思索　/201
　　前人思想与后人实践：宪政在英国——从人治到法治　/207
　　日本为何从未落后过？学习、借鉴和赶超中国的故事　/226
小结：人类经验的诠释与启示　/237

第三部分　市场的角色和要件

市场是横向的制度安排　/247
早期欧洲的兴起：追溯到工业革命前的历史　/252
　　国家的出现、市场的扩展和分工的逻辑　/254

法律与经济:罗马《民法大全》——保护产权的法律渊源 /262

个人激励、产权保护与可持续发展:从哥伦布和郑和说起 /268

绝对主义与国富国穷:大政府与小政府的历史考量 /284

保护知识产权:专利制度在英国的率先发展 /297

资本到底是什么?资本市场的性质、作用、发展与教训 /300

近代美国的兴起:破译传统社会为何"神秘" /311

变应然为实然:人类优秀制度的融汇、超越和挑战 /311

市场经济也不存在没有政府的市场:回归物理学熵定律 /320

美国真正的原创:为了创新,反垄断的理论与实践 /333

比到最后是"知识生态":思想市场和大学的要义 /341

缺乏市场的结果:俄罗斯作为反面教材 /358

绝对主义时期的俄罗斯 /359

"软预算":计划经济的致命弱点 /361

迈向市场的磨难:方向没错或许战略错了 /364

小结:理论之树常青 /370

后续:金融危机的再思考和解释中国经济的三个假说 /375

人类经验、中国现状、挑战与展望 /386

与诺贝尔奖得主的对话和合作 /408

顶层制度设计:公理层与定理层的区别和顺序 /415

摒弃教条主义,创造科学知识 /418

致谢 /421

参考文献 /427

索引 /465

图表目录

表1　1000—1998年地区间人均GDP水平的差距（1990年国际元）　/(59)

表2　1700—2003年各国/地区GDP占世界之比（％；1990年国际元）　/(66)

表3　1700—2003年各国/地区人口（百万）　/(67)

表4　1870—1998年各国/地区就业人口人均GDP（1990年国际元）　/(75)

表5　亚洲典型国家/地区战后经济增长最快20年中的经济增长速度（％）　/(95)

表6　2005年各国GDP占世界总量之比　/(101)

表7　西方国家公民获得选举权的时间　/(125)

表8　1500—1998年世界相关国家和地区人均GDP（1990年国际元）　/(127)

表9　未以多数选票当选的美国总统　/(189)

表10　2000年选举期间候选人对各州的访问次数　/(192)

表11　1689—1815年各国海军力量对比（军舰数）　/(218)

表12　发达国家公民获得选举权的时间和人均GDP水平（1990年国际元）　/(221)

表13　明治维新期间日本引进的各种制度　/(231)

表14　1929—1938年发达工业国占世界制造业产出的比重（％）　/(233)

表 15　1500—1998 年日本与主要国家人均 GDP 比较
（1990 年国际元）　/（236）

表 16　郑和与哥伦布航海规模比较　/（274）

表 17　1000—1973 年中国、西欧、拉美 GDP 比较
（1990 年国际元）　/（275）

表 18　1500—1913 年欧洲主要国家人均 GDP 比较
（1990 年国际元）　/（286）

表 19　英国农业劳动力占总劳动力人口的比例　/（297）

表 20　股票市场的经济重要性　/（304）

表 21　1865—1914 年英国私人资金在全球的分布比例　/（310）

表 22　1890—1969 年美国司法部受理的反垄断案的数量　/（341）

表 23　1870—1973 年美国和英国人均 GDP 比较（国际元）　/（341）

表 24　1998—2000 年世界一流大学与中国大学在世界顶级
期刊发表论文数比较　/（356）

表 25　1930—2000 年美、日、俄人均 GDP 比较（1990 年国际元）　/（359）

表 26　二战后部分市场经济体和非市场经济体人均国内生产总值　/（364）

表 27　1979—1980 年部分国家每 1 000 美元 GDP 所耗费的
标准煤和钢铁的公斤数　/（364）

表 28　1990—2003 年俄罗斯、日本、中国、美国和印度人均 GDP 水平比较
（以 1990 年的购买力为基础）　/（367）

图 1　公元 400—1998 年中国与西欧人均 GDP 水平的比较
（纵轴刻度为对数标准）　/（72）

图 2　人类历史上重大科技突破　/（79）

图 3　1950—1999 年亚洲部分国家和地区与日本人均 GDP
水平的双边比较（1990 年国际元）　/（100）

图 4　相对价格与经济发展阶段之间的关系　/（102）

图 5　1700—1998 年中国与英国人均 GDP 水平的比较
（纵轴刻度为对数标准）　/（103）

图 6　1700—1998 年中国与美国人均 GDP 水平的比较
（纵轴刻度为对数标准）　/（103）

图 7　1950—2000 年非洲一些国家人均 GDP 的比较
（1990 年国际元）　/（115）

图 8　国家职能与能力　/（199）

图 9　1500—1998 年英国与中国人均 GDP 的比较（1990 年国际元）　/（213）

图 10　1950—1998 年美国/日本、美国/欧洲人均 GDP 水平
的双边比较（1990 年国际元）　/（312）

图 11　知识进步和传播的正态分布图　/（347）

图 12　1700—2030 年中美 GDP 总量之比（百万国际元,1990 年价格）　/（406）

序言：政策是船只,理论是灯塔

探寻国富国穷的原因是政治经济学一切研究的重中之重。

——引自1817年1月26日马尔萨斯给李嘉图的信

所谓理论就是,我们必须有一个问题,有一个工具箱,有一个对现象进行排序的方法,并对现象进行解释。

——托马斯·库恩

为何有的国家那么富,有的国家那么穷?

世界上邦国林立,为什么富的这么富,穷的这么穷,而且还有进一步拉大的趋势?正如诺贝尔经济学奖得主罗伯特·卢卡斯(Robert Lucas)在其著名的《经济发展的力学》(On the Mechanics of Economic Development)一文中所感叹的:"各国之间人均收入水平的差距大得让人难以置信……一个人一旦思考这些问题,那么他就不再想别的事了。"

地区与地区相比,公元1000年时世界上最富和最穷地区之间的人均收入比是1.1∶1,现在是19∶1。国与国相比,今天富国瑞士和穷国莫桑比克的贫富之比是400∶1。早在1817年,英国人口学家托马斯·马尔萨斯(Thomas Malthus,1766—1834)在给其好友、英国经济学家大卫·李嘉图(David Ricardo,1772—1823)的信中就说:"探寻国富国穷的原因是政治经济学一切研究的重中之重。"近两百年后的今天,研究还在不断地继续,但是至今仍然没有找到令人满意的答案。法国哲学家、作家罗兰·巴特(Roland Barthes)感叹道:"我对历史的本质始终迷惑不解。"

探索,是因为有谜的存在;解谜,是研究的用意所在。唐代哲学家、思想家韩愈《师说》曰:"师者,所以传道、受业、解惑也。"无疑,这是很高的要求,很难达到,但起码可以作为学者努力的方向。《黄帝内经》曰:"善言古者,必有合于今。"意思是说,博古必要通今,做学问如果不探讨古今延绵演变的因果关系,很容易落入偏见,是不可取的。

人类历史自出现国家以来,就伴随着国家的兴衰更替。历史上的中国并不是"一穷二白"的国家。如果用人均GDP来衡量,700年前的中国是地球上最富有、最发达的国家。大约在公元1000年,中国人改进了磁铁罗盘并用于航海;公元1045年,中国人毕昇发明了活字印刷术。当时开封是中国的中心,也是世界的中心。在北宋,开封是首都,有上百万的人口;相比之下,伦敦仅有1.5万人。著名的《清明上河图》直观地炫耀着历史上开封的辉煌:桥上街上行人摩肩接踵,茶楼和饭馆生意兴隆。

既然常说先行者具有优势,那么不妨问一下,辉煌为何如过眼烟云?为什么后来的中国没能保持领先者的优势,反而被欧洲国家赶上,而且两者之间的距离在200年前开始越拉越大?这不仅体现在GDP的总量上,更体现在人均GDP上。虽然近代中国的仁人志士从19世纪60年代至90年代的洋务运动开始就为国家的复兴付出不懈的努力,为什么他们以失败告终,而只是到了共和国改革开放之后,中国与发达国家的差距才开始缩小?

今天全球都在关注,这种缩小的势头能否持续,中国能否跨越"中等收入国家陷阱",重返富国之列。

研究显示,在19世纪早期,中国的GDP总量大约占世界的30%;到了20世纪初,该比例迅速跌到13%;到了改革开放的前夕,甚至还不到5%。改革开放30年后的今天,这个比例又回升到大约10%。但是必须指出的是,以GDP总量衡量的中国经济业绩主要是由于众多的人口(目前是13.2亿人)造成的。中国人口在19世纪初占世界总人口的1/3,20世纪初是

1/4，现在大约是 1/5 以下。然而就人均 GDP 而言，今天的中国仍然处于全球平均水平以下。即便是与自己的历史地位相比，也还有相当的距离。对此，我们必须保持清醒的头脑。

2006 年，世界 GDP 排名前三位的国家是美国(13.8 万亿美元)、日本(4.3 万亿美元)和德国(3.3 万亿美元)。中国以 3.2 万亿美元超过英国的 2.8 万亿美元，位居世界第四。然而，中国 GDP 总量后面掩盖了沿海与内地、城市与农村之间的巨大贫富鸿沟，而且这个鸿沟有进一步扩大的趋势。因此，人们在前进道路上庆祝胜利的同时，也必须看到面临的挑战。这种趋势如不扭转，则意味着扩大内需的良好愿望多半只能是愿望而已。

2008 年度诺贝尔经济学奖得主保罗·克鲁格曼(Paul R. Krugman)说过一句诙谐但意义深远的话："生产力什么都不是，但是从长期看它几乎什么都是。"另一位诺贝尔经济学奖得主道格拉斯·诺斯(Douglas North)指出："人均收入的持续提高，反映了生产效率的提高才是财富增长的真正源泉。"

如果说提高人均收入对经济发展至关重要，那么人为扭曲的收入差距将使经济雪上加霜。因为消费的不足最终会制约经济增长。卡尔·马克思(Karl Marx)在《资本论》(*Das Kapital*)中提醒过人们：牛奶倒在海里只是危机的表象，深层的原因是劳工的贫困，不论是在绝对还是相对的意义上。这是逻辑推理使然。在经验世界中，如果人们暂时看不到供应过剩的表象，那么可以看一下弗拉基米尔·伊里奇·列宁(Vladimir Ilyich Lenin, 1870—1924)在《帝国主义是资本主义的最高阶段》(*Imperialism, the Highest Stage of Capitalism*)一书中对此的解释：市场从国内扩展到了国外，如果还有国际市场的话。这是列宁对马克思理论贡献的核心所在。借助他们的逻辑，可以推出什么？就中国经济目前重出口、轻消费的结构而言，内需不足的深层原因是劳工收入的增长速度与其生产力增长的速度不相匹配，这时如果国际市场出现紧缩，中国经济势必加剧供大于求的矛盾。这种危险是实实在在的。中国出口额占 GDP 的比重已从 2001 年的 20% 迅速增长到今天的 40% 以上。2008 年全球金融风暴给我们的一个教训是，虽然国际市场是存在的,但一部分被虚拟的"财富效应"夸大了。尤其对转型经济的大国而言,要实现可持续发展,内需的重要性凸现,必须警惕国家资本主义幽灵的出现。13亿人的市场内需不足的深层原因是,在工业化的大潮中,几亿农民工及其家庭在创造了巨大的产出之后,却未能获得与工业化进程相匹配的经济和政治权利,未能转化成城市居民、产生有效需求。"农民工"这种称呼本身就隐含着权利的不平等,这在现行工业化国家中是罕见的。在人均GDP达3000美元阶段,世界平均城市化率是55%,而中国目前只刚过1/3。根据克鲁格曼的计算,中国目前依然是相对贫穷的国家,中国工人平均工资只是美国工人的4%,与1975年的韩国类似,就连墨西哥产业工人的工资,也是中国工人工资的3倍。

可见,在致富的马拉松赛上,要想让中国跻身世界富国之林,我们还有很长的路要跑,还面临诸多挑战,包括在国际层面理顺国内外市场,在国家层面缩小城乡差距、加强反垄断(特别是行政垄断),以及在企业层面增强公司的自主能力。如果说,政治或是利益的冲突或是利益的妥协,前者为恶性,后者为良性,那么从长远计,上述问题的最终出路,或者说是更有效的解决方法,不是个人的愿望,而是切实进行以人为本、权力和利益合理制衡的制度安排。良好的制度安排才是实现良好愿望的可靠保障。

让我们的视野暂时跳出中国,审视全球其他地区的过去和今天。公元11世纪,非洲和欧洲的人均GDP大约还旗鼓相当,但是之后资源丰富的非洲大陆,特别是撒哈拉以南地区,却长期处于贫穷和落后。为什么?在中东,虽然以色列人把自己称为"上帝选中的人",但是上帝并没有给以色列人任何石油,而是把石油给了阿拉伯国家。以色列自然资源极其短缺,但是它的经济依然繁荣。今天以色列的人口数排在全球的98名,但是人均GDP却是第22名。为什么?

在欧洲,1000年前欧洲主宰世界的可能性几乎是零,但是500年前,欧洲却开始拥有世界的主导地位。为什么?更具体些,为什么葡萄牙、西班牙、荷兰和英国在历史上能先后称霸世界?进一步讲,为什么土地资源相对缺乏的荷兰和英国能超越法国和德国等欧洲大陆国家？相反，俄罗斯幅员辽阔、资源丰富，却从来没有进入过富国的行列。即便是在彼得大帝（1672—1725）的辉煌时代，俄罗斯的人均GDP也排在欧洲诸国的后面。为什么？如果你不信，看看以下的数据。俄罗斯的天然气、煤炭储量分别占到世界总量的40%和50%以上，都是世界首位；俄罗斯石油储量占世界总量的1/3，仅次于沙特阿拉伯，居世界第二。但是，根据安格斯·麦迪森（Angus Maddison）按1990年购买力国际元的计算结果，1998年西欧国家人均GDP的平均数是17 921元，而俄罗斯只是3 893元。美苏冷战期间，美国总统里根（Ronald Reagan）曾挖苦说："为什么苏联的经济业绩不佳？他们找了四个原因：春、夏、秋、冬。"

在美洲，美国从1776年建国至今只有两百多年的历史。今天美国的GDP总量接近世界的1/3，而美国人口大约是世界人口的5%。那么，年轻的美国又是靠什么在很短的时间内迅速崛起、跻身于世界最富国家之列的呢？早在19世纪末，美国已站在了发达国家工业化大浪的潮头，生机勃勃。数据显示，即便是在20世纪30年代的经济"大萧条"时期，美国与西欧、苏联和亚洲国家平均的人均GDP之比分别是1∶0.8、1∶0.3、1∶0.1。如果说美国有得天独厚的地理位置，那么我们又如何解释与美国接壤的墨西哥？还是根据麦迪森1990年国际元的计算结果，1770年墨西哥人均GDP大约是568元，美国（当时是英国殖民地）只是527元。可是到了1998年，墨西哥是6 655元，而美国则是27 331元，拉美国家人均GDP的平均数是5 795元。

一般经济学教科书会不厌其烦地重复"要素禀赋"，强调自然资源给经济发展带来的优势。情况果真如此？很值得怀疑。让我们再回到亚洲。日本是中国一衣带水的邻邦，在历史上日本自始至终都能紧跟富国的步伐，从来不曾被历史抛进穷国之列，而且在近代它成功地跻身于世界最富裕的国家之列。今天日本人口只有1.27亿、国土面积只有中国的1/25，但却是世界上仅次于美国和中国的第三大经济强国。为什么？还有，据说日本每生产一个单位的GDP所耗的资源还不到中国的1/7。显然，日本的故事使那些过于热衷于拿地理或自然条件说事的人变得苍白无力。此外，即便是假设已有人类技术和制度安排没有新的突破，日本的故事也应该使中国在追求经济增长和保护环境的双重目标时变得更有信心，只要我们的能源使用效率达到目前日本的水平。瑞典著名小说作家斯文·林奎斯特（Sven Lindqvist）博士提醒人们："你我的知识已够用，所缺的不是知识，而是勇气……是了解已知并作出结论的勇气。"

同样在亚洲，许多国家和地区受到儒学文化的洗礼和熏染。在沉睡了很长时间后，到了20世纪后半期，为什么亚洲的"四小龙"（即新加坡、韩国、中国的香港和台湾地区）能够率先急起直追，迎头赶上，摆脱贫困，而其他许多国家却继续身陷穷者更穷的泥沼？同样的天，同样的地，类似的文化，是发展路线的不同，还是方向性的错误，还是两者皆有？或许还有其他原因？东亚诸国迅速崛起的经验似乎与德国社会学和历史学大师马克斯·韦伯（Max Weber）的基本命题相左。在其著名的《新教伦理与资本主义精神》（*The Protestant Ethic and the Spirit of Capitalism*）一书中，韦伯认为，西方资本主义的发展与西方新教伦理的文化相关联。潜台词则是，儒教伦理的文化排斥或阻碍了经济发展。但是让人感到无奈的是，当经济在东亚一些地方开始起飞时，不少人话锋一转，似乎忘记了前后的矛盾，儒教又被他们用来解释发展：重视教育、勤奋工作、注重家庭等。这种颠来倒去、前后不一致的解释，实在缺乏一般学术所要求的严谨和逻辑。

文化到底起什么作用？说到文化，更让人费解的是，假如文化真的起那么大作用，那么它的作用为什么不是始终如一？在此，不妨比较朝鲜半岛南北30年前和30年后的情况。文化大体相同，20世纪60年代后期南北经济还旗鼓相当，为什么今天北方的GDP大约只有南方的5%？南北之间存在的财富的巨大鸿沟强烈地提醒大家，看来对国富国穷之谜的探索必须超越文化和地理本身。在方法论上，幸亏朝鲜半岛提供了一个能"控制"文化变量的实证。不然，社会科学实在不容易，在许多情况下不能像自然科学的实验那样可以在实验室的可控条件下看出个是非，证实或证伪！

类似的，还有拥有古老文明的印度。一样的文化，但是长期以来印度经济发展极其缓慢，几乎停顿。根据麦迪森1990年国际元的计算结果，1500年印度人均GDP是550元，到了1950年仍只有619元。只是到了近年来，印度的经济才发展迅速，势头强劲。1973年，印度人均GDP比原先稍有提高，是852元，到了1998年则快速上升到3 117元。这又是为什么？我们如何解释？放眼全球，更为重要的问题是：虽然不可否认各国致富的路径各有不同，有先有后，但是就人类发展的方向而言，在国富国穷的背后，是否可以寻找到人类历史发展的规律和逻辑？

学者不懈的探索

以上种种是本书试图要回答的问题。但是必须指出，本书并不是横空出世，而只是对前人成果的一个回顾、一个总结、一个继续、一个延伸。或者更精确地说，是一个在理论框架引导下关于国家治理的实证探索。如果说有什么新意的话，也只是希望能站在前人的思想和各国经验的"肩膀"上，再探索性地迈出一步。与此相应，研究目的自然不在于对已有知识的简单重复和堆积，而是希望借助前人的智慧和各国的经验更系统、更深入地探讨、解释、预示我们所面临的有关发展的问题。希望我们的讨论能超越仅仅是对现实的描述或仅仅是对政策层面的介绍，进而与国际同行进行真正意义上的理论层面的交流和对话。这种区分是必要的，因为前者涉及战略本身，而后者则是关于战略的方向，正如在茫茫大海中航行，船只与灯塔的作用是不一样的——政策是船只，理论是灯塔。

在西方，早在18世纪，亚当·斯密（Adam Smith）的《国富论》（*An Inquiry into the Nature and Causes of the Wealth of Nations*）就试图对国富国贫的问题进行系统的探索。他的努力标志着现代经济学的诞生，并为朝着市场经济前行的国家奠定了理论基础，提供了指引性的灯塔。据说，斯密的名声随着该书问世而鹊起，英国国会讨论法案和政府制定政策时，都常常以《国富论》

为依据。

"经济学"(economics)一词可追溯到古希腊历史学家、哲学家色诺芬(Xenophon),他著有《经济论》(Oikonomikos),时间大约是公元前5世纪。何谓现代经济学?如果说早先的重商主义或重农主义的经济学在衡量财富时狭隘地将价值等同于贵重金属和土地,那么亚当·斯密则更在乎的是生活水平的高低,而不是贵重金属本身,这是其一。在亚当·斯密看来,国富必须意味着国民的富裕,财富不能只在皇亲国戚的手里,这是其二。相应的,亚当·斯密认为国家财富的增长必须基于个人理性的微观基础,即个人的动机、努力和创新,这是其三。这也是他系统地构建其理论大厦的基石,就像欧几里得几何中不证自明的起步公理。因此,他贯穿始终地强调理性的个人是分析社会现象的基本单元,市场机制是个人行为导向的主要结构;二者之间的交汇即体现了理性的个人在市场中表达其欲望和需求。这些思想构成了现代经济学古典部分的核心。从某种意义上,本书也是围绕这些核心展开的。

英国经济学家、大卫·李嘉图学派主要代表人物之一的约翰·麦克库洛赫(John McCulloch)在其《政治经济学原理:这门科学产生和发展的概述》(*The Principles of Political Economy, with a Sketch of the Rise and Progress of the Science*)一书中对亚当·斯密的贡献有这样的评论:斯密是政治经济现代体系的真正创始人。即便说他给我们的不是一本完美的著作,但是无论从哪一方面来说,他留给我们的是一本比过去问世的任何著作都包含着更多有用真理的著作。他指出并且铺平了一条道路,循着这条道路,以后的哲学家即有可能完成许多他没有完成的东西,改正他曾犯的错误,并作出许多新的重要发现。

到了19世纪,深受物理学和生物学研究模式的影响和启示,亚当·斯密的追随者们,如里昂·瓦尔拉斯(Léon Walras,1834—1910)、威廉·杰文斯(William Jevons)和阿尔弗雷德·马歇尔(Alfred Marshall,1842—1924),为了因果关系模型的简洁性,干脆抛弃了现代经济学古典学派对历史和社会整体性的关注,进而单纯地将其研究建立在对市场行为的经验调查之上,并佐以毕达哥拉斯主义,即用数学语言加以概念化并精确衡量。例如,这种研究趋向将劳动力简化为众多生产要素中的一个变量,使劳动力和土地、资本一样,其价值由其生产能力或增加最终产品的市场价值的能力来衡量。在方法论上,它的显著特征是采用边际主义(marginalism),用公理化、数理化和形式化来展示市场作为一般均衡(general equilibrium)的有效性。自从保罗·萨缪尔森(Paul Samuelson)的《经济分析基础》(*Foundations of Economic Analysis*)将经济学系统地带入数理这座大厦后,肯尼思·阿罗(Kenneth Arrow)和吉拉德·德布鲁(Gerard Debreu)联手用拓扑数学进一步夯实了数量经济学的基础。他们运用拓扑数学中的角谷静夫不动点定理(Kakutani fixed-point theorem),证明了市场一般均衡——即斯密所说的那只"看不见的手"——的有效性。在学术界,这种学派又被泛称为现代经济学中的新古典主义。

新古典经济学派至今是经济学界的主流。贯穿整个20世纪,特别是近年来,围绕新古典主义主流并对现代经济学作出杰出贡献的代表人物包括乔治·斯蒂格勒(George Stigler)、约瑟夫·斯蒂格利茨(Joseph Stiglitz)、罗纳德·科斯(Ronald Coase),他们因此也都成为诺贝尔经济学奖得主。乔治·斯蒂格勒的最大贡献在于他发现并放弃了马歇尔市场体系中信息完全的暗含假设。约瑟夫·斯蒂格利茨则进一步提出了信息的不对称,并由此为出发点为不对称信息市场的一般理论奠定了基石。罗纳德·科斯则把探寻的视角集中在交易费用上,由此他率先开启了对契约、产权和非市场制度研究的大门,并当之无愧地成为现代经济学新制度学派的鼻祖。

沿着他们贯穿始终以个人理性为微观基础的理论,我们可以进一步在理论逻辑的世界里推出什么,然后再回到经验世界中加以检验?从本质上看,市场是横向平行的制度安排,国家/政府(包括科层的官僚体制)是纵向垂直的制度安排,这里所指的国家/政府是相对于社会而言。由于信息的不完全和不对称,只有横向没有纵向的制度安排会造成机会主义的泛滥。换言之,没有政府的市场是有巨大风险的!由此可见,他们的理论发展为政治学和经济学架起了桥梁。剩下的挑战是,借助于马歇尔偏好使用微分方程的边际主义,时时刻刻问一问罗纳德·科斯的经典问题,即从提高效率和增加福利的起点出发,纵向和横向制度安排的界线应该画在哪里。

显然,相对于市场,政府如何搭建以及政府如何运行对回答国富国贫的问题至关重要,这也是国家治理体系和治理能力现代化理论的核心问题。的确,虽然新古典主义经济学强调"均衡"是受到了物理热力学(thermodynamics)第一定律的启发,即能量守恒,但是热力学的第二定律却长期没有得到经济学家足够的认识和重视,即熵(entropy)的规律。熵是衡量一个系统中从有序到无序的过程,而且认为这是个永不停顿的趋势,除非有系统之外的能量不停地加以克服,不然一个孤立的系统必将走向衰败。因此,到了今天,如果还有人认为现代市场经济就是"放任自流"(laisser faire),可以脱离政府的作用而有序地运行,那将是巨大的误解。这无论在理论上还是在实证上都是不成立的。

注意,《国富论》的全名是《国民财富的性质和原因的研究》。直到今天,亚当·斯密及其追随者的许多见解仍然是现代经济学的核心内容。在经验世界中,重视亚当·斯密理论的国家多数已进入富国之列,相反,忽视亚当·斯密理论的国家大多是穷国。这是我们能初步观察到的现象。当然,实际的因果变量无疑还要更复杂。起码,市场的搭建不可能一蹴而就。事实是,成熟市场经济还必须包括与之配套的法治体系,它们的演变时间往往很漫长。即便是到了今天,它们还有继续调整的空间。难怪,诺贝尔经济学奖得主科斯不是以答案而是以问题的形式提出他那个经典的命题!更值得一提的是,科斯这个经典的问题长时间没得到人们的重视,这本身也反映了他超群的哲学智慧。静态地看,他对人的认知能力心存怀疑;动态地看,他对人类的进步充满着期待和信念。看来,人类的认识需要在理论和实践的互动中不断提高。寻找真理是个过程,对个人来说,真理不是一个终极的点,因此没有世俗的权威可以垄断。

亚当·斯密《国富论》的贡献和局限

什么是《国富论》的核心？读过《国富论》的人也许都记得，亚当·斯密借助"看不见的手"和"扣针工厂"（pin factory）对市场经济的有效性所进行的论述。借助马歇尔的边际主义，懂点经济学的人都会知道，"看不见的手"传达的是"成本上升"和"收益递减"的逻辑，而"扣针工厂"说的是"成本下降"和"收益递增"的逻辑。但是，不可否认的是，"看不见的手"和"扣针工厂"推到逻辑的尽头是经济学中所谓的"完全竞争"（perfect competition）和"完全垄断"（perfect monopoly）这两个极端，而这两个逻辑的极端彼此之间又难以自洽。在这一点上，估计亚当·斯密自己也没有想清楚、想透彻。他只是假设市场是给定的，这个"制度"的黑匣子不用打开，更不需要解释。

这种思维中的盲区就如现代物理学还停留在牛顿的世界，没有进入爱因斯坦的世界。在爱因斯坦的世界里，人们开始了对"场域"的研究，进而发现时空不是绝对的，而是相对的。就社会科学而言，这个"场域"就是"制度"（institution）；打开制度这个黑匣子，系统地研究其中的机理是本书的重点。这也是研究全球治理或国家治理现代化绕不开的议题，因为制度是治理的机制。

《孟子》曰，"鱼，我所欲也；熊掌，亦我所欲也。二者不可得兼"。看来，《国富论》中提供的答案也无法解释国富国穷的全部。它还留有空间，有待于后人进一步的努力。要问的问题是，连接"鱼"与"熊掌"两者可能吗？如果可能，中间的机制又是什么？进一步说，什么样的机制最有利于国民财富得以既迅速又可持续地发展？显然，政府必须起作用，但是它的作用既不可夸大也不可忽视。注意，即便是强调市场这只"看不见的手"的《国富论》也没有全然忽视政府的作用。在"君主或联邦的支出"的章节中，斯密也讨论了国防支出、司法支出、公共工程和公共机构或设施的支出。

但是，除了常规思路所说的为市场提供"国防"和"安全"外，为了确保市场的良好运作,政府到底还应做什么?相关的问题是,政府应具有多大的能力?政府这个庞然大物到底应该如何搭建才能与市场的关系既互补又融洽?近代政治哲学家托马斯·霍布斯(Thomas Hobbes,1588—1679)关于国家起源的一本名著的书名就叫《利维坦》(Leviathan),全名是《利维坦,或教会国家和市民国家的实质、形式和权力》(Leviathan or The Matter, Forme and Power of a Common Wealth Ecclesiastical and Civil)。"利维坦"指的就是一个庞然怪物,象征着庞大的国家权力。霍布斯宣称,如果没有最高权力来建立秩序,人类的生活将是"孤独、贫困、丑陋、残忍和短暂的"。该书为国家起源的契约说奠定了理论基础,被誉为可与古希腊哲学家亚里士多德的《政治学》(Politics)相媲美,对西方现代政府的建构产生过广泛而深远的影响。也正因为如此,霍布斯成了与弗朗西斯·培根(Francis Bacon,1561—1626)、贝内迪特·斯宾诺莎(Benedict de Spinoza,1632—1677)齐名的伟大哲学家、思想家!

与国家的命题相关,中国文化尽管总体崇尚政府,而且是大政府,但是先哲的思想并非极端,对国家的担忧也并非没有。例如,中国"天命"学说坚持主权在民,具有鲜明的自由主义色彩。《孟子》中有:"天不言,天视自我民视,天听自我民听";"民为贵,社稷次之,君为轻"。《荀子》则有:"君者,舟也。庶人者,水也。水则载舟,水则覆舟。"再者,魏晋时期的阮籍在《大人先生传》中就有警示:"君立而虐兴,臣设而赋生。"用现代政治学的话说,这反映了对国家陷入"绝对主义"(Absolutism)羁绊的担忧。在绝对主义国家中,统治者凌驾于法律之上,那里即便有法律,以法治国也只是"法制"(rule by law),而不是"法治"(rule of law);与之相对照,在宪政国家中,最高统治者也要服从于法律,这才是真正的法治。

知识从何而来?

对于本书来说,读者会发现,这种试探性的努力部分体现在本书的正文中,与此同时,也许更重要的还体现在本书系统的、有时是冗长的引用和脚注中。也许有人会不耐烦地抱怨：为何要那么多脚注？回答是，虽然本书的读者对象是大众，但这更是一本严肃的学术著作。既然是学术著作，除了原创性外，它必须以诚实的名义强调人类知识的继承性。不然就很难分辨当下的努力对人类知识而言，是进了一步、退了一步，还是原地踏步。其实，探索真理的旅途就像一场拼图游戏：一个人事先并不知道最后拼出的图案是什么内容，要做的往往只是找到和其他人已经找到的有联系的那块拼图。考虑到个人认知的有限性，人类思想火花和理论发展的来龙去脉应该是集体的传承。这个传承的过程必须是可追溯的、透明的，知识的继承者必须交代得一清二楚。

这样做有几个方面的好处：一是尊重前人的努力，谨防剽窃的企图；二是给有兴趣继续研究的人提供路线图；三是避免知识创造中的重复劳动，并努力在原有的基础上有所突破，哪怕是一丁点的突破。记得我在哈佛大学读书、写论文时，这是导师对学生立下的最基本的规矩。不讲知识的继承性、渐进性，似是而非的混沌和由此造成的比量不比质的重复累赘是学术发展的大忌，最终会破坏人类赖以发展的"知识生态"。美国哥伦比亚大学著名社会学家罗伯特·金·默顿(Robert K. Merton, 1910—2003)教授提醒人们，如果科学只崇尚新颖性和独创性，科学家也许会更注重对科学优先权的承认和奖励。其实，科学还有其他功能，那就是对前辈的尊重和自我谦卑。用科学巨人艾萨克·牛顿(Isaac Newton)的话来说就是，"如果我能看得更远，这是因为我站在巨人的肩膀上"。

近年来，哈佛大学的戴维·兰德斯(David Landes)教授出版了《国富国穷》(The Wealth and Poverty of Nations: Why Some Are So Rich and Some So Poor)一书。该书饱满激情，视界开阔，叙述生动，从经济、文化、自然资源和历史传统等方面对国家的兴衰、贫富演变作了细致的论述。据说该书一出版，就被读者称为"新国富论"。无疑，兰德斯在书中的确给人们展示了一幅人类浩瀚辽阔的历史画卷，让人震撼。但是，注重社会科学理论的学者却不难看出，《国富国穷》注重的是描述而不是解释，它并没给我们提供一个中心命题,即一个解释国富国穷一以贯之的逻辑命题,或叫理论假说,可以让人们回到经验世界中去系统地进行证实或证伪。换言之,除了丰富我们对各国历史和现实情况的了解,该书并没有提供一个能帮助人们透过现象看到本质的理论。

何谓理论?根据科学哲学家托马斯·库恩(Thomas Kuhn)的定义,所谓理论,即"有一个问题,有一个工具箱,有一个对现象进行排序的方法,并对现象进行解释",同时,"对于在逻辑上由假设推导出来的假说,它还允许人们在经验世界中进行证实或证伪的检验"。对于另一位杰出的科学哲学家卡尔·波普尔(Karl Popper,1902—1994)来说,可证伪性(falsifiability)是理论科学性的关键。什么不是理论?亚当·斯密告诫道:"打比喻的本身不是理论,相反它是理论建设的敌人。"的确,理论的箭头指向是从具体到抽象,而比喻的箭头指向往往正好相反,是从抽象到具体。可以说,科学理论发展的一个重点就是逐步放弃研究物体或事物的具体形态,转而注重它们的抽象属性,如质量、速度、加速度;而就社会科学而言,它包括构建组织后面的制度逻辑,时髦的语言叫"治理"(governance)。的确,科学的发展依赖于一般性和抽象性;虽然文学、艺术和生活也包含一般性,但是赋予它们意义和主旨的则是特殊性。在科学知识的传播中,打比喻的必要性存在于人们抽象能力的有限性。

科学知识如何产生?笛卡尔(René Descartes)"我思故我在"(Je pense donc je suis)的理性论和弗朗西斯·培根的经验论是人类思想现代性和现代科学知识产生的两大支柱。这两大支柱的雏形可以追溯到古希腊柏拉图和亚里士多德分别对形而上和形而下的关注,并形象地体现在文艺复兴时期绘画大师拉斐尔(Raffaello Sanzio)的油画杰作《雅典学院》(School of Athens)中。画中柏拉图手指天空,亚里士多德却手指大地。油画以这两位哲人的争论为中心,倾听这两位哲人的是五十多位大学者;激烈的辩论向画面的两翼展开,洋溢着百家争鸣的气氛。

由此,用我们现在的话说,人类的正确知识是理论与实践相结合而形成的不断发展的产物。知识的获得不仅要靠概念的锤炼和净化,它还逐步成熟于概念和行动相互匹配和相互完善的过程之中;不然,就会造成人们视野的短浅、思想的混乱,最终导致信仰危机和社会的动乱。与此相关,马克思则认为:"概念与行为的分离是社会走向异化的关键的一步。"中国古人也有近似的训条:"学有序,曰博学之,审问之,谨思之,明辨之,笃行之。"

本书的中心论点和方法

有鉴于此,本书的出发点是理论导向的,采取的方法是实证的和开放的。所谓开放的,是指除了本书引用的经验证据之外,还欢迎读者根据自己所掌握的经验证据对本书提出的国富国穷的理论假说进行证实或证伪的检验。换句话说,这里提供的是一个对众多杂乱现象进行排序的开放平台!考虑到人与人之间的个体差异、认知的局限性和意识形态的偏见,以及个人经验很容易产生误导,因此开诚布公,把规则和口径说明,提供一个开放的平台就变得尤其重要。这样做的益处是:一方面可以缩小人们在研究时主观、随意、武断、误导或作弊的空间,另一方面也有利于大家就各国的经验证据在同一个参照系数的框架内进行系统的比较、独立的探讨,然后再反思、提出新的问题,再比较、探讨,去伪存真。

大胆假说,系统证伪,此乃科学知识发展所应遵循的法则。用量子物理学理论之父马克斯·普朗克(Max Planck,1858—1947)的话说,"科学知识的发展,是随着一个个葬礼的举行而发展的"。显然,普朗克关于葬礼的比喻强调了证伪机制对于科学理论建设的必要性。人类在澳大利亚发现黑天鹅以前以为天鹅都是白的。其实社会科学也是如此。社会科学要发展,我们必须超越仅仅是对现象的描述和对感受的宣泄,跳出循环论证的陷阱,使问题的探讨上升到可证伪的理论的高度,并在尽可能大的范围内用全人类的经验数据对理论假说进行检验。只有这样,我们才可能对人类事物发展的规律有更深刻的理解和把握;只有这样,我们才可能在国际学术界提高自己的声音;只有这样,我们的大学才能达到世界一流。"大学"的英语单词"university"本身就隐含了宇宙的视野。

　　作为理论导向的实证研究,《国富之道》试图探寻一个普适的核心逻辑。其实,这种诉求早就体现在中国传统的哲学思想中。老子曰:"道生一,一生二,二生三,三生万物。"万物即为人们看得见的、复杂多变的经验世界。但是与古希腊哲学家柏拉图类似,老子认为万物的具象后面往往都有看不见的、有待于人们去发现的简单规律,即他所谓的"道可道,非常道"的"道"。用我们的话说就是核心逻辑。当然,由逻辑演绎推出的假说还必须回到经验世界中接受证实或证伪的检验。相应的,本书的大部分章节进行的可谓是"一项理论导向的实证研究",它反映了这种社会科学治学有效性的理念。顺便提一下,从认识论角度说,其实这也不是什么创新! 理论导向的实证研究是目前国际社会科学学术界发展的趋势所在。它的好处是可以帮助我们在观察、整理和判断浩瀚的经验数据时,不容易被短视或破碎的经验所蒙蔽。现代物理学的开创者和奠基人阿尔伯特·爱因斯坦(Albert Einstein,1879—1955)尤其强调理论导向的重要性。为避免个人感官的局限性和个人经验的片面性,他的忠告是:"理论决定了我们能看到什么!"的确,1945年7月16日人类第一颗原子弹的爆炸只是事后(ex post)证实了量子物理事先(ex ante)关于中子撞击原子引发连锁反应理论推导的正确性。

　　什么是本书的中心命题? 尽管本书的内容涉及哲学、宗教、科学、统计学、政治学、经济学、法学和历史等多种学科的知识和视野,而且用来检验理论假说所引用的经验证据跨越古今中外,但是本书的中心命题(或理论假说)却十分简单,即一个国家财富的多少是两组制度安排完善度的函数。这两组制度安排,一个是纵向、垂直的制度,我们一般称为政府;另一个是横向、平行的制度,我们一般称为市场。必须指出,"经济人"的基本假设——即理性的(或至少是有限理性)、效用最大化的个人,不管是官员、企业家、员工还是消费者——是两组制度安排后面一以贯之的微观基础。理论的推理和演绎从这个基础出发,它同时也构成理论假说证伪机制所必需的最基本的要素。作为微观基础各种形式上的延伸，它包括基于理性逻辑所设置的纵向和横向制度方面的基本特征，如非人格化的考试、权力和利益的制衡、超于自然人的公司法人及其治理、反垄断、人格化的激励（如鼓励发明和创新的专利）等等。

相应的，本书将制度作为均衡现象加以研究；把制度的动态变迁作为历史过程加以诠释。制度是共同作用于行为秩序的社会因素糅合在一起的一个系统工程的结果或过程中的局部均衡。可以想象，在一定时期内，制度可以在不断变化的外部环境中保持稳定，也可以在外部环境没有变化时发生变迁。强调微观基础，决定了我们关注的重点是稳定的产权、充分的信任和有效的激励。要理解和解释一个过去的制度为什么以及如何影响制度变迁的方向和速度，关键是要认识到制度的组成部分具有个人理性和社会规范理性的双重属性。在某个时空点上，这种双重属性的不对称性会决定交易时空的大小以及交易成本的高低，由此会影响效率的高低，所体现的表象是财富的寡众。减少这种不对称性，可以降低交易成本；对制度改革者来说，就是从制度的一个较低的均衡朝向一个较高的均衡的过渡。从人类认知以及社会发展的角度看，这个过程是全球的，不分东方或西方，只有起点，没有终点；只有更好，没有最好。这里所体现的"探索性"而非"结论性"反映了人类科学知识边疆最前沿的不确定性。在那里，量子力学并没有跟随爱因斯坦的决定论，而是遵循海森堡（Werner Heisenberg）的不确定性原理（Uncertainty Principle）。①

从客体上讲，制约和影响人（主体）行为的无非是两个外部环境，一个是自然环境，另一个是宽泛意义的制度环境。对于自然环境，严格地说，如果自然后面有规律的话，我们人类能做的只是发现（discover）而不是发明

---

① 所谓海森堡不确定性原理，也叫测不准原理，是诺贝尔物理学奖得主维尔纳·海森堡于1926—1927年间提出的量子力学的基本原理。对于原子或比其更小的电子等粒子，如果我们精确地测量了它的位置 x，就无法测出它的动量 p（粒子的质量与速度的乘积）。如果一方的测量准确度为百分之百的话，那么另一方的测量准确度就是零。David C. Cassidy, *Uncertainty: The Life and Science of Werner Heisenberg*, Freeman, 1992.

(invent)自然规律。人毕竟不是上帝。但是制度环境确实是人类自己发明的,是主体的人按照自己的思想搭建和形成的,它的好坏反过来又会影响人的效率,包括发现自然规律的效率。

考虑到人的社会性,人类制度发展的秘诀在于在变化中保持秩序,在秩序中寻求变化和创新。无疑,这个过程——也是个国家治理体系和治理能力现代化的过程——必须是历史的和社会的。这不仅是因为"罗马不是一天建成的",更是因为科学思想和知识的产生与传播在本质上是一种社会事业。前进意味着打破均衡,打破均衡意味着"合情"和"合理"之间的张力。在任何国度中,减少和克服这些张力需要政治、社会和知识精英的智慧、愿景、勇气、谋略和艺术。

理论讲究逻辑的内洽和表述的简洁,我把由此推出的解释国富国穷的理论假说戏称为 BMW 的逻辑,即 W(Wealth,财富)= B(Bureaucracy,政府)× M(Market,市场)。考虑到制度演绎的历史性,加上时间 t,简约为:$W_t = f(B, M)_t$。

与该逻辑相一致,从全球范围来看,决定国富国穷的因素主要是制度性的,涉及以下三个方面以及这三个方面之间互为因果的互动关系:(1)在纵向制度的维度上,逐步建立和完善人才导向、以法治为基础的权力和利益合理制衡的、旨在支持市场的政治制度;(2)在横向制度的维度上,逐步建立和完善以良好激励和保护产权(包括知识产权)为基础并与世界经济连接的市场制度;(3)在经济发展的每个阶段,充分运用好生产要素的比较优势。就劳动力而言,提高人力资源的开发和运用,加强企业的自生能力,这里隐含着从技术和制度学习到技术和制度创新的努力,即与经济学关于"内生增长模型"(endogenous growth model)所隐含的逻辑一致。正如江泽民所说:"创新是一个民族的灵魂和一个国家兴旺发达的不竭动力。"

就像其他理论导向的实证研究一样,该中心命题是否能经得起考验,挑战并不是来自各人谈各人的主观感受,而是必须回到全人类的经验世界中去系统地接受证实或证伪的检验。在此,有必要提醒一下人文和科学的不同视角。例如,对于日出的魅力或价值,一般人是很难达成一致意见的。对科学家而言,他关心的是气温、湿度、云层、位置、大气污染等情况,而所有这些是可以检验的、用数字衡量的,并可以重复的。但是瑰丽、庄严、神秘这些我们在看日出时的感受并不在科学家的字典里,虽然它们是人文主义难得的素材。

对于本书中心命题来说,我要求读者以冷静、耐心、审慎和客观的态度,跟我们一起回到人类历史盛衰更迭、沧桑变迁的恒久中,一步一步系统地回顾人类历史发展的各个阶段,用人均效率来衡量业绩,仔细地去看看哪些国家跑在前面了,在提速导致领先的过程中,那些国家在建构和改进国家治理方面又做了些什么,系统地判断一下经验证据是否与上述三个方面的制度要素相关联;与此同时,再仔细地看看哪些国家开始追赶了,哪些国家继续落伍,并相对于上述三个方面的制度要素,审视一下那些国家当时又做了些什么,哪些没做,或是做得还不够好。自始至终,我们必须有序地审视等号的左右两边,简单的数学公式可以表现为 $Y_t = f(X_t)$,看看左边的业绩,再看看右边的努力,然后,再探讨一下两者之间是否存在因果关系。这种方法的优点在于,即便不能精确地量化估计因果变量之间的关系,也确实提供了一把尺子,使我们的思路有纪律。德国哲学大家康德(Immanuel Kant,1724—1804)指出,人的思想是要从一堆凌乱的感官数据中流入有条理的思维系统,即在变动的感受中加上结构。思维好像是屋中摆好的家具,需要房客的适应。这些家具其中之一是数学,它提供思维用来形成、塑造和整理经历的轮廓。

值得警惕的是,不系统探讨因果关系而只探讨单一变量,不符合社会科学研究方法最基本的准绳,它往往会把人们带入误区。正如约翰·肯尼迪(John F. Kennedy)所言:"真理的最大敌人往往并不是故意编造的谎言,而是长期流传的似是而非的神话。"

一个相关的问题是现代化。何谓现代化?其实在人类历史上,现代化首先是人的思想的现代化,在此基础上人们开始了企业、社会乃至国家治理现代化的征程,持续地朝着效率、正义、自由的方向迈进。如果我们相信制度是因,技术是果,那么从一定的意义上讲,以上这些制度安排和演绎后面所隐含的因果逻辑的总和构成了人类现代文明和现代化的本质内涵,只有东西互动、没有东西之分,它给已经具备这些特征的国家带来了巨大的财富(包括有关的物质和文化生活);反之,则意味着经济的落后。这不仅体现在东方国家和西方国家之间的比较,还体现在东方国家与东方国家之间的比较,或西方国家与西方国家之间的比较。

在西方,宗教改革、文艺复兴和科学革命都充分地体现了这一点。当然,塑造现代文明的过程是漫长的,实际上已经包含了大量东方文明的要素。因此,我不赞成常规思路将东方文化与西方文化人为分离和对立起来的视角。敏锐的目光是众多杰出艺术家的特征之一。在此,我们不妨分享一下中国著名艺术教育家、绘画大师吴冠中先生对世界的观察。他在《永远新生》一文中写道:"现代中国人同古代中国人有距离,现代中国人同现代外国人也有距离,但哪种距离更遥远?须根据不同情况具体分析,但肯定一点:现代中国人同外国人之间的距离将愈来愈缩小,感情的传染愈来愈迅速。同是今日地球人,地球又愈来愈缩小,彼此间的交往日益亲密,相互的了解也逐步深入了。"

历史显示,东西方之间的互动,你中有我,我中有你,自从开辟了交通道路,特别是"地理大发现"后,这种互动从来就没有停止过。自然或人为的隔离都无一例外地导致了落后。例如,联合国《2003年阿拉伯人类发展报告》中明确指出,对新观点缺乏开放性是制约该地区进步的一个主要原因。南非首位黑人总统、诺贝尔和平奖得主纳尔逊·曼德拉(Nelson Mandela)说得更直白:"贫困同奴隶制、种族隔离一样都不是自然形成的,而是人为导致的。人类能够采取行动,克服并消灭这些现象。"

这不是意识形态的判断,而是全人类历史经验数据所示,隐含着一个国家在现代化的过程中,其成败不仅取决于自身的努力,而且离不开国内环境和与国际的互动。遗传学的原理也告诉我们,生物的性状是自身遗传因素和外部环境共同导致的。

自然资源极其缺乏的日本能跻身于世界最富裕的经济大国之列,其中一个关键因素就是日本在历史转折的紧要关头,能扭转孤立主义的政策,坚持学习和吸收全世界的知识。更重要的是,这种学习过程并不必与保持传统的精华相左,更不必对传统拦腰砍一刀。历史上,中国从印度那里拥抱佛教,并没有导致中国文化的"印度化";类似地,日本曾大规模地学习中国,也没有使日本文化"中国化"。事实是,日本一方面始终盯着跑在最前面的国家,同时也保留了自己文化的精华。哈佛大学教授艾尔弗雷德·钱德勒(Alfred D. Chandler Jr.,1918—2007)在《规模与范围》(Scale and Scope)一书中指出,制度设计和组织能力是企业和一国经济持续保持竞争优势的源泉,它不仅给企业提供成长的动力源泉,而且还在国际竞争中提供导致国民经济兴起和衰落的动力源泉。

说到此,我想到了杰克·韦尔奇(Jack Welch)的一段话。韦尔奇先生曾担任美国通用电气(GE)董事长和首席执行官。在他执掌通用电气的19年中,公司一路快跑,并连续3年在美国《财富》杂志"全美最受推崇公司"评选中名列榜首。虽然他说的是企业,而不是在国家层面,但他的话对我们一样具有启发。他说:"我们很快发现,公司成为一个开放的不断学习的组织是至关重要的。最终的竞争优势在于一个企业的学习能力,以及将其迅速转化为行动的能力。可以通过各种途径学习——比如向伟大的科学家、杰出的管理案例,以及出色的市场技巧学习。但必须迅速地吸收所学到的新知识并在实践中加以运用。"韦尔奇之所以被誉为"世界第一CEO"和"企业改革大师",在很大程度上是因为他具有一种非凡的远见,即对没有坏的东西早别人一步进行修理。此所谓:"愚者谙于成事,智者察于未萌。"

让我们回顾历史,放眼世界。各国在现代化进程中,虽然在细节和路径的选择上各有不同(这是战略或战术的问题,它必须根据自身在一定时空中所面临的条件而设置),这里涉及所谓"道路"的问题,更具形而下的多样性。但是在基本特征发展的方向上,逻辑大体是一致的,体现了同质性和多样性的辩证统一,即中国哲学家老子所说的"道",更具形而上的同一性。

《易·系辞》曰:"天下同归而殊途,一致而百虑。"这是中国思想对人类历史发展趋势的精辟之见,高度概括,启迪来人。在国富国穷马拉松式的赛跑中,在不同的阶段,跑得慢的不应过多地沉溺于自己,多向跑得快的看齐也是很自然的事,不然就会被淘汰出局。马克思在《资本论》的序言中就写道:"工业较发达的国家向工业较不发达的国家所显示的,只是后者未来的景象。"这也是奥运会精神给各国的启示。孟子说:"生于忧患,死于安乐。"用我们今天的话说,我们必须"实事求是""解放思想""与时俱进"。

马克·凯利(Mark E. Kelly)是美国"发现者"号航天飞机的机长。2004年我在美中关系全国委员会举办的"美中杰出青年论坛"(Young Leaders Forum)上与他相识。当时我问马克:"从外空看世界有何感受?"他说:"人一般都短视,在世俗纷争时,往往看不见;其实从外空看地球,地球的保护膜是一层薄薄的、脆弱的臭氧,这是人类共同的防线。"的确,高度决定视野。正如张謇所说:"一个人办一县事,要有一省的眼光;办一省事,要有一国的眼光;办一国事,要有世界的眼光。"张謇是中国末代状元,他风骨峻峭,才气横溢,不喜钻营,不附权贵,是中国近代著名的实业家和教育家。他提倡"父实业、母教育"的主张,一生创办了20多个企业、370多所学校,为中国近代工业的兴起和中国教育事业的发展作出了贡献。

罗马不是一天建成的,富国也不是一夜造就的。"圣人畏因,凡人畏果。"这是佛家始祖释迦牟尼的话。对于立志要改变现状、脱贫致富的国家而言,一个更有效的视角是把文化看做制度安排的结果。这是因为,从短期或中期而言,人们能着手搭建的是制度安排而不是文化。正如哈佛大学商学院约翰·科特(John P. Kotter)教授在其著名的《以变求生》(Leading Change)一书中指出的:"文化不是先到,而是后来的,即发生在新方法的实施以及新制度安排的后面。"无独有偶,这种因果关系视角与中国科学院现代化研究中心最近出版的《2009年中国现代化报告——文化现代化研究》相一致。该报告认为,文化是影响和解释人类生活方式的知识、制度和观念的复合体,是人类对真、善、美的追求和体现;如果用数学语言表达,文化是知识、制度和观念的函数;知识、制度和观念是文化的要素。

我的理解是,作为对真、善、美的"追求",文化自然包括"应然"世界,或叫规范的价值(normative values),但是规范的价值必须通过制度安排才能超越自己变为"实然"世界(empirical reality),从而得以"体现",不然,将会有落成空话的危险。换言之,社会的进步体现为不断地把"应然"变为"实然",而使"应然"变为"实然"的最有效的机制是基于微观基础的制度安排。

同时,必须指出的是,既然制度是规范人类行为互动的结构,包括规章、程序、伦理道德和习俗;我们也要用怀疑的眼光来看待它。从动态看,制度也要创新,因为在任何一个静态的时空上,它具有限制个体选择和社会交往的倾向,使思想、商品、劳动力的自由流动受到影响。促进社会交流才能提高效率,从而促进财富的增长。作为纵向垂直的制度安排,政府部门意味着权力,而权力会增加寻租的风险,因此,它的设置尤其值得警惕。正如英国著名历史学家、政治哲学家阿克顿勋爵(Lord John Emerich Edwards Dalberg-Acton)在其《自由和权力》(*Essays on Freedom and Power*)中所言:"自由的本义:自我驾驭。自由的反面:驾驭他人。""权力导致腐败,绝对权力绝对导致腐败。"不论相信还是不相信,阿克顿勋爵的命题已被全世界各国的经验所证实。对这一点不必再有争议,剩下来对各国的挑战是,设置什么样的权力制衡的体制来更有效地解决这个问题。著名废奴主义领袖威廉·威尔伯福斯(William Wilberforce)提醒人们:"利益能给人们的眼睛蒙上一层厚厚的膜,即使双目失明也是如此。"

此时,我也想到了马克思强调理性的一段话。他说:"蜘蛛的活动与织工的活动类似,蜜蜂筑蜂窝的本领使人间的很多建筑师感到惭愧。然而,最蹩脚的建筑师从一开始就有比最灵巧的蜜蜂更高明的地方。他在用蜂蜡建筑蜂房之前,已经在自己的头脑中把它建成了。劳动过程结束时得到的结果,在这个过程的开始时就已经在劳动者的表象中存在着,即已经观念地存在着。他不仅使自然物发生形式变化,同时还在自然物中实现自己的目的,这个目的是他所知道的。"

毋庸置疑，人类成功的实践，是在理性思维的指导下进行的。人类，只有人类才能创造自己想要的环境，或把它称为文化。

不要让历史变为非历史

昨天是今天的历史，今天将是明天的历史，为了不使历史变成非历史，我们必须不断地创新，在原有的基础上不停地迈上一个个新的台阶。此乃历史使命感的真谛所在。历史告诉我们，人类在围绕本书中心命题所展开的三个方面的努力，是一个只有起点没有终点同时又相互作用的持续不断的过程，各国之间的比赛早已开始，而且还在继续。在这类似马拉松式的从昨天跑到今天再跑向明天的赛跑中，中国曾跑在世界各国的最前头，只是近代开始落伍了，现在正在奋起直追……宛如拓扑数学所能展示的图景，对各国来说这场赛事还在无限地展开，直到永远。一路上请记住："只有更好，没有最好。"

顺便提一下，拓扑数学的英语单词是"topology"，词源是希腊文 τόπος（位置、形势）和 λόγος（学问）。拓扑学研究几何图像在连续变形下不变的性质。这里所谓连续变形，形象地说就是允许伸缩和扭曲等变形，但不允许断裂和黏合。哈佛大学博士、已故北京大学数学教授江泽涵是把拓扑学引入中国的第一人，他将"topology"译为拓扑，音义兼顾，形神俱备。"拓"者，对土地之开发也，"扑"者，既可指全面覆盖，亦可暗含前途扑朔。

的确，历史告诉我们，对于所有国家来说，眼前的繁荣并不等于永恒的增长，眼前的困难也并不意味着永远的挣扎。顺境要有目标，逆境更要有方向。远景、使命和价值观必须坚持。英国前首相撒切尔夫人说过："铁加入灵魂就变成钢。"邓小平三起三落，支撑他的是对祖国的爱，对中国前途的思考，对改革成功的信心。还记得英国前首相丘吉尔（Winston Churchill）的名言吗？"永远、永远、永远不放弃。"著名历史学家斯塔夫里阿诺斯（Leften

Stavros Stavrianos, 1913—2004）在其《全球通史：从史前史到 21 世纪》（A Global History: From Prehistory to the 21st Century）中有这样的忠告："我们现在既不能做自欺欺人的乌托邦幻想，也不能做杞人忧天的悲观预言，现在该是对现存的惯例和制度做一个冷静的再评价的时候了。我们应当保留那些行之有效的，抛弃那些不合时宜的，这正是当前全世界正在努力去做的事。"

我们所处的 21 世纪的特点是什么？《纽约时报》著名专栏作家托马斯·弗里德曼（Thomas Friedman）说："世界是平的。"弗里德曼还以此为题写了一本畅销全球的书：《世界是平的：21 世纪简史》（The World Is Flat: A Brief History of the Twenty-first Century）。也许，他的用词有点言过其实，但是今天我们不能否认的事实是，世界确实已经变得越来越国际化、扁平化了。正如世界贸易组织前总干事帕斯卡尔·拉米（Pascal Lamy）所说："国内和国际再也无法分开，我们每一天都要面临新的风险、新的竞争、新的挑战以及由此产生的新的恐慌。"面对这种形势，必须保持清醒的头脑，各国要想不落伍，必须更努力地超越自我；相对于他人，竞争对手其实是自己。印度圣雄甘地（Mahatma Gandhi）有一句名言："如果要改变世界，先要改变我自己。"他同时提醒人们："如果你的方向错了，那么速度就无关紧要了。"

2002 年 2 月 25 日，江泽民在《在激烈的国际竞争中掌握主动》的报告中指出："我认为，从政治上看，从 21 世纪国际竞争日趋激烈的大环境看，我们搞现代化建设，必须到国际市场的大海中去游泳。虽然我们这方面的能力还不强，但要奋力地去游，并且要力争上游，不断提高我们搏风击浪的本领。这对我国提高国际竞争力、在国际综合国力的较量中掌握主动有利。"

哈佛大学商学院迈克尔·波特（Michael E. Porter）教授是当今世界竞争战略和竞争力方面的顶级学者，曾担任过美国前总统里根的产业竞争委员会主席。他在《国家竞争优势》（The Competitive Advantage of Nations）中写道，一个国家的生产力发展有四个阶段：生产要素导向阶段、投资导向阶段、创新导向阶段和富裕导向阶段。看来只有进入后两个阶段，国家才能达到真正富裕。

国富之道

自18世纪工业革命以来,西欧、北美、澳大利亚、新西兰、日本和亚洲的四小龙等一批国家和地区先后实现了现代化。从全球范围看,目前大约有10亿人口生活在富裕的国家,享受现代化的物质和文化生活。在21世纪,实现现代化的国家,有先有后,也一定还会增加,这是全球各国之间互动的必然。在一定意义上,现代化既是一种国际竞争,又是一个国际合作的过程,并在这一过程中,诞生新的现代化国家。改革开放30年后的中国,目前正处在一个重大的历史转型时期,我们正在继续探索建设具有中国特色的社会主义。下一步怎么走?更为重要是,在人类发展的历史长河中,我们今天站在哪里?面临的风险是什么?进一步前进的方向是什么?美国著名政治家艾德莱·史蒂文森(Adlai E. Stevenson II)有一句名言:"只有知道通往今天的路,才能清楚、明智地规划未来。"

无疑,立足本国,展望世界,探讨世界各国兴衰更替的内在规律、贫穷富裕的深层逻辑,不但会给占世界人口1/5的中国,还会给广大发展中国家和转型国家带来有益的借鉴和启迪,从而有助于人们看准前进的方向并制定符合国情的战略路线,最终实现从必然王国向自由王国的飞跃。

为了中国,也是为了世界;为了今天,也为了明天、明天的明天,希望这种探索会引发更多、更深、更远的战略思考。这是成为大国公民必须具备的视界、胸怀、风范。这种战略思考,正如马克斯·韦伯当年所呼唤的,必须是"超越我们自己这一代的墓地的思考"。

这是荣誉,更是责任。

阅 读 指 南

除了序言和后续外,本书的总体组织框架很简单,共三大部分,有序地围绕着我戏称为BMW的逻辑框架展开,即 $W = B \times M$ 的中心假说。

第一部分是理论篇,第二和第三部分是实证篇。第一部分主要讨论了什么是科学理论,提出国富国穷的理论假说,并对该理论假说进行了初步实证。第二部分的主要内容是关于促进财富增长的国家或政府这个纵向权力制度安排所需的要件,包括录取人才的非人格化考试以及对权力和利益的制衡制度。对国富国穷这个主题而言,这里所含的因果逻辑是,经济发展需要有强有力的政府,但是这个强有力的"能力政府"必须支持市场而不是掠夺市场,所以它必须同时是"法治政府"和"问责政府"。作为实证篇的继续,第三部分则涉及市场这个横向制度安排的指导思想和该制度安排的要件,包括人格化的激励(如专利等)、产权保护、公司法人、反垄断,以及知识和创造知识的大学,介绍了它们在国富中的作用。这里涉及"思想市场"(market of ideas)的议题;归根结底,先进的制度基于先进的思想,思想现代化是人类社会现代化的根本动力,剩余的都可以看做衍生品或注释。

  由于本书的目的是解释重于描述,因此,与传统的论述有所不同,本书写作时常将跳跃一般历史书中会列举的国别和时空的顺序,为的是便于在全球范围内考察各国昨天和今天与本书中心命题相关的证据。本书的目录只是构成大致的框架,其实涉及的国家将超过目录中所列,除了大国外,还包括非洲和南美洲的国家。为了便于查询相关内容,本书最后的索引是对这个大框架的微调和补充。此外,特别值得一提,本书采用了脚注而不是尾注,这样做一方面是为便于读者进一步查询资料,另一方面更是因为很多注释的内容本身与正文一样重要。

第一部分

BMW的理论假说

国富之道

东郭子问于庄子曰:"所谓道,恶乎在?"

庄子曰:"无所不在。"

东郭子曰:"期而后可。"

庄子曰:"在蝼蚁。"

东郭子曰:"何其下邪?"

庄子曰:"在稊稗。"

东郭子曰:"何其愈下邪?"

庄子曰:"在瓦甓。"

——《庄子·知北游》

对理论来说,前提假设越简单越好,涉及的东西越多越好,可适用的范围越宽越好。

——阿尔伯特·爱因斯坦

以全球视野探究国富国穷的逻辑①

1971年度诺贝尔经济学奖得主、美国麻省理工学院经济学教授保罗·萨缪尔森说:"世界上为什么有些国家富,有些国家穷,至今我们还没有令人满意的解释。"②似乎与此相呼应,到了2005年,在庆祝世界著名《科学》(Science)杂志创刊125周年之际,该杂志社以专刊的形式公布了125个人类在21世纪所面临的最具挑战性的科学问题,以激励科学家致力于研究和解决这些问题。其中就有:"为什么一些国家向前发展,而另一些国家的发展停滞?"③

的确,自国家诞生以来,人类历史就是一个国与国之间财富和国力兴衰相互更替的过程。今天,富裕国家和贫穷国家之间依然存在着巨大的鸿沟,而且该鸿沟还有进一步扩大的趋势。据统计,世界上最贫穷和最富有地区人均收入在公元1000年是1:1.1,现在扩大到1:19。20世纪末,在富国至穷国的谱系上,美国居首,卢旺达排最后,两者有着天壤之别。根据同等购买力计算人均GDP,如果设定美国是100,那么日本是81.7,德国是75.3,英

---

① 2008年4月10日,欧美同学会2005委员会举办四季讲座活动"中国改革开放三十年",此部分是在当时讲话的基础上扩展、充实而成。作为研究和写作计划,此部分构成本书三个主干部分的第一部分。此项目的部分资助来源于教育部《新世纪优秀人才支持计划》。特此鸣谢。

② Paul Samuelson, "Illogic of Neo-Marxian Doctrine of Unequal Exchange", in D. Belsley et al., eds. , *Inflation, Trade and Taxes*, Ohio State University Press, 1976, p. 107.

③ 在125个最具挑战性的问题中,涉及生命科学的大约占46%,关于宇宙和地球的占16%,关于物质科学的占14%,关于认知科学的占9%,其余的涉及数学和计算机、政治和经济、能源、环境和人口等。与政治和经济相关的问题,除了在正文中引用之外,还有诸如什么是人类文化的根源,政府高额赤字对国家利益和经济增长速度有什么影响,政治与经济自由是否密切相关,为什么改变撒哈拉地区贫困状况的努力几乎全部失败。更详细的信息,请查阅 http://www.sciencemag.org/sciext/125th/。

国是 69.4，韩国是 39.9，泰国是 26.9，波兰是 21.2，巴西是 20.9，中国是 9.7，印度是 4.9，尼日利亚是 4.6，卢旺达是 1.3。贫穷国家的人口占世界人口的绝大多数，在全世界大约 56 亿的总人口中，大约有 48 亿人生活在中等或低收入国家，其中 16 亿人生活在中等收入国家，30 多亿人则生活在贫穷国家，富裕国家的人口只占世界人口的 15%。①

就中国而言，如果我们把视野在人类历史的横轴上拉得远些，无论是以 GDP 总量还是人均 GDP 为衡量指标，它在很长一段时间里都是世界第一或排在前列，19 世纪初中国经济还占全球总量的 1/3 之多。显然，中国的落伍只是在近代，与其辉煌的历史相比，时间并不久远。改革开放前夕，中国的经济跌入谷底，人均收入差不多掉到了当时世界平均水平的 1/4。改革开放 30 年后，中国经济又开始崛起，人均产出显著提高，占全球 GDP 的份额也快速回升。尽管目前中国人均 GDP 大约处在全球中等水平偏低，但与此同时它显示出了强劲的增长势头。中国的人均收入在过去 30 年中每年大约以 6.6% 的速度增长，大大高于欧美每年不到 2% 的增长速度，是世界平均速度的 4 倍。这种强劲的发展势头可以持续吗？中国人均 GDP 可以重返世界前列吗？说到底，驱动各国财富增长的秘诀到底是什么？这无疑是一个极具挑战的世界性课题，令中外许许多多的学者困惑而又着迷。再者，中国经济重新崛起的后面是否有一个与普世经验一脉相承的轨迹，即中国哲学家老子所谓形而上、抽象的"道"，而非形而下、具体的"道路"？本书就是试图回答这些问题，试着寻找出深蕴其中的历史规律和发展逻辑。

除了引言和后续外，本书的主体由三大部分组成。第一部分的作用是为第二和第三部分建立一个在全球范围内进行比较、展开实证工作的理论框架，即为进行社会科学所说的"理论导向的实证研究"（theory-oriented empirical research）作个铺垫。相应的，尽管我们在探寻财富增长秘密的过程中将涉及古今中外浩瀚的历史，但是与传统的历史陈述不同，本书力图以一

---

① 参见世界银行：《1996 年世界发展报告》，北京：中国财政经济出版社 1996 年版。

个简洁的、一以贯之的逻辑思路来解释人类的不同经验以及由此产生的(创造财富)不同效果,即所谓回答"为什么"的问题;而不是按国别和时间的描述,来回答"如何"的问题。本着这种宗旨——说到底这也是社会科学和人文学科的区别所在——我们可以把第一部分当做理论建构部分,并辅以初步实证检验;而第二和第三部分分别是对第一部分理论假说的核心内容展开更为系统的经验回顾、描述和支撑。

已故哈佛大学著名经济学和政治学家约瑟夫·熊彼特(Joseph Alois Schumpeter,1883—1950)曾说过,对经济现象作任何有价值的分析和解释都必须涉及历史、理论和数据等要素。本着这种严格的社会科学的治学态度和要求,本部分内容由四大方面组成:第一,哲学和社会科学理论;第二,解释财富增长的理论假说;第三,理论假说的经验实证;第四,中国经验背后逻辑的普适性和中国发展道路的特点。

哈佛大学商学院托马斯·麦克劳(Thomas K. McCraw)教授观察到:"在公元1700年前的1000年里,欧洲人均收入的年增长率大约是0.11%……在许多国家里,工业革命的来临结束了经济长期停滞的局面。马克思和恩格斯于1848年写道,资本主义在不到一百年的时间内创造的生产力大于其前期人类所创造的生产力的总和。当他们写下这些话时,资本主义尚处于蓄势待发时期。以原有0.11%的年增长率计算,人均收入每630年才增长一倍。但是,在1820—1989年这170年间,人均年收入在英国的增长是1820年的10倍,在德国是15倍,在美国是18倍,在日本是25倍。"[①]众所周知,过去的30年是社会主义中国改革开放的30年。世界上社会主义国家的经济改革,可追溯到前南斯拉夫的铁托(Josip Broz Tito,1892—1980)时代,迄今已有半个多世纪的时间了。[②] 中华人民共和国成立已60年有余,目前

---

① Thomas K. McGraw, ed., *Creating Modern Capitalism: How Entrepreneurs, Companies, and Countries Triumphed in Three Industrial Revolutions*, Cambridge: Harvard University Press, 1997, p.2.

② 关于南斯拉夫改革的经历,参阅 Richard West, *Tito and Rise and Fall of Yugoslavia*, New York: Caroll and Graf Publishers, 1996.

中国正处在一个从计划经济向市场经济转型的关键的历史时期，改革开放和与之伴随的经济崛起已引起了全世界的关注。虽然国际上对中国经济的迅速发展存在着不同的声音和解读，但是对于每一个致力于实现中华民族复兴的中国人来说，有必要总结过去，特别是改革开放三十多年来的经验，同时把中国的经验放在全人类发展的历史中加以诠释，以便以更宽广的视野展望未来。

法国著名政治思想家托克维尔（Alexis de Tocqueville，1805—1859）在其1835年出版的《论美国的民主》（*De la démocratie en Amérique*）一书中曾说："当政党的政治家只是为明天而忙忙碌碌时，我的思想已驰骋于未来。"在学术研究中，我们不妨拿他的话来激励自己一把。"胸怀祖国，放眼世界"是我们这一代人在小学时的标语口号，今天回想起来其含义依然不同凡响。在全球化的今天，我们更要以宽广的胸怀来面对世界，用全球的视野来审视历史和面对将来。

哲学和社会科学理论

在"知识生态"中论道：为什么要先谈一点哲学？

为什么要先讲点哲学？这是为了打开视野。为什么先要强调科学理论？这是因为即便是"五四"运动后的今天，我们对什么是科学理论依旧茫然，社会科学界谈得更多的其实只是一些不可证伪的感受和观点。证据是，即便是受了研究生阶段的教育，一般人也说不清假设和假说的区别，更不知道证伪对科学理论和科学知识发展的重要性。

2008年5月3日，胡锦涛主席来到北京大学，与北大师生代表进行座谈，我有幸参加了座谈会。会上胡锦涛主席提到，要"以更加广阔的视野、更加开放的姿态、更加执著的努力"来面对新形势、新任务。也许有人会问，财富增长不是个经济学的问题吗？我的回答是，其实每个学科，问题研究深了，都要涉及哲学的问题。世界一流大学培养的学术博士是Ph. D.，其实是某一领域的哲学博士(doctor of philosophy in a field)。经济学研究深了,也要涉及哲学问题。经济学博士是经济学哲学博士(Ph. D. in Economics)。①这些问题不搞清楚,我们很难出经济学大师,最多是用现有经济学中思考问题的工具,如机会成本(opportunity cost)、交易成本(transaction cost)、道德风险(moral hazard)、逆向选择(adverse selection)、经济规模(scale of economy)、边际效应(marginal effects)、外部性(externality)等,来分析一些政策问题。那是匠人,不是大师。没有哲学高度的经济学,最终只能变成"一箱分析工具"。对此,科斯引用了一句现代诗来加以批评:"我看到了完好的马鞍和马嚼子,但那该死的马儿在哪里?"②让我们再听听伟大的经济学家凯恩斯(John Maynard Keynes,1883—1946)的忠告:

> 经济学研究似乎并不需要任何极高的特殊天赋。与更高深的哲学或纯科学相比,经济学不是……一门极容易的学科吗?它是一门容易的学科,但是这个学科中很少有人能出类拔萃!这个悖论的解释也许在于杰出的经济学家应该同时具有各种罕见的天赋。在某种程度上,他应该是数学家、历史学家、政治家和哲学家。

---

① 其实经济学与别的社会科学最大的区别不是政策/领域,而是理性经济人假设和与之有关的方法论个人主义(methodological individualism)。就政策/领域而言,这种方法论个人主义可以研究市场,也可以研究非市场(non-market),如企业和政府的行为;它不仅可以研究效率问题,也可以研究平等问题。相反,如果涉及经济增长或企业问题,就自以为是经济学家;涉及国际关系,就自以为是政治学家,这是不对的,这反映了国内学科以政策/领域划分的误区。一个有意思的现象是,美国主流经济学和非主流经济学的区别主要体现在方法论上,而中国则主要体现在政策倾向上。有关理性经济人的论述,请参见 Joseph Persky,"The Ethology of Homo Economicus",*Journal of Economic Perspectives*,Spring 1995,9,No. 2.

在美国,对拿到经济学领域的哲学博士的要求极其严格,并不是多看几本书就可以过关的;像其他学科的哲学博士一样,他们的研究必须展示他们对经济学知识有所贡献。这种难度体现在博士毕业相对少的数字上,在过去几年中,全美每年毕业的经济学哲学博士大约是850个。相比之下,医学博士(M. D.,注意不是哲学博士)是 15 000 个,法学博士(J. D.,不是哲学博士)是 40 000 个,工商管理硕士(M. B. A.)是 120 000 个。这些都是应用性学位。参见 David Warch,*Knowledge and the Wealth of Nations:A Story of Economic Discovery*,W. W. Norton & Company,2006,p. 11.

② Ronald Coase,"The New Institutional Economics",*American Economic Review*,Papers and Proceedings,Vol. 88 (2),1998,pp. 72—74.

他必须了解符号并用文字将其表现出来。他必须根据一般性来深入思考特殊性,并在思绪奔放的同时触及抽象与具体。他必须根据过去、着眼未来而研究现在。他必须考虑到人性或人的制度的每一部分。他必须同时保持坚定而客观的情绪,要像艺术家一样超然而不流俗,但有时又要像政治家一样脚踏实地。①

我们知道赫伯特·西蒙(Herbert Alexander Simon,1916—2001)是1978年诺贝尔经济学奖得主,他针对"完全理性"和非理性所提出的"有限理性"(bounded rationality)观点,即是哲学认识论层面上的一个命题。② 看来没有一点哲学的高度是不行的。还有,可能一般人并不知道西蒙的学术主业其实是政治学,但是他的研究同时涉及经济学、计算机科学、心理学、公共管理学、社会学和科学哲学。他不仅执教于著名大学,也活跃于企业界、行政机构及多种顾问公司。我估计目前这在国内学界是不可想象的事,原因是我们继续热衷于以学科为界在形式上做画地为牢的实践,很少有人在哲学高度来思考连接学科之间的纽带。

正如德国哲学大师、辩证法学派的重要代表黑格尔(Georg Friedrich Hegel,1770—1831)所说,熟知往往并非真知,一切理所当然的东西不经过理性反思很有可能成为盲目的东西。古希腊哲学家苏格拉底提醒我们:"没有审慎思考过的生活是不值得过的。"这对学者尤其如此。另一位古希腊哲学家亚里士多德则"把智慧、把哲学称为思辨科学",并认为"理论思辨(theoria)的沉思生活高于道德卓越的实践生活"。他更进一步从不同角度、在哲学与其他科学的不同关系中,对哲学进行了不同的界定。首先,在哲学的起源上,以及哲学和创制科学的关系上,他把智慧界定为关于最初原因和本原的科学。哲学不能满足于知道事物是什么,还要探索日常所见事物生成和存在的原因,要去解决事物是由什么构成的,以及怎样才能使人去了解这样的难题。哲学源于好奇,不管是现在还是最初,人们都是由于好奇而开始哲

---

① 转引自曼昆:《经济学原理》上卷,梁小民译,北京大学出版社2001年版,第36页。
② Herbert Simon, *Models of Bounded Rationality*, MIT Press, 1997.

学思考的。在开始,人们对身边有所不懂的事情感到好奇,如关于月亮的盈亏、太阳和星辰的变化,关于万物的生成。一个感到困惑和好奇的人,就感到了自己的无知,所以,人们是为了摆脱无知而进行哲学思考的。①

理论物理学家斯蒂芬·霍金(Stephen Hawking)在《时间简史》的引言部分告诫人们:"我们每天过一天,基本不理解世界是怎么转的。"原文是,"We go about our daily lives *understanding* almost nothing of the world"②。注意,原文中用的是理解(understanding)而不是知道(knowing)这个概念。小孩子出于好奇,还会常常问为什么。许多人到了一定年纪,有了一定所谓的知识后(其中好多是教条或错误信息),也就再不多问为什么的问题了。日常生活中其实有很多有意思的问题,但我们常常是司空见惯、无动于衷、不再好奇。例如,一滴油漆干了以后,表层为什么会皱?蚂蚁与我们的生活有什么关系?这些看来很简单的问题都是哈佛大学的学者们感兴趣和探讨的问题。③ 再例如,什么是"颜色"?颜色是怎样在人的眼睛里被感觉到的呢?④ 有多少人会问"时间"到底是什么?也许小孩子会问。康德是德国古典哲学的创始人,被梁启超(1873—1929)称为"近世第一大哲"。他就花了不少精力试

---

① 参阅苗力田主编:《亚里士多德全集》第 1 卷"序",北京:中国人民大学出版社 1990 年版;Bakalis Nikolaos, *Handbook of Greek Philosophy: From Thales to the Stoics Analysis and Fragments*, Trafford Publishing, 2005.

② Stephen W. Hawking, *A Brief History of Time*, Bantam Press, 2005, Introduction.

③ "Why Flags Flutter, How Leaves Fold, Why Things Wrinkle-Physics of the Familiar", *Harvard Magazine*, March-April 2008; Bert Holldobler and Edward O. Wilson, *The Arts*, Belknap Press, 1990.

④ 英国物理学家艾萨克·牛顿做出了开创性的贡献。牛顿发现三棱镜能将一束白光分解为七色彩虹,这些颜色就被称为光谱。牛顿认为,人看见的颜色并不是光的客观属性,而是不同波长的光刺激眼睛后产生的一种主观感觉。从光的波长这个角度出发,人肉眼能看到的颜色其实很有限,大约只是宇宙存在颜色的 20%。可惜,在牛顿提出这一见解后的很长一段时间里,人们的研究只停留在对色觉现象的描述上。在 18 世纪,人们普遍认为,存在着三种原色:红色、绿色和蓝色,其他所有颜色都是三种原色以不同方式混合而产生的。这种认识水平的不同,部分地解释了中国油画家的成败。参见傅军:《色彩后面的理论功底》,载李海剑主编:《中国油画 50 家——王衍成》,海口:海南出版社 2006 年版。

图解答这个问题。① 至于好奇的重要性,牛顿(Isaac Newton,1643—1727)的一段名言是:"我不知道世人如何看我,但我自认为我不过是一个在海边玩耍的孩童,不时为找到比常见的更光滑的石子或更美丽的贝壳而欣喜,而展现在我面前的是全然未被发现的浩瀚的真理海洋。"②总之,对宇宙奥秘和人类社会发展规律来说,我们其实还是很无知的。人类追求真理是个过程,无穷无尽;不像弗朗西斯·福山(Francis Fukuyama)所说的那样,历史终结了。③ 但不幸的是,人们却常常根据自己很有限的知识(knowledge)和经验(experience)做出武断的结论,似乎真理已找到了、"历史已终结了"。对此,我不同意。

为什么人们经常一叶障目?原因是看问题时常常缺乏哲学的高度。④ 哲学不仅仅是知道(know)多少的问题,它更是理解(understand)和解释

---

① 根据康德的看法,时间与其说是人类的经验抽象出来的概念,不如说是一种先念的概念,它是先念的表象,有永恒的属性,且能被直感所认知。时间是先念,靠直感认知,但是人通过其外形的存在来体验时间,在这个意义上时间又带有客观性。人类通过直觉和经验,可将时间分为主观和客观。显然,爱因斯坦对光速的认识是受康德对时空解释的启发。关于时空的概念,康德在其《纯粹理性批判》中指出,(1) 时空是必然的先念表象,非从外界经验抽绎而成的概念。(2) 关于时空的"二律背反":(正论)时间有起始,有范围;(反论)时空皆无限。正论为形而上家之主张,反论为科学家之主张,各有其持论之理由。

在西方哲学史中,如果要选出三个最重要的人物,那么除了柏拉图、亚里士多德之外,康德无疑应是其中之一。有人把他的哲学比做"蓄水池",前人的思想汇集于此,后人的思想则由此产生;也有人将他的哲学比做一座桥,想入哲学之门就得通过康德之桥。他的"批判哲学"是西方理性精神在近代的新发展。古希腊柏拉图和亚里士多德的观念论体系,使理性成了一个从低向高不断超越的有序系统,近代笛卡尔的怀疑精神使理性达到了自我意识,而康德不仅是"怀疑"而且是"批判"。对康德来说,理性不是像手电筒一样只照别人,而是返回来照自己。康德和启蒙运动的关系可以用黑格尔的一句话来概括:"康德的哲学是启蒙运动的理论总结。"哈贝马斯也说过这样一句话,"我们是在康德、黑格尔的精神氛围下成长起来的"。这就是说,康德哲学是20世纪那一代哲学家的思想渊源和背景。

② 参见韦斯特福尔:《牛顿传》,郭先林、尹建新等译,北京:中国对外翻译出版公司1999年版,第335页。

③ Francis Fukuyama, *The End of History and the Last Man*, Free Press, 1992.

④ 近代实验科学的先驱罗吉尔·培根(Roger Bacon,约1214—1294)认为人们之所以常常犯错有4个原因:对权威过于崇拜;囿于习惯;囿于偏见;对有限的知识自负。参阅 Brian Clegg, *The First Scientist: A Life of Roger Bacon*, Constable & Robinson, 2003.

(explain)世界的"学"与"问"的方法(Philosophy is not a matter of knowledge, but a matter of understanding and explaining the world)。换一句话说,哲学提供的不是信息而是懂得信息的方法(Philosophy offers is not information but understanding)。注意,知道、理解和解释是有区别的。解释是针对"为什么"的问题而言的!苏格拉底形象地把哲学比做人类知识的"接生婆";对话、辩论是苏格拉底典型的教学方法,我们所说的"辩证法"(dialectics)即起源于古希腊哲学"对话"(dialogue)的方法。直到今天,世界一流大学的研究生教育,特别是博士生教育,仍延续了这种互动教学的"学"和"问"的方法。① 这也顺带解释了为什么世界一流大学的学者(scholar)一般都必须是某一领域的哲学博士(Ph.D.),而不仅仅是博士(doctor),这是学者与专家(expert)的区别所在。前者关心发现,后者更关心运用。专家们拥有的 expertise,是指某一领域中的经验和知识。尽管对于这个世界,现在我们也许比亚里士多德知道得更多了,我们的后代也一定比我们知道得更多,但这本身不能说明我们与亚里士多德相比是更好的"学者"。我们的知识是托前人的福。今天借助于电脑、因特网、喷气式飞机、电话和传真之类的发明,我们拥有我们祖先所没有的开阔视野,这个优势使我们能够逐步增长知识、提高技术和生产力,在人类历史上第一次创造了全球性的供应过剩。

在此,值得提醒的是(作为假说提出),作为个人,我们与前人相比未必变得更聪明了、智力上变得更高了②,但是我们的能力显然是更强了,那是因

---

① "哲学"(philosophy)这个词据说是古希腊哲学家、数学家、天文学家毕达哥拉斯(约公元前580—前500)发明的。当时有人把他称为智者或圣人(sophos),他谦虚地说:"我不是智者或圣人,我只不过是热爱智慧(philosophos)。"毕达哥拉斯本人以发现勾股定理著称,他还是音乐理论的鼻祖,他阐明了单弦的乐音与弦长的关系。在天文方面,他首创地圆说。毕达哥拉斯的思想和学说,对希腊文化有巨大的影响。毕达哥拉斯学派很重视数学,企图用数学来解释一切。他们研究数学的目的并不在于实用,而是为了探索自然的奥秘。参阅 Anthony Kenny, *A New History of Western Philosophy*, 4 volumes, Oxford University Press, 2006.

② 虽然有些人认为,人类诸群体在发展智力和情感的天赋能力方面有差异,但是现有的科学知识并未为这种看法提供任何依据。人类学家认为,遗传差异在决定人类不同群体之间的社会和文化差异的过程中不起什么重要的作用。参阅 UNESCO, *What Is Race?* Paris, 1952, pp. 85—86.

为我们能依靠基于语言、符号、文字和图像的集体记忆。这是人类独特的能力。① 图像无疑能帮助人们直观地记忆。文字的内容是语言,语言的内容是什么？它是思维的过程,而这个过程却又是非语言的。但是,只有当知识和实践能够以符号的形式保存下来,并代代相传,才能使一种新的知识不至于随着时间的流逝和上代人的去世而消亡。这种集体的记忆包括知识的储存、传播和新增的部分。对于一个组织（如大学或公司）来说,或进一步,对一个国家而言,我们不妨把它看成是"知识生态",这个生态有好坏之分。

一个相关的例子是,第二次世界大战期间盟军组建人员多元化的团队来破译德军的"Enigma"。"Enigma"是当时世界上最强大的密码系统。这套先进的密码通讯系统使德军在海战中占了上风。为了破译它,英国组成了阵容强大的破译团队,除了传统上依靠语言学家外,还包括数学家、科学家、分类学家、国际象棋大师以及拼图游戏爱好者。这些人齐心协力,不久就破译了德军的密码,使战局发生了转变。无疑,一个人员结构多元化,允许不同观点、方法和思维方式的"知识生态"意味着有更多的机会产生思想的火花和技术的突破。②

在全球化的今天,一个发展中国家能否借助国际化的网络提高自己的技术水平,关键在于能否营造一个良好的"知识生态",在寻求更好地利用外部知识途径的同时,改善自己内部的生态。

毕竟,知识增长只是部分地取决于个人的洞察力和研究成果；然而,它的验证、精制、联合和适用性则更多地取决于"知识生态",即共同的质疑、讨

---

① 值得一提的是,很久以来,人们习惯于将人定义为使用工具的动物。但是,其实在早期技术上人类并没有独特的优势,许多昆虫、鸟和哺乳动物在构建容器方面比人类的祖先在制造工具方面做得更出色,如巢穴、海狸的水坝、符合几何学规律的蜂窝、具有城市特点的蚁丘和白蚁窝；只有考虑到语言、符号、文字之后,人类的优势才初步体现出来。大约在5500年前,人类才发明了文字。可以想象,在此之前,知识由于缺少记录,都已随风逝去。文字记载语言,语言反映人的思维,基于文字和语言的集体记忆进而提高了人的智力,最终使人避免了其他动物必须经历的那种有机体的适应性,即人改变了他的生存环境。

② 关于这个团队如何破译密码的详细描述,参阅 Simon Singh, *The Code Book*, New York: Anchor Books, 1999.

论和争辩，以及通过实践学来的缄默知识（tacit knowledge）。① 正如著名美国人类学家、教育家、科学作家洛伦·艾斯利（Loren Eiseley）教授所言，虽然对大自然的好奇心是人的天性，但是科学精神并不是人类与生俱来的；科学知识要加上好奇心以外的东西，"这些要学习的规矩、措施和技巧，要借着教育来传授给下一代……若没有这种土壤的话，它会像其他如宗教和政治系统的文明一样萎缩和败亡"②。相反，过去积累的科学知识越多，就越容易降低创新的不确定性和风险。因此，已有科学知识的基础越坚实，就越有可能发展出新知识。③

其实，这里提出"知识生态"的假说在微观层面是与生命科学新发现相一致的。诺贝尔医学奖得主、生物学家沃森（James Watson）和克里克（Francis Crick）发现DNA双旋模型，使我们对细胞有了新的理解。④ 我们现在知道，生命的中心其实就是语言，它是一种密码、一本指南；或者说，生命在功能上其实可以用一套资讯系统来下定义的。就信息储存量而言，一个人体的细胞可储存的信息相当于30册《大不列颠百科全书》；再者近代电脑只是以二进制来运作，而DNA的四元密码当然可以应付极其繁杂的资讯。正如英籍美国记者坎贝尔（Jeremy Campbell）所报道的，"这证实了大自然不能只以物

---

① 研究技术的学者常把技术能力看成是组织的知识、技能和经验的集合，其中技术包括两种性质的知识：通用（或称显性[explicit]）知识和缄默（或称隐性[implicit]）知识。通用知识是原理性的，可以用语言、文字或符号来表达，往往具有公共产品的性质；而缄默知识如各种诀窍（know-how）和操作细节往往不容易用语言、文字或符号表达，它的获得只能从实践中学习而来，即所谓"边做边学"（learning by doing）。参阅 Richard Nelson and Sidney Winter, *An Evolutionary Theory of Economic Change*, Cambridge MA: The Belknap Press of Harvard University Press, 1982; Richard Nelson, "What is 'Commercial' and What is 'Public' About Technology, and What Should Be?" in Nathan Rosenberg, Ralph Landau, and David Mowery, eds., *Technology and the Wealth of Nations*, Stanford: Stanford University Press, 1992, pp. 57—71.

② Loren Eisely, "Francis Bacon", in Bruce Mazlish, *The Horizon Book of Makers of Modern Thought*, New York: American Heritage Publishing, 1972, pp. 95—96.

③ 这个逻辑同样适用于企业的技术创新上，参阅 Richard Nelson, "The Role of Knowledge in R&D Efficiency", *The Quarterly Journal of Economics*, vol. , 97, no. 3, pp. 453—470.

④ 参阅 Francis Crick, *Of Molecules and Men*, Seattle: University of Washington Press, 1966; James D. Watson, *The Molecular Biology of the Gene*, New York: W. A. Benjamin, 1965.

质和能量来解释,也不能单以物理和化学来解释……要获得一幅完整的图画一定要解释第三个成员,我们需要在物理和化学的有力理论上加上一个姗姗来迟的因素:资讯的理论,大自然一定要以物质、能量和资讯来解释"①。

"学者"要"接生"新的、原创性的知识,对人类知识有所贡献,就要上升到哲学高度,必须在认识论(epistemology)和本体论(ontology)上对自己提出挑战。"Episteme"在古希腊文中是"理解"的意思。我们知道,哲学首先是关于认识的问题,比如,如果全人类认识世界只有一种方法,那就没有任何问题可言;如果有两种以上,那我们就得问问哪种方法更有效。古希腊文"onto"是英文本体(being)的意思;而"being"是超越构成质料范畴(cosmology)更抽象层面的存在,抽象度比具体的存在(existence)更深。本体论是什么呢?它是关于宇宙最本源的问题,是关于人可以说和可以想的一切的最基础的问题,用英文说可能更容易理解:It is about the study of the being of whatever one can say and think of。我们不妨问自己一下,要是有个东西不存在,我们怎么可以说得到、想得到呢?"To be or not to be"是哈姆雷特一次喃喃自语时说的,而这简简单单的六个词是欧洲文艺复兴时期英国文学巨人威廉·莎士比亚(William Shakespeare,1564—1616)作品中最有名的六个词。有人说除《圣经》外,这六个词也是整个世界文学中最有名的六个词。中文翻译为"生存还是死亡",我认为理解的方向是对的,但还是有点词不达意,缺乏哲学的本体存在深度。目前中文还没有确切的词汇来翻译,我们出于无奈,"只能意会,不可言传"②了。

可见,学问的大小,不是创作的字数多少,更不是天下文章一大抄。不然,我们将陷入信息丰富但理解贫乏的泥沼中而不能自拔。今天,核心竞争力是什么?它是从"知识型个人或组织"向"学习型个人或组织"的蜕变,前

---

① Jeremy Campbell, *Grammatical Man: Information, Entropy, Language, and Life*, New York: Simon and Schuster, 1982, p. 16; Bernd-Olaf Kuppers, *Information and the Origin of Life*, Cambridge, MA: MIT Press, 1990.

② 关于言和意的关系问题,中国哲学就有涉及,《易·系辞》中有"言不尽意,书不尽言"之说。

者依靠被动和僵硬的知识积累,而后者则强调通过理解与智慧创造新知识、新价值的能力,绝不是智力的重复劳动。也许是因为中国社会和学术界过于务实、过于世故,长期以来对这些深层次的哲学问题不感兴趣,结果是历史上我们曾经辉煌,但在近代,我们对人类原创性知识的贡献不多;现在剽窃泛滥,垃圾文章成灾,学术水平比论文字数多少,也就不足为奇了。用国学大师傅斯年(1896—1950)先生的话说,"大学供给舆论者颇多,而供给学术者颇少",看来那时的情况也不见得好。顺便提一下,在"五四"爱国大游行中,当时举着大旗走在北大队伍最前列的总指挥就是傅斯年。目前我们的大学似乎只在培养"专家"而不是"学者"。"专家"讲究的是时空有限的效率性;"学者"追求的是普世的真理性,是不断地拓展人类的知识边疆。后者才是"学",前者只是"术"。一流大学的哲学博士教育主要是培养追求真理、为全人类知识作贡献的"学者"。

大学的英文是"university",它的词根是"universus",有"普世""宇宙"的意思,大学绝不是世俗的行政级别的高低。世界一流大学普世性的含义在于,第一,教员必须从全球范围内挑最好的;第二,生源必须在全球范围内具有一定的代表性;第三,教学课程和研究项目是多元的、世界性的。用教育家约翰·纽曼(John Henry Newman,1801—1890)在其《大学的理念》一书中的话说:"一所大学就是一个群英荟萃的殿堂,天下各处各地的学子来到这里,寻求天下各种各样的知识。"[①]故哈佛大学的校训是"Amicus Plato, Amicus Aristotle, Sed Magis Amica Veritas",意思是"我以柏拉图为友,以亚里士多德为友,更以真理为友"。这与我们的古训在实质上是一致的,即我们所说的"大学之道,在明明德,在亲民,在止于至善"[②]。虽然一个是拉丁文,一

---

① John Henry Newman, Frand M. Turner, *The Idea of A University*, New Haven: Yale University Press, 1996.

② 取自《大学》开篇。这些话言简意赅地道出办大学的原则,"明明德"意为在认识上启迪心智(心智属形而上的范畴,更为柏拉图所偏好);"亲民",即新民,意在使大众弃旧图新(民是世俗的世界,更是亚里士多德的偏好);"止于至善"意为不断求取真理。朱熹在《大学章句》中解释说:"止者,必至于是而不牵之意;至善,则事理当然之极也。"

个是中文,形状不一,发音不一,而且这两句话的作者长得也肯定很不一样,但所有这些不一样的表象后面的思想精髓却是惊人地相似。

其实这绝不是什么巧合,《易经》中说"天下一致而百虑,同归而殊途"。中国古代哲人、《周易略例·明象》的作者王弼(公元226—249)认为,"言者,所以明象,得象而忘言;象者,所以存意,得意而忘象";"忘象者,乃得意者也;忘言者,乃得象者也。得意在忘象,得象在忘言。"意思是说,语言只是表达物象的,而物象是有义理的。但是语言不等于物象,物象不等于义理,得到物象应该抛弃语言,得到义理应该抛弃物象;如果我们拘泥于物象,会妨碍认识义理;如果拘泥于语言,会妨碍表达物象。这里的哲学思想揭示了语言、事物、义理之间深层的关系,表明了在认识过程中,人们必须超越经验的观察、了悟事物的义理,最后达到一种本质的飞跃。孔子(公元前551—前479)的儒学思想是世俗的思想,远远达不到如此的抽象水平。

但是,我们知道佛教大约于汉朝(公元前206—公元220)传入中国中原。①《文明的冲突与世界秩序的重建》的作者、已故哈佛大学政治学教授亨廷顿(Samuel P. Huntington,1927—2008)认为,印度的佛教传入中国是人类历史上不通过武力征服的最大的一次外国文化传播。估计是受了佛教形而上内容的影响,中国玄学以清谈的形态在魏晋(公元220—420)兴起,它以

---

① 佛教由古印度传入中国,至今有大约2000年的历史,经过长期的发展演变,又分为汉语系佛教、藏语系佛教(俗称喇嘛教)和巴利语系佛教(亦称上座部佛教)三大支派。汉语系佛教在汉族人中仍有广泛的影响,但由于佛教没有严格的入教仪式和规定,所以信教人数很难统计;藏语系佛教在藏、蒙、裕固、门巴、土族等少数民族中基本上全民信仰,截至1991年信教人约760万人;巴利语系佛教在傣族、布朗族、德昂族、佤族等少数民族中基本上也是全民信教,到1991年信教群众达150万人。大约公元5世纪,中国出现了不同的佛教宗教。华严宗(重体相)和天台宗(重显相)是学术性和思想性较强的宗派;禅宗(性觉)和净土宗则更接近普通民众。至宋代及其以后,禅宗成为中国佛教中的主流教派,并且在明代以后形成的融合型的中国佛教中占据主体地位。我的观察是,很多人,尤其是汉族中信佛教的人,信佛教不是因为欣赏形而上,而是因为世俗的原因,如希望发财生子。宗教的共性是形而上的内容,没有形而上,就够不上宗教。这也是中国儒学不是宗教的原因。关于佛教传入中国的时间和路线,参阅汤用彤:《汉魏两晋南北朝佛教史》,北京:中华书局1983年版,第1—41页;任继愈:《中国佛教史》第一卷,北京:中国社会科学出版社1981年版,第45—94页。

《老子》《庄子》《周易》为本,力求解经求义,阐明宇宙、社会、人生之道。① 在认识论上,我认为它超越了一般人具象思维的藩篱,运用抽象思辨和经验实证,直接进入本体论的探讨,在哲学层次上是中国人理性抽象思维的空前发展。② 遗憾的是,它没有成为中国文化主流的一个部分。③

如何超越经验的观察?"形而上者,谓之道;形而下者,谓之器。"中国道家的哲学观点认为,如果从"器物"的层面上看世界,世界是极其多样的、复杂的;但是如果从"道"的层面看世界,现象后面的逻辑却往往是简单的、一致的。所以老子说,"道生一,一生二,二生三,三生万物","天下万物生于有,有生于无"。可见,老子的"道"是宇宙产生的本源,也可以说是宇宙万物的最高本体。这是一种从简单微观到复杂宏观的视角,现代生物科学的研究也是如此,如对基因(deoxyribonucleic acid,DNA)和染色体(chromosomes)的研究。很多看来不同的生物,它们的基因组合却惊人地相似。说起来吓人,人和猿的基因序列98%—99%是一样的;任意挑出两个人,他们的基因序列99.9%以上是相同的。不同种族、不同个体间基

---

① 参阅冯友兰:《中国哲学史新编》第四卷,北京:人民出版社1992年版。一般认为,"清议"为朝野对国事公正之议论,"清谈"则为纯理论之辩谈。

② 但是,让人遗憾的是,这种抽象思辨能力并没有得到推广。相反,各种迹象表明,中国先人不喜玄学,形而上意识极为淡薄。远古的神话传说中没有超越于人间的"神"的内容,相反充满着对先祖杰出才能和品德的赞颂。中国人注重实际、不喜玄学的特征与古罗马人的性格相似。一般来说,罗马人专注政治与军事,对自然科学缺乏兴趣和热情。这与希腊人形成鲜明对照,希腊人追求理性,藐视现实的功利,对纯知识充满神圣的渴求。连罗马时期最杰出的学者西塞罗(Marcus Tullius Cicero,公元前106—前43)也承认:"希腊人在纯数学上遥遥领先,而我们只能做点计算和测量工作。"虽然罗马人擅长建筑工程,但在理论科学上顶多是复述希腊人的知识成就。总体来说,罗马人偏重实际的特点与中国人有相似之处,但罗马科学的衰落对当代中国来说是一个警钟。

③ 《红楼梦》第31回中的一段对话可以戏剧性地说明这一点。史湘云说:"阴阳可有什么样儿,不过是个气,器物赋成了形。"翠缕不解地说:"这糊涂死了我! 什么是个阴阳,没影没形的。我只问姑娘,这阴阳怎么个样儿?"对一般人来说,看得见摸得着的东西容易理解;没影没形的东西,越听越糊涂。

因序列差异不到0.1%。① 我们知道亚里士多德是百科全书式的大学者,他涉猎天文、生物和物理,也可以直接参与今天的伦理学、神学、政治学的研讨会。但是,从进化的角度看,亚里士多德只是鱿鱼的远亲、猴子的表亲、猿猴的近亲,或者说,他就是一只非洲的猿猴——我们与黑猩猩拥有共同的祖先。②

也许更让人震撼的是,理查德·道金斯(Richard Dawkins)在1976年出版的《自私的基因》(*Selfish Gene*)一书中认为:"自然选择的基本生物单位,也就是自我利益的基本单位,既不是物种,也不是群体。从严格的意义上来说,甚至不是个体,而是基因这一基本的遗传单位。""复制基因的出现不仅仅是为了生存,而且是为它们自己制造容器,即赖以生存的运载工具,它们可以不断地自我复制,用以对付竞争、变异和选择。"③这种发现的一个重要衍生品是社会生物学的发展。爱德华·威尔逊(Edward Osborne Wilson)在其《社会生物学:新的综合》一书中指出:"从宏观的角度看,人文学科和社会科学就是成为生物学的某些专门的学科;历史、传记和小说就是人类行为研究的记录,而人类学和社会学则共同构成与灵长目同类的物种的社会生物学。"④

还有,我们可以看看一张餐桌。餐桌上的杯子、盘子很多,形状、颜色等

---

① 参阅 Richard Dawkins, *The Selfish Gene*, 30th Anniversary Edition, Oxford University Press, 2006. *A Revolution at 50*, http://www.nytimes.com/indexes/2003/02/25/health/genetics/index.html; Julie Clayton, ed., *50 Years of DNA*, Palgrave MacMillan Press, 2003; Horace Freeland Judson, *The Eighth Day of Creation: Makers of the Revolution in Biology*, Cold Spring Harbor Laboratory Press, 1996; Robert Olby, *The Path to The Double Helix: Discovery of DNA*, MacMillan, 1994; James D. Watson, *Avoid boring people and other lessons from a life in science*, New York: Random House, 2007.

② 参阅 John Bankston, *Francis Crick and James D. Watson, Francis Crick and James Watson: Pioneers in DNA Research*, Mitchell Lane Publishers, Inc., 2000; Edward Edelson, *Francis Crick and James Watson: And the Building Blocks of Life*, Oxford University Press, 2000.

③ 理查德·道金斯:《自私的基因》,卢允中、张岱云译,长春:吉林人民出版社1998年版,第11—12页。

④ E.O.威尔逊:《社会生物学:新的综合》,毛盛贤等译,北京:北京理工大学出版社2008年版,第547页。

都很不一样,这是"器物"的层面,但是如果我们视角抽象一点,从"道"的角度看,一个词就说清了——尽管它们形状、颜色不一,但它们都是"容器"。可见老子的兴趣是抽象而不是具体。相比于老子,孔子是比较形而下的,他的学说似乎只关心世俗的人生,并不涉及人是从哪里来到这个地球的、离开这个地球时往哪里去的问题。我们再看看西方世界,其实这些形而上和形而下的哲学视角在古希腊就有。只要读一下古希腊的哲学,就不难发现柏拉图的兴趣和视角更偏向形而上,而亚里士多德则更偏向形而下。顺便提一下,英语词汇"形而上"是"metaphysics",我们知道物理学是"physics","meta"在这里是超越的意思,形而上即超越物理世界(meta-physics)。[①] 可见,如果我们把视野拔高一点,跳出复杂的表象,在深层次探讨问题,东西方是可以贯通的。马克思不是也在追求"放之四海皆准"的理论吗?虽然这可能只是个过程,永无止境,但是正如恩格斯所说,一个民族要想登上科学的高峰,终究是不能离开理论思维的。

科学理论的科学性到底是什么?记住证伪的必要性

什么是科学理论?首先,书本知识本身不是理论。理论也不是打个比喻,打比喻只是修辞。"中国经济发展的速度,不能太快,也不能太慢,就像骑自行车一样。"如果把这说成是"骑自行车的理论",是很可笑的。正如《国富论》的作者亚当·斯密所指出的,科学理论是探寻可以连接似乎无关事物的那个看不见的链条(a search for the invisible chains which bind together all seemingly discordant objects);热衷于打比喻是理论建设的敌人(the enemy of good theory is promiscuous analogizing)。理论本来是从具体到抽象的过程,而打比喻往往是从抽象到具体的过程,看来这是方向性的谬误。同样,本质是同一个东西,用不同词汇说,结果把本来可能是简单的世界说得更复杂了,这更不是理论。要回答什么是科学理论这个问题,先让我试着来回答人

---

① 关于这方面更多的讨论,参阅 R. G. Collingwood, *An Essay on Metaphysics*, Oxford University Press, 1940.

认知深度递增的三个层面。第一个是观察层面,第二个是因果层面,第三个是理论层面。

第一个是观察层面,你看清你想看的东西了吗?比如,有人认为中国人讲究集体主义,美国人讲究个人主义。真的吗?我们看得见吗?看什么呀?也许中国这种所谓的"讲究"只停留在规范(或应然)世界中,在实证的经验(或实然)世界中并没有变为现实。这个问题问得深一点就会涉及本体的问题。显然,对一般人而言,在形而下的"器物"层面观察世界会比较容易,而在形而上的抽象层面观察世界比较困难。如果真的观察清楚了,才有基础进入第二层面。不幸的是,人们在观察层面就经常犯错误,错误之一是不分应然世界和实然世界,常常把两者混淆或等同。第二层面是因果层面,是探讨因果逻辑关系、回答"为什么"的层面。如果我们找到一因对一果,虽然有理论的含义,但它本身未必具有深刻的理论意义。第三层面才是检验是否具有深刻的理论意义的层面。理论讲究解释范围,最好能放之四海皆准,当然这是努力的方向,不然我们就只能停留在对现象的描述上;相反,如果一个因能解释很多果,这个理论意义就大了。马克思就是在努力追求和发现人类社会"放之四海皆准"的理论。[①]我在这里强调一下,科学理论的水平或深度在于用最少的假设来最大范围地解释我们可以观察到的自然界和社会界的现象,并能包涵已有理论。举个例子,人们之所以接受爱因斯坦的相对论(theory of relativity),是因为它既能比牛顿力学解释更多的现象,同时还能把牛顿力学作为它的特例。可见,理论是对世界整体的解释,而非就事论事的叙述(ad hoc approach)。牛顿万有引力的伟大不在于对苹果、冰雹、眼泪等落体的归纳,而是在于它还可以理解和解释为什么月亮不落到地球上来,以及卫星旋转、潮汐运动等看似完全无关的各种现象。

---

① 这显然是受希腊哲学思想的影响。一般人认为自然界是混乱、神秘、变化无常的。而希腊哲学首先把自然作为一个独立于人的东西加以整体地看待,认为自然界是一个有内在规律并可以为人们通过精致的数学所理解和把握的对象。在这些方面,希腊人开了科学精神的先河。

和科学理论一样,社会科学理论应有三个功能:描述(description)、解释(explanation)和预测(prediction)。相应的,衡量理论的好坏也有三个维度:简洁(parsimony)、范围(scope)和精确度(accuracy)。理论不是写文学作品,不讲究生动,更不是面面俱到地描述细节。理论中必须描述的因果逻辑关系,越简洁越好,一个字能说清不要用两个字,一句话能说清不要用两句话。爱因斯坦的狭义相对论就很简洁,$E = mc^2$(其中 c 是光速;$c + c = c$)。[①] 这个理论对于所有远小于 c 的速度的解释和牛顿定律的解释是完全一致的,但是,与牛顿定律不同的是,爱因斯坦的相对论超出牛顿定律的解释范围,和电磁学的麦克斯韦尔方程组(Maxwell's equations)一脉相承,它为光学和电磁学的统一提供了坚实的基础。$E = mc^2$ 是科学史上最著名的公式。它是有关质量与能量转换的公式,简洁的一个等式和几个字母说清了"能量有质量,质量也有能量"的关系。当爱因斯坦确定光速是一个普遍性的常数后,一切相对论的结果都可以从纯数学的推理来获得。[②]

可见,与人文学科有所不同,科学理论(包括社会科学理论)不在于对复杂现象的描述和渲染,而在于透过现象看本质,力争发现一些有普适意义的规律。换句话说,科学理论力求从具体、复杂、多样的现象中找出共同的原理,再从原理中解释、说明、预言更多的现象。正如爱因斯坦所说:"对一个理论来说,前提假设越简单越好,涉及的东西越多样越好,可适用的范围越

[①] 狭义相对论假设光速是一个常数(c),真空中光速是每秒 30 万公里,一切其他的关系都像定理一样由此常数引申出来。相对于牛顿的绝对时空,爱因斯坦的时空都是相对的。在这个前提下,如果一架飞机加速到接近光速时,它的加速会越来越缓慢。根据古典牛顿物理学,飞机的时速应为 $v = v_1 + v_2$;但是根据爱因斯坦的相对论,这不适用,因为在观察者的参照系中,时间在缓慢下来,因此爱因斯坦把 $v_1 + v_2$ 改写为 $v_1 + v_2/[1 + (v_1 v_2)/c^2]$。这样,当飞机以光速前行时,那么飞机外的观察者的速度总和是 $v_1 + v_2$,代入光速,即 $c + c$,把此加入前面的方程式则为 $2c/[1 + c^2/c^2]$,等于 $2c/2$,就是 c。这是了解相对论的要诀。结论,若爱因斯坦的方程式不错的话,那么前提是没有任何比光更快的东西。

[②] Paul Tipler, *Physics for Scientists and Engineers: Electricity, Magnetism, Light, and Elementary Modern Physics* (5th ed.), W. H. Freeman, 2004; J. D. Jackson, *Classical Electrodynamics* (3rd ed.), Wiley, 1999.

宽越好。"①

从认识论的角度说,科学理论的科学性还在于它必须有证伪的机制,不能证伪的理论是伪科学。20世纪最具影响力的科学哲学家、社会哲学家卡尔·波普尔说:"理论的科学标准是可检验、可反证或证伪。"②科学知识和科学发展的历史就是大胆地提出假说,通过证伪,然后改进或推翻旧理论的过程,这个过程往往是渐进式的演进,而不是革命式的变革。③ 特别值得提醒的是,科学中的每一项理论都会与某一事实对象相冲突,即找到一个完全符合所有数据资料的理论是极不容易的。因此,基于个案证伪本身并不能自动地毁灭一个理论,只有一个新的、更成功的理论才能替代旧理论。

在大众文化中,哥白尼、达尔文和弗洛伊德是打破人类神话的三位思想巨人。哥白尼把人居住的地球从宇宙中心的位置上拉了下来;达尔文使人在本质上不同于其他生物的思想破灭;弗洛伊德则认为人并不是自己大脑的主人而是被无法控制的潜意识所左右。但是,由于弗洛伊德的学说无从"证伪",因此科学界并没有把他的学问当做科学理论来看待。

我们可以把科学理论,包括社会科学理论,比做我们认知世界的拐棍。只要从假设(assumption)到假说(hypothesis)的逻辑一致,无所谓对错之分。在证实(validate)或证伪(falsify)的检测过程中,评价理论的尺度是其解释力的大小和精确度的好坏;仅仅指出和批评已有理论的某些假设与现实的差距是不够的,重要的是看是否提出新的体系,不仅新理论的假设与现实更贴近,而且解释力更强,解释范围更大。④ 举个例子,即便在自然科学界,爱因

---

① Walter Isaacson, *Einstein: His Life and Universe*, New York: Simon & Schuster, 2007, p.512.
② G. Stokes, *Popper: Philosophy, Politics and Scientific Method*, Cambridge: Polity Press, 1998.
③ Karl R. Popper, "Science: Conjectures and Refutations", in D. Rothbart, ed., *Science Reason and Reality: Issues in the Philosophy of Science*, Wadsworth, 1998, pp.35—58.
④ Imre Lakatos, "History of Science and its Rational Reconstructions", in D. Rothbart, ed., *Science Reason and Reality: Issues in the Philosophy of Science*, Wadsworth, 1998, pp.58—76.

斯坦的相对论与普朗克的量子物理理论(quantum mechanics)之间也不统一。① 尽管爱因斯坦努力了一生,试图找到统一的理论(unified grand theory),但是到最后他也没有成功。目前相对论和量子物理只是两个帮助我们认识世界部分的(partial)而不是完整的(complete)理论,一个在宏观世界,一个在微观世界。但是,即便这样,这两根不完整的拐棍,我们目前也不能扔掉,除非有相对更好的拐棍出现。如果有两个同样简洁、互相竞争的理论,对它们好坏的衡量在于在多大范围内和预测的精确度(accuracy)上它们经得起自然和人类历史经验数据的检验。

但必须指出的是,没有理论指导的实证常常是一团糨糊,很快会陷入细节描述的泥沼,很难看出真正规律。为什么呢?因为自然和社会是极其复杂的,它会对我们提出种种望而生畏的问题,可谓"剪不断,理还乱"。而对我们来说,如果缺乏理论逻辑体系,个人经验往往是片段、零星而不系统的,以此得出的抽象也只能是经验性的,再加上缺乏用于实验与观测的工具和设备(如系统的统计),光凭经验,人们对于自然或社会现象的观测是很有限的,结果常常是"雾里看花"而已。② 这不是,科学家经常会告诉人们一些关于世界、但是一般人不易看到的事实。例如,生物学家说我们和大猩猩是亲缘关系,地理学家说非洲和南美洲曾经是连接的,宇宙学家说宇宙一直在膨胀。他们是如何得出这些听起来匪夷所思的结论的呢?毕竟,在我们的经

---

① 参阅 J. L. Heilbron, *The Dilemmas of an Upright Man: Max Planck and the Fortunes of German Science*, Harvard, 2000; John D. Barrow, *The Constants of Nature, From Alpha to Omega—The Numbers that Encode the Deepest Secrets of the Universe*, Pantheon Book, 2002; Clifford Pickover, *Archimedes to Hawking: Laws of Science and the Great Minds Behind Them*, Oxford University Press, 2008.

② 英国哲学家大卫·休谟证实了纯粹的经验主义不能支持对因果的信念。可喜的是,中国学界对这些问题已有所认识。根据北京大学谢庆奎教授的观察,"很多中国问题学者仍然停滞于描述性研究阶段,他们仍未能把其研究引向社会科学的更高水准——在变量中对导因关系的经验核实。所以说,仍然缺乏一种基础来合理解释中国政治与行政现象,相对精确地预测未来,提出实用的解决问题的知识体系。更为严峻的是,许多中国问题学者提出的命题是没有价值的甚至是荒谬的"。谢庆奎:《政治改革与政府创新》,北京:中信出版社2003年版,第154页。关于纯粹经验主义对人认识的局限性的更系统的讨论,参见拉普:《技术科学的思维机构》,刘武译,长春:吉林人民出版社1988年版,第28—50页。

验中没有人确实看到过一个物种进化到另一个物种,一块大陆变成两块,或宇宙在变大。答案是,科学家们先通过逻辑自洽的推理,然后对所提出的理论假说进行证实或证伪的检验来逐步确定上述事实。

正是有鉴于此,现在社会科学的典型方法,就是构筑社会生活的简单逻辑模型,来帮助我们系统地观察、评价和解释社会的复杂性。用科学哲学家托马斯·库恩的话说,我们必须有一个问题,有一个工具箱,有一个对现象进行排序的方法,并对现象进行解释(a problem set, a tool box, an authoritative ordering of the phenomena it sets out to explain),此乃通常所谓的"范式"(paradigm)。①

当然,现实世界永远不会与我们所构筑的逻辑模型完全吻合,如果这种偏离太大,我们就需要修改,甚至最终抛弃我们的逻辑模式。这也是为什么国际一流大学从事科学和社会科学研究的学者都注重理论导向的实证研究。因为他们坚信科学知识的进步恰恰源于否定原有的假说。曾担任过美国总统经济顾问委员会主席、哈佛大学经济学教授格里高利·曼昆(Gregory Mankiw)在谈到经济学作为一门科学时是这么说的:

> 经济学家努力以科学家的客观性来探讨他们的主题。他们研究经济的方法与物理学家研究物质以及生物学家研究生命的方法一样:先提出理论,再收集数据,然后分析数据,以努力证明或证伪他们的理论。对于初学者来说,声称经济学是一门科学似乎有点不可思议。经济学家毕竟不用试管或望远镜进行研究工作。但是,科学的本质是科学方法——冷静地建立并检验有关世界如何运行的各种理论。这种研究方法适用于研究一国经济,就像适用于研究地心引力或生物进化一样。正如阿尔伯特·爱因斯坦曾经

---

① 托马斯·库恩是《哥白尼革命》和《科学革命的结构》的作者。其最有名的著作《科学革命的结构》(The Structure of Scientific Revolutions)为当代的科学思想研究建立了一个广为人知的讨论基础,可以说是最有影响力的科学史及科学哲学家,其著作也被引用到科学史之外的其他广泛领域中。《纽约时报》认为,库恩的这本著作让"范式"成为当代最常出现的词汇之一。

指出的:"所有科学不过是日常思考的提炼而已。"①

古希腊著名历史学家修昔底德(Thucydides,公元前460—前395)在其《伯罗奔尼撒战争史》中写道:"我的这部著作,不是应景之作,而是将成为长久流传的财富。"②他之所以这么说,是因为他认为人们往往被纷繁的表面现象所迷惑,看不见战争的真正原因,而他要做的就是从雅典和斯巴达斯的战争中探寻一般性的规律。各国在探寻国富国穷的过程中不也是如此?作为这部分的结语,我想说,真理常常是带着面纱的,事物的规律常常深埋在历史的重重迷雾和层层厚土之中。我在这里先谈一点哲学,是希望我们能以理性的态度来进行经验的反省,克服常识的片段零星,在认知世界的过程中,争取在尽可能大的程度上和范围内获得更为连贯一致的理解。

解释财富增长的理论假说

胡适对了一半!假设与假说——大胆假设,系统证伪

如何使感性的直觉上升到理性的高度,进而使我们的知识变得更可靠?关键是给我们初步的感知以结构(structure)和纪律(discipline)。众所周知,就文字而言,我们需要事先设定的语法(grammer of language)来判断行文的正确与否!同理,我们的思路也必须有思路的语法(grammer of ideas)来界定思想(great ideas)的好坏。没有结构的感知是构不成好的思想的,但是这点往往被人们忽略!就我们手头的研究而言,这也是为什么我们事先需要提出解释经验世界的理论假说,目的是给我们的经验提供结构。是的,理论属于形而上的范畴,就科学知识而言,它还有待于回到形而下的经验世界得到验证。

中国新文化运动的领袖之一、北京大学教授、校长胡适(1891—1962)先

---

① N. Gregory Mankiw, *Principles of Economics*, 3rd Edition, Thomson Learning, 2004, pp. 19—20.

② Thucydides, *The Peloponnesian War*, translated by Red Warner, New York: Penguin, 1954, pp. 14—15.

生说过,"大胆假设,小心求证"①。这句独特的话是他的,但其中的思想在国际科学界,包括国际社会科学界早已有之,即上面所说的"理论导向的实证研究"。美国杰出的科学家、数学家和哲学家查尔斯·桑德尔·皮尔斯(Charles Sanders Peirce,1839—1914)在19世纪就认为科学的研究方法是演绎(deduction)和归纳(induction)的结合(abduction),并对两者在我们认知上的作用和相互关系做了系统的论述。②波普尔在1934年出版了著名的《科学发现的逻辑》(*Logik de Forschung*)一书。他认为获得科学知识的正确途径就是,通过演绎先推测,再在经验世界中用实证进行检验。他的原话是"Science:Conjectures and Refutations"③。这里所说的推测,便是我们说的假说。前面已经提到,"假设"的英语是"assumption",而"假说"则是"hypothesis"。一般来说,假说是基于假设从逻辑上推出的;没有获得证实的理论是假说,获得证实的假说是理论。假说与假设的逻辑关系不清楚,似乎是不少中国学者的通病,也许还包括胡适先生。我认为,更精确地说应该是"大胆假说,系统证伪"。其实,我们的科学知识就是这么发展来的,伟大的科学家也是如此做的。"科学随着一个个葬礼的举行而发展",量子物理学理论之父、诺贝尔物理学奖得主马克斯·普朗克如是说。

波兰牧师兼科学家尼古拉·哥白尼(Nicolaus Copernicus,1473—1543)

---

① "大胆假设,小心求证"是胡适的名言。胡适于1959年7月参加在美国夏威夷召开的第三次东西哲学家会议上发表的这一观点,是在谈论《中国哲学里的科学精神与方法》时提出的。更精确地说,应该是假说,而不是假设。"假设"是一种特殊的前提,我们不知道这个前提本身的真假,但它是一个逻辑的出发点,可以由此进行推论,得出"假说"。

② 皮尔斯受到很多学者的肯定。伯特兰·罗素(Bertrand Russell,1872—1970)认为:"毫无疑问……他是19世纪晚期最具创见的人之一,当然是美国最伟大的思想家。"波普尔把皮尔斯视为"史上最伟大的哲学家之一"。参阅 Anellis, Irving H. , "Peirce Rustled, Russell Pierced:How Charles Peirce and Bertrand Russell Viewed Each Other's Work in Logic, and an Assessment of Russell's Accuracy and Role in the Historiography of Logic", *Modern Logic*, 1995, 5, pp. 270—328; Arisbe, Brent, Joseph, *Charles Sanders Peirce:A Life*, Revised and enlarged edition, Indiana University Press, Bloomington, IN, 1998.

③ 这是作为他一篇文章的题目提出的,参见 Sir Karl Popper, "Science:Conjectures and Refutations", in *Philosophy of Science*, edited by E. D. Klemke, Robert Hollinger, David Wyss Rudge, with A David Klime, New York:Prometheus Books, 1998.

毕业于意大利博洛尼亚大学。博洛尼亚大学当时在欧洲是最好的综合性学府，吸引着欧洲各国的学生。在那里他主修数学、医学、神学和天文学。严格地说，哥白尼的"日心说"在1543年是以"假说"提出的。当时在这个问题上还有许多其他与之竞争的理论（假说），如当时流行的由古代杰出的天文学家托勒密（Claudius Ptolemaeus，约公元90—168）提出的以地球为中心的万神殿的宇宙论。当时没有证据来证明它们的正确与否，直到半个世纪后，哥白尼"日心说"的理论假说才得以证实。爱因斯坦甚至认为，不是经验世界给理论提供了什么；而是我们的理论（假说）决定我们能观察什么。红移现象就是如此，没有理论领先，我们是不会看见红移现象的。① 再有落体定律，伽利略（Galileo Galilei，1564—1642）不是从经验的观察中获得，而是从逻辑推理的链条中得到的。伽利略的伟大之处在于，他能超越形而下的感官世界进入形而上的抽象世界。他的动力原理不是以经验世界为启发而是根据抽象世界空间中的假想，即在完美的平面上，完美形状的物体在没有摩擦、空气阻力和压力中运行。就认知的思维工具而言，此谓"反经验的思想试验"（counter-factual thought experiment）！他的思路强调抽象数字化的优

---

① 天体的光或者其他电磁辐射可能由于运动、引力效应等被拉伸而使波长变长。因为红光的波长比蓝光的长，所以这种拉伸对光学波段光谱特征的影响是将它们移向光谱的红端，于是这些过程被称为红移。当波源相对于观测者有运动时，波源发出的波的波长会发生改变，这叫做多普勒效应。例如当火车在行驶中鸣笛时，人们听到的笛声是变化的，这就是多普勒效应。观测证实，几乎所有天体的电磁波都在向波长较长的方向也就是红光的方向移动，这就是红移现象。红移说明所有的天体都在远离我们，而且距离越远，远离的速度越快，也就是红移越大。20世纪初，美国天文学家埃德温·哈勃（Edwin Powell Hubble，1889—1953）发现，宇宙中绝大多数星系的光谱线存在红移现象。这种红移是由于宇宙在膨胀，星系相对于观察者存在极高的退行速度引起的，称为宇宙学红移，并由此得到哈勃定律。$v = H_0 \times d$，其中 v 为退行速度，d 为星系距离，H_0 为比例常数，称为哈勃常数。哈勃定律有着广泛的应用，它是测量遥远星系距离的唯一有效方法。只要测出星系谱线的红移，再换算出退行速度，便可由哈勃定律算出该星系的距离。哈勃定律中的速度和距离不是直接可以观测的量。直接观测量是红移和视星等。因此，真正来自观测、没有掺进任何假设的是红移-视星等关系。在此基础上再加上一些假设，才可得到距离-速度关系。哈勃定律揭示了宇宙是在不断膨胀的。这种膨胀是一种全空间的均匀膨胀。因此，在任何一点的观测者都会看到完全一样的膨胀，从任何一个星系来看，一切星系都以它为中心向四面散开，越远的星系间彼此散开的速度越快。参阅 Gale Christianson, *Edwin Hubble: Mariner of the Nebulae*, Farrar Straus & Giroux (T), New York, 1995.

越,因为他相信"神以数学的言语写下了大自然的书"①。

再有,1931年比利时天文学家、神学家乔治·勒梅特(Georges Henri Joseph Édouard Lemaître,1894—1966)提出了关于宇宙起源的假说。他认为,宇宙中存在的万事万物都是在很多亿年前集聚成一团,然后发生大爆炸,结果所有的碎片向宇宙的各个方向飞散,同时释放大量的光和其他形式的电磁辐射。此后,天文学家观察到了大量支持该假说的证据。1948年,此假说有了英语名字"Big Bang"(宇宙大爆炸)。自此,它被称为宇宙大爆炸的理论。

我们之所以被"大胆假设,小心求证"所震撼,学界争议纷纷,是因为我们对哲学、神学、科学各自和相互的关系认识不够充分。此外,我们还是不能系统地说清楚人文学科和社会科学的区别,不少看似做社会科学研究的,其实是人文主义者。因此我们很少见到理论导向的实证研究,目前经济学界的情况好些,但不少人还是只谈体会,没有理论科学。当然,这也不奇怪。即便在西方,今天我们知道的社会科学也只是在20世纪初才具规模地兴起的。

BMW假说的框架及其内涵

在这里,根据"大胆假设,系统证伪"的原则,我们先从一个简单假设出发,然后做一个大胆的、基于人类理性假设的中层(mid-range)理论假说,简单地写为BM=W,用它不但解释中国,而且也解释世界,不但是解释历史、现在,而且预测将来。根据前面所说的理论之第一功能,即描述,我先简要地描述BM=W理论的前提假设,然后提出假说。我把对该理论的证实或证伪的检验工作放在下一部分,到时也欢迎大家用自己知道的经验知识来检验这个理论假说,看看它的解释力有多大、预测性有多强。也就是说,我们将先从逻辑的演绎出发,再回到实证的归纳。

---

① A. R. Hall, *The Scientific Revolution*, *1500—1800*, Boston: Beacon Press, 1954, pp. 170—171.

人类理性的微观基础是我们的出发点。发轫于此,假设每一个人生活在这个世界上都活 100 年,消耗 100 年的东西,将放出 100 年的能量,在释放能量的过程中会创造两种财富,一种是物质,一种是精神,即我们说的物质文明和精神文明。一部完整的文明史就是人类的发展史和奋斗史,必须伴随着物质和精神两个方面。正如胡适所说,文明是一个民族应付他的环境的总成绩,文化是一种文明所形成的社会方式。凡是一种文明的造就,必有两个因子:一是物质的,包括种种自然界的势力与质料;一是精神的,包括一个民族的聪明、才智、感情和理想。但凡文明都是人的心思智力运用自然界的质与力的作品,没有一种文明单是精神的,也没有一种文明单是物质的。

回到最原始状态,天冷了,人挖一个窑洞避寒,由此创造的是物质财富。住在洞里后,有人在墙上涂个画,这就是精神财富。有证据显示,大约两三万年前石器时代的人就是过着这样类似的生活。例如,在西班牙北部和法国西南部发现的大约 2 万年前的几百个山洞和山洞里的壁画,不但显示了相当的艺术水平,也从侧面反映了当时的经济生活和信仰。[①] 给定一个人在一生中会释放一定的能量 N,并在追求幸福过程中将 N 转化成物质或精神的财富。我们可以想象,在所有其他条件一样的前提下(ceteris paribus),一个国家的财富应该是 N 乘以人口,即 N × Population。在控制了人口和自然禀赋等变量的条件外,在现实世界中我们如何解释各国财富的差距和财富相对的消长呢?据统计,世界上最贫穷和最富有地区之间的人均收入的差距在公元 1000 年是 1.1∶1,而到了现在扩大到 19∶1(见表 1)。

让我们再回到 BM = W 的理论假说。大家都知道德国有款名牌车叫 BMW,中文是宝马。千万别当真,其实宝马车与我们的议题没关系,我只是开个玩笑,目的是借助 BMW 这个全球名牌,便于大家记忆,对我们解释国富国穷的理论模型加深印象。

---

① Rondo Cameron, *A Concise Economic History of the World*, New York: Oxford University Press, 1989, pp. 21—22.

就理论意义而言,建立模型在于探寻和建立共性,而不是特性。理论在于描述越简洁越好,解释范围越大越好,预测性越精准越好。建立理论模型还有清晰地界定模型内所含关键变量的因果机制,事先(而不是马后炮的事后)说清楚是正相关还是负相关,同时用函数关系来表述,而且最好上升到微积分的严谨的高度,这样才便于证伪。从认识论角度讲,可证伪性是理论科学性的要义之一。

相应的,BM = W 的因果逻辑含义是:应变量 W(Wealth),即一个国家(或地区)的财富,取决于那个国家(或地区)两组与制度安排好坏相关的自变量 B 和 M,其中 B(Bureaucracy)政府/国家是一组纵向(hierarchical)的制度安排;M(Market)市场是一组横向(horizontal)的制度安排。①

如何衡量这些变量?粗略地讲,在控制人口变量的条件下,W 是人均 GDP;在加入人口变量的条件下,W 是一国家 GDP 的总量。衡量 B 的指标是在制度设置上如何选用人才和如何制衡权力和利益,包括从人治(rule of

---

① 这里所指的是"一组"(set)而非"一个"制度。的确,从建构的角度看,无论是横向还是纵向的制度,都不是以单个结构组成,而是复杂的多元体。因此,不论是从分析还是从验证的角度看,数学上更适合的是集合论(set theory)。现代数学就是建立在集合论的基础上的。"一组"集合(set)可以通过外延来表示概念,并纳入集合描述的数学框架中。虽然经典集合论对概念的外延有明确的限定,即每个集合都必须由明确的元素构成,元素对集合的隶属关系必须是明确的,不能模棱两可;数学表现为要么是"0",要么是"1"。但是,在现实世界中,我们必须面对边际模糊的事物,如古希腊的悖论——一粒种子不叫一堆,两粒也不是,但是大家不会不同意,一亿粒种子肯定叫一堆。那么,"一粒"和"一堆"两个概念之间的界限在哪里?显然,它们的区别是逐步的,而不是突变的。这种模糊性导致了模糊集合理论(fuzzy set theory)的出现,并伴随着计算机的发展而发展。从认知的角度说,制度作为人的演绎的产物反过来制约人的行为,制度分析必须基于相对稳定的结构,但是在结构的边际上又必须是模糊或不确定的。而正是这种不确定性才给政治家改进政策和企业家获取利润提供了空间。就经济而言,这种真实世界的模糊和不确定性正是经济学家弗兰克·奈特(Frank H. Knight,1885—1972)解释利润源泉的起点。新古典主义经济学的一个缺陷是,完全竞争的一般均衡模型无法解释利润的起源。奈特敏锐地洞察了这一点,并成功地将不确定性引入完全竞争理论,对利润的起源、企业和企业家的作用给出了独特而合理的解释,从而为修正新古典框架作出了令人瞩目的贡献。参见 Frank H. Knight, *Risk, Uncertainty, and Profit*, Chicago: University of Chicago Press, 1971。关于数学集合论方面的论述,参见 Thomas Jech, *Set Theory: Third Millennium Edition*, *Springer Monographs in Mathematics*, New York: Springer-Verlag, 2003。

man)、到法制、再到法治的考量；在这个维度上，现代国家治理表现为"能力政府""法治政府"和"问责政府"，其中的核心是法治，只有这样，权力才能不被滥用。衡量 M 的指标是各生产要素在最大范围内的流动和组合的自由度，包括激励机制、产权保护（包括知识产权）、公司法人完备和市场竞争度（或反垄断）的考量。在这个维度上，市场不仅意味着商品市场，同时还意味着要素和资源市场。

表1　1000—1998 年地区间人均 GDP 水平的差距　　（1990 年国际元）

	1000	1500	1820	1870	1913	1950	1973	1998
西欧	400	774	1 232	1 974	3 473	4 594	11 534	17 921
西方衍生国	400	400	1 201	2 431	5 257	9 288	16 172	26 146
日本	425	500	669	737	1 387	1 926	11 439	20 413
亚洲（不含日本）	450	572	575	543	640	635	1 231	2 936
拉美	400	416	665	698	1 511	2 554	4 531	5 795
苏联和东欧	400	483	667	917	1 501	2 601	5 729	4 354
非洲	416	400	418	444	585	852	1 365	1 368
世界	435	565	667	867	1 510	2 114	4 104	5 709
地区间最大差异	1.1∶1	2∶1	3∶1	5∶1	9∶1	15∶1	13∶1	19∶1

资料来源：安格斯·麦迪森：《世界经济千年史》，伍晓鹰等译，北京大学出版社 2003 年版，第 117 页。

在这里，读者也许已经意识到，相关制度的影子显而易见。的确，制度和制度发展对经济增长的因果关系越来越受到了社会科学家的关注。有鉴于此，我们有必要先问：制度到底是什么？在诺贝尔经济学奖得主道格拉斯·诺斯看来："制度是一个社会的游戏规则，更正式地说，制度是由人设计出来以塑造人们之间相互关系的约束法则。"[1]在社会学家的眼里，所谓制度是指：

> 首先，那些受制度所规范的行为模式涉及任何社会都长期存在的一些基本问题。其次，制度依据某些明确的、持续的、有组织的模式对社会中的个人行为进行管制。最后，这些模式包括了一

---

[1] Douglas C. North, *Institutions, Institional Change, and Economic Performance*, New York: Cambridge University Press, 1990, p.1.

种明确的规范化秩序和规章制度,即规范和由于这些规范而得以合法化的法令支撑的规章制度。①

由此可见,无论是对经济学家还是社会学家来说,制度并不单单是指一个组织或机构(organization),而是一种塑造整个社会中个体行为的模式化的制度复合体(institutional complex)。既然如此,我们就有必要再回到我们的出发点来问一下:这对现代经济学中"理性经济人"假设有什么含义?这个问题很关键,因为它涉及理论推理和构建的微观基础。受益于赫伯特·西蒙提出的"有限理性"和卡尔·波兰尼(Karl Polanyi,1886—1964)提出的"经济嵌入社会"(economy embedded in society)概念的启发②,我的回答是,在现实世界中,我们有必要放松(但不是放弃)新古典经济学中"理性人"的假设,把理论中"单纯的经济人"看做现实中"制度的经济人",即在经济学的"经济人"和社会学的"社会人"(homo sociologicus)之间联通电路。③ 相应的,在历史的某一时空上,所谓人的"理性"更应表达为制度环境的一个函数。④ 换句话说,在我们的分析框架中,这个"制度的经济人"是生活在特定

---

① S. N. Eisentstadt,"Social Institutions:The Concept",*International Encyclopedia of the Social Sciences*,14,pp.409—421,at pt p.409a.

② 从市场嵌入社会的角度看,虽然"理性"的假设在理论建构上似乎无懈可击,但是它却掩盖了现实和历史的真实以及历史和制度演变的脉络。Karl Polanyi,*The Great Transformation:The Political and Economic Origins of Our Times*,Boston:Beacon Press,1944.

③ 关于这两种视角,芝加哥大学政治学和哲学教授乔恩·埃尔斯特有过精辟的论述。他说:"在社会科学中,最为持久的分野是亚当·斯密的'经济人'和艾米尔·涂尔干的'社会人'两条思想路线的背道而驰。经济人的行为由工具理性所引导,而社会人的行为则受社会规范的指引。前者受未来回报的'拉动',后者则受各种惯性力量的'推动'。前者主动适应变化的环境,总是不停地寻求改善;后者则对环境变化麻木无措,即使新的、更好的选择出现,也固守先前的行为。前者被描绘为一个能够自我约束的社会原子,后者被刻画成由社会力量所左右的没有头脑的玩偶。"参见 Jon Elster,"Social Norms and Economic Theory",*Journal of Economic Perspectives*,3(4)1989,pp.99—117.

④ 例如,如果我们把社会保险体系的好坏作为制度变量,人们在面临不确定的前景时,其消费和存款的水平(或消费与收入比例)是不同的。制度对理性的作用是显而易见的。同理,对中国人来说,美国人过度的消费行为是不理性的,而对美国来说,中国人过度的存款是不理性的。其实这种差别更多地反映了制度的差别,即今天美国的社会保险体系较中国更健全。

制度空间中的一个真实的人,而不是原子化的、非社会的、知识完备的机器人。

如此,我们在探讨国富国穷的过程中,必将回归到哲学家、诺贝尔经济学奖得主哈耶克(Friedrich A. Hayek,1899—1992)提出的问题,即什么样的制度才能最有效地帮助知识不完备的人们,最充分地利用他们有限的知识和理性,在存在风险和不确定的条件下,最大限度地提高作出正确决定的概率?① 在概率关系[0,1]的区间内,制度的重要性正如诺斯所说:

> 这就意味着当经济变得越来越复杂时,制度结构在整合分散知识和解决问题方面起关键作用。知识问题,引用哈耶克的话,"就是要找到这样一个方法:不仅仅能够最大限度地利用分布在社会成员之中的知识,而且能够最大限度地发挥人们发现和开发新事物的能力"。②

必须指出的是,在现实世界中各国在制度建设的纵向和横向两个维度上或多或少都做了努力,因此衡量 B 和 M 不是有和无的问题(在数学上简单地表示为"0"或"1"),而是两者内部和相互之间的有机匹配和相对好坏的程度问题。就纵横向的相互匹配问题,我们不妨回想一下科斯在他 1937 年发表的《公司的性质》一文中的经典问题,即在市场和科层制两者之间的线应划在哪里。在此基础上,他在《社会成本问题》(The Problem of Social Cost)中进一步强调,在提供和增加社会福利方面,既存在政府失灵,也存在市场失灵,失灵的衡量尺度就是社会总产值的下降。③

类似的,另一位诺贝尔经济学奖得主约瑟夫·斯蒂格利茨的忠告是,"以正确的方式提出问题"。但是,他同时强调,"不要把市场与政府对峙起

---

① Friederich A. Hayek, *Studies in Philosophy, Politics and Economics*, Chicago: University of Chicago Press, 1976.
② 道格拉斯·诺思:《理解经济变迁过程》,北京:中国人民大学出版社 2008 年版,第 67 页。
③ Ronald Coase, "The Problem of Social Cost", *Journal of Law and Economics*, 1960, v. 3, no. 1 pp. 1—44.

来,而应该是在二者之间保持恰到好处的平衡"①。

> 我们解释财富的公式是:
> $$\text{Wealth(per capita)} = \text{Bureaucracy} \times \text{Market}$$
> 如果加入人口因数,
> 则:
> $$\text{Total W} = BM(N \times \text{population})$$
> 考虑到制度演绎的历史性(时间 t)和边际的模糊性,
> 则:
> $$W_t \approx f(B,M)_t$$
> 其中:$B>0, M>0; b \in B, m \in M$

上面我们讲过,衡量理论有三个维度:简洁、范围和精确度。以下我们的任务是看看在多大范围内和准确度上,$BM = W$ 理论假说[更精确地表达为 $W_t \approx f(B,M)_t$]经得起人类历史经验数据的证实或证伪的检验。

注意,我们在这里用的是约等于号"$\approx$"而不是等于号"="。这主要是考虑到纵向和横向两组制度的演绎性和集合性以及由此产生的边际模糊性。在追踪和解释社会发展时,是牛顿经典的力学方法更合适,还是生物进化的视角更贴切?我们的答案是后者。与此相关,我们的目的也在于克服新古典经济学回归现实主义时所暴露的弱点,即一般均衡模型不能容忍不确定性、不可预知性、非目的论和非决定论的演绎和进步。

与自然界不同,制度确实是人设计和搭建的,并反馈性地制约人的思想和行为,所以制度不是存在着,而是消失着和生成着,其中所蕴含的不确定性给人提供了发明和创造的空间。其实,即便是自然界,量子力学的基石是海森堡的不确定性原理,而不是爱因斯坦的决定论。但是严格地说,人并不能"发明"自然规律,而只能"发现"它;而制度的确是人发明的,因而它具有更多创造(create)的空间。有鉴于此,就我们手头的研究而言,模糊集合数学的思路无疑更具指导意义。

---

① 约瑟夫·斯蒂格利茨:《社会主义向何处去——经济体制转型的理论与证据》,周立群等译,长春:吉林人民出版社 1998 年版,第 303 页。

毕竟，制度及其发展不像牛顿物理世界那样是一个完全确定的、被事先调整好的精确时钟，而正因为如此，它才为政治家的改革和企业家的盈利提供了逻辑的前提和空间。

从理论上讲，如果新古典经济学开创者阿罗和德布鲁用微分拓扑学所证明的完美的"一般均衡"确实已存在于各国的现实，那么在经济领域中企业家将不再出现，在政治领域中改革或新政策的制定将再无必要。但是，毋庸置疑，真实世界（无论是成熟的还是新兴的市场体）显然不是如此，相反，它充斥着风险和不确定性，这是人类无法摆脱的现实。

顺带一提，1965 年，美国加州伯克利大学数学和计算机学教授卢特菲·扎德（Lotfi A. Zadeh）发表了《模糊集合》（*Fuzzy Sets*）的论文，标志着数学新领域模糊集合理论的开始。扎德教授通过引进模糊集（边界不明显的类）"隶属度"（degrees of membership）的概念来分析复杂系统，用语言变量代替数值变量来描述系统的行为，找到了一种处理不确定性的方法，并提供了一种较好的推理模式。近年来，随着电脑的广泛运用，他所开创的模糊集领域得到了迅速发展。作为一门新兴学科，除了社会科学外，它已初步应用于系统理论、自动控制、模式识别、信息检索、医学和生物学等方面。①

现在让我们进入千变万化的经验世界，从抽象理论回到丰富的经验世界的实践。

人类历史经验的初步检验

被古罗马哲学家西塞罗称为"史学之父"的古希腊作家、史学家希罗多德（Herodotus，约公元前 484—前 425）说得好，一个从不知道自己出生以前事情的人，永远是个不成熟的孩童。被中国近代思想家梁启超赞为"不独为中国所有而为全世界之所有之学人"的国学大师王国维（1877—1927）认为：

---

① D. Dubois and H. Prade, *Fuzzy Sets and Systems*, New York: Academic Press, 1988.

"学,无所谓古今,无所谓中外。"经济史学家麦克洛斯基(Donald N. McClosky,后改名为 Deirdre N. McClosky,中文译名为戴尔德丽·麦克洛斯基)在 1976 年发表了著名的《历史拥有有益的经济学吗?》一文,她在文中指出,经济学家如果没有历史的视角,会变得目光狭隘;认识历史有助人们理解当代的经济现象和更好地把握未来。她形象地说:"除非他是一个十项全能运动员,一个经济学家如果没有历史之腿向前跳跃,他对当前的经济问题就会形成狭隘的眼光、浅薄的经济思想,对经济数据的力度和脆弱性缺乏适当的评价,缺乏运用经济学驾驭重大问题的能力。"[①]

人类历史就像一座蕴藏着丰富间接经验的大山。学习历史并不仅仅指牢记历史上的人物、事件和时间,关键是在历史的长河中发现变化和顺序、区分个人意志和必然性之间的界限,并为之做出原因和结果的判断。毕竟,永远由现在组成,而对于现在而言的过去也曾经是未来。本部分的任务是考察一下古今中外的经验证据。在这里,我开门见山,总结性地先说一下,根据历史学家提供的现有证据,综观人类历史和各国的财富增长,经济增长趋势均符合 BM≈W 的规律;尤其是一些系统的统计数字具有震撼效应(见表 1、表 2、表 3;图 1、图 4)。不相信的话,就请接着往下看。

制度突破曾使中国成为最富的地方

在 19 世纪早期,中国的经济总量排世界第一,当时中国的 GDP 占世界总量的 30% 以上。有人做过更系统的统计,在 1820 年中国占全球 GDP 的份额达到 32.9%(相比之下,印度是 16%,日本是 3%,欧洲是 26.6%,美国是 1.8%,俄国是 5.4%)。[②] 根据 BM≈W 的逻辑,我们不难解释为何中国的财富,无论是总体还是人均水平,在历史上都曾经处于遥遥领先的地位。

虽然我们没有系统的统计数据来说明中国在更早期的富裕程度,但是

---

① Donald N. McClosky, "Does the Past Have Useful Economics?" *Journal of Economic Literature*, June 1976, vol. xiv, no. 2, pp. 434—461.

② 统计数据来自:Angus Maddison, *Chinese Economic Performance in the Long Run*, OECD, Paris, 1998.

有学者估计,在公元50年时,中国人均GDP与欧洲大陆相似,中国经济发展水平与同期的罗马帝国相当。① 有意思的是,当时在知识传播和制度建设方面,东西方似乎也不分上下。在早期历史上,中国有秦始皇(公元前259—前210)的焚书坑儒;而在西方,公元前47年,罗马恺撒大帝(Gaius Julius Caesar,公元前100—前44)一把火不仅烧毁了亚历山大港的埃及舰队,也烧毁了亚历山大的图书馆,近3个世纪收藏的70万卷图书付之一炬。公元529年东罗马皇帝查士丁尼(Justinianus,约公元483—565)②下令封闭雅典的所有学校,其中包括柏拉图学园在内。他拔掉了由柏拉图亲自创建、持续了几百年的希腊学术据点。再有,中国儒学重农轻商,所谓"士、农、工、商"以及"君子喻于义、小人喻于利";无独有偶,当时的罗马帝国也重视农业,从事商业的人社会地位低下。有学者估计,顶峰时期罗马的人口大约是6 000万—9 000万;公元600年中国的人口是5 000万,但在以后的600年中,中国人口大约增加了1倍以上。③ 之后几百年,中国的经济水平逐步超过其他国家,尤其是在960—1280年间,中国经济有显著的发展,人均收入提高了1/3。④ 而大约同时期的欧洲开始进入黑暗时期。⑤

到了公元10世纪以后,根据意大利商人马可·波罗(Marco Polo,

---

① Raymond William Goldsmith, "An Estimate of the Size and Structure of the National Product of the Roman Empire", *Review of Income and Wealth*, 1984, v.30, pp.263—288.

② 查士丁尼是拜占庭皇帝(公元527—565在位),他的统治期是东罗马帝国演变为拜占庭帝国的过渡期。他于542年废除了执政官这个从罗马共和国遗留下来的官职,加强了皇帝作为神在地球上的代表的地位。查士丁尼的法律集罗马法律之大成,统称为《民法大全》(Corpus juris civilis),其中包括《查士丁尼法典》、《法学阶梯》(Pandectae)、《学说汇编》(Institutiones)、《新律》(Novellae)。《民法大全》保留了罗马在法学上天才性的创造成果,后来成为欧洲许多国家制定法律的蓝本,对世界产生持久的影响。

③ Rondo Cameron, *A Concise Economic History of the World, from Peleolithic Times to the Present*, New York: Oxford University, 1989. pp.37—38, pp.82—83.

④ Angus Maddison, *Chinese Economic Performance in the Long Run, 960—2030*, Paris: OECD, 2008.

⑤ 在中世纪黑暗时期,古希腊的科学知识大多被人忘却,只有尚在流行的波依修斯的著作还有些对古典知识的介绍。波依修斯是了解希腊学术的最后一位罗马人,他用拉丁文翻译的柏拉图和亚里士多德的著作纲要,是早期欧洲人了解的仅有的希腊学术;他写的《哲学安慰》是哲学史上连接古代和近代的桥梁,被史学家视为漫漫长夜中的一点微弱的星光。

1254—1324)游记的描述,当时的中国无疑是世界上最富有的国家。马可·波罗在中国生活了十多年,他的游记以 100 多章的篇幅,记载了中国 40 多处的城市区域,对当时中国的自然、社会和经济等情况作了详细描述。有证据显示,15 世纪晚期哥伦布(Christoforo Colombo,1451—1506)决心从西往东远航,其实是受马可·波罗游记的激励。① 看来当拿破仑(Napoleon Bonaparte,1769—1821)说"Laissez la Chine dormir quand elle se réveillera le monde tremblera"(让中国沉睡吧,不然它会震撼世界的)时,这并不是什么了不起的先见之明,因为当时的中国已经如此的辉煌。② 如果拿破仑真说过的话,他应该说,中国这只雄狮将要沉睡,睡着很多年后还会醒来。这是因为拿破仑去世那年,占世界人口 1/3 的中国还生产了世界 GDP 总量的 1/3(见表 2、表 3)。但是,不幸的是,人们常常只见树木,不见树林,至少看不见有一个全球历史的森林存在。

表 2　1700—2003 年各国/地区 GDP 占世界之比（%；1990 年国际元）

	1700	1820	1952	1978	2003
中国	22.3	32.9	5.2	4.9	15.1
印度	24.4	16	4	3.3	5.5
日本	4.1	3	3.4	7.6	6.6
欧洲	24.9	26.6	29.3	27.6	21.1
美国	0.1	1.8	27.5	21.6	20.6
俄国	4.4	5.4	9.2	9	3.8

资料来源:安格斯·麦迪森:《中国经济的长期表现》,伍晓鹰等译,上海:上海人民出版社 2008 年版,第 36 页。

---

①　公元 13 世纪,《马可·波罗游记》在欧洲发表。这本书所描述的中国的富庶令整个欧洲为之震撼,然而,人们同时也怀疑,马可·波罗用如此夸张的语言来描述中国,是不是在编造神话。在马可·波罗临终前,有人让他坦白承认他游记的内容纯属编造。马可·波罗痛苦地表示,他对中国富有程度的叙述,还不到中国实际富有程度的一半。哥伦布是《马可·波罗游记》的热心读者,直到今天在西班牙的塞尔维市的哥伦布图书馆还存放着他当年读过的《马可·波罗游记》,书中写满他的注释。

②　有学者对这句话是否拿破仑所言提出怀疑。根据《唤醒中国:国民社会中的政治、文化和阶级》(北京:三联书店 2005 年版)作者费约翰在序言中所说,法文或是其他语言的第一手资料都没有记载拿破仑说过这样的话。

事实是,世界经济的中心不是肇始于欧洲。事实是,至少在1800年前,中国在整个世界经济中占据支配地位,当时它吸进和吞噬了大约世界生产的白银货币的一半。① 相应的,对于当时中国技术在世界上的领先地位,哈佛大学科技史教授埃弗里特·门德尔松(Everett Mendelsohn)是这么描述的:

> 从公元前5世纪到公元15世纪的任何时候,如果有一个人从火星来到地球作访问,他将认为欧洲不可能是发生技术革命的地方……作为人类活动的理性化的技术,我将推测,更有可能的地方是中国。中国当时的技术更发达;它拥有更理性化的商业和更复杂的官僚制度。从有用知识、书面语言、符号的使用以及他们对技术在人类生活中的地位的理解方面看,中国的官吏会使梵蒂冈看起来像乡巴佬。②

表3 1700—2003年各国/地区人口　　　　　　　　(百万)

	1700	1820	1952	1978	2003
中国	128	381	569	956	1 288
印度	165	209	372	648	1 050
日本	27	31	87	115	127
欧洲	100	169	399	280	516
美国	1	10	158	223	290
俄国	27	55	186	262	288

资料来源:安格斯·麦迪森:《中国经济的长期表现》,伍晓鹰等译,上海:上海人民出版社2008年版,第36页。

中国经济从鼎盛开始滑坡,只是近代的事。是什么原因?道理并不难,参照 BM≈W 的逻辑,这是因为当世界各国在 B 和 M 两个维度上都落后的时候,中国在 B 维度上曾遥遥领先。早在秦汉时期,中国不但有了刑法,根

---

① 关于当时白银流向和流量的统计,参见 Andre Gunder Frank, *ReOrient*: *Global Economy in the Asian Age*, Berkeley: University of California Press, 1998.
② 转引自丹尼斯·古莱特:《靠不住的承诺:技术迁移中的价值冲突》,邴立志译,北京:社会科学文献出版社2004年版,第289页。

据近年来的出土文物发现,还有了相当水平的民法。尽管秦汉王朝建立的是专制的官僚体制,但历史学家告诉我们,相对于同一时期世界上另外一些政治形态,它无疑提供了更多的法制、秩序和安定。① 此后中国又有了新的制度突破,在隋唐时期,中国的科举制度得以确立,这是一个了不得的制度创新。有人把它说成是中国的第五大发明,但是我认为它的意义大大超过其他四大发明。② 因为它是制度安排,不是随意爆冷门。制度安排是关于提高整体成功概率的问题,而四大发明本身做不到这点。研究过中国历史的外国学者似乎也有类似的观察,认为中国"听任每一代的新发现被世人不知不觉地遗忘,让后人大概再通过文物和考古研究重新予以发现。可见,中国前进的历史,是由亮点组成的历史。这些亮点在时间、空间上是相互分离的,没有通过复制和检验而相互联系,由于语言上使用隐喻和故弄玄虚而变得黯淡,并且光线散布的范围也很有限(如印刷技术远不如欧洲),实际上只是短暂的闪光。"③

与之相反,我们不难看出,牛顿物理学与亚里士多德物理学的继承关系,而且这种连续性还体现在学科之间的相互借鉴和批判上,显示出我们所说的良好的知识生态。例如,科斯曾不无自嘲地强调,"经济学家们经常因为以下这一事实而感到自豪:查尔斯·达尔文(Charles R. Darwin,1809—1882)的进化论是在阅读了托马斯及亚当·斯密的著作之后而产生的结果。

---

① 西方学者指出,罗马帝国时期的安定,即所谓的"Pax Romana",也导致当时经济的发展。古罗马还以其完备的法律体系著称,包括市民法(仅适用于罗马公民)、自然法(适用于所有人)和国家关系法(用于调节罗马人与其他民族之间的关系)。从公元2世纪到公元6世纪,罗马法经历了一个不断补充和完善的过程,至534年颁布施行,后人称之为《民法大全》。该法典对西方文明的影响被认为仅次于《圣经》,其基本思想和原则已融入西方乃至世界各国的法律中。参见 J. M. 罗伯茨:《世界文明通史》,第3卷(罗马与西罗马帝国),上海:上海人民出版社2002年版,第50页。

② 中国古代有举世闻名的四大发明,即造纸术、印刷术、火药和指南针。造纸术发明于汉代,印刷术和火药是唐朝人发明的,指南针和活字印刷是宋代发明的。参见冯绍庭:《四大发明》,上海:上海古籍出版社1995年版。

③ David Landes, *The Wealth and Poverty of Nations*, New York: W. W. Norton & Company, 1999, p.371.

但自达尔文以来,生物学方面的进展与亚当·斯密以来经济学的发展成了对比。生物学已经发生了转变。现在,生物学家对支配具有活性的有机体功能的复杂结构已有了详细的了解。我相信有朝一日我们将在经济学方面取得相似的成功。但这将非易事"。①

在中国历史上,科举制度不同寻常,自隋朝(公元581—618)创立,至清朝(1644—1911)废止,先后实施了1300多年之久,其特点是"开放性""严密性"和"竞争性"。"取士不问家世","惟材是择,无偏无党,王道荡荡",科举一反用人唯亲的习俗,通过考试选拔官员,为中国的官僚体制择优录取、源源不断地输送人才。这长期和系统地影响了中国官员队伍的建设,保证了B纬度上的人员素质。科举制度完善于唐朝,从唐朝开始中国还允许外国人参加考试,考上了可在中国做官。② 北京的国子监就是证据。③ 看来当时中国的气度和开放程度超过今天。科举对于中国整个官僚制度的影响,随着取士人数的增加和进士占高级官员的比重的上升而扩大。据统计,唐朝290年,共取进士6603人;两宋310年,人数远远超过了前后各代,当时的135位宰相中,90%以上是通过科举和太学三舍考选途径的。④ 有学者指出,科举

---

① Ronald Coase, "The New Institutional Economics", *American Economic Review*, vol. 88 (2),1998,pp. 72—74.

② 根据《资治通鉴》和《唐六典》卷21《国子监》记载,唐代的科举考试对于外籍人士是相当程度开放的。如唐太宗贞观(627—649)年间,高丽、百济、新罗等国(或政权)国王(或酋长)都先后派遣子弟留学于唐代当时的最高学府——国子监。另外,一些外籍人士还在科举考试中金榜题名,如日本人阿倍仲马世(晁衡)、大食人李彦升、新罗人崔致远等等,就是其中的佼佼者。更值得一提的是,当时外籍人士参政和跻身于高官行列的人数也不少。如印度天文学家瞿昙罗曾经担任太史;日本人阿倍仲麻吕(晁衡)曾经先后担任司经局校书、左补阙、左散常侍、安南都护等职;唐代名将骆元光曾任宫廷侍卫,是波斯人;新罗人崔致远考中进士,并担任过翰林学士等显赫职务。

③ 国子监,始于隋代,为教育机关,至清代变为只管考试、不管教育的考试机构;到清末则成为卖官机构。国子监学生,等于秀才,分文武两种,文称文生,武称武生。历经元、明、清三代的北京国子监,位于北京市东城区的国子监街内,是中国最后一个国子监,保存至今,现为全国重点文物保护单位。参见黄现璠:《中国封建社会史》,广西大学图书馆铅印,1952年。

④ "科举"之名,事实上始于宋朝。隋唐时期称这一制度为"贡举",宋代或称"贡举"或称"科举",以后通称为"科举"。参见张希清:《中国科举考试制度》,北京:新华出版社1993年版。

制度的积极意义不仅仅在于它所促成的"上升"型流动,也在于它的"下降"型流动。上升,使得在竞争中脱颖而出的下层士人得以参政;下降,则使居官者得不到世代承袭的保障。① 这些特点使当时西方人赞叹不已,西班牙圣奥斯丁会修士胡安·冈萨雷斯·德·门多萨(Juan González de Mendoza,1545—1618)在《中华大帝国史》中特别介绍了中国通过考试遴选官员的情况,并认为,"在当今世界上为人所知的国家中,这个庞大的王国是治理最佳的一个"②。

宋朝(960—1279)之后,西方的传教士把中国的科举制度传到了西方。葡萄牙人奥伐罗·塞默多(Alvare de Semedo,中文名曾德昭,1585—1658)所著的《大中国志》中有一章详细叙述了中国的考试制度,使欧洲人耳目一新,受到法国思想家伏尔泰(1694—1778)和孟德斯鸠(1689—1755)等人的绝口称赞。后来,法国、英国、德国各自开始模仿中国的科举制度来遴选文职官员。③

正如哈佛大学的戴维·兰德斯教授所说:"当中国和别的国家引领世界时,几乎所有的知识传播都是单向的,即从欧洲之外传到欧洲。这是欧洲了不起的优点:和中国不同,欧洲是学习者,并的确从早期中国的发明和发现中受益良多。"④ 的确,我们从18世纪欧洲的文学作品中可以窥见一斑,当时

---

① 李弘祺:《宋代官学教育与科举》,台北:联经出版事业公司1994年版,第245页。参阅 Ping-ti Ho, *The Ladder of Success in Imperial China: Aspects of Social Mobility, 1368—1911*. New York: Columbia University Press, 1962; Ichisada Miyazaki, *China's Examination Hell: The Civil Service Examination of Imperial China*, New Heaven: Yale University Press, 1976; John W. Chaffee, *The Thorny Gate of Learning in Sung China: Social History of Examination*, Cambridge: Cambridge University Press, 1985.

② 1585年,门多萨所著《中华大帝国史》一经问世,立刻在欧洲引起轰动,先后被译成拉丁文、意大利文、英文、法文、德文、葡萄牙文以及荷兰文等七种文字,共发行46版,堪称盛况空前。该书是16世纪有关中国自然环境、历史、文化风俗、礼仪、宗教信仰以及政治、经济等概况最全面、最详尽的一部著述,也是《利玛窦中国札记》发表以前,在欧洲最有影响的一部专论中国的百科全书。

③ 邓嗣禹:《中国对西方考试制度的影响》,载《哈佛亚洲研究学报》1943年第7卷。

④ David S. Landes, *The Wealth and Poverty of Nations: Why Some Are So Rich and Some So Poor*, New York: Norton & Company, 1999, p.378.

欧洲上流社会最时髦的就是中国的家具、瓷器,甚至连传教士所写的关于中国的信件也是脍炙人口的时尚。法国著名作家维克多·雨果(Victor Hugo,1802—1885)悉心搜罗中国艺术品,包括佛像、瓷瓶、陶器等,他写的《中国瓷器》《跌碎花瓶》小诗等反映了当时欧洲崇尚中国的现实。

我们再看看中国的邻国日本。在当时,位于日本本州南部的奈良(当时的平城京)就是完全按照中国唐朝都城长安(现西安)的样式建造的。奈良是日本第一个较为长久的都城,是当时日本政治、经济和宗教的中心。奈良时期(710—784)出现了日本第一次经济、文化全面昌盛的局面,其中遣唐使、派往中国的留学僧和留学者起着极大的作用。公元753年,在日本遣唐使的恳求下,中国"盲圣"鉴真(688—763)带着一群弟子六次东渡,终于在该年12月到达日本。日本全国大兴造寺、造像,堂皇的绘画、华丽的装饰艺术,今天仍可见于奈良的寺院和正仓院宝物中。据说日本的和乐也是在唐代燕乐的基础上发展起来的。由于日本平安朝的乐制改革与长期的历史演变,日本和乐经历了从模仿到创新的过程,虽然今天听来,已成为独具特色的日本传统音乐文化。

讲到这里,我请大家注意看图1,图中的曲线由跨国可比较的国际元和对数表示。① 在这张曲线图的中段,相当直观地展示了中国当时的制度创新对中国财富增长的效应以及学习新制度对欧洲财富增长的效应。

相关研究和数据都显示,中国人均收入的增长在宋朝达到了高峰,但是很遗憾,以后却一直停顿不前。② 有统计数字表明,1700—1820年间,中国的人均GDP混合增长率是0,同期美国是0.72,欧洲是0.14,日本是0.13,

---

① 国际元是一种理论上的货币,由统计学家吉尔瑞(Roy Geary)和卡密斯(Salem Hanna Khamis)提出并完善。国际元按照购买力评价计算的实践汇率(而不是官方的名义汇率)折算,目的是更好地反映一个单位的货币可以购买的商品和服务数量。在一个基点上,国际元与美元是一致的,即1国际元等于1美元,之后则随着商品和服务价格的变化而与美元发生偏离。国际组织进行跨国比较和计算时,往往把1990年作为基准点。

② Justin Yifu Lin, "The Needham puzzle, the Weber question, and China's miracle: Long-term performance since the Sung dynasty", *China Economic Journal*, volume 1, Issue 1, February 2008, pp. 63—95.

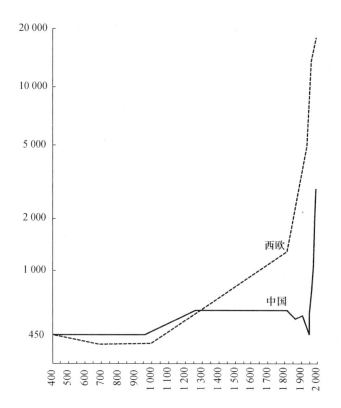

图 1　公元 400—1998 年中国与西欧人均 GDP 水平的比较（纵轴刻度为对数标准）

资料来源：安格斯·麦迪逊：《世界经济千年史》，伍晓鹰等译，北京：北京大学出版社 2003 年版，第 30 页。

俄国是 0.1。① 看来这绝不是什么巧合，因为宋朝之后我们在制度方面再没有更多的发明创造，与此同时，西方世界制度革新正酣。欧洲国家，特别是英国，学习、采用和完善了我们原创的竞争型考试制度和思想②，并在此基础

---

① www.ggdc.net/maddison.
② 例如，意大利传教士利玛窦的《中国札记》以丰富的资料向西方"解释了一个新的世界和一个新的民族"，成为当时西方世界了解"神秘东方"的重要文献。此外，英国传教士理雅各在王韬等人的协助下，全部翻译了《四书》《五经》，名之为《中国经典》。法国国王路易十四还曾专门诏谕印制传教士从中国带回的《四书》译稿。美国学者斯塔夫里阿诺斯在《全球通史》中写道："当时欧洲知识分子正被有关传说中的遥远的中国文明的许多详细的报道所强烈地吸引。这些报道以耶稣会传教士的报告为根据，引起了对中国和中国事物的巨大热情。实际上，17—18 世纪初叶，中国对欧洲的影响比欧洲对中国的影响大得多。"

上更上了一大台阶,逐步建立了马克斯·韦伯所说的现代"官僚科层制"。它的特点是层级化(意味统一指挥)、专业化(意味决策与执行的分离、公务员的非人格化)、制度化(意味法律对个人专权的限制及工作的程序化)、理性化(是市场经济制度的核心)。这些特征使西方政府成了一部理性、精确的、程序化的大机器。① 用奥斯本(David Osborne)和盖布勒(Ted Gaebler)在《改革政府:企业家精神如何改革着公共部门》一书中的话,这种官僚制度为政府带来的逻辑规范与装配转送带带给工厂的逻辑规范一样。这种组织安排与传统相比,大大提高了办事的效率。②

在权力和利益制衡方面,中世纪以后,社会契约论兴起,代表人物是霍布斯、洛克(John Locke,1632—1704)和卢梭(Jean-Jacques Rousseau,1712—1778)。③ 立宪成为限制政府权力、保障个人权利的制度性安排,它不仅规定

---

① 韦伯是德国思想家和社会学家,有"组织理论之父"之称。他与泰勒、法约尔是西方古典管理理论的先驱,是官僚组织模式(Bureaucracy Model)的创始人。他一生先后担任过大学教授、政府顾问,是一位百科全书式的学者。他对社会学、经济学、政治学、历史学和宗教学等许多领域都有造诣,而对后世产生最大影响的是行政管理组织理论,即官僚(科层)组织理论。代表作是《经济与社会》和《社会组织与经济组织理论》。

② David Osborne and Ted Gaebler, *Reinventing Government:How the Entrepreneurial Spirit Is Transforming the Public Sector*, New York:Plume Books (Penguin Group),1993. 参见威廉姆·尼斯坎南:《官僚制与公共经济学》,北京:中国青年出版社2004年版;帕特里克·敦利威:《民主、官僚制和公共选择》,北京:中国青年出版社2004年版;简·莱恩:《新公共管理》,北京:中国青年出版社2004年版。

③ 社会契约论在理论上有个发展的过程。霍布斯在西方思想史上占有重要的席位,有人把他称为"政治学的牛顿"。他最著名的著作是1651年的《利维坦》,在书中他假想了一个没有国家或政府的"自然状态"(State of Nature),在这种自然状态下的生存是"孤独、贫困、龌龊、野蛮与短命"。为了摆脱这种悲惨状态,人与人之间通过契约过程,彼此同意形成纵向的组织安排,即主权国家。由于霍布斯思想中的契约是个人和个人之间的协议,在个人和国家之间不存在任何契约,因此他的契约论被称为"专制契约论"。洛克在此基础上倡导人的自然权利,认为个人与个人之间通过协议,只是为了克服"自然状态"中的不便,他在其《政府论两篇》中强调通过立法与司法的分工对政府进行制约,因此他的思想被称为"自由契约论"。卢梭有两本最重要的著作《论社会不平等的起源》和《社会契约论》。他认为"人生来自由,却无往不在枷锁之中",他批判真实社会中的种种弊端,寻求通过民主的社会契约,使社会进入新的自由境界,因此,他的思想被称为"民主契约论"。

在第二次世界大战后,西方社会普遍关心"社会正义"(social justice)。"社会正义"是约翰·罗尔斯(John Rawls,1921—2002)理论探讨的核心所在,因此他的理论被称为"正义契约论"。他的代表作是《正义论》(*A Theory of Justice*),书中他借鉴了以上三种契约论以及其他

了政府的结构与运作程序，而且界定了政府不得超越的权力范围以及不得侵犯的个人权利。

1215年英国的《大宪章》（Magna Carta），虽然是贵族抗衡国王努力的产物，与平民百姓无关，但是作为历史上第一部限制王权的"权利法案"，它意义非凡。《大宪章》明文要求国王服从法律，并接受大贵族委员会的监督。同时，御前扩大会议，这是议会的前身，具有高于国王个人的司法裁判权和批准征税权。自1215年的《大宪章》后，权利的范围逐步扩大，它逐步开始包括新的富裕阶层，最后于19世纪扩展到所有成年男人、妇女和非白人种族。

1628年的《权利请愿书》（Petition of Rights）、1689年的《权利法案》（The Bill of Rights）以及1701年的《王位继承法》（Act of Settlement），构成了英国保护个人生命、自由与财产权利的宪法性法律。除此之外，欧洲国家，特别是西欧国家在14世纪文艺复兴的基础上开始了M市场的建设。于是乎，英国终于在18世纪首先爆发了工业革命。① 诺斯认为，工业革命不是起因，而是百年来以产权为基础的市场建设的结果。他所写的《西方世界的崛起——新经济史》详细阐述了当时欧洲各国市场发展的不同和经济发展的差异。②

在大西洋的彼岸，尽管美国得天独厚，但是它的崛起也只是20世纪的

道德与政治哲学，包括亚里士多德、康德、功利主义和理性选择等学说，提出了一个使人们"忘却"自己特殊利益的"无知之幕"（veil of ignorance）的假设。他认为人们在"无知之幕"的状态下选择的社会政策是除了具体的偏见和私欲，符合社会的公共利益，由此达成的社会契约应该被认为是"公正"的。参见 Chandran Kukanthas and Philip Pettit, *Rawls: A Theory of Justice and its Critics*, Stanford University Press, 1990; Philip Pettit, *Judging Justice: An Introduction to Contemporary Political Philosophy*, London: Routledge and Kegan Paul, 1980; John Rawls, *A Theory of Justice*, Oxford: Oxford University press, 1971; "Kantian Constructivism in Moral Theory", *The Journal of Philosophy*, 1980, v.88, pp.515—72.

① 参阅 T. S. Ashton, *The Industrial Revolution 1760—1830*, New York: Oxford University Press, 1964.

② Douglas North, *Institutional Change and American Economic Growth*, New York: Cambridge University Press, 1971 (with Lance Davis); *The Rise of the Western World: A New Economic History*, New York: Cambridge University Press, 1973 (with Robert Thomas).

事,而且主要体现在综合国力上,而不是体现在人均产出上。即便到了今天,相对于别的成熟市场经济国家,它在 B 和 M 两个维度上除了更开放的移民政策和一流的研究型大学之外,没有其他方面结构性明显的领先。因此,美国就业人口的人均 GDP 只是略高于别的成熟市场经济国家;不过,它远远超过不成熟的市场经济国家(见表4)。

表4 1870—1998 年各国/地区就业人口人均 GDP (1990 年国际元)

	1870	1913	1950	1973	1990	1998
西欧*	4 702	8 072	11 551	28 109	37 476	43 108
美国	6 683	13 327	23 615	40 727	47 976	55 618
加拿大	5 061	11 585	20 311	35 302	39 601	43 298
澳大利亚	10 241	14 180	17 714	29 516	36 682	44 190
俄罗斯		3 593	5 986	11 795	15 281	10 302
日本	1 359	2 783	4 511	23 634	37 144	39 631
新加坡					29 159	42 259
韩国			2 516	8 689	20 633	28 315
中国香港地区					36 815	43 022
中国台湾地区			2 569	11 924	24 203	35 198
中国内地			1 297	2 041	3 718	6 181
印度			1 377	2 065	3 380	4 510
阿根廷			12 538	21 349	17 811	25 598
墨西哥			7 685	18 399	20 747	20 810

 *西欧12国(奥地利、比利时、丹麦、芬兰、法国、德国、意大利、荷兰、挪威、瑞典、瑞士、英国)加权平均。

 数据来源:安格斯·麦迪逊:《世界经济千年史》,伍晓鹰等译,北京:北京大学出版社2003年版,第346—347页。

形上与形下、科学与技术:揭开李约瑟之谜

特别需要指出的是,14世纪中叶至17世纪初在欧洲发生的以弘扬人文主义为核心的文艺复兴运动,让西方人从一个相对形而上、难以实证的神学世界

回归到一个相对形而下、可以实证的科学世界。① 请展示上帝在哪里(Show me God)？这一问，意义非凡，它打开了科学实证主义(empiricism)，或称实证科学的大门。② 从哲学角度说，形而上抽象逻辑推导的假说与形而下具体观察和实证的结合点燃了科学研究的方法，即我前面所说的"大胆假说，系统证伪"。现代科学的大师如伽利略、牛顿、达尔文、爱因斯坦、普朗克、沃森、克里克都是如此。

其实，许多科学家"形而下"的成就，是建立在对"形而上"逻辑笃信的基础之上并受之启发。相比之下，古希腊的哲学文化之所以没有系统地发展成实验科学，这是因为受柏拉图主义的影响，那时的哲学家过于寻求休闲的生活来追求"心灵高尚的东西"，而科学恰恰需要用物质作为实验求证的对象。确实，科学家与其他人并无不同：虽然他们超人的洞察力往往来自所谓脑海里进行的实验(thought experiment)，但是，如果他们能观察并接触到具体的东西，对一个问题的理解就会更确信。

爱因斯坦说："伽利略的发现以及他所运用的科学推理方法，是人类思想史上最伟大的成就之一，标志着物理学的真正开端。"不难看出，推理的方法显示了形而上的逻辑轨迹。在谈论到宗教、哲学和科学之间的关系时，数学家、哲学家和诺贝尔文学奖得主伯特兰·罗素在《西方哲学史》(*A History of Western Philosophy*)绪论中说："哲学是介于神学和科学之间的东西。它和神学一样，包含着人类对那些迄今仍未确切的知识所不能肯定的事物的思考；它又和科学一样，诉诸人类的理性而不是权威。一切确切的知识属于科

---

① 莎士比亚《哈姆雷特》剧中的名言："人是一件多么了不起的杰作！多么高贵的理性！多么伟大的力量！多么优雅的仪表！多么文雅的举动！在行为上像一个天使！在智慧上多么像一个天神！宇宙的精华！万物的灵长！"这是对文艺复兴时期人文主义思想的概括。参见《莎士比亚全集》第5卷，朱生豪译，北京：人民文学出版社1994年版，第326页。

② 弗朗西斯·培根，英国著名的唯物主义哲学家和科学家。他在文艺复兴时期的巨人中被尊称为哲学史和科学史上划时代的人物。马克思称他是"英国唯物主义和整个现代实验科学的真正始祖"，第一个提出"知识就是力量"的人。以后，极具影响力的实证主义哲学家还有霍布斯、洛克、贝克莱(George Berkeley,1685—1753)、休谟(David Hume,1711—1776)和穆勒(John Stuart Mill,又译作密尔,1806—1873)。

学；一切涉及超出确切知识以外的教条属于神学。在神学和科学之间还有一片受到双方攻击的无人之地，这片无人之地就是哲学。对于它的解释就是哲学的业务。"①

相应的，在科学史上，自西方文艺复兴之后，终极原因的探索慢慢地开始从形而上的天堂转移到了形而下的原子核上；但是，自从科学家的视角超越了原子，进而出现了量子力学后，电子和中子层面的不确定性使人们对形而下的机械决定论有了新的疑惑。正如曾担任剑桥大学皇后学院院长、英国理论物理学家约翰·波尔金霍恩（John Polkingthorne）所说："量子力学像人指给你看一座漂亮动人的宫殿，但却告诉你不知道究竟它的根基是建在坚实的磐石上还是移动的沙土上。"②看来，我们还有待于哲学一如既往地穿梭于形而上和形而下两个世界之间、"接生"新的可靠知识！

相比之下，由于中国儒学文化中既缺少欣赏宗教形而上的内容，又欠缺借助于数学精确、系统的科学实证主义的因素，这就不容易界定哲学，也便缺乏了我们前面所说的现代科学知识的"接生婆"。我的观察是，中国的文化讲究世俗感觉的敏锐或叫高超的"悟性"，骨子里浸泡着《孙子兵法》和《三十六计》，即傅斯年所说的"方术"，因此"灵活机动的战略战术"似乎是中华民族智慧的优势。但是，抽象思维所必需的清澈的"理性"和严谨的"逻辑"，以及实证型、系统型而不是（个人）感觉型、经验型的学术态度似乎不是

---

① 参见罗素：《西方哲学史》，何兆武、李约瑟译，北京：商务印书馆1963年版，第11页。有很多学者认为中国并不具有哲学。比如大名鼎鼎的德国哲学家黑格尔，其辩证法是马克思主义三大思想来源之一，曾于1816年在德国海德堡大学开讲哲学史课程。他颇具大家风范，目光不限于德国，也不限于西方，而是全球范围，包括评说东方的哲学。但在"导言"部分，他断言在东方"尚找不到哲学知识"（《哲学史讲演录》第一卷，贺麟、王太庆译，北京：商务印书馆1983年版，第97页）。法国哲学家雅克·德里达（Jacques Derrida）曾经在2001年9月第一次也是最后一次到中国做学术访问。他也认为，按照西方的学术标准，"中国没有哲学，只有思想"。《哲学动态》2001年第11期曾以《仅仅是开始：德里达访问北京之行》为题做了报道。1918年，傅斯年给蔡元培写信，反对把哲学归为文科，认为中国哲学根本不算哲学；他认为古代中国"本没有所谓哲学"，只有"方术"。

② John C. Polkingthorne, *The Quantum World*, Princeton, NJ: Princeton University Press, 1984, p.1.

我们的长处。那种专门发明出来对付眼前事例的就事论事法(ad hoc approach)固然是生动的描述,但却是荒芜的理论,很难使我们能够把握事物内在的规律。

在一定的意义上,儒学的视角宛如新古典经济学的模型。新古典经济学的思路强调配置效益,而把技术的边界看成是给定的、不变的。类似的,面对粥少人多的局面,由于儒学不重视扩展技术边界,强调等级和秩序便成为必然,它并没有启发人们如何把饼做大。著名历史学家斯塔夫里阿诺斯的观察是:"存在欧亚大陆其他文明中的教士与俗人之间,教会与国家之间的鸿沟,在中国是不存在的。中国也没有印度史诗相应的东西,因为印度史诗包含玄学,其内容多与个人的灵魂得救有关。中国的经典强调人在社会中的生活,尤其是强调家庭成员之间、君臣之间的关系。"①

看来也不是偶然,与之相对应,到了17—18世纪以后,人类现代科学中心不是在中国,而是在西方出现并经历了一个逐步转移的过程:从文艺复兴后的意大利(1540—1610)到英国(1660—1730),到法国(1770—1830),到德国(1810—1920),再到今天的美国(1920—现在)。② 这也部分地反映了全球财富中心的变迁,这是因为科学知识的运用大大地提高了人类征服疾病的能力和生产效率(见图2)。难怪有西方学者有点自负地指出:"现代科学的绝大部分,尤其是17—18世纪人们所说科学革命带来的突破,是欧洲创造的。非西方科学不仅几乎毫无贡献(尽管欧洲人知道的东西并非全部),

---

① L. S. Stavrianos, *A Global History: From Prehistory to the 21st Century*, Upper Saddle River, New Jersey: Prentice Hall, 1998, p. 403.
② 根据昌增益教授在北京大学研究生"德赛"学术论坛上的讲演,2004年4月19日。意大利中心的代表性人物:伽利略、达·芬奇(当时的哥白尼、维萨、哈维都是意大利归国留学生)。英国中心代表性人物:波义耳、牛顿、哈维、哈雷。法国中心代表性人物:拉普拉斯、傅立叶、拉瓦锡、盖·吕萨克、安培、库仑、拉马克。德国中心代表性人物:高斯、欧姆、赫兹、迈尔、霍姆霍兹、伦琴、普朗克、海森堡、玻恩、维勒、李比希、凯库勒、施莱登、施旺。法西斯主义迫使很多德国科学家移民到了美国!参阅 David S. Landes, *The Unbound Prometheus: Technological Change and Industrial Development in Western Europe from 1750 to the Present*, 2d ed., Cambridge University Press, 2003.

而且在当时没有能力参与进来,或是远远落后或是拐错了弯。"①

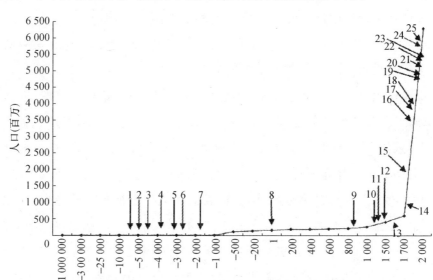

1. 第一次经济革命 2. 陶器 3. 犁 4. 第一批城市 5. 冶金 6. 记录 7. 数学 8. 罗马盛世 9. 风车 10. 高炉 11. 黑死病 12. 发现新大陆 13. 望远镜 14. 工业革命 15. 瓦特蒸汽机 16. 生物学 17. 铁路 18. 汽车 19. 飞机 20. 青霉素 21. 脱氧核糖核酸 22. 核能 23. 人类登月 24. 个人计算机 25. 基因组计划

图 2　人类历史上重大科技突破

数据来源:Kremer, M., "Population Growth and Technological Change: One Million B. C. to 1990", *Quarterly Journal of Economics*, 1993, 108, pp. 683.

的确,哲学家有条有理的思路和对因果关系的探索加上工匠的实践经验和传统知识这两方面的相互影响,奠定了科学的基础,推动了科学的发展,最终是西方在近代完成了伟大的科学和工业革命。意大利文艺复兴中期的著名美术家、科学家和工程师莱昂纳多·达·芬奇(Leonardo da Vinci, 1452—1519)可谓是这种新思路的预示者。他并不是老待在画室里,而是常常在机械工场里,忙于发明各种"小玩意儿"。早期社会科学的雏形也在那个时代形成,意大利思想家马基雅维利(Niccolò Machiavelli, 1469—1527)在

---

① David Landes, *The Wealth and Poverty of Nations*, New York: W. W. Norton & Company, 1999, p. 348.

其著名的《君主论》(*Il Principe*)一书中,从一般人性的弱点出发,第一次把理性选择用于世俗政治。他一反传统道德主义的方法,抛开了规范的命题,坦率地运用事实的命题,使政治学有了一些科学实证的意义,这在某种程度上为今后西方政体的演变提供了先期的理论基础。

中国现代著名学者萧公权的观察是,中国重实际而不尚玄理,西方反之;中国多因袭而少创造,西方亦反之。他认为,西方学术重"致知",而中国学术重"致用"。"致知"者以追求真理为目的,其学说不以一时一地之实用,而是在于建立普遍通达之原理;他们归纳演义、综合分析,必以不矛盾、成系统为依归。"致用"者则以实行为目的,不大注意抽象之理论、思维之方法、概念之同异、议论之从违,不必有论证,不必成系统。① 这说得是否在理?以前我不好判断,因为没有机会系统观察。现在我已先后在清华和北大执教八年有余,与师生接触的机会甚多,我认为萧公权的观察在理。这最终是个哲学的问题,学术如不重视"致知"而只重视"致用",就容易注意此时此地的问题,急功近利,思想因而会受到限制,不容导致超越时空的科学理论创新。

在历史上,即便是像北宋时期沈括(1031—1095)这样知识渊博、才华横溢的数学家和天文学家,也未把他的观察和研究提炼成有普遍意义的理论体系。他所著的《梦溪笔谈》,虽然内容浩瀚,但由于没有统一性的哲学范畴,因而更像是一部组织松散和缺乏理论连贯的文集。无怪乎,美国科学史学家席文(Nathan Sivin)教授感叹道:"我恐怕不得不说,我还未能在沈括的思想里找到中国科学的内在统一性。作为补偿,我却认识到了我以前不曾充分注意到的一个重要问题,即各门学科与其他各种知识之间的关系。"②

在这里值得强调的是,虽然人们常常混为一谈,但是科学和技术是两个

---

① 萧公权:《中国政治思想史》,沈阳:辽宁教育出版社1998年版,附录:中国政治思想史参考资料绪论。
② 刘钝、王扬宗:《中国科学与科学革命》,沈阳:辽宁教育出版社2002年版,第504页。

不同的范畴。相对于科学,技术异常古老,它与人类相伴而生。① 注意,人类漫长的史前历史都是由技术来标识的,如旧石器、新石器、青铜和铁器等等。相对于技术,现代科学像是沙漠中的绿洲,时间大约只有四百多年。在西方哲学中,技术常常与制造连在一起;而制造,即工匠的劳动,在于物化。由此,技术常常被看成是一个物化的"黑箱"②,因为缺乏内在性因果关系的解释,因此长期受到贬低,直到英国哲学家、唯物主义和现代实验科学的鼻祖弗朗西斯·培根呼吁重视手工操作,技术发明才得到重视。众所周知,人类的整个生存环境从工业革命开始发生了根本的改变。这主要是由于数学和物理科学对技术的影响所造成的。从传统的、经验的技术向理论导向、实验科学的技术的转变开启了一系列新的领域的突破,例如核能、超音速运输工具、计算机和全球性即时通信。

顺带说一下,基于上述,再看看图 2,学术界所说的"李约瑟之谜"(Needham puzzle)也就不难揭开了。西方学者李约瑟(Joseph Needham,1900—1995)在其《中国科学技术史》(Science and Civilization in China)中提出这样一个问题:在公元前 2 世纪到公元前 15 世纪,中国在科学和技术运用方面胜于欧洲,但是近代科学为什么不是从处在世界领先地位的中国古代文明中演绎出来,而是在文明程度相对落后的 15 世纪的欧洲诞生呢?其实,最早提出这个问题的是 16 世纪来到中国的意大利耶稣会教士利玛窦(Matteo Ricci,1552—1610);18 世纪左右欧洲的一些启蒙思想家如伏尔泰等人也问过类似的问题。

注意:利玛窦刚到中国时,对中国人所达到的文明程度表示惊讶。他在早期书信中说:"中国人非常博学。医学、自然科学、数学、天文学都十分精

---

① 人类技术发展史大致可分为三个阶段。首先是工具阶段,即劳动所必需的物理能量和智力投入,还都有赖于主体。其次是机器阶段,即物理能量被技术手段客体化了。最后是自动化阶段,即技术手段使物理能量和智力投入都客体化了。

② 其实,当时中国的实际情况也类似。对于一个工匠来说,如鲁班、扁鹊、华佗,他们的技术往往笼罩在传奇般的色彩中。中国古代关于"得心应手"和"庖丁解牛"的寓言故事,不仅表现出高超的技术,更反映了技术的封闭性,需要"秘传"。

通,以不同于我们西洋人的方法正确地计算日食、月食。"但是当他久居之后发现中国人在自然科学方面与当时的欧洲之间的差距,并得意地表示,自己"用对中国人来说新奇的欧洲科学知识震惊了整个中国哲学界"①。

相关的,英国著名历史学家佩里·安德森(Perry Anderson)在进行了东西方文化的比较后,对中国有这样的观察,也许对我们有所启发。他认为,中国的所有制观念同欧洲的产权观念相去甚远。商业资本既苦于没有长子继承权的制度安排,又苦于国家对生产和贸易重要部门的垄断。尊崇氏族纽带的遗风其实正是缺乏注重产权的民法制度的体现。国家的法律规定总体是惩罚性的,缺乏提供指导经济生活的正面制度框架。在认知方面,他指出:

> 除了技术发明的实用智慧和官方扶植的精致的天文学外,中国文化没有形成自然法的理论概论。它的各种科学往往是注重分类而不是因果关系,用一种弹性的宇宙观把它们研究的各种异常现象——往往比同时代西方科学更精确——包容起来,而不是对它们提出质疑和解释。因此它们缺少因果关系的模型。众所周知,对后者的反驳能够引起科学内部的理论突破。另外,学者和手工业者之间严格的社会划分阻碍了数学和试验之间的重要接触,而正是这二者的结合,在欧洲导致了现代物理的诞生。结果……中国科学始终停留在达·芬奇阶段,而没有达到伽利略阶段,它从未跨越这个界限,进入"精确的宇宙"。②

说到"精确的宇宙",我的观察是,在哲学层面,中国儒学缺乏系统的本

---

① 类似的,西班牙籍耶稣会士庞迪我(Diego de Pantoja,1571—1618)在报告中写道:"他们不知道,也不学习任何科学,也不学习数学和哲学。除修辞学以外,他们没有任何真正的科学知识。"参见〔日〕平川祐弘:《利玛窦传》,刘岸伟等译,北京:光明日报出版社1999年版,第49页。利玛窦、金尼阁:《利玛窦中国札记》,下册,何高济等译,北京:中华书局1983年版,第347页。张铠:《庞迪我与中国》,北京:北京图书馆出版社1997年版,第415页。
② 佩里·安德森:《绝对主义国家的系谱》,刘北成、龚小庄译,上海:上海人民出版社2001年版,第563页。

体论。虽然道学关心宇宙的本源,但是它却不是中国文化的主流。更感缺憾的是,无论是儒学还是道学,都缺乏系统的认识论。什么是认识论?简单地说,认识论关心的问题涉及:给定人的大脑和感官,在多大的程度上我们可以认识世界?在什么程度上我们的知识是可靠的?这类问题非常关键,因为只有认识到人的大脑和感官的有限性,我们才会认识到有必要制作望远镜、显微镜、电脑等设备来作为我们大脑和感官的延伸,这些属于帮助我们认知的形而下的工具(physical tools)。同样重要,我们需要语法来判断语言的对错。但是思路的好坏如何判断?我们需要思路的语法,那就是逻辑和数学,这些是帮助我们思维的形而上的工具(metaphysical tools)。在这些方面,不是说我们没有贡献,而是贡献相当有限;我们重经验归纳,轻逻辑演绎,不求一以贯之的理论体系。

历史上,中国比较接近近代科学思路的传统不是儒学,而是道家、墨家和名家。但是,即便是竭力为中国科学辩护的李约瑟也认为,"道学学者虽然对大自然特别爱好,但是并不信任理性与逻辑。墨家与名家虽然信赖理性与逻辑,然而当他们对大自然有兴趣时,也只是为了实践的目的而已"①。这意味着中国哲学中的理性思辨并没有脱离实用的动机,使它从感情和直觉中分离出来,从而达到独立和精确的地步。证据是人类数学史上所谓的"三大数学危机"(mathematical paradox)都没有率先发生在中国。这深刻地反映了思维中存在的盲区。对于这些缺憾,在相当程度上,中国的大学和知识界至今还是集体无意识。

市场的建立与西方的崛起

回到市场 M 的建设上,诺斯在其《西方世界的崛起》中开宗明义地指出:市场是一种经济制度安排,但它不是给定的,需要建设和发展。西方世界之所以能够兴起,就在于它发展出一种有效率的经济制度安排。这种安

---

① Joseph Needham, *Science and Civilization in China: Physics and Physical Technology*, vol. 4, Cambridge University Press, 1971, p. 280.

排确立了财产所有权,把个人的经济努力不断引向一种社会性的活动,使个人的收益率不断接近社会收益率。产权和经济增长的联系包含着更有效的资源配置,严格划分的产权并不等于自由放任,前者更加重要,因为它减少了交易费用,形成更加紧密联系的市场和更高水平的专业化,从而可以获得规模经济效益。英国的迅速崛起是由严格划分的产权所促成的,这种产权划分使英国形成了更加有效率的经济组织。这样划分的产权是通过议会在1650—1688年战胜斯图亚特王朝产生的,此后议会能够阻止国王向人民任意征税和随意出售专卖权。比如说,以前专利在英国是君主赐予的特权,但到了1852年英国颁布了《1852年专利修订法》(The Patent Law Amendment Act),并成立了现代意义上的专利局,加强了市场制度的激励安排和知识传播的关系。社会需要知识传播,没错;发明者的利益要得到保护,也没错。现代专利法是兼顾两者利益的极富智慧的制度安排。18—19世纪技术在西欧的蓬勃发展看来并非偶然(见图2)。

  如果有人强调英国的经济勃兴似乎也可以从优越的自然条件中寻找线索,那么资源贫乏的小国荷兰完全不是依赖自然的恩赐。荷兰是发展了一套更具效率的经济组织,从制度上激发和保护了经济领域内的创新活动,才使那里的人身财产安全有保障,私人收益率与社会收益率比较接近。正因为如此,荷兰在经济上和政治上取得了远远超出其小国规模之上的成就。相反,中世纪的西欧强国法国和西班牙则是反证。法国经济不能实现长期稳定的增长,是因为法兰西国家不能发展出一套有效的财产所有权体系:劳动处于不付报酬的奴隶义务劳动阶段,行会、垄断和对地方市场的保护继续存在。西班牙的旧制度占据优势,没有发展有效的所有权,私人产权没能得到很好的保护,机构革新少而且缓慢,所以它在竞争中失败并出现相对的停滞不前。国际关系的学者常常这样告诉我们,1618—1648年的"三十年战争"使荷兰成为世界霸权(1648—1815);1793—1815年的拿破仑战争使英国成为世界霸主(1816—1945);1914—1945年两次世界大战则把美国推上了霸主的地位(1945以后)。① 如此陈述给人的印象是,战争似乎直接或间接地给人类带来财富,也许短期效应的确如此,但是从长期看,他们忽视了一个更深层、更关键的因素:在近代历史上,能真正称霸的都是以保护产权为基础的市场经济国家。在那里,现代国家这个概念同时表现为能力政府、法治政府和问责政府三个方面。② 与此相对比,二战前专制的、国家主义导向的意大利、德国、日本以及二战后实行计划经济的苏联都是反例。在这里,虽然国家主义导向的政府能力超强,但是由于缺乏市场所需的"法治"和"问责",从长远计经济发展不可持续。

总之,从中世纪到19世纪,西欧经济迅速发展的先决条件是以产权为基础的市场的发育和发展。英国尤其如此,17世纪末英国首先出现公共债务系统,这是现代市场经济国家的一个重要标志。③ 相比之下,16世纪末西班牙政府的年财政收入是英国的10倍,17世纪末法国的年财政收入是英国的5倍。④ 显然,英国政府对市场的呵护而不是掠夺,保证了它长期的、可持续的发展。

我们再回过头来看看中国。很可惜,同期的中国,特别是近代中国,却在B维度上相对落后了。虽然科举在历史上有助于提升国家能力,但"法治政府"和"问责政府"却迟迟不能到来,而基于科举的官僚体系最终不是对民众而是对皇帝负责。换言之,权力和利益缺乏有效的制衡机制。另一方面,

---

① Immanuel Wallerstein, *The Politics of the World-Economy: The States, Movements and Civilizations*, Cambridge: Cambridge University Press, 1984; Richard Rosecrance, "Long Cycle Theory and International Relations", *International Organization*, 1987, 41(2), pp. 283—301.

② 这里,国家能力指的是政府有足够的能力(包括财力和武力)来履行其职责;法治政府是指最高行政官员和立法者本身也必须受法律的约束,法治的核心是限制公权,保护私权;问责政府指的是民众通过选举等制度安排可以向政府官员问责。

③ 后来,公债也在证券交易所发行和交易。例如,1815年6月18日,在比利时布鲁塞尔近郊展开的滑铁卢战役。这不仅是拿破仑和威灵顿率领的两大军队之间的殊死决斗,也是成千上万公债持有者的巨大赌博。那时,伦敦股票交易市场的空气十分紧张。如果英国败了,英国公债的价格将跌入谷底;如果英国赢了,英国公债的价格将冲上天。

④ Karen Rasler and William Thompson, "Global Wars, Public Debts, and the Long Cycle", *World Politics*, 35(4), 1983, pp. 493—4.

中国在 M 市场维度上全面落后。比如,到了清朝灭亡时,中国还没有公司法。当时没有人懂得有限公司的概念——"生意有利润,你发财;生意倒闭时,你不用倾家荡产"——中国人觉得这种形式是不道德的。① 这种落后的思想阻碍了企业的投资和融资。

相比之下,早在 1551 年,英国就建立了世界上第一家股份公司——莫斯科夫(Muscovy)公司,并首次向公众发行面值 25 英镑、总值 6 000 英镑的股票,股市由此诞生。此后在 1600 年,英国东印度公司或称约翰公司(British East India Company or John Company)在伦敦成立,原始股东 125 人,集资 7.2 万英镑。在 1760 年,伦敦 150 名股票经纪人在"乔纳森咖啡馆"(Jonathan's Coffee House)开办了英国第一家股票营业厅。到了 1773 年,"新乔纳森咖啡馆"易名为伦敦证券交易所(The Stock Exchange)——英国第一个真正的证券交易所从此诞生。

在荷兰,荷兰东印度公司或称联合印度公司(Dutch East India Company or United East India Company)在 1602 年第一次公开招股,并成为第一个跨国的股份有限公司。股份公司的形成,大大地推动了资本的集中,使生产规模惊人地扩大。仅荷兰东印度公司,就有 150 艘武装商船、40 艘战船和 1 万名士兵。当时,荷兰凭着世界上最发达的造船业和航海技术称霸于世,被誉为"海上马车夫"。荷兰东印度公司成立不到 10 年,在 1611 年,有一些商人在荷兰的阿姆斯特丹进行荷兰东印度公司的股票买卖交易。到 1631 年,当时属于荷兰的安特卫普(Antwerp)成立了世界上第一个股票市场,即证券交易所。

在美国,第一家股票交易所的诞生可追溯到 1792 年 5 月 17 日。这一天,21 个证券经纪商和 3 家经纪公司聚集在纽约华尔街 68 号外的一棵大梧桐树下,在其自定的章程上签下了各自的姓名,并聚于此地进行股票交易活

---

① William C. Kirby, "China, Unincorporated: Company Law and Business Enterprise in Twentieth Century China", *Journal of Asian Studies* 54, no. 1 (February 1995): 43—63. (Reprinted in *Capitalism in Asia: Sixty Years of the Journal of Asian Studies*, edited by David Ludden, Ann Arbor: Association for Asian Studies, 2004, pp. 29—50).

动。这就是金融业内众所周知的《梧桐树协议》(The Buttonwood Agreement),它开创了纽约证券经纪人集中交易的先河,被认为是纽约证券交易所的起源。① 到了1886年,美国最高法院裁决,企业即是"法人",享有宪法第14修正案的公民权利。这意味着,企业享有了包括不变、自治以及有限责任的至高的主权权利,并可以应用法律手段来并购其他企业,拥有无限的寿命期限,虽然它们不能参加政治选举。

什么是公司(business corporation)? 它是超越自然人(natural person)将集体作为一个单一的社团法人(legal person)。在法庭上将这类虚构的人格视为真实的实体,这在人类历史上实在是一个极其高明的制度创新。这种虚构的独立人格可以是一个营利的公司,也可以是一个非营利组织,如大学。② 这种制度创新的核心是把大多数个体的行为看成一个单一结果、单一意愿,并赋予其单一、独立的法律地位及相应权益,包括财产所有权、制定契

---

① 值得提醒的是,当时这只是一个封闭的俱乐部,或更严格地说,是一个操纵市场交易价格的卡特尔。它只吸纳纽约最有钱的经纪人,以保证内部人受益,而外部人则被排斥在外。当时签订协议的经纪人宣誓:"我们,在此签字者——作为股票买卖的经纪人庄重宣誓,并向彼此承诺,从今天起,我们将以不低于0.25%的佣金费率为任何客户买卖任何股票,同时在任何交易的磋商中我们将给予会员以彼此的优先权。"这种卡特尔式的运作方面持续了很长时间,直到1975年,固定的佣金制才在华尔街寿终正寝,取而代之的是浮动佣金制,它降低了证券的交易成本。同年,美国通过了《证券法修正法案》(Securities Act Amendments),下令连接美国的各个证券交易所,加强了所谓金融的"万有引力定律,"即最好的价格出自最大的市场。到了20世纪80年代末,美国事实上只剩下两个证券交易市场——纽约股票交易所和纳斯达克市场。前者主要交易挂牌证券,它们市值较大,并被广泛持有;后者主要交易那些市值较小的、未在交易所挂牌的股票。虽然也有例外,如英特尔和微软,但是,总体来说,纽约交易所的股票的市值高于纳斯达克股票的市值。今天,纽约股票交易所类似一个非营利性机构,尽管在理论上它为其会员公司所有,但事实上它是整个证券业的中心机构,其角色类似美联储在银行业中的角色。

② 现代大学学术自由和大学自治的理念其实是靠这些制度创新来支撑的,这点往往被我们忽视了。今天中国的大学依然是世俗政府部门的衍生。早在中世纪,作为一个以"为知识而知识"为专业的社团,大学是通过与教会和世俗政治权力的博弈而获得自治权的。罗马天主教会和皇帝授权的法律章程赋予了大学独立的法人地位以及相应的财产所有权,这使当地的宗教和政治势力不便于介入大学的内部事务。相比而言,由于法治的滞后和缺乏独立法人的制度安排,历史上中国的科举、翰林院,还有如太学一类的国家学术单位从没享有过不受世俗政治干扰的学术自由。参阅 Hastings Rashdall, *The University of Europe in the Middle Ages*, 3 vols. New York: Oxford University Press, 1936。

约的权力、法庭上的代表权、起诉和被起诉的权力。在美国波士顿学院社会学教授查尔斯·德伯(Charles Derber)看来:"公司是一个由个体们创造的帝国,而其内部的'免疫系统'对民众的监督和政治的干预有着一种天生的排斥,而这种排斥显然来自于每个公民所享有的、不可剥夺的权利。"①

值得强调的是,作为新的制度安排,这些社团法人超越了传统亲缘、宗派等狭隘观念的羁绊,改变了社会行为的性质。它们的出现既反映也促进了当时欧洲法治的发展,并为市场经济的长足发展打下了坚实的基础,意义非凡。② 正如马克斯·韦伯所说:"拥有一个想法是一回事,而形成一种社会体系,使信徒们坚持这一想法是另外一回事。"③在这些方面,中国显然是落后了。而正是这些落后,历史学家黄仁宇认为,阻滞了中国资本主义的萌芽和发展。④

早期在欧洲,这些新产生的企业组织和市场无疑成了进行经济动员的有效工具。在股份公司出现以前,主流的商业形式是合伙制,即由一小群彼此熟悉的人合伙拥有并运行企业,但是合伙制的局限是不能充分聚集资本。相比之下,股份制的明显优势则在于能够从陌生人那里聚集到足够的资本,这方面还得借助于相关法律关于股东责任限于其投资额的规定。这样,任何想用一定数量的金钱进行投资或投机的人,都可以不必冒拿自己整个前途来做赌注的风险。因为风险只限于他用来买进公司股份的那一部分钱,

---

① 查尔斯·德伯:《公司帝国》,闫正茂译,北京:中信出版社2004年版,第147页。
② 关于社团法人与法治发展的关系,参见 Harold J. Berman, *Law and Revolution: Formation of the Western Legal Tradition*, Harvard University Press, 1983.
③ Max Weber, *The Protestant Ethic and the Spirit of Capitalism*, New York: Scibners, 1958, p.98.
④ 更具体地说,黄仁宇认为,资本主义是一种划时代的组织和运动,其范围广泛并具有以下技术特点:(1)剩余资本通过私人贷款广泛流通;(2)职业经理人出现使企业扩大超出所有人本人耳目能监视的程度;(3)技术支持要素(如律师、保险、交通、通讯等)彼此通盘使用。以上三个特点都必须基于信用,而信用最终又必须由法治来维系。相应的,资本主义扩张到海外则依赖于治外法权。基于上述,他的论点是,资本主义不可谓曾在中国生根,所以谈不上萌芽,更谈不上开花结果。参见黄仁宇:《资本主义与二十一世纪》,北京:三联书店1997年版,第15—17页,第21—22页。

对于公司可能遭受的任何损失,他都不必进一步负责。而且,投资者之间不必互相相识,彼此信任,也不必关心市场的具体情况。公司的具体经营都委托给按职业水平选拔的董事们,而这些董事又可任命可靠的管理人员管理公司日常事务。

今天,关于公司治理结构与公司法的讨论和实践都是围绕这些问题展开。关于企业和市场的关系,1991 度诺贝尔经济学奖得主罗纳德·科斯开了主流的企业契约理论研究的先河,他从交易费用(transaction cost)出发,试图回答两个基本问题:为什么会有企业存在?企业的边界是什么?① 至于企业内部的治理问题,一个有效的理论视角集中地体现在美国麻省理工学院本特·霍姆斯特姆教授(Bengt Holmstrom)在 1982 年发表的《团队中的道德风险》(Moral Hazard in Teams)这篇经典文献中。该文章讨论了公司内部

---

① 继科斯之后,企业契约理论又由阿尔钦和德姆塞茨(Alchina and Demsetz)、威廉姆森(Williamson)、克莱因(Klein)、詹森和麦克林(Jensen and Meckling)、张五常、奈特(Knight)、格罗斯曼和哈特(Grossman and Hart)、霍姆斯特姆和泰若勒(Triole)、哈特和莫尔(Hart and Moore)以及杨小凯展开。该理论的关键是认为,企业乃是"一系列契约的联结"(nexus of contracts)。这方面最具代表性的文献,参见 Ronald Coase, "The Nature of the Firm", *Economica*, IV, 1937, pp. 368—405; Armen and Harold, "Production, Information Costs, and Economic Organization", *American Economic Review*, 62, 1972, pp. 777—95; Demsetz Alchian Steven Cheung, "The Contractual Nature of the Firm", *Journal of Law and Economics*, 26, 1983, pp. 1—21; S. Grossmand and O. Hart, "An Analysis of the Principal Agent Problem", *Econometrica*, 51, 1983, pp. 7—45; Oliver Hart, *Firms, Constracts and Financial Structure*, Oxford University Press, 1995; Oliver Hart and Moore, "Property Rights and the Nature of the Firm", *Journal of Political Economy*, vol. 98, 1990; Bengt Holstrom and J. Tirole, "The Theory of the Firm", in Schmalensee R. and R. *Willig, eds.*, *Handbook of Industrial Organization*, North Holland, 1989; Michael Jensen and William Meckling, "Theory of the Firm: Managerial Behavior, Agency Costs, and Capital Structure", *Journal of Financial Economics*, 3, 1976, pp. 305—60; B. Klein, R. Crawford and A. Alchian, "Vertical Intergration, Appropriate Rents and the Competitive Contracting Process," *Journal of Law and Economics*, 21, 1978, 297—326; Frank Knight, *Risk, Uncertainty and Profit*, New York: AM Kelley, 1964; O. E. Williamson, "Transaction Cost Economics: The Governance of Contractual Relations", *Journal of Law and Economics*, 22, 1979, pp. 233—262; Xiaokai Yang and Yewkwang Ng, "Theory of the Firm and Structure of Residual Rights", *Journal of Economic Behavior and Organization*, 26, 1995, pp. 107—128. 关于企业契约理论在中国企业改革过程中的争论和实践,参阅张维迎:《企业理论与中国企业改革》,北京大学出版社 1999 年版。

"委托"(principal)和"代理"(agent)之间的矛盾、约束、激励的制度安排。①

走向市场的共性与亚洲经济的勃兴

合股公司的出现无疑调动了社会的资金,鼓励了企业家的创业精神,导致了职业经理队伍的兴起和发展。说来让人惊叹,公司是一个超越自然人的、人为的独立"法人",但是这个"法人"何以诞生又如何死亡,各国的历史和相关的法律是不一致的;不过公司,包括跨国公司②,与专利、市场和法治一样,都是一种人为的技术的安排,从历史上看为社会创造了巨大的财富。我们不妨把它当做"制度技术"(institutional technology)加以对待、学习和

---

① 现在流行的分析和解释公司治理的委托—代理理论是由1996年度诺贝尔经济学奖得主詹姆斯·莫里斯(James A. Mirrlees)教授开创的。早在70年代,莫里斯与斯蒂格里茨、罗斯(Stephen Ross)、斯宾塞(Michael Spence)等人共同开创了委托—代理理论的研究。他分别于1974、1975、1976年发表的三篇论文,即《关于福利经济学、信息和不确定性的笔记》(*Notes on Welfare Economics, Information and Uncertainty*)、《道德风险理论与不可观测行为》(*The Theory of Moral Hazard and Unobservable Behavior*)、《组织内激励和权威的最优结构》(*The Optional Structure of Incentives and Authority within an Organization*),奠定了委托—代理的基本模型框架。该分析框架后来又由霍姆斯特姆等人进一步发展,在委托—代理文献中,被称为莫里斯-霍姆斯特姆模型方法(Mirrlees-Holmstrom Approach)。这里涉及集体理性与个人理性的不对称,财产所有权和企业控制权的区别、由此产生的问题以及解决方案的设计,关于这方面的文献,参阅 Michael Spence, 1974, *Market Signaling*, Cambridge: Harvard University Press, 1974; Joseph Stiglitz and S. Grossman, 1980, "On the impossibility of informationally efficient markets", *American Economic Review*, 70(3), 1980, pp. 393—408; Bengt Holmstrom, "Moral Hazard in Teams", *the Bell Journal of Economics*, vol. 13, no. 2, (Autumn 1982), pp. 324—340; James Mirrlees, "Notes on Welfare Economics, Information and Uncertainty", 1974, in Balch et al., editors, *Essays in Equilibrium Behavior under Uncertainty*; "The Theory of Moral Hazard and Unobservable Behaviour I", mimeo., Nuffield College, 1975; "The Optimal Structure of Incentives and Authority within an Organization", *Bell Journal of Economics and Management Science*, Spring 1976.

② 跨国公司并不是崭新的事物。早在15世纪,佛罗伦萨的美第奇银行(Medici Bank)就在海外开设了分行。今天跨国公司主要是通过利用各国不同的相对优势,包括不同的制度环境(如税收),在全球范围内整合资源,调整自身的资金和产业结构,通过海外进行投资和生产,来实现公司的利润最大化。在海外投资可分为纵向和横向的投资。横向投资是指在国外建立一个在功能方面与母公司类似的公司,建立这类公司主要是出于占领国外市场,接近消费者的考虑。纵向投资是指按生产程序分成国内和国外生产。例如,如果国外劳动力便宜,国内研发能力强,那么公司通过国内研发、国外生产或组装可以实现效率最大化。在这种形式下,跨国贸易就是公司内部的贸易。这时如果各国的公司税率不同,跨国公司则可以通过价格转移和公司内部贸易来实现全球利润最大化。

借鉴。

所谓"技术"？理解技术的一种视角是，人们为了某种愿望或目的把自然或社会现象进行编程，编程有好有坏，或有科学或无科学指导，这都可理解为技术。基于人性对社会现象进行编程即是我们所说的"制度技术"。打开这个编程黑箱，探寻黑箱中各要件的因果机制和函数关系，同时系统地比较同类黑箱之间所能产生的某种价值如效率、正义、自由，这是社会科学的任务。

就市场、法治、专利、公司法人等制度技术而言，中国无疑是大大地落后了。美国著名中国学者费正清（John King Fairbank，1907—1991）指出，中国社会在中央高度垄断政府的组织之下，其官僚体系几乎在所有大型的行政、军事、宗教和经济活动中都起着主导作用，所以对私人企业的支持未曾建立起来过；另一方面，极其奢华、壮丽的宫廷、陵墓和巨型工程，如大运河和万里长城，似乎在证明，如果石头多的话，这种专制的政治组织会从石头中榨出更多的血来。①

相应的，中国占世界 GDP 的份额从 19 世纪初期的 30% 以上迅速下降到 19 世纪末期的 13%。在 1840—1950 年间，内乱加上外患以及政府管理的缺陷，使中国的 GDP 从占世界总量的 1/3 降到了 1/20，实际人均收入从世界平均水平降到了平均水平的 1/4。期间日本的人均收入提高了 3 倍，欧洲提高了 4 倍，美国提高了 8 倍。1978 年改革开放的前夕，我们占世界 GDP 的份额更是下降到 4.9%（同期美国是 21.6%，欧洲是 27.8%，苏联是 9%，日本是 7.6%，印度是 3.3%）。美国是老大不奇怪，尽管它建国时间不长，但它在 B 和 M 两个维度上的制度安排都相当成熟。不仅如此，美国地大物博，其科研设施和学术机构在二战以后日趋完善，并营造了人类至今最好的知识生态。对中国来说，尽管当时我们人口众多（9.5 亿人），但我们 GDP 总

---

① 参见 John King Fairbank, *The United States and China*, p. 47; Eric Jones, *The European Miracle: Environment, Economics and Geopolitics in the History of Europe and Asia*, New York: Cambridge University Press, 2003, p. 9.

量只是略多于印度(印度当时的人口是 6.4 亿)。①

这说明什么？这说明经过"大跃进"和十年"文革"之后,中国在 B 和 M 两个维度上都大大地落后了。回头看,1949 年中华人民共和国成立后本应是调整和建设国家和市场的良好契机。遗憾的是,从 20 世纪 50 年代初的国民经济恢复时期开始,不论是在 B 维度还是 M 维度上,中国继续强化军事管制体制和计划经济体制,形成了一个社会、市场都从属于国家的一元化体制。从 1957 年反右、1958 年"大跃进"到 1966 年"文化大革命",这种一元化体制到了登峰造极的地步。② 横向的社会和市场几乎都被纵向的政府取代。因此,不管是经济还是文化领域,都没有独立的空间。③ 再回头看,改革总设计师邓小平复出后立刻恢复高考的决定是多么的英明,因为它对 B 的建设极其关键。在 M 方面,别的不用多说,邓小平简单的一句"致富光荣"的话,画龙点睛地点到了市场制度激励机制的核心。

在分析市场如何运行时,激励是至关重要的;考虑到人性的特点,有效的激励必须人格化(personification)。用经济学家的话来说,激励是引起一个人做出某种行为的某种东西(如惩罚或奖励的前景),它在经济学中起着中心的作用。由于理性的经济人通过比较成本与利益做出决策,所以他们会对激励做出反应。中国 20 世纪 50 年代"大跃进"的政策选择正好反证了这一逻辑。④ 有人甚至提出,整个经济学的内容可以简单地概括为:"人们对激励做出反应,其余内容都是对此的解释。"⑤ 的确,在一定的意义上,改革就是一个从激励体制不人格化走向更人格化的过程。其中,政府的作用

---

① 1978 年,日本人口是 1.14 亿人,欧洲是 4.8 亿人,美国是 2.2 亿人,苏联是 2.6 亿人。www.ggdc.net/maddison.

② Roderick MacFarquhar, *The Hundred Flowers Campaign and the Chinese Intellectuals*, 1960; *The Origins of the Cultural Revolutions* (3 volumes), 1974—1997.

③ 关于"一元化"的更多的论述,参见费正清等:《剑桥中华人民共和国史(1949—1965)》,王建郎等译,上海:上海人民出版社 1990 年版。

④ 当时中国的农村实行工分制来分红。理论上,工分制的基本计算单位可以是个人、家庭、小队、大队、公社。越往大的计算单位靠近,激励就越不人格化。家庭责任制只是在政策选择上一定程度地纠正了与理论逻辑相反的实践。

⑤ N. Gregory Mankiw, *Principles of Economics*, 3rd Edition, Thomson Learning, 2004, p.7.

就是逐步克服固有意识形态的阻力,遵循激励人格化的逻辑。注意,所谓家庭责任承包制只是这种理论逻辑在政策层面上的体现,但并不是理论本身。

由此开始,中国人民追求财富的力量从"一大二公""计划经济"的休眠状态中开始被唤醒、被松绑、被释放。我在北京大学的同事林毅夫教授说得好,对于一个国家的经济增长来说,比文化素质更为重要的是政府的政策。没有一个国家不是在明智政府的积极刺激下取得经济进步的。明智政府和不明智政府的区别是什么呢?答案或许在于政府如何引导个人激励。[1] 这与诺斯的逻辑一脉相承。他说:"国家的存在是经济增长的关键,然而国家又是人为经济衰退的根源。"[2]

以后的历史我们这一代中国人都亲身经历了,可以说是历历在目。中国走上了改革开放的道路,迎来了历史性的快速发展,这是20世纪的晚霞,更是21世纪的曙光。在过去的30年中,中国经济平均每年以近9%的速度递增,我们都是改革的获益者。根据世界银行的数据,中国实现了有史以来最大数量和最快速度的减贫。按照以购买力平价计算的每天1美元的贫困线,新的估计显示中国贫困人口从1981年的74%,减少到了2004年的15%。考虑到中国是一个13亿人口的大国,这种减贫规模和速度堪称人间奇迹。中国人均GDP已经由世界低收入国家进入世界下中等收入国家,人口的平均文化程度也不断提高,总体上人民生活已经由贫苦或温饱进入小康水平。什么是经济发展?诺斯说:"从长期看是人均收入(per capita)的提高。真正的经济增长意味着一个社会总收入增长的速度必须超过人口增长的速度。"[3] 显然改革时代的中国正在经历这种发展。

---

[1] 林毅夫:《关于制度变迁的经济学理论:诱致性变迁与强制性变迁》,载 R.科斯、A.阿尔钦、D.诺斯等:《财产权利与制度变迁——产权学派与新制度学派译文集》,上海:上海三联书店、上海人民出版社1994年版,第391页。

[2] 道格拉斯·诺斯:《经济史中的结构与变迁》,陈郁、罗华平等译,上海:上海人民出版社1994年版,第20页。

[3] Douglas C. North and Robert Paul Thomas, *The Rise of the Western World: A New Economic History*, Cambridge: Cambridge University Press, 1973. p. 1.

国富之道

苏轼有诗曰:"横看成岭侧成峰,远近高低各不同。不识庐山真面目,只缘身在此山中。"① 回头看,中国改革的主线是清晰的,从最开始的完全计划经济到有计划的商品经济,接着变成以计划经济为主、市场为辅,再从计划与市场相互促进到以市场为主、计划为辅,到目前的社会主义市场经济体制的建立。在邓小平时代,改革开放使中国摆脱了计划经济集权政府权威的高度控制,市场体系开始发育,逐步成为一个自我演进的发展体系。随着市场体系发育的进一步成熟,特别是加入WTO以后,社会主义市场经济体制得到了确立,中国的经济更是发展迅速,发展速度平均超过10%。纵观人类历史,参照BM≈W公式的逻辑,可以说今天我国之所以能有30年的经济高速增长,最主要的原因是市场导向的改革开放,即我们首先加强了M的建设。受意识形态的禁锢,早先我们在这方面做得太差了。战后日本的经验是如此②,亚洲的"四小龙"也是如此③,高峰期发展的速度也类似,只是它们先行了一步。如果我们把日本和"四小龙"战后各自经济增长最快的20年拿出来系统地进行比较,会发现尽管起飞有先后,但发展速度是惊人的相似(见表5)。

有美国学者观察到,日本以及亚洲"四小龙"所创造的经济奇迹表明,对于后发现代化国家而言,理性、高效和自律的政府治理行为是振兴经济的关键要素。④ 世界银行在其报告中也指出:"如果没有有效的政府,经济的、社会的和可持续的发展是不可能的。有效的政府——而不是小政府——是经济和社会发展的关键,这已越来越成为人们的共识。"但是,世界银行同时强调,"东亚经济高速增长的主要原因在于,各国政府实施了一系列灵活的有

---

① 苏轼:《题西林壁》。
② 日本1952—1978年间的平均混合增长率是7.86,参见 http://www.ggdc.net/maddison。关于日本的经验,参见 Mikiso Hane, *Eastern Phoenix: Japan Since 1945*, Boulder: Westview Press, 1996.
③ 参见 The World Bank, *The East Asian Miracle: Economic Growth and Public Policy*, Oxford University Press, 1993.
④ 参阅查默斯·约翰逊:《通产省与日本奇迹》,北京:中共中央党校出版社1992年版。

利于市场经济发展的经济政策,从而促使了更加合理的资源配置"①。这些都佐证了我们 BM≈W 的逻辑。

表 5　亚洲典型国家/地区战后经济增长最快 20 年中的经济增长速度

	各年经济增长速度(%)										平均值
中国	12.45	10.32	6.7	10.53	7.06	1.78	3.51	6.59	9.72	9.68	8.25
(1984—2003)	10.01	15.12	2.06	5.27	0.29	6.57	9.03	10.68	12.41	15.15	
印度	3.85	4	4.25	4.38	10.41	6.65	5.19	1.3	5.12	5.9	5.68
(1984—2003)	7.25	7.35	7.84	4.8	6.51	6.06	4.37	5.79	3.53	8.98	
日本	12.46	11.59	7.37	5.65	8.6	7.52	7.31	5.83	9.12	13.13	9.66
(1951—1970)	12.04	8.92	8.47	11.67	5.82	10.64	11.08	12.88	12.48	10.71	
韩国	7.71	5.24	3.88	1.99	5.05	3.03	8.81	8.63	6.02	12.04	8.36
(1957—1976)	7.27	12.76	15.16	8.59	9.76	7.31	16.92	8.7	6.64	11.76	
中国台湾地区	8.27	8.47	5.3	7.04	8.61	9.38	5.38	7.21	8.49	13.86	9.67
(1954—1973)	12.74	6.88	10.08	11.27	8.44	9.04	12.57	13.98	15.66	10.74	
中国香港地区	6.63	17.48	15.71	8.57	14.47	1.72	1.7	3.33	11.29	9.18	9.03
(1961—1980)	7.08	10.33	12.36	2.33	0.33	16.24	11.73	8.5	11.52	10.12	
新加坡	7.54	11.13	11.84	13.88	13.69	13.72	12.52	13.41	11.54	6.76	9.77
(1965—1984)	3.97	7.14	7.76	8.62	9.25	9.7	9.58	6.85	8.18	8.34	

根据以下资料中的数据进行整理:*Monitoring the World Economy 1820—1992*,Paris:OECD,1995;*The World Economy:A Millennial Perspective*,Paris:OECD Development Centre,2001;*The World Economy:Historical Statistics*,Paris:OECD Development Centre,2003.

现在印度经济发展速度也十分令人瞩目,其背后的逻辑是一样的,只是印度改革开放起步比中国晚了十几年。② 改革开放前,印度是非社会主义国家中计划色彩最浓的,国家对经济干预最多,对私营经济限制最多,同时也是最封闭的国家。印度和中国一样,五年制订一个计划。其对公有企业采取指令性的方式,但对私营企业只能起引导作用。1991 年以来印度开始大

---

① 世界银行:《1997 年世界发展报告——变革世界中的政府》,北京:中国财政经济出版社 1997 年版,第 17—18 页;《东亚奇迹:经济增长与公共政策》,北京:中国财政经济出版社 1995 年版,第 7 页。

② 经过苏联、东欧的巨变,人们一致认识到,市场是经济运行的必要制度安排,是配置资源的有效工具。诺贝尔经济学奖得主阿马蒂亚·森(Amartya Sen)进一步指出,我们需要市场,不仅是因为它产出高,而且是因为市场为人们提供了选择的机会,特别是自由择业的机会。"即使是那位资本主义的伟大批评者卡尔·马克思也把就业自由的生产看做一项巨大的进步。"计划经济的失败不仅表现在经济和生活的低水平上,更多地体现在对人民基本自由的剥夺上。剥夺人们的买卖、交易和寻求幸福生活的自由,这本身就是一个社会的巨大失败。参阅 Amartya Sen,*Development as Freedom*,New York:Anchor Books,1999,pp.112—113.

规模经济改革。其主要内容就是更大地发挥市场的作用,这和中国的目标是一致的;把一个经济封闭的国家变成一个走向世界、和全球经济接轨的国家,这和中国改革开放的大方向也是一致的;更多地发挥私营企业的作用,这和中国大力发展民营企业也是一致的。从表面上看,中国是从农业开始改革的,而印度是从高科技、服务行业开始的;印度重视科技人才,重视服务业,中国重视制造业,重视对外贸易等等。但是总体来看,改革方向是一致的,两国都是从政府高度参与、高度干预的经济体制,转变为以市场为主导的经济体制,因此两国改革的方向是很相似的。①

就中国而言,虽然在改革过程中学术界对中国基于产权理论②的改革策

---

① 在印度,一般研究主要关注 1991 年市场化改革的措施,但是,需要指出的是,经济增长在 20 世纪 80 年代就开始了。那时印度政府也已开始改革,尽管不很彻底,但是,它象征着政府政策偏向私人部门的转变。1884 年,拉吉夫·甘地政府开始制定鼓励印度经济面向世界经济的一系列政策——鼓励出口,为外国技术转移提供便利,取消资本物品进口的数量限制,降低进出口关税,减少了实行企业许可证制度的行业。20 世纪 90 年代的改革是 80 年代改革的继续。到了 90 年代,改革力度加大了,卢比可以兑换,放松了外资所有权的限制,取消了附加配额,进一步降低关税,发布了新的竞争法来代替以前的垄断和限制性贸易条例法案,允许私人企业参与竞争的行业越来越多,除了 7 个行业外,许可证制度全部取消。相应的,私人投资在 GDP 中的份额从 1981 年的不足 9% 提高到 2000 年的 15%;经济增长速度从 20 世纪 70 年代的 2.7% 的平均水平提高到 80 年代的 5.8%,在 20 世纪 90 年代中期为 6.7%。参阅 Philipe Aghion and Robin Burgess, *Liberalization and Industrial Performance: Evidence from India and the UK*, Cambridge MA: Harvard University Press, 2003, processed. Montek Ahluwalia, "Economic Reforms in India Since 1991: Has Gradualism Worked?" *Journal of Economic Perspectives*, 16(3), 2002, pp. 67—88. Bradford De Long, "India since Independence: An Analytic Growth Narrative", in Dani Rodrik, ed., *In Search of Prosperity*, Princeton: Princeton University Press, 2003.

② 按照产权理论,产权是一个社会所实施的选择一种经济品的使用的权利,它用来界定人们在经济活动中如何受益,如何受损,以及它们之间如何进行补偿的规则。产权的内容包括对资源的拥有权、使用权、收益权、转让权。产权是否完整可以用所有者对它具有的排他性和可转让性来衡量。如果这些方面的权能受到限制或禁止,就称为产权的残缺。从经济学的意义来讲,一种产权是否有效率主要视它能否为在它支配下的人们提供将外部性较大地内在化的激励。市场机制是通过价格对大多数资源进行配置,产权理论是分析这种机制的有效工具,同时也是用于分析非市场条件下资源配置的有效工具。对公司治理而言,产权理论关注委托—代理的关系,本质上是分析在契约和信息不完备条件下的激励问题,找到"控制权"和"剩余所有权"的最大对应机制。参阅 Bengt Holmstrom, "Moral Hazard in Teams", *Bell Journal of Economics*, 1982, 13, pp. 324—40; Oliver Hart, *Firms, Contracts and Financial Structure*, Oxford: Oxford University Press, 1995; Sanford Grossman and Oliver Hart, "An Analysis of the Principal Agent Problem", *Econometrica*, 1983, 51, pp. 7—45; Armen Alchian and

略一直有争议,但是从动态看,不争的事实是:第一,中国经济多年来高速增长;第二,这种增长与快速民营化的过程总体同步。虽然在静态的短期,在基础性设施(包括完善的法治和会计制度)不配套的情况下,会出现波折,但理论逻辑方向没有被证伪。我们视野应该开阔一些,比的是个过程,即今年与去年比,明年与今年比。这里我们应警惕争论中对概念处理非黑即白的倾向,更合适的是借鉴阿尔弗雷德·马歇尔所倡导的边际分析的视角。① 马歇尔是英国剑桥学派的奠基者,边际主义理论集大成者之一,新古典学派的代表人物之一。他是从数学、哲学和伦理学的知识基础上转而研究经济学的,他的《经济学原理》(*Principles of Economics*)奠定了其在世界经济学界的重要地位。相对于里昂·瓦尔拉斯提出的"一般均衡原理",马歇尔提倡"局部均衡分析法"②。

再有,虽然中国远离"休克疗法",也不用"私有化"这个词③,但是在市

Harold Demsetz, "Production, Information Costs, and Economic Organization", *American Economic Review*, 1972, 62, pp. 777—95; Armen Alechian and Harold Demsetz, "Property Rights Paradigm", *Journal of Economic History*, 33 (March 1973), pp. 16—27; Oliver Hart and Moore, "Property Rights and the Nature of the Firm", *Journal of Political Economy*, 1990, vol. 98; Ronald Coase, "The Nature of the Firm", *Economica*, IV, 1937, pp. 368—405; Steven Cheung, "The Contractual Nature of the Firm" *Journal of Law and Economics*, 26, 1983, pp. 1—21; Yang Xiaokai and Yewkwang Ng, "Theory of the Firm and Structure of Residual Rights", *Journal of Economic Behavior and Organization*, 26, 1995, pp. 107—128; William Oliver, *Markets and Hierarchies: Analysis and Antirust Implication*, New York: The Free Press, 1975.

① 马歇尔的学说建立在"自由市场、自由经营、自由竞争、自动调节、自动均衡"五大原则的基础上,其核心是"自动均衡"。他认为在自由竞争的条件下,经济能通过价格机制自动达到均衡;商品的价格波动能使商品供求达到均衡;就资本的价格而言,利率的变动能使储蓄与投资趋于均衡;就劳动力的价格来说,工资的涨跌能使劳工市场供求平衡。因此,一切人为的干预都是多余的;政府应该信守自由竞争、自动调节、自由放任的经济原则,干预只会破坏这种自动调节机制,反而引起经济的动荡或失衡。

② 关于两位经济学家思想的更多介绍,参阅 Peter Groenewegen, *Classics and Moderns in Economics: Essays on Nineteenth and Twentieth Century Economic Thought*, London: Routledge, 2003.

③ 崔之元:《美国29州国有公司法变革的理论背景及对我国的启示》,《经济研究》1996年第4期。张维迎:《公有制经济中的委托人—代理人关系:理论分析和政策含义》,《经济研究》1995年第4期。David Li, "Ambiguous Property Rights in Transition Economics", *Journal of Comparative Economics*, 1996, 23, pp. 1—19; Martin Weitzman and Xu Chenggang, "Chinese Township and Village Enterprises as Vaguely Defined Cooperatives", *Journal of Comparative Economics*, 1994, 18, pp. 121—145; Joseph Stiglitz, *Wither Socialism?* Cambridge: MIT, 1994, pp. 175—176; Zhang Weiying, "Decision Rights, Residual Claim and Performance: A Theory of How the Chinese State Enterprise Reform Works", *China Economic Review*, vol. 7(1), 1997, pp. 68—82.

国富之道

场改革的方向上中国始终坚定不移,这系统地反映在国有企业与非国有企业在经济中的比率上。中国经济在改革之初的 1978 年,工业总产值的 78% 来自国有企业,而到了今天,国有企业的份额已大大缩小。根据《瞭望》新闻周刊报道(2007 年 10 月 9 日),2005 年我国非国有制经济占全国 GDP 的比重为 65%。1978 年以来,我国国有经济就业人数以每年 3% 的平均速度递减,而非国有经济就业人数以每年 3.1% 的平均速度递增。目前全国城镇新增就业岗位 80% 以上由非国有制经济创造。截至 2006 年年底,我国城镇非国有制经济从业人员为 23 780.4 万人,占全国城镇就业人数的 84.0%。2007 年 1—3 月,非国有制经济(不包括个体工商户)进出口总额 3 365.6 亿美元,占全国进出口总额的 73.5%。

中国经济今后如何发展?前面我说了,理论有三个功能:描述、解释和预测。$BM \approx W$ 在逻辑上预示我们,与最先进的国家相比,如果中国在 B 和 M 两个维度上都不失分,那么我们财富增长的空间依然巨大,因为我们还没有完成工业化的过程,因为我们与发达国家还存在着技术上的巨大差距,因为中国有 13 亿聪明和勤劳的人。然而,即便是到了今天,13 亿中国人创造的财富也大约只是美国的 1/4。不过,有人估计,到 2025 年中国经济总量将超过美国。对此,我是比较乐观的。我们可以凭着良心看一个中国人,你觉得他笨吗?你觉得他懒吗?那你凭什么解释他一生的平均产出低下呢(见图 1、图 4、图 5、图 6)?理由不难回答,中国人创造财富的能量 N 在近代、在改革开放以前被相对落后、不完善、不合理的制度安排压制了。从文化上看,中国人还是一样的中国人,但是正如图 1 所示,市场导向的改革开放政策使中国人的能量在过去 30 年中宛如井喷般地释放了。说到此,我不由得想到马克斯·韦伯那部巨作《新教伦理与资本主义精神》。但是,他基于文化的视角,对于回答我们的问题却显得苍白无力。对于改革来说,也许一种更有效的视角是把文化看做制度安排水到渠成的结果。

如果文化可以解释发展,那么我们必须回答为什么同一文化的人(比如朝鲜和韩国)创造财富的差异如此之巨大。20 世纪 60 年代朝鲜南北的经济水平还相差不多,今天北边的 GDP 大约只有南边的 5%。我们必须在地理和文化之外找出原因。从创造财富的角度来说,每个人每天都只有 24 个小时,一天中人的一部分时间花得是有效的(productive),一部分时间是无效的(non-productive),另一部分时间可能是在内耗(counter-productive)。① 一个所谓好的 B 和 M 制度安排,实质在于最大限度地增加每个人每天花的有效时间,最大限度地减少无效和内耗的时间。从这个角度看,我们释放能量的潜力仍然很大,但条件是必须继续进行市场导向的改革开放(见图 3)。

在这里,顺带提一下帕累托的 80/20 法则,也许对我们有所启发。维尔弗雷多·帕累托(Vilfredo Pareto,1848—1923)是意大利社会学和经济学家,他在考察社会财富和收入分布时发现,社会上 20% 的人口占有全社会 80% 的财富;他同时发现,80/20 的分布不仅适用于意大利,也适用于欧洲其他很多国家。当时帕累托的发现并没有引起大家的注意,后来美国管理学家约瑟夫·朱兰(Joseph M. Juran,1904—2008)把它在公司管理中加以运用和普及,并把他所谓"关键的少数"(vital few)和"无关紧要的多数"(trivial many)法则称为 80/20 的帕累托法则。他认为这种法则也适用于工作和生活的其他许多领域。例如,公司 20% 的员工为公司作出了 80% 的贡献,反之,有 80% 的员工给公司的贡献只是 20%。从客户来说,20% 的客户为公司提供了 80% 的销售额。从项目来说,20% 的项目带来 80% 的生产力。对于管理层来说,20% 的领导做出了 80% 的决策。从此,80/20 的定律被不少大公司运用于提高生产和管理效益的数据分析中。②

对于我们来说,这些观察背后的含义是,良好的制度可以减少每个人花的无效或内耗的时间,进而进一步释放每个人的有效时间,提高生产效率。

---

① 一个类似的概念是负面产出(negative production)。一般我们说产出时,往往是指正面产出(positive production),但在有的情况下,当人们结合劳力(labor)、资本(capital)和自然资源(natural resources)也会导致负面产出。主要有两种:(1)有意地败坏生命和财产;(2)污染和破坏环境。极端和典型的例子是战争,其中军人是劳力,武器是资本。战争的结果往往造成人员和财产的巨大损失。据说,在动物世界里,只有人和蚂蚁会大规模地自相残杀。

② R. Koch,*Living the 80/20 Way: Work Less, Worry Less, Succeed More, Enjoy More*, London: Nicholas Brealey Publishing, 2004.

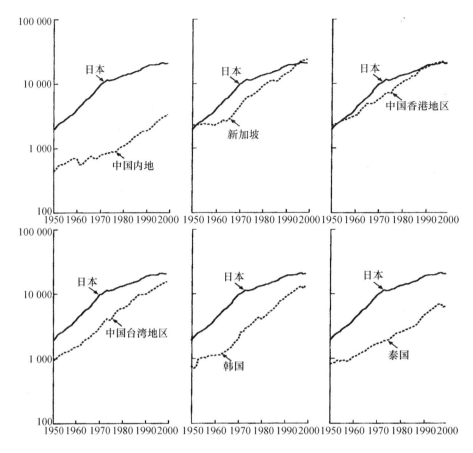

图3　1950—1999年亚洲部分国家和地区与日本人均GDP水平的双边比较
（1990年国际元）

资料来源：安格斯·麦迪逊：《世界经济千年史》，伍晓鹰等译，北京：北京大学出版社2003年版，第135页。

同时必须指出，制度改革绝不是一蹴而就的事，它需要在理论的灯塔的指引下，设计一系列政策选择和阶段性过渡。这是因为，制度改革涉及用一套自我实施的制度去替代另一套自我实施的制度。不仅新制度有待于创建，现行制度还必须淡出，替换之间最忌讳真空。即便是所谓无政府国家，其实也不乏制度的存在，只是其效率停留在很低的均衡点上。成功的改革必须吸取现行制度的经验和教训，并与现行制度共同发挥作用，同时又能潜在地削弱现行制度、巩固新的制度。

近年来,中国经济占全球 GDP 的份额虽然已有显著回升(见表6),主要驱动力来自众多的人口,但是中国人均产出依然很低,大概只处于全球中等水平(见图4)。根据美国中情局 2007 年发表的数据,美国人均 GDP 为 43 500 美元,日本为 33 100 美元(第21位),德国为 31 400 美元(第27位),英国为第 28 位,法国为第 31 位。中国 2006 年以人均 GDP 7 600 美元排在第 109 位,差不多在全世界 229 个国家和地区的排名中处在最中间的位置。金砖四国中,俄罗斯以第 81 位(12 100 美元)最靠前,巴西(8 600 美元)排在第 98 位,印度以第 154 位(3 700 美元)落后中国近 50 个名次。东南亚国家中,新加坡排第 30 位,韩国排第 46 位,泰国第 92 位,越南第 157 位,巴基斯坦第 167 位,缅甸第 186 位,朝鲜第 188 位。排在最后(第 229 位)的马拉维,人均 GDP 只有 600 美元。中国平均期待寿命,2007 年估计为 72.88 岁,排在第 103 位。听上去挺靠后,但已经领先于金砖四国中的其他三国:巴西以 72.24 岁排第 114 位;印度以 68.59 岁排第 145 位;俄罗斯以 65.87 岁排第 157 位。①

表 6 2005 年各国 GDP 占世界总量之比

	市场汇率	购买力平价(旧的)	购买力平价(修订后的)
高收入国家	75.6	54.2	……
美国	28	20.5	22.5
其他	47.7	33.7	……
中低收入国家	24.4	46.1	……
中国	5	14.2	9.7
印度	1.8	6.2	4.3
其他	17.6	25.7	……

资料来源:国际价格比较,世界银行。

如果做一个历史的比较,我们可以看出,中国目前 GDP 的人均水平大体是英国和美国一百多年前的水平(见图5、图6)。就当时的英国和美国而

---

① 注意,数字与世界银行的不完全一致,原因是 PPP(purchasing power parity)计算内容不一。

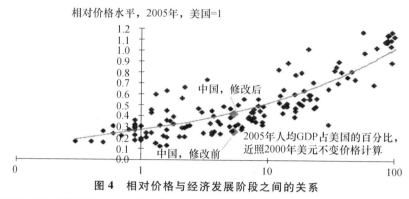

图 4　相对价格与经济发展阶段之间的关系

资料来源：国际价格比较，世界发展指标。

注释：根据国际价格比较（GDP，一篮子商品 PPP 计算），购买力平价汇率相对于官方汇率的比率。但是，一般来说，由于发展中国家非贸易类商品的价格偏低，这一比率也比较低，但随着人均收入的增长，这一比率向 1 趋近。根据新的购买力平价数据计算，即中国的价格大约是美国的 42%，2005 年中国人均 GDP 4 091 美元。也就是说，2005 年美国和中国之间生活水平的差距是 1/10。而根据以往学术上估测的购买力平价数据，2005 年中国人均 GDP 则达到了 6 760 美元（与美国的差距是 1/6）。基于新购买力平价数据，印度人均 GDP 2 126 美元，因此，印度和中国之间的比率大约为 1∶2。和我们以前所认为的结果是一致的。按照以前的购买力平价估测，中国的这个比率远远低于回归曲线，然而，修订后的数据显示，中国刚好在回归线上。

言，由于各自在 B 和 M 两个维度上的水平大致相当，两国人均 GDP 的水平也大体一样（英国略靠前）。有意思的是，1890 年美国颁布了世界上最早的反垄断法，以加强市场的竞争度；通过图 5 和图 6 的比较，我们可以看出美国之后的发展逐步超过了英国。这显示了反垄断作为制度对经济的促进作用。[1] 这些系统的数据进一步证实了 BM ≈ W 理论的假说。还有学者做过线形的估算：如果我们现在人均 GDP 达到目前韩国的水平，中国 GDP 的总量将大大超过美国；如果我们达到目前日本人均 GDP 的一半，中国 GDP 的总量将是美国的三倍。[2] 从中我们可以看出中国尚未释放的巨大能量。正如孙中山先生（1866—1925）所说："革命尚未成功，同志仍需努力。"最关键

---

[1]　竞争或垄断对提高或降低效率（或福利）（包括创新）的静态和动态（如博弈论）的经济学理论分析，参见傅军、张颖：《反垄断与竞争政策：经济理论、国际经验及对中国的启示》，北京：北京大学出版社 2004 年版，第 41—88 页。

[2]　Gianni De Michelis, "Understanding China", *Aspenia, An Aspen Institute Italia Review*, Year 10 no. 23-24-2004, p. 49.

的是，要以开放的姿态，借鉴全球最佳实践，认准发展方向，脚踏实地，与时俱进，进行相对于原有制度的制度创新。

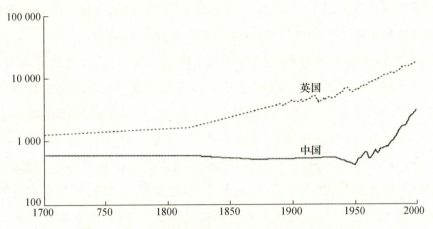

图 5　1700—1998 年中国与英国人均 GDP 水平的比较
（纵轴刻度为对数标准）

资料来源：安格斯·麦迪森：《世界经济千年史》，伍晓鹰等译，北京大学出版社 2003 年版，第 31 页。

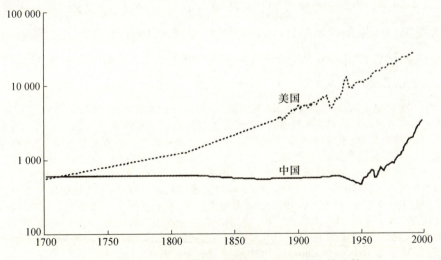

图 6　1700—1998 年中国与美国人均 GDP 水平的比较
（纵轴刻度为对数标准）

资料来源：安格斯·麦迪森：《世界经济千年史》，伍晓鹰等译，北京大学出版社 2003 年版，第 31 页。

国富之道

也许有人要问,如果中国的人均 GDP 接近目前发达市场经济国家的水平,我们的环境和地球的资源能承受得了吗?2008 年 8 月 3 日,在北京的一次与英国前首相托尼·布莱尔(Tony Blair)及夫人的私人晚宴中,时任联想集团董事局主席的杨元庆曾提出这个问题,引起大家的讨论。我的回答是,从短期看,资源的压力确实存在,但是从历史的长河看,人类的智慧和科学、技术的突破已经一次又一次地证伪了英国人口学家和政治经济学家马尔萨斯在 1798 年发表的《人口原理》(*An Essay on the Principle of Population*)中关于人口增长与自然(粮食增长)的理论假说。[①] 正如 19 世纪美国经济学家亨利·乔治(Henry George,1839—1897)风趣地指出的:"猫头鹰和人都吃鸡。但是猫头鹰越多,鸡就越少,可是人多了,鸡也多了。"的确,人类具有与生俱来的不屈不挠的精神,它激励着我们不断深入了解自然,进而使我们获得更多的启迪。例如,目前科学家已成功地改造了酵母菌的基因,使酵母菌可以把糖转化为燃料;同时也开始研究将二氧化碳转化为能源的办法。[②] 1932 年爱因斯坦得出的结论是:"没有丝毫迹象显示能够获得核能源。"然而,仅仅 10 年后,他成了曼哈顿工程(Manhatten Project)的核心人物,该工程导致了人类第一个原子弹的爆炸。冷战期间,美国于 1961 年启动雄心勃勃的阿波罗航天计划(Appollo Program),终于在 1969 年 7 月 20 日第一次把人送上

[①] 18 世纪末期,马尔萨斯在其《人口原理》中做出悲观的预言:人口以几何比率增加,而粮食等生活资料只能以算术比率增长,因此人类将难以避免地陷入大饥荒。但是两个世纪后,事实的发展却正好和马尔萨斯的预言相反。18 世纪末全世界有 9 亿人口,今天全世界的人口多达 60 亿,已经增长 6 倍以上,可是人们的生活水平并非像马尔萨斯所预言的那样下降,反而大幅地、前所未有地提高了。有经济学家对此做出了解释:人类数量增长了,人类的知识也增长了,人类的生产、交易效率大幅提高了,所以马尔萨斯所预测的情况并没有出现。而对于技术是如何提高人们的生活水平这个问题,有学者做了一项非常有意思的研究:现代社会从晚上 6 点至晚上 12 点一直点灯的耗费只会占人们收入的一小部分,而如果前现代的人们用蜡烛来达成同等时间长度、同样照明效果的话,所需的蜡烛大约会消耗人们一年的收入。请参见 William Nordhaus,"Do Real Output and Real Wage Measures Capture Reality? The History of Lighting Suggests Not", in Timothy F. Bresnahan and Robert J. Gordon, eds, *The Economics of New Goods*, Chicago:University of Chicago Press,1997.

[②] 参阅 Mike Wallace and Bill Adler,eds., *The Way We Will Be 50 Years from Today:60 of the World's Greatest Minds Share Their Views of the Next Half-Century*, Nashvill Tennessee:Thomas Nelson,2008.

了月球。宇航员阿姆斯特朗(Neil Alden Armstrong)当时在月球上行走时说了这么一句话:"我在迈出一小步,对人类来说这是一大步。"无疑,这标志着人类知识和技术边界的重大突破。①

在这个科技日新月异、知识大爆炸的时代,我们更是难以设想,人类科学和技术革命性的创新将不再出现,人类技术的前沿将不再扩展。② 退一万步讲,即便在人类目前已知和现有的科学和技术框架内,中国的增长空间依然很大,因为目前中国是世界上产值能耗最高的国家之一,生产单位GDP耗能巨大,是日本的7倍、美国的6倍,甚至是印度的2.8倍。可见,中国只要把节能做得更好,在不消耗更多资源的前提下,提高GDP的空间依然巨大。可以说,资源多少只是问题的一个方面,我们面临的更大问题是能源和资源的利用效率低下,从而给环境造成了更大的压力。

我在这里提醒一下,也许是由于中国人过于"入世"的旨趣和在本体论上缺乏抽象思考,历史上中国人看到坚船利炮后提出了"中学为体,西学为用"的主张,今天我们似乎还是重视技术甚于重视制度安排,也很少再深入地思考一下技术背后的源泉!③ 这种不求甚解的态度,常常会欲速而不达。

---

① 阿波罗计划是美国总统约翰·肯尼迪于1961年批准并启动,到1972年12月结束时,历时共11年,耗资约250亿美元,有2万多家公司、120多所大学、研究院,数十万人参加该项计划。先后有12名美国航天员登上月球,在月面停留累计299.6小时,航天员出舱在月面活动累计80小时,带回月球岩土标本389.7公斤。参阅Roger Launius and Howard McCurdy, *Spaceflight and the Myth of Presidential Leadership*, Urbana: University of Illinois Press, 1997.

② 根据宇宙学研究的新发现,宇宙的组成物质非常复杂,今天人类已知物质只占其中的4%,地球上无法寻找的黑物质(dark matter)占其中的22%,另有74%的物质或能量在目前的自然基础理论中还无法找到解释。参阅 Jenny Hogan, "Unseen Universe: Welcome to the dark side", *Nature*, 448 (7151), 2007, pp. 240—245.

③ 逻辑一样,我们说地球从太阳那里得到能量,但是更有意思的问题是太阳的能量从哪里来。首先是这个问题的提出,然后人类才发现和掌握了核爆炸,发明了原子弹和氢弹。赫姆霍兹(Hermann von Helmholtz,1821—1894)是19世纪最有才华的科学家之一,在科学和艺术方面都有巨大贡献,他提出的假说是,太阳巨大的质量在慢慢收缩的过程中释放能量,这是太阳能量的来源。1939年,诺贝尔物理学奖得主汉斯·贝特(Hans Bethe,1906—2005)提出,氢核聚合成氦核的过程中,可以放出能量。当4个氢核聚合成一个氦核时,这个聚成后氦核比4个单独的氢核加在一起的质量约少0.7%;失去的质量便转化成了能量。为了满

研究表明，制度往往是技术的因，而技术是制度的果。好的制度安排可以更系统，因而也更有效地激励人们进行发明创造。成熟的市场经济国家都拥有包括知识产权在内的完善的产权保护体系，技术市场中都有政府良好的定位和作用。② 请回顾一下人类近代历史重大科技突破的图示（图2），我们必须重视技术后面的制度源泉。

在一般人的观察中，由于制度和技术往往同时存在，并且制度更抽象、不易被看到，而技术更具体且容易被观察，因而技术的作用经常被夸大。让我在这里举一个学术界很经典的例子。长期以来，人们认为铁路是美国早期经济增长的动力，这个结论似乎是天经地义。但是，美国芝加哥大学教授罗伯特·福格尔（Robert Fogel）通过量化和反向思维的方式对这个结论进行了重新论证，最后他发现，即使没有铁路，美国在那个时期的发展一样快速。③ 这在常人听起来是多么的反直觉！可是正是因为这些出彩和严谨的研究，福格尔获得了1993年诺贝尔经济学奖。与他同年分享该奖的诺斯在其《制度变迁与美国经济增长》一书中也佐证了制度演变对早期美国经济发展的重要性。④

在结束实证部分之前，我顺便说一点市场建设的哲学思想。建设市场

足太阳释放能量的需求，每秒钟需要有6亿吨氢聚合成5.95亿吨氦，其中放出的能量相当于500万吨物质。尽管这个数非常大，但是对太阳所能提供的氢的质量而言，是微不足道的。太阳的氢至少可以维持100亿年。参阅 David Cahan, *Hermann von Helmholtz and the Foundations of Nineteenth-Century Science*, University of California Press, 1993; Jeremy Bernstein, *Hans Bethe, Prophet of Energy*, New York: Basic Books, 1980; E. C. Streeter, *Solving the Solar Enigma: The Story of the Scientists Behind the Discovery of the Sun's Energy*, Source Dimension Engineering Press, 2005.

② 傅军：《制度安排与技术进步：两个市场的命题》，北京大学政府管理学院企业与政府研究所，工作论文。

③ 他的反向思维方法是，先假设世界上从没发明过铁路，然后，坚持发展公路、海运等其他运输方法，经过大量的计算得出结论，铁路的贡献可以忽略不计，大概是1%。Robert Fogel, *Railroads and American Economic Growth: Essays in Econometric History*, Baltimore: Johns Hopkins, 1964.

④ Douglas North, *The Economic Growth of the United States, 1790–1860*, Prentice Hall, 1961; Douglas North, *Institutional Change and American Economic Growth*, Cambridge University Press, 1971 (with Lance Davis).

M 的政治哲学思想的基础是由英国政治哲学家、经济学家洛克和穆勒奠定的。洛克最重要的著作是《政府论两篇》(Two Treaties of Civil Government)。早在《一论国民政府》中,他首先驳斥了君权神授论;在《政府论两篇》中,他建立了自由主义的契约论,认为经济自由首先是指每个人都有充分追求自己幸福或利益的权利。穆勒在其《论自由》(On Liberty)中进一步指出,自由就是以我们自己的方式追求自己的利益,只要我们不剥夺或妨碍他人的这一自由。即人是平等的,一个人在不伤害别人的前提下,由此产生的财富不应被剥夺或侵犯。这一思想在美国宪法和 1789 年法国大革命后得到了广泛的传播,最后成为西方世界宪法的核心。从经济学角度,哈耶克认为,如果每个个人或经济主体都有充分的自由,生产和分配就依据每个经济主体的意愿通过"自发的秩序"加以实现。虽然这一过程的结果很难预测,但在每个人都追求个人利益最大化的情况下,这一过程可以逐渐接近社会福利最大化。① 类似的,斯密在其 1776 年发表的《国富论》中非常形象地指出,通过市场这只"看不见的手",自由追逐个人的利益将会导致社会利益的最大化。② 斯密是这样说的:

> 各个人都不断地努力为他自己所能支配的资本找到最有利的用途。固然,他所考虑的不是社会的利益,而是他自身的利益,但他对自身利益的研究自然会或者毋宁说必然会引导他选定最有利于社会的用途。……确实,他通常既不打算促进公共的利益,也不知道他自己是在什么程度上促进那种利益。……在这场合,像在其他许多场合一样,他受着一只看不见的手的指导,去尽力达到一

---

① Friedrich Hayek, "Rules and Order", *Law, Legislation and Liberty*, London: Routlege and Kegan Paul, 1973.

② Adam Smith, *An Inquiry into the Nature and Causes of the Wealth of Nations*, New York: Random House, 1985. 值得一提的是,放任自流的市场其实是受中国道教思想"无为"的启发,参见 John M. Hobson, *The Eastern Origins of Western Civilization*, Cambridge University Press, 2004, p. 196.

个并非他本意想要达到的目的。①

观察到个人对利益的追逐,亚当·斯密绝不是第一个人,观察者也绝不限于西方。"日出尘埃飞,群动互营营。营营各何求,无非利与名。"②这大约是在斯密出生一千年前,中国唐代诗人白居易(772—846)对人性的观察。在更早的西汉时期,中国历史上伟大的史学家司马迁(公元前145—前90)在其著名的《史记·货殖列传》中就写道:"天下熙熙,皆为利来,天下攘攘,皆为利往。"只可惜,司马迁和白居易都不是经济学家,没能把他们的观察转变成经济增长理论,为市场建设提供理论基础。但是,我们都知道,历史的经验表明,如果没有任何外在约束,市场这个"自发的秩序"或"看不见的手"时常会遭到破坏。③

马克思早就注意到,由于自由市场中产生的无序性,市场常常不会在"看不见的手"的指导下达到均衡,相反,有时会产生严重的失衡,即经济危

---

① 参见《国富论》中第四篇第二章《论限制从外国输入国内能生产的货物》,谢祖钧译,北京:新世界出版社2007年版。
② 白居易:《早送举人入试》。
③ 关于这方面的理论分析,参见 Francis M. Bator, "The Anatomy of Market Failure", *Quarterly Journal of Economics*, vol. 72, no. 3, August 1958, pp. 351—379。到了20世纪末,伴随着系统论复杂性理论的发展和高技术产品市场的兴起,在一些领域人们发现不均衡是经济发展的基本特征。美国经济学家布莱恩·阿瑟(Brian W. Arthur)发现,在高技术市场中,经济不是靠边际效应递减规律自动达到均衡,相反,以知识为核心的高技术市场经济常常受收益递增规律的支配,正反馈在其中起主要作用。早在1939年,英国经济学家约翰·希克斯就注意到收益递增的问题,但收益递增长期被经济学所忽略。他警告说,承认收益递增将导致以牛顿世界观为基础的新古典经济学理论中更为伟大的部分的崩溃。参见 W. Brian Arthur, "Increasing Returns and the Two Worlds of Business", *Harvard Business Review*, July-August 1996, pp. 100—9。在金融市场中,投资家乔治·索罗斯也发现了类似现象。他认为原因是理性经济人不可能具有"完备知识",特别是如果认识的对象包含主体的参与时间。参见 George Soros, *The Alchemy of Finance: Reading the Mind of the Market*, John Wiley & Sons, Inc., 1987。关于系统论的复杂性问题及其涉及的内容如复杂自适应系统(Complex Adaptive System)、神经网络模型(Neural Network Model)、遗传算法(Genetic Algorithm)、自组织(Self-organization)、混沌的边缘(Edge of Chaos)等等,参阅 Brian Arthur, Steven Durlauf and David Lane, eds., *The Economy As An Evolving Complex System* II, Santa Fe Institute Studies in the Sciences of Complexity Lecture Notes, Paperback, 1997; M. Mitchell Waldrop, *Complexity: The Emerging Science at the Edge of Order and Chaos*, New York: Touchstone, 1992.

机,比如20世纪初的经济大萧条。如何有效地保护每一个人的权利？万一你受伤害了怎么办？这些是社会正义的问题,这需要对个人权利进行界定,包括产权,这是B的范畴。黑格尔说得在理,有自由,就要有法律。当人们有了追求财富的自由,就必须有保护和规范市场上各个经济主体产权的法律,甭管它是全民、集体或个体,都应一律受保护。在这里值得一提的是,2008年中国终于颁布了《物权法》和《反垄断法》,这至少在法理上完成了西方市场经济国家一百年前就做了的工作；但实施的情况还有待于观察。人类世界保护产权的民法,如果从"罗马法复兴运动"算起,已经有近800年的历史。① 世界上最早的反垄断法出现在1890年的美国,因其最初是由参议院共和党人谢尔曼提出的,故被称为《谢尔曼法》(the Sherman Act)。二战以后,许多市场经济国家观察到美国反垄断的经验和实践,虽然起初不情愿实施反垄断法,但后来纷纷效仿,反垄断成为美国最受欢迎的出口产品之一。② 从今往后,中国经济改革要进一步建立市场经济秩序,必须加强民法和反垄断法的建设。

可见,纵向的B制度安排和横向的M制度安排必须要有机结合,结合的合理性和精致度就是现代国家现代性(modernity)的考虑,其核心涉及公权与私权的平衡,追求的目标是效率、正义和自由。其实,我在前面已经提到,这个命题后面的逻辑是和科斯的经典命题一致的,即公司和市场之间的线该画在哪里。因为市场是横向的,公司是纵向的,而B也是个科层制,是个纵向的制度安排,逻辑上是一样的,从上下科层角度讲,国家可以比做一个巨大的公司。正是因为科斯这个经济逻辑不单适用于解释公司的存在,也可以解释国家和

---

① "罗马法复兴运动""文艺复兴运动"以及"马丁·路德宗教改革运动"被称为世界文化史上的"三大思想运动"。"罗马法复兴运动"促成了现代民法的诞生。马克思说:"在罗马法中,凡是中世纪后期的市民阶级还在不自觉地追求的东西,都已经是现成的。"

② 参见 Frederic Scherer, *Competition Policy, Domestic and International*, UK: Northampton, Edward Elger, 2000; James J. Garrett, *World Antitrust Law and Practice*, Aspen Publishers, 1995; William E. Kovacic and Carl Shapiro, "Antitrust Policy: A Century of Legal and Economic Thinking", *Journal of Economic Perspectives*, 14, 2000, pp. 43—60; Alan Derrett Neale and D. G. Goyder, *The Antitrust Laws of the United States of America*, Cambridge University Press, 1980.

政府存在的逻辑,它进入了我们前面讲过的认知的第三个层面,具有很深的理论含义,所以科斯成为诺贝尔奖的获得者。① 因为有他,我们的认知水平在原来的基础上跨上了一个台阶。当被问到"为什么你比别人看得远"时,人类现代科学的鼻祖牛顿的回答是:"因为我站在巨人的肩膀上。"

《论语·为政》中子曰:"温故而知新,可以为师矣。"我们也不妨向前人学习学习,站在人类文明这个巨人的肩膀上。用胡锦涛的话说,"以更加广阔的视野、更加开放的姿态、更加执著的努力"来面对新形势的挑战。

发展背后逻辑的普适性与中国的特点

有效的政府和失败的国家:政府大小强弱之辩

根据以上财富增长的理论假说和人类历史经验数据的检验,从全球角度看,中国改革开放三十多年的成功是一个正态化的过程;奇迹性主要表现在其速度极具戏剧性,呈井喷的态势,更关键在于起点低、时间短、人口多。②

---

① 参见 Ronald Coase,"The Nature of the Firm",*Economica*,Vol. 4,no. 6,November 1937,pp 386—405;"The Problem of Social Cost",*Journal of Law and Economics*,1960. v. 3,no. 1,pp. 1—44.

② 中国是世界上人口最多的国家。根据2006年2月28日国家统计局公布的最新数字,到2005年年末,全国总人口为130 756万人,相当于1949年总人口(54167万人)的2.4倍;根据世界银行《2006年世界发展报告》最新统计,2004年中国人口占世界人口总量(63.45亿人)比重的20.4%。根据中国社科院人口与劳动经济研究所所长蔡昉的预测,按照现有的人口发展变化曲线看,中国人口总量和人口结构变化趋势如下:人口总量2030年到达最高点,为15亿;劳动人口在2020年左右达到顶点,为9.23亿。2015年是人口红利的转折点,此后,随着人口老年化速度上升,人口转变对经济增长的贡献将由人口红利逐渐转变为人口负债。从目前看,中国经济的高增长并没有带来高就业,不仅农村剩余劳动力转移缓慢,城镇居民失业率也居高不下。中国必须尽快改变目前的制度逆向安排,倒逼出潜在的人口红利,以走出未富先老的陷阱,也走出中国人勤劳而不富有的陷阱。关于人口红利的概念与中国人口的有关研究,参见David Bloom,David Canning,Jaypee Sevilla,"The Demographic Dividend:A new perspective on the economic consequences of population change",RAND,2002;"Economic Growth and the Demographic Transition",NBER,2001;Wang Feng,Andrew Mason,"Demographic Dividend and Prospects for Economic Development in China",UN Expert Meeting on Social and Economic Implications of Changing Population Structures,Mexico City,2005;阿瑟·刘易斯:《对无限的劳动力的反思》,施炜、谢兵、苏玉宏译,北京:北京经济学院出版社1989年版。

这种发展同时也显示了美国著名经济史学家格申克龙(Alexander Gerschenkron,1904—1978)所说的"后发优势"①。正如新加坡李光耀公共政策学院院长马布巴尼(Kishore Mahbubani)所指出的,人均GDP翻一番,英国花了58年,美国47年,日本33年,印度尼西亚17年,韩国11年,中国10年。②但是发展背后的理论逻辑是普适的,即$BM \approx W$。目前看不出有什么证据可以证伪这个理论假说。借用一下2008年北京奥运会的口号,"One world, one dream"。的确,中国改革开放30年有时会出现波动和停顿,这种波动暗含"摸着石头过河"的寓意,在实践中,这体现为"试点—推广"模式的进行路径,但是中国改革的大方向始终是市场走向的,尤其是1992年邓小平南方讲话和2001年中国加入WTO之后。从计划到市场改革的一个核心问题是,基于理性的考量,如何通过设计和实施一系列先后互补的激励机制和管理控制手段,实现政府官员与经济绩效的激励相兼容,体现了2007年度诺贝尔经济学奖得主埃里克·马斯金(Eric S. Maskin)所提出的"纳什均衡的可实施机制"的逻辑。③

看来方向与速度之间,方向更重要。朝着正确的方面,关键几步迈得对头,迈得坚决,你就起飞,释放出创造财富的巨大能量。中国改革开放三十

---

① 落后优势或后发优势(advantage of backwardness)论认为,作为现代化进程中的后来者国家,它的优势可以体现在几个方面:(1)其现代化进程不再像现代化的先行者所面临的未开发的领域;(2)具备了在许多方面借鉴先行者的可能性;(3)可以跳跃过先行者必须经历的现代化进程的一些早期阶段,以缩短实现现代化的历程;(4)通过对先行者所取得成就的认识,看到现代化前景,从而对后来者产生激励并树立信心;(5)可能在其现代化进程中得到先行者在各个方面的帮助与支持。同时格申克龙指出,后发优势只是一种潜在的优势,利用这些优势所必需的条件与现实条件之间存在着巨大反差,要使潜在的优势变为现实的优势,就需要创造出一系列的条件,可见后发优势论并不是什么万试灵的起死回生药。参见 Alexander Gerschenkron, *Economic Backwardness in Historical Perspective: A Book of Essays*, Cambridge: The Belknap Press of Harvard University Press, 1962. Albert Fishlow, "Review of Alexander Gerschenkron, *Economic Backwardness in Historical Perspective: A Book of Essays*", EH. Net Economic History Services, Feb 14 2003.

② Kishore Mahbubani, "The Pacific Way", *Foreign Affairs*, 74 (Jan./Feb. 1995), pp. 100—103.

③ Eric Maskin, "Nash Equilibrium and Welfare Optimality", *Harvard Institute of Economic Research Working Papers* 1829, Harvard Institute of Economic Research, 1998.

多年也已经部分地印证了这个道理；今后的20年看来对中国十分关键,也极具挑战。具体而言,中国将面临来自环境、资源和人口三大方面国内和国际前所未有的挑战。这些方面的压力要求今后中国经济发展必须做出既考虑本国比较优势又能与时俱进的动态战略选择。

没错,中国在B和M两个维度,尤其是M方面,与改革前相比大大进步了,但能够改善的空间还很大。在M方面,我们在国内建立了相对较好的产品和服务市场,但是资源和要素市场改革依然滞后,其中垄断行业,特别是行政垄断,依然大量存在。① 在更微观的层面,如FDI（外国直接投资）,我曾运用15年系统的数据,通过数学建模展示了市场导向制度安排的建设和完善与FDI的正相关关系。② 在B方面,大家也许都注意到,中国最高领导人已开始遵循两届任期的不成文安排。从某种意义上讲,这比明文规定却不执行的法律更为关键。当然,市场的完善同时意味着必须有健全的法制。成熟市场经济国家,都走过了从人治到法制,再到法治的历程③,并在此基础

---

① 2007年8月30日下午,《中华人民共和国反垄断法》经十届全国人大常委会第二十九次会议表决通过,于2008年8月1日起施行。在当前很多领域还是由政府主导的现实情况下,中国急缺市场经济真正的竞争机制。反垄断法的颁行是培育和建设竞争文化最为关键的一步；反垄断法保障了市场经济向公平环境迈进,但是该法本身还远远不够,行政垄断、市场准入的问题还有不尽如人意之处。有研究显示,电力、电信、金融、保险、石油、铁路、煤炭,水电气供应等行业职工的平均工资是其他行业职工平均工资的2—3倍,若再加上工资外收入和职工福利待遇上的差异,实际差距可能在5—10倍之间。这些差距很大程度上就是由于行业垄断造成的。

② Fu Jun, *Institutions and Investments: Foreign Direct Investment in China during an Era of Reforms*, Ann Arbor: Michigan University Press, Studies in International Economics, 2001.

③ 亚里士多德认为法治是良法加上守法。他在《政治学》一书中阐述了"法治"的概念,认为"法治应包含两重意义:已成立的法律获得普遍的服从,而大家所服从的法律又应该本身是制定得良好的法律"。他把人治与法治进行比较之后,得出了"法治优于人治"的论断。亚里士多德认为,制定法律必须具有正义性、普遍性、平等性、稳定性、灵活性与权威性；人人都要服从法律,遵守法律,这是法治的关键。参阅亚里士多德:《政治学》,北京:商务印书馆1981年版,第199页。法治与法制的区别在于:(1)从内涵看,法治表达的是法律运行的状态、方式、程序和过程,包括法律的至上权威、公正性、普遍性、公开性等基本要求,以及法律制约公共权力与保障人权等基本原则；法制只是"法律和制度"的简称。(2)从价值取向看,法治强调人民主权（民主精神）、法律平等、权力制约和人权保障；法制则不预设价值取向。(3)从与人治的关系上看,法治明确地与人治相对立,有人治无法治,而法制可以与人治共存,可以有"人治下的法制"。

上开始尝试着从韦伯的"官僚政府"向奥斯本的"企业家政府"转变。① 对此过程,世界各国似乎概不能外。从这点上看,中国的改革还任重道远。

如果做好了,提高人均 GDP 的空间依然很大(见图3)。有数据可以证明这一点。根据透明国际的研究,中国的清廉指数在 2004 年排在全球的第 71 位(样本共 146 个国家和地区,第 1 是芬兰,最后是海地,新加坡排第 5 位,英国第 11 位,中国香港第 16 位,美国第 19 位,日本第 24 位,韩国第 47 位,印度第 91 位,俄罗斯第 95 位)②,这间接地反映了中国目前的权力制衡水平。③ 我们把这个数字与各国人均收入做个回归,结果显示清廉指数与人均收入呈正比关系;就中国而言,回归线正好与目前中国人在全球人均财富的水平匹配,即大约是中等水平(见图4)。

当然,世界上还有很多国家在 B 和 M 两个维度上做得远不如中国,它们经济发展水平都很低,只停留在一个很低的均衡水平上。④ 除非老天保佑它们,比如有石油。⑤ 有的国家甚至发生大规模的暴乱和内战,说明连 B 的底

---

① 这是目前公共管理研究领域提出的"服务型政府"方向的核心所在,成熟市场经济国家也在探索过程中。关于这方面的近期发展较为系统的论述,参见 Gerald E. Caiden, *Administrative Reform Comes of Ages*, New York, Walter de Gruyter, 1991.

② Transparency International, *2004 Annual Report, the coalition against corruption.* 中国在 2005 年的排位是第 78 位(样本数共158);2006 年是第 70 位(样本数共163)。参见 http://www.transparency.org.

③ 根据施莱弗和维什尼(Andrei Shleifer & Robert Vishny)的定义,腐败就是政府官员为了获得个人利益而出卖公共权利。参阅 Shleifer, Andrei & Vishny, Robert W., "Corruption", *The Quarterly Journal of Economics*, 1993, vol. 108(3), pp. 599—617. 关于腐败影响经济发展以及社会公平和效率的论述,参见郑利平:《腐败的经济学分析》,北京:中共中央党校出版社 2000 年版。

④ Timur Kuran, "Islam and Underdevelopment: An Old Puzzle Revisited", *Journal of Institutional and Theoretical Economics*, 153(1), 1997, pp. 41—71; "The Islamic Commercial Crisis: Institutional Roots of Economic Underdevelopment in the Middle East", *Journal of Economic History*, 63(2), 2003, pp. 414—446.

⑤ 用地理来说事解释力不大,因为它是常量。中东古时候就有石油,但当时石油没使得该地区富裕,可见必须加别的变量。地理环境的作用,显然会随着人类拥有技术的改变而改变。例如,海洋在古代是曾阻隔国际交流的屏障,今天却成为海上贸易的通道。再例如,北美印第安人早就知道石油,但是他们并不知道如何把石油作为燃料来使用。看来不奇怪,二战以后,当哈佛大学撤销地理系时,几乎没有反对的意见;以后一些名校,如密歇根大学、

线都没做好。用政治学的术语说,是失败的国家(failed state)。在过去一些年来,世界政治的主流似乎是抨击"大政府",力图把国家部门的事务交给自由市场或公民社会。值得我们高度警惕的是,目前许多国家对国家职能和能力的认知上还存在严重的误区(参见图8),结果是在许多发展中国家,软弱无能的政府或失败的国家都成了许多严重问题的根源,如贫困、艾滋病、毒品泛滥、恐怖主义和海盗活动。[①] 以艾滋病为例,在发达国家,该病已能通过药物来得以控制;但是在非洲却已有2500万人感染此病,死亡人数多得惊人。虽然艾滋病的问题部分是与个人的资源有关,但是,更重要的是,它的有效治疗和防御需要一套强大的公共卫生设施和公共卫生教育,这些都离不开政府的介入。

黑人经济学家阿瑟·刘易斯(W. Arthur Lewis,1915—1991)是研究经济发展理论的著名学者,曾任美国经济学会主席,于1979年获诺贝尔经济学奖。他认为,对于经济增长引擎(growth engine)而言,任何解释都离不开一个基础,即一个关于政府的理论,政府既是问题的起源又是问题的解决方案。[②] 有证据系统地显示,有公信力、充满生机、具有效率的国家是经济增长的要素,这在东亚一些国家和地区的发展中尤为显著;反之,无效的国家对经济的不发达负

芝加哥大学、哥伦比亚大学,也先后取消了地理系。即便在中东,石油也并没有使每个国家都富裕。富裕与否还取决于人口的多少。最富裕的国家,如沙特阿拉伯和科威特,油多人少;最穷的埃及人多油少;伊拉克和伊朗则介于两者之间。参阅 Cohen, Saul, "Reflections on the Elimination of Geography at Harvard, 1947—1951", *Annals of the Association of American Geographers*, 1988, 78(1), p. 148; Smith, N. , "'Academic War over the Field of Geography': The Elimination of Geography at Harvard, 1947—1951", *Annals of American Association of American Geographers*, Vol. 77, No. 2, 1987, pp. 155—172; E. L. Jones, *The European Miracle: Environments, economies, and geopolitics in the history of Europe and Asia*. Cambridge: Cambridge University Press, 1987; Partha S. Dasgupta, "Natural Resources in an Age of Substitutability", in A. V. Kneese and J. L. Sweeney, eds. , *Handbook of Natural Resources and Energy Economics*, Amsderdan: Elsevier, 1993, III, pp. 111—130.

① 关于这方面更多的论述,参阅 Robert H. Bates, *When Things Fell Apart: State Failure in Late-Century Africa*, Cambridge University Press, 2008.

② W. Arthur Lewis, "The State of Development Theory", *American Economic Review*, 5, March 1984, p. 8.

有主要责任,突出的例子是撒哈沙漠以南的非洲地区(见图7)。

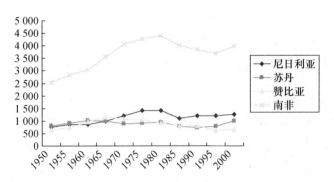

图 7　1950—2000 年非洲一些国家人均 GDP 的比较
(1990 年国际元)

根据以下资料制作:*Monitoring the World Economy 1820—1992*, Paris: OECD, 1995; *The World Economy: A Millennial Perspective*, Paris: OECD Development Centre, 2001; *The World Economy: Historical Statistics*, Paris: OECD Development Centre, 2003.

尼日利亚是非洲撒哈拉沙漠以南地区人口最多的国家。虽然它拥有丰富的自然矿产和石油,但是普通的尼日利亚人在 21 世纪早期的生活并不比 1960 年独立时好多少。① 尼日利亚人均收入在 1980 年大约是 800 美元,到 1995 年跌到 260 美元,2005 年是 320 美元。② 什么原因？英国牛津大学经济学教授桑加亚·拉尔(Sanjaya Lall)对整个撒哈拉沙漠以南非洲国家经济落后的解读是,除了缺乏激励机制外,这些国家还缺乏能力(包括企业家精神和技术能力)以及制度(大部分应由一个有效的政府提供)。③ 更有学者

---

① 需要提醒的是,丰富的自然资源并不一定是福音,有时它也会成为祸根,产生负面结果。当自然资源的开采吸引大量外资流入时,国家的货币就会升值,使非资源性产品的出口竞争性下降,导致所谓的"荷兰病"。过度依赖资源出口还会使一个经济容易受到国际商品价格变动的冲击。更糟糕的是,开采自然资源还容易引起政府官员和其他利益集团产生更多的寻租行为,以至于在极端情况下为了争夺自然资源而导致内战。参见 Jeffrey Sachs and Andrew M. Warner, "The Curse of Natural Resources", *European Economic Review*, 45(4—6), 2001, pp. 827—38.

② World Bank, *World Development Report*, New York: Oxford University Press, 1997, p. 214; 2005, p. 257.

③ Sanjaya Lall, "Structural Problems of African Industry", in Stewart et al., eds., *Alternative Development Strategies*, pp. 103—144.

强调，政府的"衰弱、不稳定和缺乏导向"①以及官员的"寻租"②和"腐败"③是尼日利亚持续性经济不发展的根本原因，虽然大约半个世纪前它起步时是相对开放和民主的国家。

如果你对什么是失败国家还不清楚的话，请再看看下面的诊断书：

> 尼日利亚不是一个真正意义上的国家。在现代国家表象下的是具有个人化和部族分裂倾向的政治精英和官僚机构，以及一支不仅同样具有这些特性而且还能力低下、非职业化的军队。这些特征是从殖民时期继承下来的，而尼日利亚主权国家的统治者未能改变它。在微弱的民族主义运动条件下，政治精英们公开争夺其各自社区的相对利益，并且不动声色地积聚个人财富……公务员也不例外，同样具有个人化倾向、部族偏向、职业化程度低以及腐败等问题。④

---

① Tom Forrest, *Politics and Economic Development in Nigeria*, Boulder Colorado: Westview Press, 1995, p.256.

② 在经济学中，租金（rent）是指在运用生产要素时所获得的高于用于竞争市场的那部分报酬。在寻租过程中，商人或由他们组成的利益集团需要投入一定资源对有权制定政策的政府官员进行游说，以达到自己的目的。因为这部分资源没有用于生产，所以是对社会的浪费。对政府官员而言，寻租理论假设他们在追求个人政治权利最大化的同时，也追求通过权力创租所带来的经济收益。寻租理论的核心是个人理性，这不但适用于商人同时也适用于政府官员。研究寻租理论的著名学者包括塔洛克（Gordon Tullock）、克鲁格（Anne Krueger）、布坎南（James Buchanan）和托利森（Robert Tollison）。参阅 Gordon Tullock, *The Economics of Special Privileges and Rent Seeking*, Boston: Kluwer Academic Publisher, 1989; Anne Krueger, "The Political Economy of the Rent-seeking Society", *American Economic Review*, 44, 1974; James Buchanan and Robert Tollison, eds., *Theory of Public Choice: Political Applications of Economics*, Ann Arbor: The University of Michigan Press, 1972.

③ 腐败在尼日利亚具有广泛性。政府高级军官和文官有时把收到的巨额外汇直接打入个人账户，以致一些高级官员甚至拥有私人飞机。Femi Odekunle, ed., *Nigeria: Corruption in Development*, Ibadan, Nigeria: Ibadan University Press, 1986.

④ 阿图尔·科利:《国家引导的发展——全球边缘地区的政治权力和工业化》，朱天飚、黄琪轩、刘骥译，长春：吉林科学技术出版社 2007 年版，第 426—427 页。失败国家更深层的原因是什么？需要指出的是，撒哈拉沙漠以南的非洲在欧洲人抵达之前几乎没有大规模的社会组织。欧洲殖民统治的不幸后果之一，就是忽视了非洲多数地区极其复杂的种族和部落关系，强行进行简单的行政区划分，而这些武断的行政划分形成后来新兴独立的非洲国家的边界，并长期带来悲剧的结果。新兴国家可以借由政客卖弄文笔并随着国旗、国歌、货币及邮政的出现而成立，但是新兴民族的出现显然更复杂，要花费更多的时间。

第一部分　BMW 的理论假说

历史上，南美洲曾经灿烂辉煌的玛雅文明大约在公元 800—900 年崩溃了，有学者认为原因主要是部落之间长期的内战。① 长期以来，内战和无政府主义对经济的影响是政治经济学家关注的一个重点。实证研究的结论是清楚的：中央权威的崩溃对经济发展有负面的影响。② 内战对经济的负面影响主要从四个方面体现出来：第一，它把本可以用于私人生产和公共产品的资源转向了暴力；第二，暴力将进一步摧毁现有公共基础设施和私人财产；第三，内战和由此产生的无秩序是罪犯和发泄私愤的温床；第四，内战引起的人员伤亡将造成人力资本的损失。相应的，哈佛大学经济学家艾尔波托·艾莱斯纳（Alberto Alesina）也在经验数据上系统地展示了政治不稳定与经济增长之间的负相关关系。③

由此不难理解，诺斯在谈到稳定的秩序和经济发展的关系时指出，"秩序是长期经济发展的必要的（但不是充分的）条件"。专制和民主都可以带来秩序，但是从长远看，通过协商（consensual），而不是胁迫（coercive）建立

---

① 玛雅文明从公元前 2000 年开始发展，直到公元 200—300 年后进入文明的黄金时期，大约到公元 10 世纪时，突然崩溃消失，留下数以万计的文化和文物遗址，诸如金字塔、建筑物、文字、天文历法、算数、艺术、宗教祭礼、农业系统、城市、政经组织等，足以和人类历史上的任何伟大文明相媲美。我们常说四大古文明：古埃及、巴比伦、印度、中国。近年来，国际史学界倾向于更具概括力的"四大文明区"的概念，即东地中海文明区（埃及、美索不达米亚、亚述、腓尼基、希腊等）、南亚次大陆文明区（印度等）、东亚文明区（中国等）、中南美印第安文明区（玛雅、阿兹特克、印加等）。玛雅文化的神秘在于，人们对它的认知很少。自 16 世纪西班牙征服者将之摧毁后，玛雅文明仅存的硕果也只能掩埋在丛林中、泥土之下了。

② 关于这方面的研究很多，参阅 Hirshleifer J., "Anarchy and its Breakdown", *Journal of Political Economy*, 103, 1995, pp. 26—52; Konrad K. and Skaperdas S., "Extortion", *Economica*, 65 (260), 1998, pp. 461—477; Grossman H. and Kim M., "Swords or Plowshares? A Theory of the Security of Claims to Property", *Journal of Political Economy*, 103, 1995, pp. 1275—1288; Dixit A., *Lawlessness and Economics, Alternative Modes of Governance*, Oxford University Press, 2004; Collier P., "On the Economic Consequences of Civil War", *Oxford Economic Papers*, 51, 1999, pp. 168—183.

③ Alberto Alesina, Ozler N., Roubini N., Swagel P., "Political Instability and Economic Growth", *Journal of Economic Growth*, 1, 1996, pp. 189—211; Alberto Alesina and Robert Perotti, "The Political Economy of Growth: A Review of the Recent Literature", *The World Bank Ecnomic Review*, 8(3), 1994, pp. 351—371.

的秩序更可持续发展。现实生活的专制和民主的体制在治理社会中都有胁迫和武力的成分,区别是度的问题,但是这个区别很关键。① 建立长期秩序的核心是建立和维护非个人化的交易和制约政治权力。这里涉及的核心议题是法治,即限制公权、保护私权的法律体系。

总之,就国家治理体系现代化而言,一个有效的政府是经济可持续发展的前提。这个有效的政府指的是一个能力政府、法治政府、问责政府,即一个有能力维护市场竞争秩序,但又不越位、直接参与竞争进而压制或掠夺市场的政府。

民主、法治、市场与经济发展

民主与法治的关系如何?这里我要强调一点,我们的目光不要停留在事物的表面,因为政治制度的真正奥秘常常是深藏于冰山之下的那个看不见的部分。美国的三权分立只是一个事实的存在,没有一个理论可以说明为什么非得三权分立才能制衡。在冰山之下更细微的层面,其实美国有美国的安排(行政单头制),法国有法国的安排(行政双头制),英国有英国的安排(君主立宪制),瑞士有瑞士的安排(行政多头制)。② 南欧的西班牙、葡

---

① Douglas North, *Understanding the Process of Economic Change*, Princeton: Princeton University Press, 2005, pp. 104—105.
② "行政单头制"的特征是,在政府行政系统内部只有一个行政领导主体行使最高行政领导权力。就美国而言,美国总统一个人掌握最高行政领导权,行政系统中的所有机构和个人都受总统的领导并向总统负责;总统与立法、司法等其他国家机构是相互平行和独立的关系,因此最高行政权是单头,即总统和象征总统的白宫(White House);总统只对选民负责,但总统一经当选,其行为一般不受选民的支配,并在任职期间受法律的豁免,除非出现重大的政治和刑事丑闻而被弹劾。

"行政双头制"的特征是,在政府行政系统内部有两个行政领导主体共同行使最高行政领导权力。就法国而言,总统和总理共同分享国家最高行政权力,虽然分享并不意味着完全平分领导权。在实际行使最高权力的过程中,虽然总统和总理有权力大小和权力领域的分工,但是他们谁也不能抛弃对方而单独行使最高权力,因此,总统和总理以及象征总统和总理的爱丽舍宫(总统府,Palais de l'élysée)和马提翁宫(总理府,Matignon)都是"实位"的最高行政领导主体。由于法国宪法在规范总统和总理各自的职权时,对总统行使国家元首权力的解释有不确定性,法国总统在相当大的程度上取代总理而成为政府决策的主要领导,尤其是在国防和外交方面。

萄牙,还有作为人类民主制度鼻祖的希腊,在 20 世纪 70 年代中期以前也是政治学家所说的威权国家(authoritarian state)。① 其实,并没有铁板一块的所谓"西方民主制度",可以让人们机械地照搬。相反,从人类历史上看,大多数国家和地区(包括西方)都经历过或正经历着或长或短的君主专制统治,这是我们人类共同的文化、传统和遗产;民主是例外,其历史也不是很长远。② 俄国著名作家列夫·托尔斯泰(Лев Николаевич Толстой,1828—1910)的代表作《安娜·卡列尼娜》开篇的第一句话是我们大家都知道的名言:"幸福的家庭总是相似的,不幸的家庭各有各的不幸。"把它套用在政治上,我们可以说,所有的专制主义总是相似的,而每个宪政国家各有各的方式。

英国学者约翰·阿克顿勋爵告诫过人们:"权力导致腐败,绝对权力绝对导致腐败。"考虑到这一在理论逻辑上和在人类历史经验中被证实的规律,成熟的市场国家都根据自己的历史和国情做出了权力和利益制衡的制度安排,其核心是法治,体现为法律一元化、权力多元化,权力从属于法律。尽管这一制度安排在发达经济体各有特点,比如在英国或日本,还保留君主这样相当保守的元素,但是靠法治来对权力和利益进行"制"和"衡"(checks and balances)是关键所在。被制衡的主体可以包括立法权、行政权、司法权、管理权、舆论权、监督权、参与权、中央权、地方权、政府权、政党权、集团权、公民权,等等。法治的本质就是要求不同权力和利益集团,包括政党和政府,都遵循相同的规则,以法律面前人人平等的原则来制约权力,从而使国家政治秩序具有公正性和权威性。

"行政多头制",顾名思义,是指政府行政系统内部有两个以上的行政领导主体共同行使最高行政领导权力。就瑞典而言,联邦政府的最高行政权掌握在一个由 7 人组成的联邦委员会手中。它的主要特点是集体领导、集体负责、分工合作。7 名联邦委员会委员的权力相当,联邦委员会开会需至少 4 名委员出席为合法,委员会主席由 7 名委员轮流担任,当赞成票和反对票相等时,主席的一票按两票计算。参见吴大英等:《西方国家政府制度比较研究》,北京:社会科学文献出版社 1996 年版。

① 参见萨缪尔·亨廷顿:《第三波——20 世纪后期民主化浪潮》,刘军宁译,上海:上海三联书店 1998 年版。
② 虽然美国、加拿大、澳大利亚等国本身没有经历严格意义上的君主专制时期,但是在独立之前,它们曾受残酷的殖民专制统治,因此可以看成是君主专制体制的延伸。

国富之道

美国政治学家亨廷顿在其《政治发展和政治衰败》中指出,政治发展的核心是政治制度的制度化。① 他在《变化社会中的政治秩序》一书中进一步指出,政治秩序自身乃是个好东西,但它不能在现代化过程中自然而然地产生。恰恰相反,没有政治秩序,经济和社会的发展便不能成功进行。现代化的不同组成部分必须依次进行。过早过快地扩大政治参与,包括选举,会动摇最弱的政治体制。② 的确,从苏联的解体到诸如南美洲的海地,非洲的塞拉利昂、索马里和中亚的阿富汗等脆弱和失败的国家,都是他先见之明的佐证。中国20世纪80年代后期过度的政治动员也造成政治稳定的脆弱化以及改革开放步伐的犹豫和放慢,这种风险到了1992年邓小平南方讲话才得以扭转。

诺贝尔经济学奖得主阿马蒂亚·森教授指出,民主具有两个价值:工具性和建设性。工具性价值在于防止政府政策信息交流不畅而导致的灾难性后果,建设性价值在于公开的讨论有利于社会就公共政策达成共识,从而利于公共政策的实施。但是,许多实证(包括森本人的研究)显示,民主与经济发展水平以及经济增长之间不存在必然的因果关系。数理正态分布的逻辑也可以显示,如果民主被界定为一人一票③,成熟的 B 制度安排必须考虑如

---

① Samuel Huntington, "Political Development and Political Decay", *World Politics*, 1965, 17, no. 3, pp. 386—430.

② 关于这方面更系统的论述,参见 Samuel P. Huntington, *Political Order in Changing Societies*, Yale University Press, 1996.

③ 有学者指出,二战以后的时代是"民主观混乱"的时代。尽管如此,人类历史上第一次没有任何理论是作为反民主的理论提出的;而正因为如此,几乎所有的政治家、所有的政体都以民主的捍卫者自居。这在很大程度上使民主变成了一个包罗万象的概念,成了"贬值的货币"。但是,人们试图通过对民主进行更清晰的界定以认识和实践民主的努力一直在进行中。政治学家罗伯特·达尔(Robert Dahl)用了"多头政治"(polyarchy)来界定民主;熊彼特认为,民主是"一种形成政治决定的制度安排。在这种制度安排下,个人通过竞争性的方式争取人民的选票来获得决策的权利"。亨廷顿也认为竞争性选举是民主的本质。科恩(Carl Cohen)则把民主界定为一种社会管理体制,其中社会成员可以直接或间接地参与或影响全体成员的决策。参阅科恩:《论民主》,聂崇信译,北京:商务印书馆1994年版;萨缪尔·亨廷顿:《第三波——20世纪后期民主化浪潮》,刘军宁译,上海:上海三联书店1998年版。熊彼特:《资本主义、社会主义与民主》,吴良健译,北京:商务印书馆1999年版;乔·萨托利:《民主新论》,北京:东方出版社1993年版;Robert A. Dahl, *Polyarchy: Participation and Opposition*, New Haven: Yale University Press, 1971; Robert A. Dahl, *On Democracy*, New Haven: Yale University Press, 2000.

何制衡法国思想家托克维尔所说的"多数人的暴政"(tyranny of majority),它必须是一整套完善的法治在先的"制"和"衡"的关系,而不是事事全民公决,那是民粹主义(populism)。① 中国十年"文革"的经历是美国政治学家亨廷顿感言的佐证。他说:"宁要没有自由的秩序,也不要没有秩序的自由。"② 我在哈佛大学学习时,听过他的课。他无疑是民主的倡导者,但他同时也是一位现实主义者。他提醒大家,在民主化的过程中,如果社会动员超出国家能力,国家就会瘫痪。

"在这个世界上,除了阳光、空气、水和笑容,我们还需要什么呢?""我到处走动,没有别的,只是要求你们,不分老少,不要只顾你们的肉体,而要保护你们的灵魂。""最有效的教育方法不是告诉人们答案,而是向他们提问。"在这些充满思想的语言背后,是一颗美丽睿智的灵魂,他就是苏格拉底,西方哲学的鼻祖。然而,公元前399年,在以民主著称的希腊,雅典公民经过民主投票以281∶220的结果,无情地把苏格拉底判处死刑。你们也许看过《美丽心灵》(A Beautiful Mind)这部电影,它讲的是另一个诺贝尔经济学奖得主约翰·纳什(John Forbes Nash Jr.)的故事。纳什是博弈论的鼻祖,但是在当时,在一般人眼里,他是疯子。可以想象,大众很难对他认同。一般人很难会想到,正是这个行为古怪的美国数学家,与豪尔绍尼(John C. Harsanyi,1920—2000)和莱因哈德·泽尔滕(Reinhard Selten)一起,在1994年被瑞典皇家科学院授予诺贝尔经济学奖,以表彰他们对博弈论所作的创造性

---

① 民粹主义是19世纪在俄国兴起的一股社会思潮。当时,沙皇俄国已经腐朽不堪,严重阻碍生产力发展和社会进步;而西欧资本主义在迅速发展的同时也暴露出很多内在矛盾。民粹派的思想先驱们就是在这种背景下开始寻找俄国的出路,提出了落后国家向社会主义过渡的问题。他们极端强调平民群众的价值和理想,把平民化和大众化作为所有政治运动和政治制度合法性的最终来源,依靠平民大众对社会进行激进改革,并把普通群众当做政治改革的唯一决定性力量。民粹主义表面上以人民为核心,但实际上是最缺乏公民个人尊严与个人基本权利的观念。民粹主义者崇拜"人民",但他们崇拜的是作为一个抽象整体的"人民",而对组成"人民"的一个个具体的"人"却持一种极为蔑视的态度。民粹主义者反对权威,但他们又容不得反对派。俄国民粹派当年有句名言:"谁不和我们在一起,谁就是反对我们;谁反对我们,谁就是我们的敌人;而对敌人就应该用一切手段加以消灭。"

② Samuel Huntington, *Political Order in Changing Societies*, BookCrafters Inc. , 1968.

贡献。

再有，人类历史上，虽然哥白尼早就提出了"日心说"，象征着现代科学的开始，但是因为怕受迫害而一直不敢发表。据说他是在临终的病榻上才交出《天体运行论》(De Revolutionibus Orbium Coelestium)的手稿。而布鲁诺(Giordano Bruno, 1548—1600)和伽利略都因支持"日心说"而受到迫害。布鲁诺被判死刑，烧死在罗马；伽利略，这位将数学方法和理论分析相结合、具有"当代阿基米德"之称的科学巨人，却被终身监禁。① 他留下一句名言："但是，地球还在转呀。"(E pur si muove.)

历史还告诉我们，美国的奴隶制、英国对中国发动鸦片战争以及纳粹德国希特勒的兴起都经过多数票决的程序。在1852年的法国，有关是否恢复帝制的全民投票中，法国780万选民赞成，25万反对，200万弃权。拿破仑三世(Napoleon Ⅲ, 1808—1873)上台后即以全民投票选择为理由，实施了一系列强硬的内外专制独裁政策。②

在中国，也许大家还记得北京大学校长马寅初(1882—1982)的事件。他因在1960年发表了《新人口论》，分析了中国人口增长的严峻形势，提出必须控制人口的主张，而受到错误的批判，并被迫辞去北大校长的职务。马寅初在《我的哲学思想和经济理论》一文中说："我虽年近80，明知寡不敌众，自当单身匹马，出来应战，直至战死为止，决不向专以力压服不以理说服的那种批判者们投降。"③这里所体现的是追求真理、为真理献身的精神。但是，没有法治保护的精神，代价是悲惨的，古今中外都一样。人类必须从中汲取教训。

一般而言，我们都说美国是崇尚民主的国家，但是"民主"这个词后面有着一整套制度安排，涉及各个利益之间以及少数和多数之间极其精致的

---

① 1979年，罗马教廷承认当年对伽利略的审判有欠公正，表示要成立专门委员会重审此案。到1992年，即350年以后，教皇约翰·保罗二世(Pope John Paul II)才正式宣布，"伽利略案是一个悲剧"，是教廷过去"拒绝接受科学进步"的象征，并公开道歉。
② 皮埃尔·米盖尔：《法国史》，北京：商务印书馆1985年版，第380—394页。
③ 马寅初：《马寅初全集》第15卷，杭州：浙江人民出版社1999年版，第247页。

"制"和"衡",这些制度安排却往往被人忽视。这也许是因为传播和记忆几句简单的口号远比理解抽象逻辑容易。必须提醒的是,极具政治智慧的美国国父们对不加制衡的直接民主的缺陷,或称古希腊的"纯粹民主",是很具戒心的。美国杰出的政治哲学家、第四任总统詹姆斯·麦迪逊(James Madison,1751—1836)曾与亚历山大·汉密尔顿(Alexander Hamilton,1757—1804)和约翰·杰伊(John Jay,1745—1829)合著了著名的《联邦党人文集》(*Federalist Papers*),为美国联邦宪法的制定提供了政治思想基础,因此被后人尊称为"美国宪法之父"。在文集第 10 篇中,麦迪逊尖锐地指出:"纯粹的民主从来都没有成功地治疗过派系的弊端。这里,纯粹的民主是指在一个公民数量有限的社会中,这些公民亲自集会并管理政府。这个社会全体的多数几乎总是感受到一种共同爱好和利益,由此产生的政府本身倾向于沟通和协调,而且不存在任何事物能抵制牺牲弱小党派或不受欢迎者的诱惑。因此,这种民主从来是骚乱和争斗的博览会,与保护个人安全或财产不相融洽;一般来说,这种民主寿命不长并以暴力告终。"①

上面这些文字所体现的思想的锐利,似乎与中国传统知识界大而化之的感悟形成了对比。的确,有中国学者观察到:"中国者,以文学思维问政之卢梭太多,以数学头脑研制宪政之汉密尔顿太少。走到这个时候,它已经离法国的大门不远了。故而陈寅恪在那时就说:'西洋各国中,以法人与吾国人习性为最相近。其政治风俗之陈迹,亦多与我同者。美人则与吾国相去最远,境势历史使然也。'"②观察是否精确?见仁见智,不过至少具有一定的启发意义,可以提醒我们思路中可能存在的盲区。

如果我们真要完全照搬西方政治制度的话,那么历史将告诉我们,从时间先后的顺序来讲,在所有现代市场经济发达的国家里,法治建设远远领先于或者至少同步于民主选举的普及。实证证据显示,经济发展水平

---

① Henry S. Commager, *Selections from the Federalist*, *Hamilton*, *Madison*, *Jay*, Harlan Davidson, Inc., 1949, p.9.

② 吴学昭:《吴宓与陈寅恪》,北京:清华大学出版社 1992 年版,第 7 页。

与法治建设呈正比关系,与民主选举没有必然的联系。亚洲"四小龙"的经验如此,英国、法国和美国也是如此。哈佛大学教授兰德斯观察到,与其他地区相比,在工业革命之前的几个世纪,欧洲就已经富裕了。从公元1000年到18世纪的近千年时间里,人均收入有显著的增长,大约翻了三倍,这是一个逐步积累的结果。增长的原因包括投资的增长、对欧洲之外的资源和劳动力的利用以及重大的技术进步。它不仅发生在物质生产方面,也发生在它们的交换和分配的组织及融资效率方面。① 也许更值得我们关注的是,中世纪以后的欧洲,逐步建立起了较宽容和世俗的政府,与其相配的政治和法律制度开始致力于保护财产所有权和合同的强制执行;当时的欧洲在发展国际汇兑和信贷市场、金融及会计业务方面也是先驱,同时还以定期支付利息的强制性政府贷款为基础,逐步建立了有效的政府公债市场。②

从图1我们也可以看出,西欧的经济增长从15世纪的文艺复兴以后开始逐步加速,到了19世纪开始了戏剧性的提速。需要提醒的是,经济发展的整个过程伴随着法治建设,或者更严格地说,法治建设伴随着整个经济发展的过程。至于公民投票的民主制度,时间上则还要大大地推后。美国给所有成年公民选举权的时间是1920年;英国是1928年;新西兰稍微早些,是1893年;法国更晚些,是1945年(见表7)。但是,同时我们也不得不承认,如果不看历史发展的动态过程,而把今天作为一个静态的横截面,全世界人均GDP最高的地区以压倒性的多数与市场、法治和民主三个因素同时相关联(见表8)。这个事实给我们的启发是,至少从经验世界看,"市场+法治"是经济发展的必要条件;"市场+法治+民主"使发展再上一个新台阶,其中的内容也部分地体现在孙中山先生所倡导的"三民主义"的思想中,即民族

---

① David Landes, *The Unbound Prometheus*, Cambridge: Cambridge University Press, 1969, pp.13—14.
② 参阅 F.C. Lane and R.C. Mueller, *Money and Banking in Medieval and Renaissance Venice*, Baltimore: Johns Hopkins Press, 1985.

主义、民生主义、民权主义①；另一方面，没有历史证据显示，"民主—法治—市场"可以促进经济发展。② 相反，历史一次又一次地证明，若要防范所谓"多数人的暴政"，民主必须建立在法治的基础上。

表7　西方国家公民获得选举权的时间

	男性公民获得选举权时间	全部公民获得选举权时间
美国	1860（局限于欧洲人/白人）	1920
英国	1918	1928
法国	1848	1945
德国	1871	1919
加拿大	1920	1920
新西兰	1879（局限于欧洲人/白人）	1893（局限于欧洲人/白人）
澳大利亚	1902（有很强的限制）	1902（有很强的限制）
意大利	1913	1946
爱尔兰	1918	1923
比利时	1894	1948
荷兰	1918	1922
丹麦	1849（有很强的限制）	1918
挪威	1900	1915
瑞典	1909	1921
芬兰	1907	1907
奥地利	1907	1919
瑞士	1848	1971

资料来源：Christopher Pierson, *Beyond the Welfare State? The New Political Economy of Welfare*, Pennsylvania: The Pennsylvania State University Press, 1998, p. 106 and table 4.3.

---

①　在三者之间，孙中山并没有清晰地阐述先后次序。根据他的原文，他先谈了民族主义（的确，欧洲的市场扩张伴随的是民族国家的兴起），之后是民权和民生。根据发展国家的发展经验，排序的轨迹似乎是民族、民生、民权、民主（如果把民主界定为全体公民的投票权）。毛泽东领导的革命使中国人民站了起来，即完成了民族主义。改革开放30年的结果是加强了民生主义。中国正在面临和将要面临的重任是不失时机地加强民权和朝民主迈进。有关三民主义的论述，参见贺渊：《三民主义与中国政治》，北京：社会科学文献出版社1998年版。

②　苏联的政治改革领先于市场和法治建设的经验和20世纪80年代前印度的经验都佐证了这一点。更有说服力的实证研究是美国著名政治学家亚当·普里沃斯基（Adam Przeworski）等人进行的。他们的研究涉及141国家，时间跨度是1950—1990年度。他们的研究发现，在控制别的变量的情况下，民主与否对投资、经济增长、资本积累并没有多大影响。虽然民主国家之间的经济表现比较接近，非民主国家之间的差距较大（标准偏离是3.9:6.1）。参见Adam Przeworski, Michael E. Alvarez, Jose Antonio Cheibub, and Fernando Limongi, *Democracy and Development: Political Institutions and Well-being in the World, 1950—1990*, New York: Cambridge University Press, 2000.

国富之道

德国法学家鲁道夫·冯·耶林（Rudolph von Jhering，1818—1892）曾不无夸张地说："罗马曾三次征服世界，第一次以武力，第二次以宗教，第三次以法律。"他认为，"如果科学不决心把普遍性的思想与民族的思想作为同质之物一视同仁、并行不悖，就无法把握科学自身所处的世界"。这不仅会使法学沦为"国土法学"的田地，还会使法学的学术境界下降到政治的境界。对于学问来讲，这是一种卑躬屈膝、有失身份的形象。因此，他竭力倡导将罗马法中"不变并且普遍的要素"从"变化的、纯粹是罗马的要素中"抽取出来，作为各文明国家共通的法的原理。[①] 的确，在当今世界成熟市场经济国家中，我们多少都能看到罗马法的影子。人类社会发展的经验告诉我们，在成熟的市场国家中，经济自由主义和政治多元主义必须用法治，而不是用法制加以保护。法国思想启蒙家、政治哲学家孟德斯鸠在《论法的精神》中指出：

> 民主政治和贵族政治的国家，在性质上，并不是自由的国家。政治自由只有在宽和的政体里存在。不过它并不是经常存在于政治宽和的国家里；它只在那样的国家的权力不被滥用的时候才存

[①] 耶林1852—1865年陆续出版的《罗马法的精神》（Der Geist des römischen Rechts）（全四卷）以其卓尔不群为他赢得了巨大声誉。在某种意义上，《罗马法的精神》也是对孟德斯鸠《论法的精神》（De l'Esprit des Lois）一书中基本思想的继承和展开。孟德斯鸠认为，法的基础是人的理性；立法、行政、司法三权分立是理想的政治制度。以后耶林又发表了《为权利而斗争》（Der Kampf ums Recht），并在1877—1883年出版了他的宏伟巨著《权利的目的》（Der Zweck im Recht）（全二卷），他强调经验性完全可以与探求各文明之间的法的普遍原理的一般性共存，经验性并不等同于民族性，经验性也并不等同于忽视法律的建构性。耶林以其不朽成就成为19世纪西欧最伟大的法学家之一，其思想不仅对西欧，而且对全世界都产生了巨大的影响。在《为权利而斗争》中，耶林说，"民族力量与法感情的力量为同义语，培养国民的法感情就是培养国家的健康和力量，当然这种培养不是学校和课堂上的理论培养，而是把正义原则实际地贯彻于一切生活关系。"耶林在文中还提到了19世纪的中国，他说，"因此一个民族对内对外的政治地位与其道德力量相应这一命题永远正确——中国只要保留对成年孩子加以管束的戒尺，纵使拥有几亿民众也绝不会占据小国瑞士对他国所拥有的国际法上受尊敬的地位"。耶林似乎在告诉我们，真正的大国地位并不取决于众多的人口和广阔的疆土，而是与其道德力量直接相关；倘若一个国家无法很好地保障国民的生命、自由和财产，那它永远无法赢得文明国家的真正尊重。

在。但是不过一切有权力的人都容易走向滥用权力,这是万古不变的一条经验。有权力的人们使用权力一直到遇有界限的地方才休止。说也奇怪,就是品德本身也是需要界限的。从事物的性质来说,要防止滥用权力,就必须以权力约束权力。①

表8　1500—1998年世界相关国家和地区人均GDP　（1990年国际元）

年份	1500	1700	1870	1950	1998
西欧合计	774	1 024	1 974	4 594	17 921
东欧合计	462	566	871	2 120	5 461
拉丁美洲合计	416	529	698	2 554	5 795
非洲合计	400	400	444	852	1 368
美国	400	527	2 445	9 561	27 331
苏联	500	689	943	2 834	3 893
葡萄牙	632	894	997	2 069	12 929
西班牙	698	900	1 376	2 397	14 227
日本	500	570	737	1 926	20 413
中国	600	600	530	439	3 117
印度	550	550	533	619	1 746

根据以下资料制作:安格斯·麦迪森:《世界经济千年史》,伍晓鹰等译,北京大学出版社2006年版,第262页。

如果自由竞争导致垄断,那么国家有义务实施反不当竞争的反垄断法;如果多数主义的民主游戏规则导致"多数人的暴政",那么宪法的重要任务就必须最大限度地防止这种暴政。从这个意义上讲,宪法是政治领域的反垄断法,反垄断法是市场领域的宪法。②

"华盛顿共识"还是"北京共识"？争论的焦点错了

那么,中国的特殊性是什么？尽管我认为逻辑的普适性在于必须走向市场和法治,但是如何建设市场？或者,对转型经济国家来说,如何从计划走向市场？各国因各自条件不一样,所以采取的战略和取得的效果也不一

---

① 孟德斯鸠:《论法的精神》,北京:商务印书馆1982年版,第154页。
② 傅军、张颖:《反垄断与竞争政策:经济理论、国际经验及对中国的启示》,北京:北京大学出版社2004年版。

样。政策制定和路线选择的时空先后是战略选择问题。同一个战略是有很多战术选择的,就像打仗,要拿下一个目标,是空军先走,海军先走,还是陆军先走?什么时候出发?从哪里出发?这要根据自身的特点和具体天气、地形等多种因素来决定。改革是一个不断打破政治和经济利益均衡的过程,有阻力,有难度,有社会和政治风险。中国经济学家吴敬琏认为,中国经济改革其实在毛泽东发表《论十大关系》后,从1956年9月中共在第八次全国代表大会上决定对中国的"经济管理体制"进行改革就开始了。他在总结共和国历史的基础上指出:"中国改革的基本内容,是从集中计划经济到市场经济的转型……起初,所谓'经济管理体制改革'只是为改善经济运行状态、'给经济注入活力'而进行的某些政策调整,并不存在确定的制度目标。几乎在四分之一个世纪以后,到了20世纪80年代中期,改革的市场趋向才逐步获得明确。然而,对于如何达到市场经济的目标,还是众说纷纭、莫衷一是。这样,在将近50年的改革过程中,中国先后采取了多种多样的措施来对原有的经济体制进行改革。"[1]

回过头来,中国改革的成功,不是因为中国人发明了什么新的经济学原理,而更多地应归功于政府对改革战略全局的总体把握能力,体现为在理论指导下(有意识或是无意识地)适合特定时空的、务实的政策上的选择。在这方面中国的经验有很多特点,如"发展是硬道理""稳定压倒一切"和我认为所谓"帕雷托改进"(Pareto improvement)的指导思想。[2] 这反映了中国全

---

[1] 吴敬琏将中国改革分为三个阶段:(1)1958—1978年,行政性分权改革,以中央政府向地方各级政府放权让利为重点。(2)1979—1993年,增量改革,以非国有部门或计划外部分为重点的改革。(3)1994年至今,采取"整体推进、重点突破"的战略,开始为建设社会主义市场经济制度而进行全面的改革。参见吴敬琏:《当代中国经济改革》,上海远东出版社2003年版,第44—45页。

[2] 帕雷托改进和相关的帕累托最优(Pareto optimality)是博弈论中的重要概念,在经济学、工程学和社会科学中有着广泛的应用,是以提出这个概念的意大利经济学家维尔弗雷多·帕雷托的名字命名的。帕雷托在他关于经济效率和收入分配的研究中使用了这些概念。帕累托最优是指资源分配的一种状态,在不使任何人境况变坏的情况下,不可能再使某些人的处境变好;帕累托改进是指一种变化,在没有使任何人境况变坏的前提下,使得至少一个人的境况变得更好。一方面,帕累托最优是指没有进行帕累托改进的余地的状态;另一方面,帕累托改进是达到帕累托最优的路径和方法。

民族对十年"文化大革命"的反思,以及在此基础上形成的强烈的革新和发展的社会共识。这种共识在改革开放的前期尤为显著。① 再如增量和渐进、先农业后工业、先特区再示范、先沿海后内地、先易后难,以及价格"双轨制"的改革开放路线,这些都是中国改革开放以来的独特经验。② 说得更具体一点,中国的改革战略路径事先有意识或无意识的选择,就是发展体制外的非国有经济成分,使这新增的部分首先"活"了,进而逐步增加了旧体制所要面临的竞争压力,这就是中国改革的特色。③ 这与苏联走的道路不同,苏联只是在旧体制内兜圈子,转来转去始终难以"活"起来,以至于最后采取了激进的、结果惨烈的"休克疗法"(shock therapy)。

在这里,制度经济学派关于"制度不是给定"的观点以及诺斯所讲的"路径依赖"(path dependence)的概念对我们也很有启发。④ 正如我在北京大学

---

① 相比之下,到了今天,快速的经济增长和分配不合理导致了利益阶层的出现,这反过来使改革和开放既受到来自"左"和右两个方面的挑战,又出现了盲目和自满的复古情结。这些淡化了改革的共识。

② 对于价格"双轨制"的利弊,经济学家一直有争议。美国经济学家墨菲(Kevin Morphy)、施莱弗和维什尼认为,如果所有的价格不是一起放开,就会导致资源配置的扭曲。刘遵义、钱颖一和罗兰则展示了"双轨制"价格自由化的帕雷托改进的特点,虽然不是最好,也是次优,这在转轨初期无疑是利大于弊。但是,必须指出的是,"双轨制"增加了寻租的风险。参见 Kevin Morphy, Andrei Shleifer and Robert Vishny, "The Transition to a Market Economy: Pitfalls of Partial Reform", *Quarterly Journal of Economics*, 1992, 107, pp. 889—906; Lawrence Lau, Yingyi Qian and Gerard Roland, "Pareto-Improving Economic Reforms through Dual-Track Liberalization", *Economics Letter*, 1997, 55(2), pp. 285—292.

③ 当然,这种改革路径的战略选择也不是完美无缺的。双轨制的弊端之一就是容易导致权钱交易和腐败。

④ 经济学中,"路径依赖"被认为是替代新古典经济学分析方法的一个革命性的范式。路径依赖,用马尔科姆·卢瑟福(Malcolm Rutherford)的话说,表示"历史关系到下一步,将要发生的事件严重取决于既存的事物状态的细节,并依次表现为居先既存事件的结果"。路径依赖的范式认为,经济运行可能不是一个均衡点,正反馈所显示的经济运行的自我强制机制以及收益递增可能产生多种"最优状态"。一旦某种随机事件选择了某一路径,这种选择就可能被"锁定"(lock in),而不选择其他更为先进的路径。关于路径依赖的概念的论述,最早可追溯到托马斯·谢林(Thomas Schelling)1978年出版的著作《微观动机和宏观行为》。诺斯在《制度、制度变迁与经济效益》一书中也引入路径依赖的概念,以后威廉姆森在《交易费用经济学与组织理论》中再一次使用了路径依赖的概念,新奥地利经济学派的经济学家理查德·朗格在《企业、市场与经济变迁:商业制度的动态理论》中也广泛地涉及路径依赖的问题。

的同事朱天飚所感悟的:"路径依赖使我们能够更好地理解制度的'黏性'(sticky)。制度由历史演变而来,所以相对稳定、不易改变。"他同时写道:"路径依赖有两个作用特别值得注意,一个是事件发生的时间,另一个是事件发生的顺序。"①但是,我要强调的是,从毛泽东时代的"农村包围城市"到邓小平时代的"白猫黑猫"和"摸着石头过河",再到今天提出"发展与和谐"理念的整个过程中,中国经验的最基本特点是:在一定的时空中充分尊重一个民族国家的特殊性和自主性,同时寻求人类历史发展的普遍性和一般性。换句话说,普适性和一般性在于相同的方向;特殊性和自主性在于不同路线、顺序和节奏。相反,如果我们把一些具有时空局限性的经验当成永恒并进行神化,其结果必然是作茧自缚,阻碍发展。

在这里值得一提的是,一个世纪以前作为"清末新政"(1901—1911)改革一部分的《大清民律》的编纂努力,尽管这段历史不为很多人所知。其实"清末新政"改革所涉及的内容、范围,比光绪年间只进行了103天的"戊戌变法"(1898年6月11日至9月21日)要广泛和深刻得多,虽然它没有百日维新中康有为(1858—1927)、梁启超、谭嗣同(1865—1898)等六君子明星般的人物以及公车上书和视死如归等戏剧性的场面。据修订法律大臣俞廉三(1841—1912)奏称,对《大清民律草案》的编辑之旨是:第一,"注重世界最普遍之法则";第二,"原本后出最精确之法理";第三,"求最适于中国民情

目前,在演化经济学、经济史以及技术创新的研究中,学者也广泛地利用路径依赖的概念。参阅 Thomas Schelling, *Micro Motives and Macro Behavior*, New York: Norton, 1978; Malcolm Rutherford, *Institutions in Economics: the Old and the New Institutionalism*, Cambrdige: Cambridge University Press, 1996, p. 11; Douglas North, *Institutions, Institutional Change and Economic Performance*, Cambridge: Cambridge University Press, 1990; Oliver E. Williamson, *Transaction Cost Economics and Organization Theory*, Industrial and Corporate Change, 2 (2), reprinted in the Mechanisms of Governance, W. E. Williamson, Oxford University Press, pp. 219—249; Richard Langlois and Paul L. Robertson, *Firms, Markets and Economic Change: A Dynamic Theory of Institutional Business Change*, London and New York: Routledge, 1995; Paul David, "Path Dependence and the Quest for Historical Economics: One More Chorus of the Ballad of QWERTY", *Oxford University Discussion Papers in Economic and Social History*, No. 20, (November) 1997.

① 朱天飚:《比较政治经济学》,北京:北京大学出版社2005年版,第148页。

之法则";第四,"期于改进上最有利益之法则"。① 相比于百日维新中那些恃勇躁进的青壮年,"清末新政"的主持者是老谋深算、重权在握的慈禧太后(1835—1908)和袁世凯(1859—1916),但如果不以人论事、因人废言,我们可以看出,这些指导原则言简意赅、提纲挈领,洞察犀利,相当高明。今天回顾一下,也有一定的启发意义。

一个伟大的国家之所以伟大,不是因为它没有问题或挑战,而是因为它有远见、决心和能力应对挑战,因地制宜,克服困难。改革开放30年来,我们毕竟是从一个有中国特色的旧体制中艰难地而又坚强地走出来的,但是路程还远没有走完,前面我们看到的图表数据充分地显示了这一点。在庆祝成功的同时,我们必须提醒自己保持清醒的头脑。

的确,不同于很多国家,中国改革的路线是从农村出发[②],并以农村和农业改革为突破口,使占中国人口绝大多数的农业人口最早感受到了改革的福祉,在改革的早期为其他领域的经济改革赢得了重要的社会支持并促成了意识形态的转变。根据世界银行的研究,从1978年到1984年的短短6年间,中国农业产出提高了42个百分点。而这种快速的增长,大约一半要归功于土地使用权的变化。自80年代初以来,中国赋予了农民更大的土地使用权。起初,政府只允许农民在每年上交政府固定数量的粮食之后,可以随意在市场上买卖剩余的部分。之后,农民承包土地的时间逐步延长,一开始每3年调整一次,现在已延长到30年。[③] 对于一个当时10亿人口中8亿是农民的国家而言,中国农村改革首先突破计划经济的束缚,可以说在中国改

---

① 侯宜杰:《二十世纪初中国政治改革风潮》,北京:人民出版社1993年版,第409—410页。关于新政这段历史,也可参阅任达:《新政革命与日本》,李仲贤译,南京:江苏人民出版社1998年版。

② 即便在农村,政府的政策有时也滞后,因而改革的动力往往是自发的。例如,1978年初,安徽省凤阳县小岗村的农民以坐牢托孤的决心、以秘密协议的方式开始了农村的一场变革。秘密协议有三方面的内容:(1) 夏秋两季打的头场粮食要先把国家公粮和集体提留交齐;(2) 明组暗户,瞒上不瞒下;(3) 如果队长因此犯法坐牢,他家的农活由全队包下来,小孩由全队养到18岁。到会的18户户主赌咒发誓按下红手印。这就是震惊全国的"大包干"。今天在国家博物馆里,这份印有18个红手印的协议书已作为国家一级文物被珍藏。

③ 世界银行:《2005年世界发展报告》,北京:清华大学出版社2005年版,第80页。

革发展历史上立了头功。实行家庭联产承包制、撤销人民公社,中国农村的初步改革,把土地的使用权还给了农户,使他们获得经营自主权和劳力的自由流动权,调动了农民的生产积极性,并为日后形成巨大的劳动力市场准备了条件。

显然,这是根据中国特有的国情而做出的一系列政策选择,但是它本身并不是理论(因为科学理论必须考虑适应范围,适用范围越大越好),只是一个事实而已,对别的国家未必具有普适的意义。但是,这种战略性的政策选择的背后是有现成的理论依据的,即由微观基础的理性经济人组成的、生产要素自由流动和产权界定清晰的市场机制(就理论的适用范围而言,这也同样适用于中国其他领域的改革)。① 从配置效益上讲,农村劳动力的释放是改革时代中国生产力提高的巨大源泉。简单地设想一下,如果原先一个农民一年播种和收获总共只用3个月,剩余的时间他只晒太阳,那么进入改革时代,他便开始了一年12个月的辛勤劳作。从技术边界的突破上讲,只要中国与发达国家存在距离,而且两者之间的距离在缩小,这便是中国生产力提高的另一股源泉。在很大程度上,两股源泉的结合机制是外国直接投资,外国直接投资给中国人提供了内生学习的平台。中国在改革开放时代吸引了大量的外国投资,业绩非凡。②

在政治和经济改革的顺序方面,中国不同于苏联和东欧国家,是经济改革先行于政治改革。那么,两者之间的节奏如何?马克思的理论只告诉我们,经济基础决定上层建筑,反过来,上层建筑必须适应经济基础。这是理论逻辑的启示,但在操作层面并没有事先界定什么才算"适应",我们只好在实践中"摸着石头"来掌握节奏。但是不能否认,这是极具挑战性的工作,

---

① 农村的第一步改革,初步调动了农民的生产积极性,取得了巨大的成就。但是,应该指出的是,直到今天,计划经济体制束缚农村生产力发展的障碍还存在,这主要体现在:一是区分城乡的户口制度;二是现行的所谓集体所有制的土地制度,这些是产生城乡之间和农村内部诸多矛盾的主要根源。

② 关于这方面更多的情况,参阅 Jun Fu, *Institutions and Investments: Foreign Direct Investment in China during an Era of Reforms*, Ann Arbor: the University of Michigan Press, 2000.

风险至今不能排除,我们至今没有可靠的答案。从这个意义上,我们绝不能机械地照搬外国的经验,反之亦然。在路径选择和前行的节奏上,所谓"华盛顿共识",其实并没有"共识";所谓"北京共识",也没有"共识"。① 只有走走看看,"摸着石头过河"! 但是,需要指出的是,目前中国社会上存在的种种弊病和偏差,一方面是由于市场导向的改革还没有完全到位;另一方面也暗示了经济发展速度和政治改革步伐还有待于进一步的融洽。因为不论是从逻辑上还是从全人类的经验上讲,腐败寻租活动制而不止的根源是政治权力的集中。②

中国改革的速度如何?在回答这个问题时,我想到了俄国生物学家,以发现"条件反射"原理而闻名于世的伊凡·彼特诺维奇·巴甫洛夫(Иван Петрович Павлов,1849—1936)。他在留给有志于从事科学研究的后来者的遗言中是这么说的:"第一,要循序渐进;第二,要循序渐进;第三,还是要循序渐进。"这或许也是对人类社会公共政策制定者和改革者的警示。的确,苏联根据所谓科学性理论所进行的国有化的实践以及中央计划经济的

---

① 2004年5月,伦敦外交政策中心发表乔舒亚·库珀·拉莫《北京共识》论文,定义中国模式为努力、创新和实验,捍卫国家利益,循序渐进等,并为发展中国家提供了发展的新理论,同时认为一度盛行的"华盛顿共识"在近10年破坏了多个国的经济,说明"华盛顿共识"后面理论思想的失败。这些观点在国内外媒体引起广泛争议,并为各国学者和政要所乐道。1990年,由美国国际经济研究所出面,在华盛顿召开了一个关于20世纪80年代中后期以来南美国家经济改革的研讨会。会上约翰·威廉姆森提出若干个改革的政策目标,此所谓"华盛顿共识"。一般来说,其主要内容包括:(1)加强财政纪律,压缩财政赤字,降低通货膨胀,稳定宏观经济形势;(2)把政府开支的重点转向经济效率高的领域和有利于改善收入分配的领域(如文教卫生和基础设施);(3)开展税制改革,降低边际税率,扩大税基;(4)实施利率市场化;(5)采用一种具有竞争性的汇率制度;(6)实施贸易自由化,开放市场;(7)放松对外资的限制;(8)对国有企业实施私有化;(9)放松政府的管制;(10)保护私人产权。可见,这些只是改革的目标。从这点意义上说,是达成了一定的共识;至于各个国家如果达到这些目标,路径是什么,改革的速度要多快,并没有共识。心平气和地说,如果我们把中国的改革看成总体上是一个朝着某方向和目标前进的过程,那么不可否认的是,与30年前的计划经济相比,今天除了利率自由化和资本账户开放外,中国的改革在很大程度上的确是朝着"华盛顿共识"方向前行的。但不幸的是,一般的一知半解的争论常常把目标与过程混淆。
② 有学者估计,中国租金总数占GDP的比例高达20%—30%。参见吴敬琏等:《建设市场经济的总体构想与方案设计》,北京:中央编译出版社1996年版,第331—364页;王小鲁:《我国灰色收入与国民收入差距》,《比较》第31辑,北京:中信出版社,2007年7月。

失败显示了进行"社会工程"(social engineering)的危害性。人类历史的经验也告诉我们,新旧制度交替时期很容易出现"制度真空";而"制度真空"又常常是社会混乱的源泉。纽约大学法学院潘孚然(Frank Upham)教授也有类似的警告:"如果有人认为法律像技术一样是可以随时随地转让的话,那将是严重的错误。法律并不是一部可以搬动的机器,相反,它是生根于一个社会政治和经济的制度安排。借鉴和学习别的国家的制度安排需要时间。"① 巴西的一位部长深有感触地说:"至多,制度可以进口,但是绝不能出口。"②

在这里,我同时也想到了以提出"软预算"(soft budget constraints)概念而著名的匈牙利经济学家、哈佛大学教授雅诺什·科尔奈(János Kornai)。科尔奈认为,在改革转型经济中所争论的"休克疗法"和"渐进主义"(gradualism)这种分类隐含的标准是速度,而速度不应该成为衡量改革成功与否的主要标准。

就苏联而言,20世纪80年代,它实行了激进的改革。诚然,激进的"休克疗法"迅速有效地打破了旧的计划经济,但是由于市场经济不可能一夜实现,企业的自身能力也不是给定,因此产生的后果只能是市场秩序混乱,经济严重滑坡。就中国而言,1905年中国一举废黜科举制度,但是科举的废除并没有给中国带来所谓的新纪元。钱穆先生在其《中国历史上之考试制度》中写道,科举制度"因有种种缺点,种种流弊,自该随时变通,但清末人却一意想变法,把此制度连根拔去。民国以来,政府用人,便全无标准,人事奔竞,派系倾轧,结党营私,偏枯偏荣,种种病想,指不胜屈。不可说不是我们把历史看轻了,以为以前一切要不得,才聚九州铁铸成大错"。余秋雨先生则观察到,"新型的学者在成批地生产,留学外国的科学家在一船船地回来,但管理他们的官员又是从何产生呢?而如果没有优秀的行政管理者,一切

---

① Frank Upham,"Mythmaking in the Rule-of-Law Orthodoxy", in *Promoting the Rule of Law Abroad*, ed., T. Carrothers, Washington DC: Carnegie Endowment of International Peace, 2006, pp. 75—104.

② Adam Przeworski,"Institutions Matter?" *Government Opposition* 39(4), 2004, p. 540.

学者、科学家都会在无序状态中磨耗终身,都会在逃难、倾轧、改行中折腾得精疲力竭,这已被历史反复证明"①。

最后,让我们来做个总结。根据 BM = W 的理论逻辑[加入人口因数,则 total W = BM(N × population)],从总体来说各国改革/改进的主要政策领域无非涉及以下三个方面:

(1) 逐步建立和完善人才导向的、以法治为基础的权力和利益合理制衡的旨在支持市场的政治制度;

(2) 逐步建立和完善以保护产权(包括知识产权)为基础并与世界经济连接的市场②;

(3) 动态地充分运用好生产要素的比较优势,就人口大国中国而言,从劳动力数量走向劳动力质量,即人力资源的开发和运用,这里隐含着从技术/制度学习到技术/制度创新的努力。③

说到人力资源的开发,贝克和沃斯曼发表在《经济学季刊》(*Quarterly Journal of Economics*)的论文很有启发。他们认为,正如马克斯·韦伯所指出的,新教的文化因素与资本主义经济发展相关联;但是,他们同时指出,韦伯把因果传导关系搞混了。他们的研究发现,当时在翻译《圣经》、转播新教的过程中,人们的知识水平也提高了。在新教的传播、识字率的提高和经济发展之间,他们的研究结论是,教育方法的变化比韦伯强调的文化因素更能

---

① 余秋雨:《山居笔记·十万进士》,上海:文汇出版社 2002 年版,第 256 页。

② 实证研究发现,经济开放与增长之间具有很强的正相关性。参阅 Jeffrey Sachs and Andrew Warner, "Economic Reform and the Process of Global Integration", *Brookings Papers on Economic Activity*, 1, 1995, pp. 1—118.

③ 就目前而言,中国人力资本开发的状况还不容乐观。根据美国佐治亚理工学院的相关研究,2001 年,中国人力资本竞争力指数在 119 个国家样本中排序是 87 位,6 年前是 86 位,进步显然不明显。目前中国技术能力指标排位在巴西前、印度后。参阅 Alan L. Porter et al, *High Tech Indicators: Technology-based Competitiveness of 33 Nations, 2007 Report*(Report to the Science Indicators Unit, Division of Science Resources Statistics, National Science Foundation, January 22, 2008), Technology Policy and Assessment Center, Georgia Institute of Technology.

解释经济的增长。① 可见,在我们解释国富国贫时,人力资本和与之相关的教育是绝不能忽视的变量。

说到创新,江泽民说:"创新是一个民族的灵魂,是一个国家兴旺发达的不竭动力。"②但是,创新的源泉是什么?不难看出,创新也与制度建设密切相关,因为创新人才必须得到制度的激励和保护。为什么要专注于制度呢?在这个问题上,诺斯说得很精彩:"在不确定的世界,人类设法用制度来建立人际互动的结构。制度是一个社会的游戏规则,也因此成为塑造经济、政治与社会组织的诱因架构。制度包括正式规则(宪法、法律、规定)与非正式的限制(惯例、行事准则、行为规范),以及上述规则与限制的有效执行。③ 制度加上技术,决定了构成总生产成本的交易及转换(生产)成本,从而影响经济表现。制度与采用的技术之间有密切的关联,所以,可以说市场的效率直接取决于制度面的架构。"④

历史告诉我们,以上三方面的努力是一个只有起点没有终点的过程,各国之间的比赛早已开始,并且还在继续。⑤ 对于所有国家来说,眼前的繁荣并不等于永恒的增长,眼前的困难也并不意味着永远的挣扎。毛泽东的伟

---

① Becker S. O. and Woessman L. "Was Weber Wrong? A Human Capital Theory of Protestant Economic History", *Quarterly Journal of Economics*, 124,(2),2009.
② 江泽民:《论科学技术》,北京:中央文献出版社 2001 年版,第 115 页。
③ 一些学者强调非正式制度(如行会、族群、宗教和语言)对促进贸易的作用。没错。但是,这些只是次优的安排,局限性也是显而易见的。关键是其规模比不上正式的制度安排。关于非正式制度对经济的促进作用,参阅 Greif A, Milgrom P, Weingast B., "Coordination, Commitment and Enforcement: the Case of the Merchant Guild", *Journal of Political Economy*, 102 (4),1994, pp. 745—776; Rauch J. "Business and Social Networks in International Trade", *Journal of Economic Literature*,(39),2001, pp. 1177—1203; Kelly Tsai, *Back-Alley Banking, Private Entrepreneurs in China*, Ithaca, NY: Cornell University Press, 2002; McMillan J. Woodruff C. "Dispute Prevention without Courts in Vietnam", *Journal of Law and Economic Organizations*, 15 (3),1999, pp. 637—558.
④ 参见 Jun Fu, *Institutions and Investments: Foreign Direct Investment in China during an Era of Reforms*. The University of Michigan Press, Studies in International Economics, 2001.
⑤ 对于社会科学的理论研究来说,这三个方面的探讨和研究不可避免地要涉及制度的理论、人力资本开发的理论、世界经济中激励分布的理论、国际政治与经济的理论以及政治权力社会基础的理论,每个领域都具有丰富的内容。

大在于,他让中国人民从屈辱和软弱中站了起来①;邓小平的伟大在于,他不失时机地让中国人民投身于这场赛事②;江泽民的伟大在于,他让执政党摆脱阶级的桎梏③;现在胡锦涛又鼓励大家"以更加广阔的视野、更加开放的姿态、更加执著的努力"来面对新形势新任务。④

"一个国家若要成就伟业,就必须信奉某种东西——而这种信仰必须具有支撑一个伟大的文明所需要的种种道德内涵。人类潜能的释放,个人尊严的提升,人类精神的解放,这些都应该是美国人心灵深处怀有的最深、最

---

① 1949年9月21日,毛泽东在全国政治协商会议第一届全体会议上发表《中国人民站起来了》的著名讲话。他说:"诸位代表先生们,我们有一个共同的感觉,这就是我们的工作将写在人类的历史上,它将表明:占人类总数四分之一的中国人从此站立起来了。中国人从来就是一个伟大的勇敢的勤劳的民族,只是在近代落伍了。"从此,"中国人民站起来了!""中国人民从此站立起来了!"成为人们表达历经艰难困苦的民族获得新生的无比自豪、自信、自强的话语。同年3月5日,毛泽东在中国共产党第七届中央委员会第二次全体会议上的报告提醒人们,"夺取全国胜利,这只是万里长征走完了第一步。如果这一步也值得骄傲,那是比较渺小的,更值得骄傲的还在后头。在过了几十年之后来看中国人民民主革命的胜利,就会使人们感觉那好像只是一出长剧的一个短小的序幕。剧是必须从序幕开始的,但序幕还不是高潮"。"中国的革命是伟大的,但革命以后的路程更长,工作更伟大,更艰苦。""我们不但善于破坏一个旧世界,我们还将善于建设一个新世界。"

② 早在1982年邓小平就指出,实现现代化的战略目标要"准备有个抢时间的问题,不能不认真对待","利用机遇,把中国发展起来,少管别人的事"。1983年7月,他在一次谈话中指出:"要抓住西欧国家经济困难的时机,同他们搞技术合作,使我们的技术改造能够快一些搞上去。"5年以后,他又指出,"要紧紧抓住经济建设这个中心,不要丧失时机"。1992年春,邓小平在视察武昌、深圳、珠海、上海等地时的谈话中再次重申:"要抓住机会,现在就是好机会。我就担心丧失机会。不抓呀,看到的机会就丢掉了,时间一晃就过去了。""改革开放胆子要大一些,敢于试验,不能像小脚女人一样。看准了,就大胆地试,大胆地闯。"他认为,发展经济强调长期稳定是对的,但若过分了,就可能丧失机遇,"稳定和协调也是相对的,不是绝对的。发展才是硬道理"。《邓小平文选》第3卷,北京:人民出版社1993年版,第32、58、270、348、368、372、375页。

③ 2000年2月25日,江泽民在广东考察时,对于中国共产党取得成就的原因进行了分析,第一次完整提出"三个代表"思想。他说:"总结我们党七十多年的历史,可以得出一个重要的结论,这就是:我们党所以赢得人民的拥护,是因为我们党在革命、建设、改革的各个历史时期,总是代表着中国先进生产力的发展要求,代表着中国先进文化的前进方向,代表着中国最广大人民的根本利益,并通过制定正确的路线方针政策,为实现国家和人民的根本利益而不懈奋斗。"中国共产党第十六次全国代表大会对《中国共产党章程》部分条文作了修改,把"三个代表"思想写入党章。

④ 胡锦涛2008年5月3日在北京大学师生代表座谈会上的讲话。

真的目标。这些思想可以使一个伟大的文明得到维持和加强。让我们信奉这些思想,坦率面对这些思想,并有勇气和耐心去为这些思想而生活。"这是美国卡耐基公司总裁约翰·加德纳(John W. Gardner,1912—2002)说的话,他曾在约翰逊(Lyndon B. Johnson,1908—1973)任总统时期曾出任美国卫生、教育和福利部长,并在20世纪60年代为美国老年人医疗和儿童教育的改革以及美国公共广播事业的发展立下过汗马功劳。这些话也许对我们有所启发。有意思的是,大约从那时算起半个世纪后中国的今天,医疗、教育、媒体、社会保障等领域的改革也正是中国必须面临的挑战,这显示了各国的发展似乎在遵循一个普适性的逻辑和轨迹。

记得中国改革开放总设计师邓小平在20世纪90年代初说过这样激励大家的话:"必须吸收和借鉴人类社会创造的一切文明成果,吸收和借鉴一切反映现代社会化生产规律的先进经营方式和管理方法。"①类似的,孙中山先生也主张实行"开放主义","发扬吾固有之文化,且吸收世界之文化而光大之,以期待与诸民族并驱于世界"②。

本书第一部分就讨论到这里,接下来我会从人类思想和实践角度讨论两大方面的内容:(1)建设好 B 这个纵向制度安排的要素是什么?(2)建设好 M 这个横向制度安排的要素是什么?换句话说,根据 $BM \approx W$ 理论的逻辑,我们下一步的任务是把 B 和 M 这两个维度上的制度"黑匣子"进一步打开,看看与现代国家治理相关的制度机理和逻辑到底是什么?

---

① 邓小平:《在武昌、深圳、珠海、上海等地谈话的要点》,载《邓小平文选》,第3卷,北京:人民出版社1993年版,第373页。
② 转引自胡锦涛:《在孙中山先生诞辰140周年纪念大会上的讲话》,新华网,2006年11月12日。

第二部分

国家的角色和要件

国富之道

尊圣者王,贵贤者霸,敬贤者存,慢贤者亡,古今一也。

——《荀子·君子》

在所有政府内部,始终存在着权威与自由之间的斗争,有时是公开的,有时是隐蔽的。两者之间,没有一方应在斗争中占绝对优势。在每个政府中,自由必须做出让步,但是那种限制自由的权威也必须受到控制……必须承认自由是文明社会进步的方向,而权威是其生存的必要条件。

——大卫·休谟

国家是纵向的制度安排

国家是一个古老的人类制度安排。最早的国家可以追溯到一万年前位于底格里斯河和幼发拉底河之间的美索不达米亚地区。在中国,皇权统治下由等级森严的官僚机构组成的国家有几千年的历史。相比之下,欧洲那些拥有武装暴力、强制征税能力以及对广阔领土可以行使主权的中央集权机构的现代国家的雏形,可以追溯到大约500年前的法兰西、西班牙和瑞典三个君主国的建立。发展到了今天,如果你有心观察一下经验世界,这些所谓现代国家的共同特征都是法治国家,并在此基础上逐步实行了民主。就国家治理现代化而言,这里或暗示了民主的前提是法治。

有必要先说明一下,我们这里所说的国家主要是相对于市场而言的。市场是平行的、横向的制度安排;而国家是纵向的(垂直的)、科层的(层级的)制度安排,时而可泛指国王、政府或官僚制度。①

人类为什么需要国家呢?政治哲学家孟德斯鸠在其《论法的精神》中有一段相关的话,我们先拿来听听,或许有所启发。他说:"一个公民的政治自由是一种安全感。这种安全感是从人人都有安全感的这个角度产生的。要享受这种自由,就必须建立一个政府,在它的统治下,一个公民才不用怕另一个公民。"注意,孟德斯鸠这段话是从理性经济人追求自由的角度来论述这个问题的。就新政治经济学的理论而言,这无疑是为构建知识大厦提供了普遍的微观基础;而不是没有地基、没有顺序,杂乱无章地规划或描述空中楼阁。

这与本书理论框架的出发点相一致,即人是理性的,但理性不是给定的,而是制度环境的函数。而正是如此,本研究的焦点是制度的经纬,以及

---

① 注意,在中文语境中,state和country都叫国家,而country往往指土地、人口和政府。概念上容易引起混乱。

不同经纬的比例和组合对国家财富的因果关系,并希望相关的理论和人类的经验对我们今天思考国家治理现代化这个议题有所启示。

在上一部分,我们提出了一个 $BM \approx W$ 的理论假说来解释各国财富的消长。从认识论角度说,这样做的好处是给看起来杂乱无章的世界提供了一个结构的支架。接着,我们花了不少篇幅对这一假说进行了初步的检验,所用的经验数据涵盖了古今中外。此所谓"大胆假说,系统证伪"的科学方法。我们不妨把前面的工作看成是这种方法的演练。《论语·为政》中说,温故而知新。在我们进入本部分的主题前,先简要地回顾一下前面部分的要点和检验结果。

(1) 我们提出,给定一个人在一生中释放一定的能量 N,并在追求幸福中将 N 转化成物质或精神的财富。在所有其他条件一样的前提下,一个国家的财富应该是 N 乘以人口($N \times Population$)。人类发展早期的经验,特别是中国和欧洲的系统比较,基本证实了这一命题。反过来,我们没有发现相关证据可以证伪该命题。其实,这不足为怪,对当时的世界各国来说,农业是常量①,战争和分裂是常量②,专制制度大致也是常量,即便像石油这样的自然禀赋在各国分布差异很大,但当时并没有一个国家能够开采和利用这样的自然资源,因此各国的人均 GDP 大致相同。很显然,在这种情况下,国

---

① 即各国的经济主要是农业。当时农业采用的技术也很有限,主要是:(1) 水车(water mill)的使用(大约从公元 6 世纪开始);(2) 耕犁(heavy plow)的使用(大约从公元 6 世纪开始);(3) 轮换耕作(crop rotation system)的运用(大约从公元 8 世纪开始);(4) 马蹄和耕牛/马佩(horseshoe and a new method for harnessing draft animals)的使用(大约从公元 9 世纪开始)。参阅 Carlo M. Cipolla, *Before the Industrial Revolution*, London: Routledge, 1993, p. 138。农业社会简单的生产方式导致了世界上几千年来经济的缓慢增长。尽管那时的生活也许就像英国政治哲学家霍布斯所说,"孤独、龌龊和短暂",但是一年中平均每天的劳作不见得都充满艰难。农业工作具有季节性和间歇性的特点,收获和播种季节很辛苦,但是别的季节却轻闲。缺乏技术含量,农民很难提高工作效率,因此个人收入增长缓慢。

② 当时,欧洲战争频繁,中国从三国到隋前战争也频繁。根据国际问题专家、美国前国务卿基辛格(Henry Kissinger)博士观察,"两千年来,中华帝国基本统一在一个单一帝王的统治下。当然,也有断裂的时候,战争的频率也不比欧洲的低。但是,多数为了夺王权,因此其性质与其说是国际战争还不如说是内战,结果早晚还是一个新的中央政权的出现"。见 Henry Kissinger, *Diplomacy*, New York: Simon and Schuster, 1994, p. 25.

家的总财富主要取决于人口的众寡。

（2）基于以上前提，我们提出 $BM \approx W$ 的理论假说来解释一国国民财富的消长，即一个国家国民的财富是其纵向科层制度和横向市场制度的函数。① 这一假说可以被全球的经验数据所证实。我们观察到，大约公元500年以后，财富和人口的关系开始出现偏差，并不是人口越多就财富越多，各国的人均 GDP 开始拉开差距。为什么呢？原因是 B 和 M 两个维度上出现了系统性的差距！首先，当其他国家在制度建设上都毫无进展的时候，中国第一个在 B 维度上进行了"惟才是举"的制度创新，即向政府输送人才的科举制度。这种超越血缘的、非人格化的人才筛选制度无疑增强了国家能力，使帝国皇权的统治从秦汉的中原地区逐步扩大到西域、青藏高原、蒙古高原以及大理地区。在经济发展上，中国曾因此一度遥遥领先。只是到了宋朝以后，西方在学习中国的基础上，对科举制度进行了合理的修正，才得以超越。

在这一部分，我们的中心任务是解构 B 维度中促使财富增长的关键因素。② 我们把解构 M 的工作放在下一部分。正如我在前一部分所说，从历史

---

① 公式写为 Wealth(per capita) = Bureaucracy × Market；如果加入人口因数，则 total $W = BM(N \times \text{population})$。

② 从历史上看，各国或多或少、或好或坏都在组织和建设纵向的制度安排，包括早期的专制君主制度，这些专制影子在今天的一些地方依然可见。纵向的制度安排后面隐含着上下不平等的权力要素，英文词是"hierarchy"。的确，与"bureaucracy"相比，"hierarchy"这个词能更精确地表达我想要表达的思想，因为它更具有逻辑的抽象（generic），更具上下科层权力制度安排的普遍意义，它可以包括"bureaucracy"（官僚制）的内容。但是，考虑到中文中没有精确和直观的翻译（一般译成"科层"），同时考虑到 BM = W 便于大家记忆，所以在本文中还是用 B(bureaucracy)来指纵向的科层(hierarchy)制度安排。总之，对本文来说，两者除了字面不同，没有实质区别。

顺带提一下，目前国际学界兴起的政治经济学，至少新古典主义学派，普遍将官僚制对应于社会合作方式的另外一方，科层等级制和市场中都有官僚制（见以下示意图）。

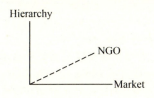

上看,世界各国在建设 B 的努力中都面临着两方面的挑战:(1)如何挑选人才,以加强国家能力?(2)如何制衡权力和利益,以防止政治学所谓的"绝对主义"国家的出现,即政府滥用权力、与民争利或鱼肉民众?

这些问题都涉及国家治理现代化的议题,本部分我们将参照 BM≈W 的理论逻辑和历史的最佳实践来试着回答这些问题。内容分五大方面:第一,中国的科举制度;第二,东学西渐和超越;第三,权力制衡的发展以及其中的逻辑要点和先后顺序;第四,日本学习的经验;第五,世界经验的普世性对中国发展的启示。

1979 年度诺贝尔经济学奖得主、美国经济学家西奥多·舒尔茨(Theodore W. Schultz,1902—1998)曾说:"主流社会思想塑造着社会的制度化秩序,反过来现有制度的失灵又会改变社会的思潮。"我在此先声明一下,我们即将展开的论述将试图涵盖古今、跨越东西,但我们将要做的工作并不是在传统意义上事无巨细地描述历史,而是对历史上的重要思想以及基于这种思想所产生的制度演变做一个框架性的勾画,并对其进行解释。与此相应,我的重点是尽量捕捉思想和事物发展时空中的因果逻辑,而不注重对细节的描述。

市场在横向基础上通过价格机制运作,自发协调人们行动,但它不干涉人们的自由,也不要求地位上的不平等。相反,科层等级制则有意识地通过行使权威以及或多或少地使用强制或胁迫手段,纵向地协调人们的行为。正如古印度政治家、哲学家、摩揭陀国孔雀王朝大臣考底利耶(Kautilya,约公元前 4 世纪)在其《政事论》(*Arthaśāstra*)中所说:"政治学是一门关于惩罚的科学。"在层级制度中,人们是不平等的,不然就不会称为层级。进一步说,政治经济学把不同类型的层级制分为两大类,即市场环境中的组织层级制(如企业)和不处于市场环境中的层级制(如政府或官僚制)。在现代经济中,市场必须得到两种层级制的补充,一是市场内部的层级制,即企业;二是市场之外的层级制,即政府或官僚制。从政治经济学的观点看,政府的核心活动实质上就是官僚制。这也是我们所关心的问题的核心所在,即所谓的 B 维度。B 和 M 的关系,与科斯提出的经典命题也有关,即市场和企业之间的分界线应划在哪里。对于科斯而言,公司因为节约交易成本而存在,但是必须为此支付组织成本;当交易成本和组织成本在边际上相等时,公司就确定了其边界。根据张五常分析经济组织的交易费用方法,可以向上从几个参加者扩展的政府或者国家本身。我们在本章节讨论的重点是政府(B),在下一部分着重讨论市场(M)。参见张五常:《经济组织和交易费用》,载约翰·伊特韦尔、墨里·米尔盖特、彼得·纽曼编:《新帕尔格雷夫经济学大辞典》,北京:经济科学出版社 1992 年版;Roger Boesche,"Kautilya's Arthaśāstra on War and Diplomacy in Ancient India",*The Journal of Military History*,67(1),January 2003,pp.9—37.

中国四大发明以外的发明：科举制度

在中国历史上，科举制度作为通过考试选拔官员的一种制度安排，从隋朝大业元年（公元605）的进士科算起，到清朝光绪三十一年（1905）正式废除，整整延续了1300年。一百多年前的1905年9月2日，清朝政府发表上谕，宣布废除科举制度。严复（1854—1921）敏感地警觉到"此事乃吾国数千年中莫大之举动，言其重要，直无异于古者之废封建，开阡陌"①。虽然如此，据说当时诏令一出，举国上下几乎波澜不惊。相反，1905年10月，《万国公报》载文欢呼并预示："中国近于改革之事颇有改观。而立废科举一节，取数百年以来败坏中国及近日屡蹶屡起根深蒂固之附属物，一旦拔弃之，是真中国历史上之新纪元，而东方大局之转移在此矣。"②可是历史发展常常不以人的意志为转移，我们都知道之后的半个多世纪，中国并没有伴随着科举的废除而振兴；相反，中国GDP占世界总量的比重还在急剧地滑坡。

抚今追昔，国内学术界对于科举制长期众说纷纭，褒贬不一。但是在国际学界，似乎褒远远多于贬。这可能是因为他们保持着一定的距离，视角更开阔，看问题可以看得更清晰。记得我在美国上学时，听哈佛大学中国问题专家费正清说："废除科举不是明智之举，就挑选人才而言，世界上似乎没有更好的方法，科举的不足是考试的内容，但是当时中国废除科举等于是把洗澡盆里的水和盆里的小孩一起倒掉了。"我当时并没有把这些话当成"金科玉律"，不过我的怀疑是属于健康的怀疑，因为即便费正清教授是美国公认的研究中国问题的权威，他也没有在实证基础上系统地证明科举制度与中国发展的关系。他的看法也只是一个假说而已，有待于经验数据的实证检验。

然而，今天我们只要看看前面章节中经济发展的数据，就不难看出费

---

① 严复：《论教育与国家之关系》，载《东方杂志》第2卷第3期。
② 《中国振兴之新纪元》，载《万国公报》1905年10月号。

正清说得十分在理。如果当时的中国人认为中国落后是因为科举本身,那么,废除科举也解决不了问题!细的不说,中国当时大约占世界GDP总量的13%,废除科举半个多世纪后,这一比例依然迅速滑坡;到了改革开放前夕,掉到了5%之下。如果我们把目光投向中国的隋唐时期,并与当时的世界比一比,我们不难看出,历史上科举作为挑选人才的制度安排,中国人是全球范围内的制度创新者,其作用十分积极。这具体体现为,大约在14世纪前科举制度把中国的人均GDP水平推到了高于其他国家(包括欧洲)的一个新的均衡水平上(见图1),可惜从那以后我们在B和M维度上再没有实质性的创新。但是不能否认,在其他条件与别国类似的情况下,宋朝以前中国在挑选人才的制度上率先突破、成熟,引发国力昌盛。回到我们 BM≈W 的逻辑上,这要归功于当时中国在B维度上的巨大成功。

其中的道理很简单,我们要回答的问题是谁来掌握权力,或更严格地说,是谁来代理权力,是唯亲是举,还是唯才是举。我们知道,国家兴旺,端赖人才。

就国家治理体系的设计而言,古代中国科举的要义是替君主找到了大批有能力的治国的权力代理,或用经济学术语叫经理。不难想象,如果没有大批有能力的代理或经理,因为人手有限,君主本人或仅靠其家庭成员是很难管理众多人口和广袤疆土的,进而形成不了规模效应。由此可见,历史上中国是第一个国家通过科举这种制度安排解决了这个管理中的困惑,学术语言叫"委托—代理问题"①。也许正是如此,哲学家黑格尔不无洞见地指出,"中国的文明早熟了"。潜台词?当然,这并非没有漏洞需要弥补。这点我们先伏一笔,以下还会再展开谈及。

---

① "委托—代理问题"既是经济学更是政治学的议题,涉及企业治理和国家治理的核心问题。参见 Eisenhardt, K., "Agency Theory: An Assessment and Review", *Academy of Management Review*, 14(1), 1984, pp.57—74; Ree, R., "The Theory of Principal and Agent", *Bulletin of Economic Research*, (Part I), 37(1), 1985, pp.3—26; (Part II), 37(2), 1985, pp.75—97.

举才与国富:科举的渊源与权力的委托代理

《诗经·大雅·文王》曰:"济济多士,文王以守。"虽然中国的科举起始于隋朝,确立于唐朝,完善于宋朝,但不以血缘选拔人才的思想和做法可以追溯到中国的远古时期。早在夏商周时期(公元前21世纪—前221),尽管"家天下"是当时的主流,实行父子相传、兄终弟及的"世卿世禄"的世袭制度,但是作为主流边的一个小溪,中国早就有超出血缘举贤的纪录。《大明会典》有记载,"科举,本古者乡举里选之法"。看来,西周时期(公元前11世纪—前771)中国就有所谓乡举里选的"贡举"。尽管其实施范围有多大,我们今天已无从考证。

春秋战国时期(公元前770—前221),诸侯坐大,列国争雄,争霸与兼并战争时时发生。在这个长达数百年的混战时期,如何选才,如何用人,成了政治家、思想家极为重要的议题。列国的君主和思想家都在探讨集聚人才和富国强兵的道理。齐国出色的政治家和军事家管仲(约公元前723—前645)就认为:"明主之择贤人也,言勇者试之以军,言智者试之以官。试之军而有功者举之,试之官而事治者用之。"①

孔子是最早提出"举贤"主张的思想家,其《论语》中所说的"有教无类"和"学而优则仕"的观点则是后世实行科举的思想基础。与这种思想一脉相承,孟子(约公元前372—前289)则认为:"国君进贤,如不得已,将使卑逾尊,疏逾戚、可不慎与?左右皆曰贤,未可也;诸大夫皆曰贤,未可也;国人皆曰贤,然后察之;见贤焉,然后用之。"②孟子这里的话有两个要点:第一,进用贤才会产生社会尊卑亲疏之间的流动;第二,人才必须被全面考察后才能委以重任。类似的,墨子(公元前468—前376)更直截了当地表达了举才不论血统、门第的思想。他说:"官无常贵,而民无终贱,有能则举之,无能则下

---

① 《管子·明法》。
② 《孟子·梁惠王章句下》。

之。"①至于人才和强国之间的关系，荀子（约公元前313—前238）有更直接和系统的论述。他说，"尊圣者王，贵贤者霸，敬贤者存，慢贤者亡，古今一也"②；同时认为，只有"无德不贵，无能不官"，才能定天下成霸业。③ 可见，这些不论血缘、不讲门第、唯才是举的原则，以及把人才的重要性视为关乎国家安危强弱的战略思想，为后世中国科举考试制度的出现奠定了思想基础。

诚然，也许有人会说，以上可能只是当时一些学者一厢情愿的思想表述，没有实际意义。试问实践情况又是如何呢？为了回答这个问题，我不妨举几个例子。

在明朝，明太祖朱元璋（1328—1398）是"濠梁之民""出生布衣"。他之所以能在群雄之列崛起，是因为他深谙"举贤人才、立国之本"的道理。④ 他说："为天下者，譬如作大厦，非一木所成，必聚材而后成。天下非一人独理，必选贤而后治。故为国得宝，不如荐贤。贤才，国之宝也。古圣王劳于求贤。"⑤

类似的，在唐朝，唐太宗李世民（公元598—649）缔造了历史上著名的"贞观之治"（公元627—649），使当时的社会、经济、文化逐步走向繁荣昌盛。浏览一下《贞观政要·政体》，我们就能看出，李世民的治国理念和实践

---

① 《墨子·尚贤》。
② 《荀子·君子》。
③ 《荀子·王制》。
④ 据《明史》记载：朱元璋于1328年在濠州（今安徽省凤阳县东）出生，父母早逝，家境贫寒，年轻时曾入寺为僧。1352年率众投奔红巾军，参加元末的农民起义，攻下南京。在称帝之前，奉行的是朱升提出的"高筑墙、广积粮、缓称王"战略方针。壮大军力后，前后击破陈友谅、张士诚部，1368年建立明朝，定都南京，年号"洪武"。称帝后半年，北伐攻克大都，元亡。统一全国后，朱元璋采取加强专制主义统治的措施，改革中央的行政机构，废除丞相制，设立六部，直接由皇帝负责，同时推行科举制度，加强法制。但不幸的是，朱元璋称帝后，开始大肆诛杀有功之臣，并大兴文字狱，对明朝文化思想起了严重的束缚作用。相比之下，此时欧洲正处于文艺复兴时期的发端，正在为思想解放铺平道路。由于中国在宋朝以后制度安排再没有有意义的创新，正如上一部分的统计数字所显示，此时欧洲的人均GDP开始超过中国。朱元璋在位31年，死于1398年，享年71岁。
⑤ 《明通鉴》卷1；《明太祖宝训》卷5；《明史》卷69—71《选举志》。

是：要致天下兴旺,必须广任才能,不能靠皇帝一人独行。他说:"以天下之广,四海之众,千端万绪,须合变通,皆委百司商量,宰相筹画,于事稳便,方可奏行。岂得以一日万机,独断一人之虑也。且日断十事,五条不中,中者信善,其如不中者何?以日断月,乃至累年,乖谬既多,不忘何待?岂如广任贤良,高居深视,法令严肃,谁敢为非?"①

在汉朝,雄才大略的汉高祖刘邦(公元前256—前195)出身"无赖"、从小不喜欢读书劳动,但是他性格豪爽,善于笼络人才。公元前202年,刘邦将"力拔山兮气盖世"的西楚霸王项羽(公元前233—前202)围困,并逼其在四面楚歌中告别虞姬,自刎而尽,结束长达4年有余的楚汉战争,定都洛阳,建立汉朝。在洛阳的庆功会上,刘邦诚恳地说:"论运筹帷幄之中,决胜于千里之外,我不如张良;论抚慰百姓,供应粮草,我又不如萧何;论领兵百万,决战沙场,百战百胜,我不如韩信。可是,我能做到知人善用,发挥他们的才干,这才是我们取胜的真正原因。至于项羽,他只有范增一个人可用,但又对他猜疑,这是他最后失败的原因。"②可见,对刘邦来说,兴邦治国,"不能以马上治天下",而关键在于选才用人,故他把"贤良方正能直言极谏者"均放在特举之列。

再往前看,大家都知道被后人称为"千古一帝"的秦始皇请李斯(约公元前284—前208)做其丞相,但大家可能不知道,李斯并非秦人,而是楚人客卿。不难看出,秦始皇最终能兼并六国,统一天下,与延揽人才有密切关系。正如李斯在其著名的《谏逐客书》中所说:"士不产于秦而愿忠者众。"据统计,在秦朝(公元前221—前206)的几十年间,共有22人担任秦相,其中15人不是秦人,比例高达68%。③可见秦始皇跳出狭隘国界、唯才是举的力度。

如前所示,虽然从严格意义上讲,科举制度始于隋朝,但"取士不问家

---

① 《贞观政要·政体》。
② 《汉书·高帝纪下》。
③ 《史记·李斯》;《史记·廉颇蔺相如列传》。

世"的实践在汉朝已初具规模。根据《汉书·高帝纪下》记载,汉高祖刘邦于公元前196年发布了一道在中国历史上第一次向全国公开下诏求才的"求贤诏书"。诏书曰:"盖闻王者莫高于周文,伯者莫高于齐桓,皆待贤人而成名。今天下贤者能岂特古之人乎?患在人主不交故也。贤士大夫有肯从我游者,吾能尊显之。"诏书同时警告地方长官,如有贤不举,将被罢免职务。刘邦这道诏书,表面上看是求贤若渴的表示,但是从历史意义上讲,它标志着中国科举前身即汉朝察举制度的形成。在人才选举和官员任命方面,这是中国文明史乃至世界文明史上的一个里程碑。①

所谓察举,是考察人才之后予以推荐任官的意思,因此又称荐举。这是中国科举制度的雏形,它承前启后,对隋唐以后以进士科为主的科举制度起了开创性的作用。② 推举的特点是"人对人"。不难想象,人对人的好处是看人较全面:不仅看文章、学问,还要看德行、才干;也不仅看人一时的作为,还要看平日的表现。但是,同样不难想象,如果推荐者私心膨胀而又无外部的有效制约,推荐也很容易产生营私、结派、托情、谬滥的流弊。关于察举与科举之间的区别和联系,北京大学袁行霈教授主编的《中华文明史》一书说得十分精辟:

> 隋唐时期的科举制度,应该说,是脱胎于汉魏以来察举制度的母胎之中的。作为一种推荐选官的程序,察举强调"选贤任能"的原则,强调候选人在某一方面的优秀素质,而不完全考虑其家世、身份或者特权。这一制度在一定程度上有助于改变世卿世禄的传统,抑制贵族集团的膨胀,发挥过积极的作用。但也遗留下不少问

---

① 有学者认为,中国的科举制度可以追溯到汉文帝十五年(公元前165)。根据《汉书·晁错传》,汉文帝十五年这次诏举贤能采用了策问的考试方法——汉文帝要应试者"著之于篇,朕亲览焉"。"著之于篇"即写在竹简上的意思,当时还没有纸。这是世界上第一次采用笔试形式考试,具有世界史意义。参阅 Franklin W. Houn,"The Civil Service Recruitment System of the Han Dynasty",*The Tsing Hua Journal of Chinese Studies*,New Series,1956,vol.1,p.149.

② 参阅阎步克:《察举制度变迁史稿》,沈阳:辽宁人民出版社1991年版。

题,如察举在制度程式上过于简单粗糙:一方面,其中心环节是长官举贤,如何确保长官本人公正而有识鉴,如何确保适宜的被举者引起长官注意,成为亟待解决的问题;另一方面,察举的多元标准(德行、吏能、经术、功劳、名望等等),缺乏客观、精确与划一的衡量尺度,不能适应官僚行政所需要的严密化、规范化、易于把握、便于操作的制度程式。为了解决相关的问题,举荐与考试结合起来,考试逐渐纳入了选官的程序。考试与选官的结合,最终导致了科举制度的产生。①

科举制度因分科考试举人,故名科举。隋朝开皇七年(公元587),隋文帝杨坚(公元541—604)废除了流行于南北朝时期(公元420—589)的"九品中正制"②,规定采用考试方法选拔官吏,并于开皇八年设立"志行修谨"(有德)和"清平干济"(有才)两科(类似今天的专业),以选拔人才。隋炀帝杨广(公元569—618)继位后,又在大业元年新设考试文辞的进士科取士。至此,"秀才科""明经科"再加"进士科"标志着中国科举制度的正式诞生。

有意思的是,以开凿大运河著名的隋炀帝,此时又打开了一条能人贤士应试进入官僚体制的新渠道。这在当时虽然只是一条小溪,但后来变成了一条宽阔的大河,成为此后1300多年的人才选拔制度,为历代所遵行,一直延续到1905年清政府废除科举。③

隋朝以后的科举制度坚持"自由报名,公开考试,平等竞争,择优取仕,

---

① 袁行霈等:《中华文明史》第3卷,北京:北京大学出版社2006年版,第128—129页。
② 九品中正制创立于三国时期的曹魏,在各州郡选择"贤有识见"的官员任"中正",中正以家世、道德、才能为标准查访评定州郡人士,将他们分成上上、上中、上下、中上、中中、中下、下上、下中、下下九等,作为吏部授官的依据。这一制度在魏晋历史上起到过积极的作用,被认为是汉朝"察举"在操作上的创新。但随着时代发展,它的弊病越来越充分地暴露出来。最大的弊病便是"门第观念"。在魏晋时,如果有人才华横溢,但家境贫寒,那么这个人也很难走上仕途。尤其到了南北朝时期,在"九品中正制"实行的过程中,只问门第、不问才德的倾向日益严重。"上品无寒门,下品无世族"被认为是对那个时候官场现状的最好描摹。参阅黄留珠:《中国古代选官制度述略》,西安:陕西人民出版社1989年版,第150页。
③ 参阅张希清:《中国科举考试制度》,北京:新华出版社1993年版。

公开张榜"的原则,比起以前的选官制度,如早期世卿世禄的"分封制"、汉朝的"察举制"和南北朝的"九品中正制",无疑是一个革命性的创新和进步。它铲除了以血亲关系为纽带的世袭制;堵塞了"察举"和"九品中正制"中难于避免的重血统、论门第、徇私情、拉关系、结帮派的漏洞;在限制权力杠杆对人才选拔干预方面,起到了抑制门阀、奖掖寒庶的作用。在中国历史上,虽然"惟才是举"的思想可以追溯到公元前的历史,但是一千多年来,由于缺乏相应客观的考核和筛选手段,一直未能落在实处。到了隋朝,终于开始有了系统的制度安排。

科举制度首开了在考试面前人人平等的先河。通过公开、公平竞争,它为与官场相距遥远的庶民提供了一个进入仕途、施展才能的机会,使大批出身寒微的优秀人才脱颖而出,实现"朝为田舍郎,暮登天子堂"的梦想。这种制度的突破实在可称为中国的"第五大发明"。

以上我们简要地回顾了中国科举制度形成的思想基础、基本特征及制度确立前的历史状况。我们下一步的工作是简要地勾勒科举制度最基本的原则、形式和内容,以便于我们对中国的"第五大发明"有个初步的了解。科举制度从隋朝创立以后,到唐朝进入快速发展期。历史学家告诉我们:"宋以后各代科举的内容、形式、场次乃至相关的科第习俗皆从唐代科举的基础上演变而来。"①有鉴于此,我们不妨从唐朝开始考察。

抛开细节不说,从《通典》记载中不难看出,唐朝的科举制度已形成一套不同于其他选官方式的规范性原则,当时已有一套相当淡化个人与其家族及社会关系的人才选拔制度安排。这主要体现在三个方面:第一,对于应试者,原则上允许"怀牒自荐",即"报考自由",无须官员举荐;第二,"一切以程文为去留"②,即淘汰与否,以考试成绩为唯一标准;第三,确立"进士""明经"两科为主要取士常科,尤以"进士"为荣选,其内容先以策论、后以诗赋为

---

① 刘海峰、李兵:《中国科举史》,上海:东方出版中心2004年版,第69页。
② "程文"是指按照一定规程、格式所做的文字。程式化、标准化有助于考官以较客观的标准进行判题。

主;同时实行"常科"和"制科"的考试,考试定期、定地。"常科"就是每年举行的考试,"制科"是皇帝临时设立的科目,也叫"特科",这是朝廷特选人才的一种考试。一般考中进士的人,如果要获得官职,就还要经过"特科"的考试。这些人格淡化、取士之途趋一、考试内容趋一的特点,意味着尽量以客观、中立、平等的标准来选拔人才是当时科举发展的大趋势。

同时我们可以看出,儒家经学发展至隋唐,成为儒学教育的一个组成部分,这在唐朝的科举制度中有进一步的彰显。就科举的内容和生源而言,隋朝设立国子寺(后改为国子监,该名称一直沿用到清朝),统管中央官学系统,包括国子学、太学、四门学、书学和算学。

唐朝继承了隋朝的官学系统,设立所谓"两监"和"三馆"。"两监"即设在洛阳和长安的国子监,是全国的最高学府并兼有教育行政机构的职能。①国子监生源除了中国人外,还有国外学生,如高丽人、百济人、新罗人等。②除两京国子监外,唐朝还设有崇文、弘文、崇玄三馆,主要学习《道德经》《庄子》《文子》《列子》等内容。此外,各都督府、州、县也开设学校作为补充。③

如果我们说隋朝的科举只是为能人贤士进入仕途开辟了一条平等竞争的"小溪",那么,这条涓涓小溪到了唐朝显然已扩张成了录用人才的主渠道。到了唐朝,我们可以看出,学校开始成为科举的蓄水池,科举成为学校的泄洪渠。读书、科举对官员的仕途至关重要。据初步统计,在唐朝进士出身宰相的占宰相总数的79%。④

---

① 汉魏设太学,西晋改称国子学,隋又称国子监,从此国子监与太学互称,都是最高学府。如明朝设"国子监",而明时宋濂(1310—1381)《送东阳马生序》中则称之为"太学"。主管国子监或太学的教育行政长官称"祭酒",副长官称"司业",相当于现在的大学校长和副校长(协助祭酒主管教务训导之职)。唐代的韩愈(公元768—824)、明代的崔铣(1478—1541)(《洹词》《记王忠肃公翱之事》的作者)都曾任过国子监祭酒。

② 国子监的学生称"监生"。他们或通过考试考取,或地方保送,或皇帝特许,后来成为虚名,捐钱就能取得监生资格。鲁迅(1881—1936)《祝福》中的"四叔"就是"一个讲理学的老监生";吴敬梓(1701—1754)《儒林外史》中的严监生则是一个吝啬鬼的典型。

③ 汉唐以后各级学校均设教授,主管学校课试具体事务。教授原指传授知识、讲课授业,后成为学官名。

④ 吴宗国:《唐代科举制度研究》,沈阳:辽宁大学出版社1997年版,第180—181页。

也许有人要问,在皇权至上的专制制度下,皇帝在科举中能起什么作用?没错,每次考试都是以皇帝的名义进行,但是他的作用主要是象征意义上的。历史学家告诉我们,唐宋以后,以皇帝的名义恩赏进士的功名,与其说是张扬个人的偏好,倒不如说是出于政治上的考虑,而且即便有的话,其数极少,绝没有形成一种因个人偏好而开出一条特权者上升的制度性通道。①

宋朝的科举较之唐代更趋完备,除了考试程序更加严密外②,一个重要的方面就是殿试的创立和我们俗称的"三级考试"制度的确立,即州试、省试和殿试。州郡一级考试的规则、报名资格和内容与唐朝类似,凡州试及第的考生可集中于京城参加省试。省试主考官一般由六部尚书或翰林学士担任。殿试是最高一级的考试,往往由皇帝亲自主持。最初,通过省试的考生,在殿试复试之后,也有可能被淘汰。但后来,进入殿试考生全部录取,没有淘汰,只是根据考试成绩分"进士及第""进士出身""同进士出身"三类。三类进士名单经皇帝排序确定之后,会在殿前唱名,即所谓"临轩唱第",若是中了状元,更是欢天喜地。当然还有所谓"连中三元",即指一身兼有解元(州试第一)、会元(会试第一)、状元(殿试第一)者。但是,这基本上是属于可期不可求的事。③

科举选官制度发展到明清时期,已成鼎盛之势,形成了更完备的制度。当时考试共分四级:院试(即童生试)、乡试、会试和殿试。院试应试者不分年龄大小都称童生,合格后取得生员(秀才)资格。乡试每三年在各省举行

---

① 何怀宏:《选举社会及其终结——秦汉至晚清历史的一种社会学阐释》,北京:三联书店1998年版,第115页。

② 宋朝为了防范考试作弊,在考试程序上作了严密的规定,如科场(严格的考场纪律)、搜检(搜索衣服)、锁院(考官与外界隔离)、弥封(密封试卷、糊住考生姓名)、誊录(防范认出笔迹)。

③ 宋代冯京"举进士,自乡举、礼部以至廷试,皆第一",被誉为"连中三元"。参阅《宋史》卷三一七《冯京传》,中华书局标点本,1977年版,第10338页。据不完全统计,历史上连中三元仅十多人。欧阳修《卖油翁》中提到的"陈康肃公尧咨"与其兄陈尧叟都曾考中状元,而陈尧叟则是连中三元。考中三元的还有唐代的张又新、崔元翰,宋代的孙何、王曾、宋庠、杨寊、王岩叟、冯京,金代的孟宗献,元代的王宗哲,明代的商辂,清代的钱棨、陈继昌。

一次,及第者称举人,其中第一名叫解元。会试每三年在京城举行一次,各省的举人及国子监监生皆可应考,录取三百名为贡士,其中第一名叫会元。殿试是科举中最高级别的考试,皇帝在殿廷上对会试录取的贡士亲自策问,以定甲第。实际上皇帝有时委派大臣主管殿试,并不亲自策问。与宋朝的殿试类似,录取分为三甲:一甲三名,赐"进士及第"的称号,第一名称状元(鼎元),第二名称榜眼,第三名称探花。三者如一鼎之三足,故称鼎甲。状元居鼎甲之首,因而别称鼎元。二甲若干名,赐"进士出身"的称号;三甲若干名,赐"同进士出身"的称号。二甲、三甲第一名皆称传胪,一甲、二甲、三甲统称进士。考中进士,一甲即授官职,其余两甲参加翰林院考试,学习三年再授官职。晚清小说家吴敬梓的《儒林外史》第十七回有朴实但精辟的表述:"读书毕竟中进士是个了局。"①

值得强调的是,明清时期科举的又一个重要特点,是在唐宋时期学校与科举相互关联的基础上进一步使学校与科举完全合流。学校蓄才以应科目,科举取士必由学校。读书人只有通过学校这一蓄才、育才之所才能踏上科考之阶,也只有通过科考形式才能一步步通往仕宦之途。如上所说,童生在进入学校之前,首先要经过县试、府试、院试三级"童生试",院试及格,获得秀才资格,进入学堂之后,才有参加乡试的资格,乡试及第成为举人。举人最体面的出路就是进京参加会试,得中贡士,进而进军殿试。殿试可谓科举这个金字塔中最顶峰、最荣耀的一次考试。这种学校加科举的模式绵延不断长达五百多年,堪称世界文明史中的一大奇观。

科举对中国政府和社会的影响如何?我在这里提供三组数字:一组有关宋朝,一组有关清朝,再一组有关官员与民众的比例。据不完全统计,两宋310年,仅正奏名进士即达43 000人之多②,当时的135位宰相中,90%以

---

① 据统计,在1300年的科举制度史上,考中进士的至少有98 749人。古代许多著名作家都是进士出身,如唐代的贺知章、王勃、宋之问、王昌龄、王维、岑参、韩愈、刘禹锡、白居易、柳宗元、杜牧等,宋代的范仲淹、欧阳修、司马光、王安石、苏轼等。

② 在宋朝,经中央省试合格的举人称"正奏名";因多次落第且年高而在殿试时另立名册、受到特殊照顾者称"特奏名"。整个宋代特奏名录取数目大约占总录取数的45%,这是宋代的一个特有现象。

上是通过科举以及太学三舍考选等途径选拔出来的。其在直接参与决策的上层精英中所占的比例是前朝无法相比的。① 至于清朝,潘光旦、费孝通根据他们收集到的915份清朝朱卷进行的统计分析,发现这些获得功名者有52.5%来自城市,6.34%来自小镇,41.46%来自乡村。考虑到中国人口90%是在乡村,城乡差距似乎比较大,但传统中国90%的农村人口产生了41.46%的科举人物,这一比例与当时其他国家相比是相当高的。他们发现美国44.1%的农村人口产生了21.2%的科学人物、13.9%的著名文人。俄罗斯农民中产生了7.9%的普通科学家、9.6%的作家、6%的大科学家、14.1%的最大科学家。他们的结论是,中国科举造成的社会上下流动似小而实不小。② 中国官员的管理能力如何? 这是个不容易回答的问题。但是有人统计,在唐朝,官民的比例是1∶3 927;明朝是1∶2 299;清朝是1∶911;1950年是1∶294;1978年是1∶50;1996年是1∶30。③ 这些数字间接地反映了当时官员的素质和效率。

由此可见,从汉朝的察举发展到隋朝以后的科举,是中国选才制度由"人对人"到"人对文"的一个飞跃,它的本质是公开、平等、竞争的原则。这些原则打破了仕途血缘、宗派的垄断,为千千万万的贫寒之士提供步入官场的道路,使社会各阶层处于上下流动状态,这不愧为中国在B维度上制度建设的一大创举。美国汉学家顾立雅(H. G. Creel,1905—1994)在仔细研究了中国的科举制度以后得出了这样的结论:"中国对世界的贡献不光是四大发明,现代的由中央统一管理的文官制度是我们时代的特征之一;中国科举制度在建立现代文官制度方面扮演了重要的角色,可以明确地说,这是中国对世界的最大贡献。"④

---

① 袁行霈等:《中华文明史》第3卷,北京:北京大学出版社2006年版,第132页。
② 潘光旦、费孝通:《科举与社会流动》,载于《社会科学》第4卷第1期,清华大学出版社1947年版。
③ 杨晓升:《政府机构改革之剑指向自身》,载于《北京青年报》1998年4月8日。1949年以来,官员的数字包括政府机关和事业单位人员,即吃财政饭的人数。
④ H. G. Creel, "The Beginnings of Bureaucracy in China: The Origin of the Hsien", *The Journal of Asian Studies*, 1964, vol. 23, no. 3, pp. 155—183.

我在此处不妨先伏上一笔。就国家治理而言，科举的要义在于解决了君主权力的委托—代理问题，大批超越血缘关系的权力代理，使得君主掌控辽阔的疆土和众多的人口成为可能，由此历史上大统一的中国和政治多元中心的欧洲形成了鲜明的对比。然而，就现代市场和法治建设而言，此为福兮或祸兮？这些议题，我们在以后的章节中还会进一步涉及。

僵化的考试内容最终导致思想的僵化

在我们结束这部分述评前，让我们再简要地讨论一下中国科举不得不涉及的问题，即八股文和考试的内容。

就考试的内容而言，虽然各个朝代以及不同等级和不同科目的考试重点各有偏重，但是从整体看，科举考试的内容基本是儒家经义，以《四书》《五经》文句为题①，解释以朱熹（1130—1200）《四书集注》为准，应试答卷从明朝开始以标准的"八股文"格式。② 八股文也叫时文、制义、制艺、时艺、四书文、八比文。这种文体有一套固定的格式，规定由破题、承题、起讲、入手、起股、中股、后股、束股八个部分组成，每一部分的句数、句型也都有严格的限定，所谓"股"就是对偶排比的文字。"破题"规定两句，说破题目意义；"承题"三句或四句，承接"破题"加以说明；"起讲"概括全文，是议论的开始；"入手"引入文章主体；从"起股"到"束股"是八股文的主要部分，尤以"中股"为重心。在正式议论的这四个段落中，每段都有两股相互排比对偶的文

---

① 四书指的是《大学》《中庸》《论语》《孟子》这四部著作；五经指的是《易》《书》《诗》《礼》《春秋》这五部典籍。

② 唐朝科举，进士试诗赋，明经试贴金经、墨义，算不上是八股的源头。北宋时，王安石（1021—1086）对科举改革，考试试经义并试论、策，并统一经义文格式。根据《宋史·选举志一》，"试义者，须通经，有文采，乃为中格"。到南宋时，经义文开始讲究格律，并有破题、接题、小讲、大讲、余意、原经、结尾等名目，俪偶排比之风盛行，已具明清八股文的雏形。金克木把八股文概括为，"八股有特色。一是命题作文。二是对上说话。三是全部代言。四是体式固定。就体式说，又可有四句。一语破的。二水分流。起承转合。抑扬顿挫。这四句中：一是断案。二是阴阳对偶。三是结构，也是程序。四是腔调，或说节奏，亦即'文'气"。参阅金克木：《说八股》，北京：中华书局1994年版，第200—202页。

字,共为八股,八股文由此得名。八股文的题目出自儒学的经典《四书》《五经》;八股文的内容,不许超出《四书》《五经》的范围。总体来看,八股文要求同时具备汉代策问和唐代诗赋的特征,并将传统文化中灯谜、对子、楹联、论表判策、诗词歌赋、音韵声律、训诂考据等种种技法和知识融为一体,使之成为一种具有高度综合性、多种表现力的特殊文体。

值得一提的是,据说科举考试的内容也曾包括数学,但是皇帝很快发现,这方面的知识对于维护自己的统治没有什么帮助,因此很快就把数学考试取消了。显然科学和技术知识在科举中始终没能得到彰显。明朝宋应星(1587—1661)在其《天工开物》的序言中写道,聪明有抱负的人不应该读此书,因为此书对于科举没有帮助。《天工开物》一部对中国传统农业和手工业生产技术进行系统总结的巨著,可与西方文艺复兴时期阿格里科拉(Georgius Agricola,1494—1555)的《矿冶全书》(*De re Metallica*)这部技术经典相媲美。17世纪末,此书传入日本,并被广为传抄,成为日本江户时代(1608—1868)广为重视和征引的读物,刺激了"开物之学"在日本的兴起。①

既然儒学的经典《四书》《五经》在科举考试内容中占据如此重要的地位,我们不妨问一下,它的核心思想到底是什么?长话短说,《四书》《五经》的核心涉及三个方面:一是天道观念,二是大一统观念,三是纲常观念。

儒学所说的"天",在我看来,没有形而上的推理,只具有浓厚的世俗色彩,它强调神秘的天意是通过天子(皇帝)来执行的。所谓"天佐下民,作之君,作之师,惟其克相上帝,宠绥四方"②,以及"天子为民父母,以为天下王"③。用现代政治学的语言,这是企图用自然法来给专制主义提供合法性。

由此可见,皇权、科举、儒学,这个铁三角构成了传统中国国家治理的基础。在这种政治传统中,从逻辑上讲,它不大可能导致现代市场经济所必需

---

① 参阅 Charles J. Dunn, *Everyday Life in Traditional Japan*, Tokyo: Charles E. Tuttle Company, 1969.
② 《尚书·泰誓》。
③ 《尚书·洪范》。

的法治和问责型政府。国家虽然也颁布法律,但它只停留在工具性的"法制"而已,其实质是增加公权、压缩私权。如此组成的官僚政府,由于君王在法律之上,而其官员主要是对上负责而不是对下负责,应而对民众更具掠夺性。换言之,在长达两千多年的历史上,虽然中国国家能力强大,管理着众多人口和广袤疆域,但是——或正是因为如此——市场经济所需的法治和问责制度却一直得不到彰显。

"天无二日,民无二思"这种大一统观念的实际作用,是维护"天命"这一最高主权的不可分割性,任何偏离正统的思想尝试必定失败。从正面角度讲,大一统的思想维护了稳定和秩序;从负面角度讲,它却遏止了创新,而创新是市场经济的源泉和动力。再所谓"君为臣纲、父为子纲、夫为妻纲"纲常之教的重点是在确认君权、父权、夫权的基础上使中国政治体系日趋国家家族化、政治伦理化,并通过循环往复的濡染,形成一把巩固集权统治的秘密钥匙。但是,我们不难看出,在这些儒教世界观的政治理念中,既无"人"的位置,亦无"法"的作用。结果是,尽管科举注重个人的品德和才学,但是被选者并无独立的人格可言,只是专制这只墨鱼上的胡须,不可能形成现代市场政体中对"权和利"的"制和衡"的关系。

从清代开始,八股文作为传播儒学思想的表现形式开始被越来越多的人所诟病,认为它是科举制度最后走向衰落的重要原因之一。明末清初著名思想家黄宗羲(1610—1695)和顾炎武(1613—1682)在明末就批判了八股文的弊端;到了清代之后,二人更是抵制科举考试,对八股文取士大加鞭笞。到了清末,改良派代表人物康有为和梁启超虽然参加过科举考试,但二人却都举起了反对八股文的大旗,并都曾向皇上献奏折,要求废除科举考试。康梁二人的行为矛盾反映了他们那一代人的尴尬:一方面他们需要通过科举考试,才能入仕,才能一展抱负;另一方面,他们受到新思想的影响,深感八股文的弊病,希望废除科举取士。

我们如何评判科举制度及其考试的内容?在这里我想用清末改良思想家、翻译家王韬(1828—1897)的观察作为这部分的结语。他认为,"西人之

国富之道

长并不尽在船坚炮利,而是自成体系、门类繁杂的自然科学","至于学问一端,亦以西人为尚,化学、光学、重学、医学、植物之学,皆有专门名家",所有这些"绝非词章义理之学、八股取士之制所能企及"①。

我建议给王韬打70分。不难看出,他的视角试图跳出事物的表面,他似乎看到坚船利炮后面制度的影子,故超越了当时流行的"体用"的主张。但他也有不足之处,主要是:(1)他并没有试图回答有关科学知识的源泉这一更深层次的问题,扣10分;(2)他并没有剖析科举取士制度安排后面的逻辑,表面体现的形式和实体内容之间的关系、融洽和利弊,因此无法回答为什么到了近代西方国家其实对中国的科举大有赞誉之词,再扣10分;(3)即便不是在理论层面,而是在实证的观察层面,他也没有看到科举制度曾使中国的经济发展水平达到了超过其他所有国家的一个均衡点,特别是在隋、唐、宋期间;再者,清后半个多世纪的历史证明,取消了科举制本身也没有导致中国经济的腾飞,再扣10分。前文业已提到,中国GDP占世界总量在19世纪初是32%,19世纪末是13%,到了改革开放前夕继续降到5%之下。

说到此,我不禁感叹:科举反映了中国是最早基于人类理性的考量所作出的具有微观激励和制衡的制度安排。不幸的是,一样基于人类理性的制度逻辑没能进一步扩展去涵盖所有的人和他们政治和经济生活的方方面面。《礼记·曲礼上》所宣扬的"刑不上大夫"的道德主义反映了这种制度逻辑的不连贯和思想上的缺憾。科举使中国曾经在B维度上遥遥领先,但在宋朝之后,中国就再没有更多的制度创新。西方国家是如何学习中国的,以及如何在学习的基础上超越中国的,这是以下我们要讨论的议题。

---

① 王韬:《上当路论时务书》,载于《弢园文录外编》卷十,郑州:中州古籍出版社1998年版。

东学西渐与西方的兴盛

"一个从不知道自己出生以前事情的人,永远是个不成熟的孩童",这是古希腊史学家希罗多德留给我们的警示。可是遗憾的是,人们的记忆往往不长,我们常常只是盯着眼前,一般没有多大兴趣来超越时空地问一下我们从哪里来到哪里去。

其实,随手拿一本世界历史浏览一下,就不难得出这样一个结论:从人类历史整体看,世界上绝大多数国家在很长时间都曾生活在君主专制之下,今天欧洲的民主政体国家也是如此。根据欧洲史专家的一般看法,17世纪是法兰西的世纪。当时法国的影响力远比罗马时代以来的任何霸权中心更为广泛。法语取代了拉丁文成为外交语言,并是欧洲上层交际的专用媒介。辉煌的凡尔赛宫被远方的都城竞相模仿。受17世纪法国古典主义文学最重要的作家、古典主义喜剧的创建者莫里哀(Moliere,1622—1673)天才的推波助澜,法国的文学和歌剧院亦是无与伦比。但是就我们所关心的B维度上的制度安排而言,17世纪的法国是君主专制的顶峰。路易十四(Louis XIV,1638—1715)摧毁了当时残存的独立的地方政府,把一切政治权力集中于凡尔赛宫。他所宣称的"朕即国家"(l'état, c'est moi)是君主专制的缩影。

什么是君主专制?按照亚里士多德的定义,"绝对君权"(panbasileia)是指一种至高无上的、圆满无缺和不可逾越的权力。法国政治哲学家让·博丹(Jean Bodin,1530—1596)是法国君主制赖以建立的主权学说的创立者,现代政治学的奠基人之一。他在其《共和国六书》(*Six Livres de la République*)中指出,主权(souveraineté, suprema potestas)是"国家绝对和永久的权力"(la puissance absolue et perpetuelle d'une République),是"针对公民和臣民不受任何法律约束的最高权力"(suprema potestas in cives ac subditios, legibus solute)。在当时的法国,博丹认为主权的唯一体现者是法国国王,因而他力求把国王抬高到置于一切宗教派别(包括教廷)、政党和社会团体之上,以国王作为全国团结的中心。①

对人类历史的多数时间而言,君主专制其实是个常态,不论是东方还是

---

① 《共和国六书》出版于1576年;最初是用法文,之后(1586年)又用拉丁文发表。著作的核心是研究国家主权以及如何加强国家权力的问题。博丹认为,国家是一个拥有主权的共同体;主权是一个国家绝对的与永恒的最高权力;没有主权,就没有社会的安定;主权的出现是国家的标志,是把国家同包括家庭在内的其他一切群体区别开来的标志,因此他们必须服从和服务于一个共同主权,即国家。书的主旨是要求国家承担起维护法律、安全、和平与秩序的责任。博丹认为,主权者创造法律,一切人(不论任何信仰、语言)都必须服从于法律,但主权者本身不受任何法律约束,因为主权者是法律的来源,他只向上帝(自然法、自然秩序)负责并受制于自然法则。博丹在近代政治史上首次提出了宪法的概念,认为宪法是国家的根本大法,它的存在体现着主权本身。博丹对国家理论的一个重要贡献是首次提出了关于国体(form of state)与政体(form of government)、国家与政府相区别的概念。他的定义是,国体就是国家主权的归属者;政体就是运用主权的政府组织形式;国体决定政体,政体可以选择,但国体不可选择。他认为没有绝对良好的政体,而只有适用与不适用的政体。君主制、贵族制、民主制是历史中存在的三种政体。主权属于一个人的国家,就是君主政体。如若一个国王为某些社会阶级的行动所约束,统治权便实际上属于贵族议会,那么政府就是贵族制的。如果决策和复审的权力属于某种市民或公众团体,那么,政府就是民主制的。博丹认为,三种政体(制度)各有利弊,并没有绝对的优劣之分。对法兰西来说,最良好的政体是君主制。博丹反对"契约论"(来自罗马法),认为主权不可分割。

但是,由于博丹的国家理论是新思想的萌芽,不免有含糊不清之处,如主权者权力的源泉、人格化以及主权的可限性和分割性等问题。对此,博丹以后的政治哲学家进行了补充和梳理。简单地说,霍布斯在其《利维坦》和卢梭在其《社会契约论》中从理论上回答了主权者权力来源的问题,这是进步。但是依然不足的是,霍布斯看到了一个权力的具体拥有机构,但是却没有看到有机体;卢梭看到了有机体为一个整体,但是没有看到行使主权权力的机构。显然这里触及主权人格化的难题,同时涉及主权的可限性和分割性等问题。荷兰的胡果·格劳秀斯(Hugo Grotius,1583—1645)在其《战争与和平法》(De jure Belle ac Pacis,1625)中认为,必须区分权力自身和权力的占有,主张权力的存在时间不影响期根本属性。他把权力比做人们可以享有全部所有权(jure pleno proprietas)、用益权(jure usufructario)或者仅是临时权力的领域,因此承认限制主权的可能性。类似的,德国的萨缪尔·普芬道夫(Samuel Pufendorf,1632—1694)在其《自然法与国家法》(De Jure Naturea et Gentium,1670)中指出,由于人类共有的不幸弱点,对主权者施加特定的限制,不仅是可以设想的,而且是实际存在的。他认为主权既可以以"完整权利"(full right)也可以以多少有限制的方式持有,但即使受到限制,也仍然是真正意义上的主权。洛克以自然状态开始,但是不同于霍布斯,该自然状态不是一切人反对一切人的战争状态(bellum omnium contra omnes),而是个体权利无法得到完善保护的状态。为了获得保障,每个人只是将对公益来说必要的自然权利,而不是更广范围的权利,永远地交给主权。洛克认为,一个好的国王不会拥有过多的特权,只是为善的权力,因此公共权力是有界定的。不难看出,后者的工作十分有意义,使自然法理论在18世纪以后成为近代政治理论的有效科学形式,使原来绝对的、不可分割的、不可让渡的主权,通过被授予虚构的契约,成为有着虚拟人格的机构。

西方,非专制的政体才是例外,而且历史短暂。在这个大前提下,曾经几时中国"开放性、严密性、竞争性"的科举制度使中国与世界拉开了距离。相比之下,当时的西方世界还处于典型的专制加贵族的集权统治,其主要特点可归纳为四个方面:一是官员的选拔是封闭的,只有具有贵族身份和血统者才有资格出任官员;二是官员的任用是按贵族资历和等级,而不是通过竞争性的考试;三是国王的重臣和主要幕僚由大贵族出任;四是专制王权与贵族特权形成互相依赖的特定关系。① 显然,当时在挑选人才的制度安排上,西方远不如中华大地。

"西学东渐"是我们常常听到的概念。但是,如果我们把眼光放得长远一点,就不难看出,在人类文明发展滔滔不绝的长河中,其实"西学东渐"只是近代的事情,历史相对很短。更早的时候是"东学西渐",而且这个过程延续了很长的时间。中国曾经是如此的辉煌!这种历史的优越感部分地被"中国"——"国中之国"—— 这个名字所体现。难怪乎,即便是到了18世纪的晚期,当英国使节马戛尔尼勋爵(Lord George Macartney,1737—1806)于1793年来到中国要求通商时,清朝乾隆帝对他的态度是如此傲慢。面对英国通商的要求,乾隆帝的回答是:"天朝物产丰盈,无所不有,原不藉外夷货物以通有无",从而拒绝了英国通商的要求。② 各种迹象表明,乾隆帝的傲慢未必是无缘无故的,他的傲慢源于对当时中国和世界形势的错误判断。

回过来看,借助于统计数据,我们可以清楚地看到,当时的中国已开始在 B 和 M 两个维度上系统地落后。相应的,欧洲的经济发展水平已经超过

---

① 朱孝远:《近代欧洲的兴起》,上海:学林出版社1997年版,第349页。
② 英国于1793年派出资深的外交官马戛尔尼勋爵,以庆祝乾隆皇帝寿辰为名,到中国来扩展贸易。乾隆把他当做一个藩属的贡使看待,要他行双膝下跪之礼。马戛尔尼最初不答应,后来有条件地答应。他的条件是:将来中国派使到伦敦去的时候,也必须向英王行跪拜礼,或是中国派员向他带来的英王画像行跪拜答礼。最终他以单膝下跪的形式朝见了乾隆帝。美国学者派格登(Anthony Pagden)认为,马戛尔尼拒绝行双膝下跪之礼并不是个人荣誉的问题,拒绝在天朝之子面前卑躬屈膝,其实是在转达讯息:在马戛尔尼眼中,一个封闭、保守的文明已非国中之国了。参阅 Anthony Pagden, *Peoples and Empires: A Short History of European Migration, Exploration, and Conquest from Greece to the Present*, Random House, 2001。

的中国。但是,历史的优越感使乾隆皇帝当时无法知道那时的欧洲已经超越中国,他只不过生活在错觉中而已,也许被故宫的辉煌所迷惑。可见,光凭经验,没有理性,很难看清世界的真实画面。我在这里提醒一下,马戛尔尼勋爵来访的时间是1793年,而此前17年,即1776年,现代西方经济学的鼻祖、英国古典政治经济学的主要代表人物亚当·斯密发表了其划时代的巨著《国富论》。该著作系统地阐述了当时政治经济学的各个主要学说,为西方各国实行市场经济进一步提供了理论基础。① 麦迪森《世界经济千年史》(*The World Economy:A Millennial Perspective*)的研究表明,在1700—1820年间,西欧人均GDP年复合增长率是15‰,日本是13‰,而中国大约是1‰;在17、18和19世纪的前半叶,日本的人均收入赶上并超过了中国。② 从中足见市场制度创新对经济发展的巨大效应。但可惜的是,当时,乾隆帝没有这些统计数字,他身边的重臣多数也只是些舞文弄墨、重感受轻逻辑的文人。不然,一个有意思的问题将会是:乾隆帝会制定什么样的国策,是继续傲慢还是谦虚学习?虽然这是个虚拟的问题,但是其中的逻辑对今天的各国依然具有普遍意义。

以上问题如果说得深一点,就会涉及认识论和本体论的问题,很值得我们深思。不过在这里,让我们先回到手头关于"东学西渐"的议题。

1983年美国卡特总统任内的人事署长艾伦·坎贝尔(Alan Campbell)来华讲学。他直言不讳地说:"当我接受联合国的邀请来中国向诸位讲文官制度的时候,我是深感惊讶的。因为在我们西方所有的政治学教科书中,当谈及文官制度时,都把它的创始者归于中国。"③ 显然,西方文官制度的肇始,

---

① 斯密写《国富论》先后花了10年时间。《国富论》概括了古典政治经济学在形成阶段的理论成就,最早系统地阐述了政治经济学的各个主要学说,它标志着自由资本主义时代的到来。它的实际政策效应如何?史料显示,《国富论》中的观点和思想成了英国国会议员的常用论据,甚至连当时的英国首相皮特也自称是斯密的学生。

② 安格斯·麦迪森:《世界经济千年史》,伍晓鹰等译,北京大学出版社2003年版,第31—32页。

③ 仝志敏:《国家公务员概论》,北京:中国人民大学出版社1989年版,第68页。

源于中国科举制度的启示。我们这部分的任务就是谈谈东学西渐,主要涉及三个方面的内容:(1)西方学习中国科举制度的传导机制是什么?(2)他们学了什么?(3)他们有什么超越?

追踪古代中国影响西方的传送带

回答以上问题,一个好的切入点是借用一下历史学家的智慧和研究成果。邓嗣禹的《中国科举制度在西方的影响》一文对中国科举对西方的影响有较为系统的记载。① 从中我们不难看出,早期西方商人和旅行家,尤其是传教士,是东学西渐的播种机和传送带。"我开始研究旧社会时对教士充满偏见,我结束这一研究时对他们充满敬意。"这是法国政治学家、历史学家托克维尔在其《旧制度与大革命》(*L'Ancien Régime et la Révolution*)一书中的感言。② 这句话或许也适用于东学西渐。据史料记载,中国与西方早在汉朝时期就有交往,就是在中世纪,这种交往通过著名的"丝绸之路"也未曾中断。③ 前面我们提出了"知识生态"的概念,相对于此,造纸术的发明对储蓄和传播知识具有重要的意义。公元105年,中国人蔡伦发明了造纸术;公元751年,中国人教会了阿拉伯人如何造纸;1350年,中国发明的造纸术传入欧洲。

再者,更一般地说,如果文化的一个重要特质是语言,而语言又是思想的载体,那么对欧洲的基督教世界来说,克服语言障碍学习外来思想并不是陌生的事。公元7世纪以后,一些原属罗马帝国的辖区(如耶路撒冷、亚历山大利亚、开罗、西西里、西班牙等)相继沦落为伊斯兰教的占领区,

---

① 原文是英文,见 Ssu-yu Teng, "Chinese Influence on The Western Examination System", *Harvard Journal of Asiatic Studies*, 1943, vol. 7, no. 4, pp. 267—312.
② 托克维尔:《旧制度与大革命》,北京:商务印书馆1992年版,第148页。
③ 丝绸之路是指西汉时,由张骞出使西域开辟的以长安(今西安)为起点,经甘肃、新疆,到中亚、西亚,并联结地中海各国的陆上通道。它是历史上横贯欧亚大陆的贸易交通线,促进了欧亚非各国和中国的友好往来。中国是丝绸的故乡,在经由这条路线进行的贸易中,中国输出的商品以丝绸最具代表性。19世纪下半期,德国地理学家李希霍芬就将这条陆上交通路线称为"丝绸之路",此后中外史学家都赞成此说,沿用至今。

并逐步变成融汇阿拉伯文化、犹太文化和希腊文化的中心。在那里,从阿拉伯语和希腊语向当时欧洲通用的拉丁语的翻译活动异常活跃,这极大地开阔了欧洲人的视野,并为现代大学的出现和发展奠定了知识基础和宇宙视野。①

特别值得一提,今天全世界通用的阿拉伯数字,包括零的概念,其实应该称印度—阿拉伯数字,因为它起源于印度,由阿拉伯人先传入欧洲。当时转入欧洲的还有阿拉伯注重人体解剖的医学知识。在医学方面,阿拉伯人伊本·西那(ibn-Sina,980—1037;欧洲人称呼他 Avicenna,阿维森纳)与希腊的西波克拉底、罗马的盖伦齐名,被称为"医生的医生"(Doctor of doctors)。其里程碑之作《医典》(*The Canon on Medicine*)已在 12 世纪由阿拉伯文译成了拉丁文,成为欧洲医学院的教科书。

在数学方面,1202 年,意大利人斐波那契(Leonard Pisano, Fibonacci,1170—1250)出版《算经》(*Liber Abaci*)一书,系统地介绍了印度—阿拉伯数字系统。该书在以后的两个多世纪中一直被奉为经典,标志着东方的算法思想开始在欧洲生根开花,深刻地影响着欧洲人的思想。之前,欧洲人用的是罗马数字系统。②

说得更进一步,这种思维的新语言系统和格物的新视角,再加上希腊—罗马文明的遗产,无疑为"科学革命"在欧洲的勃兴提供了催化剂,使人的世界观才有可能进入所谓"伽利略精确的宇宙"。由此,我们前面提到的所谓"李约瑟之谜"也就不再是谜了。

---

① 正是通过这些翻译,欧洲学者开始系统地接触柏拉图和亚里士多德的著作、欧几里得的几何原理、托勒密的天文学和盖伦的医学著作。另一方面,东方伊斯兰文化的杰出成就,以及数学、化学、天文学、医学等方面的知识也传入欧洲。美国历史学家特里高德(Warren Treadgold)把当时东西文化的融合称为"文艺复兴前的文艺复兴"。参见 Warren Treadgold, *Renaissance Before the Renaissance: Cultural Revivals of Late Antiquity and the Middle Ages*, Stanford University Press, 1985; Charles H. Harkins, *The Rennaissance of the Twelfth Century*, Cambridge: Harvard University Press, 1928.

② Ian Stewart, *Taming the Infinite: The Story of Mathematics from the First Numbers to Chaos Theory*, London: Quercus, 2009, pp. 58—59.

由此看来,西方文明本身就融合了东方的元素,随着地理的进一步扩展,学习中国只不过是这种传统的进一步延续。虽然中文不明确,但是"大学"的英语单词"university"的词根里就明显地包含了宇宙"universal"的视野。看来大学的要义就是不要在东方和西方之间设置人为的障碍;在人类探索真理的征途上,好的都要学。作为经验证据,以下我再举几位从东方向西方传播知识的著名人物。

意大利著名商人、旅行家马可·波罗 17 岁时跟随父亲和叔叔,途经中东,历时 4 年多来到中国,在中国游历了 17 年。他于 1299 年写完著名的《马可·波罗游记》(又名《马可·波罗行记》《东方闻见录》)。该书的拉丁文版于 1320 年出版,在欧洲广为流传。《马可·波罗游记》所描述的中国的太平、富庶和昌盛,虽然有夸张之嫌,但是实际的效果却是点燃了西方人的东方之梦。西方研究马可·波罗的学者科利思(Maurice Collis,1889—1973)认为《马可·波罗游记》"不是一部单纯的游记,而是启蒙式作品,对于闭塞的欧洲人来说,无异于振聋发聩,为欧洲人展示了全新的知识领域和视野,这本书的意义在于它导致了欧洲人文科学的广泛复兴"①。

的确,《马可·波罗游记》打开了欧洲的地理和心灵视野,在西方掀起了一股东方热、中国流,激发了欧洲人此后几个世纪的东方情结。受到马可·波罗的鼓舞和启发,许多伟大的航海家扬帆远航,探索世界,开始了 15—17 世纪的地理大发现。事实上,1492 年美洲大陆的发现纯属意外,因为游记的忠实读者意大利航海家哥伦布原本的目的地是富庶的中国。当时欧洲人相信,中国东面是一片广阔的大洋,而大洋彼岸,便是欧洲,结果整个 16 世纪成了最为辉煌的地理大发现的百年。② 由此,当时欧洲人对中国的执著和狂热可以窥见一斑。

---

① Maurice Collis, *Marco Polo*, Collier's Encyclopedia, 1960, vol. 15, p. 383.
② 中国国际文化书院编:《中西文化交流先驱——马可·波罗》,北京:商务印书馆 1995 年版。

国富之道

在东学西渐的历史上,意大利耶稣会传教士利玛窦的名字和马可·波罗一样响亮。但与马可·波罗不同的是,利玛窦是一位学术造诣很高的传教士,他是天主教在中国传教的开拓者之一,同时也是第一位阅读中国文学并对中国典籍进行钻研的西方学者,在中国颇受士大夫的敬重,并被尊称为"泰西儒士"。美国《生活》杂志亦将他评为公元第二个千年内(1000—1999年)最有影响力的百名人物中的一员。《利玛窦传》一书的日本作者平川佑弘称赞利玛窦是"人类历史上第一位集欧洲文艺复兴时期的诸种学艺和中国四书五经等古典学问于一身的巨人"。他还将利玛窦看做地球上出现的第一位"世界公民"(homo universale)。①

1582年,30岁的利玛窦来到中国,之后他一直在中国传教和生活,于1610年去世,期间正值明朝万历年间(1368—1662)。1615年利玛窦书写的《利玛窦中国札记》在欧洲出版,并有法、德、西、意、英等多种译本流行,该书是《马可·波罗游记》之后又一部介绍中国的名著。对我们来说,尤其值得注意的是,《利玛窦中国札记》花了相当的篇幅介绍了利玛窦认为相当于西方学士、硕士、博士学位的秀才、举人、进士的三级考试的科举制度,内容涉及考期、考场、考官、科考内容和规则、录取方式、授职仪式等具体问题。利玛窦观察到:"标志着与西方一大差别而值得注意的一大事实是,他们全国都是由知识阶层的人来治理的。井然有序地管理整个国家的责任完全交给他们来管理。"他同时尖锐地指出:"中国人所熟悉的唯一较高深的哲理就是道德,但是由于缺乏逻辑学,他们的伦理学只是他们在理性之光的指引下所达到的一系列混乱的格言和推论。"看来,对中国人只重视道德学科而忽视其他学问,尤其是自然科学,利玛窦很有保留。②

继利玛窦之后,又一位在东学西渐中有过卓越贡献的西方传教士是耶

---

① 平川佑弘:《利玛窦传》,刘岸伟、徐一平译,北京:光明日报出版社1999年版,序言。
② 利玛窦、金尼阁:《利玛窦中国札记》,何高济、王遵仲、李申译,北京:中华书局1983年版,第30—32,第59—60页。

稣会士曾德昭。他是葡萄牙人,原名是奥伐罗·塞默多,于 1613 年来到中国传教,同时学习中文,当时中国正处于明朝末期。曾德昭在中国一共待了 22 年之久,期间他曾于 1636 年返回欧洲,在旅途中他完成了《大中国志》。书中除了对中国的物产、民俗、政治制度和政府结构、生活方式、语言文字、法制等方面的议题有比较透彻的介绍外,曾德昭对于中国的科举制度也作了相当详细的描述,在欧洲各国引起了广泛的关注。正如英译本序言所说:"他的辛勤撰述,已被译成多种他国文字,且为若干作家引用,在欧洲诸国深受欢迎。"

曾德昭在介绍科举制度时,特别强调了该制度的"自由报考、公平竞争"的原则。他写道,"普通老百姓不分职业,均可投考",只有"军士、保镖、法警、恶棍、刽子手及称做忘八的妓女监护人"才被摒弃在外。他把科举的三种学位,即秀才、举人、进士比做西方社会的学士、硕士和博士。他同时写道:"那些仅仅是学生,没有取得任何学位的人,本身没有任何特权,只被人尊称为绅士。大家把他们敬为国家之灯,中国人知道应如何尊重确实值得尊重的人。"他进一步指出:"中国人保留的个人投考学位的方式,很是奇特。据认为,从学生头次赴考,直到最后考取博士,是这个国家的头等大事,因为学位和职位带来的名利,都取决于这些考试,他是人们全力注视的唯一目标。一句话,如果有名利二者相结合的事(古谚把这种结合判定为非常困难的),那么肯定就是这个。"[①]

当然,事无巨细地描述东学西渐的过程并不是本书的目的。我们的目的是勾画出一个轮廓性的草图。在这里我要提醒一下自己,那位伟大的加拿大小说家和剧作家罗伯逊·戴维斯(William Robertson Davies,1913—1995)教授说的一句话。他说:"写作最重要的事是简洁明了,而不是事无巨细,包罗无遗。"从以上简单的三个著名人物的典型例子中,我们便可得出当

---

① 曾德昭:《大中国志》,何高济译,上海:上海古籍出版社 1998 年版,第 44—49 页。

时东学西渐的主要传导机制。① 当然,我们也不难想象,别的途径是那些奔波于丝绸之路的商人、游客以及外国来华使节的口口相传,尽管历史留给我们的书面证据不易寻觅。② 至于东学西渐的时间,如果我们仅从马可·波罗算起,也起码经历了五百多年。相比之下,西学东渐的时间只有大约150年。

西方哲学家对科举的思考和扬弃

一个很自然的问题是,在东学西渐的过程中,西方世界是如何接受中国思想的,是欢迎?是抵触?如果有批评的话,批评的视角如何体现?从手头相关的史料来看,大体上讲,当时的欧洲似乎是满腔热情地拥抱中国文化,以至于到了18世纪上半叶在西方学术界研究中国问题已成了一种风尚。法国尤其如此。据说在当时的法国几乎所有上流社会的妇女都摇着中国式的折扇,许多人家里的玻璃灯罩上都画着一个对他们来说奇异的中国人物。汉学是当时的显学,尤以法国为重镇。欧洲汉学的三大名著——《耶稣会士通信集》《中华帝国全志》和《中国丛刊》均在法国出版,此三书共同奠定了欧洲汉学的基础,直接催生出18世纪欧洲的"中国热",当中也包括欧洲的

---

① 其他著名的人物还包括:卫匡国(原名马尔蒂诺·马尔蒂尼,Martinus Martini,1614—1661),著有《中国新地图志》《中国上古史》《鞑靼战记》;柏应理(Philippe Couplet,1624—1693),著有《中华哲学家孔子》;李明(Louis Le Comte,1655—1728),著有《中国现势新志》;白晋(Bouvet Joachim,1656—1730),著有《康熙帝传》等。与此同时,在欧洲还先后出现了三本有关中国的刊物,即《耶稣会士通信集》《中华帝国全志》《中国丛刊》,这些刊物专门收集、发表来华耶稣会教士们的通信和著作,对当时欧洲的思想家,如德国的莱布尼茨(Gottfried Leibniz,1646—1716)、法国的伏尔泰发生了重要的影响。参见叶朗、费振刚、王天有:《中国文化导读》,北京:生活·读书·新知三联书店2007年版。

② 1575年葡萄牙最早在中国建立使馆。西班牙建立使馆是1574年。荷兰建立使馆是1604年。英国建立使馆是1637年。法国建立使馆是1660年。美国建立使馆是1784年。英国在1600年成立东印度公司,于1699—1833年在中国广州有贸易业务。参见 Ssu-yu Teng, "Chinese Influence on the Western Examination System: I. Introduction", *Harvard Journal of Asiatic Studies*, 1943, vol. 7, no. 4, pp. 275—276.

洛可可艺术。①

但是我们同时也可以看到,当欧洲人吸取中国科举制度的精华,即平等竞争、公开考试、择优录取的原则后,对中国科举的内容并不热衷。以下让我们来听一听当时西方一些著名思想家或哲学家是如何评价中国科举制度的。

先听听法国启蒙思想家伏尔泰的评论。伏尔泰是18世纪法国启蒙运

---

① 《耶稣会士通信集》是欧洲旅居中国和东印度的传教士的书信和报告集。每一位前往异邦传教的耶稣会士,都必须定期给他的上级与同道写信,报告他们传教的经历和所在地区的情况。这些书信不仅作为耶稣会的内部通讯,还要对其他修会与广大世俗社会公布。在耶稣会内部,书信不仅成为一种制度,而且也有严格全面的要求。1542年,沙勿略从印度发回第一封东方书简,开启了耶稣会的书信系统。16—17世纪,几乎在欧洲所有中等以上的城市,都可以见到结集出版的耶稣会士的东方书简。《耶稣会士通信集》得以问世,先由巴黎耶稣会总书记哥比安(Charles Le Gobien)担任创办主编。哥比安去世后,先后有杜赫德(Jean Baptiste Du Halde)和帕都叶(Louis Patuille)任主编。1702—1776年,在巴黎共刊出34卷,其中第16卷至第26卷,实际上成为期刊性质的资料汇编,收载了由中国寄来的通信,引起了欧洲人的极大兴趣。它为海外中国学研究提供了详细、生动的原始资料,但其内容庞杂,有些通信有夸张、猎奇成分,还不能算是学术性的著作。
《中华帝国全志》的全称是《关于中华帝国及满蒙地理、历史、年代、政治及物产等的记述》,是一部多卷本的中国百科全书。该书的主编是杜赫德。他18岁加入耶稣会,从未到过中国,专门从事编辑工作。在哥比安去世后,他出任《耶稣会士通信集》的主编。在校阅书简的过程中,他萌发了写作此书的念头,于是对一百多年来来华耶稣会士的各种著作、通信进行编排,整理成此书,于1735年在巴黎出版。第二年在海牙出第二版。不久,英、德、俄等译本也相继问世。全书分四卷,第一卷记中国各省的地理,并有夏至清23个朝代的历史大事记;第二卷记述政治、经济,并论述中国的经书、教育和科举制度;第三卷记述宗教、道德、医药、博物等;第四卷是对中国满、蒙等少数民族的研究。杜赫德试图全面地介绍中国,书中有社会各方面的知识,有光明的也有阴暗的。读者可以从书中看到中国的强大,也可以看到中国的贫困,仰慕中国者和批判中国者都可以从书中找到自己所需要的材料。该书虽不能说是一部地理性较强的著作,但对当时西方的影响是巨大的,是欧洲启蒙思想家伏尔泰、孟德斯鸠等了解中国的主要资料来源。
《中国丛刊》的全称是《北京传教士关于中国历史、科学、艺术、风俗习惯之论考》。它收集了各家各派对中国的论述和观点,所收论文内容之丰富和观点之鲜明,堪称一部以学术性论文为主的大型"论文丛书"。《中国丛刊》于1776年刊出第一卷,到1814年止,历时40年,共出16册。主编先后有:勃罗提业(Gabriel Brotier)、德经(Joseph Guignes)、萨西(Antoine issac Sylvstre de sacy)。《中国丛刊》的出版,在海外中国学发展史上有着重要的地位。它标志着"几世纪前顺利地由利玛窦开创的一种事业的完成",说明耶稣会士的中国学已经达到一个"顶峰"。参阅忻剑飞:《世界的中国观——近二千年来世界对中国的认识史纲》,上海学林出版社1991年版,第128页。

动的旗手,被誉为"法兰西思想之王"和"最优秀的诗人"。从他的诗歌和其他作品中,我们不难看出他是中国文明真诚而热切的崇拜者,算得上是爱慕中国者中最狂热的一位学者。伏尔泰认为中国不是一个君主独裁的国度,而是建立在家长式统治基础上的君主专制国。他说:"他们帝国的政体实际上是最好的,是世界上唯一完全按父权建立起来的帝国。"一方面,中国的皇帝依世袭而一脉相承,代表一种秩序;另一方面,科举制度又使皇帝不能完全随心所欲,代表理性。他不无赞赏地指出:"人们完全不可能设想一个比这更好的政府,在那里,事无巨细均由相互制约的大衙门审理,而只有通过层层严格考试的人才能进入这些衙门任职。中国的一切都通过这些衙门自我调节。"①

另一位值得介绍的学者是弗朗斯瓦·魁奈(François Quesnay,1694—1774)。魁奈是法国启蒙思想家和古典政治经济学家,重农学派的创始人和首领,他视农业为财富的唯一来源和社会一切收入的基础,并认为保障财产权利和个人经济自由是社会繁荣的必要因素。他对法国经济的影响,就如亚当·斯密对英国经济的影响。魁奈于1767年出版的《中华帝国的专制制度》(*Le Despotisme de la Chine*),被西方知识界称为"崇尚中国运动的顶峰之作"。书中他认为,中国的先进性在于,中国不存在欧洲社会那种意义的阶级分野,没有世袭贵族,人们的社会地位和身份是可以变动的,一个人的功绩和才能是他可能获得显赫地位的唯一标准,科举制度的一个重要功能就在于它使社会各个阶层处于流动状态。魁奈指出:"一个中国人必须获得通向进士的各种学位,才能成为一名朝廷官员。(进士)层次三个等级的那些人是最杰出的,皇帝便从他们中间选拔阁老或国务大臣、中央行政机构的堂官、各省和大城市的地方最高长官,以及帝国内所有其他重要的官吏。"他认为,中国公开竞争的科举制度堪称典范,西方无法相比,而法国实行卖官鬻爵制,宫廷以此作为重要的收入来源,其结果是官员极端无能,唯以敛财为

---

① 转引自邓嗣禹:《中国科举制度在西方的影响》,载《释中国》(第一卷),上海文艺出版社1998年版,第558页。

目的,百姓深受其害,而且代代相传,遗患无穷。

虽然一般而言,孟德斯鸠对中国专制制度持批评态度,但就科举制度而言,他的观点与魁奈相似。孟德斯鸠不仅是18世纪法国启蒙时代的著名思想家,也是近代欧洲国家中较早系统研究古代东方社会与法律文化的学者之一。他的著述虽然不多,但其影响却相当广泛,尤其是《论法的精神》这部集大成的著作。他提出的三权分立思想,奠定了近代西方政治与法律理论发展的基础,也在很大程度上影响了欧洲人对东方政治与法律文化的看法。就选拔官员而言,他认为中国的科举远比欧洲领先。他说:"中国没有世袭的官吏和贵族,皇帝通过科举等途径选拔官吏。凡是具有真才实学的人,不论出身如何,都有经过科举考试成为官吏的机会。考试的内容是儒家经典,这有助于以儒家思想治国。除科举外,地方官吏还可以向朝廷荐举品德高尚的人充任官员。这种制度有利于提高官吏的素质。"①他同时谴责法国以出卖官爵换取财富的做法。

除了法国人外,英国大卫·休谟的观点也值得我们重视。休谟是英国著名的经济学家、经验主义哲学家,他与洛克、贝克莱并称英国三大经验主义哲学家。休谟尖锐地指出,科举的优势是其"平等竞争、公开考试、择优录取"的逻辑内核,但是科举的内容使中国人的知识结构不佳,中国的科学水平因而落后。他说,"中国是一个幅员广大的帝国,使用同一种语言,同一种法律,同一种方式交流感情",这种高度统一性必然导致思想的僵化、权威的崇拜和经典的尊奉。在这种情况下,"任何导师,如孔子先生,他们的威望和教诲很容易从这个帝国的某个角落传到全国各地。没有人敢于抵制流行看法的洪流,后辈也没有足够的勇气敢于对祖宗制定、世代相传、大家公认的成规提出异议"。"中国一流人才的出路也极为单一,学而优则仕。除此之外,中国想象不出还有什么更好的出路。在这种情况下,怎能指望中国人会

---

① 许明龙:《孟德斯鸠与中国》,北京:国际文化出版公司1989年版,第86—87页。

在科学上投入什么精力?"①

德国大哲学家黑格尔的视角更为尖锐,他认为世界历史起始于中国所在的东方,这一段历史可称为人类历史的"少年时代"。但是这时候的中国,君主还是全体人民的"大家长",处于至尊的地位,是唯一独立的个人,其他人都隶属于他,以致任何其他个人都没有单独的存在、主观的自由。因此,就科举而言,尽管人人是平等的,但是这种平等并不是如同西方一样,表现为上帝面前的平等,而是皇帝面前的平等。即中国人所能享受的平等,只能是匍匐在皇宫宫殿前的臣仆式的平等。倒过来讲,其实大家都是一样地卑微。他尖锐地指出:"在中国,我们看到的是绝对平等的现实,所存在的差别只是同政府机构的联系,个人凭借着才能在政府中担任高级职务,由于中国盛行平等,而没有任何自由,所以专制主义就是一种必然的政体形式。但是,在我们这里,人们只是法律面前一律平等,而且相互尊重彼此的产权,但是人们也有各种各样的利益和特权,如果我们有我们所说的自由,这些利益和特权就能获得保障。然而,在中华帝国这些特殊利益根本没有独立存在的余地,政府统治完全是出于皇帝一人,他操纵着政府的官员等级体系。"②

的确,这反映出黑格尔观察的锐利。明末史学家、思想家黄宗羲在阐述中国王权和官员的关系时说:"原夫作君之意,所以治天下也。天下不能一人而治,则设官以治之。是官者,分身之君也。"③

可见,黑格尔并没有斤斤计较于科举制度的技术层面,而是从历史哲学的更高视野,看到了中国科举制度平等竞争的逻辑核心在中国君主专制体制下的局限性,并在此基础上进行了逻辑一致的思路上的超越,为以后西方政治中立的文官制度的发展指明了方向,在理论上进一步为构建"法治政府"和"问责政府"铺平了道路。

---

① 休谟:《论艺术和科学的兴起和进步》,载于《人性的高贵与卑劣——休谟散文集》,上海:上海三联书店1988年版,第46—48页。
② 黑格尔:《历史哲学》,王造时译,北京:三联书店1956年版,第150—169页。原文见 *The Philosophy of History*, London, 1878, p. 260.
③ 黄宗羲:《明夷待访录·置相》。

"问渠哪得清如许,为有源头活水来"。这里我不妨再加上几句来进一步厘清逻辑的因果顺序。在古希腊,哲学和数学是一对孪生兄弟,哲学使古希腊数学趋于抽象和真理。而正是如此,世界上第一个数学公理系统在那里出现了,并最终导致了近代科学的诞生。如果我们借助更系统、更严格的数学逻辑来看中国科举①,就国家治理体系的现代化而言,中国科举作为制度创新只停留在"定理"(theorem)层面,而没有更深入地涉及"公理"(axiom)层面,即君主的绝对权力。就数学逻辑而言,公理与定理之间,一先不能后,一后不能先。由此可以看出,基于科举的中国官僚制只不过是君主绝对权力的进一步延伸。说到底,这些公理层面的问题及其相关理性的制度设计——诸如"主权在君或主权在民?"——是国家治理体系现代化最核心的问题,因为构建现代市场大厦的基础也必须是"主权在民"。

历史将表明,在现代化的征途上,那些在"公理"层面敢于直面问题并结合国情找到解决方案的国家,即超越一纸宪法实现了宪政,才能真正成为法治国家,即最终解决了"权大还是法大"的困惑②;在经济上,这些国家都先后进入了富裕国家的行列。

---

① 数学逻辑的一位杰出学者是库尔特·哥德尔(Kurt Gödel,1906—1978)。他是一位数学家、逻辑学家和哲学家,其最杰出的贡献是所谓"哥德尔不完全性定理",于1951年获爱因斯坦勋章。哥德尔一生发表论著不多,但他于1931年发表的论文《数学原理及有关系统中的形式不可判定命题》是20世纪在逻辑和数学基础方面最重要的文献之一。

② 关于这一点,后面还有更多的讨论。这里简要和笼统地说,美国国父们已深刻认识了欧洲专制旧体制的弊病,因此在建国初期就极具智慧地通过立宪把"公理"摆正了,证据是杰斐逊在起草《独立宣言》时,就开诚布公地直入"公理"层面的问题。与之相比,英国从13世纪开始,通过宫廷与贵族之间的博弈,最终演绎成了君主立宪体系,其核心是修正了专制体系的起步"公理"。日本发展的逻辑与此类似。但与此相对应,法国君主专断的旧体制由于长期回避"公理"层面的问题,虽然国家也曾出现过不同寻常的繁荣,但是繁荣的背后是急剧增长的社会矛盾,最终还是爆发了血腥的革命。但是通过暴力修正起步公理,代价极其昂贵。法国大革命是人类历史上最为惊心动魄的社会革命之一,它的规模、暴力、恐怖和影响甚至超过了一个多世纪之后发生在俄罗斯的十月革命。参见托克维尔:《旧制度与大革命》,北京:商务印书馆1992年版。

国富之道

科举在西方：区分规范和现实，中立的文官制度

以上是西方世界对中国科举制度的评论以及相关思想的表述，那他们又是如何实践的呢？邓嗣禹《中国科举制度在西方的影响》的研究告诉我们，就考试而言，欧洲的考试制度经过了长达六百多年的演变才得以逐步完善。根据可考证的史料记录，在西方最早的口试出现在1219年，正值中国的南宋（1127—1279）时期。我在这里提醒一下，当时中国的科举制度已到了成熟期。西方最早的书面考试是在1702年①，也许更值得提醒的是，西方考试的目的是测试学术能力，与仕途没有直接关系。至于西方世界专门通过考试来选拔文职官员的制度安排，时间还要晚一些。法国早一点，始于法国大革命时期的1791年，德国大约在1800年，英国和美国还要再晚一些。

就可考证的时间而言，虽然法国、德国较早学习中国并开始建立文官考试制度，但是由于不稳定和缺乏系统性，对其他国家影响也较小。就国内治理而言，因为学习之前没有涉及权力来源公理层面的问题，这种逻辑上一先一后的颠倒，或许反而加强了政治学所谓的国家"绝对主义"。相比之下，做得更出色的是英国。英国于19世纪中期以后实行的文官考试制度系统而卓越，因而后来被其他欧美国家以及日本等国所仿效。以下我们花点时间先谈谈英国。

《大宪章》特别是"光荣革命"以后的英国逐渐步入鼎盛时期，率先爆发了工业革命，号称"日不落帝国"。英国的文官制度显然借鉴了中国科举制度"平等竞争、公开考试、择优录取"的原则，但是，英国显然也接受了黑格尔对中国科举制度局限性的批评，因此它在中国科举制度的基础上又进行了制度的超越。

长话短说，到了18世纪，为了克服政党分肥的弊端和保持国家长期的

---

① 这很可能是受了中国的影响。正如日本学者所指出的，中国学术具有文本性传统，而欧洲学术具有口头性传统。的确，中世纪的大学一般都是用口试来检测学生对所学知识的掌握程度的。Shigeru Nakayama, *Academic and Scientific Traditions in China, Japan, and the West*, Tokyo: Tokyo University Press, 1984.

稳定,英国的制度选择是把政务官和事务官分开。所谓政务官是指经选举产生的官员和由这些官员从政治角度任命的官员,他们都有法定任期的限制,随选举成败而进退或随任期届满而离职。所谓事务官是指常任的官员,他们不受选举的影响,职位升迁没有任期,没有重大过失可以一直工作到退休。1712年英国规定高级邮政人员不得参与一切政治选举活动的法律是一个重要标志。从此以后,英国对事务官的范围、类别、行为准则有了明确的规定,并把政府部门的事务官员从政治活动中剥离出来,以保持其政治的中立。相应的,1805年英国财政部首先设立了一个常务次官(事务官);在以后的30年间,英国政府的各部门也都相继设立了这一职务。由此,以常务次官为最高事务官的公务员制度在英国逐渐形成。

1853年英国通过《关于建立常任公务员制度》的报告,即著名的《诺斯科特-特里维廉报告》(Northcote-Trevelyan Report),为英国现代公务员考试制度的正式建立奠定了基础。该报告的核心内容有五个方面:(1)彻底废除个人恩赐制和政党分肥制,通过公开竞争考试择优录用公务员,考试由专门机构主持,考试以笔试为主;(2)公务员分决策和执行两大类别;(3)不同类别采用不同考试,如对决策类官员实行通才型考试,考试科目为作文、历史、希腊语、拉丁语、数学、自然科学等,不进行专门技能的考试;(4)公务员不得介入党派活动,不得兼任议员;(5)政府专门机构对公务员实行统一管理,公务员可以在各部门之间转任和晋升。1870年英国发布枢密院令,在《诺斯科特-特里维廉报告》的基础上,以法律形式正式确立了英国通过考试选拔人才的现代公务员制度。

必须重申的是,英国的公务员(civil servants)并不等同于所有政府官员。如前所说,它除了政府部门副部级及以下事务性官员以外,还包括在政府部门工作的一般职员、技术人员、文书人员和勤杂人员等。政府首脑、各部部长、议员、法官等官员均不属于公务员。1931年英国皇家特设委员会对公务员的界定是:"作为国王臣仆,文职人员(civil servants)不同于其他政治性或司法性官员,文职人员以文治的治事能力被使用,其领取的年薪由国会通过,并全部由国会直接支付。"1977年英国内阁再次做出更为精确的界定:"凡在法律上无'国家工作人员'身份的便不是文职人员。政治官员、司法人员以及军队、王室其他服务人员,其服务条件有别于文职人员的,均不属于公务员。公务员仅指内政和外交的行政部门的工作人员。"① 不难看出,其他现代市场经济国家的公务员的界定与英国基本相同,虽然范围有大小,但是公务员的基本特征都一样,即无一例外地贯彻"考任制""常务制"和"政治中立原则"。这些制度的安排显然是受了西方大哲学家黑格尔思想的启发。

让我们再来看看美国。美国文官制度显然是在借鉴中国科举制度和英国公务员制度的基础上,经过多次改革逐步建立起来的。历史学家一般都认为,美国在1776年宣布独立后,联邦政府任用官员的方法大体经历了三个时期:第一时期是从华盛顿总统(George Washington,1789—1797在任)到亚当斯总统(John Adams Jr.,1797—1801在任),任用官员的标准在很大程度上是个人的品格。第二时期是从杰克逊总统(Andrew Jackson,1829—1837在任)到1883年,任用原则是"政党分肥";在盛行了半个世纪之久的政党分肥制时期,美国是没有政务官和事务官之分的,可以说当时美国的所有官员都是政务官。这一时期给我们显示的是,民主选举制度本身并不能有效地制止腐败,相反,特别是美国南北战争(1861—1865)后,美国政府是一片腐败。正如美国历史学家约翰·戈登(John S. Gordon)所指出的那样:

> 今天,我们可能早已忘记了19世纪中期美国政府是多么腐败,而且,没有什么地方比纽约这个美国人口最稠密也最富裕的州更腐败了。美国当时的"政党分肥"制(spoils system)注定其官僚体系既无能又贪婪。同时,政治俱乐部又垄断了国家的政治机器,确保了那些腐败官员赢得选举……从那个腐败时代走出来的商人,如安德鲁·卡耐基、约翰·洛克菲勒和J. P. 摩根,他们也总是把政府看做要让市场获得有效监管所需要解决的问题之一,而不

---

① 参阅杨百揆等:《西方文官系统》,成都:四川人民出版社1985年版,第19页。

是解决这些问题的手段。当在市场中遇到问题时,他们总是依靠自己的力量来阻止混乱,而不是寻求通过这个国家中最容易被收买的机构——政府来解决。①

看来解决腐败问题还有待于制度的创新——建立现代文官制度。的确,美国联邦政府任用官员的第三时期是从1883年现代文官制度确立到现在,任用原则是"竞争择优"。②

在美国借鉴中国科举制度的过程中,值得一提的是美国基督教新教教会长老派传教士丁韪良,他的英文名字是威廉·马丁(William Alexander Parsons Martin,1827—1916)。丁韪良是清末在华外国人中首屈一指的"中国通",曾任中国同文馆和京师大学堂任总教习③,即今日北京大学的校长。1868年他在美国召开的美国东方学会(American Oriental Society)会议上宣读了题为《关于中国的竞争考试》(Competitive Examination in China)的论文。该文于1870年在《北美论丛》(the North American Review)发表,文中他极力建议美国政府像新近实行文官考试的英、法、德等国一样建立文官考试制度,并向长期有效实行科举制的中国学习。他说:"中国的这种制度最为成功,如果此次能从他们的经验中获益,那么这不是第一次也绝不会是最后一次获益,和火药、造纸术一样,我们也会获得大的收益。他们的这些贡献对整个社会的发展起了重要的作用。其中之一是影响了现代社会的变革;对经济文化同样也起了重要的作用。应该承认,如果我们采用了他们的测试候选人能力的方法来为政府提供最佳人才,那么我们的获益绝不会比刚才

---

① 约翰·戈登:《伟大的博弈:华尔街金融帝国的崛起(1653—2004)》,郝斌译,北京:中信出版社2005年版,第125—126页。

② 参阅 Paul P. Van Riper, *History of the United States Civil Service*, Greenwood Press, 1958; Philip F. Rubio, *A History of Affirmative Action, 1619—2000*, University Press of Mississippi, 2001.

③ 1898年京师大学堂(北京大学前身)成立,光绪皇帝授丁韪良二品顶戴,并任命他为京师大学堂首任总教习(校长)。1902年,清廷颁令恢复京师大学堂,丁韪良又被重新任命为总教习。但西教习们因向清廷要求补偿薪金而引起纠纷,新任管学大臣张百熙借经费紧张为由,集体辞退了丁韪良等西教习。1916年丁韪良在北京去世。

提到的那些发明少。"①这些声音无疑加速了美国文官考试制度的建立。

1853年和1855年美国国会先后通过两个法案,将联邦官员分为四级,并要求挑选政府官员要"通过考试"。1856年国会授权总统制定通过考试任用副领事、副商务代表等事务职外交官的考试录取规则。这些是美国早期关于考试任用政府官员的法规。然而,由于当时参加考试的只限于被提名的少数人,所以仍不能保证最合格的人入选。1870年美国内政部发出行政命令,要求用公开竞争考试作为挑选政府工作人员的基础。1871年国会通过法案授权格兰特总统(Ulysses Grant,1869—1877在任)制定美国录用文官的有关规定,以提高政府的行政效率。格兰特总统为此仿效英国建立了一个文官事务委员会,负责协助起草有关规定,同时监督公开竞争考试的进行。两年以后,虽然这个委员会的工作由于国会停止拨款而中止了活动,但它却为下一步的改革撒下了种子。委员会在提交给国会的报告中宣称:"我们并无意赞扬中国的宗教或其帝制,但是当美国大陆还处于洪荒的很多个世纪,中国孔子已在讲授德政,那里的人民已在读书,使用火药、指南针和乘法表,这已是他们的优势。东方世界最开明、最有持久力的政府还用考试来选拔官员,如果这又是他们的优势而我们不学习,那么美国人民又将失去一个优势,我们看不出其中的道理。"②

美国现代公务员制度的最终确立是以国会在1883年通过《改革美国文官制度的法案》(Civil Service Reform Act)为标志的。这个法案由参议院公务员制度改革委员会主任彭德尔顿(George H. Pendleton,1825—1889)提交,故又称《彭德尔顿法》(Pendleton Act of 1883)。③《彭德尔顿法》确立了三大

---

① 转引自邓嗣禹:《中国对西方考试制度的影响》,载《哈佛亚洲研究学报》1943年第7卷。
② The United States of America, *House Executive Document*, 43rd Congress, 1st Session (1873—1874), Doc, No. 221, p. 24.
③ 美国到了南北战争结束,政府官员数目增加到53000人;1884年是131000人;而1891年,则有166000人。总统常常被求职者所困扰。当詹姆斯·加菲尔德(James Garfield)担任总统时,他发现求职者正如同"盘旋在受伤野牛上方的秃鹰"般等着他。1877年在纽约进行的一项公务员运动中,加菲尔德总统被一名失意的求职者查尔斯·吉托(Charles Guiteau)刺杀。该事件引起民众不满,最后促成了《彭德尔顿法》的通过。参阅 Paul P. Van Riper, *History of the United States Civil Service*, Greenwood Press,1958.

原则:一是向所有美国公民开放的竞争考试;二是区分公务员和政治官员;三是要求公务员保持政治中立。尽管在1883年以后一百多年的时间里,美国联邦政府不断改革与完善公务员制度,但是《彭德尔顿法》所奠定的美国公务员制度的基础,始终没有发生根本性的改变,迄今仍在成熟的市场经济国家中得以沿用,同时影响着世界各国公务员制度的建立和改革。

综上所述,在中国盛行了1300年的科举制度在中世纪以后就逐步为西方国家所熟悉。由此看来,把中国看成是西方文官制度的故乡,并不是什么夸张。科举的核心优势是非人格的"平等竞争、公开考试、择优录取"原则。科举制度是中国文化的重要组成部分,在中国历史上发挥了重要作用,其意义不亚于"四大发明",或者说是比"四大发明"还重大的发明。如图1中的GDP数字所示,它曾使中国在很长一段时间内处于世界之林的领先地位。

历史告诉我们,中国的科举制度也是世界文明的一部分。正如孙中山先生在《五权宪法》中所说:"英国行考试制度最早,美国行考试制度才不过二三十年,英国的考试制度就是学我们中国的。中国的考试制度是世界上最好的制度。"的确,科举作为一种选拔精英的制度安排,无疑对近代西方文官政体的形成与发展具有直接的、深刻的影响。我们不难看出,英国是中国科举制度对欧美文官考试制度影响的典型国家和重要中介,并在考试内容和塑造公务员队伍的独立人格方面有了对中国的超越。

就考试内容而言,中国科举制度的不足是显而易见的。虽然科举保证了统治思想的纯洁性和政治的稳定性,但科举把选官模式、意识形态、教育体系高度一体化,从长期看只能是压制或阻碍人们的创造力,并使与现代市场经济相匹配的法治和问责型政府不可能出现。另一方面,如果我们用现代大学的学科分布作参照,由于科举的内容只涉及人文学科,而不涉足社会科学、工程和自然科学,不能不说近代中国科学的落后与科举考试内容的单一性有着密切的关系。在这一点上,不幸的是,中国似乎不自觉地重蹈了西方"黑暗时期"(大约公元400—1000)的老路。在当时,天主教教会长期以教宗纯洁的名义毫不留情地排挤、压迫甚至残害"异己",这样做虽然带来了一定的秩序和稳定,但同时也扼杀了人们的创造力。①

就官员的独立人格而言,让我们来听听马克斯·韦伯的评述。韦伯是德国的政治经济学家和社会学家,被公认是现代社会学和公共行政学最重要的创始人之一。他指出,职业官僚制是行政管理的一种形式,古代东方的职业官僚制在形式上与现代官僚制有类似的地方,但它们却有本质的区别。那就是,现代官僚机构对于王权是相对独立的,而古代东方国家的官僚在人身和人格上均是王权的依附者,没有自由和独立可言。② 因此,中国科举制度所造就的官僚制,一方面为政治现代化提供了可资改造的官僚制度的外在形式,但另一方面,更重要的是,由于官僚只是王权的一个依附和延伸,这就在一定程度上阻碍了中国从专制制度向现代代议制民主政治的转型。正是在这一点上,西方市场经济国家在学习中国科举制度的同时超越了中国。

讨论到此,我们可以做出这样的结论:在 B 维度上,经过几个世纪的东学西渐,到了 19 世纪中国科举所展示的制度优势已丧失,被西方市场经济国家完全学会并超越。这种超越主要体现在考试的内容和不依附于王权、政治独立的现代公务员体制。更重要的是,对于处在科层制金字塔塔尖、高高在上的统治者滥用权力怎么办这个问题,中国科举制本身没有提供利器;而那边却有了先行的超越,即在公理层面解决了权大还是法大的问题。

由此可见,就现代国家治理相关的制度设计而言,中国科举并没有在公理层面直面国家权力来源的议题,即主权在君还是主权在民,而只是在定理层面作出了制度创新,并由此解决了经济学上所谓"委托—代理问题"在管理规模上的缺陷。然而正是因为如此,它不但没有削弱反而维护和加强了中国的皇权文化。这一先一后的逻辑顺序颠倒无疑具有"路径依赖"的锁定

---

① 参阅 Walther Kirchner, *Western Civilization Since 1500*, New York, Barnes & Noble, Inc., 1965, pp. 13—19.

② 马克斯·韦伯:《经济与社会》上卷,林荣远译,北京:商务印书馆 1997 年版,第242—246 页。

效应①，使中国长达两千多年的皇权帝制走不出从集权到极权的怪圈子，难以形成法律至上的传统。古老的中国由此也始终得不到法治的光顾。而没有法治，走向现代市场经济的道路也就变得极其崎岖，因为市场和法治是一对孪生兄弟。难怪哲学家黑格尔说，"中国的文明早熟了"。

在这里我想讲一个小故事来进一步说明其中的逻辑悖论，类似哲学和数学史上著名的罗素悖论（Russell paradox）。② 这是个真实的故事。几年前，哈佛大学有位教授带着他上小学的孩子在中国导游的陪同下参观北京故宫。

到了午门前，导游介绍说："古时候这是皇帝处决丞相的地方。"

孩子问："为什么皇帝要处决他的丞相？"

导游回答："因为丞相犯了错误。"

孩子再问："那皇帝犯了错误在哪里处决？"

导游无言以对。

也许皇帝永远不会犯错误，至少人们希望他是正义和道德的象征。

但是休谟定律（Hume's Law）提醒人们，应然（规范）命题和实然（经验）命题在逻辑上存在着不能自动逾越的鸿沟。休谟在《人性论》中严格区分了实然与应然这两个命题。实然是确定的事实；应然是理想的期盼，涉及价值判断。在休谟看来，两者之间的鸿沟是时空的变量：在空间上，人们不能从

---

① 与此相对比，就国家治理现代化而言，英国发展的逻辑顺序是，先修正了国家权力公理层面的问题，然而再借鉴中国科举，在定理层面解决"委托—代理"的管理规模和能力问题。

② 罗素悖论用集合数学语言可作如下表述：把所有集合分为2类，第一类中的集合以其自身为元素，第二类中的集合不以自身为其元素，假设令第一类集合所组成的集合为P，第二类所组成的集合为Q，则有：$P = \{A \mid A \in A\}$，$Q = \{A \mid A \notin A\}$。问题：$Q \in P$ 还是 $Q \notin P$？若 $Q \in P$，则根据第一类集合的定义，必有 $Q \in Q$，而 Q 中的任何集合都有 $A \notin A$ 的性质，因为 $Q \in Q$，所以 $Q \notin Q$，引出矛盾。若 $Q \notin P$，根据第二类集合的定义，$A \notin A$，而 P 中的任何集合都有 $A \in A$ 的性质，所以 $Q \in P$，还是矛盾。这就是著名的罗素悖论，它引发了数学历史上第三次数学危机。此悖论还有较为通俗的表述，如理发师悖论。村里有一位理发师，其广告说："我只给本村所有不给自己刮脸的人刮脸"。一天理发师从镜子里看见自己胡子长了，他能给他自己刮脸吗？如果他不给自己刮脸，他属于"不给自己刮脸的人"，他就要给自己刮脸；如果他给自己刮脸，他又属于"给自己刮脸的人"，先后都矛盾。

有限跳到无限,即从个别事例跳跃到涉及无穷的全然结论;在时间上,人们不能从过去和现在跳到未来的预测。① 强调应然并不能保证事实与理想保持一致,而且实际情况往往相反。缩短应然和实然之间距离的关键,恰恰不是道德的宣称,而是着眼于人人平等的法治。

早在18世纪,前来中国请求通商的英国特使马戛尔尼勋爵就注意到中国文化中存在着应然和实然之间的鸿沟。俗话说,理想很丰满,现实很骨感。他在途经中国孔子之乡山东时,记录了这样的情景:

> 船离临清州不久,使节团无意引起了一件不幸事情。附近村镇跑出来几千人拥挤在河的两岸看外国人经过。为了看得更清楚,许多人站到停在河边的驳船上来。船少人多,一个船的船尾被人压坏,几个人掉到水里。这几个人都不会游泳,大喊救命。其余的人似乎丝毫无动于衷,也不设法援救这些将被淹死的人。这个时候有一单人划子朝着出事地点划过去,但他不是去救人,而是去抢掉在水里的遇难人的帽子。中国人对家属关系看得如此重,但却缺乏一般的人道心,既不设法拯救遇难的人,也不阻止在最危急时候贪图小利不顾及他人生命的举动。②

上述情况发生在强调道德中心主义的孔子的家乡,这似乎让马戛尔尼不可理解。

但是今天从全球角度看,这也并不是不可解释,显示中国还处在应然和实然命题的混沌状态。相关的,人类社会的发展可大致分为三个阶段——野蛮、应然与实然混沌、应然与实然清晰。强调应然是对野蛮的超越,但这只是上了一个台阶。当人们都还不能系统地认识休谟定律之前,只好诉诸

---

① 大卫·休谟:《人性论》,北京:商务印书馆1980年版,第509—510页。
② 斯当东:《英使谒见乾隆纪实》,叶笃义译,上海书店出版社1997年版,第412页。斯当东爵士(Sir George Leonard Staunton,1737—1801)是马戛尔尼勋爵的副手。《纪实》的原名是 *An Authentic Account of an Embassy from the King of Great Britain to the Emperor of China*, 1797。

道德的宣称,西方也不例外。① 这正是中国儒学对治国的贡献,君不见中国曾在这方面遥遥领先。② 但是历史毕竟在发展,人的认识毕竟还会提高。

文艺复兴以降,理性主义在西方开始占上风,道德主义逐步走下神坛。基于人性的考量,现代市场经济国家都开始从各自的国情出发,努力从客观制度建设入手,构建现代国家。其精髓主要体现在相互关联的三个维度,即能力政府、法治政府、问责政府;核心之核心是法治,体现超越任何个人、任何团体、任何党派"法律至上"的原则。与此相对应,中国却迟迟没有走出皇权专制与道德宣称的怪圈。中国宋朝已开始有了文字狱,即便在明朝专制最严酷的时代,道德宣称也异常浓烈。

在思想上,首先把理性选择(rational choice)运用于政治学领域的是文艺复兴时期的意大利外交家、思想家、政治哲学家尼科洛·马基雅维利。在《君主论》一书中,他一反传统道德主义的方法,大胆地抛开了应然命题,坦率地运用实然命题来讨论治国方略。从人性的弱点出发,马基雅维利第一次把理性选择理论逻辑用于世俗政府,并在《论李维》(*Discorsi on Livy*)一书中首先提出了制衡的概念以及共和制(republic)优于城邦(principality)的论点。他的思想,经过霍布斯、洛克、孟德斯鸠、休谟、卢梭等人的修正和完善后,对现代市场经济国家和政府的建设产生了巨大的影响。③ 今天在意大利

---

① 公元 476 年西罗马帝国灭亡后,欧洲陷入四分五裂的状态,之后遍布各地的教会事实上起了文明教化的作用。

② 例如,日本江户时代中期的著名学者太宰春台(1680—1747)就认为:"中华圣人之道行于我国,天下万事皆学中华。我国人始知礼仪,悟人伦之道,弃禽兽之行。"

③ 理性选择是一种分析政治和经济行为的理论。在现代,特别是 20 世纪 60 年代后,理性选择被进一步系统化,成为在社会科学中占主导地位的分析工具。当用于公共部门(主要是政府)领域的分析时,理性选择理论也被称为"公共选择"(public choice)理论。1986 年度诺贝尔经济学奖得主布坎南和塔洛克在 1962 年发表的《同意的计算:宪政民主的逻辑基础》(*The Calculus of Consent: Logical Foundations of Constitutional Democracy*)一书,被认为是融合经济学和政治学公共选择理论的奠基之作。理性(或公共)选择理论的基础是理性经济人假设,即人是利己的、理性的、效用最大化的(utility-maximization)。这个假设扩展到所有人的行为,因此它不再有中国儒学的"君子"和"小人"之分。政府官员甚至国家领导、具有人文关怀的知识分子、人民代表乃至普通公民统统都不例外。虽然某些理论的变种可能承认

佛罗伦萨的一个教堂里(Church of Santa Croce)保存着一块他的墓碑,上面用拉丁文写着:"TANTO NOMINI NULLUM PAR ELOGIUM"(再多的赞誉也配不上他的英名),足显后人对这位政治哲学家的敬仰。

几个世纪后,美国"宪法之父"詹姆斯·麦迪逊在著名的《联邦党人文集》第51篇中说出了政治学的至理名言:

> 防御措施必须与攻击的危险相称。野心必须以野心来抗衡……用这种方法来控制政府的滥用权力,可能是对人性的一种耻辱。但是政府本身若不是对人性的最大耻辱,那又是什么呢?如果人都是天使,那么政府就没有必要存在了;如果能够以天使来统治人,那么无论外部或内部的政府制约也就没有必要了。在组织一个以人管理人的政府时,最大的困难在于:首先必须使政府能够管理被统治者;其次必须迫使政府控制自己。毫无疑问,依靠人民是对政府的主要控制,但经验早已教导人类,必须有辅助性的防御措施。①

人的有限利他性,但不是主流。个别人可能具有高尚的道德情操,宁愿牺牲自己也不损害他人,事后人们才可以观察到,即便如此,但是事先人们极不容易一个个识别他们究竟是谁,因此这种个案的考虑在政治制度设置中是没有多大意义的。公共选择理论认为,既然政府或国家,作为一种纵向的制度安排,不是一个抽象的实体,而是由具体的人占据的机构,那么仅仅靠有限的道德制约来防范他们人性的缺陷或弱点是靠不住的,这些人同样必须得受制于某种形式的制度约束,不能轻易委以信任。

理性选择理论并不是西方的独创,其雏形早在远古的中国就已存在。早在春秋战国时期,中国的诸子百家就对人的本性展开了论战。儒家强调人性善;法家强调人性恶。尽管"利己"的假设比"恶"更中性,但是法家性恶的假设同样指出了人性的弱点,只是更极端。《韩非子·心度》曰:"夫民之性,恶劳而乐佚。佚则荒,荒则不治,不治则乱,而赏刑不行于天下者必塞。故治民无常,唯治为法。"我的观察是,尽管儒学强调人性善,但是中国历来严刑峻法,这本身就是对人性弱点的正视,在这点上中国不是例外。只是儒学《礼记·曲礼》强调"礼不下庶人,刑不上大夫",把政府官员看成是例外。但是即便如此,这似乎也是规范的命题而不是事实的命题,因为政府官员也没有完全豁免于严厉的刑法,只有皇帝例外。西方做到这一点的历史并不长,是为了政治的稳定,并有一定条件,即国家元首往往在任职期间享有诉讼的豁免。

① Henry S. Commager, *Selections from the Federalist*, *Hamilton*, *Madison*, *Jay*, Harlan Davidson, Inc., 1949, p.86.

也许有人要问,这里所谈及的抗衡、控制、防御等等措施到底是什么?这是我们接下来要讨论的相关议题。

权力和利益的制衡①

从美国选举人团制度说起——缜密的权和利的制衡安排

说到权力和利益的制衡,让我们先来说说美国总统选举人团制度(electoral college),以此作为这一部分的开场白。大家都知道当今世界美国是所谓崇尚民主的大国,美国自己也是如此宣扬自己的,并作为外交政策的一个部分在全球范围内极力推广。但是,往往不为一般人所看到的一个事实是,美国其实并不是采用一人一票普选的方法来直接选举产生总统的。这一事实连不少美国人自己也不清楚。我和很多美国人有过接触和交谈,其中包括不少受过良好教育的人,他们并不知道当他们投票选举一名总统候选人的时候,事实上他们只是投票选举了一批选举人(electors),而不是直接选举他们的总统。

谁是选举人?根据美国宪法,美国总统每4年选举一次,先由各州议会自行决定选举或委任与该州国会议员人数相等的总统选举人,再由他们组成所谓的选举人团。在全国统一的投票日,由选举人团最终投票选举总统,赢得选举人团半数票的候选人为全国总统。换句话说,按照美国宪法中关于选举人团的规定,决定总统大选输赢的标准不是全国范围内的普选票,而是选举人票。因此,严格地说,美国公民并没有直接选举总统的政治权利。

---

① 纵向的政治权力(political power)和横向的市场权力(market power)都是实现利益的重要手段。在政治学中,相关的概念还有权利。西方近代哲学史理性主义哲学家斯宾诺莎认为,在自然状态下,因为没有任何道德和法律参与进来,权利等于权力。但是在法治的条件下,权利是被法律界定的权力;由此,权力是权利的子范畴,它是可以被建构和设计的。正如英国功利主义哲学家和法学家边沁(Jeremy Bentham,1748—1832)所言,真正的权利是法律的孩子。参阅 Albert William Levy, *Philosophy and the Modern World*, University of Chicago Press,1977。

国富之道

选举人团是如何构成的？他们又是如何选举美国总统的？美国各州选举人团票数同该州在国会拥有的参议员、众议员人数的总数相等，即 2 + N。美国参议院，不论各州的人口众寡，由每个州选举出的 2 名参议员组成，这是个定数，但是各州国会的众议院议员人数则不等，这一数字根据各州人口加权比例来确定。人口多的州，国会众议员人数也多，相应的，选举人团拥有的选举代表人也多。例如，人口最多的加利福尼亚州的选举代表人票就有 55 张(2 + 53)，而人口最少的州也至少有 3 张选举代表人票(2 + 1)。[①] 1961 年起全国 50 个州和华盛顿特区选举人团的人数固定为 538 人，总统候选人必须获得"选举人团"票数总数的一半以上(270 张以上)方可当选。如果总统候选人都未能获得半数以上的选举代表人票，美国国会众议院则通过投票表决从得票最多的前三名候选人中选出总统。[②]

美国选举人团制度还规定，除了缅因和内布拉斯加两个州是按普选票得票比例分配选举代表人票外，其余 48 个州和华盛顿特区均实行"赢家通吃"(winner takes all)原则，即一个总统候选人只要赢得某州一半以上的选票，那么，该州的全部选举人票都归他。可以想象，由于各州选举代表人票的数量是根据各州人口加权的比例而定，因此理论上会出现在全国普选中累计得票多的总统候选人不能赢得总统选举的情况。确实，美国历史上曾发生过上述情况，一些总统候选人虽然在大选中获得的普选票少于竞争对手，但却因得到的选举代表人票多而当选(见表 9)。在 2000 年大选中，戈尔(Al Gore)虽然在全国范围的普选票上领先于小布什(George W. Bush Jr.)，但小布什最后在佛罗里达以极其微弱的多数胜出，"通吃"该州的 25 张选举

---

① 众议院议员的人数按人口比例分配，大体上每 50 万人产生一个众议员，如果某州人口不足 50 万，也可以有一个众议员——阿拉斯加等州就只有一个众议员。首都华盛顿地位特殊，没有国会议员，也就一直没有参加总统大选，直到 1961 年国会才通过一项法律，规定它可以拥有三张选举人票。

② 1824 年，约翰·昆西·亚当斯(John Quincy Adams, 1767—1848)就是在这种情况下，最后由众议院投票表决后被指定为第六任美国总统(1825—1829)的。1961 年，美国宪法修正案批准华盛顿特区可以像州一样有总统选举人。这样，美国国会有 100 参议员、435 名众议员，加上华盛顿特区的 3 票，总统选举人票总共就是 538 票。

人票,使自己的选举人票在全国超过半数,成功当选美国总统。①

表9　未以多数选票当选的美国总统

年份	当选的总统	占选票的百分比(%)
1824	亚当斯	30.5
1844	波尔克(Polk)	49.6
1848	泰勒(Taylor)	47.4
1856	布坎南	45.3
1860	林肯(Lincoln)	39.8
1876	海斯(Hayes)	47.9
1880	加菲尔德	48.3
1884	克利夫兰(Cleveland)	48.5
1888	哈利森(Harrison)	47.8
1892	克利夫兰	46.0
1912	威尔逊(Wilson)	41.8
1916	威尔逊	49.2
1948	杜鲁门(Truman)	49.5
1960	肯尼迪(Kennedy)	49.7
1968	尼克松(Nixon)	43.4
1992	克林顿(Clinton)	43.0
1996	克林顿	49.2
2000	小布什	47.8

资料来源:Edwards, George C. , *Why the Electoral College is Bad for America*, New Haven, Conn. :Yale University Press,2004, p. 129.

以上我粗略地勾画了一下美国总统选举可谓独一无二的选举人团制度

---

① 例如,1876年选举,民主党候选人泰登比共和党候选人海斯多得了25万张普选票,但却因州选举人票计算惹出的麻烦而落选;1888年选举,民主党候选人克里夫兰获得了5540050张选民票,共和党候选人哈里森只获得了5444337张选民票,但后者却以233张选举人票的明显优势当选总统,而前者只获得了168张选举人票。类似的,2000年选举,戈尔比小布什多得了53万余张普选票,但小布什却赢得了总统宝座。这场选举引发了无数的批评和评论,有人甚至把它称为美国宪政上最丑陋的一页(见阮次山:《美国宪政上最丑陋的一页》,《联合早报》2000年11月14日)。不难看出,媒体的评论常常缺乏对美国政体民主、法治、共和相互之间关系的深刻理解。围绕选举人团的争议,参阅 Judith A. Best, *The Choice of the People? Debating the Electoral College*, Lanham, Md. :Rowman and Littlefield,1996.

及其实际运作。① 该制度自1788年第一次实行以来,已经历了二百多年的发展和演变。不难想象,由于美国选举人团制度没有简单地使用一人一票的基本民主原则,它时常成为众人抨击的对象,被指责为过时的、不民主的制度。从理论上说,人民主权和社会契约是美国宪法的重要原则。美国制宪先贤为何要设计出选举人团这种"不民主"的选举制度呢?难道他们连一人一票、得票多者当选这种最基本的民主常识都不懂吗?我的看法是,这些批评者是低估了美国国父们深邃的治国思想和理念,以及他们把宏大的价值与不弃微末的具体技术结合起来的智慧和能力。选举人团制度是美国一整套复杂的政府制衡制度安排的一个重要环节,正如美国政治学教授斯坦利·凯利(Stanley Kelley Jr.)所指出的:"制宪者竭尽心智地设置了一种精致复杂的政府体系……目的在于解决非经万难而不能解决的难题:政府要有权力,要能反映民意与保证个人权利。他们的目标在于解决这一难题。至于他们是否解决得最好,将永远是个聚讼不决的问题。"②但是,就本书的中心议题而言,人们不得不承认,美国在B和M两个维度上制度安排的总和与财富增长具有高度的相关性。在1999年的一次调查中,85%的美国公民认为,"宪法是美国在过去的世纪中取得成功"的主要原因。③

选举人团的设置隐含了现代政治学、法学领域关于民主与共和、自由与权力最为复杂的学问。理解它,还往往需要计量统计学等领域的知识。

为了把选举人团制度后面的制衡逻辑说清楚,让我们把事情简化一下。假设有50个州和一个特区的美国只有3个州,分别命名为A州、B州、C州;再假设A州的人口有20个人,B州有15个人,而C州只有1人。

---

① 关于美国选举人团制度更系统的描述,参阅 Shlomo Slonim, "Designing the Electoral College", in Thomas E. Cronin, ed., *Inventing the American Presidency*, Lawrance: University Press of Kansas, 1989. Martin Diamond, *The Electoral College and the American Idea of Democracy*, Washington D. C.: American Enterprise Institute, 1977.

② Stanley Kelley Jr., "American Constitutional System", in Stephen K. Bailey, ed., *American Politics and Government*, 1965, p. 10.

③ Robert A. Dahl, *How Democratic is the American Constitution?* Yale University Press, 2001, p. 100.

在这种情况下,如果选总统是以纯民主的"一人一票"的多数人的原则,那么我们不难想象,总统候选人很有可能只顾 A 州和 B 州,而完全忽视 C 州。因为人的时间、资源和精力是有限的,对力争赢得最多选票的总统候选人来说,即便再努力,在 C 州顶多只有 1 票,还不如把时间和精力多花在 A 州和 B 州。可见,如果长此以往,那么,轻则可能会减弱 C 州的向心力,严重的则会造成 C 州分裂倾向。为了解决这一难题,一种方法是对各州人口数进行加权。加权后,如果 20 人的 A 州算 5 票,15 人的 B 州算 3 票,1 人的 C 州还是算 1 票,那么理性的总统候选人就不会只顾 A 州和 B 州,而完全忽视 C 州。①

以上是逻辑的展示,我们再来看看这个简单的逻辑在现实中是如何得到体现的。美国人口最多的 7 个州——加利福尼亚、得克萨斯、纽约、宾夕法尼亚、佛罗里达、伊利诺伊和俄亥俄——的人口加起来已经超过了全美总人口的半数。在这种情况下,如果选美国总统,不按照选举人团制度,而是按照直接普选,那么总统候选人很有可能不惜一切代价极力争取在这 7 个人口大州以绝对优势获胜,根本不管其他四十几个州的死活;这样,美国总统也将会成为几个人口大州的总统。在这种情况下,人口小州有可能扯旗造反,分家独立。然而,在选举人团制度下,这种危险在一定程度上得到了有效的防范。例如,罗得岛的人口虽然只是加利福尼亚人口的 1/60,但选举人票却是加利福尼亚的 1/18。这样,小州在联邦中的权益就在一定程度上得到了相对的保障(见表 10)。②

---

① 这方面的实证研究,参阅 Larry M. Bartels, "Resource Allocation in a Presidential Campaign", *Journal of Politics*, 47 (August 1985), pp. 928—936.

② 参阅 Thomas Holbrook, "Presidential Elections in Space and Time", *American Journal of Political Science*, vol. 35, no. 1, February 1991, pp. 91—109; Michael Glennon, *When No Majority Rules: Electoral College and Presidential Succession*, Washington D. C.: Congressional Quarterly Press, 1992; Samuel Kernell and Gary Jackson, *The Logic of Politics*, Washington D. C.: Congressional Quarterly Press, 2000.

表10　2000年选举期间候选人对各州的访问次数

州	选举人票（张）	候选人访问次数		
		总统候选人	副总统候选人	总访问次数
怀俄明（Wyoming）	3	0	1	1
阿拉斯加（Alaska）	3	0	0	0
佛蒙特（Vermont）	3	0	3	3
哥伦比亚特区（District of Columbia）	3	5[a]	9	14
北达科他（North Dakota）	3	0	0	0
特拉华（Delaware）	3	1	1	2
南达科他（South Dakota）	3	0	0	0
蒙大拿（Montana）	3	0	0	0
罗得岛（Rhode Island）	4	0	0	0
爱达荷（Idaho）	4	0	2	2
夏威夷（Hawaii）	4	0	0	0
新罕布什尔（New Hampshire）	4	3	4	7
内华达（Nevada）	4	1	4	5
缅因（Maine）	4	3[b]	5	8
新墨西哥（New Mexico）	5	8	7	15
内布拉斯加（Nebraska）	5	0	0	0
犹他（Utah）	5	0	0	0
西弗吉尼亚（West Virginia）	5	3	2	5
阿肯色（Arkansas）	6	5	8	13
堪萨斯（Kansas）	6	0	0	0
密西西比（Mississippi）	7	0	1	1
艾奥瓦（Iowa）	7	19	7	26
俄勒冈（Oregon）	7	7	8	15
俄克拉荷马（Oklahoma）	8	0	0	0
康涅狄格（Connecticut）	8	0	8[c]	8
科罗拉多（Colorado）	8	0	2	2
南卡罗来纳（South Carolina）	8	0	0	0
亚利桑那（Arizona）	8	1	0	1
肯塔基（Kentucky）	8	3	9	12
亚拉巴马（Alabama）	9	1	0	1

（续表）

州	选举人票（2000）	候选人访问次数		
		总统候选人	副总统候选人	总访问次数
路易斯安那（Louisiana）	9	7	3	10
明尼苏达（Minnesota）	10	2	7	9
马里兰（Maryland）	10	3	1	4
华盛顿（Washington）	11	9	9	18
田纳西（Tennessee）	11	14	10	24
威斯康星（Wisconsin）	11	18	18	36
密苏里（Missouri）	11	17	14	31
印第安纳（Indiana）	12	2	2	4
马萨诸塞（Massachusetts）	12	6	0	6
弗吉尼亚（Virginia）	13	0	0	0
佐治亚（Georgia）	13	1	1	2
北卡罗来纳（North Carolina）	14	5	1	6
新泽西（New Jersey）	15	2	7	9
密歇根（Michigan）	18	31	12	43
俄亥俄（Ohio）	21	14	19	33
伊利诺伊（Illinois）	22	20	16	36
宾夕法尼亚（Pennsylvania）	23	22	20	42
佛罗里达（Florida）	25	26	35	61
得克萨斯（Texas）	32	3[d]	7	10
纽约（New York）	33	7	9	16
加利福尼亚（California）	54	31	13	44

资料来源：Danron Shaw, "A Simple Game: Uncovering Campaign Effects in the 2000 Presidential Election"（Manuscript, University of Texas at Austin, July 2003）转引自 Edwards, George C., *Why the electoral college is bad for America*, New Haven, Conn.: Yale University Press, 2004, p.105.

注：a 总统候选人阿尔·戈尔做的访问，其住在华盛顿。
　　b 包括了乔治·W.布什的度假。
　　c 副总统候选人乔·利伯曼（Joe Lieberman）的家乡。
　　d 总统候选人乔治·W.布什做的访问，其住在得克萨斯。

可见，美国宪法规定的选举人团制度，在操作层面通过计量统计对"一人一票"民主原则进行加权，既体现出服从多数、尊重民意的原则，又显示了保护少数利益的共和制的特点。这种制度安排的优点体现在,它既杜绝君主专制的弊病,又预防了"多数人的暴政"的出现。这正是美国国父们过人的政治智慧所在。① 与此相对照,法国大革命(1789—1799)的血腥历史也证明,任何一种不受限制的权力,即使是多数人以"人民民主"的高尚名义,仍然会导致最彻底的专制和空前残酷的暴政。

法国著名社会学家古斯塔夫·勒庞(Gustave Le Bon,1841—1931)尖锐地指出,当雅各宾派领袖罗伯斯庇尔(Maximilien de Robespierre,1758—1794)真诚地呼喊"我就是人民"时,对权力的自信使这位"不可腐蚀者"落入了"朕即国家"的窠臼:他以是不是对他鼓掌来判定是不是人民!人民作为一个目的就再也不存在了,人民被当做个人野心的手段,成为掩盖罪行的遮羞布,招摇撞骗的护身符。②

值得注意的是,在美国制宪先贤设计的以民选为基础的共和制政体中,除了体现多数人原则的联邦众议员外,总统、联邦参议员和联邦最高法院大法官的产生方式和程序都不采用简单的一人一票的多数民主原则。至于

---

① Paul A. Rahe, "Moderating the Political Impulse", in Gary Gregg, ed., *Securing Democracy: Why We Have an Electoral College*, Wilmington, Del.: ISI Books, 2001.

② 法国大革命上演了欧洲历史上触目惊心的一幕,西方学术界对此进行了深刻的反思,由此触发的学术探究更成为近代以来西方政治思想史上绵延不绝的一条线索。没有人怀疑法国大革命是一场民主的革命。然而,令人遗憾的是,这却是一场没有制度化的民主,即缺失宪政的民主。当然,宪政,如果没有民主的支持,很可能变成"恶法"体系的领头羊,但是民主,如果没有宪政的约束,亦是脆弱的,常常成为一群人的一时冲动,也极有可能沦落为暴政的工具。

勒庞在其《革命心理学》(*The Psychology of Revolution*)中用"集体的暴政"称呼法国大革命的暴乱和革命后发生的巨大变化,并且认为集体的暴政即"多数人的暴政"。勒庞指出:"在大革命开始的时候,自由、平等、博爱之类的格言确实表达了人们的真实希望和信念;但是,随着革命的发展,嫉妒、贪婪以及对优越者的仇恨到处泛滥,而这些格言则很快地成为人们为此进行辩护的合法借口,沦为这些邪恶情感的遮羞布。在自由、平等、博爱这些口号的背后,大众要摆脱纪律的限制才是真正的动机。"

勒庞对革命中大众心理的研究具有开创性。其政治心理学的研究极大地开拓了政治研究的领域,对后来西方政治心理学乃至政治科学的发展作出了重要贡献。熊彼特基本上赞同勒庞在群体心理研究上的地位,他认为,勒庞的研究"给予作为古典民主神话基础的人性画面沉重一击"。参阅 Gustave Le Bon, *The Psychology of Revolution*, New York, 1913;熊彼特:《资本主义、社会主义与民主》,吴良健译,北京:商务印书馆1999年版,第380页。

300多万受总统监督的联邦政府官员,他们或是由总统提名经参议院批准的政务官员(political appointees),或是必须经过严格职业考试、择优录用、政治中立的文职官员,他们的任命并不受选举或民意的直接影响。就总统而言,美国制宪先贤曾讨论过让联邦立法机构的众议员选举产生总统,但为了使总统能有一定的超越多数原则的独立判断①,他们最终还是在多数原则和保护少数人利益之间进行了妥协,选择了选举人团制度这一体现制衡逻辑的折中方案。② 类似的,就联邦参议员而言,不论各州人口的众寡,各州都是两名联邦参议员。这种制度安排,不同于联邦众议员的人数根据各州人口多少的原则,同样是对少数人口的州进行了倾斜。

可见,美国宪政这种相当复杂的制度安排,反映出我们在前面所引用的麦迪逊的思想:"在组织一个以人管理人的政府时,最大的困难在于:首先必须使政府能够管理被统治者;其次必须迫使政府控制自己。"根据普林斯顿大学法学教授阿尔费厄斯·托马斯·梅森(Alpheus Thomas Mason)的观察:"为了纠正滥用权力,只依赖政治上的相互牵制,美国人并未感到满足。在多数自由社会中作为主要保障的舆论和选举,对美国人来说,还是不够的。"③正如麦迪逊所说:"毫无疑问,依靠人民是对政府的主要控制,但经验早已教导人类,必须有辅助性的防御措施。"④因此在美国,政府这个复杂的制度安排不仅受制于复杂的选举程序、还受制于分权和联邦主义。此外,在这个基础上,美国又增设了一道防御措施的双保险,即"正当法律程序"(due

---

① 给予总统这种独立判断在立法程序上体现在,总统对国会通过的法案具有否决权(veto power),被总统否决的法案不能成为法律,除非在再次表决中得到参众两院2/3多数的通过。一般来说,美国总统平均每年行使否决权25—30次,国会很少能再度推翻总统的否决案。

② 这方面的历史叙述,参见 Max Farrand, ed., *The Records of the Federal Convention of 1787*, revised edition, 4 volumes, New Haven: Yale University Press, 1966, 2, pp. 30—32, 103—104, 403—404, 522—525.

③ Alpheus Thomas Mason, "The Role of the Supreme Court", in Stephen K. Bailey, ed., *American Politics and Government*, 1965, p. 16.

④ Henry S. Commager, editor, *Selections from the Federalist*, Hamilton, Madison, Jay, Harlan Davidson, Inc., 1949, p. 86.

process of law)与立法和行政相对独立的、同时不受普选制约的司法体系。司法独立的核心目的之一是确保个人诸如人身、财产、思想、言论、宗教等方面的自由。美国的制宪先贤坚信，无论是依赖政府还是依赖人民，都不能依赖到个人权利受不到保护的程度。

至于个人权利和自由在美国宪政中的地位，美国最高法院大法官杰克逊（Robert H. Jackson，1892—1954）是这样说的："如果在我们宪法星座中有一颗固定不动的恒星，那么这颗恒星便是：没有哪个官员，不论官位高低，能在政治、宗教、民族主义或其他事务上断言什么是正统的。人权法案的根本目的，就是使某些议题不受政治论争兴替变化的影响，把它们放在多数派和官员们碰不到的地方，立为法律准则，交由法院运用。"①如果有人要问，为了保护个人的基本权利而限制政府的权力是否会导致政府的虚弱无能？杰克逊的回答是，"制宪时如果没有答应制定限制政府权力的人权法案，宪法能否获得大多数人的批准颇成疑问。今天实施这些人权，我们并不是要选择一个软弱的政府，不要强大的政府。我们只是坚信个人的思想自由是力量的源泉；如果个人思想为政府所控制而趋同，历史证明，它必然导致令人失望和灾难性的结果。"显然，与美国《独立宣言》起草人、第一任国务卿、第三任总统杰斐逊（Thomas Jefferson，1743—1826）一样，杰克逊相信，从长远来看个人自由将增加国家的实力。

的确，他们的信念也得到了历史正反两方面的佐证。在中国，如前所述，科举制度曾使中国引领世界，但是上千年来其考试内容的高度统一，无疑扼杀了中国人思想的自由，使中国在不知不觉中从辉煌走向落后。在西方，1789年美国根据宪法选出了第一届总统乔治·华盛顿，当时的法国有国王，俄国有沙皇，神圣罗马帝国有君主，土耳其有苏丹。到了今天，这些国王、沙皇、君主和苏丹都已烟消云散，而美国的共和制政府依然长存，其中的制衡安排在结构上少有变动。今天的美国总统与当年华盛顿的职权，其相

---

① Frank, John P., *The Justices of the United States Supreme Court: Their Lives and Major Opinions*(Leon Friedman and Fred L. Israel, editors), Chelsea House Publishers, 1995.

似之处远多于英国女王伊丽莎白二世(Queen Elizabeth Ⅱ)与当年的乔治三世(George Ⅲ,George William Frederick,1738—1820)。今天的美国成为科学和技术创新的火车头。这种生机和稳定在很大程度上应归功于美国制度安排中对权力和利益的合理制衡。

美国第二任总统亚当斯把美国宪政体制与制衡的复杂关系描述得相当精辟。他说:"历史记载中有哪个宪法在平衡问题上比我们的宪法更复杂呢?第一,十八个州和一些准州同中央政府权力的平衡。第二,众议院与参议院权力的平衡,参议院和(州)议会的平衡。第三,行政在某种程度上与立法部门权力的平衡。第四,司法权与众议院、参议院、行政权以及州政府权力的平衡。第五,参议院在任命官员和签订条约上与总统权力的平衡。第六,人民通过两年一次的选举对他们选出的代表权力的平衡。第七,一些州的立法机关通过六年一次的选举同参议院权力的平衡。第八,选举人在选举总统时同人民的平衡。"①

总结一下,美国纵向制度中的权力和利益的"制"和"衡"体现在以下几个层面:(1)政府内部的制衡;(2)联邦和地方的制衡;(3)"有钱"和"没钱"之间的制衡;(4)国内媒体作为政治中立的作用;(5)独立的司法作为双保险。

可见,与古希腊纯粹的民主(pure democracy)不同,美国政体是自由民主(liberal democracy),并通过宪政民主(constitutional democracy)加以实现。它的特点是,对政府和人民的权力都予以严格的界定,强调自由、分权和制衡,强调遵循宪政法治的规则和程序,强调联邦与州之间的平衡,在尊重多数人意志的同时又注重保护少数人的利益,而不是简单地按照"一人一票"或"全民公决"的多数主义原则。美国宪法之父们对简单的"一人一票"可能导致的"多数人的暴政"的可能性始终怀有戒心。麦迪逊甚至认为:"即使每一位雅典公民都是苏格拉底,每一次雅典人大会也仍然会是一堆群氓。"

---

① 亚当斯:《亚当斯著作》第6卷,转引自威尔逊:《国会整体:美国政治研究》,熊希龄、吕德本译,北京:商务印书馆1986年版,第12页。

针对这一难题,美国制宪先贤的思想和实践可谓独树一帜。他们在宪法中精心设计的政治制度并非绝对民意至上的民主制,而是一种以分权制衡和多元利益为基石的代议制共和政体。这种制度安排使任何一个利益集团和派别都无法占据至高无上的地位,从而达到保护个人基本权利、相对平衡利益和杜绝专制暴政的目的。

可以看出,在美国这一整套"制"和"衡"的制度安排中,民选只是其中的一种方法。或者,换一个角度说,民主是捍卫平等和自由的一种手段,可看成是一种制衡的衍生品。很明显,这种方法与美国公务员制度无关,与最高法院法官的任命也无关。需要特别强调的是,历史发展到今天,所有成熟市场经济都呈现了现代国家的三个共同特征,即能力政府、法治政府和问责政府;法治和问责的重要性在于防止"绝对主义"国家的出现。

也许有人会问:缜密的对权力和利益的制衡体系是否会削弱国家的办事能力?就美国而言,今天美国是强国还是弱国家?历史的事实是,美国的国家形态诞生于一场反抗国家权力的独立战争(1775—1783)的风暴中,由此产生的反国家主义自然体现在对国家权力的限制上。另一方面,正如美国政治学家弗朗西斯·福山所指出的:"美国建立的是一套有限政府制度,在历史上就限制了国家活动的范围。但是在这个范围内,国家制定及实施法律和政策的能力非常之强。"[①]看来在我们对国家概念的诠释中,有必要将国家活动的范围和国家权力的强度加以区分。国家活动的范围指的是政府所承担的各种职能和追求的目标;国家权力的强度指的是国家制定并实施政策的执行能力,或统称国家能力。厘清这些概念对我们更好地理解国家和市场之间的作用十分重要。世界银行《1997年世界发展报告》列举了国家职能的范围,具有一定的参考价值(见图8)。

如图8所示,国家职能的大小本身并不意味着国家能力的强弱;反之亦然。由此可见,通常所谓"大政府"或"小政府"的概念不便于我们准确地观

---

① Francis Fukuyama, *State-Building: Governance and World Order in the 21st Century*, Cornell University Press, 2004, p.6.

察和分析世界,并常常造成思路上的混乱。

政府与市场的关系绝不是非此即彼,而是在法治的基础上,纵向和横向既彼此互补又相互制衡的复杂的矩阵关系。强调制衡是必要的,不然就容易产生权钱交易,或更进一步,产生国家资本主义。

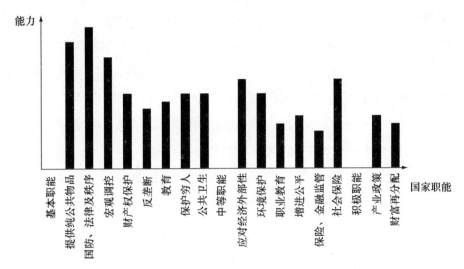

图 8　国家职能与能力

改编自:世界银行:《1997 年世界发展报告》。

虽然美国历史不长,但是它这套极其缜密的制衡体系所发挥的作用日益彰显。美国目前 GDP 总量世界第一,人均 GDP 排在世界前列,显示了其 B 和 M 两个维度上制度安排所产生的巨大的效率和效能。列宁在 1915 年就指出:"无论就 19 世纪末和 20 世纪初资本主义的发展速度来说,或者就已经达到的资本主义发展的高度来说,无论就十分多样化的自然历史条件而使用最新科学技术的土地面积的广大来说,或者就人民群众的政治自由和文化水平来说,美国都是举世无匹的。这个国家在很多方面都是我们资产阶级文明的榜样和理想。"[①]如果我们回想一下前面讨论过的内容,其实构成这个"资产阶级的榜样"的思想要素并非完全由美国原创。

[①] 列宁:《关于农业中资本主义发展规律的新材料》,载《列宁全集》第 22 卷,北京:人民出版社 1990 年版,第 1 页。

远的不说,至少我们可以看到英国人洛克关于自由的论述,法国人孟德斯鸠关于三权分立的思想,德国人黑格尔对中国科举制度的评述,以及美国公务员制度中中国科举制度的影子。但是,所有这些组合都是基于自由、平等、正义、理性和制衡等核心价值先后一致的考量。在比较了美国和欧洲后,法国历史学和社会学家托克维尔在其《论美国的民主》一书中指出:"可以说,[美国]整个社会只建立在一个单一的事实上,一切东西都导源于一个简单的原则。你可以把美国比做一片森林,许多道路贯穿其间,可是所有的道路都在同一点交汇。你只要找到这个交汇的中心,森林中的一切道路全都会一目了然。相比,英国的道路却纵横交错,你只有亲自踏勘过它的每一条道路之后,才能构建出一幅整体的地图。"

2008年6月18日,美国哥伦比亚大学国际和公共事务学院院长约翰·寇茨沃斯(John H. Coatsworth)教授在北京大学政府管理学院讲学期间曾经谈到美国文化在国际上的影响。他说:"我认为文化的影响是双向的,美国在影响别国的同时也受世界的影响,今天的美国已与30年前的美国很不一样了。今天我们有了民主党总统候选人奥巴马,30年以前这是不可思议的事情。这部分反映了全球化对美国深刻的影响。"尽管他没有直接谈论本书的议题,但是他观察的角度同样适用于二百多年前美国建设制衡体系所基于的来自全球的思想。与此相关,我们都知道美国是一个移民国家,这种政策的重要性不光是影响人口多少的问题,更为关键的是,它在制度上确保了美国与世界各国文明之间持续不断、相互学习和借鉴的机会。

2008年3月25日,陪同哈佛大学新任校长傅思德(德鲁·吉尔平·福斯特,Drew Gilpin Faust)教授首次访问北京大学、主管哈佛大学国际事务的多明戈斯教授(Jorge I. Domínguez)介绍说,哈佛大学办学成功的一个重要原因是,在录取学生以及录取或提拔教员时,哈佛大学长期以来采取不看经济条件(need blind)、不看性别(gender blind)和不看国籍(passport blind)的政策。

在我们结束对美国的讨论之前,让我在写作的方法上作一点说明。也许读者已经注意到,以上我们对美国制衡体制的论述基本上是静态的。这样做的优点是简单、直观地展示目前这一时点上美国的状况,但是,它的缺点是省略了人类知识学习、积累以及人类社会漫长、动态的发展历程。在此提醒一下,我们在本书第一部分提出了"知识生态"的概念,它包括知识储存、传播和创造。接下来,我们要做的就是尽量弥补这一缺点。

英国著名科幻小说之父威尔斯(Herbert George Wells,1866—1946)说:"人类历史就是一部思想史。"①思想对历史发展的作用是不可低估的,正如凯恩斯所告诫的那样:"经济学家和政治哲学家的思想,无论是对的还是错的,实际上都要比一般人想象的更为有力。这个世界的确是由少数精英统治的。那些自认为能够免于受经济学思想影响的实干家往往是那些已经过世的经济学家的奴隶。那些当权狂人信奉的其实也不过是若干年前某些末流文人狂想思想的零碎而已。"如果"末流文人"都能如此,伟大哲学家的作用就更不用提了。

有鉴于此,在这里我们不妨采用一下电影倒叙的手法,把画面切到西方哲学思想的发源地古希腊,去回顾一下那时哲学家涉及多数人和少数人权利制衡的亲身经历和哲学反思,并从那里出发,探讨美国殖民地的母国英国是如何从专制的君主制逐步通过漫长的立宪过程,建立起自己在历史文化上具有独特性的、同样是对权力和利益进行制衡的体制。

简要地说,接下来我们将展示两组画面:一是古希腊的哲学思想;二是英国早期的宪政实践。

少数和多数人暴政的困惑:雅典民主的实践与哲学家的思索

在人类历史上,古希腊雅典在一般人的印象中都被认为是实行直接民主的政体。说到希腊雅典,人们通常会想到一群人定期在公共广场集会讨论和决定国家事务的情景,因此没有多少人会认为雅典够不上人类政治民

---

① Adam Charles Roberts,"The History of Science Fiction", *Science Fiction*, Routledge, 2000, p.48.

主起源地这一殊荣。但是实际上,雅典的政治制度比人们的简单印象要复杂和现实得多,体现了人类历史早期对权力和利益制衡的雏形。说它是雏形是因为与当今成熟的市场经济国家相比,它有严重的缺陷。

历史学家的最新研究成果告诉我们,即便是在雅典民主发展到鼎盛时,也只是18岁以上的男性公民才有资格参与政治,30岁以上才能担任政府官员,妇女、外邦人和奴隶都被排除在外。所谓"公民",只限于其父母都是雅典公民的人。雅典主要的政治制度和机构是公民大会,议事会是为公民大会准备日程和协调政府行为的机构,另外还行使一项特别重要的政府职能——财政控制。议事会由500名成员组成,10个部落的每一个部落都选50人,基本条件是年过30岁的男性公民,任期为1年;任何人都可当选议员,但一生不能超过两次。雅典公民按财产分为4个等级,处于最低等级的公民,虽然他们能参加决定国家事务的公民大会,但是却不能担任政府官员。当时雅典的人口大约是30万,其中奴隶占1/3,因此可以推算,大约不到15%的人有参与公民大会的权利。如果我们再加上雅典附属殖民地的人,那么从整体上看,雅典的政治制度可以说是少数人对多数人的统治。再者,虽然公民大会的政治权威是最高的,但是对公民大会的最高权力和雅典政府的日常管理必须加以区分,因为后者大部分掌握在官员手里。①

更值得一提的是,雅典公民参与政治的另一条途径是陪审法庭。雅典法庭受理的案子不但包括现代意义上民事侵权,还包括指控国家官员的案子,它可以由任何雅典公民而不一定是受害方提出诉讼,这个特点体现了人类历史早期司法对行政权力制衡的制度安排。历史学家告诉我们,法庭在控制公民大会、议事会、行政长官和政治领导上具有无限的权力。任何年过30岁的男性公民都能在陪审法庭面前提出诉讼并亲自进行辩护。如果一位官员在法庭面前被指控,那么他只能依靠自己,不会有任何机构支持他。陪

---

① S. E. Finer, *The History of Government from the Earliest Times*, New York: Oxford University Press, 1997, p. 34. Morgans Herman Hansen, "Initiative and Decision: The Separation of Powers in 4th Century Athens", *Greek, Roman, and Byzantine Studies*, 22, 1981, pp. 345—370; *The Athenian Democracy in the Age of Demosthenes: Structure, Principles, and Ideology*, Oxford: Blackwell, 1991.

审法庭的判决实体是陪审团,案子判决方式是由陪审团的多数票决定。①

美国学者马丁·奥斯特瓦尔德(Martin Ostwald)在其《从民主主权到法律的主权》(*From Popular Sovereignty to the Sovereignty of Law*)一书中作了如下的总结:伯里克利时代的雅典是现代政治制度的先驱②,在此之前,雅典是一种"人民"拥有统治权的政体,以后统治权开始逐步属于"法律"。雅典的政治制度安排在历史上是第一个有多层次、有相互约束的权力机构的主要政体。他同时还写道:"亚里士多德认为,在雅典,人民的主权主要是人民在陪审法庭中所拥有的司法权……这不仅可以从《政治学》的有关章节中得到证明,而且可以从《雅典政制》的整个历史发展线索中得到证明。"③需要提醒的是,即便雅典设置了初步的司法与行政的制衡机制,它的缺陷也是显而易见的。具体地说,从现代宪政意义上讲,由于它缺乏在宪法上对个人基本权利的保护,在多数人的暴政出现时,个人基本权利就显得苍白无力。

也正因为此,我们在上一部分中提到了在公元前399年,雅典公民经过投票以281∶220的结果无情地把西方哲学之父苏格拉底判处死刑,声称苏格拉底对雅典的批评和怀疑一切的思想毒害了雅典的青年。鉴于自己的老师在简单多数主义投票原则下的命运,柏拉图认为雅典民主有致命弱点。在他看来,因为民主容许无知的人来决定公共政策,而公共决策是一项专业性很强的职能,只能由受过专业训练的人来执行。基于对当时雅典政治制度的深刻怀疑,柏拉图在其《理想国》(*Republic*)中所描述的理想国完全不同于当时雅典的政治制度,也没有公民大会和陪审法庭。

---

① 参阅 Morgans Herman Hansen, *The Athenian Democracy in the Age of Demosthenes: Structure, Principles and Ideology*, Oxford: Blackwell, 1991, p. 179, p. 203.

② 伯里克利时代是古希腊的一个黄金时代,始于波希战争的终结,终于伯罗奔尼撒战争结束。在同一时期大批在政治、哲学、建筑、雕塑、历史以及文学上卓有成就的希腊人中,作为希腊将军、政治家和演说家,伯里克利尤其引人注目。他支持文学艺术,还主持大量公共项目以改善公民生活,给雅典带来了之后再也未曾有过的辉煌。在政治上,伯里克利施政的一系列措施主要有四大方面:(1)改革雅典国家的最高权力和执行机构,设立陪审法庭;(2)各级官职向广大公民开放;(3)实行工薪制;(4)限制取得雅典公民身份的范围。

③ Martin Ostwald, *From Popular Sovereignty to the Sovereignty of Law: Law, Society and Politics in Fifth-century Athens*, Berkeley: University of California Press, 1986. p. 5.

柏拉图认为,好政府的关键是选择最好的人作为统治者,而一旦他们成为统治者,对他们进行控制是荒谬的,他们自己的哲学智慧就足以限制国家权力的控制范围,因此他崇尚所谓的"哲学王"(philosophy-king)来治国。在这一点上,他显然犯了违反休谟定理的错误,即从实然命题滑到了应然命题的理想主义。无独有偶,这与中国的科举制度以及中国孔子的思想类似,儒学所宣扬的"刑不上大夫"也只能是一种应然的希冀,但却是不切实际的思想。在事实的观察层面,人类历史告诉我们,它的实践,如果没有设置基于理性的外部制衡,也只能是一次次地让人失望,使人觉得权力拥有者的虚伪。

亚里士多德是柏拉图的学生,在公元前399年,即苏格拉底死的那年,他还没有出生。也许是因为记忆的淡漠,他并不像柏拉图那样对雅典民主充满敌意。但尽管如此,他在其《政治学》一书中对雅典民主只做了简短的赞扬,更多的是提到了雅典多数人统治的缺陷。他认为,基于实际的理由,民主制不可能在制定公共政策时采用全体一致规则,而多数规则这个最具可行性的选择却会使个别公民和少数群体屈服于有损于他们利益的法律。他认为最使人放心的多数也不等于全体一致,在这种情况下,持不同意见的人就仅仅是"强迫自由",这往往不能导致正义。

今天,人类历史告诉我们,一种立宪秩序必须为政治上的少数留有余地。但是,如前所述,雅典民主虽然有了权力和利益制衡的雏形,但是它对个人基本权利的保护却存在制度上的缺位。据说,当亚里士多德被指控对神不敬畏时,他的选择是逃离雅典。后来他解释说:"我不想给雅典人对哲学犯第二次罪过的机会。"(I will not allow the Athenians to sin twice against philosophy.)[①]他显然是指雅典对苏格拉底的判决以及苏格拉底作为哲学家在雅典的悲惨命运。

西方有学者尖锐地指出:"雅典政治的浪漫化在西方政治思想中是很晚

---

① W. T. Jones, *The Classical Mind: A History of Western Philosophy*, Harcourt Brace Jovanovich, 1980, p. 216.

才出现的。18 世纪中叶以前,'民主'是一个具有否定意义的术语,并且人们通常引用古代雅典的事例来说明民主的缺陷。今天,民主在西方被颂扬为政治制度的典范,其最一般的标准是国家的统治者是否由多数人自由投票产生。这种标准掩盖了亚里士多德很久以前就提到过的多数人统治的缺陷。"①

不幸的是,今天不少发展中国家在民主化的过程中,并没有深刻地认识这一要点。历史学家和政治学家一般都认为,雅典政治制度的主要贡献是使公民广泛地参与政治过程。需要指出的是,现代民主也允许公民广泛地参与政治过程。但是,正如上述美国的经验所示,这种参与往往不是雅典式的直接参与,因为美国制宪法者清楚地认识到多数主义也存在致命的缺陷。不过,我认为古希腊除了民主参与的政治实践外,就政治制度和政治思想的发展而言,其实最有影响的贡献是思想上的,即具有制衡影子的"混合政体"的政治哲学。

以下,我将简要地介绍一下"混合政体"学说。

在概念层面(conceptual level),而不是现实层面(empirical level),"混合政体"学说的基础是对政体的三种分类,即君主政体、贵族政体和民主政体,或与之相对应的一个人统治、少数人统治和多数人统治。古希腊哲学家认为,在一定的意义上,这三种不同的形式构成了社会三种不同的特征,即统一、智慧和自由。柏拉图的《理想篇》在规范层面上探讨了多种政体,包括贵族政体、荣誉政体、寡头政体、民主政体和僭主政体,并说明这些政体形式都是不稳定的——贵族政体很容易蜕变为荣誉政体,而荣誉政体很容易蜕变为寡头政体,而僭主政体最终会结束民主政体。

他同时在《法律篇》(*The Laws*)中指出,在波斯,君主政体得到了发展;在雅典,民主政体得到了发展;几乎所有其他政体都是这两个极端形态的不同组合。但需要提醒的是,如上所说,由于老师苏格拉底被判处死刑这一悲

---

① Howard Scott Gordon, *Controlling the State: Constitutionalism from Ancient Athens to Today*, Cambridge MA: Harvard University Press, 1999, p. 96.

剧性的现实,柏拉图对当时希腊的民主政体本身一直心存怀疑。由于现实的残酷,他对政体的论述只是停留在应然命题中,而且并没有多花笔墨来阐述如何进行制度设置来使他的应然命题变为现实。

在此基础上,亚里士多德似乎往实然命题的方向更靠近了一步,但也只是有限的一步。他在《政治学》中一方面提到了"混合政体",另一方面也谈到了"分权"的思路,这反映了他对政体分类两极的怀疑。他说:"的确有些思想家认为理想的政体应该是混合了各种政体的政体,因此,他们就推崇斯巴达式的制度。这些思想家都把斯巴达政体看做君主(一长制)、寡头(少数制)和民主(多数制)政体三者的混合组织。"① 后来的政治学家和历史学家往往把这种"混合政体"称为"亚里士多德式"学说,我们不难看出其中具有"共和"(republic)的思想。更有意思的是亚里士多德对"分权"的表述。他说:"一切政体都有三个要素……三者之一为有关城邦一般公务的议事机能(部分);其二为行政职能部分……其三为审判(司法)职能部分。"②

虽然他的表述不如后来孟德斯鸠那样清晰地说明了立法、行政、司法应该体现于不同的机构之中并加以互相制衡,但不能否认的是,他为后人更好地设置权力和利益的制衡制度提供了思考元素。有学者指出,亚里士多德的混合政体是这样一种制度结构:通过反映共同体中的社会经济阶层的利益要求,从而建立利益的平衡;同样这种政治思想也反映了在希腊形而上学、美学和伦理学中占有显著位置的平衡概念。③

相关的,古希腊政治家、史学家波利比奥斯(Polybius,公元前200—前

---

① 亚里士多德:《政治学》,北京:商务印书馆2007年版,第66页。
② 同上书,第218页。
③ 参阅 E. P. Panagopoulos, *Essays on the History and Meaning of Checks and Balances*, Lanham, Md: University Press of America, 1985, p. 14; David Stockton, *The Classical Athenian Democracy*, Oxford: Oxford University Press, 1990, p. 177. 潘那古普鲁斯(Panagopoulos)认为雅典只是在公元前460—前403年间暂时地有混合政体,这时议事会在代表贵族的最高法院和代表人民的公民大会之间起着平衡的作用;在此之后,雅典"普遍存在人民掌权……对平衡的整体的寻求失去的意义。"斯托克顿(Stockton)认为亚里士多德支持混合政体,在这种政治制度下,公民的公共权利与其财富水平有某种关系,但是对于任何可能的权力滥用进行严格的制衡。

118)则进一步阐述了君主政体(个人)、贵族政体(少数)和民主政体(多数)三者之间循环往复的动态规律。他认为,最初社会处于无政府(arnachy)状态,但随着政治强人的出现,建立君主政治(monarchy),君主政治堕落后演化为暴君政治(tyranny);暴君政治被城邦中优秀的公民推翻从而建立贵族政治(aristoracy),贵族政治政治堕落为寡头政治(oligarchy);寡头政治为大众所推翻,建立民主政治(democracy),民主政治堕落后成为暴民政治(ochlocracy),于是新的循环重新开始。有鉴于此,他认为最好、最稳定的政体应该是融合了君主、贵族和民主的"混合政体"。[①]

当然,必须指出的是,"亚里士多德式"政治制度在当时的希腊并没有变为现实,亚里士多德本人也在逃离希腊一年后去世(公元前322年)。只是在文艺复兴时期,随着对古希腊文献的再发现,希腊哲学家的这些对"分权"和"混合政体"的阐述又步入了西方政治思想的殿堂。在强大的君主专制的国家"绝对主义"淫威下,这种"制"与"衡"的制度安排是如何在近代西方得以构建的?对于这个问题,本书并不旨在面面俱到地叙述各国的历史,而是着眼于典型案例以示事物发展的路径依赖和逻辑关系。

为此,让我们把目光投向美国崛起前的世界霸主英国。

前人思想与后人实践:宪政在英国——从人治到法治

在人类近代历史上,无论在理论方面还是在实践方面,英国都是通过立宪主义来构筑权力和利益制衡的发祥地。今天我们能看到的多数市场经济国家所依赖的法治,有相当一部分是直接或间接地通过美国从英国导出的对权力和利益进行制衡的制度安排。由于各国文化和历史的不同,其制衡的形式可能不一,但是形式背后的逻辑是类似的。对于英国这个先行者来说,这个制度构筑的过程是很漫长的,风风雨雨几个世纪,充满着政治力量之间的激烈博弈,甚至是流血冲突。

---

① Polybius, *The Rise of the Roman Empire*, Book Ⅵ, Penguin Books, 1979.

国富之道

2007年6月英国前驻华大使欧威廉爵士（Sir William Ehrman）来北京大学政府管理学院讲学，送给我一本《英国100问》的小册子。书中关于英国的宪法是这样写的："英国宪法已经经历了长达几个世纪的发展。与美国、法国以及许多英联邦国家的宪法不同，英国宪法从来没有被集中到一个单一文件中。英国宪法是由普通法、成文法和惯例组成的……只有以色列的宪法与英国宪法相类似……其实，英国拥有一些非常重要的宪法性质的文件，比如，对抗王权、保护社会权利的《大宪章》（1215），扩大议会权力、使君主无法再漠视政府意愿的《权利法案》（1689），以及改变议会代表体制的《改革法案》（1832）。"①

以上这些文件的零碎和时间上的间隔都间接地显示了制度创新的漫长和艰难；在中国，科举制的发展情况也很类似。如前所述，开始于隋朝、完善于宋朝的科举制度仅起步阶段就花了大约500年的时间。可见，新制度的建立都是在特定历史时空中艰难地走出原有的文化和传统的过程。这一点东西方都是一样的。不难想象，在当时的英国，拿传统和文化来说事以阻碍立宪主义的也一定大有人在，这看来绝非某一国家独特的现象。

那么，这一点有历史的证据吗？答案是肯定的。为了维护君主专制的传统，1598年詹姆斯一世（James I , 1566—1625）在《自由君主制之真正法律》(The True Law of Free Monarchies; The Reciprock and Mutuall Duetie Betwixt a Free King and his Naturall Subjects)一书中提出了"君权神授"（divine rights of kings）的思想。可以想象，他试图从欧洲传统文化中寻找能为他辩解的思想元素，虽然柏拉图和亚里士多德学说帮不了他的忙，但是他可以从罗马时代引经据典，因为在罗马法中支持君主专制主义的思想比比皆是。例如，在著名的罗马《查士丁尼法典》（Codex Justinianus）中，罗马查士丁尼大帝在论及君主与法律的关系时就有两条基本原则：一是令君主满意者即为法律（Quod principii placuit legis habet）；二是君主不受法律之约束（Princeps legibus solu-

---

① 《英国100问》，英国外交和联邦事务部出版（中文版由英国驻华大使馆提供），第67问。

tus est)。

很明显,与上述原则一脉相承,在《自由君主制之真正法律》中,詹姆斯国王声称:"君主是凭着上帝的意志和万物的自然次序而有此职位的,就是说,他们是所有法律的无可争议的来源,而他们的臣民必须以耐心的顺从忍受他们的统治,不管这种统治是多么严厉。虽然一个好的君主愿意尊重既定的传统,但是他是所有法律的来源而且他本身是高于法律的。"为此,他还借助《圣经》的权威,特别是《旧约》(Old Testament)中《撒母耳记》(Samuel)关于上帝允许以色列人有一个国王的故事,以及国王之于人民就如同父亲之于他的儿子的类比。

说到这里,我们不得不想到中国传统文化中类似的关于"天子"与"天命"的思想。① 詹姆斯进一步宣称:"即使国王在他的即位典礼上发了誓,这也不能像一个正式的契约那样约束他,因为除了上帝还有谁有权威判定国王是否遵守了契约的条款呢。"他还断言:"君主制国家是人间的最高事物:因为国王不但是上帝在人间的代表,坐在上帝的王位上,甚至上帝本身也称他们为上帝。"②

难道果真如此?在理论上,我们在上一部分已简要谈及英国思想家从世俗的哲学推理出发,论述国家主权思想的起源,这里不再重复。需要提醒的只是,霍布斯1651年在《利维坦》一书中提出"专制契约论"之后,反对无限君权的学说也随之兴起。特别是在洛克1689年在《政府论两篇》中提出"自由契约论"之后,西方人对政府与个人关系的看法逐步发生了转变,他们的视角逐步从应然世界进入理性的实然世界,以至到了今天,政府权力被视做个人权利的对立面,因此,有必要在制度设置上加以限制。

由此,立宪主义被赋予了新的意义。其核心是限制政府权力(公权),保

---

① 中国帝王时期,皇帝称为"天子",即天的儿子。"天命"指上天之命,在中国古代常用来表明新兴政权的合法性,主张王朝更替是天的旨意。如果统治者腐败,则违逆天意,就将由有道明君来取代。历史记载中最早诉诸天命为其合法性辩护的是周武王。

② Scott Gordon, *Controlling the State: Constitutionalism from Ancient Athens to Today*, Cambridge: Harvard University Press, 2001, pp. 308—309.

证个人权利(私权)。

如果有人问现代国家的现代性是什么?一个重要的特征是通过法治限制公权、保护私权。正如哲学家康德在其著名的《法的形而上学原理》一书中所阐述的,法律的最终目的是维护公民的自由以及由此派生出来的权利;文明社会就是有公民宪法、有法治的共和政体。① 如果你再问一个为什么?回答是:现代国家之所以为现代国家,而不是传统国家,这是因为其起步公理变了;在理念上,它不再是主权在君,而是主权在民。历史上,即便在西方,这个新理念刚出现时也曾水土不服,但它毕竟为现代国家建设指明了奋斗的方向,尽管实践的道路依然漫漫。正如《三剑客》(*The Three Musketeers*)的作者、法国作家大仲马(Alexandre Dumas, père 1802—1870)所说:"生活没有目标就像航行没有指南。"

从实践层面看,各种政治和利益之间力量的博弈为历史的进程提供了理性的微观基础,但是思想的领航作用也是显而易见的;其实,现代立宪过程就是各种政治力量互相博弈与契约理论发展相辅相成、相互作用的过程。契约(contract)是规定当事人权利与义务关系的法律文件。虽然签约关系并不一定绝对平等,但是双方能够形成法律上的互惠关系本身就表明了一定程度的平等。需要进一步指出的是,有效博弈的前提是博弈双方实力相当;否则,在实力严重失衡的条件下,结果只能是绝对的服从或压制。除了叛乱以外,不太可能有真正的妥协和制衡。

对当时君主专制的英国来说,以上逻辑意味着什么?我们可以推测,君主与平民一开始就达成权力制衡的契约关系的可能性不大;相比之下,因为实力相对对等,君主与贵族达成权力制衡的契约关系的几率更大,然后再逐步把这种契约关系普及平民大众。

回看历史,英国宪政之路的确遵循了这个逻辑。具体地说,在英国立宪的最早期,产生于1215年的《大宪章》就是一部贵族趁约翰王(King John,

---

① 康德:《法的形而上学原理——权利的科学》,北京:商务印书馆2005年版。

1167—1216)内外交困之际迫使他接受贵族权利的宪法性契约。当时,约翰王正与教皇和法国进行权力斗争。为了筹集军费,他横征暴敛,引起了英国贵族、教士和市民的广泛不满。贵族们趁机联合发动武装反叛,并迫使国王于6月5日在《大宪章》上签字。

然而,《大宪章》作为契约的订立并没有一劳永逸地解决限制王权的问题。事实上,它在签订3个月后就失去了效力。5个月后贵族与国王再度爆发战争,并密请法国国王路易八世(Louis Ⅷ of France,1187—1226)进攻英国。次年,约翰王病死。《大宪章》经过1216年和1217年修订,得到当时年仅10岁的继任国王亨利三世(Henry Ⅲ,1207—1272,1216—1272在位)的承认,并在1225年修订后正式成为英国法律。

英国《大宪章》明确限制了王权,要求国王服从法律,并接受大贵族委员会的监督。同时,御前扩大会议,即以后的"议会",具有高于国王的征税权和司法裁判权。虽然《大宪章》当时主要限于保护贵族的权利,较少涉及平民的权利,但是作为世界上第一部限制王权的宪法性文件,它具有极其重要的意义。在《英国100问》一书中,关于《大宪章》,有很精练的解释。我在这里不删一字,全文引用:

> 《大宪章》(拉丁语为"Magna Carta")是英国最为著名的宪法类文件。1215年,封建贵族迫使"残暴的"约翰国王(1199—1216在位)做出了一系列的让步,并记录在称为《大宪章》的文件之中。《大宪章》中规定的61条明确表述了对抗王权,保证社会权利的条款。其内容主要包括:建立英国自由教会,封建制度法律,城镇,贸易和商人,法律和审判改革,王室官员的行为,以及皇家森林等等。
>
> 在位于温莎和斯泰恩斯之间的兰米德泰晤士河畔的一个牧场,国王被迫在《大宪章》上盖了印章。据说国王当时在贵族们面前表现得很愉快,但是回到自己的房间后,扑倒在地,愤怒至极。
>
> 从那时起,《大宪章》就成为英格兰法律的重要组成部分,并且

国富之道

确定了王在法下的原则。①

坚持法律至上的原则,是法治区别于人治和法制的最核心内容。坚持这个原则才能超越权力制衡的一个悖论,即宪法制约政府的权力,同时也使政府的权力正当化。解决方案是权力的行使必须在公认的界限内,但同时宪法将使这些权力强化。可见,英国早在13世纪就踏上了建设法治国家的漫长历史征程,开始从原来的"国王是法律"转变为"法律是国王"。

国王与法律,谁先谁后,这一先一后的小变化,意义却极其深远。用几何数学语言来说,这是构建知识大厦起步公理的变化,由此推出的定理,一阶、二阶、三阶……环环相扣,都将随之变化而变化。英国哲学家弗朗西斯·培根指出:"知识就是力量。"起步公理就如大树的根基,而根基往往隐藏在后,但是根基坚固与否将最终决定大树的生命力。制度创新的前提是新思想、新知识。先进的制度之所以先进,是因为其背后有值得探究和学习的知识以及相关的制度技术。

相比之下,大约在同期,中国的科举制度在宋朝发展成熟后,中国就再没有在B维度上系统地进行制度创新了,以后的历史也只是王朝更替的重复。为什么?归根结底,如前所述,科举制度只是为中国的皇权找到了大批治国代理,或叫经理。无疑,这先于西方解决了管理上的规模问题,但它却丝毫没有在公理层面涉及权力的起源问题。②

---

① 《英国100问》,英国外交和联邦事务部出版(中文版由英国驻华大使馆提供),第68问。

② 说得更确切些,传统中国并不是没有民本思想,如孟子早就说了"民为贵、君为轻",但是中国缺的是能有效地把思想变为现实的制度。就思想而言,黄宗羲在其《明夷待访录》中,提出了人民是政治权威终极来源的命题。黄宗羲是明末清初的政治思想启蒙家,《明夷待访录》写于17世纪中期,但一直默默无闻,直到19世纪才被改良派重视。黄宗羲主张,"天下之治乱,不在于一姓之兴亡,而在于民之忧乐";"古者以天下为主,君为客,凡君之毕世而经营者,为天下也";"为天下,非为君也,为万民,非为一姓也"。他认为君主只是人民选择用来处理公共事务的仆人;由于天下事情太多,君主一人忙不过来,所以需要臣,臣也只不过是君主处理公共事务的帮手,他们都必须对人民负责。然而在现实中,他认为,此原则自秦以后却被颠倒了,历代君主把国家当成了自己的私产,"视天下为莫大之产业,传之子孙,享受无穷",并产生了所谓"黄宗羲定律"的各种苛捐杂税。由此,他对君主"家天下"的行为从根本上否认了其合法性。特别的,黄宗羲还提出了"有法治而后有治人"的限制君权的法治思想,这无疑是对儒学传统的颠覆。所谓黄宗羲定律,是指中国历代都有赋税改革,虽然起初是为减轻农民负担,而在短时期内农民负担确有所下降,但是随后又增长到比改革前更高的水平。

或许你会问,这里所说的不同层面的制度安排与经济发展相关吗?如果相关,效果如何?统计数字显示,大约 14 世纪以后,而不是一般人认为的 18 世纪工业革命爆发后,英国的人均 GDP 开始逐渐、稳步地超过中国(见图 9)。这显示了制度因素,特别是法治,对经济发展的重要性。

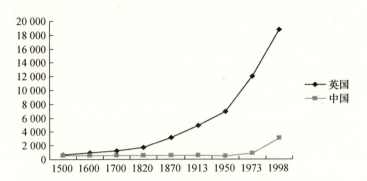

图 9　1500—1998 年英国与中国人均 GDP 的比较
(1990 年国际元)

根据以下资料制作:安格斯·麦迪森:《世界经济千年史》,伍晓鹰等译,北京大学出版社 2003 年版,第 262 页。

鉴于法治对现代国家治理的重要性,我在此再多说几句。什么是法治?英国享有盛名的法理学家戴西(旧译戴雪,Albert Venn Dicey,1835—1922)在其《宪法研究导论》(*An Introduction to the Study of the Law of the Constitution*)中指出,法治意味着所有法律在其使用的范围上必须是普遍的,不能免除包括立法者在内的任何人遵守法律的责任。他认为,这就是英国有效地制衡政治权力的核心。如果立法者本身就得服从法律,他们就不会制定令人厌恶的法律。这就使他们与其他公民一样处于公平地运用法律的法院制度的司法权之下。他同时指出,在英国,公民的权利和自由不是通过成文的宪法而是通过不成文宪法的法治惯例得到保障的,而后者如同议会颁布法律的最高权力一样,是经过英国历代政治家和法学家或多或少有意识的努力逐步形成的。①

---

①　Richard A. Cosgrove, *The Rule of Law*:*Albert Venn Dicey, Victorian Jurist*, London:Macmillan, 1980.

国富之道

的确,《大宪章》签署的几个世纪以后,戴西所说的这种努力还在继续。当年英国大法官爱德华·柯克爵士(Sir Edward Coke,1552—1634)与英国国王詹姆斯一世关于"法制"与"法治"的经典对话,今天听起来依然激动人心,使人能真切地感受到人类历史发展脉搏的跳动。

那是1608年11月的一天,英国国王詹姆斯一世说:"法官不过是国王的影子和仆人……只要国王愿意,他就可以在威斯敏斯特大厅主持任何法庭的审判,并且对法庭的判决提出质疑。"英国大法官柯克爵士回敬一句:"对此我当着所有大法官的面说,而且他们也都同意的是……国王本人不能断案……所有案件都应由法院根据英格兰的法律或习惯予以确定和宣判。"詹姆斯一世机敏地说:"法律是以理性为基础的,而我和其他人同法官一样具备理性。"柯克爵士辩驳道:"的确如此,上帝恩赐陛下以丰富的知识与非凡的天资,但是陛下并不精通英格兰的法律,而关于陛下臣民之生命、继承、财产或财富的案件并非由自然理性而是依人为理性和法律评判予以判定的,法律是一门艺术,一个人需要经过长时间的学习和实践方能够认识它:法律是审判陛下臣民案件的黄金标准和措施。"詹姆斯一世大怒道:"这就意味着我应当居于法律之下,要是这么说就是谋叛。"柯克爵士回答说:"对此我的回答是,布雷克顿(Henry de Bracton,1210—1268)说,国王虽居众人之上,却在上帝和法律之下(quod Rex non debet esse sub homine sed sub Deo et lege/that the king ought not be under man but under God and under the law)……这并不是我爱德华·柯克这样说的,而是记录这样讲的。"① 一位旁观者这样记录:"国王前所未有地震怒,攥紧拳头,暴跳如雷,扬言要砍掉柯克。"②

---

① 在《英国的法律与习惯》(*On the Laws and Customs of England*)一书中,13世纪的王室法庭(King's court)法官布雷克顿指出,"国王必须服从上帝和法律,因为法律造就了国王"(King must obey God and the law, because the law has accomplished King)。

② J. R. Tanner, *Constitutional Documents of the Reign of James I, 1603—1625*, Cambridge: Cambridge University Press, 1930, p. 187. 参阅 Cathrine Drinker Bowen, *The Lion and the Throne, the Life and Times of Sir Edward Coke*, Boston and Toronto: Little, Brown and Company, 1957.

第二部分　国家的角色和要件

柯克爵士精辟而坚定的语言说清了法治与法制、人治的本质区别,强调了司法的独立性。法治意味着法律不再是随心所欲的统治者对自己不受约束的统治工具,而那是法制。也许更重要的是,作为英国大法官,柯克爵士与英国国王这段戏剧性的对话,显示了17世纪的英国还在艰难、但是坚定地走向市场经济赖以生存和发展的法治。

常言道:"前途是光明的,道路是曲折的。"不消说,英国大法官柯克爵士后来成了美国制宪之父心目中的英雄。对于国家治理顶层设计而言,美国国父们深知摆正起步公理的重要性,以及法治在其中不可替代的作用。[①] 美国《独立宣言》起草人、第三任总统托马斯·杰斐逊认为,柯克爵士的著作《利特尔顿评论》(*Commentary upon Littleton*)"是法律专业学生通用的入门书;辉格党人从没有写过比此更合理的或关于英国自由之正统学说学识更为渊博的著作"。美国第二任总统约翰·亚当斯把柯克爵士称为"我们年轻人的圣人"[②]。

不难预料,詹姆斯一世"君权神授"的主张常常导致与议会意见的分歧,柯克爵士也曾被监禁6个月。这种冲突在查理一世(Charles Ⅰ,1600—1649)统治时(1625—1649在位)逐步升级。查理一世也主张"君权神授",并在没有议会同意的情况下擅自征税,终于在17世纪40年代导致了与议会的内战。虽然这一轮议会的胜利是以叛国罪处决查理一世为标志,但是议会与王室之间的矛盾并没有终结。正如英国人常说的:"国王死了。国王万岁!"(The King is dead. Long live the King!)[③]

1688年所谓不流血的"光荣革命"(Glorious Revolution),代表了议会对王室的又一次决定性胜利。当时,国王詹姆斯二世(James Ⅱ,1633—1701)企图恢复天主教势力,但遭到了议会中代表新兴资产阶级新教势力的辉格

[①] 例如,美国《独立宣言》写道,"我们把以下作为不言而喻的真理……"用数学语言,即"我们把以下作为起步公理……"这反映了杰斐逊知识的系统性和逻辑的缜密性。

[②] Bernard Schwartz, *A History of the Supreme Court*, Oxford: Oxford University press, 1993, p. 3.

[③] 起源于法语,Le Roi est mort, vive le Roi. 新君主加冕、继承王位时的用语。

党和代表土地贵族势力的托利党的联合反对。斗争的结果是,国王被迫逃亡法国,信奉新教的威廉三世(William Ⅲ,1650—1702)和玛丽二世(詹姆斯二世长女,Mary Ⅱ,1662—1694)从荷兰被迎接到英国,作为国王和女王联合登上王位。登基时威廉三世和玛丽二世被要求宣誓服从议会的法律。1689年英国议会通过了著名的《权利法案》,该法案进一步重申了"法定税收"(statutory taxation)的原则。这是英国继1215年《大宪章》以后最重要的宪法性文件,并被认为是美国1791年《权利法案》的前身。1688年英国议会击败国王意味着至高无上的行政权力受到了制约。人们相信私人的产权得以更好的保护,结果是资本利息开始下降,这为经济的进一步发展奠定了基础。① 回顾历史,本书所包含的系统的大数据也证实了这个命题(见图9)。

英国《权利法案》的全称是《关于宣布王权继承以及臣民权利和自由的法案》(An Act Declaring the Rights and Liberties of the Subject and Settling the Succession of the Crown)。法案明文规定了英国人的人身自由和权利不得侵犯,包括不得受国王和政府的随意侵犯,该法案同时也保证王权世代相传,但前提是王室必须服从议会。特别的,就税收权问题,《权利法案》进一步重申,"国王不经议会同意而任意征税,即为非法"。这无疑成为后人"无代表,不纳税"(No representation, no taxation)的基础。同一原理,表述不同。

就现代国家治理的制度设计而言,这无疑是在公理层面对君主绝对权力引入了制衡机制,有效地把君权这只"猛虎"关进了笼子。相关的,需要特别指出,"宪法"(constitution)和"宪政"(constitutionalism)是两个相关但不同的概念。一部文字"宪法"是死的,而"宪政"则是指成文或不成文宪法的日常实施。因此,有效的制衡并不仅仅表现为宪法文字中的某段条文,还必

---

① Douglas North and Barry Weingast, "Constitutions and Commitment: the Evolution of Institutions Govening Public Choice in Seventeenth Century England", *Journal of Economy History*, (49), 1989, pp. 803—832.

须通过一定的议会审议程序得以保证。在审议过程中,有能力制衡君主的议会必须拥有独立于君主的权力,其中相关的核心议题是征税权力,即征税权掌握在议会而不再是君主手中。

不难看出,自13世纪到17世纪英国漫长的宪政道路主要是围绕征税权这个主轴展开的。正如我们在本书的其他章节中谈到的,类似的脉络也适用于美国和法国。

继《大宪章》后,英国的《权利法案》确立了人类历史上第一个建立在王室和土地贵族与资产阶级妥协基础上的君主立宪制度;议会从此成了英国宪政自封的监护人和英国人自由的保护者。① 作为一场不流血的革命,"光荣革命"是英国政治史上一个极为重要的里程碑,它为英国和平过渡到权力和利益制衡的现代市场经济国家奠定了政治基础。"光荣革命"后的一个多世纪里,英国不仅政治稳定,而且迅速成为欧洲最繁荣的国家,继而在18世纪首先爆发工业革命,成为世界上最主要的经济和军事强国(见表11)。②

值得一提的是,和国王与议会之间的博弈一样,英国议会中上下两院的构成也反映了英国特有的历史发展,特别是随着经济发展,英国资产阶级兴起的轨迹。但是,首先需要指出的是,英国议会的发展不同于其他旨在扩大政治参与的一般性委员会。在欧洲历史上,一般性委员会成员往往由君主委任,包括诸侯、牧师和贵族等;而英国议会一开始就由贵族和资产阶级代表组成。与此相关,不同与一般性委员会,英国议会拥有独立于君主的权力,

---

① 君主立宪制主要有两种类型:一种是君主和议会分享权力,不过君主的权力比较大,议会的权力相对小。君主直接掌管行政权、任命内阁;议会行使立法权,但是君主有否决权。如第一次世界大战结束前的德意志帝国(1871—1918)和二战结束前的日本就是采用这种类型,通常被称为二元制君主立宪制。另一种是君主没有多大实权,职责多是礼仪性的。当代世界上绝大多数君主立宪国家都是这种类型,包括英国和二战后的日本。在这种制度下,议会控制立法权,国王没有否决权。君主的立法权仅限于公布由会议通过并经首相签署的文件。对于英国而言,君主的行政管理权已完全由内阁掌握;内阁由下院产生,并对下院负责。君主仅有权指定下院多数党领袖组阁;国会拥有弹劾权和罢免法官权。

② 参见 Paul Kennedy, *The Rise and Fall of the Great Powers*, New York: Random House, 1989, chapter 3.

表 11　1689—1815 年各国海军力量对比　　　　　　　　　　（军舰数）

	1689	1739	1756	1779	1790	1815
英国	100	124	105	90	195	214
丹麦	29	—	—	—	38	—
法国	120	50	70	63	81	80
俄国	—	34	—	48	72	25
西班牙	40	—	—	—	27	—
瑞典	66	49	—	20	44	—

资料来源：Paul Kennedy, *The Rise and Fall of the Great Powers*, New York: Random House, 1989, p.99.

注释：—表示数据不全。

这对君主权力形成有效的制衡。更具体地说，从早期开始，英国议会就由两个集团组成，即由贵族代表参加的上院和由其他阶层代表参加的下院。上院的成员，只要是贵族，无须选举。下院是由各郡和城市的代表通过选举产生，代表资格在早期要受财产、年龄、性别、教育程度等方面的限制。几个世纪来两院制牢牢地确立在英国政治制度之中，它把议会的权威在两个独立的机构之间加以分割，两者既制约君主权力，又相互制约。今天我们可以看到，两院制几乎成了现代立宪政府的普遍特征，即使在诸如美国这样没有贵族的国家也是如此。

美国杰出经济学家、1976 年诺贝尔经济学奖得主、芝加哥学派创始人米尔顿·弗里德曼（Milton Friedman，1912—2006）在其《资本主义和自由》一书中指出，人们一般认为扩大国家作用必须要付出的代价是个人自由的丧失。在一些地区，这个论点被作为基本意识形态而接受，但是实际情形却并非如此。在考虑立宪政体中出现的对个人自由的威胁时，我们得从另一个方向即权力控制网络的空白处着手。①

的确，在 17 世纪，英国法院作为政府公权和公民私权之间的一个保护性缓冲器，在现代立宪政体中所发挥的作用也得到了确立，这是英国设置制

---

① Milton Friedman, with the assistance of Rose D. Friedman, *Capitalism and Freedom*, The University of Chicago Press, 1962.

衡体系的又一个率先突破，从而为保护产权更加夯实了基础。我们可以把此看做人类制度技术的创新。作为制度创新，司法独立，即承认法院是第四个主要实体，也对宪政理论和实践具有重要意义，它把政治多元主义从古典的三分模式的束缚中解放了出来。① 在此基础上，现代立宪主义的发展出现了政治权力和影响力的多个中心，包括传媒、政党、协会、部门、社会层面的压力集团，等等。在谈到思想的现代性对现代化的重要作用时，亨廷顿在其《变动社会中的政治秩序》中说："现代化首先意味着相信人有能力通过合理的行为改变其自然环境和社会环境。它意味着摆脱外界对于人的束缚，意味着人从神、命运和定数的控制下获得普罗米修斯式的解放。"②历史经验显示，这种解放，不论在人的认知层面还是实践层面，都是一个从少数人的思路突破到游戏规则向多数人扩展的过程。

就英国而言，虽然摒弃了"君权神授"，英国早期的宪政也仅限于保护贵族的法律权利，缺乏财产与教育的普通百姓则无权问津。但是，众所周知，18世纪中叶爆发了工业革命，之后英国社会的阶级结构开始发生重大的变化。随着18—19世纪英国经济的迅速发展，财产权以新的形式开始扩散到整个社会，介于资产阶级与无产阶级之间的中产阶级日益成长壮大，宪法权利逐步扩展到所有成年男子、妇女和非白人种族。逐步扩大宪法的权利既有序、又有效地加强了君主对社会和市场的承诺，使反悔成本增加，因此变

---

① 多数法律学者认为，要做到司法独立，法官的任命制比民选更有效，但是法官任期的长短必须与政治官员的任期错开。此外，司法的预算也是重要因素。实证研究还显示，司法独立对保护产权有正相关的影响。关于任命制和选举对司法独立性的影响，参阅 Andrew Hanssen, "Appointed Courts, Elected Courts, and Public Utility Regulation: Judicial Independence and the Energy Crisis", *Business and Politics*, 1, (August 1999), pp. 179—201。关于预算对司法独立性的影响，参阅 Pilar Domingo, "Judicial Independence: The Politics of the Supreme Court in Mexico", *Journal of Latin American Studies*, 32 (3) 2000, pp. 705—735。关于司法独立与保护产权的关系，参阅 La Porta R., Lopez-de-Silanes F., Pop-Elecches C., Shleifer A., "Judicial Checks and Balances", *Journal of Political Economy*, 112, 2004, pp. 445—470。

② 萨缪尔·亨廷顿：《变动社会的政治秩序》，张岱云等译，上海译文出版社1989年版，第108页。

得更不可能。① 结果是，产权得以更好地保护，财富得以更长足地增长。

值得指出的是，当英国于1918年颁布《人民代表选举法》，规定21岁男性公民享有普选权时，根据麦迪森的统计，英国的人均GDP已到了5 000国际元；到1928年，当英国妇女终于与男子一样具有平等的选举权时，英国的人均GDP大约是5 500元。中产阶级的壮大及其政治参与在理论和实践中都改变了以往政治激进和保守两极化的趋势。② 从此往后，英国摆脱了民主走向民粹、民粹走向专制的恶性循环，宪政和民主道路似乎变得相对平坦。

相应的，英国社会学家托马斯·马歇尔（Thomas H. Marshall）教授在其著名的《公民权与社会阶级》（Citizenship and Social Class）一书中观察到，从英国历史的演进看，在18世纪宪法赋予的公民权意味着民权（civil rights），如产权、隐私权、宗教和言论自由；在19世纪公民权包括政治权利（political rights），如将选举权扩展到女性、少数族裔和穷人；而在20世纪公民权还包括社会权利（social rights），诸如医疗保障、接受教育和领取养老金的权利。③

说到国家治理现代化，如果我们打开制度演绎这个"黑匣子"，魔鬼还在细节中；我把这些魔鬼称为"制度技术"，值得我们努力超越一般语言文字本身去系统地研究和学习。

总体来说，英国这种历史发展的轨迹也或多或少地说明了其他成熟市场经济国家的发展逻辑。它对发展中国家的启示是什么？在我们样本中的14个发达市场经济国家中，从扩大公民宪法权利的历史演变和财富增长的角度看，男性公民获得选举权的平均年代是1888年，当时这些国家的人均

---

① 关于这方面的更多论述，参见 Acemoglu D., Robinson J. A., "Why did the West Extend the Franchise? Democracy, Inequality, and Growth in Historical Perspective", *Quarterly Journal of Economics*, 115 (November, 2000), pp. 1167—1199; Acemoglu D., Robinson J. A., *Economic Origins of Dictatorship and Democracy*, Cambridge, UK: Cambridge University Press, 2006.

② 第二次世界大战以后，许多发展中国家纷纷机械地仿效西方国家的选举政治，但是结果并没有促进经济的起飞，相反，往往引起政治的动乱。这些国家至少在形式上给予了公民普选权，政府由普选产生。然而，由于这些国家缺乏良好的权力和利益制衡的制度安排以及深厚的经济基础，发展中国家的代议民主政治到了20世纪60—70年代纷纷沦落为军人政权或一党独裁，自由民主荡然无存或名存实亡。

③ Thomas H. Marshall, *Citizenship and Social Class*, Cambridge University Press, 1950.

GDP 是 2 400 国际元;全部公民获得选举权的平均年代是 1930 年,人均 GDP 是 5 000 国际元(中国在 1998 年的水平是 3 100 国际元)(见表 12)。从制度安排发展过程的先后次序来看,顺序是:民权—政治权利—社会权利;但是,前提都是法治。一个不争的事实是,从历史上看,在实行普选之前,所有这些国家的经济都早已经有了长足的发展,为公民政治权利和社会权利的进一步发展奠定了物质基础。

表 12　发达国家公民获得选举权的时间和人均 GDP 水平

(1990 年国际元)

	男性公民获得选举权		全部公民获得选举权	
	时间	人均 GDP	时间	人均 GDP
美国	1860	2 400	1920	6 000
英国	1918	5 000	1928	5 500
法国	1848	1 400	1945	5 000
德国	1871	1 800	1919	3 600
意大利	1913	2 500	1946	3 500
比利时	1894	2 800	1948	5 400
荷兰	1918	1 800	1922	4 500
丹麦	1849	1 800	1918	4 000
挪威	1900	2 000	1915	2 800
瑞典	1909	4 000	1921	5 000
芬兰	1907	2 000	1907	2 000
奥地利	1907	3 000	1919	3 600
瑞士	1848	2 000	1971	18 000
日本	1889	1 000	1945	1 800
平均年/数	1888	2 400	1930	5 000

资料来源:Christopher Pierson,*Beyond the Welfare State? The New Political Economy of Welfare*,Pennsylvania:The Pennsylvania State University Press,1998,p. 106;Angus Maddison,*The World Economy:A Millennial Perspective*,Paris:OECD,2001.

美国哥伦比亚大学著名政治学教授亚当·普里萨沃斯基(Adam Przeworski)在系统地研究了经济表现和民主存活率后惊叹道:

> 最令人吃惊的是,面临经济危机的贫穷民主国家是如此的脆弱。在贫穷国家,人均国民收入低于 2 000 美元的,在 107 个发生

国富之道

收入下降的年份,12 个民主国家在接下来的年份出现了民主的倒退;在此条件下所期望的民主生活约为 9 年。甚至在人均收入在 2 001 美元到 6 000 美元之间的国家,收入下降导致 6 个民主国家在 120 年里,民主可以期望的存活年份为 20 年。然后接下来,高于 6 055 美元时奇迹发生了:在 252 年里,那些经历经济危机的富裕民主国家,没有一个出现民主倒退(以 6 055 美元这个神奇的数值为标记的高收入国家阿根廷,1975 年沦为军政统治)。①

比较政治学教授丹尼尔·卡拉曼尼(Daniele Caramani)对欧洲国家议会代表制的建立以及欧洲人投票和选举经验的研究结果进一步支持了我们的论点。在他研究的样本中(英国、瑞士、挪威、比利时、卢森堡、荷兰、意大利、丹麦、西班牙、法国、德国、瑞典、冰岛、奥地利、芬兰、葡萄牙、爱尔兰、希腊),绝大多数国家是建立议会代表制在先,成年男子选举权通常在议会代表制建立后的数十年间实现,而从总体看,成年女子选举权还要比男子晚数十年。他同时指出,公民身份的创造,即将政体的全体臣民与政府代理人联系起来的权利和义务,是民主化成功的必要但非充分条件。②

以上我们从历史发展的动态角度,简要地勾画了英国立宪主义搭建权力和利益制衡制度的路径及其背后的逻辑,即我们所谓的制度技术。

如果我们给今天的英国拍一张静态的相片,在本部分所关心的 B 维度上,我们将看到什么要件?首先,我们看到的是不经大众选举、通过职业水准考试并择优录取、政治中立的公务员队伍。考试作为制度安排的逻辑是中国的创举,在管理规模上,它解决了国家治理的权力代理问题,但是它本身并没有在公理层面涉及权力的来源问题。再者,我们看到是一套尊重本国历史和国情、以理性人为微观基础的权力和利益制衡的法治体系。这在

---

① Adam Przeworski and Fernando Limongi, "Modernization: Theories and Facts", *World Politics*, 49, 1997, p. 165.

② Damiele Caramani, *The Societies of Europe: Elections in Western Europe since 1815; Electoral Results of Constituentcies*, London: Macmillan, 2000.

公理层面涉及和回答了权力来源的议题,即权大还是法大。对于这套制衡体系,《英国100问》这本小册子是这么描写的:

> 国会是英国的立法机构,由君主、下议院、上议院三部分组成。他们只有在举行国会开幕典礼等重要仪式时才会聚首一堂。虽然如此,任何一案必须得到三方的同意方可成为法律。
>
> 下议院共有659位经过选举产生的成员,称为国会议员。下议院选举是英国民主体制的重要组成部分。下议院的主要工作就是通过国会法案制定法律并就政治问题进行辩论。下议院最激烈的场合通常是首相回答时间,因为议员们可就当前各项问题对首相进行质询。
>
> 上议院目前包括688名非选举产生的议员(包括世袭贵族、终身贵族、来自英格兰教会的两位主教和24位高级主教)。其主要立法功能是审查及修改下议院通过的法案。对于获得下议院通过的法案,上议院一般都不得做出否决。上议院的另一项重要法律功能就是充当最高上诉法院。①

如果我们说,代表政治多元主义的亚里士多德式的"混合政体"只停留在古希腊哲学家的梦幻中,那么人类在经历了漫长的奥古斯都(Augustus Caesar,公元前63—公元14)罗马帝国的专制和中世纪的黑暗后,这种梦想在17世纪的英国通过基于理性微观基础实现权力和利益制衡的制度安排已基本变成了现实。这种制度的突破,体现了英国人在制度技术方面的创新能力。具有分别代表古典的君主制、贵族制和民主制的国王、上院和下院的英国政体,看来比人类历史上曾经存在过的任何其他多元主义政体更接近古希腊哲学家心中"混合政体"的模式。

但是,即便对英国来说,历史也还没有结束。有迹象表明近来英国权力

---

① 《英国100问》,英国外交和联邦事务部出版(中文版由英国驻华大使馆提供),第69问。

和利益制衡框架中的内容还在有序地更新,但是制衡的逻辑并没有改变。《英国100问》的小册子中是这样写的:"近几年来,针对上议院的改革正使其变得更加民主更加具有代表性。改革第一步是取消750位纯粹因世袭才获得上议院席位的贵族所拥有的国会投票权。剩下的92名世袭贵族则暂时保留其传统席位,直到改革全面推行为止。上议院改革的下一步将取消剩余的世袭贵族席位,并将其变成通过选举而产生的上议院。"① 美国学者斯科特·戈登(Scott Gorden)教授一针见血地指出:"现代英国的上院被广泛地认为是不适宜的,但迄今为止所有废除它的提议都没有成功,这是因为一个两院的议会被普遍地认为是政府制衡体系的一个重要组成部分。"②

长期以来,社会科学家们都认识到,要创建一个强大的、有限的国家政权,即一个既被赋予了足够权力又受到制衡以免滥用权力的政府,绝非易事。但是,有充分的历史证明,对于那些在这方面走在世界前列的国家来说,回报也是巨大的,这部分地体现在国民的财富上。遵循同样的逻辑,在英国兴起以前,中世纪的热那亚从原先一个名不经传的城市崛起,成为意大利北部最大、最富裕的城邦。秘诀是那里的人建立了自己的政治组织,动员了自己的武装以防海盗袭击、维护政治秩序。但是,任期有限的最高执政官必须宣誓,"不得损害城邦的荣誉,也不得损害它的利润",并且"在各个方面为我们的城邦"效劳。

不过必须指出,从今天来看,当时的制度设计也有违背市场原则的负面因素,即大量商人从事国家授予的垄断性质的特许经营。③ 特许经营降低了交易成本,在当时无疑促进了贸易的繁荣;但是,与更具竞争的市场相比,这是一种较低的制度均衡。此外,过于微弱的最高长官制最终也无法在热那

---

① 《英国100问》,英国外交和联邦事务部出版(中文版由英国驻华大使馆提供),第69问。

② Scott Gorden, *Controlling the State: Constitutionalism from Ancient Athens to Today*, Cambridge: Harvard University Press,1999, p.294.

③ 关于热那亚的崛起和更多的历史,参阅 Gabriella Airaldi, "Groping in the Dark: The Emergence of Genoa in the Early Middle Ages", *Miscellanea di Studi Storia*,2,1983, pp.7—17.

亚各种宗族组织的竞争中保持力量平衡,这种制度最后也走向了崩溃。

美国斯坦福大学经济学教授阿夫纳·格雷夫(Avner Greif)指出:"我们必须超越普通的政治经济学分析,不再将国家政权视为给定的,也不再只讨论选举规则、集体决策以及国家政权代理人的行为。同样,我们还必须超越国家天然拥有强权的假设……更一般地说,我们必须研究自我实施的政治体制与政治结果,并认识到当事人的各种经济、社会和政治行为选择和自我实施的政治体制之间的相互影响。"①

再让我们看看和比比现代的英国。首先,在国家权力的公理层面,英国修正了"主权在君",并换之以"主权在民";从《大宪章》开始,它立法三章,确定了议会独立于君主的权力,特别是征税权。由此国家权力有了制衡机制,告别了政治学所谓的国家"绝对主义"。再者,英国借鉴了中国的科举制度,建立了现代公务员制度,这在国家权力的定理层面涉及治国的权力代理问题,由此解决了管理上的规模问题,然后逐步有序地扩大民主,最终形成了能力政府、法治政府和问责政府。

效果如何?再看看一组跨国可比的经济数字。到了 1998 年,英国人均 GDP 达到 18 741 国际元。从全球范围看,这个表现是属于世界一流的,虽然不是最好的。这也许是自撒切尔夫人执政(1979—1990)以来英国力推政府改革的压力所在。② 与之相比,美国是 27 331 国际元,日本是 20 413 国际

---

① Avner Greif, *Institutions and the Path to the Modern Economy: Lessons from Medieval Trade*, Stanford University Press, 2006, p. 182.
② 这方面的压力也波及其他发达国家,表现形式有英国的"效率小组"(Efficiency Unit)、新西兰的执行长(Chief Executive)、澳大利亚的"联邦检察长"(Commonwealth Ombudsman)、加拿大的"兰博特委员会"(Lambert Commission)以及美国的"国家绩效评估"(National Performance Review)等等,以至于一些研究行政管理方面的学者不无夸张地惊呼,一个政府改革的新时代的到来。参阅 Gerald Caiden, *Administrative Reform Comes of Age*, New York: Walter de Gruyter, 1991. D. F. Kettl, *Reinventing Government? Appraising the National Performance Review*, A Report of the Brooking Institution's Center for Public Management, 1994. 但是实际上,发达国家并没有丝毫放弃权力和利益需要制衡的基本理念,在多数情况下只是在现有的制衡结构中进行了微调,即把企业竞争和创新的文化引入政府部门。为此,也出现了一些新的学术名称,如"新公共管理"。参阅 Christopher Pollitt and Greet Bouckaert, *Public Management Reform: A Comparative Analysis*, New York: Oxford University Press, 2000.

元,苏联是 3 893 国际元,中国是 3 117 国际元,印度是 1 746 国际元,墨西哥是 6 655 国际元,非洲平均是 1 368 国际元,亚洲平均(不含日本)是 2 936 国际元,西欧平均是 17 921 国际元,全球平均是 5 709 国际元。①

日本为何从未落后过?学习、借鉴和赶超中国的故事

在我们结束"权力和利益制衡"的讨论前,还需要讨论一下日本。从地理方位来看,日本是个地道的亚洲国家,但是从上面的数据可以看出,它的经济发展水平远远超出了亚洲国家的平均水平,排在全球经济最发达的国家之列。1961—1973 年间,日本 GDP 的年均增长率高达 9.7%,大大超过其他发达国家,使日本在 20 世纪 70 年代成为世界第二大经济体。日本的卓越发展水平也曾使超级大国美国对其刮目相看。② 麻省理工学院商学院院长莱斯特·瑟罗(Lester Thurow)教授更是惊呼,在日本企业强劲的竞争下美国经济将失去优势。③ 哈佛大学东亚问题学者傅高义(Ezra F. Vogel)教授曾著有《日本第一》(*Japan as Number One: Lessons for America*)一书。在该书前言中,他是这么说的:"随着我对日本在各领域里成就了解的深入,我越来越相信,考虑到日本资源的有限性,日本与其他后工业国家相比,更成功地应对了后工业社会的问题。从该意义上讲,日本是第一。"此书的出版在美国引起了强烈的反响。之后,美国商学院大量地录取日本学生,学习日本企业管理的经验。一时之间,起源于日本企业的诸如全面质量控制(total quality control)和减少库存、及时生产(just-in-time or JIT manufacturing)等管理工具成为商学院学生的时髦概念。④ 如果说,作为制度安排,现代股份制企业发

---

① 安格斯·麦迪森:《世界经济千年史》,伍晓鹰等译,北京大学出版社 2003 年版,第 262 页。
② 参阅 K. Van Wolferen, *The Enigma of Japanese Power: People and Politics in a Stateless Nation*, New York: A. A. Knopf, 1989.
③ Lester Thurow, *Head to Head: The Coming Economic Battle Among Japan, Europe, and America*, New York: Warner Books, 1992, chapter 5.
④ 关于这方面的信息,参阅 R. J. Schonberger, *Japanese Manufacturing Techniques: Nine Hidden Lessons in Simplicity*, New York: Free Press, 1982.

祥于荷兰和英国,而美国的重大贡献是在此基础上引进了泰勒主义(Taylorism)科学管理的理念[1],那么起源于日本的质量和库存控制,虽说不是革命性的创新,却也够得上原创的"微调"(fine-tuning)。它使美式的供给(supply-side)驱动型生产装配线,转向了管理需求(demand-side)的装配线,大大减少了浪费和提高了效率。[2]

注意,傅高义教授《日本第一》一书的出版时间是1979年,反映了当时日本经济(特别是制造业)节节上升和咄咄逼人的势头,具有很强的时代烙印。回过头看,该书似乎有言过其实的嫌疑,以至于哈佛大学商学院迈克尔·波特教授在2000年出版的《日本还有竞争力吗?》一书中委婉地数落了日本政商关系中的弱点,以及部门之间发展不平衡的特点,即一方面是效率不高的农业和服务业,另一方面是竞争力极强的制造业,如汽车、钢铁、机床和

---

[1] 美国工程师泰勒(Frederick W. Taylor,1856—1915)在20世纪初提出了科学管理的理念,被誉为"现代管理之父"。早在1911年,即中国清朝终结的那一年,他就在其《科学管理》(Scientific Managment)一书中指出,"科学管理如同节省劳动的机器一样,其目的在于提高每一单位劳动的产量",而提高劳动生产率与企业利润最大化的目标是一致的。泰勒倡导的科学管理的特点是,从每一个工人、每一件工具、每一道工序出发,通过个体劳动的分解和再组合,并在科学实验的基础上,设计出最佳的工位设置、最合理的劳动定额、标准化的操作方法、最适合的劳动工具。在管理学中,此即所谓"泰勒主义",并首先在美国福特汽车公司中的生产流水线上得以实施。泰勒主义的普及在当时无疑大大地提高了美国企业的竞争力,但同时也产生了劳动的异化,即使工人变成了一个大生产机器中的一颗螺丝。这种弊端是工业化初期所谓"工具理性"(instrumental rationality)的表现。作为对工业化时代"现代性"的批评和扑救,德国哲学和社会学家哈贝马斯(Jürgen Habermas)提出了"程序理性"(procedural rationality)和"沟通理性"(communicative rationality)的概念以及与之相关的"公共领域"(public sphere)作为新制度演绎的平台。反映在企业中,这些理念加强了蓝领员工与白领管理层之间的沟通。与此相关的发展趋势即所谓后福特主义。关于这方面更多的论述以及对泰勒主义的批评,参见 Daniel Nelson, *Frederick W. Taylor and Rise of Scientific Management*, Madison: University of Wisconsin Press, 1980; David Montgomery, *The Fall of the House of Labor: The Workplace, the State, and American Labor Activism*, Cambridge University Press, 1989; Henry Mintzberg, ed., *Mintzberg on Management*, New York: The Free Press, 1989; Eirk Oddvar Eriksen and Jarle Weigard, *Understanding Habermas: Communicative Action and Deliberative Democracy*, Continuum International Publishing, 2004.

[2] 关于这方面更多的论述,参阅 William Lazonick, *Competitive Advantage on the Shop Floor*, Cambridge Mass: Harvard University Press, 1990.

家用电器业。①

尽管如此,在我了解日本的过程中,我认为日本的确是一个十分值得尊重的国家,这不是因为日本人是出色的制度创新者(相反,日本人给我的印象是往往缺乏战略思维,不能跳出现有框框思考问题——Think out of the box!),而是因为日本人是全球最佳实践的杰出学习者,或叫谦虚的甚至是虔诚的跟随者。

经济史学家G.C.艾伦指出,明治维新后,日本人的能量和勃勃雄心使西方国家深感不安,这并非日本人的一日之功。从其历史上看,日本人一直有迅速吸收新思想和新方法的天赋,他们勇于做大事并且拥有训练有素的、久经磨炼的组织能力。② 还有学者指出,日本"没有自己值得纪念、足以影响周边民族的文化……它生存于中国和西方这两大传统之间。在适应两者的同时,日本通过自己的聪敏,在接受两种传统方面都表现得相当杰出,并达到一定高度……但是,几乎在每个领域里,他们都把学到的东西打上自己的印记,从而保留了自己的文化风格"③。更有学者把日本比做"收报机型的文明……接收性能非常好,灵敏度很高,杂音也少,能够准确地掌握情报;能够随时敏捷地捕捉外面世界发生的事情"④。这一点,傅高义教授在其《日本第一》中也有感悟。他说:"面对西方影响,和别的国家有所不同,日本在19世纪开始就主动而不是被动地、雷厉风行地学习外国;结果是它成了时代

---

① Michael E. Porter, Mirotaka Takeuchi and Mariko Skakibara, *Can Japan Compete*? MacMillan Press,2000. 日本经济在80年代后走入了低谷,90年代的年均增长率大约是1%,直到21世纪初日本经济还在低谷中徘徊。更具体地说,日本经济的停滞开始于1989年经济泡沫的破灭。为了帮助美国提高其产品的竞争力,1985年日本在美国的压力下签署了《广场协议》(Plaza Accord),同意日元升值。在日元升值的条件下,日本政府同时大幅度调低利率以促进国内投资和出口;另一方面,日元升值使日本的海外投资更有利可图,日本政府因而开始放开海外投资的限制,最终导致盲目投资,引发经济泡沫。参见 Bai Gao, *Japan's Economic Dilemma: The Institutional Origins of Prosperity and Stagnation*, New York: Cambridge University Press, 2001.
② G. C. Allen, *Japan's Economy Recovery*, London: Oxford University Press, 1958.
③ J. W. 霍尔:《日本》,周一良译,北京:商务印书馆1997年版,第4页。
④ 陈钦庄等:《世界文明史简编》,杭州:浙江大学出版社2000年版,第237页。

变革的主导者(masters)而不是受害者(victims)。其他国家则被外国的影响所摧毁了,而日本却从中获得了生机。"①

我们都说"谦虚使人进步,骄傲使人落后"。如果说欧洲的文化是在众多血统的混合中产生出来的文化,那么,日本的文化与之正相反,是单一的纯血统的文化。虽然日本是一个单一的民族而不具有多样性,但是它始终展示极强的学习能力。历史上中国领先的时候,日本是中国文化的虔诚的学习者,科举制度也是他们学习的内容之一。早在公元708年,大宝令的《学令》对此事就有概略的记载。② 自公元6世纪起,中国文化大规模传入日本。当时,一些游历中国"天朝"的日本人,成为中国文化热情的皈依者,回国后他们传播知识、推动变革,最终导致了大化改革。大化革新于公元645年开始,它试图以中国唐朝为模式,将日本改变成中央集权的国家。日本人学习热情很高,一个典型的例子便是日本以中国的唐朝首都长安(今西安)为原型建立了当时日本的首都奈良(公元710—784),而其中的庙宇、楼阁和花园又具有日本建筑的特征。这体现了日本人既善于学习他人,又能因地制宜、保存民族文化的能力。

日本学习的不光是硬件,还有软件,或叫"制度技术"。

为了寻求稳定,日本的德川幕府还从中国引进了儒家的思想和制度,采纳了儒家分层管理的社会制度,即武士管理者、农民、工匠和商人,强调统治者和被统治者之间的适合关系。当时中国的文字、书法、服饰、历法也都是日本学习的对象。类似的,在保留本族神道教的同时,日本人还接受了中国式的佛教,并对之作了修改,以满足自己的精神需求。日本人接受中国佛教的一个具体例子就是邀请鉴真东渡。公元742年,日本遣唐使受天皇之命拜谒中国唐代高僧鉴真,表达仰慕之意,并说:佛法虽然流传到日本国,可是

---

① Ezra F. Vogel, *Japan as Number One, Lessons for America*, Cambridge: Harvard University Press, 1979, Preface, viii; pp. 255—256.
② 李双璧:《入仕之途——中西选官制度比较研究》,贵阳:贵州人民出版社2000年版,第245—246页。

还没有传法受戒的高僧,请"大和尚东游兴化"。

日本这种对中国的仰慕持续了上千年,一直到18世纪。18世纪初,日本首都江户比伦敦或巴黎还要宏大,大约有1/10的日本居民生活在1万人以上的城市中。日本的教育普及率也不亚于西欧最发达的国家。在西方打开日本门户的前夕,日本成年男子的识字率大约是40%—50%。但在另一方面,与当时的欧洲相比,其落后也初显端倪。历史学家佩里·安德森指出,当时的日本"科学完全停止,法律几乎毫无进化,哲学几乎没有,更遑论政治和经济理论了,批判性史学实际上根本不存在"①。当然,这也间接地反映了中国当时在这些领域的不发达。

历史上西方开始领先的时候,日本又不失时机地转向西方。1853年美国东印度舰队司令官、海军准将马休·佩里(Matthew C. Perry,1794—1858)率领四艘"黑船"粗暴地踢开了日本的国门,但是后来日本人却将其作为开国的恩人来纪念。② 据说一个更早的转折点发生在1771年,当时两个日本医生将一具解剖尸体与中国和荷兰的解剖书进行了比较,他们发现荷兰课本远比中国课本准确。此事引起了日本人对中国的怀疑,激发了日本人对西方世界的好奇。③ 这种转向的一个重要标志是兰学(即荷兰的学问 rangaku)的倡导者、日本近代启蒙思想家、教育家福泽谕吉(Yukichi Fukuzawa,1835—1901)书写了《脱亚论》(*Datsu-A Ron*)一文。④ 今天福泽谕吉有"日本的伏尔泰"和"现代日本文明缔造者"之美誉,日元一万元的钞票上印有他的

---

① 佩里·安德森:《绝对主义国家的系谱》,刘北成、龚小庄译,上海人民出版社2001年版,第445页。

② 日本在当年美国将军佩里登陆处书有"北米合众国水师提督培理上陆纪念碑",在其登陆地点神奈川县久里滨每年都有纪念佩里来日的"黑船祭"。由于当年美国的船体为黑色,又不断喷出漆黑的浓烟,发出轰鸣,所以被岸上那些震惊的日本人称作"黑船"。

③ D. Keene, *The Japanese Discovery of Europe, 1720—1820*, California: Stanford University Press, 1969.

④ David John Lu, ed., *Japan: a Documentary History: The Late Tokugawa Period to the Present*, Armonk, New York: M. E. Sharpe, 1996, pp. 351.

头像。到了近代明治维新时期(1868年开始)①,日本更是举国一致全力"求知识于世界"。正如梁启超所言:"日本自维新三十年来,广求智识于寰宇,其所译著有用之书,不下数百种,而尤详于政治学、资生学、智学,皆开民智强国基之事务也。"②

如果说在18世纪日本德川政府已成功地超过了中国的收入水平,那么从1868年起日本的目标就是在维护国家独立的前提下,借鉴全球最佳经验,力争赶超西方(见表13)。据历史记载,在明治时期的头10年里,日本迅速引进了发达国家的体制,来自23个不同国家的2400名外国人来到日本,传授组织、管理和生产方式。民治政府财政开支的2%用于雇用外国专家。最负盛名的是,在1871—1873年间日本还派出政府高层代表团进行环球的

表13 明治维新期间日本引进的各种制度

来源	机构	年份
英国	海军	1869
	电报系统	1869
	邮政系统	1872
	邮政储蓄	1875
法国	陆军	1869
	小学系统	1872
	警察系统	1874
	司法系统	1872
美国	小学系统*	1879
	国家银行系统	1872
德国	陆军*	1878
比利时	日本银行	1882

注:星号(*)表示在新模式上再重组。
资料来源:Thomas K. McGraw, ed., *Creating Modern Capitalism: How Entrepreneurs, Companies, and Countries Triumphed in Three Industrial Revolutions*, Cambridge: Harvard University Press, 1997. p.478.

---

① 1868年9月8日,日本政府改年号为"明治",定都江户,改名东京。"明治"二字取自中国《易经》中"圣人南面听天下,向明而治"的句子,从此日本开始了"明治维新"的历史。
② 梁启超:《饮冰室合集·文集》,北京:中华书局1989年版,第81页。

考察学习,团队庞大并极其显赫。团长为岩仓具视(Iwakura Tomomi,1825—1883),团员包括当时的内务大臣大久保利通(Ōkubo Toshimichi,1830—1878)和后来日本的第一任首相伊藤博文(Itō Hirobumi,1841—1909)。所到之处,他们不耻下问,参观炼铁厂、造船厂、兵工厂、铁路和运河。①

我们都知道,德国近代史上杰出的政治家和外交家、"铁血宰相"俾斯麦(Otto von Bismarck,1815—1898)为德国的强大和统一(1871年德国统一)立下了汗马功劳。② 在历史上,大久保利通有日本俾斯麦之称。当时他坐在英国的火车上,看着车窗外工业化的景象,不无沮丧地透露道,在离开日本之前,他本以为已经完成了自己的工作,现在他才知道前途并不平坦,还有更艰巨的工作要做。日本跟"世界上更先进的强国"无法相比。尤其是英国给他上了一课,英国与日本一样也是个岛国,但是它系统地实施了自强的政策。德国亦给他留下了深刻的印象,和日本一样,德国不久前才完成了国家统一。他发现德国的领导人都是现实主义者和实用主义者,并致力于国家的强大。回国后,他便把德国的经验作为日本的指南。③ 看来绝不是偶然,日本在19世纪后半叶经济取得了高速的发展,在1881—1900年间,日本的工业增长率仅排在美国和瑞典之后,名列全世界第三。④ 到了20世纪上半叶,日本的工业产值稳步超过意大利,进入世界的强国之列(见表14)。如果当时的国际经济体系果真是依附理论(dependency theory)所说的由中

---

① W. G. Beasley, *The Meiji Restoration*, Stanford: Stanford University Press, 1972.
② 1862年,俾斯麦出任普鲁士宰相兼外交大臣。在普鲁士议会的首次演说中,他说:"德国所注意的不是普鲁士的自由主义,而是权力。普鲁士必须积聚自己的力量以待有利时机,这样的时机我们已经错过了好几次……当代的重大问题不是通过演说与多数人的决议所能解决的,而是要用铁和血。""铁血宰相"由此而得名。俾斯麦正是凭靠这种暴力和大胆,同时狡猾地利用国际纠纷和有利时机,使德国通过"自上而下"的道路实现了统一。
③ Sidney D. Brown, "Okubo Toshimichi: His Political and Economic Policies in Early Meiji Japan", *Journal of Asian Studies*, 21 (1961—62), p. 190.
④ Seiichiro Yonekura, *The Japan Iron and Steel Industry, 1850—1990: Continuity and Discontinuity*, London: MacMillan Press, 1994, pp. 28—29.

心—边缘(core-periphery)构成①,那么日本通过革新和自强及时地逃脱了被边缘化的厄运。

表14　1929—1938年发达工业国占世界制造业产出的比重　　　(%)

	1929	1932	1937	1938
美国	43.3	31.8	35.1	28.7
苏联	5.0	11.5	14.1	17.6
德国	11.1	10.6	11.4	13.2
英国	9.4	10.9	9.4	9.2
法国	6.6	6.9	4.5	4.5
日本	2.5	3.5	3.5	3.8
意大利	3.3	3.1	2.7	2.9

资料来源:Paul Kennedy, *The Rise and Fall of Great Powers*, New York: Random House, 1987, p.330.

当然,新思想的提出以及基于新思想的革新无疑是有阻力的,并常常要有人付出巨大的代价,这在全球似乎都一样。伟大的政治哲学家约翰·洛克是英国人,曾就读于牛津大学,因此本不该存在水土不服的问题,但是他主张宗教自由和公民权利的思想当时就与英国的宫廷发生了冲突。为此,他不得不逃离英国,在荷兰寻求庇护。直到英国"光荣革命"后,他才得以返回英国,此后的1690年才发表他著名的《政府论两篇》。

假使你还有什么疑虑,请再看看处于思想启蒙时期的德国。康德是德国的大哲学家。谈到欧洲启蒙运动,谁都不能绕开他。康德终身未婚,也未担任过公职,他一辈子都生活在他出生的小镇哥尼斯贝格,一辈子都生活在大学里以教为乐。他的生活历程就是他的思想历程。1781年康德发表其巨

---

① 依附理论认为,国际经济体系是按中心地区和边缘地区来划分的,少数发达国家在中心,而大多数不发达国家在边缘。中心和边缘是由不平等的交换关系相连接的,边远地区用廉价的初级资源向中心地区换取高价的工业品。一个国家一旦处于边缘地区,由于该体系的结构原因,就容易恶性循环,很难再进入中心地区。该理论在20世纪60—70年代相当流行,但是亚洲四小龙的崛起在某种程度上证伪了该理论。关于依附理论,参阅Samir Amin, *Unequal Development: An Essay on the Social Formations of Peripheral Capitalism*, New York: Monthly Review Press, 1976.

著《纯粹理性批评》(*The Critique of Pure Reason*)①,被历史学家认为是欧洲启蒙运动新高点。对康德对西方思想的贡献,史学家是这样说的:"哲学将再也不可能和从前淳朴时代那样幼稚了,因为有了康德,哲学变得更加深刻。19世纪的哲学史主要是对康德思想的接受、传播、斗争、改造和重新接受的历史。"但是,普鲁士国王腓特烈二世(Friedrich Ⅱ,1712—1786)对启蒙思想怀有敌意。在他统治期间,设有严厉的思想和言论审查机构。以下是一封普鲁士当局给康德的信:

> 尊贵的学识渊博的亲爱的忠实的朋友,我们的陛下早就怀着很大的不满得知,你是怎样滥用自己的哲学歪曲和贬低《圣经》和基督教的某些基本原理。我们要求阁下认真地承担自己的责任,并期待你以后不要再犯类似的错误,以免失去皇上对你的恩宠。你更应该做的是,履行自己的义务,利用你的威望和才华,帮助我们的陛下去更快地实现他的意愿。如果你依然一意孤行,那么你必将招致不愉快的处置。望阁下三思而行。②

从这个方面说,日本的维新人物也付出了很大代价。明治维新的风云人物大久保利通最后遭到了旧武士的暗杀。据说,当时他身着西服,坐着西式马车,正在前往参加国务会议的路上。

具有现代意义的日本文官制度,也是明治维新时期日本对外学习的产物。1885年12月22日,日本创设了近代内阁制度,由伊藤博文出任第一任首相。第一届内阁上台几天后就以普鲁士为蓝本,颁布了《官吏纲要》,建立起文官考试制度。1913年,日本枢密院通过法令,规定最高文官职务不再通过考试。自此,日本的政务官与事务官被明确区分开,现代意义的文官制度

---

① 他的另外两部重要著作,即《实践理性批评》(*The Critique of Pure Reason*,1788)和《判断力批判》(*The Critique of Judgement*,1790),对哲学的诠释大体是基于他的第一批判,即《纯粹理性批判》。

② 汉斯·约阿西姆·施杜里希:《世界哲学史》,济南:山东画报出版社2006年版,第298页。

随之在日本形成。日本人一贯愿意学习全球最佳实践的努力,在第二次世界大战后达到了前所未有的高度。吞下战败国的苦果,借助二战战神麦克阿瑟(Douglas MacArthur,1880—1964)将军以及美国占领军的外力,日本从专制的废墟中迅速建立了权力和利益相互制衡的君主立宪的法治政体。吉田茂(Yoshida Shigeru,1878—1967)在战后危难时刻出任日本首相,任内按美国占领军指令进行了土地改革,并制定了《日本国宪法》。在1951年4月麦克阿瑟被解职时,吉田茂在向全国发表的广播讲话中说:"麦克阿瑟将军为我国利益所做的贡献是历史上的一个奇迹。是他把我国从投降后的混乱凋敝的境地中拯救了出来,并把它引上了恢复和重建的道路,是他使民主精神在我国社会的各个方面牢牢扎根。"

日本这种与时俱进的学习,包括市场、法治与普选的先后次序,保证了日本在人类经济发展历史中,虽然不是第一,但是始终属于世界前列。与日本相对应,俄国十多年和印度几十年来的经济表现显示,民主选举本身并不能促进经济发展,市场和法治必须领先于民主选举(见表15)。更有意思的是,日本的故事显示,在国家层面成功的学习是一个双向运动的过程,传统因素与新的因素相辅相成。与此相反,失败的或不太成功的学习往往呈现单向和偏激,或是新因素简单地摧毁了传统因素,或是新因素被传统因素摧毁。在不同因素的互动中,如何有效地滋生出与传统相适应的新文化或新制度,日本学者对本国经验的观察值得我们注意:

> 如果追溯一下日本教育在西洋化过程中所走过的道路,即从模仿法国改为模仿美国,又从模仿美国改为模仿普鲁士,不难看出西洋化与日本化并不是经常对立的,日本化(或者说为实现日本独自的现代化所进行的努力)与西洋化之间至少有一部分是相互吻合的。历史的变化不会是按照作用和反作用的形式进行的,也不可能在西洋化之后必定要出现一个日本化。对于日本来说,它是经历了从异质的西方化,转变为比较接近于自己情况的同质的西

洋化的道路。这样一来,西洋化本身的内容也就发生了质的变化。①

表15　1500—1998年日本与主要国家人均GDP比较　（1990年国际元）

	1500	1700	1870	1950	1973	1998
日本	500	570	737	1 926	11 439	20 413
美国	400	527	2 445	9 561	16 689	27 331
中国	600	600	530	439	839	3 117
俄国	500	611	943	2 834	6 058	3 893
印度	550	550	533	619	850	1 746

资料来源:安格斯·麦迪逊:《世界经济千年史》,伍晓鹰等译,北京大学出版社2003年版,第262页。

在企业层面,战后的日本以模仿和学习西方产品设计起家,通过有效地控制生产成本,最后反过来占领欧美市场、击败欧美竞争对手。例如,在汽车行业,日本早在20世纪60年代就开始使用工业机器人,将产品的人工失误率几乎降到零;到了70年代,借助石油危机,日本物美价廉的省油汽车很快击败了美国生产的8缸高耗油的家用轿车。在电子行业,日本企业从模仿到创新,业绩突飞猛进,并在很短时间迅速掌握了除中央处理器之外的几乎所有集成电路和计算机芯片的制造技术。索尼、日立、东芝等企业,在工业机器人和廉价劳动力的优势下,重创了美国的电子和计算机等硬件行业。②

早在1919年,胡适就主张"研究学问,输入学理,整理国故,再造文明"③。估计日本人并不知道这些精辟的话语,但是他们在致富道路上的所作所为显示了他们认同并遵循了胡适这些话语中的思想。从历史的时间表

---

① 永井道雄:《近代化与教育》,长春:吉林人民出版社1984年版,第47页。
② 有关这方面更多的介绍,参见 Tessa Morris-Suzuki, *The Technological Transformation of Japan: From the Seventeenth to the Twenty-First Century*, Cambridge: Cambridge University Press, 1994.
③ 胡适:《充分世界化与全盘西化》,载罗荣渠编:《从"西化"到现代化》,合肥:黄山书社2008年版,第552—554页;《答陈序经先生》,载《独立评论》第160号。

上来看,二战以后日本再次复兴的象征性时刻是1970年。那一年世界博览会在大阪举行,全球70多个国家蜂拥而至。在其后的20年中,日本的国民生产总值又增长了400%以上。在短短的几十年中,日本从战争的废墟中崛起,迅速进入世界经济强国之列。

小结:人类经验的诠释与启示

包括马克思和恩格斯在内的、研究经济发展的学者越来越坚信①,制度塑造着一个社会的激励机制,是一个国家经济长期可持续发展的最关键因素。虽然制度的变迁往往速度缓慢,不可能一蹴而就,但是不可否认的是,良好的制度可以激励人们不断上进,不断进行人力和物质资本的积累,不断提高资源的配置效率,从而实现富裕;相反,就会导致贫穷和经济停滞。

可以毫不夸张地说,中国的经济曾在历史上领先,主要归功于在B维度上的制度创新,即"唯才是举"的科举制度,人才汇聚无疑加强了国家的执政能力。我们很难想象经济的长足发展可以在一个政府执政能力低下的国度得以实现,这一点可以从中国与西欧人均GDP的比较中(图1)得到系统的证实。但同时必须指出,科举制度所产生的优势只是相对于当时都落后的世界而言。从政治学的角度看,除了国家纵向的权力依然缺乏制衡,因而容易造成政府或遏制创新或过度地向社会攫取资源外,中国科举制度自身所隐含的缺陷也被德国哲学家黑格尔说得淋漓尽致。

上文已经提过,黑格尔在其著名的《历史哲学演讲论》②中认为,科举使中国人绝对的平等,即一个人只要具有才能,就能在政府中取得高位。但

---

① 参见 Karl Marx and Fredric Engels(1848),"The Communist Manifesto", *Marx and Engels Selected Works*, Volumes 1, Moscow: Progress Publishers, 1969, pp.98—137; Douglass C. North, *Institutions, Institutional Change and Economic Performance*, Cambridge: Cambridge University Press, 1990.

② G. W. Hegel, *Lectures on the Philosophy of History*, (translated by J. Sibree, M. A.), London: George Bell and Son, 1902.

国富之道

是,这种平等不是表现在法律面前的平等,而是匍匐在皇帝面前的平等,换句话说,大家是一样的卑贱。中国的皇帝是全体人民的"大家长",是唯一思想独立的个人,是唯一真正意义的实体,其他一切都隶属于这一个人。政令出于皇帝一人,由他任命的一批官员来治理政事。如果一个人想当官员,就必须经过一样内容即儒学的考试。这种文化形态的高度统一性,必然会导致思想的凝固和僵化。长此以往,很难想象这样的社会可以继续生机勃勃地发展。近现代历史的发展证明了这位不拘于技术层面而是站在历史哲学高度看问题的哲学家的先见之明。到了甲午战争前夕,即大约从拿破仑时期算起的一个世纪后,中国这只昔日的雄狮却进入了睡眠状态。一位法国外交官对中国当时的状况有这样的观察:

> 在1894年4月这一时期,中国确实处于一种酣睡的状态中。它用并不继续存在的强大和威力的幻想来欺骗自己,事实上,它剩下的只是为数众多的人口,辽阔的疆土,沉重的负担,以及一个虚无缥缈的假设——假设它依然是中心帝国,是世界的中心,而且像个麻风病人一样,极力避免同外国接触。当我能够更仔细地开始观察中国,并同总理衙门大臣们初次会谈以后,我惊讶地发现这个满汉帝国竟是如此蒙昧无知、傲慢无礼和与世隔绝。①

由此可以看出思想僵化造成的潜移默化的恶果。更必须提醒的是,由于人们认知的有限和理论推理能力的缺乏,这种恶果往往在短期内不易被发觉。它就像一种慢性病的病毒,静悄悄地侵蚀着政治和社会的肌体,等到被发现的那一天,往往已是病入膏肓、积重难返。

前面,我们提出"知识生态"这个概念。"知识生态"在当时的中国并不乐观。在中华大地之外,历史学家斯塔夫里阿诺斯教授在其经典之作《全球通史》中有这样的观察:在欧洲诸大学蓬勃发展的同时,伊斯兰教学校却满

---

① 施阿兰:《使华记:1893—1897年》,郑永慧译,北京:商务印书馆1989年版,第12页。

足于背诵权威性的教科书。在此之前,即公元 800—1200 年间,西方世界的经济并不领先于伊斯兰世界,只是从 16 世纪开始,西方世界的发展才开始显著地加速,迅速地跑在了前面。

显然,西方国家在学习和借鉴中国科举制度的过程中,听取了黑格尔这位哲学家的忠告。君不见,在中国科举的基础上,现代政治中立的公务员制度都做了政务官与事务官的区别,这无疑是支撑成熟市场经济政治大厦于不堕的支柱之一。即便在亚洲文化中的几个发达经济实体也都做出了这样的区分,日本如此,韩国、新加坡、中国香港也是如此。二战结束以来,它们傲人的经济表现,使人不得不联想这种制度安排与财富增长的关系(见图3)。

如果日本善于在全球范围内学习的经验对别国有什么启示的话,那么也许就是:过多地强调东方和西方文化差异而不是强调人类共同的文明并不是什么明智的做法。在历史的长河中,世界各民族和各国家,往往长短优劣互见,兴衰损益交替。各种文明的相互交汇与融合,取其精华,去其糟粕,才是历史进步不竭的源泉。看看亚洲的日本,再看看欧美国家。美国历来用"Melting Pot"(熔炉)这个比喻来描绘自己文化的特质。而英国前首相布莱尔在接受电视采访,谈到 2012 年伦敦奥运会时,也用"熔炉"这个概念来描绘 21 世纪伦敦这个兼具传统与现代的国际大都市。① 相关的,对于我们所说的知识生态的概念,覆盖全球的生态显然要比以国别为界的更有效。

1990 年,美国密歇根大学商学院的加里·哈默尔(Gary Hamel)和普拉哈拉德(C. K. Prahalad)两位教授在《哈佛商业评论》(*Harvard Business*

---

① 其实在历史上,英国就是所谓"入侵者的熔炉"。在 11 世纪以前,由于自身防御的虚弱,英国屡遭欧洲大陆外来者的入侵。入侵者把英国当做自己的家园,并起而抗击新来的入侵者,直至被新来者征服或将入侵者同化。例如,1066 年威廉一世(William Ⅰ,1027—1087)征服英国后,诺曼人的法语在很长一段时间内是官方语言,然而,即便如此,盎格鲁-撒克逊人的英语也同时存在。这个循环往复的过程使英国容纳了各种各样的民族,并最终糅合成一个统一的大民族。

Review)发表的文章中,第一次提出了"核心竞争力"(core competence)这个概念①,用来解释为什么有的企业基业长青、有的企业只是昙花一现。尽管后一类企业在短时间内曾具有哈佛商学院迈克尔·波特教授所说的"竞争优势"(competitive advantage)。② 可见,"核心竞争力"是试图回答什么是企业"竞争优势"背后不竭的源泉这一问题。其实说到底,核心竞争力就是学习能力。用商学院的术语来讲,核心竞争力是企业内部集体学习的能力,而不是外在资源的强大;是人的能力,而不是物或可以继承的资产;是为服务对象持续创造价值的能力,而不是相比对手的静态优势。

类似的,IBM 前总裁路易斯·郭士纳(Louis V. Gerstner, Jr.)指出,长期的成功只是在我们时时心怀恐惧时才有可能。不要骄傲地回首让我们取得过往成功的战略,而是要明察什么将导致我们未来的没落。这样我们才能集中精力面对未来的挑战,让我们保持谦虚、学习的饥饿以及足够的灵活。③ 虽然他们涉及的是企业层面,但是我认为这些讨论对国家层面的问题也极具启发。其实,这进一步佐证了我们在第一部分中提出的"知识生态"的假说。

从全球经济发达国家所设置的制衡体系来看,以多数主义原则选举只是权力和利益制衡的一种方法。注意,那些国家里并不是所有的官员都是通过投票或民意测验产生的。实际上,属于公务员的官员都不是。用所谓的民意或选举来选拔公务员,特别是级别不高的公务员,并没有抓住国家治理能力和权力制衡的这个核心逻辑。与此相关,北京大学政治学教授陈哲夫老先生有如下的观察:

---

① Gary Hamel and C. K. Prahalad, "The Core Competence of Corporation", *Harvard Business Review*, 1990. 关于这方面的进一步阅读,见 Andrew Campbell and Kathleen S. Luchs, *Core Competency-based Strategy*. Boston: International Thomson Business Press, 1997.

② Michael E. Porter, *Competitive Advantage: Creating and Sustaining Superior Performance*, New York: Free Press, 1985.

③ 参阅 Louis V. Gerstner, Jr., *Who Says Elephants Can't Dance? Learning A Great Enterprise Through Dramatic Change*, HarperCollins Publishers, 2002.

现代政治,或者说民主政治,同封建专制制度的根本区别就在于最高权力是否受到制约或监督。在古代封建专制制度下,各级地方官员都是受到制约和监督的。不过,他们不是受到人民的监督,而是受到上一级政府的制约和监督。唯一不受到监督的是最高权力,即皇帝的权力。历史上的一切黑暗都是从这里起源的,历史上的惨剧也都是由此发生的。从道理上说,权力越大,越是应该受到监督,因为权力大,影响就大,它的每一个动作都会影响到全国。如果它的决策错误,其错误就会涉及亿万人民。但是在专制制度下,事情恰恰相反,小的权力受到监督,而权力最大的地方,却不受监督。这是一个非常矛盾的现象。在中国,提出这个问题,似乎是一个很敏感的问题,有犯上作乱的嫌疑。但这是一个真理,不容回避。一种国家制度不管如何花样翻新,如果不能解决最高权力的制约或监督的问题,就很难说是走上了民主的道路。最高权力受到制约或监督,其他各级权力就好办了。毋庸讳言,要监督最高权力,是一个系统工程,特别是在一个缺乏民主素养的国家,要实现这种体制,的确有一定的风险,需要慎重从事,稳步前进。①

如果发达经济国家发展的历史经验对我们有什么启示的话,陈哲夫教授这里所说的"系统工程"就是法治。看来经济长足和持续发展,除了要有能力政府外,还必须要有法治政府和问责政府。注意,这里强调的是法治,而不是法制;这里的"问责"主要指的是政府对广大民众负责,而不是只向上负责或权贵勾结。

关于法治的含义,我们可以回想一下英国大法官柯克爵士与英国国王詹姆斯一世那段有关法制与法治冲突的对话。相比之下,法治对改革开放前的中国是个陌生的概念。毛泽东对美国前总统尼克松的"水门事件"(Watergate Scandal)的看法就显示了这一点。所谓"水门事件"涉及美国共

---

① 陈哲夫:《漫谈民主政治》,载王浦劬、傅军主编:《政府管理研究》第一辑,北京:中国经济出版社2003年版,第17页。

和党在任总统尼克松授意非法在华盛顿水门大厦录音窃听民主党总统候选人的竞选策略,这引发宪法危机。事件暴露后,美国舆论哗然,总统尼克松被迫辞职下台。毛泽东对此大惑不解。他对来访的法国总统蓬皮杜说:"我无法理解为什么要把这些事情搞得满城风雨?我不懂为什么这么一点小小差错,竟将尼克松拉下马来?"①

随着中国30年来的改革开放以及所取得的举世瞩目的经济业绩,法治对经济发展和政治文明的重要性已被越来越多的人所认识。清华大学经济管理学院的钱颖一教授指出:"法治通过两个作用来为市场经济提供保障的。法治的第一个作用是约束政府,约束的是政府对经济活动的任意干预。法治的第二个作用是约束经济人行为,其中包括产权界定和保护,合同和法律的执行,公平裁判,维护市场竞争。这通常要靠政府在不直接干预经济的前提下以经济交易中的第三方的角色来操作,起到其支持和增进市场的作用。"对市场而言,"法治的核心是确定政府与经济人之间保持距离型关系以有利于经济的发展"②。

的确,不论是理论可推导出来的逻辑还是全人类的经验都告诉我们,对于一个强调所谓"非人格化交易"(impersonal transactions)的市场经济而言,没有合乎正义的法律以及独立公正的司法,产权和合同的执行是得不到有效保证的。其实,市场和法治是一枚硬币的两面,是不可分离的。从全世界的经验数据看,如果从人均GDP来衡量,经济发达国家都毫不例外地是市场和法治相对健全的国家,反之亦然。

从这个意义上讲,中国改革开放30年的历程就是一个朝着市场和法治方向迈进的过程,虽然取得了重大的成绩,但面临的任务依然艰巨,要走的路依然很长。法治无疑是前进的方向。但是现实中国大体还停留在法制阶段。用一下社会科学的术语,如果把法制(而不是法治)作为自变量,由此产

---

① 参阅陈敦德:《毛泽东与尼克松的最后一次见面》,载《学习月刊》2002年第6期。
② 钱颖一:《市场与法治》,载王梦奎主编:《经济全球化与政府的作用》,北京:人民出版社2001年版,第241页。

生的因变量如何？就目前而言，中国人均 GDP 在全球的排序大约是中等水平。其实，这也不足为怪，环视全球，除了那些中东的石油国外，人均 GDP 处于世界一流的国家大凡是法治的市场经济国家。

中国改革开放的总设计师邓小平远见卓著地指出："我们提出改革时，就包括政治体制改革。现在经济体制改革每前进一步，都深深感到政治体制改革的必要性。不改革政治体制，就不能保障经济体制改革的成果，不能使经济体制改革继续前进，就会阻碍生产力的发展，阻碍四个现代化的实现……要通过改革，处理好法治和人治的关系，处理好党和政府的关系。"①

在此我们不妨借助《奥德赛》(*The Odyssey*)中的故事把法治背后的抽象逻辑拟人化一把，加强画面感，以便加强大家的理解和记忆。《奥德赛》和《伊利亚特》(*The Iliad*)是古希腊盲人作家荷马(Homer)所著的两部经典史诗，《奥德赛》中有一段关于希腊英雄尤利西斯(Ulysses)和海妖塞壬(Sirens)的故事。故事的大意是，大英雄尤利西斯深知人性的弱点，在驾船途经海妖们塞壬居住的海域前，担心自己经不住海妖们迷人歌声的诱惑，事先要求水手把他捆绑在船的桅杆上，同时用蜡封住水手的耳朵。塞壬一半像鸟，一半像女人，她们总是蹲在海岸上，用美妙的歌声引诱过往船只的水手。走近她们的人，谁也逃脱不了她们的诱惑，然后葬身海底。这个故事极生动地展示了法治背后的逻辑，这个逻辑无一例外地贯穿于成熟的市场经济体中，虽然各自表现的形式有所不同。政治学家把那根绑住尤利西斯的绳子称为"宪政逻辑之绳"②。

写到这里，我想到了亚努斯(Janus)——是英语"一月份"(January)的词源，标志着每个新年的开始。亚努斯是古罗马神话里的双面门神，它有两副面孔，一副回望历史，一副注视未来。

市场建设是 M 维度上的议题，我们将在下一部分作进一步的阐述。

---

① 中共中央文献编辑委员会：《邓小平文选》第 3 卷，北京：人民出版社 1993 年版，第 183 页。
② Jon Elster, *Ulysess and the Sirens*, Cambridge University Press, 1979.

第三部分 市场的角色和要件

国富之道

亚当·斯密的许多见解仍然是现代经济学的核心内容。

——格里高利·曼昆

任何一个经济发展非常成功的国家背后都有一个非常明智的政府,但是更多的可以长篇累牍来写的是,那些不明智的政府对经济干预的失败所造成的整个经济发展的停滞或衰败。

——阿瑟·刘易斯

市场是横向的制度安排

格里高利·曼昆是哈佛大学经济学系教授,他与杰弗里·萨克斯(Jeffrey Sachs)和劳伦斯·萨默斯(Lawrence Summers)两人都是29岁时就获得哈佛大学经济学终身教授职位的,堪称天才或传奇人物。曼昆曾在2003—2005年期间担任美国总统经济顾问委员会主席①,用我们的话说,他可谓是理论和实践双全的学术大师。如何解释上面他的引言?亚当·斯密有"现代经济学之父"和"自由企业的守护神"之尊称,说到市场,许多人就会不由自主地想到他在《国富论》中所说的那只著名的"看不见的手"。在我看来,曼昆教授的话有两层含义:其一,理解现代经济依然离不开斯密所说的市场这只"看不见的手";其二,他的话中隐含着"看不见的手"本身是有缺陷的,不构成市场顺利运作所需的全部要素。注意,句中"许多见解",而不是"所有",暗含着不是全部。也正因为如此,我又在曼昆言论的后面,引用了诺贝尔经济学奖得主阿瑟·刘易斯在《经济增长理论》(Theory of Economic Growth)中关于政府作用的一段话。

的确,我们知道在现实世界中,市场作为横向的制度安排本身并不是给定的,它需要政府的呵护。转型经济从计划向市场过渡的艰难和曲折就是佐证。虽然一般教科书所说的基于供求曲线的价格模型给人的印象是市场运作可以没有政府的存在,但是我们不妨问一下,如果市场这只"看不见的手"果真如此伟大,为什么我们还需要政府呢?归根结底,这个问题的逻辑与科斯在《公司的性质》一文的中心思想是一致的,即没有政府/公司(一种

---

① 类似的,萨克斯也有丰富的政府方面的工作经验,2002年,他被联合国秘书长安南任命为世纪发展目标的特别顾问;萨默斯则在1995—1999年间担任美国财政部的副部长和部长,目前他又出任奥巴马政府经济委员会主席。

纵向的制度安排），市场（一种横向的制度安排）本身存在着不可低估的机会主义（opportunistic behavior）风险！用科斯的话说，此乃"交易成本"也。

道理其实很简单，说到极端，如果一个瓜农预见到他的瓜会被抢走，他是不会种瓜的。其实我们都是靠政府提供的胁迫力（如警察和法庭）来保护我们的劳动果实的，虽然这种胁迫力（coercion）往往是隐性的而不是显性的，除非发生诸如抢劫和偷窃等事件。显然，国家在这里至少必须担负起人们经常提及的"守夜者"（night watchman）的角色，这个角色还必须包括监管、规制或仲裁。不信，读一下中世纪发生的故事。一名弗兰迪斯商人指控一名英格兰商人没有还他的贷款，结果：

> 各方都发生了骚乱，英格兰商人聚众袭击了在教堂的住所休息的弗兰迪斯人……英格兰人推倒木栏，打破门窗，把债主和其他五个人拖出来，痛打一顿后关进仓库。他们殴打、虐待和抢劫其他所有的弗兰迪斯人，用刀剑刺破他们的衣服……他们坐在桌边，银杯子被人拿走，钱包被割开，里面的钱被拿走，他们的胸膛也被划开，没有人知道有多少钱财和货物被抢走。①

从经验世界中看，人类社会即便发展到了今天，没有监管或监管不到位的市场也常常引发灾难，例子包括矿难、食品和卫生安全，还有金融风险。就中国而言，三鹿奶粉事件是个深刻的教训，显示了政府对市场监管缺位所引发的灾难。② 在国际上，2008年这次百年一遇的全球金融危机的原因之一也是政府监管的缺位和失败，特别是对金融衍生品的监管失败，导致了全球金融市场大量的泡沫，即没有物质财富对应的想象的"财富"。类似的，为了对付索马里海盗，中国与多国海军在亚丁湾也开始了商船的护航任务。反映类似的逻辑，早在1614年，荷兰东印度公司董事长扬·科恩（Jan Coen）

---

① Avner Greif, *Institutions and the Path to the Modern Economy: Lessons from Medieval Trade*, Cambridge University Press, 2006, p. 68.

② 媒体对三鹿奶粉事件进行了大量报道，参见《三鹿奶粉事件始末》，http://www.chinalawedu.com/news/21605/10900/112/2009/2/ji88121032171529002170 10-0.htm。

就这样写道："亚洲贸易必须在我们自己武器的保护之下得以持续;而这些武器必须由贸易利润来偿付。没有战争,我们就不能进行贸易;没有贸易,我们也无法发动战争。"①

可见,以上所述的这种政府的保护和监管,对我们生活的重要性就好比是空气:有它的时候,我们不觉得;没它的时候,我们会顿时感到窒息,甚至死亡。

与上述的逻辑一致,另一位诺贝尔经济学奖得主诺斯(Douglas C. North)认为:"经济增长的关键是有效的经济组织,而有效的经济组织意味着建立激励机制和保护产权的制度安排,使一个人努力的个人收益率(private rate of return)接近于社会收益率(social rate of return)。"②我们不难看出,在市场这只"看不见的手"的基础上,诺斯的这番话涉及政府和市场合理组合这个极其重要的问题:只有在政府实施规则并对市场经济提供至关重要的制度时,诸如提供激励、保护产权和实施监管,市场这只"看不见的手"才能施展魔力。现实世界难道不是如此吗?纵观历史,我们可以发现人类的经济发展都在有意无意地遵循这一逻辑;反之,几乎都无一例外地导致了经济发展的落后、停滞或灾难,即便有增长的话,也不可持续,往往只是昙花一现。

当然,至今为止还没有哪个国家可以设置如此有效的制度,使诺斯所说的"个人收益"完全(我强调"完全")等同于"社会收益"。诺斯所说的情况只是逻辑推出的理想世界中的香格里拉。然而,我们必须同时看到,朝着这一方向的努力从古到今还在持续。今天在我们探讨相关国家的实践前,作为我们理解市场的出发点,让我们不妨在这里再回顾一下古典经济学家斯

---

① 转引自 *The Economist*,31 December,1999,p.76.

② 在这里,社会收益率(S)是指一个人努力的个人收益(I)加上这个人以外所有人因此获得收益(I′)的总和,即 $S = I + I'$。可见,I′越小,I 就越接近 S,用非经济学的大白话说,就是一个社会在多大程度上承认个人的劳动果实。Douglas C. North and Robert Paul Thomas, *The Rise of the Western World: A New Economic History*, Cambridge: Cambridge University Press, 1973. p.1.

密在《国富论》中那段对"看不见的手"的生动而形象的论述：

> 人类几乎随时随地都需要同胞的协助，但是要想仅仅依赖他人的恩惠，那是绝对不行的。他如果能够刺激他人的利己心，使其有利于他，并告诉其他人，给他做事是对他们自己有利，那么他要达到目的就容易得多了……我们每天所需要的食物和饮料，不是出自屠夫、酿酒师或面包师的恩惠，而是出自他们利己的考虑。每一个人……既不打算促进公共的利益，也不知道自己是在什么程度上促进那种利益……他所盘算的也只是他自己的利益。在这种场合下……他受着一只看不见的手的引导，会去尽力达到一个并非他本意想要达到的目的。他追求自己的利益，往往使他能比在真正出于本意的情况下更有效地促进社会的利益。

冥冥之中有一只"看不见的手"引导着追逐私利的芸芸众生创造了社会财富，这就是《国富论》的要点。宛如科学家牛顿透过缤纷的自然现象看到了万有引力，亚当·斯密的高明在于他超越了缤纷的社会现象洞察到了人行为的动机，以及其与社会和社会总福利的关系。同样的，哈耶克也认为，如果每个经济主体都有充分的自由，那么生产和分配就会依据每个经济主体的意愿通过"自发的秩序"加以实现。虽然这一个过程的结果很难预测，但在每个人都追求个人利益最大化的情况下，这个过程可以理解为逐渐接近福利最大化。① 在这里，我们不妨把这只"看不见的手"解读为市场的灵魂，而市场是按这个灵魂所设置的由价格调节供求关系的游戏规则。在这个游戏中，企业好比是各种疾驶的车，各自追逐的目标都是利润，市场的红绿灯是价格；一旦红绿灯出现了故障，车辆就会迷失方向，甚至撞车，游戏就会终止。

乍一看，也许有人会觉得不可思议。怎么皇皇巨著《国富论》丝毫不显

---

① 关于这方面更多的论述，见 Friedrich Hayek, *Rules and Order*, reprinted in *Law, Legislation and Liberty*, London: Routledge & Kegan Paul, 1973.

第三部分 市场的角色和要件

中国北宋范仲淹（公元989—1052）在其脍炙人口的《岳阳楼记》中所倡导的那种"先天下之忧而忧，后天下之乐而乐"的博大襟怀？煌煌大业往往起于苍凉和卑微！思想的深锐也不例外。除了那只"看不见的手"论述之外，《国富论》开篇还谈了一家小的"扣针工厂"。对于一般人熟视无睹的现象，斯密作了这样的观察：10个工人，配以简单的设备，稍加分工，日产扣针48 000枚；如果他们各自独立工作，说不定一天连1枚针也制造不出来。逻辑推理的答案是什么？简单的分工（division of labor）可以提高生产率，成为收益递增的源泉！可见，形形色色的现象后面常常隐藏着可以一般化的逻辑，等待着人们跳出常规的思路，去探索、去发掘。

就一般化的逻辑而言，学过经济学的人应该会看到，"看不见的手"给我们展示的是"完全竞争"市场，在那里遵循的是成本上升、收益递减的规律；而"扣针工厂"展示的是可能会导致垄断的趋势，在那里遵循的是成本下降、收益递增的规律。但问题是，推到逻辑的两个极端，即完全竞争和完全垄断，两个逻辑不能同时存在，两个原则之间发生矛盾怎么办？说到底，市场中该不该有政府的作用？如果有，政府的作用到底是什么？显然，即便是通读了《国富论》的各个章节，我们也找不到这个问题的答案。看来，要么斯密当时根本没有看到两者之间的矛盾，要么是他有意把问题留给后人去发现、探索和实践。

跟随着人类经济思想的发展以及受思想指导的实践，包括成功与失败，在一定程度上本部分的目的就是试图回答《国富论》中无解的问题，希望对我们今天的实践和未来的发展有所启示。至于思想对于政策的重要性，正如凯恩斯所言，"或迟或早，或好或坏，危险的是思想而不是既得利益"。

1978年12月13日，邓小平在为十一届三中全会做准备的中央工作会议上做了《解放思想，实事求是，团结一致向前看》的讲话，此文是中国在结束"文革"十年动荡后踏上改革开放征程的宣言。他指出："目前进行的关于实践是检验真理的唯一标准问题的讨论，实际上也是要不要解放思想的争论。大家认为进行这个争论很有必要，意义很大。从争论的情况来看，越看越重要。一个党,一个国家,一个民族,如果一切从'本本'出发,思想僵化,迷信盛行,那它就不能前进,它的生机就停止了,就要亡党亡国。"①今天让我们再次本着解放思想、实事求是的精神,回顾和探讨发达国家构筑市场这个横向制度安排的历史,包括错误,以及背后的逻辑和要件。在这里我首先需要声明一点,与前一部分类似,本书并无意进行事无巨细的历史性描写,我们的重点是追踪、阐述和提炼在逻辑上具有解释意义的历史时空中的亮点。本部分的内容由三大方面组成:第一,早期欧洲的兴起;第二,近代美国的超越;第三,俄罗斯的落伍。

早期欧洲的兴起:追溯到工业革命前的历史

欧洲的兴起从什么时候开始说起?2006年8月,我受诺贝尔经济学奖得主斯蒂格利茨教授之邀,前往英国曼彻斯特大学商学院参加由他领衔主持的国际会议。这是我第一次来到英国工业革命时代的重镇曼彻斯特。在那里代表英国传统纺织业的一些古老墙垣、店铺、建筑依稀可见,虽然昔日机器的轰鸣和市井的喧闹已不复存在,但是那里的街景很容易使人联想起中学时代教科书中所描绘的英国18世纪中叶后以蒸汽机和纺织业为代表的大工业时代以及那个时代的著名人物和那些标志性的发明,如詹姆斯·瓦特(James Watt,1736—1819)的蒸汽机以及詹姆斯·哈格里夫斯(James Hargreaves,1721—1778)发明并以自己妻子命名的珍妮纺纱机(Spinning Jenny)。据说恩格斯在曼彻斯特也拥有一家纺织厂。他基于自己的亲身观察,在1844年写出了著名的《英国工人阶级状况》(The Condition of the Working Class in England in 1844)。在工业革命年代,曼彻斯特由一个默默无闻的小城成为当时欧洲最重要的工商业中心之一,并被冠以"纺织城"的称号。

说到英国的纺织业,其实它的发展并不是18世纪中叶以后的事情。18

---

① 《邓小平文选》第2卷,北京:人民出版社1993年版,第114页。

世纪初期纺织业已在英国各地蓬勃兴起。英国启蒙时期现实主义小说的奠基人笛福（Daniel Defoe，1660—1731）因《鲁滨逊漂流记》（Robinson Crusoe）这部脍炙人口的小说而天下闻名，但不为大众所知的是，他的著作还包括《大不列颠游记》（A Tour Thro' the Whole Island of Great Britain，1724—1727）。在该书中，他以现实主义的笔触对1724—1727年间他所看到的英国各地毛纺工业的普及进行了翔实的描述。说到此，也许有人会猜测，欧洲兴起大概是从17—18世纪的英国开始的。①

但这不完全正确。近来越来越多的研究显示，以人均GDP衡量，欧洲的经济增长大约在公元1000年就开始起步，并在工业革命的两个世纪以前就大大超过了中国。相比而言，1600—1730年间，中国人均GDP基本停滞不前，大约是380美元，到了1840年还跌到320美元。1600年，中国人均GDP大约是英国的40%，1700年大约是英国的1/3，1820年大约是英国的1/5。②注意，这里衡量的指标是人均GDP。人均GDP增长与一国GDP增长是相关的，但两者的差别很大。在《西方世界的兴起》（The Rise of the Western World）

---

① 这并不是毫无道理。不少学者认为17世纪的欧洲还是一个"边缘的、冲突频繁的、低创新的社会"，与当时的亚洲相比不分上下。更有学者认为英国在18世纪出现工业革命纯属偶然（参见Jack A. Goldstone, The Rise of the West or not? A Revision to Socio-economic History, Sociological Theory, 2000, 18: 2 (July), pp. 175—194; Europe's Peculiar Path: Would the World Be "Modern" if William III's Invasion of England in 1688 had Failed? in Unmaking the West: What-if Scenarios that Rewrite World History, Philip E. Tetlock, Ned Lebow, and Geoffrey Parker, eds., Ann Arbor, MI: University of Michigan Press, 2006, pp. 168—196.），而一次性的偶然事件很难系统地确立因果关系。举的例子是车祸中喝酒和不喝酒的司机：不喝酒的司机有时也会出事故；喝酒的司机也不一定都撞车。如果只有一次撞车"实验"（如一次工业革命），两个司机（如欧洲和中国）与撞车之间很难确定因果关系（参见Stanley Lieberson, "Small n's and Big Conclusions: An Examination of the Reasoning in Comparative Studies", Social Forces, 72 (4), 1994, pp. 1225—1237）。

② 刘狄：《前近代中国总量经济研究，1600—1840》，上海人民出版社2009年版，第148—150页。该研究认为，麦迪森和贝洛赫（Paul Bairoch）的相关数据有高估中国经济表现之嫌。根据麦迪森，1600年中国GDP占世界总量的29%，在1820年是32.9%；根据贝洛赫，中国GDP占世界的总量在1800年是43.8%，在1840年是36.6%。在参照和调整的基础上，该研究得出结论：1600年中国GDP占世界总量的24.8%，在1800年是22.7%，在1840年是19%。可见，无论哪组数字都支持BM=W的假说，只是调整后的数据支持力度更强。

国富之道

一书中,诺斯指出,人均收入增长才是经济增长的真正源泉,因为它意味生产效率的提高,意味着一个社会总收入增长的速度必须高于其人口增长的速度。①

与此相应,在《解除束缚的普罗米修斯》(*Unbound Prometheus*)一书中,兰德斯写道:"在工业革命之前,欧洲就已经富裕了,即与那个时代世界其他地区相比是富裕的。它的富裕是数个世纪以来慢慢积累的结果。这种积累依次依赖于投资、对欧洲之外的资源和劳力的利用以及重大的技术进步。它不仅发生在物质产品的生产方面,也发生在交换和分配的组织及融资方面。似乎显然的是,从公元1000年到18世纪的近千年时间里,人均收入有了显著的提高,很可能是三倍的增长。"②兰德斯教授的观点并不孤立,他得到了以计量方法研究长周期经济发展而著称,并由此获得1971年诺贝尔经济学奖的库兹涅茨(Simon S. Kuznets,1901—1985)教授的支持。③ 近来更系统的数量统计也佐证了他的观点(参见第一部分的图表)。看来,要考察欧洲的兴起,我们的视界必须放得更远些,至少从工业革命向前再纵伸五百多年的历史。

国家的出现、市场的扩展和分工的逻辑

"罗马不是一天建成的",这是一句西方的谚语。的确,早期欧洲的兴起也同样经历了一个漫长的过程。历史学家告诉我们,曾在欧洲称霸的古罗马帝国大约在公元400年开始走向衰亡,随后的欧洲陷入分裂和战乱。海上贸易因海盗横行而受阻,陆路交通因封建割据而无法畅通。到了公元1000年,欧洲的基本状况还是封建割据,其特点是自给自足的自然经济占主

---

① Douglas C. North and Robert P. Thomas, *The Rise of the Western World:A New Economic History*, Cambridge:Cambridge University Press, p. 1.
② David S. Landes, *The Unbound Prometheus*, Cambridge University Press, 1969, pp. 13—14.
③ Simon Kuznets, *Population, Capital and Growth:Selected Essays*, New York:Norton Book, 1973.

导地位,城市生活濒于枯竭,技术和与其相关的交通不发达是造成这种状况的重要原因。① 为了对当时人们经济生活的范围作个估算,有学者做过这样的试验:两个人驾驶两匹马的马车,车上装满供人和马吃的粮食,马车单程最远能走大约370公里,这大概就是当时人力所及的行程的最大半径。② 经济史学家告诉我们,部分是因为交通的不发达,欧洲当时的经济形态是封建生产方式。

何谓封建生产方式?就欧洲而言,它是指拥有土地的贵族通过地租方式从农民那里榨取剩余劳动。在这种特定的经济形态中,农民的人身必须依附于封建庄园的土地资源上,不能在市场上自由流动。虽然贸易同时也存在,但交换的货物往往只是对自给自足的经济一个补充和调剂,并不构成以庄园为单位组成的生活必需品。当然,这也并不足以奇怪。毕竟贸易是人类和动物的区分所在。亚当·斯密观察到,"搬运、物换物和交换的倾向"(the propensity to truck, barter and exchange)是人性的一部分。他同时指出:"从没有看到过一只狗拿一块骨头与另一只狗有意识地进行公平的交换"。

说到贸易,有必要提一下卡尔·波兰尼(Karl Polanyi,1886—1964)很具启示性的观点。波兰尼在其著名的《大转型》(*The Great Transformation*)一书中认为贸易可分为四类:地方贸易(local trade)、远程贸易(long-distance trade)、互补性贸易(complementary trade)和竞争性贸易(competitive trade)。互补性贸易即我们常说的"互通有无",以一个地区的货物换回该地区没有的货物;竞争性贸易则是在同类货物的基础上以质量或价格比高低,即我们常说的"物美价廉",而要做到物美价廉,就要求专业分工、技术创新。相对于地方贸易,远程贸易往往更容易创造价值。

为什么?这里涉及产品的异质性以及相应的价值与空间距离的关系。

---

① 例如,查理帝国首都亚琛的人口才2000—3000人,远比同时代中国唐朝的长安要少得多,当时长安的人口估计有190万。参阅陈钦庄等:《世界文明史简编》,杭州:浙江大学出版社2000年版,第154页。

② Herman M. Schwartz, *States versus Markets: The Emergence of a Global Economy*, New York: St. Martin's Press, 2000, p. 3.

国富之道

拿我们熟悉的中国云南旅游胜地丽江为例:丽江秀丽的风景作为旅游产品的供方对当地人的需求来说是没有多少价值的,因为他们对本地的风景已司空见惯。但是,对远方的游客来说,情况就大相径庭。因此不难想象,拉开供需的空间距离以增加产品的异质性是增加价值的一种有效方法。① 这也部分说明了为什么最大利润的获得者往往不是生产者,而是贸易商人。在历史上,古希腊荷马史诗《奥德赛》中就描述了墨涅拉俄斯和奥德修斯在爱琴海上半海盗、半经商的故事以及海上贸易带来的巨大经济好处。同样的逻辑能解释长途跋涉、奔波于横亘欧亚大陆丝绸之路上商人创造的价值。

"边城暮雨雁飞低,芦笋出生渐欲齐;无数铃声遥过碛,应驮白练到安西。"这是唐代诗人张籍的《凉州词》,它生动地描绘了丝绸之路上的骆驼队在暮色中冒雨穿越沙漠运载货物的繁忙景象。② 在今天,这个逻辑也能说明为什么在全球市场上中国企业往往不敌外资企业:没有国际视野、缺乏贸易渠道,说到底是没有能得心应手地在最大范围内找到产品供需之间的最大利润点的能力。

不同于封建经济,市场经济说到底是商品经济。其特点主要有三:第一,劳动力可以自由买卖以及与生产资料分离,不像在封建生产方式下劳动力依附于土地。第二,生产资料由私人占有,只有在明确的产权界定和保护的条件下,生产和交换才有最大的动力。第三,生产产品的目的是为了到市场上去交换,这包括生产要素(如劳力、土地和资本),不像封建生产方式是

---

① 今天,跨国公司在全球范围内的许多运作其实都遵循这一逻辑。
② 公元前2世纪到公元16世纪,丝绸之路是连接欧亚大陆的商路,全长7000余公里,它东起中国当时的首都长安,西至原东罗马帝国首都君士坦丁堡(今土耳其伊斯坦布尔城),并由此连接中亚、南亚、西亚和欧洲各国。当时,西方的玻璃、药材、犀牛、象牙等源源不断地输入中国来换取中国的丝绸、茶叶、瓷器、金银器皿等物品。随着贸易的繁荣,当时沿路许多商镇、军屯也发达起来,如河西地区,当时人口达19万。明代以后,由于东南水路的畅通,海运发展起来,丝绸之路开始萧条了。它仅在中国西北和中亚、西亚的区域贸易中起一些作用。嘉靖三年(1524),在吐鲁番的进逼下,明朝关西七卫全部撤入嘉峪关内,从此划关而治。丝绸之路这条繁荣了1700多年的欧亚贸易大动脉,终于渐渐地在风沙中停止了搏动。参阅 Frances Wood, *The Silk Road: Two Thousand Years in the Heart of Asia*, Berkeley: University of California Press, 2002;李明伟:《丝绸之路贸易史研究》,兰州:甘肃人民出版社1991年版。

为了终极使用。早期欧洲经济兴起的根本原因是明晰和保护了产权,扩大了市场的半径,加强了生产要素的自由交换和买卖。从时间上说,这些因素的出现远远发生在工业革命以前,因此,这一观点比强调技术因素的常规思路更能解释欧洲早期的经济增长。①

从条件上说,它们的辅助条件是国家和民族国家的出现,这是因为国家出现才能有效地为日益扩大的市场提供维护正义和产权保护的公共产品(public goods);是国家把分割的地方小市场变成国内甚至国际的大市场,使交易的半径由地方市场转变到远程的国际市场。市场的扩大反过来又促进了劳动分工,而劳动分工又将提高生产效率。根据古生物学家的发现,旧石器时代欧洲大陆的尼安德特人(Neanderthals)体格强壮,脑量也与现代人相似。虽然他们先于人类生活在欧洲大陆,但是大约在4万年前人类从非洲移居到欧洲后,在与人类的竞争中,尼安德特人最终灭种了,关键因素之一就是他们缺乏劳动分工。② 美国芝加哥学派旗手、1982年诺贝尔经济学奖得主斯蒂格勒在其《市场规模决定分工》(The Division of Labor is Limited by the Extent of the Market)的论文中阐明的就是这个道理。③

的确,市场制度基础的关键问题必须涉及国家的权力。国家是一个纵向、垂直、有胁迫力的制度安排。虽然在悠悠历史长河中,它的规模、功能以

---

① 对于着眼于技术的解释,诺斯很不以为然。他说:"很明显这种解释有漏洞。我们还是不明白,如果经济增长所需要的只是投资和技术创新,那为什么有的社会没有这种好的结果?"参阅 Douglas C. North and Robert Thomas, *The Rise of the Western World: A New Economic History*, Cambridge: Cambridge University Press, p. 2.

② 人类很早就在男女之间进行了分工,过着所谓"男耕女织"的生活;相比之下,尼安德特人不分男女老少,大家都从事狩猎。参见 Anatoliy Derev'anko, *The Paleolithic of Siberia: New Discoveries and Interpretations*, Urbana: University of Illinois Press, 1998; Richard D. Horan, Erwin Bulte and Jason F. Shogren, "How Trade Saved Humanity from Biological Exclusion: An Economic Theory of Neanderthal Extinction", *Journal of Economic Behavior and Organization*, 58, no. 1, September 2005, pp. 1—29; Steven L. Kuhn and Mary C. Stiner, "What's a Mother to Do? The Division of Labor among Neanderthals and Modern Humans in Eurasia", *Current Anthropology*, 47, no. 6, December 2006, pp. 953—980.

③ George Stigler, "The Division of Labor is Limited by the Extent of the Market", *Journal of Political Economy* LIX, No. 3 (June 1951), pp. 185—193.

及组织一直在不断地演变①,然而,正如恩格斯所言,所有的国家都具有以下特征:掌握足够的强制力以征收税赋、管辖和保护特定领域里的人口。② 而正因为如此,它才能够保护合同和产权,提供公共产品,促进经济发展。正如公共选择理论的创始人之一戈登·塔洛克教授所指出的,"当财产能被随意掠夺时,对市民来说,大量从事生产是不理性的,因为这些财产随时有可能遭掠夺";而有了国家后,民众可以更多地关注生产,更少地担心防卫。③ 总之,国家可以界定产权,没有产权就会拖累经济增长或生产。但是问题是,国家一旦有足够的强权来做这些事的时候,同样的暴力也可以撤销保护或没收私人财产,从而破坏市场经济的基础。④ 在本部分的讨论中,我们的焦距灯将指向这种两难的问题。

在欧洲,民族国家的形成经历了一个漫长而逐步发展的过程。历史显示,在公元900年,欧洲大约有几千个类似国家的政治实体;到了14世纪,这个数字下降到大约1000个;到了15世纪,大约出现了500个民族国家;到了1780年,还剩有100个;在1900年时,这个数字减少到25个。⑤ 与此相应,

---

① 人类学家关于国家起源的一个基本观点是,当社会达到一定的规模,就要求专门的机构来裁决纠纷,保护民众,这时候,国家就产生了。参阅 Elman R. Service, *Origins of the State and Civilization*, New York: W. W. Norton and Company, 1975; H. T. Wright, "Recent Research on the State", *Annual Review of Anthropology*, 6 (1977), pp. 379—397.

② Frederick Engels, *The Origins of the Family, Private Property, and the State*, New York: International Publishers, 1973, pp. 229—230.

③ Gordon Tullock, *The Social Dilemma*, Blacksbury, VA: University Publications, 1974, p. 17. 此外,同样基于理性的原则,曼瑟·奥尔森(Mancur Olson)证明,理性人只有在选择性激励下才会加入组织或从事集体行为,这种选择性激励包括正面的诱导、负面的制裁,或者强制;不然,人们就会搭便车。Mancur Olson, *The Logic of Collective Action*, Cambridge: Harvard University Press, 1965.

④ 马克斯·韦伯明确指出,只有现代国家才能够合法地垄断暴力,即前现代国家并不总是拥有暴力的垄断权。Max Weber, *Economy and Society*, Guenther Roth and Carl Wittich, trans. New York: Bedminster Press, 1968, p. 56.

⑤ J. C. Russell, *Medieval Regions and their Cities*, Newton Aboot: Aldus Book, 1972, pp. 244, 246; Joseph R. Strayer, *On the Medieval Origins of the Modern State*, Princeton: Princeton University Press, 1970, p. 61; Charles Tilly, ed., *The Foundation of the National State in Western Europe*, Princeton: Princeton University Press, 1975. p. 15 cf. 76; Michael Mann, *States, War and Capitalism*, Oxford: Blackwell, 1988, p. 153; Robert Wesson, *State Systems: International Pluralism, Politics, and Culture*, New York: The Free Press, 1978, p. 21.

有证据显示,国家的出现,总体上促进了贸易的增长。在工业革命爆发几百年前的1500—1700年间,欧洲贸易总额大大提高,增长了大约五倍。① 相比之下,在欧洲中世纪封建割据的庄园条件下,经济生活基本是自给自足的,生产缺乏专业化,贸易也只是相邻地区短距离的零星交换,结果是交换物品的价值提升空间十分有限。也许更重要的是零星的地方市场和贸易,用经济学的术语来讲,缺乏规模经济(economy of scale)②,导致了交易成本的提高。③

---

① Michael Mann, *The Sources of Social Power I: A History of Power from the Beginning to A. D. 1760*, New York: Cambridge University Press, 1986, p. 472.

② 规模经济是指:在给定技术和固定投入的条件下(指没有技术/固定投入的变化),对于某一产品(无论是单一产品还是复合产品),如果在某些产量范围内平均成本是下降或上升的话,我们就认为存在着规模经济(或不经济)。具体表现为"长期平均成本曲线"向下倾斜。从这种意义上说,长期平均成本曲线便是规模曲线,长期平均成本曲线上的最低点就是"最小最佳规模"(Mininum Optimal Scale)。

③ 交易成本最早由科斯提出。所谓交易成本,就是在一定的制度安排下,人们自愿交往、彼此合作达成交易所支付的成本,它与一般的生产成本是对应概念。交易成本包含搜寻信息的成本、协商与决策成本、契约成本、监督成本、执行成本与转换成本等。巴泽尔(Yoram Barzel)把交易成本界定为为获取保护和转让产权而支付的成本。威廉姆森(Oliver Williamson)指出,交易成本有五个主要来源:(1)有限理性,指交易人因为身心、智能、情绪等限制,在追求效益极大化时所产生的限制约束。(2)机会主义,指交易各方为寻求自我利益而采取的欺诈手法,同时增加彼此不信任与怀疑,因而导致交易过程监督成本的增加而降低经济效率。(3)不确定性与复杂性。由于环境因素中充满不可预期性和各种变化,交易双方均将未来的不确定性及复杂性纳入契约中,使得交易过程增加不少订立契约时的议价成本,并使交易困难度上升。(4)少数交易。某些交易过程过于专属性(specificity),或因为异质性(idiosyncratic)信息与资源无法流通,使得交易对象减少及造成市场被少数人把持,使得市场运作失灵。(5)信息不对称。因为环境的不确定性和自利行为产生的机会主义,交易双方往往握有不同程度的信息,使得市场的先占者拥有较多的有利信息而获益,并形成少数交易。参阅 Oliver E. Williamson, "Examining Economic Organization Through the Lens of Contract", *Industrial and Corporate Change* 12(4), August 2003, pp. 917—942; "Public and Private Bureaucracies: A Transaction Cost Economics Perspective", *Journal of Law, Economics, and Organization*, 15(1), March 1999, pp. 306—342; "The New Institutional Economics: Taking Stock, Looking Ahead", *Journal of Economic Literature* 38(3), September 2000, pp. 595—613; Michael Riordan and Oliver E. Williamson, "Asset Specificity and Economic Organization", *International Journal of Industrial Organization*, 1985, 3, pp. 365—78; "Revisiting Legal Realism: The Law, Economics, and Organization Perspective", *Industrial and Corporate Change*, 5(2), 1996, pp. 383—420; "Credible Commitments: Using Hostages to Support Exchange", *American Economic Review*, September 1983, 73, pp. 519—40; Yoram Barzel, *Economic Analysis of Property Rights*, Cambridge: Cambridge University Press, 1989.

国富之道

顺便提一下,作为比较,当时在中国进行的为何种规模和性质的贸易是一个值得探讨的议题。众所周知,大运河是当时连接中国南北的重要水道,本应大大促进市场的拓展,特别是长距离的贸易,但是有证据显示,大运河的实际作用与其说是促进了市场贸易,还不如说是加强了当时中国政府的中央集权和行政垄断。例如,在明代,大运河是漕运系统的一部分,即政府专用的交通路线。历史学家黄仁宇在其专著《明代的漕运》中指出:"85%多的漕粮用于京师消费。总的情况是,漕粮运来越多,浪费就越多。……看起来,明代官员从未想过如何利用漕粮作为投资资本,拓宽经济基础,或者对某项可以加强政府地位的特别项目提供资金。"[①]历史是面镜子。当今中国包括大学在内的各种行政化现象及其不良后果,从那时的大运河就能反映出其思想和组织根源。

再者,劳动力是生产要素之一,而生产要素的自由流动是资源最佳配给的前提条件。在15世纪前的欧洲,与劳动力有关的一系列问题——如农奴如何摆脱封建庄园条件下的人身与土地的束缚,劳动力如何逐步进入市场流动,以及与人力资本提升密切相关的现代大学如何出现——在《世界文明史简编》一书中有这样简洁、扼要的叙述。我在这里长段引用:

> 10世纪后,随着农业生产的迅速发展[②],有了更多的剩余产品,不仅能满足农民及封建主的需要,而且能够提供粮食和原料给从事商业活动的人,促进了手工业技术的发展,使之达到了专门化的水平;商业活动开始活跃,促进了商品的交换。这样在主教驻

[①] 参见黄仁宇:《明代的漕运:运河上的兴衰》,北京:新星出版社2005年版,第106页。

[②] 虽然这里并没有解释为什么这时候农业生产出现较快的发展,但是答案在别的地方。诺斯在其《西方世界兴起》一书中指出,大约在公约9世纪,欧洲部分地区的农业开始从原来的两季耕作转变为三季耕作,在不同时期轮流种植诸如小麦、大豆、燕麦等作物,并让土地有机会休耕、养肥。这种新的生产组织方法,在耕地面积不变的情况下,使产量大大提高。参见 Douglass C. North and Robert P. Thomas, *The Rise of the Western World: A New Economic History*, Cambridge: Cambridge University Press, p.41。有学者把三季耕作看做欧洲"中世纪农业生产的最大创新"。参见 C. Parain, *Cambridge Economic History*, vol. I, 1941, p.127.

地、城堡周围、修道院附近和一些交通便利、比较安全,能够获得廉价原料与可以顺利出售产品的港口、交通要道等地,一些手工业者通过各种方式摆脱封建领主的束缚,脱离封建庄园,在这些地区定居下来。其后人口逐步聚集,来往商人增多,于是城市兴起。城市居民多是来自附近乡下的农奴,他们只要在城市住满一年零一天,就获得自由,成为城市市民……在中世纪中期,西欧各国城市如雨后春笋般发展起来,如德国13—14世纪时,增加了700个城市。但中世纪的城市和近代城市不同,一般规模不大……在整个欧洲,12—15世纪城市人口未超过其总人口的10%。一个城市有广场(往往兼做市场)、教堂,取得自治权的城市还有市政厅(兼市议会场所)。由于战争频繁,城市为了防御,筑有城墙……另外,市民阶级的产生、工商业的发展、社会对知识文化的需求也在不断增长,逐步要求摆脱教会对文化教育的垄断。于是,世俗大学在西欧出现。第一所大学——博洛尼亚大学首先于11世纪末的意大利诞生;12—13世纪大学在欧洲一些城市也相继兴起,如法国巴黎大学,英国剑桥大学、牛津大学,德国海得堡大学,奥地利维也纳大学,捷克布拉格大学和意大利的巴勒摩、帕多瓦、萨勒诺大学等。14世纪末,欧洲已拥有40所大学;到1500年,则有65所。①

从以上历史描述中我们可以看出,城市的兴起与农民摆脱土地的捆绑互为因果。② 与此同时,我们还可作点推理(更严格地说是提出假说):大学的出现与城市中人力资本较快的提升相关联。这里之所以说较快,是相对于同时代的中国而言的。我们都知道中国的教育有私塾(private tutoring),但是相对于私塾而言,现代大学在知识储存、传播和创造三个方面是一种新

---

① 陈钦庄等:《世界文明史简编》,杭州:浙江大学出版社2000年版,第154—158页。
② 关于工业革命以前国家和商人以及欧洲城市兴起的更系统的研究,参见 J. Bradford DeLong and Andrei Shleifer, "Princes and Merchants: City Growth before the Industrial Revolution", *Journal of Law and Economics*, 36 (October, 1993), pp. 671—702.

的而且是更有效的制度安排。结果是营造了更好的知识生态。这是因为这种制度安排,用经济学的术语说,更具有"规模经济"的效应。据说到了12世纪中期,博洛尼亚大学的学生人数已接近1万人,他们来自欧洲各国,那些被选出来代表他们国家的人的名字和徽章今天还保存在该城市最古老建筑之一的天花板上。再者,根据英国古典经济学家大卫·李嘉图的贸易理论,经济增长与劳动分工和比较优势(comparative advantage)密切有关。不难看出,李嘉图的逻辑同样蕴含于上面这段历史的记载。正如美国经济史学者莫季尔(Joel Mokyer)教授所指出的,现代大学的一个重要特点是学科分类,而学科划分必将促进劳动的分工和专业化水平的提高,进而最终促进生产率的提高,而且到了今天,这种发展的趋势更是有增无减。①

对于学过一点经济学的人而言,以上逻辑诚然不难理解。但是除此之外,我们都知道中国当时也有城市,而且,与欧洲相比,中国城市的规模可以用"有过之而无不及"来描述。中国盛唐时期的长安就是个例子。② 那么,我们对早期欧洲的兴起作何种解释?答案是产权!③

法律与经济:罗马《民法大全》——保护产权的法律渊源

何谓产权?科斯和阿尔钦等人的《财产权利与制度变迁》一书中收集了当今世界"产权学派"和"新制度学派"不少著名经济学家的文章,其中也包括几位诺贝尔经济学奖获得者的文章。我们不妨把这本书作为理解产权的一个便捷的起点。该书前面"译者的话"中有这样一段话:"什么是产权?按照阿尔钦(Armen Alchian)的定义,'它是一个社会实施的选择一种经济品使

---

① Joel Mokyr, *The Gifts of Athena: Historical Origins of the Knowledge Economy*, Princeton: Princeton University Press, 2002. 参阅 Marc Law and Sukkoo Kim, "Specialization and Regulation: The Rise of 'Professionals' and the Emergence of Occupational Licensing Regulation in America", Working Paper, Washington University in Saint Louis, 2003.

② 盛世的大唐只持续了一百多年,在"安史之乱"后,便逐步衰落了。

③ 欧洲的兴起与制度变迁是密切相关的,参见 Daron Acemoglu, and Simon Johnson and James Robinson, "The Rise of Europe: Atlantic Trade, Institutional Change, and Economic Growth", *American Economic Review*, June 2005, 95, no. 3, pp. 546—579.

用的权利'。值得注意的是,从经济学的角度分析产权,它不是指一般的物质实体,而是指人们对物的使用所引起的相互认可的关系,它用来界定人们在经济活动中如何受益,如何受损,以及他们如何进行补偿的规则。因而,产权的主要功能就是帮助一个人形成他与其他人进行交易时的预期。"①

可见,产权是一种社会性的制度约束,不一样的产权可以解释人的经济行为和经济增长的业绩,因为不同的产权约束对一个经济的交易费用水平具有决定性的影响。与此逻辑相一致,诺斯在《西方世界的兴起》一书中花了不少篇幅来阐述的一个中心论点就是:得益于罗马法的传承,对产权更清晰和更有效的保护是欧洲经济增长的关键。他说:

> 其实,我们提到的因素(如创新、规模经济、教育、资本积累)都不是增长的原因,它们是增长本身。到底什么是增长的原因是本研究的重点。增长的前提是有效的经济组织。必须有激励机制来诱导个人承担对社会有益的活动;为此,必须设置某些机制使个人收益率接近社会收益率……个人和社会收益若有距离,这意味着一定是某个第三方,在没有得到认可的情况下,占了便宜。发生这种情况的原因是产权没有得到很好的界定或执行……历史上,保密、表彰、奖励、版权和专利等方法就是为了使个人收益率接近社会收益率,但是阻止第三方占便宜的各种方法至今仍然成本颇高且不完善。②

虽然诺斯对罗马法本身并没有展开评述。但是鉴于罗马法对欧洲历史的重要影响,我想在这里很有必要对罗马法给予特别的关注。它有助于我们理解为什么早期的欧洲可以率先实现从农业社会向商品社会的过渡。不难理解,稳定的产权必须植根于一个社会的制度安排之中,而法律就是一种

---

① 科斯、阿尔钦等:《财产权利与制度变迁:产权学派与新制度学派译文集》,刘守英等译,上海:上海人民出版社1994年版。

② Douglas C. North and Robert P. Thomas, *The Rise of the Western World: A New Economic History*, Cambridge: Cambridge University Press, pp. 2—5.

正式的制度。新的产权意味着必须有新的制度安排来界定、执行和保护。

一般认为,罗马法律的历史起源于十二铜表法(XII Tables),据说那是大约在公元前450年间制定的。① 十二铜表法以条文法(lex)的形式在古罗马广场上颁布,确定了日后所有习惯法的法源和基础。后来罗马的法学家试着收集所有法律,编成一部法典,这种努力主要体现在东罗马帝国皇帝查士丁尼一世下令编撰的著名的《民法大全》之中。《民法大全》也称《罗马法大全》(Roman Law),是《查士丁尼法典》、《法学阶梯》、《学说汇编》、《新律》四部法典汇编的统称,虽然内容无甚创新,但它是对罗马法学界前人智慧和实践的全面总结和升华。

历史学家告诉我们,从奥古斯都(Augustus Caesar,公元前63—公元14)到安敦尼王朝(Antonian Dynasty,公元96—192)的200多年间,罗马帝国空前发展,法律也不例外,堪称罗马法的"黄金时代"。随着罗马版图的日益扩展,罗马市民法(jus civile)也逐步向万民法(jus gentium)演变。大约同期,罗马出现了历史上著名的"法学五杰",即盖尤斯(Gaius)、保罗(Paulus)、乌尔比安(Ulpianus)、帕皮尼安(Papinian)和莫德斯蒂努斯(Modestinus),其中盖尤斯所著的《法学阶梯》对罗马私法体系的贡献尤其突出。②

《罗马法大全》条理清晰、逻辑严谨、内容浩繁,达60多卷,有公法和私法的划分。根据《民法大全》,关于国家事务的法为公法(jus publicum),关于个人利益的法为私法(jus privatum)。公法和私法之分是罗马法的首创。再者,现代民法中"法人"这个概念也源于罗马法"人格权"(personae)这个概念,这也是罗马法的首创。如果我们把古罗马的《民法大全》与中国唐朝的《唐律》相比,一个显著的区别是前者注重民法而后者注重刑法。这个区别具有深刻的含义。罗马法公私分明,侧重民法,体现了古罗马以人为本的法律精神。《礼记·经解》中有:"《易》曰:'君子慎始,差若毫厘,谬以千

---

① 十二铜表法以刻于12块铜板而得名。
② 参阅 Barry Nicholas,*An Introduction to Roman Law*,Clarendon Press,2008。

里。'"也许正是这一区别导致了中国在建设市场经济的努力中大大地落后了。①

对于经济发展而言,罗马法最有价值的部分是它的"物法",即对财产权利的规范;它既包括财产静态的"物权",又包括财产动态的"债权"和"继承权",并遵循权利主体地位平等、财产交易等价、契约自愿的原则。需要指出的是,厘清产权这个相当复杂的概念,离不开经济学家的贡献,但是更主要、更基础的工作看来还是千年以前的法学家所为。显然,在商品经济的早期,规范经济生活的不是经济学理论而是民法。根据罗马法,产权主要分为物权和债权两大部分。物权又分为自物权和他物权。自物权即所有权,是财产权利的核心,是最充分的物权,具有占有、使用、收益、处分四项权能,以及绝对性、排他性和永续性三个特征。他物权是在他人所有物上设定的权利,主要分为用益权和担保权两类。用益权指的是为使用与收益的目的在他人所有物上设定的权利,如地上权、租赁权、经营权、承包权;而担保权则是指为了保证债权的行使在他人所有物上设定的权利,如抵押权、留置权。债权主要有合同之债(买卖、借贷、承包等)、侵权之债(侵权所致损害赔偿之债),以及无因管理(即罗马法中所谓的"准合同之债")和不当得利("准侵

---

① 由张晋藩主编的《中国民法通史》在开篇中写道:"中国是法制文明发达很早的古国,中国法文化积淀之深厚,法律系统之完善,法律规范之详密,都是世界其他文明古国所少见的,而且以其鲜明的特色和深广的影响,而被公认为独树一帜的中华法系。"但是,书中同时指出:"中国古代代表性的国家基本法典,从战国的《法经》到清代的《大清律例》,其编撰体例,都是以刑为主,同时也融合民事、行政、经济、诉讼等法律规范于其中。"总体而言,中国这种"以刑为主、诸法合体,没有专门的民法典"的法律制度格局,一直延续到1840年鸦片战争时期。鸦片战争后,在清廷大臣刘坤一和张之洞的支持下,在近代中国法学家沈家本和伍廷芳等的努力下,清廷于20世纪初颁布了大清六律,标志着中国法制史上独立民法典的出现。参见张晋藩:《中国民法通史》,福州:福建人民出版社2003年版。中国法律制度的另一个特征是司法不独立,法律具有浓厚的实用主义和功利主义,这在中国古代法学家的经典文献中一再有所表示。例如,在《管子·明法》中,管仲就认为依法治国,举措而已。在《商君书·画策》中,商鞅则明确地把法律作为君主治民的工具。他说:"昔之能制天下者,必先制其民者也;能胜强敌者,必先胜其民者也。故胜民之本在制民。民本,法也。故善治民者,塞民以法而名地作矣。"中国这种工具性的法制思想对市场经济所需的法治制度的建立具有负面作用。

权之债")等。由此,罗马法对产权认识的水平,可见一斑。其实,今日的民法以及经济学对财产所有权与企业所有权的论述也没有跳出罗马法的基本框架。①

作为简单商品经济时期规范产权的民法,罗马法在古罗马帝国时期曾盛极一时。虽然进入欧洲中世纪的所谓"黑暗时期",罗马法曾一度湮灭,时达好几个世纪,但是据说到了12世纪,随着一次考古发现的契机,罗马法在欧洲又重新崛起,这就是历史上所谓"罗马法复兴运动"②。历史学家告诉我们,在当时意大利北部亚平宁山脉北麓博洛尼亚的小城里,被后世称为"法律明灯"(lucerna juris)的伊尔内里乌斯(Irnerius,大约1050—1125)开始着手研究和传授《学说汇编》和《查士丁尼法典》。在随后的100年中,由他创立的注释法学派(School of Glossators)系统地将罗马法的遗产编撰分类。到了14—15世纪,又出现了评论法学派(School of Commentators)。他们对拉丁法理不忠实的翻译,反而使法律更快地普及了。这些人与其说是对罗马法法理进行研究,倒不如说他们更关心在实际中应用罗马法的原理。③

此时正值欧洲商品经济萌动与发展的早期,罗马法的复兴可谓适逢其时。正如马克思所说,在罗马法中,凡是中世纪后期的市民阶级还在不自觉地追求的东西,都已经是现成的了。恩格斯则认为,在古代法律中,罗马法是以私有产权为基础的法律的最完备形式。④

难怪西方学界将"罗马法复兴""马丁·路德宗教改革"和"文艺复兴"

---

① 在经济学文献中,关于财产所有权与企业所有权,参阅 Sanford Grossman and Oliver Hart, "The Costs and Benefits of Ownership: A Theory of Vertical and Lateral Integration", *Journal of Political Economy*, 94 (1986), pp. 691—719; Paul Milgrom and John Roberts, *Economics, Organization and Management*, New Jersey: Princeton Hall, 1992.

② 随着罗马帝国的衰落,罗马法逐渐被岁月尘封。1135年,一个偶然的机会,在意大利北部发现了查士丁尼的《民法大全》原稿,引起法学家的普遍关注和浓厚兴趣。随后意大利波仑亚大学率先开展了《民法大全》研究,逐渐吸引欧洲各国学者前往,最多时人数多达万人。

③ 参阅 Anders Winroth, *The Making of Gratian's Decretum*, Cambridge University Press, 2000; 理查德·詹金斯:《罗马的遗产》,晏绍祥等译,上海:上海人民出版社2002年版。

④ 《马克思恩格斯选集》第3卷,北京:人民出版社1972年版,第143页。

一并冠名为"3R"（Roman Law，Reformation，Renaissance），认为它们是资产阶级早期的"三大思想运动"。这种对历史的理解，看来颇有见地。的确，虽然时移世易、事过境迁，但是直到今天，罗马法的影子在现代民法基本框架中依稀可见。例如，德国于1900年制定的《德国民法典》就是渊源于罗马法的《学说汇编》，故有"现代学说汇编"之称。法国1804年制定《法兰西民法典》时就是以罗马法的《法学阶梯》为蓝本，《法兰西民法典》又称《拿破仑法典》。

对于这部赫赫有名的民法典，拿破仑·波拿巴这位法兰西帝国的缔造者、野心勃勃的政治家、卓越的军事家曾骄傲地说，我的真正光荣并不是打了40次胜仗，滑铁卢一仗便抹去了这方面所有的记忆；但是，有一样东西是不会被人忘却的，它将永垂不朽，那就是我的《民法典》。的确，虽然《拿破仑法典》距今已有200多年，但它依然是法国的现行法律。由此可见罗马法的深远影响和拿破仑的历史功绩。

确实，纵观世界历史上的五大法系，中华法系、印度法系和阿拉伯法系都因不适应商品经济的发展而在近代中断了，唯有罗马法系（大陆法系 Continental law）和英美法系（普通法系 Common law）大行其道，而英美法系关于产权的规范，其实就是渊源于罗马法的原则。[①]

[①] 近代中国法律的发展似乎更跟随大陆法系。在微观层面，与普通法系的国家相比，大陆法系的国家更倾向于政府而不是市场。研究发现，在大陆法系的国家的经济中，国有成分大于普通法系国家，国家对市场进入和劳动市场的干预也高于普通法国家。虽然如此，由于它们两者的出发点都是重视保护产权，这些国家之间的人均 GDP 总体相差不大。这反映了在保护产权逻辑的前提下，市场经济的形式可以是多样的。但是，发展中国家的情况就大不一样。从人类历史发展的长河看，正如阿维纳什·迪克西特（Avinash Dixit）教授在其《法律缺乏与经济学：可供选择的经济治理方式》一书中所指出的，"对所有国家来说，在历史上多数时间，国家法律机器的成本是很高的，发展是缓慢的，法律是不可靠的，或是有偏见的，或是腐败的，或是不管用的，或是根本不存在。今天，在很多国家，情况还是如此"。参阅 Avinash Dixit, *Lawlessness and Economics*, *Alternative Modes of Governance*, Oxford University Press, 2004；La Porta R., Lopez-de-Silanes F., and Shleifer A., Vishny R. W., "Legal Determinants of External Finance", *Journal of Finance*, 52：1997, pp. 1131—1150；Djankov S., La Porta R., Lopez-de-Silanes F., Shleifer A., "The Regulation of Entry", *Quarterly Journal of Economics*, 117(1), 2002, pp. 1—37；Botero J. Djankov S., La Porta R., Lopez-de-Silanes F., "The Regulation of Labor", *Quarterly Journal of Economics*, 119 (4), 2004, pp. 1339—1382.

讨论到这里,也许有人会问:虽然民法对现代经济生活的影响显而易见,但是在古代的欧洲大陆,以上关于产权的法律可能只是停留在书面上而已,不一定对实际生活会有多大的影响。毕竟罗马法也没有使罗马帝国从农业经济中走出来。试问当时欧洲的法律实践又是如何?要回答这个问题,我不妨在这里说几个具有世界意义的故事。

个人激励、产权保护与可持续发展:从哥伦布和郑和说起

我们从地理大发现说起。我们都知道,15世纪前后的地理大发现加速了欧洲走上从落后贫穷到发达富强的道路。但也许鲜为人知的是,地理大发现和随后产生的全球贸易与明晰的产权息息相关。当然,这也难怪,我们知道硬件易学,软件难学嘛。

产权作为社会的制度性约束,往往是看不见的"社会软件"或叫"制度技术"。在探寻人类未知的海岸中,造船和航海技术很重要,个人的不凡勇气固然也重要,然而在我看来,更为关键是当时产权制度的新突破。既然产权是私人谋取自我利益的社会性约束的制度安排,历史上促进经济增长的产权的新突破,用诺斯的话说,意味着让一个人努力的"个人收益率接近社会收益率"[①]。这个道理同样适合于地理大发现后面的逻辑。

让我们先看看葡萄牙。历史上葡萄牙长期受罗马人、日耳曼人和摩尔人统治,1143年成为独立王国后,逐步开始向外扩展。到了15世纪丝绸之路中断后,葡萄牙的扩张路线主要是海洋[②],并随后在非洲、亚洲、美洲建立

---

① 产权的保护也对古埃及文明的最初崛起发挥了重要的作用。研究显示,伴随着早期经济的蓬勃,古埃及第三王朝强调用法律保护产权,当时的产权是"个人的和不可侵犯的,完全受所有者的支配"。但是古埃及的保护产权法自第五王朝开始减弱,导致了第十八王朝的"国家社会主义"。参阅 Friedrich A. Hayek, *Fatal Conceits: The Errors of Socialism*, The University of Chicago Press, 1988, p. 30.

② 1453年东罗马灭亡后,通往东方的丝绸之路被土耳其人和阿拉伯人所控制,而地中海的贸易业已被意大利人垄断。西欧国家要想扩张,唯有向北非、西非,或者,向不可知的彼岸寻找新的空间。对丝绸之路的详细介绍,请参见 Frances Wood, *The Silk Road: Two Thousand Years in the Heart of Asia*, Berkeley: University of California Press, 2002.

了大量殖民地。曾几何时，它成为不可一世的海上强国。葡萄牙早期的航海探险业绩与亨利王子（Don Alfonso Henrique，1394—1460）的积极推动是分不开的，因此他有"航海王子"的称号。但是亨利王子自己并不亲自出海探险，他的秘诀是以订立契约的方式将未知的海岸租给愿意出资探险的私人，并授予他们在发现地垄断贸易的特许权；为了鼓励私人造船，他还规定，建造100吨以上船只的人都可以从皇家森林免费得到木材，任何其他必要的建材业还可以免税进口。这些无疑是产权作为社会性制度约束的创新，符合诺斯所说的"使个人收益率接近社会收益率"之逻辑。

难怪在当时每年大约都有25艘船开往非洲海岸，难怪当时世界级的航海探险家以葡萄牙人居多，如大家熟知的达·伽马（Vasco da Gama，1460—1524）和菲迪南·麦哲伦（Ferdinand Magellan，1480—1521）。达·伽马是从欧洲绕好望角到印度航海路线的开拓者，而麦哲伦被认为是第一个环球航行的人。他们航海的伟大壮举，为人类知识进步做出了巨大的贡献。

西班牙又如何呢？15世纪的西班牙显然也沿袭了葡萄牙的这种制度安排，同时这种制度安排还吸引了外国人来效力。这表现在意大利航海家克里斯托弗·哥伦布与西班牙女王伊莎贝拉在圣塔菲城签订的著名的《圣塔菲协定》（Santa Fé Capitulations）上。虽然历史教科书中这样记载："哥伦布奉西班牙国王之命进行远洋航行"，但是，实际情况并不是简单的"奉命"而已。其实，无论是西班牙国王还是葡萄牙国王，就出海探险而言，跟哥伦布的关系都不是绝对的上下等级、威权命令与简单服从的关系。

相反，哥伦布先后花了长达8年时间，与几国的王室讨价还价，希望自己从远洋航行中得到一个好的回报。而王室也是如此，他们往往会因为哥伦布要价过高而拒绝哥伦布。结果是，哥伦布从葡萄牙辗转到西班牙，再回到葡萄牙，又返回西班牙，其间还向英国、法国王室示好。① 终于，在1492年

---

① 知识的缺乏和经济学所说的"沉淀成本"（sunk cost）的考虑使葡萄牙失去了良机。当时葡萄牙国王认为，葡萄牙为探寻向东的航线已花费了65年时间和大量的钱财，并估计马上就要找到通往印度的航线，所以就没有太大必要再向西探索新的航线。

国富之道

4月17日,西班牙国王和哥伦布签订了《圣塔菲协定》,决定对哥伦布西航探险给予200万马拉维迪的赞助,并封他为新发现土地的世袭总督,他有权把新土地上总收入的1/20留为己有,但新发现的土地主权属于西班牙。[①]

注意,《圣塔菲协定》除了所含的实质内容外,还具有重要的象征意义:协议的双方,一方是国王,一方是外国平民,平起平坐签下了明晰产权的承诺。这在当时的中国一定是不可想象的事!于是,终于在1492年8月3日的拂晓,哥伦布的三条小帆船和87名水手开始了具有世界意义的航程。他们冒着生命危险,在波诡云谲的大西洋上漂泊了数月后,最终发现了"新大陆"。

这就是产权作为制度技术在现实世界中所发挥的力量!它使一个西班牙王国与一个意大利冒险家组合了各自独有的资源,使开拓新航路的胆略得到了有力的物质支援和奖励,并最终完成了两个半球的历史性相逢,使市场和贸易的供求之间的连接在全球范围中最大限度地得到扩展。世界从此走向了全球化的道路,人类文明的进程从此明显加快。正如伏尔泰所感叹的:"哥伦布发现新大陆后,再伟大的事也显得微不足道了。"

亚当·斯密指出:"美洲的发现确实带来了一场最实质性[变化]。由于美国为欧洲所有商品提供了一个新的异常广阔的市场,从而引起了新的社会分工和技术进步。这在欧洲古老经济的狭窄范围内是永远也不会发生的。新大陆的白银似乎是以这种方式成为交换的重要商品之一,通过它古老大陆两端的贸易得以继续,而且,也正是它的大部分贸易,使世界上原本相距遥远的部分彼此连接在一起。"

1493年3月,当发现新大陆的消息传回西班牙,据说整个巴塞罗那都在为哥伦布欢呼,一个外国人能得到的荣耀,哥伦布都得到了。他被赐予高贵的"唐"姓,授予海军元帅和占领地总督的头衔。到了今天,哥伦布依然高不

---

① Paolo Emilio Taviani, *Columbus, the Great Adventure: his Life, his Times, and his Voyages*, New York: Orion Books, 1991; A. W. Crosby, *The Columbian Voyages: the Columbian Exchange, and their Historians*, Washington, DC: American Historical Association, 1987.

可及。有机会去西班牙旅游的人可以看到,他那高达60多米的雕像矗立在巴塞罗那海边耀眼的位置上,凝神远望,手指东方。

需要指出的是,在欧洲忙着远洋航行探索新航路的同时,中国明朝(1368—1644)也派出远洋船队航行在茫茫的海洋之中,即历史上著名的"郑和下西洋"。郑和(1371—1433)是明朝的宦官、伟大的航海家。他奉明朝第三位皇帝朱棣之命先后七下西洋。朱棣的年号为永乐,在位期间(1402—1424),大事有六:一是编写《永乐大典》,二是移都北京,三是建造故宫,四是扩建长城,五是为了漕运疏通大运河,六是支持郑和下西洋。后五件事对国库和自然资源均有深远的影响。

据明代古籍记载,在1405年至1433年的28年间,郑和七下西洋,每次船队人数2万余人到3万人,船数从41艘到249艘不等,总计航程16万海里,曾到达过爪哇、苏门答腊、苏禄、彭亨、真腊、古里、暹罗、阿丹、天方、左法尔、忽鲁谟斯、木骨都束等30多个国家,最远达非洲东岸、红海和麦加。①

不难想象,郑和的故事也引起了西方学者的极大关注。历史学家斯塔夫里阿诺斯教授在其经典之作《全球通史》中有这样的描述:

> 1405—1433年间的七次远航冒险都是在一名叫郑和的朝廷宦官的指挥下进行的。这些探险的规模和取得的成就之大令人吃惊。第一支探险队由62艘船组成,共载28 000人。一般的船宽150英尺,长370英尺,但最大的船宽180英尺,长444英尺。它们与哥伦布的小旗舰——宽25英尺、长120英尺的圣马利亚号相比,是名副其实的浮动宫殿,而圣马利亚号又比哥伦布的另外两艘船平塔号和尼娜号要大一倍。中国探险队不仅在规模上,而且在所取得的成就方面也给人以深刻的印象……然而,中国这些非凡的远航探险到1433年却由于皇帝的命令而突然停止。为什么要它

---

① 参见王天有等:《郑和远洋与世界文明》,北京:北京大学出版社2005年版。

们停止正如为什么让它们开始那样,至今是个谜。①

让我们试着把这个谜来揭开。如果我们从1405年(明永乐三年)郑和首下西洋算起,那么郑和的远航比哥伦布发现美洲新大陆早87年,比达·伽马经过好望角最后到达印度早92年,比麦哲伦环球航行早114年。1433年(明宣德八年),当郑和的船队航行到古里附近时,他因操劳过度,最终殉职于海上。郑和无疑在人类文明史及世界航海史上写下了辉煌的一页。

但是,这里更需要指出的是,与欧洲形成鲜明的对比,郑和下西洋并没有使中国开拓全球的市场和贸易。郑和的故事正好是从反面证明了产权的重要性。对于中国,私人的产权从来就是模糊的;发了财,也要巴结官员或买个官位,以期得到政府的保护。《诗经·小雅·北山》曰:"普天之下,莫非王土;率土之滨,莫非王臣!"

也许是因为没有罗马法的光顾,明朝时期的中国并没有发展出独立于国家道德主义(statist morality)的法律来对产权进行界定和认同。国家与社会的关系类似于欧洲当时盛行的"绝对主义",大有"有过之,无不及"之嫌。难怪乎,中国的人均生产率从宋朝以后就停滞了(见图1)。如前所述,科举在宋朝达到顶峰以后,中国在制度上,不论是纵向或是横向的安排,再也没有重大的突破,更不用谈论界定两者之间矩阵关系的独立于政治权威的法治以及有序的包容,即基于法治的民主。

顺便提一下,即便是到了21世纪初,产权这个概念在中国依然模糊并极具争议。中国的《物权法》从1993年酝酿起草开始,经历了一个漫长而艰难的过程,到了2007年才得以通过。②《物权法》在第一编第一章中规定:

---

① L. S. Stavrianos, *A Global History:From Prehistory to the 21st Century* (7th edition ed.), Upper Saddle River, New Jersey:Prentice Hall, 1998, p. 399.

② 《物权法》的起草工作早在1993年就正式开始了。随后,这部法律草案历经九届全国人大常委会、十届全国人大及其常委会八次审议,创造了中国立法史上单部法律草案审议次数之最。期间,全国人大常委会还通过向社会全文公布草案,举行座谈会、论证会等方式,广泛听取各方面的意见,并据此进行了多次修改。2002年11月,中共十六大提出,要"完善保护私人财产的法律制度"。2004年3月,全国人大通过的宪法修正案中,写入了"公民的合法的私有财产不受侵犯"的内容。

"国家实行社会主义市场经济制度,保障一切市场主体的平等法律地位和发展权利;国家、集体、私人的物权和其他权利人的物权受法律保护,任何单位和个人不得侵犯。"

这是市场导向改革29年后中国第一次以国家法律的形式,明确规定对公有财产和私有财产给予平等保护。由此可见中国产权制度的滞后,同时更显其对市场经济发展的重要性。正如中国政法大学徐显明教授所说,《物权法》是对中国改革开放以来诸多既有制度的确认,有利于让人们尽享改革发展的成果,进一步激发人们创造财富的积极性。关心理论的人可以看出,其实这些话都可以回归到前面谈到的诺斯关于"使个人收益率接近社会收益率"的逻辑。

让我们再回到历史。与哥伦布的航海不同,郑和的远航只是一个中央权威的延伸,这种制度安排不可能允许独立于中央权威以外的个人对产权进行讨价还价,其结果也往往是低效率的和不可持续的。皇帝好大喜功,不计成本,没有制约,高兴了就出海,不高兴了就收摊。在梁启超看来,"其希望之性质安在,则雄主之野心,欲博怀柔远人、万国来同等虚誉,聊以自娱耳"[①]。北京大学袁行霈教授认为,这"是耀兵异域,示中国富强,这完全符合明成祖……好大喜功的性格特点"[②]。好一个"虚誉"和"自娱",大有我们今天所说的不惜工本的"面子工程"之嫌。

如果我们按照诺斯的定义,把人均生产率作为经济可持续增长的核心,那么从哥伦布和郑和出海远航动用的人力和物力资源考虑,郑和航海所体现的人均效率要远远低于哥伦布的船队(见表16)。根据历史学家黄仁宇推测,郑和第1次至第4次下西洋的开支大约是白银600万两,相当于当时国库年支出的两倍,这还不包括造船等各项支出的费用。建造和修补一艘船平均需要1600两银子,而每次出航,船只都在上百艘,所需费用的巨大可

---

① 梁启超:《祖国大航海家郑和传》,载《新民丛报》,1904年第3卷,第21号。
② 袁行霈:《中华文明史》第3卷,北京大学出版社2006年版,第285页。

想而知。①

表16 郑和与哥伦布航海规模比较

	航行年份	航次	航行最大规模	航行总规模
郑和	1405—1433	7	200余艘船 2.7万多人	1 000多船次 10多万人次
哥伦布	1492—1504	4	17只船 1 200余人	30船次 约2 150人次

根据以下资料整理:张箭:《郑和下西洋与西葡大航海的若干比较》,载王天有等主编:《郑和远洋与世界文明》,北京大学出版社2005年版,第360页。

更值得一提的是,这种庞大工程对自然资源造成巨大破坏。据估计,当时平均每造一只宝船需用相当于300公顷的柚木林,各类船只的关键部位还需要"铁力木",俗称"铁花梨"的稀有木材。② 加上当时建造和修复故宫所需的大量硬木。③ 这不但造成了北方稀有木材的耗尽,也引起了中国南方硬木和柚木资源的急剧缩减,以至于明朝官员不得不向越南征集稀有木材。④

从人类历史的长河看,中国当时的情况也非独一无二。类似的,古埃及文明可以说是"尼罗河的赐予",但是由于上游大量砍伐树林,逐步导致水土流失和土地沙漠化,使"地中海粮仓"慢慢地走向了贫穷。这其实与古代埃及国王为自己修建金字塔有关。今天位于尼罗河上游的金字塔和人面狮身像代表古埃及文明,被誉为世界七大奇迹之一,距今大约5 000年。据估计,建设金字塔时,埃及当时的居民必须是5 000万人,否则难以维持工程所需

---

① 黄仁宇:《十六世纪时代中国之财税与税收》,阿风等译,北京:三联书店2001年版。
② 铁力木是几种硬木树种中长得最高大、价值又较低廉的一种。铁力木质坚而沉重,心材淡红色,髓线细美,可供军工、造船、建筑、特殊机器零件和制作乐器、工艺美术品之用。
③ 1377年,朱棣登基;1421年,故宫开始开始使用,几个月后,一把大火烧掉了太和殿和周边的建筑,又要重新修复和建造。这对中国南方木材资源意味着又是新的一轮砍伐和由此造成的破坏。感谢景军教授提醒我对当时重大项目与资源,以及可持续发展问题的关注。根据他多年来对中国硬木家具用料来源的了解,故宫建成之后,中国境内的黄花梨,即明代官宦家具中最常见使用的硬木木材,开始濒于绝种;百年后只能从东南亚获得。
④ Gavin Menzies, *1421: The Year China Discovered America*, Harper Perennial, 2004, pp. 57—58.

的粮食和劳力。最大的金字塔塔底占地78亩,塔高147米,全塔由约230万块石块砌成,每块石约重2.5吨。古埃及人是如何搬运石块并砌成陵墓的呢?他们利用的方法是坡道、滚木和杠杆的简单的运输法。滚木需要大树的树干才能做成,因此导致森林被大量砍伐。

中国人常常以郑和下西洋船队的巨大规模而骄傲。有人用"浩浩荡荡""云帆蔽日""巍如山丘""浮动波上""气吞山河"来赞美郑和下西洋,这在很大程度上也包含了民族自尊心和自豪感的因素。著名明史专家吴晗总结说:"其规模之大、人数之多、范围之广,那是历史上前所未有的,就是明朝以后也没有。这样大规模的航海,在当时世界历史上也没有过……可以说郑和是历史上最早的、最伟大的、最有成绩的航海家。"[①]

但是历史不用讳言,规模之大、人数之多后面的效率往往却被忽视了。不妨问一下,如此规模和人数有何必要?今天我们回头一看,难怪乎,即便是在工业革命以前的16世纪,西欧的人均GDP已经明显地超越了中国(见表17)。资源的浪费决定了中国航海活动的不可持续!因此,尽管轰轰烈烈,却是昙花一现。这也顺便回答了为什么中国只出了一个郑和,而相比之下,在哥伦布率领区区3条小船和87名水手发现新大陆之后,欧洲的船只从此不断地航行于大洋之间。

表17 1000—1973年中国、西欧、拉美GDP比较 （1990年国际元）

年份	1000	1500	1600	1700	1820	1870	1913	1950	1973
中国	450	600	600	600	600	530	552	439	839
西欧	400	774	894	1 024	1 232	1 974	3 473	4 594	11 534
拉美	400	416	437	529	665	696	1 511	2 554	4 531

资料来源:安格斯·麦迪森:《世界经济千年史》,伍晓鹰等译,北京大学出版社2003年版,第262页。

有证据表明,贸易的连接也使原来落后于中国的拉丁美洲逐步接近并

[①] 中央党校科研办公室:《中国古代史讲座》下册,北京:求实出版社1987年版,第382页。

在19世纪超过了中国(见表17)。① 郑和远航只持续了28年,相对于随后中国漫漫四百多年的闭关锁国,他的远航不啻历史长夜中的一颗倏然而逝的流星,令人扼腕,但并非不可思议。因为当时的中国没有界定产权的新的制度安排的激励,结果只能是,无以为继,戛然停止,沦为绝响。其中包含着弥足珍贵的启示。

据说,郑和之后,航海图纸数据也被付诸一炬,成书于1579年的严简的《殊域周咨录》中有这样的记载:明宪宗(1464—1487在位)要调阅郑和的档案却寻而不得。车驾郎中刘大夏说:"三保下西洋,费钱粮数十万,军民死且万计,纵得奇宝而回,于国家何益?"②

这与欧洲的情况大相径庭,哥伦布远航之后,欧洲各国的商人更加觊觎海外收益,竞相出海。比如,葡萄牙人出航,后面都跟随着活跃的商船,每当王室船队开辟了一个海区,只要民间的海商交足了"执照"税,便可以进入规定的海区经营。③ 在波罗的海,船只的数量从16世纪初的每年1 300艘,增加到了16世纪末的每年5 000艘,而且船的平均吨位也明显提高,显示了当时贸易量的大大增长。16世纪中叶,随着新世界发现了世界上最大的银矿,穿梭于欧洲和美洲之间的航线便变得日益繁忙。土豆,今天是欧洲人的主食,也是在1584年第一次从南美传到英国,其他还包括玉米、甜薯、西红柿、花生、辣椒、菠萝、可可和烟草等。显然贸易的内容和早期与大众日常生活关联不大的奢侈品的长途贩运已有不同。④

---

① 拉丁美洲从欧洲引进的主要是小麦、稻子、葡萄、橄榄、香蕉、咖啡以及牛、猪、鸡和羊,同时轮式运输工具和犁的引进也使当地生产力得到提高。参见 A. W. Crosby, *The Columbian Exchange: Biological and Cultural Consequences of 1492*, Westport, Connecticut: Greenwood University Press, 1972.

② 与此相关,1421年故宫大火后,宫廷的部分文官开始质疑朱棣执政好大喜功的政策,针对宦官把持宫内政治而发难,尤其是对郑和下西洋的巨大财政负担而担忧。明朝第四位皇帝仁宗即位后,下令限制对铁力木的砍伐并勒令位于南京的"宝船厂"停止造船。参见 Gavin Menzie, *1421: The Year China Discovered America*, Harper Perennial, 2004, pp. 81—82.

③ 郑家馨:《论国家权力对15世纪中国和葡萄牙两国海洋活动的不同作用》,载于王天有等主编:《郑和远洋与世界文明》,北京:北京大学出版社2005年版,第312页。

④ Douglas C. North and Robert P. Thomas, *The Rise of the Western World: A New Economic History*, Cambridge: Cambridge University Press, 1973, pp. 112—113.

这种贸易的日益频繁与当时的中国形成鲜明的对比,明朝的中国始终遵循开国皇帝朱元璋(1328—1398)重农轻商的思想,在内陆实行盐铁等重要物资的国家垄断经营;在海上只进行国家垄断的朝贡贸易,而对私船却实行所谓"片板不许下海"的海禁政策。

关于海禁,《大明律》中有严厉规定:"凡将牛、马、军需、铁货、铜钱、缎匹、绸绢、丝棉出外境货卖及下海者杖一百";"若将人口、军器出境及下海者绞"。由于前期对森林的过度砍伐,物极必反,1500年政府下令禁止民间建造双桅船只,违者一律处死。1525年政府又明令拆毁所有远洋船只,不仅中止远航,连海军也不要了。其后清朝制定了更加严厉的闭关锁国政策,一直延续到了鸦片战争前夕。

以上论述对我们认识市场的发展有何启发?国家与市场之间的关系是经济增长与否的关键因素!

舒尔茨尖锐地指出,经济学家的观点常常给人这样一个印象:好像只要有市场,企业和家庭就足以实现经济系统的运行。这是误导。[①] 诺斯则说得更直白。他认为,在统治者租金最大化的所有权结构与降低交易成本以促进经济增长的有效制度安排之间,存在着持久的张力。因此,国家的存在是经济增长的关键,但国家也被认为是经济衰退的根源。[②]

诚然,市场的发展离不开政府。别的不说,至少为了防范路贼和海盗,产权和长距离的贸易需要政府的保护。但是,政府过于强大又会阻碍市场的发展,因为虽然这可能会减少交易成本,但是其组织成本将成倍放大。

在历史上,中国从汉朝开始一直延续到清朝的所谓"盐铁专营"政策就是一个例子。其核心是依靠强大的中央集权搞国营垄断,把天下一切获利丰厚的产业集中到中央,虽说目的是"建本抑末","本"为农,"末"为商,但是实际效果是"与民争利"。

---

① Theodore Schultz, *The Economic Organization of Agriculture*, McGraw Hill, 1953, p. 5.

② Douglas C. North and Robert P. Thomas, *Structure and Change in Economic History*, W. W. Norton & Company, 1981, pp. 20—25.

国富之道

西汉的盐铁国有专营经济制度,从一产生起,就有其严重的弊端,这就是"官商合一"或者"官商勾结"的出现。官营相对于私营的利弊,在西汉后期桓宽的《盐铁论》中就有论述。① 国家过多地介入经济,占有社会财富,最终的结果就是扰民、浪费、挥霍和腐败。

的确,在讨论"中国资本主义的萌芽之议题"时,历史学家早已敏锐地注意到,从理论上讲,中国的朝廷拥有国家全部土地和矿产,盐、铁、铜等矿业都为政府所垄断,或受政府官员的监管;类似的,所有银行业的革新,如信用票据,以及远距离的贸易等,都由政府所垄断。② 政府靠行政垄断来管理和配置资源的结果是,商人的地位远远低于行政官员,这在文化上表现为所谓的"官本位"。这种"官本位"的文化强调个人的服从和社会的秩序,但却在潜移默化中削弱了个性的自由和社会的活力。

这再次提醒我们要注意科斯的经典命题,即横向的市场和纵向的企业(政府)之间的那条线应该画在哪里?虽然话说企业的性质,但是其中蕴含的深刻逻辑,也有助于我们回答学术上所谓的"梁启超问题"。

梁启超于1904年在《新民丛报》上写道:"郑氏之烈,随郑君之以俱逝。则哥伦布之后,又无量数哥伦布……而我则郑和之后,竟无第二之郑和,噫嘻,是岂郑君之罪也?"郑和下西洋的故事似乎显示,相对于市场,当时中国的政府过于强势。这与哥伦布的远航形成鲜明的对照。哥伦布与王室讨价还价的过程形象地表明了,通过市场和政府长期的博弈和试错过程,科斯所说的交易成本和组织成本之间的那条线找到了一个投入产出更高效的平衡。尽管哥伦布的讨价还价花了8年时间,但结果是仅凭3条船只和80多

---

① 《盐铁论》记录了当时两种不同的治国思路。一派是"贤良、文学",另一派是"大夫、御史"。在治国之本的问题上,贤良、文学持道德决定论的观点,而大夫、御史则持经济决定论的观点。在发展经济的问题上,贤良、文学持崇本抑末、以农贬商的观点,而大夫、御史则持以末易本、以商通有的主张。关于18世纪中国盐商经历,参见 Ho Ping-ti, "The Salt Merchants of Yang-chou: A Study of Commercial Capitalism in Eighteenth-Century China", *Harvard Journal of Asiatic Studies*, (17) 1954, pp. 130—168.

② Etienne Balazs, *Chinese Civilization and Bureaucracy*, New Haven: Yale University Press, 1964, chapter 4, especially pp. 44—47.

名水手就发现了新大陆!

这里体现出的效率在一定程度上反映了当时欧洲的整体现状。确实,对于当时整个欧洲的发展,经济史学家埃里克·琼斯(Eric Jones)教授在其《欧洲的奇迹》(*The European Miracle*)一书中展示了相当的洞察力。他写道:

> 听起来似乎有矛盾,但是市场经济是非市场世界抚养起来的孩子……欧洲各地资源的分散和多样性促进了货物大宗贸易的发展。而长距离的贸易因为容易被掳劫又必须有政治权威的保护,为此也必须为政治权威以税收的形式提供收入……在这个慢慢积累的过程中,王子们为了获取持续的收入,认识到从贸易中得到的好处比武断的没收更有效。此外,商人钱包的力量也给了他们一定的自主性以对付皇家的随意和武断行为……虽然远远不是绝对的放任自流,但是欧洲发展总体上呈现出从国家的专制朝着这个方向的趋势。①

虽然速度和深度各有千秋,但是当时欧洲总体的发展趋势是从专制的君主体系朝着"放任自流"的方向过渡;相比之下,中国却丝毫没有。这也许可以解释为什么当时中国人均 GDP 与欧洲已开始出现明显的分岔。

我们不妨刨根问底地再问一下,为何发展趋势一个朝着"放任自流",另一个却没有?换句话说,既然国家,根据诺斯的定义,是"唯一可以合法使用暴力的组织",是什么力量可以迫使欧洲国家——相对于当时的中国——对待新兴产权采取保护的立场?对于国家与暴力的关系,马基雅维利在考察了16世纪欧洲的情况后,说得更直率:"国家的存在的最终规律如同蓝天一样显而易见,因为除了战争外,一个君主没有其他的思想和目标。除去战争的组织方法、练兵方法之外,他不必学习任何技艺,因为对于一个统治者来

---

① Eric Jones, *The European Miracle*: *Environments*, *Economies and Geopolitics in the History of Europe and Asia*, Cambridge: Cambridge University Press, 2003, pp. 102—103.

说,战争是他必须具备的唯一才能。"①

这个难题连诺斯也没有给出满意的答案。

要回答这个问题,看来光靠经济学知识还不够,我们还需要政治学知识。我们的出发点是,不妨先考虑一下欧洲政治不统一这个大环境,即政治割据、互相竞争的现实。历史告诉我们,与东方中央大统一的专制帝国形成明显对比,在欧洲,帝国体系、封建体系、教会体系犬牙交错地持续了很长时间,我们可以把这种多元主义的基本秩序看做欧洲,特别是西欧,慢慢走向现代国家的襁褓期。不难想象,在这个多元主义基本秩序中,商人无疑相对更自由,他们不必依附于某个强大的中央政府;同理,这也给自治市民社会的发育提供了更多的氧气。

回过头来看历史,正如我们在第一部分中所论及的,就现代国家治理而言,在起步公理层面,上述特征都是西欧国家通过宪政制约君主权力的社会基础。然后按公理和定理的逻辑先后顺序,它们再在定理层面解决治国的权力代理问题,包括现代公务员制度,由此实现了能力政府、法治政府和问责政府,最终保证了政府和市场的良性互动,结果是经济繁荣。

与此相对照,相对于市场,东方的专制主义国家由于颠倒了建构现代国家权力的公理和定理的顺序,国家过早成熟了,法治由此一直难以起步,市场也长期受到压抑。这种公理和定理逻辑关系先后顺序的错位,意义深远,后果绵绵,延续至今,其中包含了深刻的、值得我们进一步研究的制度技术。可见,这里涉及市场和法治二为一体的重要性及其起源问题。

的确,哥伦比亚大学政治学和社会学查尔斯·梯利(Charles Tilly)教授告诉我们,大约990年的时候欧洲有几千个类似国家的政治实体存在②,这与中国大约同时期的宋朝形成鲜明的对比。理论上,这种多元政治实体之间竞争的结构会给资本提供保护。曾先后执教于耶鲁、哥伦比亚和哈佛大学的赫希曼(Albert Hirschman)教授著有《退出、呼吁与忠诚》(*Exit*, *Voice*,

---

① Niccolò Machiavelli, *Il Principe e Discorsi*, Milan, 1969, p. 62.
② Charles Tilly, *Coercion, Capital, and European States*, Oxford: Blackwell, 1992, p. 51.

and Loyalty)一书(此书在哈佛大学被列为政治学专业学生的必读书)。① 根据他的逻辑和术语来解释,在单一体(国家)条件下,留下来的并不一定是"忠诚"(loyalty),因为别无选择,结果可能是消极怠工,造成效率低下,甚至最后以暴动逼迫国家做出调整和让步。相比之下,在多元体(国家)同时存在的条件下,如果某国家对经济过于武断和强制,资本可以先"呼吁"(voice)不公;如果无效,还可以选择"退出"(exit),即转移资产,离国他求。可见,第二种情况的纠错机制比第一种情况更灵活。

在某种程度上,改革开放时期,中国地方政府为招商引资而纷纷减免税收的做法也体现了这个逻辑。毫无疑问,这种讨价还价的机制总体上促进了经济的发展。理论上如此,经验证据上也是如此。

与"呼吁"相关,同时在此基础上更进了一步,德国社会学大师哈贝马斯在其著名的《公共领域的结构转型》一书中,通过对欧洲早期现代国家社会结构转型的研究,提出了一个"资产阶层公共领域"的概念,即一个由一批私人参与的公共空间,其功能不仅在于协调各种私人权威,而且必要时代表所谓的"市民社会"(civil society)来监督、约束和制衡国家可能侵犯社会的行为,并通过持续不断的讨价还价,达到社会与国家权力之间的均衡。

在认知上,这个过程即为哈贝马斯所说的程序理性和沟通理性,是对工业化社会早期官僚和企业等组织中韦伯主义和泰勒主义的工具理性所体现的弊端和异化的反应和修正。② 顺便一提,工具理性所导致的弊端和异化在查理·卓别林(Charles Chaplin)的电影《摩登时代》中体现得淋漓尽致。专业化、传送带的大生产确实提高了效率,但是人却变成了机器中的一颗螺丝钉。

与国家治理相关,美国社会学和政治学学者迈克尔·曼教授在其《国家

---

① Albert Hirschman, *Exit, Voice, and Loyalty: Responses to Decline in Firms, Organizations, and States*, Cambridge, MA: Harvard University Press, 1970; 再参见 Albert Hirschman, "Exit, Voice, and the State", *World Politics*, 31(1): 1978, pp. 90—107.

② Jürgen Habermas, *The Structural Transformation of the Public Sphere*, Cambridge: MIT Press, 1989.

的自主权力》(The Autonomous Power of the State)中区分了有关国家的两个重要概念,即国家的专断权力(despotic power of the state)和国家的基础权力(infrastructure power of the state)。前者指的是国家精英凌驾于市民社会之上,不商量而单独采取行动的权力;后者是指国家通过渗透和协商来协调市民社会活动的权力。① 显然,两者之间的平衡与否对保护产权以及可持续的经济发展具有正负两方面的影响。

以上讨论对我们的启发主要是,当新兴产权超越个体的集体行为强大到可以迫使国家尊重和保护产权时,就能达到诺斯所说的"个人收益率接近社会受益率"的状况,这就是长期经济增长的关键。否则,从历史的长河看,经济增长即便有,也很可能是局部的或昙花一现,不可能广泛和长期持续。

经验证据也佐证了这个逻辑。从反面上说,我们可以看看中国的情况。英国著名历史学家佩里·安德森在其《绝对主义国家的系谱》(Lineages of the Absolutist State)中有这样的观察:

> 帝国体系的上层建筑传统长期缺少民事法律和自然法则,必然会微妙地抑制城市制造业,而城市本身也从未实现市民自治。在清代,长江流域的商人往往在商业活动中积累了巨大的财富,山西银行家在全国各地设立钱庄分支。但是,中国的生产过程本身却没有受到商业资本或金融资本的触动。在城市经济中,除了极个别的例外情况,分包制这种中介机制未能发展起来。批发商是同直接向手工业生产者收购的包买商打交道,生产和分配之间的屏障往往因此而制度化。商业资本对工业资本的改进只有很少的投资,这是因为二者的功能是割裂的。商人和银行家……通常都是把自己的财富用于购买土地,后来也用于购买科举功名。他们不能有集体的政治地位,但是个人可以实现社会流动。反之,绅士后来也获得了在商业活动中谋利的机会。结果,即使到清代后期

---

① Michael Mann, *The Rise of Classes and Nation-states*, *1760—1914*, Cambridge: Cambridge University Press, 1993. p.59.

私人经济成分在数量上有很大增长,城市商人阶级也不能定形,不能实现集体团结,不能组织起来。商人协会通常是地方主义的同乡会,其政治功能不是更统一而是更分散。不难想象,当 20 世纪初最终发生推翻帝国的共和主义革命时,中国商人阶级的态度是小心翼翼、犹豫不定的。①

从正面看,在上一部分中,我们谈到的 13 世纪以来围绕《大宪章》,英国国王和贵族之间关于征税权的斗争就是这个逻辑的具体体现。据说,从英国都铎王朝(Tudor Dynasty,1485—1603)到斯图亚特王朝(The House of Stuart,1603—1714)期间,英国贵族和商人常说的一句话是,"政府是属于国王的,财产是属于臣民的"②。关于私有房屋,甭管是富人的还是穷人的,英国人有一句谚语,"风可进,雨可进,只有国王不可进",说的就是这个道理。

相比之下,中国说的是,"普天之下,莫非王土"。《红楼梦》里有佐证,皇帝指向哪里,他的部队就抄家抄到哪里;穿靴戴帽的官贼比野贼更凶横。任何豪宅华厦,风不能进,雨不能进,但皇帝的部队可以随意进。可见,在工业革命以前的欧洲,产权已深入人心并得到了制度的保护,这为市场经济奠定了坚实的基础。

在论及稳定的产权与经济增长的关系以及君主为何要尊重产权时,美国斯坦福大学政治学家巴里·温加斯特(Barry Weingast)颇具洞察力。他认为,君主既可以尊重国民的产权,也可以掠夺他们的产权,但是他在做选择

---

① 佩里·安德森:《绝对主义国家的系谱》,刘北成、龚小庄译,上海人民出版社 2001 年版,第 563—564 页。

② 都铎王朝的统治时间始于亨利六世 1485 年入主英格兰、威尔士和爱尔兰,结束于 1603 年伊丽莎白一世的去世。都铎王朝处于英国从封建社会向资本主义社会转型这样一个关键时代。斯图亚特王朝的祖先可以追溯到公元 11 世纪法国布列塔尼半岛的地方贵族,斯图亚特是第一个成功统治英伦三岛的王室,但其统治不稳定,经历数次革命,两位君主被革命推翻。原因之一是,斯图亚特王室的天主教背景导致英国以新教徒为主的民众经常质疑君主的宗教倾向。这些因素促使英国议会权力增大,使英国最早成为议会制国家。斯图亚特王朝开始于 1603 年詹姆斯六世继承英、爱两国王位,结束于 1714 年安妮女王逝世。Brian Tierney, Donald Kagan and L. Pearce Williams eds., *Great Issues in Western Civilization: Since 1500*, Ithaca: Cornell University Press, 1967, p.90.

时,也面临约束。首先是经济的:"如果投资的预计回收越低,那么投资的激励也越低,君主就越有可能为了自己的利益改变产权。但是如果经济要增长,君主或是主权政府就不但必须建立产权,而且还要做出可信的承诺。"①从长计,这种承诺既利己,也利他;不过,做出这种承诺,需要有能跳出眼前短期利益、着眼于未来的一点抽象思维能力。不能鼠目寸光、急功近利。

在这里顺便提一下,根据麦迪森的统计数据,19世纪初德国人均GDP已大大领先于中国,大约是中国的3倍。产权也!这证实了诺斯关于"个人收益率接近社会收益率"的逻辑。

到了20世纪70年代,即改革开放前期,这个数字是18倍;20世纪末,这个数字又缩小到5倍。这不难解释,毕竟从某种意义上说中国的经济改革就是强化产权的改革。相关的,2004年度诺贝尔经济学奖得主爱德华·普雷斯科特(Edward Christian Prescott)认为,西欧人比北美和日本人平均工作时间大约少1/3,原因是税率的差别,前者是收入的60%,后者是40%。他同时发现,在20世纪70年代早期,法国人工作起来比现在努力的程度高出将近50%,那时的他们要交的税率也低得多。②

绝对主义与国富国穷:大政府与小政府的历史考量

1648年是欧洲历史上具有象征意义一年。学过国际关系的人都知道,这一年签署了一系列具有现代意义的国际关系条约,即著名的《威斯特伐利亚和约》(The Peace Treaty of Westphalia),标志着在结束"三十年战争"(1618—1648)后荷兰成为世界的霸主③,同时也标志着主权国家和现代国家

---

① Barry Weingast,"The Political Foundation of Democracy and the Rule of Law",*American Political Science Review*,91(2),1997,pp. 245—63.

② Edward C. Prescott,"The Transformation of Macroeconomic Policy and Research",in *Federal Reserve Bank of Minneapolis 2004 Annual Report*,pp. 19—22.

③ 以提出"世界体系"(world system)而著名的美国社会学教授沃勒斯坦(Immanuel Wallerstein)认为,现代国家系统先后出现过的霸权有荷兰(1648—1815)、英国(1816—1945)和美国(1945年以后)。Immanuel Wallerstein,*The Politics of the World-Economy:The State,Movements and Civilizations*,Cambridge:Cambridge University Press,1984.

系统的诞生。①

所谓现代国家系统,一般来讲具有以下要素:主权国家、互相承认、被认同的登记、频繁运输的交通工具、法律框架和保护共同利益的手段。我这里之所以说具有象征意义,是因为以主权国为基础的现代国家系统的形成并不是一年的事,而是一个逐步的过程。其实,早在17世纪以前,欧洲就已经有了一个国家系统的雏形,由频繁地参与战争的不同类型的国家组成,先是城市国家之间,后是王国之间。根据国际关系学者的统计数据,1480—1550年在欧洲发生了48次主要战争,而在1550—1650年有164次。②

我们不妨问一下,在民族国家逐步崛起的过程中,频繁的战争对产权意味着什么?人常说,战争是用钱堆出来的。的确,虽然个别战役的胜利与否取决于战斗时所使用的武器、战术、活力、士气和运气,但是从长远计,战争的最终胜利者几乎总是属于那些能持续有效地将经济实力转化为军事实力的一方。因此,不难想象,由于战争往往使国家财政捉襟见肘,动员或征用市场资源的横征暴敛的借口或诱惑随之将大大地增加,产权因此将面临挑战。的确,这也是史实,一个极端的例子是沙俄。

在15世纪后期,沙俄的伊凡三世·瓦西里耶维奇(Иван Ⅲ Васильевич,1440—1505)就选择了掠夺的方式,实行国家绝对主义。根据史料记载,他大肆屠杀波雅尔(boyar),即有产、有地的大贵族,没收了他们大约250万公顷的土地。他的继承人伊凡四世(Иван Ⅳ Васильевич,1530—1584)据说实

---

① 中世纪后期神圣罗马帝国日趋没落,内部诸侯林立,纷争不断,宗教改革运动后又发展出天主教和新教的尖锐对立,加之周边国家纷纷崛起,欧洲于1618—1648年爆发了有主要国家纷纷卷入神圣罗马帝国内战的大规模国际战争,历史上称"三十年战争"。战前,欧洲形成了两大对立集团:由奥地利、西班牙、德意志天主教联盟组成的哈布斯堡集团,得到罗马教皇和波兰支持;由法国、丹麦、瑞典、荷兰、德意志新教联盟组成的反哈布斯堡联盟,得到英国和俄国支持。以1618年捷克爆发反对哈布斯堡的起义为导火索,两大集团卷入全面战争,经过长达30年的战争,最后以反哈布斯堡集团取得胜利而告终。1648年10月,神圣罗马帝国和参战各方签订《威斯特伐利亚和约》,之后德意志遭到严重破坏,神圣罗马帝国名存实亡,西班牙进一步衰落,荷兰、瑞士、葡萄牙获得独立。

② Benno Teschke, "Theorizing the Westphalian System of State: International Relations from Absolutism to Capitalism", *European journal of International Relations*, 8(1), 2002, p. 12.

行了更残暴的掠夺政策,故有"恐怖的伊凡"(Иван Грозный)之称。① 这种政策的经济后果是什么?有数据显示,当时沙俄的经济表现远不如荷兰和英国(见表18),看来这也不足为奇了。

表18 1500—1913 年欧洲主要国家人均GDP比较　　(1990 年国际元)

年份	1500	1600	1700	1820	1870	1913
西班牙	698	900	900	1 063	1 376	2 255
法国	727	841	986	1 230	1 876	3 485
英国	714	974	1 250	1 707	3 191	4 921
荷兰	754	1 368	2 110	1 821	2 753	4 049
德国	676	777	894	1 058	1 824	3 648
俄国	500	553	611	689	943	1 488

资料来源:安格斯·麦迪森:《世界经济千年史》,伍晓鹰等译,北京大学出版社2003年版,第262页。

类似的,有数据显示,在1520年至1600年间,由于频繁的战争,西班牙的财政预算增加了80%,其中军费占80%②;在16世纪末,西班牙的财政总额是英国的10倍,法国17世纪末的财政总额是英国的5倍。③ 的确,如前所述,虽然欧洲发展的总体趋势是朝着保护产权和放任自流这个方向,但是,在国家租金最大化与保护产权创新之间,各国的平衡度还是有区别的,这也决定了它们之间经济表现的差异。正如诺斯所指出的:"一个关键的区别是,14世纪时西欧的经济组织大体是相似的,到了17世纪以及之后的100—200年中,在民族国家逐步形成的过程中,各国关于产权的制度安排开始分道扬镳。"④

---

① Linda Weiss and John M. Hobson, *States and Economic Development: A Comparative Historical Analysis*, Cambridge: Polity Press, 1995, p. 30.

② Herman Schwartz, *States versus Markets: The Emergence of a Global Economy*, New York: Saint Martin's Press, 2000, p. 27.

③ Karen A. Rasler and William R. Thompson, "Global Wars, Public Debts, and the Long Cycle", *World Politics*, 35(4), 1983, p. 496.

④ Douglas C. North and Robert P. Thomas, *The Rise of the Western World: A New Economic History*, Cambridge: Cambridge University Press, P. 115.

而正是这种区别,使一些国家的经济保持长期的发展,而另一些国家陷入相对的落后。前者的典型是荷兰和英国,后者的代表是西班牙和法国,这明显地体现在各自人均 GDP 的水平上(见表 18)。同样的逻辑也适合解释俄国。从表 18 中可以看出,西欧各国的经济水平在 16 世纪时还大体势均力敌,到了 19 世纪晚期,虽然各自与自己相比都有显著的提高,但是彼此之间已拉开距离。

美国南北战争期间南北不同的融资方法也体现了类似的逻辑,战争一开始,南北政府都面临着极度困难的财政压力。传统上,税收、印钞和借款是政府为战争融资的三个方法。的确,在北方,大约 21% 的战争费用是通过税收支付的,13% 的费用是通过开动印钞机大量印钞,战争费用的最大头是发行国债。1861 年美国联邦政府的国债总额只有 6 480 万美元,到 1965 年已经增加到 27.55 亿美元,增长了 42 倍之多。值得注意的是,当时北方政府没有采用传统的私下里向银行和经纪商出售债券的方法,而是革命性地直接通过华尔街向公众发售战争国债,并告诉人们,购买这些国债不仅是爱国,也是一笔好的投资,北方的胜利将意味着公债价格的上升。

相比之下,南方政府的融资能力远不如北方政府,它只得靠印钞来支付超过一半的战争费用。这使南方的经济完全失控,发生了恶性通货膨胀。战争结束时,南方的通货膨胀率是战前的 9 000%;相比之下,北方的物价水平上升到战前的 180%。此外,在南方,由于完全没有金银做抵押的纸币和金币同时流通,触发了格雷欣法则(Gresham's Law),进一步造成了金融市场的混乱。正如凯恩斯所指出的:"通过连续的通货膨胀,政府可以秘密地、不为人知地剥夺人民的财富,在使多数人贫穷的过程中,却使少数人暴富。"从印钞规模和相关的通货膨胀率可以看出,从保护产权的角度,北方政府显然比南方政府做得更出色。①

---

① 格雷欣法则即"劣币驱逐良币规律"。托马斯·格雷欣(Thomas Gresham,1519—1579)是英国金融家、皇家证券交易所(Royal Exchange)的创始人。参见 John Maynard Keynes,*The Economic Consequences of the Peace*,Harcourt,Brace and Howe,1919,p.235. 约翰·戈登:《伟大的博弈:华尔街金融帝国的崛起(1653—2004)》,郝斌译,北京:中信出版社 2005 年版,第 93—94 页。

国富之道

以下让我们再回到西班牙、法国、荷兰和英国,进一步探讨造成它们之间这种差异的历史背景和原因。

让我们先看看西班牙。西班牙已故著名历史学家维胡斯(Jaume Vicens Vives,1910—1960)在其《西班牙经济史》(*An Economic History of Spain*)中有这样的记载:15世纪中期,"在西班牙的大部分地区,情况总体混乱,因为战乱,财产常遭抢劫,因此人还很难说,'这东西是我的''那东西是你的'。到了1479年后,斐迪南(Ferdinand,1452—1516)和伊莎贝拉(Isabella,1451—1504)才得以重新建立秩序、稳定产权。但是,建立和平和保护产权的代价是王室拥有了绝对的税收权……到了15世纪中期至17世纪早期,由于债台高筑,国家常常随意采取单边措施:如延长还债期限、降低债务利息、提高黄金价格,并在1557年宣布国家破产。宣布破产不止一次,在1575年、1576年、1607年、1627年和1647年都有发生"。借用迈克尔·曼教授的话说,显然西班牙"国家的专断权力"太大,具有浓厚的"绝对主义"色彩。

在"绝对主义"这一点上,法国出现了类似的情况。赫赫有名的法国国王路易十四自称"太阳王"(le Roi Soleil)。他5岁登基,77岁去世,执政长达72年,算得上是欧洲君主历史上执政最长的纪录保持者。路易十四极力宣扬"君权神授",就是为了不受社会的约束,集国家大权于一身,以便更多更快地聚集财富,部分用来应付外来的挑战。他的名言是:"朕即国家。"在财政大臣兼海军大臣让·巴普蒂斯特·科尔贝(Jean-Baptiste Colbert,1619—1683)的鼎力协助下,他对外实行重商主义(Mercantilism)①,对内实

---

① 重商主义是16—17世纪欧洲一些国家资本原始积累时期的一种经济政策的取向,它建立在这样的信念上:即一国的国力基于通过贸易的顺差(即出口额大于进口额)所能获得的财富。它主张国家干预经济,禁止金银输出,增加金银输入,认为一国积累的金银越多,就越富强。而要实现这一目标,重商主义者认为最好的方法是由政府管制农业、商业和制造业;在国际贸易中进行垄断贸易,通过高关税率及其他贸易限制来保护国内市场;并利用殖民地为母国的制造业提供原料和市场。该名称最初是由亚当·斯密在《国富论》一书中提出来的。但斯密抨击重商主义,提倡自由贸易。参见 Douglas C. North and Robert P. Thomas, *The Rise of the Western World: A New Economic History*, Cambridge: Cambridge University Press, 1973, p. 122.

行高度的专制主义,将整个法国的官僚机构集中于他的周围,以此增强国王对军事、财政和机构的控制力量。他这种专制主义在经济上则表现为行业的高度垄断、市场分割、进入困难并伴随着卖官鬻爵的弊端。

1715年路易十四去世,之后波旁王朝的统治又持续了70多年。期间,凡尔赛宫依然是歌舞升平,成千上万的贵族依然是围在宫廷的周边,国王的起居生活依然是供人仰慕的仪典。顺便一提,凡尔赛宫本身就是国家"绝对主义"的体现。衬托着自称为"太阳王"路易十四的统治,其规模巨大的花园的设计就是围绕着古希腊神话阿波罗太阳神这一主体展开——2 000英亩占地,20万棵树,21万株花木,50座喷泉,620个喷水嘴——开阔的景观暗示君主的所有权向视所能及的地方无限地伸展。

路易十五(Louis XV,1710—1774)以荒淫挥霍著称,他的名言是"我死后哪怕洪水滔天"(Après moi, le déluge)。然而,就是在这一如既往的幻影中,法国大革命悄悄地到来,绝对君主制的大厦将要在顷刻之间轰然崩塌。

1789年17月14日,巴黎市民攻占巴士底狱。路易十六(Louis XVI,1754—1793)听到消息时问身边的大臣:"这是一场叛乱吗?"他得到的回答是:"不,陛下,这是一场革命!"极具讽刺的是,相比于路易十四和路易十五,路易十六还算是位开明君主。他尊重民意,也正着手改革;然而,他却没有充分认识到,当时是改革和革命赛跑,由于改革空谈多于实质,结果是革命跑赢了改革。他自己也被送上了断头台。

诺斯一针见血地指出,理解法国旧体制中产权结构的关键是:一方面,国王的税收权是绝对的;另一方面,一个庞大的官僚机构依附于法国国王的恩惠;而第三等级(即新兴资产阶级)希望获得与其财富相匹配的权力的呼声却一直被忽视。这种情况一直延续到1789年法国大革命爆发后的拿破仑时代才有所改观。如前所述,虽然拿破仑曾经叱咤风云数十载,但是他的戎马生涯对他身后的欧洲历史影响并不深远。相反,让他载入史册的,是由他下令编撰的《拿破仑法典》,此民法典是很多现代市场经济国家法律体系的原型。

国富之道

法国的故事说明了什么？事后看来很显然,虽然国家强势的绝对主义满足了一时的荣耀——今天我们依然可以从当时巴黎的时尚和凡尔赛宫的豪华中窥见一斑。更值得一提的是,在法国大革命前20年时间,法国政府的经济活动也异常活跃,它成为工业品的最大消费者和许多工程项目的住持者,结果是权钱交易盛行,从而加速了危机的到来。其中的一个原因是民众普遍地感到被剥夺。① 其实,对于这种相对的被剥夺,在早期连"太阳王"路易十四也有了不祥预感。他在临终之际给后代的遗言中写道:"我的孩子,不要学我大兴土木,那会招致人们的唾弃。"②后来,历史的确证明了他这令人不寒而栗的遗言。

正如表18中的数据显示,绝对主义不利于长期的可持续发展。难怪,在18世纪工业革命以前,法国已落伍于荷兰和英国。至于当时欧洲的总体趋势,我们在《全球大变革:政治、经济和文化》(*Global Transformations: Politics, Economics and Culture*)一书中可以读到这样的记录:"人们可以从15世纪到18世纪的欧洲发现两种主要的政权形式:建立在法国、普鲁士、西班牙、奥地利、俄罗斯以及其他地方的'绝对'君主国家;建立在英国和荷兰的'立宪'的君主制共和制,这两种政权类型之间有着重大差别。"③

当然,这里需要提醒的是,在逻辑的另一极端,过于弱势的政府也不利于经济的发展。在这一点上,美国著名政治学家米格代尔(Joel Migdal)教授在其著名的《强社会与弱国家》(*Strong Societies and Weak States*)一书中对

---

① 法国革命的一个教训是绝对的贫困并不是革命的充分条件;相对的被剥夺(relative deprivation)才是革命的关键变量。经济的快速增长本身并不能减弱或排除社会和政治动荡的风险,有可能正好相反。美国哥伦比亚大学著名社会学家罗伯特·金·默顿教授首先提出"相对被剥夺"这个概念来解释社会运动,此概念后来被政治学、经济学、心理学等研究广泛运用。参见 Robert K. Merton, "Social Structure and Anomie", *American Sociological Review*, 3, 1938, pp. 672—82; Iain Walker and Heather J. Smith, *Relative Deprivation: Specification, Development, and Integration*, Cambridge University Press, 2001.

② 约翰·基西克:《理解艺术——5000年艺术大历史》,水平、朱军译,海口:海南出版社2003年版,第271页。

③ D. Held, A. McGrew, D. Goldblatte and J. Perraton, *Global Transformations: Politics, Economics and Culture*, UK: Polity Press Limited, 1999, p. 48.

强、弱国家在概念上的分类及其与经济发展关系的论述,很有启发。① 虽然如此,但是对于强势和弱势政府之间的界限到底是什么,其实我们并没有一个可以适用于所有国家的标准答案。看来,关键是根据各自历史条件及其演变,阶段性地做出与时俱进的最佳制度选择,其中的逻辑体现了马斯金所提出的"纳什均衡的可实施机制"。在一定的意义上,这种拒绝"一刀切"的答案也是处在现代经济学前沿的"机制设计理论"(mechanism design theory)的精髓所在。

2007年瑞典皇家科学院将诺贝尔经济学奖授予里奥尼德·赫维奇(Leonid Hurwicz)、埃里克·马斯金和罗杰·迈尔森(Roger Myerson),表彰他们在创立和发展"机制设计理论"方面所作的贡献,指出他们的理论有助于各国政府和企业根据特定的条件确定最佳和最有效的资源分配方式,理解在哪些情况下市场机制有效,哪些情况下市场机制失效。②

让我们再回过头来看看荷兰。1500年,文艺复兴后意大利的人均GDP在整个欧洲排在最前,达1 100国际元,当时荷兰是754国际元。然而,到了1600年,荷兰是欧洲第一个超过意大利的国家,成为当时经济表现最佳的国家,人均GDP达1 368国际元。③ 荷兰在日耳曼语中叫尼德兰(the Netherlands),意为"低地之国",国土面积大约只是北京市的2.5倍,因其国土有一半以上低于或几乎水平于海平面而得名。荷兰自然资源相对贫乏,17世纪

---

① Joel S. Migdal, *Strong Societies and Weak States: State-Society Relations and State Capabilities in the Third World*, Princeton, New Jersey: Princeton University Press, 1988. 另参见本书图8。

② 机制设计理论提出以前,人们一般只是从中央计划者的角度考虑问题。但问题是,谁又能充当中央计划者呢?他制订计划时,信息完全吗?最后又怎么执行计划呢?于是,你只能寄希望于上帝给予一个完美无缺的计划者,全世界才有幸福,否则就糟了。但是,对于马斯金来说,并不需要一个中央计划者,而是设计好一个机制,使理性经济人都为了自己的利益在这个机制的引导下行动。1977年,马斯金完成《纳什均衡和福利最优化》这一论文(在1999年《经济研究评论》上发表),这是机制设计理论的一个里程碑。在该论文中,马斯金提出并证明了纳什均衡实施的充分和必要条件,他在证明充分条件时所构造的对策被称为"马斯金对策"。

③ 参见Angus Maddison, *The World Economy: A Millennial Perspective*, Paris: OECD, 2001, p.264.

时人口大约只有 200 万,但就是这样一个小国,其经济业绩在欧洲发达国家中却长期处于领先的地位。

为什么呢?诚然,荷兰拥有阿姆斯特丹这个天然的转口贸易港口,并在当时被称为"海上马车夫",但这本身不足以解释其出色的经济表现。看来要充分解释荷兰出色的经济表现,关键是荷兰发展了使"私人的收益率更接近社会受益率"的制度安排。

让我们来看看这方面的经验证据。根据欧洲著名历史学家亨利·皮雷纳(Henri Pirenne,1862—1935)的记载,14—17 世纪,虽然荷兰当时并没有做出鼓励创新的知识产权方面的制度安排,但是鼓励生产要素的流动、削弱行会的垄断、发展促进商业和贸易的资本市场都构成了荷兰经济的特点。契约的公证服务(public notaries)已在当时的荷兰出现;商学院已设立并开始教授标准的会计规则;1906 年,世界上第一个城市银行在阿姆斯特丹诞生,也是意大利以外世界上第一个现代银行,它广泛地收集社会闲散资金。显然,所有这些制度创新都有利于市场中交易成本的下降。

特别是在促进资本要素流动方面,美国历史学家约翰·戈登是这样评价当时的荷兰的:"尽管资本主义制度的许多基本概念最早出现在意大利文艺复兴时期,但是荷兰人,尤其是阿姆斯特丹的市民是现代资本主义制度的真正创造者。他们将银行、股票交易所、信用、保险,以及有限责任公司有机地统一成一个相互贯通的金融和商业体系。由此带来了爆炸式的财富增长,使荷兰这个小国迅速成为欧洲的强国之一。"①

17 世纪初期,荷兰拥有欧洲商船总吨位的 4/5,是英国的 4—5 倍,法国

---

① John Steele Gordon, *The Great Game: The Emergence of Wall Street as a World Power, 1653—2004*, New York: Scribner, 1999, pp.5—6. 有意思的是,同样是在荷兰,17 世纪初,曾经爆发了"郁金香狂热"。当时,人们围绕着郁金香这种植物上演了一场投机热。人们购买时已经不再是为了其内在的价值或作观赏之用,而是期望其价格可以不停地上涨,从而获利。在最高价时,一株稀有品种的郁金香价值 46 000 荷兰币,另加一辆崭新的马车、两匹灰马和一套完整的马具。当时 120 荷兰币就可买 1 000 磅奶酪。但是,有一天,当人们意识到这种投机并不真正创造财富而只是转移财富时,价格崩溃了。成千上万的人因此倾家荡产。这是人类历史上第一次有记载的金融泡沫。

的7倍;荷兰的资本积累比欧洲各国的资本总和还多,对外投资比英国多15倍。

我们再问问,当时荷兰保护产权的情况如何?显然,这个问题要涉及国家的权力。法国政治学家、法学家博丹是与中世纪关于"权威乃行使传统司法权"这一权力概念决裂的欧洲第一位思想家。在其著名的《共和国六书》中,博丹认为,合法的君主制指臣民服从君主的法律,而君主则服从上帝和自然法,从而实现真正的统治;如果君主蔑视上帝和自然法,将臣民当做奴隶,侵犯他们的财产权,那就是暴君制。

博丹的学说反映了中世纪后期法国新兴资产阶级的利益,既要求建立君主专制的中央集权制,又要求维护资产阶级的财产权利。他指出:"从本质上讲,君主和绝对权力的主要标志就是无须征得臣民同意而将法律强加于其头上的权利。……法权和法律之间却有区别,前者意味着公平,后者意味着命令。法律不过是君主在行使权力时发出的命令。"但是,他同时坚持必须限制统治者对臣民行使基本财政和经济权利。他指出:"向臣民任意征税或专断地从他人手中攫取财产的行为,不包括在世界上任何一位君王的权限范围之内",因为"君王无权侵越上帝所制定的自然法则,他便不能在没有正当、合理的理由之时夺取他人的财产。"[1]

可见,与当时法国"绝对主义"及其掠夺性政府的现实构成鲜明的对照,早在1463年,荷兰的菲利普公爵(Philip the Good,1396—1467)就成立了由各省代表组成的国务大会(States General),其功能是立法,更重要的是规定皇室税收的权力。[2] 这显示荷兰已经开始走上了宪政主义的道路。

换言之,关于政府与市场的关系,宪政的一个核心议题是如何通过法律限制国家收税的权力。

在1648年签署的《威斯特伐里亚和约》中,西班牙正式承认荷兰的独

---

[1] Jean Bodin, *Les Six Livres de al Republique*, Paris, 1578, pp. 102—114.
[2] 此段的描述基于:Henri Pirenne, *Early Democracy in the Low Countries*, W. W. Norton, 1963; Violet Barbour, *Capitalism in Amsterdam During the Seventeenth Century*, Johns Hopkins Press, 1950.

立。独立后的荷兰在政体上实行的是共和制。荷兰的最高权力机构是联省议会,设在海牙,其成员由各省议会选出的 40 名代表组成,有立法、决定赋税、宣战和媾和的权力。联省议会的常设机构是国务会议,由 12 名委员组成,根据各省纳税数量决定委员的人数。国务会议的首脑是执政,掌握最高行政权和军权。美国哈佛大学政治学教授埃特曼(Thomas Ertman)指出,绝对主义和宪政主义国家的最大区别是,前者的立法权和行政权都由统治者掌握,后者的立法权则由统治者和代议机构分享。① 相应的,向谁收税,收多少税,公共财政如何分配,不再是国王的特权。相反,如何真正在制度上保证纳税人对政府财政活动的监督权和话语权成了宪政的一个核心部分。

至于如何征税?在现代市场经济实践的背后,我们依然可以看到 19 世纪英国哲学家约翰·穆勒思想的影子。他著有《政治经济学原理》(*The Principles of Political Economy: with some of their Application to Social Philosophy*)一书,这是继亚当·斯密的《国富论》后,被广泛认为是 19 世纪后半期政治经济学的圣经。在书中他提出了按比例、固定、简便、薄征的四个征税原则,并主张政府应尽量减少对资本生产的干预。

回过头看,在经验世界里,人类发展至今,追随绝对主义的国家,其表现形式多为掠夺型政府,其经济表现以人均 GDP 来衡量,基本都属于相对落后国家。这不但体现在欧洲与其他大陆相比,也体现在欧洲内部相比。

在伊斯兰世界,奥斯曼帝国的强盛只是昙花一现。帝国专制主义的经济基础其实就是完全没有土地私有权。帝国的一切可耕地和牧地,除了公共慈善的宗教捐赠,都被视为苏丹的个人世袭财产。② 在那里财产没有明确的保护,即便是有头衔的贵族也未必例外。根据史料记载,直到 1826 年,苏

---

① Thomas Ertman, *Birth of the Leviathan: Building States and Regimes in Medieval and Early Modern Europe*, Cambridge: Cambridge University Press, 1999, p.6.
② H. A. R. Gibb and H. Bowen, *Islamic Society and the West*, vol.1, part I, London, 1950, pp.236—237. 在 1528 年,奥斯曼帝国大约 87% 的土地属于国家财产。参阅 Halil Inalleik, *The Ottoman Empire*, London, 1973, p.110.

丹仍然可以在那些鱼肉臣民的官吏和包税人故去时没收他们的财产。① 在亚洲,英国经济学家理查德·琼斯(Richard Jones,1790—1855)在其《论财富的分配和税收的来源》一书中开宗明义地指出:"在亚洲各地,君主从来拥有对自己领土上土地的绝对权利,他们用一种独特的和不利的统一国家来维护这种权利——既不可分割,也不会受损害。那里的人民都是君主的佃户,君主是唯一的所有者;只有他的官吏篡权才偶尔打破这种依附的链条。这种为获得生计而普遍依附于皇权的状况,正是东方世界牢不可破的专制主义的真正基础,因为这是君主财政收入的基础,也是社会匍匐在他们脚下的存在形式。"②

再让我们回到欧洲。顺着荷兰的逻辑,英国的故事说起来就变得简单。如第二部分所述,英国宪政道路的起点可以追溯到13世纪的《大宪章》。1215年,英国约翰王在和教皇与法国的权力斗争中失败,国内贵族乘机背叛并迫使约翰王在拟定的停战和约上签字。这部国王和贵族达成的停战和约,就是著名的《大宪章》,或称《自由大宪章》。作为世界上第一部限制王权的"权利法案",它要求国王服从法律,并接受大贵族委员会的监督,同时规定由贵族组成的"御前扩大会议"(即后来的"议会")具有高于国王个人的司法裁判权和批准征税权。《大宪章》的有关条款规定:"未经国民同意,国王不得征收协助金以外的赋税";"除非经由其同伴的判断和国家的法律,任何自由人不得受到监禁、剥夺财产、被叛放逐或任何方式之摧毁";"任何人未经其同伴的法律判决,就被我们剥夺财产、土地、庄园、自由或权利,我们都将立即使之归还给他"。

虽然在早期,《大宪章》的规定内容仅限于国王和贵族之间,缺乏财产和教育的普通百姓则无权问津,但是随着资产阶级的兴起,财产权以新的形式开始向整个社会扩散,它一开始只包括新的富裕阶层,最后于19世纪逐步

---

① Serif Mardin, "Power, Civil Society and Culture in he Ottoman Empire", *Comparative Studies in Society and History*, vol. 11, 1969, p. 277.

② Richard Jones, *An Essay on the Distribution of Wealth and the Sources of Taxation*, London, 1831, pp. 7—8.

扩展到所有成年的男子、妇女和少数民族。与此同时,自13世纪的《大宪章》之后,随着时间的推移,在英国权利的范围也在扩大,1628年的《权利请愿书》(Petition of Rights)、1689年的《权利法案》以及1701年的《王位继承法》,构成了英国保护个人生命、自由与财产权利的宪法性文件。

特别值得一提的是,17世纪末英国率先在欧洲建立了公共债务系统。① 公共债务迫使国家在法律的监督下与公众形成债务关系,这在制度上使国家租金最大化与保护产权之间找到了一个更有效的平衡点。而这一点并不是当时欧洲国家共有的特点,托马斯·麦克劳指出:"直到19世纪,在法国和俄国,君主就是法律;他们常常利用他们掌握的国家机器合法地剥削他们国家的人力或物力资源。例如,在18世纪的俄国,彼得大帝下令新建一座城市——彼得堡,就是因为他想要一座新都城。"②

如果还有人怀疑过度税收不利于经济长期、可持续增长的话,这里我顺便提一下,国际货币基金财政部的两位研究人员给我们提供了更为系统的实证数据。他们比较了包括美、英、法、德、日、加、澳等13个工业国政府税收、支出与经济表现的关系,时间跨度是从1913年到1990年,他们根据公共支出占GDP的比率,把政府分成大(公共支出大于50%)、中(40%—50%)、小(小于40%)。他们发现,小政府国家的表现胜过大政府国家。③

除此之外,虽然18世纪英国的经济政策与法国有类似之处,即主要是采取重商主义的政策,但是到了19世纪初英国经济已经明显地向自由贸

---

① Karen A. Rasler and William R. Thompson, "Global Wars, Public Debts, and the Long Cycle", *World Politics*, 35 (4), 1983; F. C. Dietz, *English Public Finance, 1558—1641*, London: The Century Co., 1932.

② Thomas K. McCraw, ed., *Creating Modern Capi-talism: How Entrepreneurs, Companies, and Countries Triumphed in Three Industrial Revolutions*, Cambridge: Harvard University Press, 1997, p. 56.

③ 需要注意的是,这份研究中所指的公共支出已经不再是绝对主义国家君主的任意挥霍,但即便是这种现代的公共支出,超出了一定的限度也仍然不利于经济的增长。请参见 Vito Tanzi and Ludger Schuknecht, "Reconsidering the Fiscal Role of Government: The International Perspective", *American Economic Review*, vol. 87, no. 2, Papers and Proceedings of the Hundred and Fourth Annual Meeting of the American Economic Association, May, 1997, pp. 164—168.

易、自由市场的方向发展。重要的标志是英国在 1834 年颁布了《济贫法修正案》(the Poor Law Amendment Act),在 1844 年出台了《皮尔条例》,以及在 1846 年废除了《谷物法》(Corn Law),由此英国开放了劳工市场、金融市场,并将自己的粮食市场向全世界开放。到了 20 世纪初,英国大约 1/2 以上的粮食和 7/8 的原料都依靠进口。1870—1920 年间,进口几乎占了英国国民生产总值的 1/4。1798 年,马尔萨斯在《人口原理》中发出警告说,英国人口增长的速度已超出了其粮食的供应能力,其结果将是一场灾难性的饥荒。但事实上,英国通过在农业和基础设施方面的大量投入,以及开放市场进口粮食,使马尔萨斯的预言破产,并实现了农业人口向工业的转移,到 1800 年,大部分的英国人已不再从事农业生产(见表 19)。

表 19　英国农业劳动力占总劳动力人口的比例

年份	1700	1800	1870	1910
比率(%)	57.1	39.9	20.0	15.1

资料来源:N. F. R. Crafts,"Economic Growth in France and Britain,1830—1910:A Review of the Evidence",*The Journal of Economic History*,Vol.44,No.1 (Mar.,1984),p.53.

保护知识产权:专利制度在英国的率先发展

更值得注意的是,英国超越荷兰、法国和西班牙的一个重要领域是知识产权,即专利制度的发展和完善。这也部分解释了为什么以采用新技术为特征的近代工业革命首先在 18 世纪中叶的英国爆发。

"专利"源于拉丁文"patens",有"公开"的意思在内。"Letters patent"原指英国国王封以爵位、任命官职以及授予各种特权时的一种公开文件。[1] 有资料显示,专利最早可以追溯到公元前 10 世纪的雅典,当时政府授予一个厨师独占使用其烹饪方法的特权。[2] 到了中世纪,欧洲一些王室,特别是英

---

[1] Robert A. Choate, William H. Francis, Robert C. Collins, *Cases and Materials on Patent Law:Including Trade Secrets,Copyrights,Trademarks*, St. Paul, Minn.:West Press,1987,p.65.

[2] 吴汉东等:《知识产权基本问题研究》,北京:中国人民大学出版社 2005 年版,第 8 页。

国,开始以类似的形式授予发明人垄断权,使他们能够在一定的期限内享有经营某些产品或工艺的特权。例如,1236 年英王亨利三世授予一位市民色布制作技术 15 年的垄断权。1331 年英王爱德华三世(Edward Ⅲ,1312—1377)授予一名工艺师在缝纫与染织技术方面的"专利",其目的是避免英国的先进技术流入别国。① 以后,在伊丽莎白一世(Elizabeth I,1533—1603)统治期间,英国王室又曾多次向发明者授予专利权,授予了有关刀、肥皂、纸张、硝石、玻璃、染料、皮革等物品制造方法的 55 项专利,其中 21 项专利是授予外国人的。② 1602 年,英国法院首次以判例形式保护了一项 1598 年被授予的专利权。③

但是,必须指出的是,这只是专利制度的原始阶段,其特点是专利的授予仍然采取钦赐形式,它的缺陷是王室在财政拮据时常常滥用特权。只是到了 1624 年《垄断法规》(The Statue of Monopolies)颁布后,英国的专利制度才以立法形式取代了由君主赐予特权的传统,有了法治的特点。

威尼斯 1474 年就颁布了世界上第一部专利法④,1624 年英国的《垄断法规》是在此基础上的进一步完善。它规定了发明专利权的主体、客体、可以取得专利的发明主题、取得专利的条件,以及专利有效期等内容。它对新技术设定的标准是:非显而易知性(non-obviousness)、新颖性(novelty)及实用性(utility);总的来说,它并不保护抽象的、基本的理念。⑤ 这些规定为后

---

① 马丁:《英国专利制度》(*The English Patent System*),1905,伦敦,英文版,第 11 页。转引自郑成思:《知识产权论》,北京:社会科学文献出版社 2007 年版,第 3 页。

② E. W. Hulme, "The Early History of the English Patent System", in *Selected Essays in Anglo-American Legal History*, Little Brown and Co., 1090, vol. 3; Harold G. Fox, *Monopolies and Patents: A Study of the History and Future of the Patent Monopoly*, Toronto University Press, 1947.

③ 关于这个案例的详细介绍,参见 Robert A. Choate, William H. Francis, Robert C. Collins, *Cases and Materials on Patent Law: Including Trade Secrets, Copyrights, Trademarks*, St. Paul, Minn.: West Press, 1987, p. 66.

④ G. 蒙第奇:《威尼斯专利 1450—1550》,1948。转引自郑成思:《知识产权论》,北京:社会科学文献出版社 2007 年版,第 4 页。

⑤ Paul Goldstein, *Copyright, Patent, Trademark, and Related State Doctrines: Cases and Materials on the Law of Intellectual Property*, Westbury, N. Y.: Foundation Press, 1990, p. 14. 其中有关专利保护的三个标准,请参见该书第 330—411 页。

来很多国家的专利法奠定了一个基础,其中许多原则和定义一直沿用到今天。到了 1710 年,英国专利制度又有了新的发展。英国议会通过了《安娜女王版权法》(Statute of Queen Anne),该法将著作权授予作者,而是不是印刷者,作者享有 14 年的独享权并可再往后延续 14 年。28 年后,著作就属于公众,任何人都可以重印而不必再付给作者报酬。这样做的好处是,既鼓励了作者写作,又使知识、文学尽量更广泛、更便宜地得以传播。

在英国专利史上,另一个里程碑式的变革是《1852 年专利法修订法》(Patent Law Amendment Act 1852)的出台。该法令明确要求发明人在提交专利申请时必须在专利说明书充分陈述其发明的内容,而且规定说明书必须予以公布。该法案的颁布标志着具有现代意义的专利制度的建立。从此之后,专利的取得实际上变成了一种契约制度安排,其逻辑是发明人必须向公众公布新技术,而与之相交换,国家以法律强制保护的形式要求公众一定时间内承认发明人对新技术的专有权。

不难看出,这种极具智慧的保护知识产权的制度技术,有效地解决了诺斯所说的"个人收益率"和知识传播公共利益之间的张力,导致了个人和社会的双赢局面。可见,专利是通过国家法律约束存在于社会和发明者之间的一种契约。如果社会在一定时期内向发明者提供知识产权的保证,那么,发明者就应当公开自己维护的技术秘密,体现了一种平衡原则。不难想象,对个人来说,这种极具智慧的制度技术激励了发明者;对于社会来说,它还促进了新知识的扩散。

专利制度的完善与技术创新的因果关系如何?我们从英国的专利申请案的纪录中可见一斑:在 18 世纪 50 年代,全国平均每年提交申请案 10 份;到了 19 世纪 40 年代,平均每年提交申请案 458 份。[①] 美国斯坦福大学法学院著名的知识产权学者戈尔斯坦(Paul Goldstein)教授的观察是:"专利制度对发明者以及支持发明者的人提供的回报将鼓励对研发投入更多的时间和

---

① 参见鲍伊姆:《英国专利制度》,1967,第 22—34 页。转引自郑成思:《知识产权论》,北京:社会科学文献出版社 2007 年版,第 5 页。

更多的私人风险资本。这是第一点。其次,也和第一点相关,专利制度会刺激对发明的进一步开发以及市场化的资本投资。专利所有者可以在特定的时间段内,垄断发明的进一步开发、使用和销售。再次,专利制度鼓励技术信息向公众的较早公开,这不但有利于避免重复开发,也为相关技术的进一步发展提供了基础。最后,通过保护外国的产业知识产权,专利制度会有效地促进跨国商品、服务和技术的交流。"① 我们不妨把这些看做营造知识生态极具智慧的制度技术。

如果有人说技术创新是 18 世纪中叶后英国工业革命的源泉,那么这种解释只停留在表面的观察上,给人以就事论事、没有理论意义的偶然之感。与此相关,诺贝尔经济学奖得主刘易斯提出一个令人深思的问题:"为什么在某些社会可以看到这些因素正在有力地发挥作用,而在另一些社会却不是这样,或者在某些历史阶段这些因素在有力地发挥作用,而在另一些阶段这种作用却很小?什么环境最有利于这些因素的出现呢?"

从以上的讨论中,我们可以看出,更深层的原因是基于保护知识产权的有效的专利制度安排,其标志是 1624 年英国颁布的《垄断法规》,它是近代专利保护制度的起点。从法律上确定专利权这种无形资产的产权,极大地推动了技术创新活动的开展。18 世纪 60 年代英国开始的产业革命,如果没有英国专利法在事先的铺垫,是很难想象的。知识产权法是一系列保护知识资产的制度,其目的是通过赋予发明人的某种权利或法律地位,鼓励生产知识资产,促进技术、文化和艺术等事业的发展。

资本到底是什么?资本市场的性质、作用、发展与教训

最后,在我们结束英国的讨论之前,我们有必要讨论一下英国资本市场的发展。英国和荷兰在工业革命以前就率先发展资本市场,而资本市场是生产要素组合和贸易发展的强有力的助推器。正如历史学家斯塔夫

---

① Paul Goldstein, *Copyright, Patent, Trademark, and Related State Doctrines: Cases and Materials on the Law of Intellectual Property*, Westbury, N.Y.: Foundation Press, 1990, pp. 10—11.

里阿诺斯在《全球通史》中所指出的:"它的出现是划时代的。它不仅影响了经济,还影响了人们生活的方方面面。尽管在中世纪早期,货币还处在边缘,很少被人使用,但是到了中世纪晚期,它为欧洲日后的迅速崛起提供了能量。在此前的社会和经济制度中,没有一个是建立在成长的观念上的。它们的目的仅仅是保持而不是提高过去较好的物质生活水平。但是,从今以后,资本主义恰恰相反。利润被用来再投资,以增加用于生产的资本量。利润的'资本化',即剩余价值被转化成更多资本,正是'资本主义'一词所包含的基本原理……这种新的'资本主义精神'被16世纪最富有的银行家雅各布·富格尔概括成一句话:'只要我能赚钱,就让我赚钱吧。'"①

与钱相关的问题是财富。什么是财富?亚当·斯密在《国富论》中有敏锐的观察。他说:"一般人认为财富由钱或金银构成,该流行概念是由钱的双重性而自然产生的,即钱既作为商业的媒介,又作为价值的尺度。由于它是商业的媒介,所以当我们有钱的时候,就能够比其他任何商品更方便地获得我们所需的任何东西……由于它是价值的尺度,我们就用各种商品所能换取的钱数来估计所有商品的价值。我们谈到有很多钱的人,就说他是富人;而谈到没有钱的人,就说他是穷人……简而言之,财富和钱在普通的语言里在各个方面都被视为同义词……但是,鞑靼人对钱的用途一无所知,牲畜是他们商业的媒介和价值的尺度。因此,正如依照西班牙人的观念财富是金银一样,依照鞑靼人的习俗财富是牲畜。在两者之间,鞑靼人的观念也许是最接近真理的。"②

---

① L. S. Stavrianos, *A Global History:From Prehistory to the 21st Century* (7th edition ed.), Upper Saddle River, New Jersey:Prentice Hall, 1998, p.390. 学者一般认为欧洲经济的发展不仅是因为货币的广泛使用,更是因为银行和信用票据的发展,即资本市场的形成。虽然中世纪的教会一直谴责高利贷利息,说高利贷在上帝看来是一种罪恶,但是早在12世纪时,意大利便出现了多种形式的汇票。慢慢地,先在意大利,后又在北欧出现了一些金融大家族。到了16世纪,一些教会成员也开始承认适度的、可接受的利息这个概念。参见 S. B. Clough and C. W. Cole, *Economic History of Europe*, D. C. Heath Press, 1952, p.66.

② Adam Smith, *The Wealth of Nations*, pp.398—400.

国富之道

我们不妨在这里加上英国经济学家约翰·希克斯的话:"牲畜是一种不方便的货币,不仅因为它们只能以很大的单位通行,而且在于它们没有齐一性。"①看来,为了方便,聪明的人会设置包括资本市场这种复杂的制度。说到此,也许有人会问,我们谈资本市场,那么资本到底是什么?我的回答是,资本的要素是时间,即现在得到资源而推迟对其支付的时间差;为了克服这种时间差,就要靠制度安排来增加信任。如果这个时间差过一年,资本一般来说就被认为是生产要素,其作用可以促使其他生产要素在不同的时空中进行储存、交换、组合,生产价值。与此相关,马克思认为"钱是固定充当一般等价物的特殊价值符号。人类社会起初并无钱的存在。钱是商品交换的长期发展过程中分离出来的特殊商品。当一般等价物逐步固定在特定种类的商品上时,它就定型化为钱"②。从理论上讲,基于理性人的考虑,对于一个目前缺钱的人而言,如果以后还贷(本金+利息)越少,现在他就会借得越多。另一方面,对目前有钱的人来说,一些人会为了以后得到更多的收益(利息),而放弃目前对资源(钱)的享用。利息越高,他们就越愿意放贷。这两组人之间通过交易双双获利就是资本市场形成的基础。但是,必须指出的是,从历史上看,这个市场不是给定的,其中由机会主义和缺乏信任所

---

① 约翰·希克斯:《经济史理论》,北京:商务印书馆1987年版,第60页。
② 根据史料《文献通考·钱币二》,中国以政府信用为后盾的纸币发行,即主权货币制度,远远走在了世界的前列。宋代的"交子"是中国最早发行的纸币,也是全世界最早发行的纸币。除了交子外,当时的纸币还有会子、关子等名称。北宋时,其流通区域起初为四川,也曾一度到陕西境内,但是时空都不是很大;南宋时,纸币的使用才逐步普及。相比之下,欧洲最早发行纸币的国家是瑞典,成立于1656年的瑞典斯德哥尔摩银行(Bank of Stockholm)于1661年开始发行纸币,这一般被认为是欧洲最早发行的纸币。但是,就金融市场的发展而言,中国又落后于欧洲的发达国家。更值得一提的是,1581年,明朝实施被后人称为"宰相之杰"的张居正(1525—1582)的"一条鞭"法改革,这标志着中国银本位货币制度的正式确立,"一条鞭"法将大部分田赋、徭役和其他课税折成银两缴纳,这种以银两代替实物缴纳赋税的形式在当时扩大了货币的流通,促进了商品经济的发展。但是从长远看,这同时也意味着中国放弃了当时世界上先进的主权信用货币制度,退回到了贵金属实物货币制度。与此相对应,亚当·斯密的《国富论》问世时,银行发行的纸币量已超过了流通中的金属货币总量。特别是工业革命时期,传统银行极低效的融资能力已不适合当时新兴工业巨大的融资需求。参见 Glyn Davis, *History of Money from Ancient Times to the Present Day*, University of Wales Press, 2002, pp.257—258.

引起的交易成本很高。因此,政府的出现、法治的完善、产权的保护、银行的设立、贴现率等工具的使用,都将降低交易成本、增加信任、提高效率,最终促进资本市场的发展。

在荷兰,这种市场效率的提高体现在阿姆斯特丹资本市场上长债利息率的大幅度降低:1500 年是 20%—30%;1550 年是 9%—22%;到了 17 世纪,大约是 3%。[1] 在英国,我们可以观察到类似的现象。1688 年爆发的英国"光荣革命"的结果是进一步限制了王权,促进了法治的完善,加强了产权的保护。相应的,在 17 世纪的最后十年间,英国的银行借贷利率从 14% 迅速下降到 6%—8%。[2] 此外,资本市场的成熟进一步体现在 1694 年"英格兰银行"(Bank of England)的建立,以及 17 世纪股份公司和证券交易所的出现。有资料记载,最早的证券交易所成立了 1631 年的荷兰,伦敦证券交易所成立于 1773 年;在美国,证券交易出现于 1790 年的费城,第一家证券交易所诞生于 1792 年的纽约。今天世界上最大的证券市场有纽约的证券交易所、纳斯达克股票市场(NASDAQ)[3]、东京证券交易所和伦敦证券交易所。[4]

就促进经济发展而言,资本市场有三个基本功能:一是更有效地动员资金;二是更有效地配置资金;三是更有效地分散和管理风险。银行和证券交易所是提高这三个基本功能的制度安排,为现代公司提供了直接(股票市场)和间接(银行)的融资途径。当今世界证券市场对经济发展的作用是显

---

[1] 此部分的叙述基于以下文献:Violet Barbour, *Capitalism in Amsterdam during the Seventeenth Century*, John Hopkins Press, 1950, p. 50; Thomas K. McGraw, ed., *Creating Modern Capitalism: How Entrepreneurs, Companies, and Countries Triumphed in Three Industrial Revolutions*, Cambridge: Harvard University Press, 1997, p. 66.

[2] Tim Harford, *The Logic of Life: Uncovering the New Economics of Everything*, Boston: Little Brown, 2008, p. 214.

[3] NASDAQ 是美国证券交易商自动报价系统的简称,英语是 National Association of Securities Dealers Automated Quotation System.

[4] Marc Levinson, *Guide to Financial Markets*, London: Profile Books ltd, 2002, p. 152.

而易见的,这可以从股票市值占GDP的比例中窥见一斑(见表20)。①

表20 股票市场的经济重要性

	1999年末市场总值占GDP的比例(%)
瑞 士	265.3
卢森堡	218.2
英 国	171
荷 兰	158.7
美 国	148.6
南 非	129.1
瑞 典	123.1
芬 兰	121.6
新加坡	114.3
比利时	97.7

资料来源:Marc Levinson, *Guide to Financial Markets*, The Economist & Profile Books Ltd., 2002, p.155.

资本和金融市场对人类经济发展的重要性,正如哈佛大学历史学家尼尔·弗格森(Niall Ferguson)所说,是把古代巴比伦时代的农民从勉强糊口的生活带到了美国繁华的华尔街。类似的,在谈及华尔街充满传奇色彩的涤荡史与美国经济发展的关系时,约翰·戈登说:"200年前,美国是一个极不发达的国家,财政状况也极为恶劣。但是,随着美国经济的发展,华尔街开始与其一起成长,并且有力地推动了美国经济的发展。事实证明,资本市场已经是现代经济生活中不可或缺的重要组成部分。华尔街也曾经有过失误,而且有很多的失误。但是,它从这些失误中吸取宝贵的经验,建立新的

---

① 中国在1990年重新建立了证券市场(中国第一家证券交易所是北平证券交易所,成立于1918年),经历十几年风风雨雨的飞速发展,它已成长为世界上最大的新兴国家金融市场。到2007年,中国股票市场上市公司的市值已达32.7万亿元,相当于中国GDP的132.6%。可见,资本市场对中国国民经济的支持日渐显现。但是需要指出的是,虽然中国的证券市场取得举世瞩目的成就,但是在集资、融资、投资等各个环节上,还有许多弱点。盲目、无序、投机性等特征使股票市场还不能充分有效地分配和调动社会资本。参见中国证券监督管理委员会:《中国资本市场发展报告》,北京:中国金融出版社2008年版。

制度,以保证不犯相同的错误。① 当华尔街最终出现在世界舞台上的时候,美国已经是世界强国之一了,而华尔街使得美国在世界金融体系中扮演重要角色成为可能。"②

在人类发展史上,金融和经济增长之间呈正相关的经验数据也是确凿无疑的。③ 如果说技术是人类发展的一个至关重要的因素,那么技术发展又与金融发展密切相关,这不仅体现在19世纪运河、铁路、蒸汽机的发展中,也体现在之后汽车、电力、石油、化工、通讯以及20世纪70年代微电子、计算机和软件爆炸式的发展中。道理很简单。当产业扩张和合并的规模超过个别企业家或银行拥有的资源时,金融资本的出台就成为必然。从金融市场本身的发展历史看,政治的稳定和法治的健全与否与金融市场是否发达有密切的关系。④ 总体来看,人类的贫困并不仅仅是因为金融家的贪得无厌,而是因为金融制度的缺乏或不完善。即便就美国这个最发达的金融市场而言,这种制度的不完善体现在金融衍生品的过度开发和监管能力的不相匹配。

---

① 一个例子是,21世纪初,美国最大的能源公司——安然公司(Enron)和最大的移动电话服务提供商——世通公司(WorldCom)深陷财务丑闻,为其提供审计服务的全美最大的会计事务所——安达信(Andersen)也因此倒下了。此后美国政府制定了新的规则,出台了《萨班尼斯和奥克利法案》(Sarbanes-Oxyley Act)。该法案为财务会计制度带来了巨大的变化,包括禁止会计事务所为同一家公司同时提供审计和咨询服务。此外,股票期权必须在授予员工的时候便计入公司当期费用,而不能等到期权执行时再计入公司费用,这样更便于投资者了解公司的价值。

② 约翰·戈登:《伟大的博弈:华尔街金融帝国的崛起(1653—2004)》,郝斌译,北京:中信出版社2005年版,xviii。

③ 关于这方面的实证研究,参见 Levine R., "Financial Development and Economic Growth: Views and Agenda", *Journal of Economic Literature*, 35(2), pp. 688—726; Levine R., "Finance and Growth: Theory, Evidence, and Mechanisms", in P. Aghion, S. N. Durlauf, *Handbook of Economic Growth*, Vol. 1A, ed., Amsterdam: Elsevier, pp. 865—934.

④ 关于这方面系统的研究,参见 Roe M., and Siegel J., "Political Instablility and Financial Develepment", Working Paper, Harvard Law School, Harvard Business School, Cambridge, MA, 2007; Musacchio A., "Legal Origin vs. the Politics of Creditor Rights: Bond Markets in Brazil, 1850—2002", in *The Politics of Financial Development*, ed., S. Haber, D. North, B. Weingast, Standford University Press, 2007, pp. 259—286.

顺带一提,证券化的英文是"securitization"(安全化),原意是"通过分散风险提高投资安全性",但具有讽刺意义的是,按照目前美国金融业的激励安排,即基金经理的收入与佣金挂钩,过度的证券化到了一定临界点后,对投资者来说,不但不增加投资的安全,反而会因为信息的不对称和不透明而变得更不安全。其中的逻辑是,对基金经理来说,越是多轮证券化,他们基于佣金的收入就会越多,自己是安全了,但却增加了投资者的不安全。他们的行为就如源源不断地拿别人的钱进行赌博。显然,这种在投资者与基金经理之间缺乏有效"制"与"衡"的市场在理论上是有致命的缺陷的。因此,不是基于人类理性的经济理论推导错了,而是现有的制度设计偏离了理论的方向。不幸的是,这种理论的抽象性不是每个人都可以理解的,正如我们在第一部分所提到的爱因斯坦的相对论:牛顿绝对物理世界中的加速($v = v_1 + v_2$),到了接近光速时,对观察者来说,速度反而停了。看来,金融市场的设计者多数只停留在技术层面,缺乏爱因斯坦的智慧,即通过理论的思考看到一般人看不到的东西。

近年来,随着金融衍生品市场规模的爆炸性增长,政府的监管,特别是跨国的监管,早已远远地落后了。[①] 大量金融衍生产品的合同往往是在正规交易市场之外进行的,或叫"柜台交易"(over the counter deal)。这类"创新"金融产品的实质是"创造"了货币的供应。在操作上,它以各种方式创造债务工具并使之货币化。由于其规模巨大,杠杆比例过高,而且具备实体经济领域货币的购买力,因此造成所谓"流动性过剩"(excessive liquidity)。流动性过剩的根源是货币增发(这里包括债务货币发行量)大大超过实体经济增长的速度。早在2000年,耶鲁大学经济学教授罗伯特·希勒就把此称为"非理性的繁荣"(irrational exuberance)。[②] 相对于实体经济,金融本应是手段,但现在却变成目的;为金融而金融,系统性风险由此产生。

---

① 到2006年全世界金融衍生品总规模已经达到370万亿美元,相当于全世界GDP总和的8倍多。

② Robert Schiller, *Irrational Exuberance*, Princeton University, 2000.

不过,不可否认的是,资本是人类进步的要素之一,它是人们铭刻在纸或金属上的信任,这本身是一种人类做出的高明的制度安排。注意,这在除人以外的动物世界看不到。没有这种信任,或增进这种信任的制度保障,我们都将变得更贫困。① 当然,这种制度安排不是一天形成的,同时也没有完全排除风险。在其《货币崛起:金融如何影响世界历史》(Ascent of Money: A Financial History of the World)一书中,弗格森教授回顾了公元1000年前后美索布达米亚放债人早期的原始记账,以及14—15世纪现代银行要素在意大利佛罗伦萨的出现。他同时指出,钱是一面镜子,它本身没有什么错,它既反映了人们的美丽,又反映了人们的瑕疵。当信任被滥用时,恐慌就将出现。这也是为什么历史上间隔性地会出现资本市场的泡沫和崩塌,包括2008年爆发的金融危机。历史上早期股票市场泡沫的破灭发生在1719—1720年,此后,金融危机时隔一段地会出现。② 从这个角度看,2008年爆发的金融危机也并非独一无二。但是,需要提醒的是,金融危机本身并不意味着市场经济因此将寿终正寝。相反,从历史角度看,人类的种种制度安排就是在不断试错的过程中得到进步和发展;事实是,超越实体经济、基于"信任"的资本市场更不例外。

1912年,"泰坦尼克号"在北大西洋与冰山相撞。在她沉没时,大约10英里外就有另一艘轮船。但不幸的是,那艘船上的无线电报务员睡着了,否则"泰坦尼克号"上的1 500人就有获救的希望。事后,英美两国举行了听证会。于是才有了《北大西洋冰层巡逻制度》,该制度严格规定每条船必须装有24小时有人监听的无线通讯装置。从那时到现在,虽然人类也发生过其

---

① J.P.摩根的一句名言是:"对于一个我不能信任的人,即使他以整个基督教世界的一切作抵押,也不可能从我这里借走一分钱。"关于信任与经济增长的关系,参见 Zak P., Knack P., "Trust and Growth", *Economic Journal*, (111) 2001, pp. 295—321.

② 从历史上看,金融危机一直伴随着资本市场的发展。关于资本市场更多的历史回顾,参阅 Niall Ferguson, *The Ascent of Money: A Financial History of the World*, Penguin Press, 2008; Hoffman P. T., Postel-Vinay G., Rosenthal J. L., *Surviving Large Losses: Financial Crises, the Middle Class, and the Development of Capital Markets*, Cambridge MA: Harvard University Press, 2007.

他的海难，但是再也没有发生过类似"泰坦尼克号"的事件。

让我们再回到英国。英格兰银行起先是一家由一群伦敦金融家合办的私人银行。在英法九年战争（1688—1697）中，英国的军费支出几乎占了英国政府支出的75%，国王急需财政支持。这时，以威廉·帕特森爵士（Sir William Paterson，1658—1719）为代表的英国银行家向国王提出了一个从荷兰学来的新概念：建立一个私有的中央银行——英格兰银行，为国王巨大的开支进行融资。具体做法是，英格兰银行的现金股本向社会招募，认购2 000英镑以上的人可以成为董事（governor）。当时，一共有1 330人成为英格兰银行的股东，14人成为银行董事，包括威廉·帕特森本人。这家私有银行向政府提供了120万英镑的现金作为政府的"永久债务"（perpetual loan），年息为8%，每年的管理费为4 000英镑。这样每年政府只要花10万英镑就可以筹到120万英镑的现金，而且可以永远不用还本钱。作为回报，1694年，它获得了国王颁布的皇家特许执照（Royal Charter），第一个现代银行由此诞生。它的核心理念是用国家的税收做抵押，独家发行国家认可的银行券（Bank Note）。由于有国家的税收做抵押，英格兰银行发行的银行券的接受程度和流通范围是其他银行无法比拟的。这些得到国家认可的银行券就是国家货币。①

之后，英国银行业蓬勃发展。根据史料记载，1750年，全英国有12家银行，到了18世纪80年代已超过了100家，到了1810年已超过600家，到19世纪30年代，这个数字已超过1 000家。这充分显示了当时英国银行的实力。早在1818年，法国路易十八的大臣黎塞留公爵（Duc de Richelien）在向银行举债以还战争欠款时就感叹："欧洲有六大强权——英格兰、法兰西、普鲁士、奥地利、沙皇俄国，以及巴林兄弟银行。"巴林兄弟银行（Baring Brothers Bank）始建于1763年，是英国历史悠久、名声显赫的商业银行集团。②

---

① John Giuseppe, *The Bank of England: A History from its Foundation in 1694*, London: Evans Brothers Limited, 1966, pp. 12—15.

② 1995年巴林兄弟银行因投资失败而倒闭，以1英镑的象征性价格被荷兰国际集团收购。

此外，从 17 世纪 90 年代起，在英国，个人和商业团体还可以通过伦敦证券交易所买卖股票和债券。从 1698 年开始，英国政府所发行的债券的价格每周公布两次，并在全欧洲发行。世界上最早的股份公司之一英国东印度公司于 1600 成立，其最初的正式全称是"伦敦商人在东印度贸易公司"（The Company of Merchants of London Trading into the East Indias）。它由一群有创业精神的商人所组成。这些商人获得了英国皇家给予他们对东印度 15 年的贸易专利特许。公司共有 125 个持股人，资金为 7.2 万英镑。在 1688—1695 年间，股份公司迅速发展，从 22 个猛增至 150 个。①

18 世纪下半叶，工业革命首先在英国开始。到了 19 世纪中叶以后，正如表 17 所示，英国的经济表现超过荷兰，一跃成为世界最强。根据美国耶鲁大学著名历史学家、《大国的兴衰》（The Rise and Fall of the Great Powers）一书作者保罗·肯尼迪教授（Paul Kennedy）的数据，1860 年前后，英国煤和铁的产量相当于全世界总产量的一半；以现代（煤、油等）资源为基础的能源消费是美国和普鲁士的 5 倍，法国的 6 倍，俄国的 155 倍；当时全世界 1/3 以上的商船飘着英国的米字旗。② 就资本市场而言，伦敦无疑是当时世界的金融中心，其定位不仅仅是面向国内经济，而是国际市场。1911—1913 年间，伦敦股票交易所中英国国内持股量其实只是总量的 18%。英国作为当时不争的霸主，其殖民地遍布世界（见表 21），被称为"日不落的帝国"。英国当时向全球的扩张，正如另一位学者所观察到的，"促进了对能够在这样一种规模的基础上活动的组织的需求。现代社会组织的所有基本类型——现代国家、现代公司、现代企业、现代大学——都受到了它的影响，并从中极大地受益"③。

---

① W. R. Scott, *Joint Stock Companies to 1720*, Cambridge：Cambridge University Press, 1912, vol. 1.

② Paul Kennedy, *The Rise and Fall of the Great Powers：Economic Change and Military Conflict from 1500—2000*, London：Unwin Hyman, 1988, p 151.

③ G. Modelski, *Principles of World Politics*, New York：Free Press, 1972, p. 37.

表 21　1865—1914 年英国私人资金在全球的分布比例

美洲	欧洲	其他国家	英国
37%	9%	24%	30%

资料来源:Lance E. Davis and Robert A. Huttenback, *Mammon and the Pursuit of Empire：the Political Economy of British Imperialism*, 1860—1912, Cambridge：Cambridge University Press, 1986, pp. 30—72.

在一个更微观、更直观的层面,英国为了展示它所取得的技术进步,1851 年在伦敦的海德公园里举办了第一届世界博览会。该活动长达 141 天,吸引了世界各地的 600 万观众。英国著名小说家、《简·爱》的作者夏洛蒂·勃朗特(Charlotte Bronte,1816—1855)在观看博览会后给父亲的信中写道:"它的壮丽不是指某件物品,而是由所有东西组成的天下独一无二的大汇聚;在这里你能找到人类工业所能创造的所有东西……(博览会)宛如阿拉伯神话中神灵创造出来的集市,只有用魔法才能让世界各地的货物全集中在这里。"①

众所周知,之后替代英国成为世界霸主的是美国。但是,在美国超越英国之前,欧洲作为一个整体在全球的经济霸主地位是显而易见的。我们在这里不妨读一读斯塔夫里阿诺斯在其《全球通史》中的相关描述:

> 1914 年前的欧洲霸权不仅在广度上,而且在深度上也是前所未有的;这一点能从欧洲所实行的经济控制中觉察出来。欧洲已变成世界的银行家,为建造横穿大陆的铁路、开凿沟通海洋的运河、开发矿山、建立种植园提供所需的资金。欧洲不仅成了世界的银行,而且已成了世界的工业工厂。1870 年,欧洲的工业产量占世界工业总产量的 64.7%,而唯一的对手美国是 23.3%。到 1913 年,虽然美国已向前发展,达到 35.8%,但这一年欧洲工厂的产量

---

① Thomas K. McGraw, ed. , *Creating Modern Capitalism：How Entrepreneurs, Companies, and Countries Triumphed in Three Industrial Revolutions*, Cambridge：Harvard University Press, 1997, p. 53.

仍占世界总产量的 47.7%……1860—1913 年间,世界工业总产量至少增加了 6 倍,1851—1913 年间,世界贸易额增加了 12 倍。正如所预料的那样,欧洲在这一经济腾飞中得益最多。虽然得不到有关全球状况的统计数字,但是据估计,1800 年欧洲宗主国的人均收入与殖民地或半殖民地地区的人均收入的差距大约是 3∶1,而到了 1914 年这一差距则增加到大约是 7∶1。①

近代美国的兴起:破译传统社会为何"神秘"

变应然为实然:人类优秀制度的融汇、超越和挑战

根据麦迪森《世界经济千年史》,美国 1913 年的人均 GDP 是 5 301 元(根据可比 1990 年国际元计算),同时的英国是 4 921 元;到了 1950 年,美国是 9 561 元,英国是 6 907 元。② 可见美国超越当时世界上的头号强国英国是在第一次世界大战以前的事,两次世界大战只是起了助推作用,使美国变得更富有。在《大国的兴衰》一书中,耶鲁大学历史学家肯尼迪教授指出,美国是唯一一个因为两次世界大战而变得更富裕的国家。根据他的数据,1940—1944 年间,美国的年工业增长率达到 15%;二战结束时,美国的黄金储备量是世界总量的 2/3;美国的制造业产量和生产总量分别占世界总量的 1/2 和 1/3,出口量也占 1/3。③ 与此相对应的是,美国普林斯顿大学国际关系教授伊肯伯里(John Ikenberry)观察到,1948 年美国人口只占世界总人口的 6.3%,但是所占财富是世界的一半,不论是人均还是总量。这显然超过

---

① L. S. Stavrianos, *A Global History: From Prehistory to the 21st Century* (7th edition ed.), Upper Saddle River, New Jersey: Prentice Hall, 1998, p.601.
② 安格斯·麦迪森:《世界经济千年史》,任晓鹰等译,北京大学出版社 2003 年版,第 262 页。
③ Rondo Cameron, *A Concise Economic History of the World, from Peleolithic Times to the Present*, New York: Oxford University, 1989, pp.37—38, pp.357—358.

了世界上任何一个国家在历史上曾经有过的辉煌。

不容置疑,美国当时达到了至今为止全球已有人类经验的巅峰状态。虽然今天美国相对的经济表现不如当年,但是它的人均 GDP 依然排在世界的前列,在英国、德国、法国、意大利和日本之前。正如图 10 所示,虽然在二战结束后的半个世纪以来这些国家的经济表现与美国有缩短差距的势头,但是并没有显示出要超越美国的迹象。即便是全球金融危机的今天,情况大体也是如此,并没有出现结构上的重大变化。这不是感情的判断,而是经验数据的体现。不论是从 GDP 总量和人均 GDP 来衡量,美国依然遥遥领先。

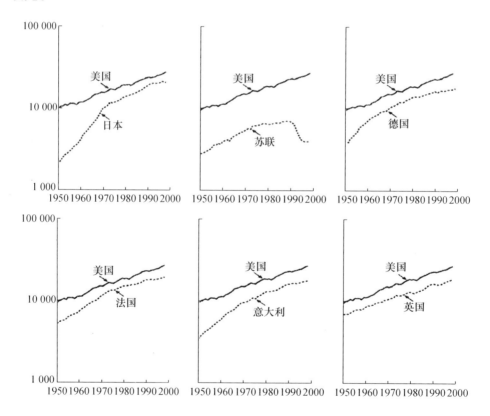

图 10　1950—1998 年美国/日本、美国/欧洲人均 GDP 水平的双边比较(1990 年国际元)

资料来源:安格斯·麦迪森:《世界经济千年史》,伍晓鹰等译,北京:北京大学出版社 2003 年版,第 124 页。

人们不禁要问,美国凭借什么实现了超越?简单的回答是两个字:制度。制度是变应然为实然的关键。作为更系统的回答,我们首先有必要对本书中心论点做一点回顾。

在第一部分,我们提出,根据 BM ≈ W 的理论逻辑[加入人口因数,则 total W ≈ BM(N × population)],总体来说各国要改进的主要政策领域无非涉及以下三个方面:(1) 逐步建立人才导向、以法治为基础的权力和利益合理制衡的政治制度;(2) 逐步建立以保护产权为基础并与世界经济连接的市场;(3) 充分运用好生产要素的比较优势,就中国这个人口大国而言,从劳动力数量走向劳动力质量,即人力资源的开发和运用,这里隐含着从技术/制度学习到技术/制度创新的努力。

如果我们根据这三个维度,把美国与其他经济发达的国家作一番标杆式的比较(bench marking)①,我们会发现,在全球范围内别的经济发达国家所做的制度安排,美国都通过学习、借鉴和改进在美国大陆实行了。这包括我们在第二部分所论述的中国科举制度的逻辑以及欧洲大陆首先发展和完善的旨在对权力进行制衡的宪政主义。

"虚心使人进步,骄傲使人落后",这是规范世界中的价值观。但关键是,在现实世界中,如果有人做不到,你该怎么办?其实,在规范或应然世界中,各国的争议并不明显。区别在于,在实然世界中,你在制度上做了什么,从而使应然的价值更快、更有效地变成实然。这是每个国家都要面对的挑战。需要提醒的是,应然的呼吁往往与实然的不幸呈相反的关系。换句话说,现实越残酷,人们越容易用应然的语言来表达期盼。

不难设想,如果"学习好"是大家都认同的好的应然价值,那么一个小孩

---

① 标杆比较是管理学中常用的分析工具。其基本思想是,通过对那些竞争领先者的系统分析和比较,然后复制各个领域领先者的方法来改进自身的绩效。标杆比较的步骤通常包括:(1) 识别标杆比较的对象;(2) 收集内部和外部的数据;(3) 分析和比较数据以识别绩效差距;(4) 实施行动计划以接近或超越最佳实践。参阅 Robert C. Camp, "Learning From the Best Leads to Superior Performance", in Arthur A. Thompson, Jr. A. J. Strickland III, and Tracy Robert Kramer, eds. , *Reading in Strategic Management*, 5th ed. , Chicago:Irwin,1995.

国富之道

学习好的家庭与一个小孩学习不好的家庭相比,前者为强调学习重要而费的口舌一定不如后者更多。但这本身并不能说明前者重视学习的程度不如后者。但是,不幸的是,不分应然和实然的后者,往往会错误地认为自己的文化更重视学习,好像前者还不如自己。在认识论上,这是个巨大的误区。不难想象,文化的内容包括应然的价值;但是如果只强调应然的价值,那么没有这种价值取向的制度安排的支撑,这种文化会像海市蜃楼、空中楼阁。

顺带一提,在第一部分,我们谈到了"李约瑟之谜"。我在这里要提出的谜团是,为什么传统社会一般都被认为是"神秘"的社会。事实是,相对于传统社会来说,现代社会的创新频率高,这本意味着预见性变得更难;相反,传统社会一般都是农业社会,而农业社会的生活方式基本是单一的重复。日复一日,年复一年,这意味着可预见性相对容易。就人大脑的认知能力而言,单一和重复本不应该产生"神秘"。我认为,传统社会之所以给人以"神秘"之感,主要是因为这些社会所描述的应然世界以及由此而引起局外人对其的预期与实然世界之间的距离太远。①

就美国而言,美国保证其国民有效学习的一个重要途径不是只停留在口头来回重复的期望上,而是通过其开放的移民政策,这是一种制度安排。有效的制度安排是变应然为实然的关键所在!不然,应然的东西也只不过是句空话。说多了反而让人觉得虚伪、生厌,这种恶果的极端是信仰危机。正因为如此,我们可以说,相对于别的国家,美国的移民政策在制度上,如果不是在态度上,更有效地保证了美国可以不间断地吸收全世界各种文化中最优秀的精华。它使美国从应然世界进入了实然世界,正如我们通常所说

---

① 在教学中,我在学生中做过这种认知上的试验,包括第三世界的官员。这种思路和观察方法上的试验初步证实了这一点。中国在传播自己的文化中似乎强调规范世界而不是现实世界,这对外国人来说也同样加剧了"不透明"和"神秘"感。儒学总体来说是一套规范的价值,并不精确地反映现实世界,自动地代表过去或今天的现实情况。如果文化的定义是某个人类社会在某一时空点上生活方式的总体,那么要精确地传播文化,就有必要分清构成文化的规范和现实世界,以及它们组成的比例,问问哪些规范已变成了现实,哪些规范只是规范,离现实还有距离。例如,中国的道教就早提出了"无为而治"的思想,在某种程度上,这与亚当·斯密的"看不见的手"类似;两者不同的是,在中国"无为而治"只停留在规范世界,而英国通过制度安排使"看不见的手"变成了现实。

的理念变为了现实。

斯坦福大学的罗伯特·萨顿(Robert Sutton)教授在其《奇怪的想法》(*Weird Ideas That Work*)一书中指出,美国具有整个世界无法匹敌的高创新率的原因之一是它有一个极其多元化的人口结构。① 可以说,没有移民就没有美国,这是美国超越别国的一个核心优势。

特别需要指出的是,虽然我们一般说美国只有200多年的历史,这没有错,但这只不过是就美国这个国家作为独立的政治实体而言。若从思想的传承上讲,欧洲的历史有多长,美国的历史就有多长。正如本书第二部分所述,美国的开国先辈们都深受欧洲哲学家思想的影响。有数据显示,1817年美国的移民人数就有3万。② 今天移民的人数更是达到了新高,平均每8个美国人中就有一个是新移民。为了广揽人才,美国政府分别于1952年和1965年两度修改移民法,放宽条件、简化手续,为国外技术人才移民美国提供便利。

据统计,1949—1973年间,大约有16万名科学家和工程师移居美国,此外还有6万名医生。近年来,为了促进高新技术的发展,美国政府于2000年开始将准许外国专业人员来美工作的H-1b签证的限额从每年11.5万人增加到19.6万人,为期三年;对那些在美国大学获得硕士学位以上的外国留学生,又可免去H-1b签证的限额的限制。此外,美国政府还特别批准,每年可有6 000名外国杰出的科学家和高级技术人员直接到美国合法定居。③ 美国的历史决定了其移民国家的独特性。欧洲国家(亚洲国家也是如此)多以"血缘"判断一个人的身份,而美国则以"出生地"为标准。这意味着,在欧洲,非但第一代移民很难融入主流社会,他们的下一代仍旧如此。可见,相对于其他国家,美国是个更开放和好学习的国家,这是其移民政策的制度安排使然。

---

① Robert Sutton, *Weird Ideas That Work*, New York:Free Press,2002.
② 当时的移民主要来自爱尔兰、英国和德国,其他国家加起来大约占10%。参见 *Nile's National Register*,75 Vols. Baltimore,Philadelpia,Washington:1811—1849, XIII ,p.35—36.
③ 参见田玉敏、张雅光:《美国的人力资源开发》,载《中国人力资源开发》2004年第4期,第57—58页。

再有,在并不十分遥远的历史上,美国是一个实行黑奴制的国家,而今天,黑人巴拉克·胡赛因·奥巴马(Barack Hussein Obama Jr.)当选美国新一届总统这一事实更是说明了这个国家能不被历史包袱所羁绊。需要提醒的是,作为全球各种文化的"大熔炉",美国面向全球的学习并不是照搬表面的形式,而是形式后面的思想和逻辑。1986年美国历史学家西奥多·怀特(Theodore H. White,旧译白修德,1915—1986)在一篇纪念美国建国210周年的文章中说:"美国是一个由思想产生的国家;不是这个地方,而是这个思想,缔造了美国。"①

在财富创造上,美国第13任总统小约翰·卡尔文·柯立芝(John Calvin Coolidge, Jr., 1872—1933)曾说:"美国的事就是做生意"(The business of America is business)。在美国这句话不只是说说而已,它是有制度支撑的。美国鼓励企业家精神的制度表现之一是美国的《破产法》。美国早于欧洲废除了欠债必须坐牢的法律,其1800年颁布的《破产法》几经修改(1841年,1867年,1898年和1938年),在强调保证债权人利益并兼顾债务人利益的前提下,发展趋势更有利于债务人而不是债权人。依照美国《破产法》,只要启动公司破产程序,债权人就必须暂停追索欠款。

1978年,美国《破产法》又一次革新,强化了法院监督破产程序的广泛权力,进一步强调了公司重整程序,并完善了破产免责和财产豁免等保护债务人的制度。② 美国法律对企业破产所持的宽容态度,使企业家更有胆量去冒更大的风险,不断进行新的尝试。罗兰·梅西(Rowland Hussey Macy,1822—1877)和亨利·海因茨(Henry John Heinz,1844—1919)分别是美国家喻户晓的百货商场和食用品行业的大企业家,他们在事业成功之前都经历了多次挫折。由此可见,美国《破产法》所体现的思想可能是美国商业文化比其他国家更具有企业家精神的原因所在。看来,文化只不过是制度安排的结果。

---

① 白修德:《美国的观念》,北京:三联书店1996年版,第868页。
② 但有两类公司无法享受美国《破产法》重组的益处,按美国的法律,股票经纪公司和期货经纪公司不得重组。因为这两类公司玩的就是风险,失手后应该赶紧退出。

关于美国经济所体现的商业活力，2006年诺贝尔经济学奖得主、美国经济学家埃德蒙·费尔普斯（Edmund Phelps）教授有这样的观察："现代经济的活力依靠一系列现代制度。在私营部门，财产法和公司法的进步让那些希望成为创新者的人能够迅速创办和关闭企业，不需要顾及社会上其他人的看法。股票市场、银行和专利制度给长期项目提供了支持，以鼓励大大小小的创新活动。在公共部门，某些制度和政策着眼于长远发展。美国在那几十年里采取的一系列行动扩大了能用于投资和创新的资源：给长远项目提供的贷款，给先锋拓荒者提供的土地，解放黑奴，以及保护投资人和债权人的法律等等。"①

在本部分，我们要谈的重点是市场建设。说到建设市场，美国有一点是非常幸运的。那就是，在美国建国初期，经济在人类历史上首次作为一门科学进行研究。亚当·斯密的《国富论》发表于1776年，与美国的建国是同一年。这在历史上是个巧合。作为一个新生的国家，美国一开始就有经济学理论作为前进的灯塔；此外，它也没有那些古老社会难以消除的特权对生产力的束缚和阻挠。根据曼昆在《经济学原理》中的讲述，美国国父本杰明·富兰克林（Benjamin Franklin，1706—1790）曾见过亚当·斯密本人。虽然第一任总统华盛顿从没见过斯密，但有证据表明，华盛顿也受斯密思想的影响。证据是，有一本18世纪版的《国富论》，上面就有华盛顿的亲笔签名。

至于对产权的保护，从根本上说，美国的立国就是从维护产权开始的，当时美国人要求从英国独立的最重要理由就是他们认为英国政府课税太重了。英国政府在1764年颁布《蔗糖税法》（Sugar Act），在1765年颁布了《印花税法》（Stamp Act）和在1767年出台了关于征收殖民地消费品税的《汤什特法案》（Townshend Acts），这些都激起了美国人的强烈反对。与13世纪英国贵族为《大宪章》所做的努力类似，美国人的口号是："无代表，不纳税"。意思是，如果在政府中没有人代表我的声音，我就不能纳税。你要叫我纳

---

① 埃德蒙·费尔普斯：《大繁荣：大众创新如何带来国家繁荣》，北京：中信出版社2013年版，第327页。

税,我就得有代表参加讨论如何纳税、这个钱怎么花。1770年,英国政府废除了进口税但保留了一项,即征收进口茶税。1773年美国人装扮成印第安人袭击了驶抵马萨诸塞波士顿港的英国垄断经营茶叶的船只,并将342箱茶叶倒入海港里,以抗议交纳英国的茶叶税。这就是美国历史上著名的波士顿茶会(Boston Tea Party)。

英国的严厉报复使得殖民地联合起来加紧争取美国独立的运动,后来这个理念慢慢地形成了美国后来的立国之本,因而,从源头上,或几何数学上所谓的公理层面,取消了"绝对主义"在美国生存的基础。美国《宪法》的一个最基本的原则是个人有追求幸福的权利。追求幸福就包括发财致富,因此,私有财产是不可侵犯的。由此可以看出,美国从立国开始,就摒弃了"绝对主义"的国家,青睐自由市场经济①,通过宪政和法治来防止掠夺性政府的出现。这为建设能力政府、法治政府、问责政府奠定了基础。

关于保护和统一市场的拓展,美国的开国立宪者在美国《宪法》中都给予了明确的表述。美国《宪法》第一条第十款中声明,"各州不应通过任何法律妨碍契约的实行";第八款中规定,"规制……几个州之间的贸易"是联邦政府的权力;《宪法》第五和第十四修正案禁止联邦和州政府"不通过法律程序剥夺个人的生命、自由或财产"(deprive any person of life, liberty, or property without due process of law)。

1839年美国法院在相关判决中认为,各州政府不能禁止"外国"企业在本州经营②,并在1886年的相关判例中规定,政府对公司,就如同对公民一样,不能不通过法律程序而采取武断的行为。③ 考虑到公共利益如铁路运输网的扩展,19世纪中叶以后美国法院的相关判决是,"国家有权规制但无权

---

① 值得一提的是,美国在建国初期回避了黑奴是否是私有财产的公开讨论,不然南方的佐治亚州、弗吉尼亚州和南卡罗来纳州估计就不愿意加入邦联体。当时没有禁奴,为以后的美国内战埋下了祸根。参阅 Andrew Sinclair, *A Concise History of the United States*, Sutton Publishing, 2000, p. 34.

② Bank of Augusta v. Earle (1839).

③ Louisville, Cincinnatti, and Charlestown R. R. v. Letson (1844); Santa Clara County v. Southern Pacific Railroad Co. (1886).

毁灭"(the power to regulate is not the power to destroy)，同时必须对相关私产进行"合理的补偿"。① 相比之下，在大革命前的法国，有人做过估计，如果一个人要从法国的鲁昂运货到马赛，他将不得不交纳多达50多种课税。② 而美国却完全不同，商品可以自由地流通。在建国之初，美国就禁止对货物的跨州流通征收任何课税或设置其他障碍。

至于知识产权，从二百多年前到今天，美国《宪法》是世界上唯一一部写有"知识产权条款"的宪法。《宪法》第一条第八款声明，"国会有权立法给发明人和作者以有限期限的专利权和版权以鼓励发明、激励创造"。这种对知识产权的高度重视不能说与美国国父自身的认知和学识无关。如本杰明·富兰克林和托马斯·杰斐逊不仅是革命家，而且是科学家和发明家，他们所设想的美国就是一个发明家的国度。关于专利对创新的作用，美国总统亚伯拉罕·林肯(Abraham Lincoln,1809—1865)有一句名言："专利制度就好比给天才的火焰再加上利益的燃油。"

1790年，美国颁布了第一部版权法，该法与英国1710年颁布的《安娜女皇版权法》类似，赋予作者14年的独享权，加上再延续14年的选择，之后，版权归属公共领域。显然，这是国家兼顾作者个人利益和社会公共利益所做出的明智的制度选择。③ 在以后二百多年的历史中，这种安排使新大陆的创造力如虎添翼，迅速超越了欧洲大陆和文明古国前进的速度。哈佛大学商学院麦克劳教授认为：

---

① Stone v. Farmers Loan and Trust Co. (1886); C. M. & St. P. RR. v. Minnesota (1890); Smith v. Ames (1898).
② 约翰·戈登：《伟大的博弈：华尔街金融帝国的崛起(1653—2004)》，郝斌译，北京：中信出版社2005年版，xxvi。
③ 至此，专利制度的逻辑都不错。然而，魔鬼还在细节中。今天只得争议的是，个人利益和公共利益的边界定在哪里合适。换句话说，知识产权的保护年限多久才合适？以美国迪斯尼公司(Walt Disney Company)为例，它要求国会修改法律，延长版权条款，先是要求75年，后又提出95年。还有，在美国，医药公司在新药上市之后，可以一直收取垄断价格达20年之久。但是有关研究指出，尽管医药公司每年在研发上花费大约250亿美元，但是其中大约70%花在仿制竞争者品牌的药品，真正的创新有限。Peter Barnes, *Capitalism 3.0: A Guide to Reclaiming the Commons*, CA: San Francisco, Berrett-Kochler Publisher, 2006, p.130.

国富之道

除了有一段奴隶制的历史外,美国一直是个崇尚开放和平等的国家。1776年美国独立时,它就没有像欧洲那样受到特权阶级的束缚,从一开始美国就没有封建传统,没有宗教制约,没有贵族特权,也没有军事专权。宪法的起草者们甚至剥夺了联邦政府和州政府为富人加封贵族头衔的权力。因此,从一开始,美国就是朝着建立一个主要由中产阶级组成的国家方面发展的……财富在这里受到赞扬和尊重,但是这种财富必须是自己挣来的……许多到过美国的欧洲人发现,美国人与欧洲人对待财富的观点不同:美国人宁愿自己去挣钱,而在欧洲,人们对那些拥有大笔遗产的人极为尊重,瞧不起那些"新富"。①

以上评述、历史回顾的简短片段以及制度后面所体现的远见卓著的思想显示了美国同样遵循着欧洲国家在崛起时所遵循的企业家精神、保护产权(包括知识产权)以及公共利益和个人利益保持平衡的逻辑。

市场经济也不存在没有政府的市场:回归物理学熵定律

如果我们说英国和荷兰的崛起得益于国家的权力和市场主体之间保持相对较合理的平衡,而法国和西班牙(包括俄国以及其他所谓东方专制主义国家)②在历史上相对的落后源于国家过度强势的绝对主义,那么美国的发展显然是遵循了前者而不是后者的逻辑。不难想象,只要我们能跳出表象

---

① Thomas K. McGraw, ed., *Creating Modern Capitalism: How Entrepreneurs, Companies, and Countries Triumphed in Three Industrial Revolutions*, Cambridge: Harvard University Press, 1997, p. 370.

② 最早谈及东方专制主义的是古希腊的亚里士多德。他在《政治学》一书中,用东方专制主义的概念,批评波斯帝国对专制皇权的崇拜。东方专制主义一般被认为有以下特点:政治权力的高度集中,从而导致专制;专制君主意志就是法律;生产资料(如土地、江河等)完全归皇帝所有,没有真正意义的私有财产;只有皇帝控制下的贵族,并没有相对独立的贵族阶级;政府对国家的经济实行垄断。学界具有代表性并具有争议的人物是卡尔·魏特夫(Karl August Wittfogel,1896—1988)。参见卡尔·魏特夫:《东方专制主义》,徐式谷等译,北京:中国社会科学出版社1989年版。

来看本质,这些国家发展背后所隐含的逻辑今天对中国发展的现状和未来同样具有启迪,关于这一点我们在本部分的结语中还会论及。

在美国建国初期,作为第一任财政部长和《联邦党人文集》最主要的执笔者,亚历山大·汉密尔顿坚持要建立一个强大的中央政府,倾向于干预自由市场,可谓"公权"的倡议者;而在另一方面,作为第一任国务卿和《独立宣言》的起草人,托马斯·杰斐逊则反对扩大政府的权力,认为政府应最低限度地干预公民的生活,倾向于放任自由、藏富于民的政策,可谓"私权"的捍卫者。杰斐逊的一句广为引用的警句是,最好的政府就是管得最少的政府(That government is best which governs least)。汉密尔顿与杰斐逊的追随者们之间的激烈争论为以后美国制定经济政策时争论不休开了先河,这种争论一直延续到今天。这也反映在今天美国在分析和应对金融危机所进行的政策争论和政策选择上。争论的焦点往往是在"自由放任"和"政府干预"思潮的两极之间寻找平衡点。要体会一下这种平衡点在制定政策中的具体表现,不妨听一听美国最受欢迎的总统之一富兰克林·罗斯福(Franklin D. Roosevelt,1882—1945)对美国人民的一次"炉边谈话"。他说:

> 与世界上大部分地区不同,在美国,我们坚持我们对个人奋斗和利益动机的信念;但是我们也认识到,我们必须连续不断地寻求改良的实践以确保合理利润的持续,加之科学的进步、个人的积极性、小人物的机会、公平的价格、适当的工资和连续的就业。①

曾担任多届美国总统的经济顾问、哈佛大学经济学教授约翰·加尔布雷思(John Kenneth Galbraith,1908—2006)曾提出一个所谓"抵消力量的概

---

① 韦克特:《大萧条时代》,秦传安译,北京:新世界出版社2008年版,第94—95页。"炉边谈话"是罗斯福与美国公众传递政策讯息的独特方法。1933年3月12日,就职不久的罗斯福总统,在总统府楼下外宾接待室的壁炉前接受美国广播公司、哥伦比亚广播公司和全国广播公司的录音采访,工作人员在壁炉旁装置扩音器。罗斯福说:希望这次讲话亲切些,免去官场那一套排场,就像坐在自己的家里,双方随意交谈。"炉边谈话"由此得名。罗斯福在其12年总统任期内,共做了30次"炉边谈话"。每当美国面临重大事件之时,罗斯福都用这种方式与美国人民沟通。

念"(concept of countervailing power)来解释美国这种现象。他对美国的观察是:"美国人对私人的市场力量所产生的问题一直心存顾虑;但是,对政府广泛干预私人活动的经济决策,也很少有人双手赞成。"至于政府在市场中的作用,他同时指出:"美国人显示了相当强的能力,将学说和原理配以务实主义。"① 由此看来,如果有人认为美国的经济是没有政府作为的、完全放任自流的市场经济,这显然是误解。造成这种误解的原因是静态的视角,缺乏对历史发展的动态观察,颇有"只见树木,不见森林"之感。今天,美国政府在GDP中占到大约20%;而在1929年,这个比例只有3%。

其实,从历史上看,这种政府与市场两极的思潮对美国经济政策的影响宛如一个钟摆。虽然在不同阶段此消彼长,但是从长期看,结果往往是趋向妥协、回归中线;而这种争论和妥协的结果又避免了极端主义的长期存在。这与经济落后国家国内的思想争议有着极大的不同,后者往往或左或右,使市场与政府相互对立。因此,在政策选择上它们往往容易走极端主义,使制度纠错的成本极高,极端的情况是爆发革命甚至内战。相比之下,美国经济政策的制定、实施、调整和发展不是直线的,而是螺旋上升的,它的优势是给制度创新及其纠错提供了空间。

一个典型的例子是1929年爆发的经济"大萧条"(Great Depression)、1933年罗斯福"新政"(New Deal)的出台以及之后凯恩斯主义的兴起。② 正如英国著名小说家、历史学家、电影制作家安德鲁·辛克莱(Andrew Sinclair)所指出的,"面对巨大的失败,美国人依然相信自由企业的优点,因此,

---

① John Kenneth Galbraith, *American Capitalism: The Concept of Countervailing Power*, Cambridge MA: the Riverside Press, 1952, p.135, p.177.

② 当时美国纽约交易所的交易量从1929年的1.125百万股跌到1932年的0.425百万股;道琼斯指数从1929年9月的381点跌到1932年1月的41点;失业人口从1929年的3.2%上升到1932年的23.6%。大萧条对经济造成了巨大创伤。美国10万多家企业破产、6000家银行倒闭,国际贸易缩减40%。关于1929年之后的经济危机和罗斯福新政,参见Ben. S. Bernanke, *Essays on the Great Depression*, Princeton N. J.: Princeton University Press, 2004; Peter Wyckoff, *Wall Street and the Stock Markets: A Chronology, 1644—1971*, Philadelphia: Chilton, 1972; E. W. Hawley, *The New Deal and the Problem of Monopoly*, Princeton N. J.: Princeton University Press, 1966.

即便是到了 1932 年,美国也没有出现大规模的革命,虽然革命的条件已经成熟"①。即便是今天的金融危机,美国应对危机的思路和相应的政策也看不出过分地偏离市场经济的大框架。②

在经济"大萧条"中,市场这只"看不见的手"所隐含的风险只是催生了美国联邦政府这只"看得见的手"相对更有力度地出现。③"大萧条"后,美国联邦政府对市场的规制和监管得到了空前的加强。证据是一系列旨在规制和监管市场的法律的出台和联邦机构的设立,如 1933 年出台了要求上市公司披露信息的《证券法案》(The Securities Act of 1933),同年颁布的、要求商业银行和投资银行分业经营以及授权建立联邦储蓄保险公司(Federal Deposit Insurance Corporation,简称 FDIC)的《格拉斯-斯蒂格银行法案》(The Glass-Steagall Banking Act of 1933)④,1934 年颁布的、授权建立联邦证券交易委员会的《证券交易法案》(The Securities Exchange Act of 1934),1935 年颁布的有关煤气、水电、公共交通等方面的《公共事业控股公司法案》(The Public Utility Holding Company Act of 1935),1934 年成立的联邦通信委员会(Federal Communications Commissions),1935 年成立的全国劳工关系局(National Labor Relations Board)和 1938 年成立的民用航空局

---

① Andrew Sinclair,*A Concise History of the United States*,Sutton Publishing Limited,p. 155.
② 有意思的是,此次金融危机催生了许多诸如美国进入社会主义、市场经济终结之类的话题。其实,这种言论在 20 世纪 30—40 年代就出现过,而且比现在更有挑战性。当时,美苏之间搞竞赛,一边是资本主义世界经济的大萧条,另一边是苏联高速的经济增长,这种现实使挑战市场经济的言论显得更有说服力,结果是,很多国家都争先恐后地进行了社会主义和国有经济的尝试。但是到了 20 世纪 70 年代,由于国有企业的亏损,很多国家都出现了财政危机;80 年代,几乎所有的国家都进行了市场导向的改革,逆转了二战以来一系列发展国有经济的政策选择。
③ 需要指出的是,当时美国地方政府的债务也加剧了危机。当时,美国各州政府都在大规模地开展运河、高速公路、铁路修缮等基础设施项目。但一场危机不期而至,一些政府钱花完了,但项目尚未完成,九个州政府因此破产。
④ 根据该法案规定,美国成立 FDIC,对 5 万美元以下的银行存款提供保险,以避免公共挤兑发生。今天,美国几乎所有银行都是 FDIC 的成员;该法案同时也要求银行必须选择或者从事储蓄业务,或是从事投资银行业务,而不能兼而有之。例如,摩根银行就被一分为二,变成一个投资银行——摩根斯坦利,另一家仍然称作 J. P. 摩根,只从事储蓄业务。

(Civil Aeronautics Board)。①

同时要指出的是,到了 20 世纪 80 年代的里根时期,政府对市场的管制又出现了明显的放松,只不过是在经济发展水平更高的一个新的均衡点上。相比之下,英国在二战以后,执政的工党把繁荣的希望过多地基于加强工会和国有化的政策,可结果适得其反,经济长期低迷。有数据显示,20 世纪初,绝大多数市场经济国家(包括美国)政府机构的财政支出占本国 GDP 大约是 10%,但是到了 20 世纪 80 年代,这个比率已飙升到 50%。这种财政支出的急剧膨胀和政府的效率低下,招致了"撒切尔主义"和"里根主义"的强烈反弹。

说到这里,对于那些过于热衷于国家干预市场的人,有必要提醒一下:美国著名小说家、批判现实主义文学的奠基人马克·吐温(Mark Twain, 1835—1910)曾幽默、诙谐地说,今天我看到了一个让人惊讶的场面,一个政客的手是插在自己兜里的!也许是受了马克·吐温的启发,公共选择理论一改国家官员无私的前提假设,认为公务员在寻求个人利益最大化方面与市场中的经纪人没有本质的差别。②

因此,如果我们把放任自流的市场比做一匹脱缰的野马,那么美国政府对市场规制和监管的作用只不过是给野马套上了缰绳,但是缰绳并不能替代野马本身。简单地说,美国故事的演绎只是驾驭市场这匹马的缰绳的松紧而已。从历史上看,它时松时紧,交替前进,但是自始至终美国并没有放弃市场作为主导力量的理念。政府的作用只是辅助的,政府在宏观经济层面的介入只是对微观市场失败的修正和补充。换句话说,在"市场"这个赛场上,政府的角色是裁判员,绝不能自己充当运动员,不然很难有公平竞争可言。

---

① Thomas K. McCraw, *Prophets of Regulation*, Cambridge MA: the Belknap Press of Harvard University Press, pp. 136, pp. 169—170.

② 关于更多公共选择理论较系统的论述,参阅 James Buchanan and Robert Tollison, *The Theory of Public Choice: Political Applications of Economics*, Ann Arbor: The University of Michigan Press, 1972; James Buchanan, Robert Tollison and Gordon Tullock, *Toward a Theory of a Rent-Seeking Society*, College Station, Texas A&M Press, 1980.

福利经济学的鼻祖英国经济学家阿瑟·庇古（Arthur Cecil Pigou，1877—1959）把政府的作用称为"帮助之手"（helping hand），而绝非"掠夺之手"（grabbing hand）。① "帮助之手"的性质和作用活生生地体现在20世纪30年代的经济大萧条和美国总统罗斯福以财政手段为主导、旨在刺激经济复苏的所谓"新政"中。② "新政"彰显了宏观经济调控所能起到的缰绳作用。正如美国联邦储备委员会（Federal Reserve Board）主席本·伯南克（Ben Bernanke）博士所指出的，30年代的经济大萧条是学习宏观经济的圣杯（The Holy Grail of macroeconomics）。他在其2004年出版的《大萧条》（*Essays on the Great Depression*）一书中写道，银行恐慌干扰信贷的正常流通将会影响经济的实际运行状况，大萧条的经历依然对今天宏观经济调控的思想、政策建议和研究产生着影响。

说到宏观经济，我们这里不能不提宏观经济学之父、英国经济学家凯恩斯的思想（尽管他从来没有拿过经济学的学位）。在他1936年发表的《就业、利息和货币通论》（*The General Theory of Employment, Interest and Money*）这部巨作中，凯恩斯超越了当时以马歇尔边际分析方法为代表的新古典学派自由放任的经济学说，主张国家采用扩张性的经济政策，通过增加需求促进经济增长，为宏观经济学奠定了理论基础。

凯恩斯认为，经济的衰退和萧条是短期意义上的经济波动和失衡，它之

---

① Andrei Shleifer and Robert Vishny, *The Grabbing Hand: Government Pathologies and Their Cures*, Cambridge, MA: Harvard University Press, 1998.

② 1933年，为了应对经济大萧条，美国总统罗斯福颁布了《社会保障法案》《工资工时法》《农业调整法》《全国工业复兴法》四部法律，其目的在于维持社会和农业稳定、巩固美国经济复兴的产业基础、推动工业复兴，以工业复兴推动技术创新，使美国在克服经济危机的同时，实现了第二产业的优化升级，确立了美国工业技术的全球领先地位。由于经济大萧条是由疯狂投机活动引起的金融危机而触发的，政府的措施先从整顿金融入手；就整体而言，罗斯福所采取的改革金融、复兴工业和救济贫民三大重要措施，史称"罗斯福新政"，其主要内容可以用"3 R"来概括，即复兴（Recover）、救济（Relief）和改革（Reform）。罗斯福新政的成功实施，使美国经济成功地走出危机，成为全球总体经济实力和高科技实力最强的国家，并一直延续到今天。罗斯福也因此成为自亚伯拉罕·林肯以来最受美国和世界公众欢迎的总统而永载史册。

所以会发生,是因为在某个时空点上一个社会对物品与劳务的总需求不足,而在这方面政府可以有所作为。他指出古典经济理论只能解释市场经济的长期效应,但对短期出现的波动或失衡,却束手无策。他曾不无讽刺地挖苦道:"长期是对当前事情的一个误导。从长远计,我们都会死去。如果在暴风雨中,经济学家只告诉我们,暴风雨在长期中会过去,海洋必将平静,那么他们的任务就太容易和太无用了。"因此,在凯恩斯看来,当市场饱受企业倒闭和工人失业之苦时,诊治的药方自然是由政府出面,实施增加总需求的公共政策,这包括增加政府的公共支出,同时也可考虑减税和鼓励个人开支的财政政策以及宽松的货币政策。但是,也许是因为政府的公共支出操作起来容易,短期效果来得快,一般来说,人们总是把凯恩斯的名字与政府增加公共支出联系在一起,而不是货币政策。这其实是一种误解。①

是政府干预,还是自由市场?必须指出的是,凯恩斯的思想并不是要么黑,要么白。其实,凯恩斯绝不是国有化和中央计划体制的支持者和同情者,在深层面上,他依然是位自由主义的经济学家,反对政府统御市场的主张。介于国家全面干预和自由放任之间,他在强调私有财产和个人自由的基础上,选择的是一条给政府在宏观层面对经济波动进行微调的中间道路;而且,必须特别强调的是,这种微调是作为短期的应急,而不是日常的家常便饭,更不是以"球员"的角色出现。如何在经济萧条时应急,用他自己在经济大萧条时期的话说:

> 集权国家已经非常清楚地向我们表明,中央对资源的动员和对个人的严格控制发展到了威胁个人自由的基础的程度,我并不否认这一点。我说的是,我们还根本没有出现这种情况,这种危险现在是不存在的,因此,无需就此争论。问题是,我们是否从19世纪的自由放任状态过渡到自由社会主义的时代,我这里指的就是这样一种制度,就是我们能够为了共同目的而进行有组织的共同

---

① 其实凯恩斯早期的研究更注重货币政策。他在1923年著有《论货币改革》(Tract on Monetary Reform),在1930年出版了两卷《论货币》(Treatise on Money)。

行为,促进社会正义和经济公平,并尊重和保护个人的选择、信仰、思想以及表达,企业和财产的自由。①

凯恩斯宏观理论的思想不论是在学术界还是在政策领域都产生了巨大的影响。对此他自己也有所预感。他在写给著名英国剧作家萧伯纳(George Bernard Shaw,1856—1950)的一封信中说:"我相信我在写的经济理论著作将给经济学带来革命性的变化,虽然不是一夜之间,但是我想,在以后的十年中,它将改变世界对经济问题的看法。"②的确,只要读一读有关罗斯福实行新政的历史书,就不难看出,美国政府应对经济大萧条的政策措施和凯恩斯的逻辑是一脉相承的。作为政策遗产和理论上的创新,第二次世界大战之后,美国大学的经济学课程中宏观部分无一例外地都要涉及凯恩斯主义,而且其内容,随着历史的演变,又到了所谓新凯恩斯主义的补充。1965年,即在凯恩斯去世之后的第19年,美国《时代》杂志把凯恩斯作为封面人物,并称他是战后经济繁荣的建筑师。

到了今天,即便是对中国人来说,凯恩斯主义也不再是陌生的思想。但是需要注意的是,凯恩斯主义有新旧之分。如果说传统的凯恩斯主义强调通过财政政策来增加总需求,那么新凯恩斯主义则更倾向于使用货币政策,提出了从供给方面调节经济的思想。但是,不能否认的是,两者的共同点都是政府在宏观层面对经济进行干预。这种双管齐下的思想在20世纪80年代为里根政府抗击滞胀(stagflation)的经济政策提供了理论基础。③ 由此可

---

① Donald Moggridge, ed. , *The Collected Writings of John Maynard Keynes*, vol. xxi: Activities 1931—1939: World Crises and Politics in Britian and America, Macmillan, 1982, p. 500.

② David Warsh, *Knowledge and the Wealth of Nations: A Story of Economic Discovery*, W. W. Norton & Company, 2006, p. 101.

③ 20世纪70年代开始,由于巨大的军费和社会福利开支、石油危机造成生产成本提高,以及美元与黄金脱钩造成美元急剧贬值,美国等西方发达国家经历了一场严重的滞胀,表现为经济停滞、高失业率和高通货膨胀率并存,这使传统凯恩斯主义学说遇到了严峻的挑战。1981年,里根总统上台后提出了"振兴经济计划",主要采用供应学派和货币主义的经济学理论,一手抓"滞",一手抓"胀"。首先,里根采用了供应学派的思想,认为促进经济增长的一个有效办法就是增加供应。上台后,他进行了三次大规模减税,并对社会福利制度进行了大刀阔斧的改革;与此同时,加大了国防开支,推行所谓"星球大战"计划。其次,里根赞

见,即便是在信奉自由经济市场的美国,政府也有它应该而且必须起到的作用,特别是在应对经济危机的时间方面。不论是在理论上还是在实践上,如果再有人把美国的市场经济理解为没有政府的市场经济,这要么是极端的无知,要么是个天大的误解。不管如何,对我们建设高效的市场都十分有害,我们对此必须保持清醒的头脑。

前面我们谈论了政府在宏观层面调节市场的财政政策,这里我们还有必要谈论一点货币政策。货币主义的领袖人物是芝加哥学派的创始人、1976年诺贝尔经济学奖得主弥尔顿·弗里德曼。此人可谓是世界级跨越理论界和政策界的两栖大学者,除了学问高超,弗里德曼教授还担任过美国前总统里根和英国前首相撒切尔夫人的经济顾问。由于弗里德曼具有高人一筹的辩论能力,常常会让他的批评者们还未说话就先怕三分。据说,曾任美国劳工部长、财政部长、国务卿,现任胡佛研究所资深研究员的乔治·舒尔茨(George P. Shultz)曾风趣地说:"每个人都喜欢与米尔顿争辩,尤其是当他本人不在场的时候。"

货币主义以挑战传统、强调扩张性财政政策的凯恩斯主义的面貌出现,它的核心是强调货币在经济活动中最重要,其政策主张是货币发行增长率要保持一个不变的速度,让市场经济中的主体对通货膨胀有完全的预期,此所谓"弗里德曼规则"。注意,"弗里德曼规则"加入人们的心理"预期",丰富了制定经济政策时需要考虑的(但是被新古典经济学忽略的)变量,如政

成货币主义关于通货膨胀形成的判断:通货膨胀是个货币现象,是货币发行增长过快的结果,要遏制通货膨胀必须控制货币发行。再次,里根接受了弗里德曼关于减少政府对市场干预的建议,实行自由放任和自由竞争的市场经济,推行国有企业私有化,扶植新型工业和中小企业。此所谓"里根经济学"(Reaganomics),可以总结为:用供应学派解决经济停滞的问题,用货币主义解决通货膨胀的问题。实际上,这是一个硬币的两个方面,不可分割。可见里根经济学并没有完全抛弃凯恩斯主义,先撇开在宏观层面调控经济不说,减税和大规模增加军事开支的政策措施本身就包含着凯恩斯主义学说的思想。里根经济学实际上与撒切尔夫人所实行的经济政策如出一辙。1979年撒切尔夫人当选英国首相,针对当时经济的滞胀状态,撒切尔夫人实行了四个方面的经济政策:一是紧缩货币,二是压缩公共开支,三是减税,四是推行国有企业私有化,并打击工会力量。

策的诚信、透明和独立性。从这个视角出发,古典经济学的"理性经济人"并不只是被动地听从政策摆布,政策的有效性必须考虑政策制定者和市场之间的博弈。因此,人们在分析政策时,不能只把政策看成是控制的工具,应借助博弈论理论,把政策的有效性看成是一个博弈的过程。这个过程不只有长期和短期之分,而是一个持续不断的过程;在这个过程中,所谓均衡,只是一个最新达到的新起点而已。如果我们用数学语言思考,必须超越代数(algebra)和微分(calculus)的领域,借助拓扑学的视野,即在经济学中所谓阿罗和德布鲁的方法。两位分别是1972年度和1983年度的诺贝尔经济学奖获得主。

受到货币主义的启发,新凯恩斯主义认为持续的财政赤字对经济是有害的,会引起通胀的预期、私人有效投资的减少和贸易逆差的增加,导致诸如美国20世纪70年代出现的经济的滞胀。作为对政策的补充和修正,新凯恩斯主义则主张减税以期增加私人的有效投资和消费,并从货币供给入手,不仅仅考虑存款利息率,还考虑普遍存在的信贷配给机制。这种思想在政策层面的具体反映是,从20世纪70年代开始,美国联邦储备委员会在经济生活中的作用凸现。这不是,美联储前主席艾伦·格林斯潘(Alan Greenspan)在1999年也成了美国《时代》杂志的封面人物。他象征着货币政策。还记得吗?凯恩斯在1965年成了《时代》杂志的封面人物。他象征的是财政政策。

因此不难想象,从美国前总统里根执政开始,货币政策和财政政策的同时或交替使用,使美国政府干预经济的政策体系发展到了一个新的水平。作为政策工具,货币政策与财政政策的结合使宏观经济调控政策变得更全面、更深入,既考虑需求方面,也考虑供给方面;既考虑长期,又考虑短期;既注重微调政策在短期的作用,又重视结构性政策长期的效果。可见今天的市场经济并不是有些人所说的没有政府干预、完全地放任自流。说到此,我们不妨再借助一下斯密关于"看不见的手"的比喻,并做点延伸。其实有效的市场应该有左右两只手,右手是常用的手,是只"看不见的手";左手通常是辅助的手，是只"看得见的手"。工作中右手时常需要左手的帮助，左手中有个工具箱，装有财政政策和货币政策的工具，各自有一个油门和刹车，这似乎是世界上成熟市场经济所具有的共同特征。但是，千万要当心，左手通常只是应个急，不能替代右手的作用。

发展到了今天，政府对市场的宏观调控就宛如驾驭一辆有两个油门和两个刹车的汽车。记得美国前总统杜鲁门（Harry Truman，1884—1972）曾抱怨说，他听不懂两只手的经济学家的话（on the one hand…on the other hand），相比之下，今天的复杂性可想而知。注意，随着中国市场导向经济改革的深入，中国经济宏观调控的政策工具也是从行政干预逐步走向财政和更中性的货币政策。可见，世界上从来就不存在没有政府的市场，这不应该是争论的问题，更不应成为定式的意识形态。要涉及的问题不光在于驾车技术的高低，更在于在市场规制者（regulator）、管理者（administrator）或游戏参与者（player）三者之间，政府如何定位，它与市场的边界在哪里。不能泛泛地谈论政府的作用，魔鬼还在细节中。

顺便说一下，对于2008年爆发的金融危机，也许不少人认为此次金融危机是市场的失败，但是我认为，与其说是市场的失败，还不如说是政府的失败。更严格地说，是政府在市场某个领域中监管的失败。人们常常忘记，即便是市场原教旨主义者（market fundamentalist）弗里德曼提倡的所谓市场导向的"中性"货币主义，作为政策工具，市场上的主体如公司和个人也是无法使用的，只有政府才能使用。在这个意义上，除了市场规制者的作用外，政府显然要起有限管理者的作用，而不是市场游戏的直接参与者。在格林斯潘掌管美联储的时代，美国自从2001年科技股泡沫破灭后政府过度宽松的信贷政策不能不说是造成此次金融危机的原因之一。更深层的原因可以追溯到20世纪70年代，当时美国政府决定把美元与黄金脱钩，但美元作为国际储备货币的地位并没有变，结果是美国的货币政策不再受约束。这在制度上使美国过度超前消费成为可能。①

从市场发展的历史角度看,凯恩斯主义的出现可谓是一个重大的转折点。从此,市场的建设由极端的放任自流转向允许一定程度的国家干预,从以财政收支平衡作为理财的基本原则转向以促成经济平衡发展为基本原则,其中税收的多少和银根的松紧是经济平衡和持续发展中可供政府在宏观经济层面使用的政策工具。

与此相关,凯恩斯的思想还为后人系统地衡量和研究各国经济总量的水平、内容和变化奠定了基础。其中的一位杰出代表是1971年度诺贝尔经济学奖得主西蒙·库兹涅茨,他被誉为"美国的GNP(国民生产总值)之父"。在此,我们不禁会对人类的无知感叹,并对库兹涅茨的工作表示感谢。不难想象,在GNP这个概念和衡量出现以前,也就是人类历史的不久以前,一年来某个国家的经济状况是好是坏还是一个很不易把握的议题。库兹涅茨对宏观经济增长的分析和研究揭示了各发达国家一个多世纪的经济增长过程,并在理论层面对人们进行经济增长的原因的探讨能力的局限性提出了深刻的见解。他认为:"所谓一个理论,即是在各种经验上可以识别的因素之间的可经验证关系的表述,这些因素和关系在不同的时间、地点等条件下是相对稳定的。但是这种各国经济增长的理论我们还没有掌握过……看来我们更应该去从事一项不太雄心勃勃的任务,比如,从经验记录中提出一些建议,为进一步的数据研究做向导,或为可检验的理论作实证分析。"②

---

① 在宏观层面上,就货币政策而言,2001年美国网络经济泡沫破裂。为刺激经济,美联储13次降低联邦基金利率,直至2003年6月至2004年6月的历史最低点1%,并将如此低的利率水平保持了相当长时间。就财政政策而言,2001年之后,一方面美国政府通过大规模的减税来刺激经济增长,使原本已经过度依靠消费主导的经济结构进一步失衡;另一方面,阿富汗和伊拉克两场战争导致美国财政赤字的扩大。过于宽松的信贷、赤字财政政策和大规模减税计划,在刺激美国经济增长的同时,也催生了房地产泡沫的形成和扩大。资产价格过高引发的"财富效应",又进一步刺激了美国的过度消费,直至危机爆发。

② Robert W. Fogel,"Simon S. Kuznets:April 30,1901—July 9,1985",NBER Working Paper,No. W7787,2000.

国富之道

在认识论层面上,库兹涅茨所暗示的经济增长理论发展的不确定性和阶段性的思想,同样也适用于今天我们对美国市场经济制度、相关的公共政策以及相关的所有缺陷和问题的解释,尤其是时有发生危机的金融市场。

毕竟,不同于追赶型国家,到了20世纪后半期,美国是走在人类经济发展最前列的国家;而对于走在最前面的国家而言,若要再在制度上创新、再迈出下一步,他们没有多少历史经验可以借鉴,因而必须具有承担巨大风险的勇气和非凡的思想。在回顾美国金融体系时,约翰·戈登说:

> 尽管有数不清的海难,人类依然扬帆出海,同样的道理,尽管有无数次股灾,人们依然会进入这个市场,辛勤地买低卖高,怀着对美好未来的憧憬,将手里的资金投入到股市,去参与这场伟大的博弈。这和人们去探险——去看看地平线以外的未知世界,是一个道理,它们都是我们人类本性无法分割的一部分。事实是,在资本市场博弈和到未知世界去探险都源于我们人类的同一种冲动,因为市场的地平线之外也是一个未知世界——未来。①

毋庸置疑的是,至今为止人类为了追求幸福和财富所设置的各种制度安排,或称制度技术,都不是完美的,美国也不例外。站在认识论的高度,库尔特·哥德尔告诉我们,即便是数学这个严密的知识体系,也不"完备"。人类历史还没有结束。因此,我们在学习和借鉴时,在分析和评价各国各种制度时,能比较的也只能是相对的效率而已。从这个意义上讲,我们不妨先作个估计:让我们先退一步说,到了20世纪,如果美国还没有明显地超越欧洲,最起码它们之间打个平手,这其实是个保险系数很大的估计。事实是,即便在经济"大萧条"的时代,美国与西欧、苏联和亚洲人均GDP之比分别

---

① 约翰·戈登:《伟大的博弈:华尔街金融帝国的崛起(1653—2004)》,郝斌译,北京:中信出版社2005年版,第364页。

是 1∶0.8、1∶0.3、1∶0.1。①

根据本书在第一部分中所提出的理论逻辑,形成这种差距的原因归根结底是美国在 B 和 M 两个维度上所处的领先地位。虽然兰德斯教授在其《国富国穷》一书中并没有系统地对制度因素加以论述,但是他似乎也有所感悟。他说:"国家的进步和财富的增长,首先是制度和文化;其次是钱;但是从头看起来而且越来越明显的是,决定因素是知识。"②

美国真正的原创:为了创新,反垄断的理论与实践

与此相关,特别值得一提的是,从 20 世纪特别是在第一次世界大战开始,美国主要在两个领域似乎明显超越了世界其他国家:一是反垄断,二是研究型大学。美国是世界上第一个颁布现代反垄断法的国家,第一次世界大战以后美国的高等教育也走在了世界的前列。在其他条件相同的情况下,这两方面的因素加在一起可以解释为什么美国经济持续领先。反垄断的目的是为了维持竞争性的市场,而研究型大学的目的是对人类知识做出新的贡献。虽然从表面上看,一个涉及市场,一个涉及教育,但是从一定的意义上讲,这两个制度安排所追求的目的是一致的,都是为了持续不断地创新,并且它们的重要性也随着各国的市场发展和成熟而日益彰显。

什么是创新?经济学家约瑟夫·熊彼特认为,创新说到底就是"创造性

---

① 可见,即便是在第二次世界大战以前,美国已开始遥遥领先于世界上其他地区。但不幸的是,当时不少国家却从美国的经济"大萧条"中得出了错误的教训,转而信奉和实施了计划经济,其结果是在全球人均 GDP 的排行榜中,自己的地位不但没有可持续地提升,反而进一步地落伍。反映了当时的情况,著名历史学家阿诺德·约瑟夫·汤因比(Arnold J. Toynbee,1889—1975)指出:"1931 年这一年因一显著特征而不同于'战后'前几年,也不同于'战前'几年。1931 年,世界各地所有的人都在认真地思考并坦率地议论着西方的社会制度也许会失败和不再起作用的可能性。"到了 2008 年全球金融危机的今天,我们依然存在着学习错误教训的风险,部分原因是意识形态的偏见,更是因为缺乏系统比较各国经验、审视人类历史发展及其逻辑的全球视野和能力。参阅 Arnold J. Toynbee, *A Study of History* (*Abridgement of Volumes* Ⅰ—Ⅵ), Oxford University Press, 1987.

② David S. Landes, *The Wealth and Poverty of Nations*, W. W. Norton & Company, 1988, Chapter 18.

的破坏"(creative destruction)。"创造性的破坏"据说是在经济学界排在斯密"看不见的手"之后引用频率最高的脍炙人口的词汇。在熊彼特看来,市场竞争实际上就是一个不断地由新组合替代旧组合的演变过程,这一过程由创新引起,既包括技术进步的创新,也包括经济和产业组织的创新。创新不断地从内部毁灭老的结构,并创造新的结构。①

显然,相对于新古典经济学静态的(static)、强调均衡的视角,熊彼特的视角无疑是动态(dynamic)的、强调变化。在变化多端的市场竞争中,企业家不可能过田园般的宁静生活;他们必须大胆创新,敢破敢立,只有这样才不会被竞争对手击败。显然,市场的竞争常常是残酷的,但是从长远看,"创造性的破坏"最终还是大大促进了经济的发展。正如江泽民所说:"创新是一个民族的灵魂和一个国家兴旺发达的不竭动力。"②

美国宣布独立仅一百多年就迅速成为世界上最强大的工业和农业国;此后,美国人的生活水平一直领先于其他绝大多数国家。从19世纪末到20世纪末的又一个一百年中,美国人均产值又提高了5倍。这些傲人的业绩不能不说是与美国旨在促进创新的制度安排有关。哈佛大学经济学教授加尔布雷思在其1958年出版的《富裕社会》(*The Affluent Society*)中指出,对于大多数美国人来说,物质缺乏已成为历史。"普通人都能得到舒适生活的条件、食品、娱乐、私人交通工具以及水电煤气设施……变化是如此巨大,以致人们对此类需求的感觉都不再明显,除非他们被广告和推销所鼓动而动心。"③

以下我们将简要地介绍反垄断对维护市场经济的重要性、美国反垄断法发展的历史、知识与经济发展的关系以及美国研究型大学的特点。

一般而言,谈论垄断的对象是公司,而公司作为超越自然人的制度技

---

① 关于这方面更多的论述,参见 Joseph A. Schumpeter, *Capitalism, Socialism, and Democracy*, New York: Harper and Brothers Publishers, 1942; John Maurice Clark, *Competition as a Dynamic Process*, Washington D. C.: Brookings Institution, 1961; J. Dawnie, *The Competiton Process*, London: Duckworth, 1958.
② 江泽民:《论科学技术》,北京:中央文献出版社2001年版,第115页。
③ John Kenneth Galbraith, *The Affluent Society*, Boston: Houghton Mifflin, 1958, p.2.

术,即人为的独立的和有限责任的社团法人,它的兴起和演绎与各国创造财富的历史息息相关,其重要性不言而喻。但是由于我们在本书的第一部分对公司的性质已作了阐述,在此就不再赘述。让我们直入垄断这个主题。

何谓垄断?垄断对于市场意味着什么?诺贝尔经济学奖得主萨缪尔森对垄断的定义是"单一的出售者完全控制某一产业"。从理论上讲,纯垄断必须具有下述特征:市场上只有一家企业,生产唯一和不可替代的产品,其他企业很难进入这一市场,形成市场上的"独裁",使斯密那只"看不见的手"失去力量。由于缺乏竞争压力,垄断企业具有将价格决定在边际成本之上的力量,即所谓"市场力量",并因而获得超额利润,其结果是生产和配置效率的低下,最终导致社会福利总体水平的降低。① 虽然纯垄断的市场结构在现实中比较罕见,比较常见的是市场上只有少数竞争者,即所谓主导企业(dominant firm)的市场结构,但是这种市场结构也常常导致与纯垄断相似的结果。两个世纪以前,斯密已注意到垄断行为对市场的伤害。他曾这样写道:"从事同一贸易活动的人很少见面,但是会谈的结果总是以共谋或提高价格的形式结束。"美国著名联邦法官勒纳德·汉德(Billings Learned Hamd,1872—1961)对垄断的危害有过这样一段论述:"正如许多人所认同的,拥有垄断力量会降低企业的创新积极性,造成资源上的浪费,并且压抑企业最大地发挥其潜能。缺乏竞争使得企业满足于现状,只有竞争才会刺激产业进步。同时,持续的竞争压力还有助于纠正资源的错误配置。"②

虽然有学者指出,反垄断的思想和实践最早可以追溯到中世纪③,但是目前大家都公认,现代意义上最早的反垄断法是 1890 年美国的《谢尔曼法》(全称是《抵制非法限制与垄断贸易及商业法》)。《谢尔曼法》第一条就开

---

① Richard A. Posner,"The Social Costs of Monopoly and Regulation", *Journal of Political Economy*,83,August 1975,pp.807—827.

② Ernest Gellhorn and William E. Kovacic, *Antitrust Law and Economics*, St. Paul, Minn. West Publishing Co.,1994,p.92.

③ Richard Henry Tawny, *Religion and the Rise of Capitalism*, New York:Harcourt, Brace and Company,1926(Reprinted and published as a Mentor Book,New York 1948),p.40.

门见山地规定:"限制州际之间贸易或者商业的任何契约、采取托拉斯或者其他形式的联合或共谋,均属重罪。对公司,应处以 1 000 万美元以下的罚款;对个人,则应处以 35 万美元以下罚款,或 3 年以下监禁,或者两者并处。"该法的第二条规定,"任何垄断、企图垄断或与他人联合、勾结进行垄断州际或国际贸易的人"为罪犯。在实践中,早期一个著名的案例发生在 1911 年。经过多年的调查和起诉,美孚石油公司因违反《谢尔曼法》而被最高法院拆分成 34 家独立的公司,它们中间有不少现在又成了世界驰名的大公司,如埃克森、莫比尔、雪弗隆等。

美国反垄断法(也称反托拉斯法)出台的背景是 19 世纪末开始出现第一次企业合并的浪潮。1882 年,标准石油公司(Standard Oil Company)建立了美国第一个托拉斯(trust)。此后,各种托拉斯纷纷形成,如铁路业、石油开采业、糖业、烟草业、橡胶业等,这使美国市场经济开始从自由竞争走向垄断。① 据《美国 1912 年统计汇编》,到 1909 年,美国所有企业产值的近 50% 掌握在仅占企业总数 1% 的企业手里。大约在同一时期,欧洲的卡特尔(cartel)也在迅速发展。在二战前的半个世纪内,卡特尔在德国发展得最快,在英国、奥地利、瑞士、意大利、法国和日本,卡特尔也处于重要地位。德国的卡特尔首先出现在煤炭开采业和钢铁业,后来扩展到各个工业领域,其中以重工业和金融领域最为突出。可是,也许是因为对斯密那只"看不见的手"过于相信,当时在欧洲,人们坚信市场的自我治愈能力,看不到垄断的危害。② 然而,残酷的事实是,过度的市场集中不仅使消费者饱受垄断组织滥用"市场力量"之苦,而且还使市场经济普遍失去了竞争的活力,从而直接危及市场经济赖以存在的前提,即自由竞争。

---

① 关于这方面更多的介绍,参见 Anthony P. O'Brian,"Factory Size, Economies of Scale, and the Great Merger Wave of 1898—1902", *Journal of Economic History*, 48, 1988, pp. 639—650; John A. James,"Structural Change in American Manufacturing, 1850—1890", *Journal of Economic History*, 43, 1983, pp. 433—460.

② 关于欧洲的情况,参阅 George W. Stocking and Myron W. Watkins, *Cartels in Action*, New York: 20th Century Fund, 1964; Michael Utton,"Fifty Years of U. K. Competition Policy", *Review of Industrial Organization*, 16, 2000, pp. 267—285.

在这种背景下，美国在19世纪80年代爆发了一场反对制造业、金融业和交通运输业公司滥用市场主导地位的大规模群众运动。① 这最终促成了美国反垄断法于1890年出台。相比之下，日本《禁止垄断法》（Anti-monopoly Act）的颁布时间是1947年，联邦德国通过《反对限制竞争法》（Laws Against Restraints of Competition）的时间是1957年，而英国也是在1956年才通过其《限制行为法案》（Restrictive Practices Act）的。

在反垄断法制定之初，即《谢尔曼法》刚刚颁布之时，没有什么证据表明经济学理论所起的作用。然而，不可否认的是，美国反垄断法的发展与经济学的理论发展息息相关。早期在反垄断法的实践中占有重要地位的哈佛学派注重"结构—行为—绩效"的思路，其代表人物是爱德华·张伯伦（Edward Chamberlin）和爱德华·梅森（Edward Mason）。根据这种思路，产业结构决定着行为和绩效，因此只要保持竞争性的产业结构，企业的行为也会是竞争性的，最终将达到竞争性均衡的结果，社会福利也会达到最大。② 有鉴于此，反垄断的实践比较关注市场中企业的规模，特别是大型企业的市场行为。之后，随着动态理论博弈论和与其相关的产业组织理论的发展③，芝加哥学派对哈佛学派提出了挑战。④ 他们认为，哈佛学派的思路过于静态，并常常

---

① Alan Derrett Neale and D. G. Goyder, *The Anti-trust Laws of the United States of America*, Cambridge University Press, 1980.

② 关于这方面更多的论述，参见 Donald A. Hay and Derek J. Morris, *Industrial Economics and Organization: Theory and Evidence*, Oxford University Press, 1979, Chapter 8.

③ 一般认为，博弈论是由数学家冯·诺伊曼（John von Neumann）和摩根斯坦恩（Oskar Morgenstern）开创的，参见 John von Neumann and Oskar Morgenstern, *Theory of Games and Economic Behavior*, Princeton University Press, 1944. 纳什也作了重要的贡献，参见 John Nash, "Noncooperative Games", *Annnals of Mathematics*, 54, 1951, pp. 286—295. 泽尔滕、豪尔绍尼和纳什同获1994年诺贝尔经济学奖。介绍博弈论的文献可参见 Drew Fudenberg and Jean Tirole, "Noncooperative Game Theory for Industrial Organization: An Introduction and Overview", in Richard Schmalensee and Robert D. Willig, eds., *Handbook of Industrial Organization*, vol. 1, Amsterdam: North-Holland, 1989, pp. 259—328.

④ 美国学术界一般认为，芝加哥学派的历史可以划分为三个阶段：(1) 20世纪20—30年代；(2) 20世纪40—50年代；(3) 20世纪50年代以后，即新芝加哥学派。代表人物有阿尔钦、科斯、德姆塞茨、斯蒂格勒、威廉姆森等人，还有法律学者波斯纳和伯克等。

颠倒因果关系。在他们看来,市场集中是由于企业效率提高,从而逐渐扩大市场份额的结果。他们进一步认为,不完全竞争的市场结构在技术创新中起着重要作用,技术创新也会导致集中的市场结构,从而得出垄断存在的合理性和必要性的结论。受这一理念的影响,反垄断的实践对大企业的态度趋于宽容,惩罚的重点从企业规模转向行为。涉及垄断的行为包括独占、兼并、董事兼任、独家交易、掠夺性定价、搭售。对芝加哥学派而言,反垄断行为只能针对垄断行为,而垄断状况不过是用以考察认定垄断行为的重要因素之一。尤其是该学派中的理查德·波斯纳(Richard Posner)和罗伯特·伯克(Robert Bork)等人在美国反垄断当局中担任重要职务,芝加哥学派的观点至今还对美国(乃至于全球包括中国)反垄断法的实践和发展产生重要影响。①

需要指出的是,《谢尔曼法》本身只是原则上的规定,并不是美国反垄断法的全部,但它是基石,为美国反垄断法的深入发展奠定了坚实的基础。经过多年的发展,目前以《谢尔曼法》《克莱顿法》(Clayton Act)《联邦贸易委员会法》(Federal Trade Commission Act)为基础,以各种单行法规、指南和判例为补充,如《鲁宾逊—帕特曼法》(Robinson-Patman Act)、《塞勒—克沃佛法》(Celler-Kefauver Act)、《横向合并指南》(Horizontal Merger Guidelines),美国已形成一套比较完备的反垄断法律体系,堪称"世界上历史最悠久、适用范围最广泛、法学研究和经济学研究最为发达的法律"②。美国的反垄断

---

① 关于经济理论与反垄断法发展更多的论述,参见傅军、张颖:《反垄断与竞争政策:经济理论、国际经验及对中国的启示》第二篇,北京大学出版社 2004 年版。与哈佛学派相比,芝加哥学派更强调用基础的微观经济学理论来评价产业结构和经济运行的效果。关于芝加哥学派理论对反垄断的影响,参见 Paul E. Godek, "A Chicago-school Approach to Antitrust for Developing Countries", *Antitrust Bulletin*, Spring, 43, 1, 1998, pp. 261—274.

② 库尔特·马尔克特:《美国反托拉斯法的现状和发展趋势》,载松尼曼:《美国和德国的经济与经济法》,北京:法律出版社 1991 年版,第 151 页。1945—1964 年间,共有 24 个国家制定了反垄断法;到了 1973 年,仅增加了 3 个国家,共 27 个;但是到了 1996 年,已经有 70 个国家制定了反垄断法,目前总数已超过 80 个。参见 Edwards Corwin, *Control of Cartels and Monopolies: An International Comparison*, Oceana Publications, 1969; James Garrett, ed., *World Antitrust Law and Practice*, Aspen Publishers, 1995.

执法机构主要由《谢尔曼法》《联邦贸易委员会法》和《克莱顿法》授权设立。根据这些法律,美国司法部和美国联邦贸易委员会是主要的反垄断法执法机构。司法部下设反托拉斯局,其职权包括非诉讼活动、刑事或民事调查以及刑事或民事诉讼三个方面。由于美国的反垄断法制定最早而且比较完善,今天其他实行市场体制的各国(包括欧盟)在制定竞争政策时几乎都参照美国的反托拉斯法,确定了相似的结构框架。尽管各国的情况各不相同,但是在竞争法或竞争政策的结构框架上,都以反垄断为核心,以限制竞争行为、垄断结构和合并为主体内容。

在人类建设市场的努力中,美国反垄断法的制定和实践标志着人们开始注意并试图处理斯密《国富论》中"看不见的手"与"扣针工厂"之间的逻辑矛盾,即"完全竞争"和"完全垄断"所造成的悖论。显然,这个矛盾的解决,仅靠市场本身是不行的,它需要非市场力量的帮助。因为现实世界常常是英国经济学家琼·罗宾逊夫人(Joan Robinson,1903—1983)所论述的"不完全竞争"(imperfect competition)。[①] 从这个意义上看,我们可以把反垄断法理解为国家权力机构旨在保护和加强市场竞争的纵向的、非市场的制度安排。相对于纵向的制度安排,市场本身只是一个横向或平行的制度安排。横向的制度安排离开了纵向的制度保护,时常会出现所谓"市场失灵"。正如哈佛大学反垄断法教授谢尔(Frederic Scherer)所指出的,反垄断法的主要目标是保持市场的开放和不被垄断行为所扭曲,从而达到以下三个基本目的:(1) 使资源按照最有利于消费者的需求进行配置;(2) 为企业创新提供持续的压力和动力;(3) 允许市场参与者追求生产和创造潜力最大化的机会,从而提高生产效率。[②]

如前所述,其实市场和法治是同一枚硬币的两面,不可分隔。只有真正的法治才能把武断的权力——无论是经济的还是政治的——关进笼子。反

[①] Joan Robinson, *The Economics of Imperfect Competition*, St. Martins Press, 1969.

[②] Frederic Scherer, *Competition Policy, Domestic and International*, Cheltenham, UK Northampton, Edward Elgar, 2000, p.357.

垄断只是在法治条件下保证横向制度安排有效运行所必需的一个纵向要件。如果说无序的市场竞争或政治上行政独断会导致经济垄断或行政垄断从而扼杀创新,从而不利于生产力的提高和社会总体福利的增长,那么国家就有义务实施独立于行政权威的、遏制不当竞争所造成垄断的反垄断法。这也就是为什么反垄断法有市场经济之宪法的称谓。

反垄断法的颁布和实施对提高经济效率的实际效果如何?我在这里提供一些相关数字和一些研究结果。表22显示的是从《谢尔曼法》颁布到1969年,美国司法部受理的反垄断案的数量。从这些数字上,我们可以看出,尽管起步几年的案子较少,但是到了1905年后,特别是第二次世界大战以后,反垄断已成为美国政治和经济生活的一个重要组成部分。再让我们看看大约同期美国与英国人均GDP的数字(表23),虽然在1870年时美国的人均GDP还明显低于英国,但是到了1913年,美国人均GDP已明显地超过了英国。这些数字的相关性,虽说无法完全证明,但是可以支持反垄断提高经济效率的命题。此外,尽管缺少足够的直接证据,但有学者的实证研究表明,在转型经济中,在有效实施反垄断法的国家里高效率的私人企业的数量也较多,即两者之间存在较强的正相关的关系。[1] 还有学者的实证结果展示,经济发展水平与实施反垄断法之间存在着明显正相关关系。[2] 哈佛大学反垄断法教授谢尔应用美国的数据进行研究,得出的结论是"由垄断导致的社会福利损失大约相当于美国GDP的0.5%—2%"[3]。

---

[1] Mark Dutz and Maria Vagliasindi, "Competition Policy Implementation in Transitions: An Empirical Assessment", *European Bank Working Paper*, No. 47, 1999.

[2] Mark R. A. Palim, "The Worldwide Growth of Competition Law: An Empirical Analysis", *Anti-trust Bulletin*, Spring 43, 1998, 1, pp. 105—145.

[3] 关于衡量垄断导致的社会福利损失的综述,参见 Donal A. Hay and Derek J. Morris, *Industrial Economics, Theory and Evidence*, Oxford University Press, Chapter 16.5, 1979. 另外,波斯纳指出,垄断的危害不止于此,超额利润会导致垄断企业将资源用于非生产性的活动中。例如,垄断企业为了自身利益的需要,会花费大量的人力和物力游说政府官员。这种情况中国人也不陌生。参见 Richard A. Posner, "The Social Cost of Monopoly and Regulations", *Journal of Political Economy*, 83, 1975, pp. 807—828.

表22　1890—1969年美国司法部受理的反垄断案的数量

时期	案件数量
1890—1894	9
1895—1899	7
1900—1904	6
1905—1909	39
1910—1914	91
1915—1919	43
1920—1924	66
1925—1929	59
1930—1934	30
1935—1939	57
1940—1944	223
1945—1949	157
1950—1954	159
1955—1959	215
1965—1969	195

数据来源：Thomas K. McCraw, *Prophets of Regulation*, Harvard University Press, 1984, p.145; Richard A. Posner, "A Statistical Study of Anti-trust Enforcement", *Journal of Law and Economics*, 13（October 1970），p.366.

表23　1870—1973年美国和英国人均GDP比较　　　　（国际元）

时间	英国	美国
1870	3 191	2 445
1913	4 921	5 301
1950	6 907	9 561
1973	12 022	16 689

数据来源：安格斯·麦迪森：《世界经济千年史》，任晓鹰译，北京大学出版社2003年版，第262页。

显然，在市场建设中，反垄断与提高经济效率密切相关。

比到最后是"知识生态"：思想市场和大学的要义

最后，在结束美国的故事之前，我们还有必要讨论一下人类思想和科学知识对财富增长的作用，以及专事人类思想和知识储存、传授与创造的研究型大学，这里所涉及的相关议题是思想市场，或所谓"知识生态"，这是一个

国富之道

比要素市场和产品市场更基础的市场。没错,本书讨论的重点是制度,但是归根结底,先进的制度是基于先进的思想而建立的,没有思想市场便没有真正意义上的市场经济。

关于思想,戎马一生的拿破仑曾经说过:"在刀剑和思想的斗争中,从长远计,思想会赢。"关于知识,一个广为人知的哲学命题是"知识就是力量"(Knowledge itself is power)。这个命题在17世纪早期就由英国著名哲学家、科学家、法学家弗朗西斯·培根提出。

知识与财富的关系是什么?让我们先看些数字。我们必须承认跨国比较文盲率不是十分可靠的,因为各国对文盲的界定不完全相同。但即使如此,在1900年前后,南欧和北欧的经济有了明显的差距;与此同时,两者之间文盲率的反差不可否认也是巨大的。当时,英国的文盲率是3%,意大利是48%,西班牙是56%,葡萄牙是78%。① 这些数据使我们无法不重视知识与财富的关系。

在19世纪的英国,科学知识增长导致的技术上的一系列发明创造,使英国率先进行了产业革命从而成了世界霸主。20世纪美国由于走在电气化和自动化的前列,从而使20世纪成了美国的世纪。细心的读者或许还记得,本书第一部分提到了这样一个事实,即到了16世纪以后,人类现代科学中心在西方开始出现并逐步转移:从文艺复兴后的意大利到西北欧再到今天的美国。这种转移基本上也与全球财富中心的变迁是正态相关联。

虽然战后有一段时期,有人看到日本和德国经济发展的惊人速度,曾预言美国将会走向衰落,但是美国在20世纪的最后10年却实现了所谓后工业时代经济增长傲人的业绩。美国公众都很关心国家巨大的商品贸易逆差,但是很少有人认识到美国服务贸易每年巨大的顺差,尤其是对日本的顺差。这也不能不说与新思想、新知识的作用有关系。

---

① Gabriel Tortellas, "Patterns of Economic Retardation and Recovery in South-western Europe in the Nineteenth and Twentieth Centuries", *Economic History Review*, 47, 1 (Feburary), 1994, p.11.

其实,早在1935年,凯恩斯就曾告诫过人们:"危险的不是既得利益,而是思想,或早或晚,不论好坏。"这与知识生态和思想市场所含的逻辑相一致。

如今,在发达国家,服务业真在成为一种占主要地位并且日益增长的经济活动。全世界的服务贸易增长速度要比商品贸易增长速度高出50%。有人预测,在后工业时代的明天,经济会有90%是服务;70%—80%可以直接划入服务业,而且60%—70%都是以知识为基础的服务,如研究开发、产品设计、后勤、销售等。其实这种趋势已经在跨国公司的巨无霸中得以体现。以美国通用电气公司为例,1990年制造业在通用电气业务中的比重为56%,金融服务业占25.6%,售后服务业占12.4%,剩下的6%是广播业。10年以后,到了2000年,广播业份额保持不变,制造业跌至33.2%,服务业上升至45.8%,售后服务也增至16%,而且80%的利润和近70%的收入源于服务。①

因此,我们在寻求财富的源泉时,还必须跳出新古典经济学的视野,把知识作为经济增长的内生变量(endogenous variable),即注重所谓的内生增长模型,包括强调研究型大学在创造人类新知识方面不可削弱的作用。相比之下,新古典生产函数理论是外生增长模型(exogenous growth model),该理论只是把劳动力、资本、材料和能源看做内生变量,而把新思想、新知识和新技术只看做外生变量(exogenous variable);但是即便这样,也没有认真地考虑劳动力的技术含量和学习能力。更不用说,它试图打开企业内部这个黑匣子,去看一看企业内部不同的组织和管理与企业的业绩是否存在任何关系。

这方面开拓性的工作由哈佛大学商学院的艾尔弗雷德·钱德勒教授做出。在《看得见的手:美国企业的管理革命》(*The Visible Hand: The Managerial Revolution in American Business*)一书中,钱德勒指出,组织能力,包括组织的

---

① 尽管服务业发展迅猛是总体趋势,但走得太快,也会出现问题。受到金融危机严重打击,GE Capital部门,根据GE 2008年第四季度报表,GE盈利从2007年同期的31.6亿美元降至10.3亿美元。目前GE Capital已加入美国联邦救助计划,并预计其贷款损失在2009将增至90亿美元。

管理和学习能力,导致了技术的发展和大企业的诞生。因此,他认为,组织管理和协调这只"看得见的手"比亚当·斯密那只市场协调的"看不见的手"更能有效地促进经济的发展。① 类似的,哥伦比亚大学的理查德·纳尔逊(Richard Nelson)教授强调教育与科学体系、技术发展、生产率增长之间的相互作用。他认为:"导致增长的某些因素传统上被视为相互分离,而实际应该是相互紧密联系的,其相关作用的特征是其中一个重要部分。"②

诺贝尔经济学奖得主罗伯特·默顿·索洛(Robert Merton Solow)是内生增长模型的代表人物,正如他所言,经济增长需要受到良好教育的人口。早在1950年,他在研究中就发现,美国经济增长中大约一半无法用资本积累和劳动力增加来解释,他将此归功于技术创新。这个研究的深刻含义在于:在科学技术日新月异的今天,只有不断更新知识,才能持续地推动经济增长。现在,由于全球化的市场竞争,任何企业都躲不过熊彼特所说的"创造性的破坏",因此创新能力不仅决定着企业生死,最终也决定着一个国家国民经济的盛衰。③

何谓"创造性毁灭"?在产品层面上,现在用的 MP3 替代了索尼的 Walkman,而早些时候,索尼的 Walkman 又革命性地替代了卡式录音机。因

---

① Alfred D. Chandler Jr., *The Visible Hand: the Managerial Revolution in American Business*, Cambridge: The Belknap Press of Harvard University Press, 1977; Alfred D. Chandler Jr., *Managerial Hierarchies*. Harvard University Press, 1980. 钱德勒十分重视技术和知识在企业发展中的作用。他认为,在过去的一个世纪里,组织学习和体现于组织的技术(包括缄默知识)是企业的重要增长源泉。参见 Alfred D. Chandler, Jr., Franco Amatori and Takashi Hikino eds., *Big Business and the Wealth of Nations*, Cambridge University Press, 1977.

② Richard R. Nelson, "Where Are We in Discussion? Retrospect and Prospect", in John W. Kendrick, ed., *International Comparison of Productivity and Causes of the Slowdown*, Cambridge MA: Ballinger Publishing, 1984. 参阅 Richard R. Nelson, "Recent Evolutionary Theorizing about Economic Change", *Journal of Economic Literature*, 33, no. 1 (March 1995), pp. 48—90.

③ 参阅 Robert Solow, "A Contribution to the Theory of Economic Growth", *Quarterly Journal of Economics*, 70 (February 1956), pp. 65—94; Robert Solow, "The last 50 years in growth theory and the next 10", *Oxford Review of Economic Policy*, 2007: 23 (1), pp. 3—14. 同时参阅 Robert Lucas, "On the Mechanics of Economic Development", *Journal of Monetary Economics*, 22, no. 1, July 1988, pp. 2—42; Moses Abranmovitz, "The Search for the Sources of Growth: Areas of Ignorance, Old and New", *Journal of Economic History*, 53, June 1993, pp. 217—243.

此,每一种新产品的出现,都是对旧产品的毁灭。显然,"创新性的破坏",隐含了大量的风险和不确定性,企业要立于不败之地,需要大量智力的投入。对美国芝加哥学派著名经济学家弗兰克·奈特来说,没有风险和不确定性,就没有真正意义的利润可言;利润是对人们应对风险和不确定性努力的补偿;而真正的"企业家"就是那些能在不确定性中创造机会的人。①

类似的,2006年经济学诺贝尔奖得主、就业与增长理论奠基人埃德蒙·费尔普斯教授指出:"创新需要构建新事物的想象力和洞察力的智慧,还要求进入未知领域,于同伴和导师分道扬镳的勇气。"②

由此看来,毫不奇怪,今天美国是世界上受到高等教育的人口比例最高的国家之一。32.1%的24岁的美国人拥有一个大学学位;英国稍高一点,是35.1%;日本是28%;挪威是25.3%;德国是24.3%;中国只是1.4%。③与此相一致,美国斯坦福大学经济学家保罗·罗默(Paul Michael Romer)教授的忠告是,解释经济差距,我们不但要研究工厂和交通设施,还必须以一样的热忱去研究"思想的差距"(idea gaps)④,以及与创造思想相关的知识生态和思想市场。

说到"思想的差距"和相关的思想市场,我们自然而然地会想到各国之间大学的水平和质量。这是因为,大学,特别是研究型大学,相比于社会的任何其他组织,更天然地聚合着知识储存、知识传播以及思想和知识创新的三大优势。查尔斯·艾略特(Charles William Eliot,1834—1926)是哈佛大学历史上任期最长的一位校长,在他的任期内,他把哈佛学院塑造成了哈佛大学。他认为:"大学有三个主要的直接职能。首先是教学;其次是以书籍等形式大量汇集已获得的系统知识;最后是研究,换句话说就是把目前的知识

---

① Frank H. Knight, *Risk, Uncertainty and Profit*, (dissertation) 1921.
② 埃德蒙·费尔普斯:《大繁荣:大众创新如何带来国家繁荣》,北京:中信出版社2013年版,第34—35页。
③ National Science Board, *Science and Engineering Indicators-2000*, Arlington, VA: vol. l., appendix table 4—18, 2000.
④ 参阅 Paul Romer, "Endogenous Technological Change", *Journal of Political Economy*, October 1990.

疆界向前推进一步,年复一年、日复一日地掌握一些新的知识。"①这些话所描述的实践和后面的逻辑都符合我们在本书第一部分所提出的知识生态的假说。

从逻辑上讲,进一步拓展人类知识的疆界是对现有一切权威和定论的偏离函数,这就需要一个具有竞争性的思想市场,崇尚和营造一个"苟日新,日日新,又日新"的学术氛围。在制度安排上,这就需要保证学术的自由和大学的自治。② 在精神气质上,大学的视野必须是宇宙的,而不是地方的;那里的学者必须具有独立不羁的探索精神和不受个人之外因素影响的思想自由,敢于挑战定论和权威。③ 不然,至多是"术",而不是"学",是运用疆界内的知识,而不是担当拓展知识新疆界的重任。

在这里,我们不妨用正态分布图来展示知识的进步和传播的过程(见图11)。世界一流大学最接近全人类科学知识和技术创新的前沿,因而它自然而然地引领着社会思潮的发展。在大学里,思想的清泉时时注入和丰富人类这条大河。研究型大学除了自身必须创造和传播新知识外,还通过培养人才进入国家政府和企业部门,有效地发挥着自己对国家发展的影响。大学对社会的影响是持续不断的,正如西奥多·舒尔茨所言,主流社会思潮塑造着社会的制度化的秩序,业已建立的制度的失败反过来

---

① Hugh Hawkins, *Between Harvard and America: The Educational Leadership of Charles W. Eliot*, New York, NY: Oxford University Press, 1972.
② 有学者把大学和大学的自治比做"学者的自由共和国"。艾森豪威尔(Dwight David Eisenhower,1890—1969)在当美国总统前还曾担任过哥伦比亚大学校长。一次他曾表示自己很高兴会见哥伦比亚大学的"雇员"。此言招致一位教授的反抗:"尊敬的校长先生,我们不是哥伦比亚大学的'雇员',我们就是哥伦比亚大学!"这显示了根深蒂固的大学自治精神。Wesley Shumer, *College for Sale: A Critique of the Commodification of Higher Education*, Washington D. C.: The Falmer Press, 1997, pp. 102—103.
③ 11世纪在意大利建立的博洛尼亚大学是世界上最古老的大学之一。学校在一个能容纳上千听众的大厅里依然保存了伽利略用过的旧讲台;在一个礼堂的玻璃柜里还陈列着7位科学家的头骨。中世纪的教会禁止解剖尸体,这7位学者毅然将自己的遗体献出,供作解剖研究,显示了为知识献身的精神。罗红波:《博洛尼亚大学》,长沙:湖南教育出版社1993年版,第84页。

又会改变社会思潮。①

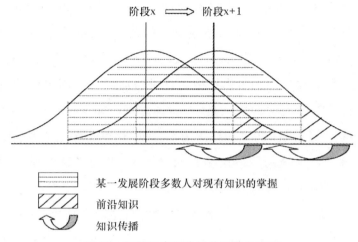

图 11　知识进步和传播的正态分布图

激发强烈的好奇心,鼓励和培养独立思考能力,是所有研究型大学的第一教育原则。今天看来,美国在这方面优势明显。关于全球大学的排名,虽然有很多不同的版本,但是不可否认的是,在各种版本中,美国的大学都以压倒性的多数排在最前头。

中国有句古语:"窥一斑而知全豹。"以哈佛大学为例,在美国新闻界和学术界的调查与评估中,连续多年来,哈佛大学不仅执美国大学之牛耳,而且也是世界上最负盛名的大学之一,其影响力已超越国界,成为对其他国家特别是发展中国家大学影响最大的学府之一。哈佛人常自豪地说:"先有哈佛,后有美国。"的确,哈佛大学成立于 1636 年,其历史比美国作为一个独立国家的历史还要长一个半世纪。但是人们都知道,大学的成败并不全在于历史的长短。当初哈佛学院的创办人把英国剑桥大学的模式移植过来,最初定名为"剑桥学院"(Cambridge College)就说明了这一点。1639 年,为了纪念建校资金的主要捐助人约翰·哈佛(John Harvard),学院才改名为哈佛学院。

---

① Theordore W. Schultz,"Economics, Agriculture and the Political Economy", in P. Anderou, ed. ,*Agricultural Development of Poor Nations*, Nairobi:East African Literature Bureau, pp. 254—265.

国富之道

到底是什么造就哈佛大学如此大的影响呢?早在一百多年前,哈佛大学毕业生、著名哲学家和心理学家威廉·詹姆斯(William James,1842—1910)就曾说过:"就培养自主和独立思想的苗床而言,除了哈佛大学,无出其右者。哈佛的环境不只是允许,而且鼓励人们从自己的特立独行中寻求乐趣。相反的,如果有一天哈佛把她的孩子塑造成单一固定的性格,那将是哈佛的末日。"哈佛大学的校训是"Amicus Plato, Amicus Aristotle, Sed Magis Amica Veritas",意思是"我以柏拉图为友,我以亚里士多德为友,我更以真理为友"。哈佛大学至今仍严格遵循着独立思考、求是崇真的原则,并与眼前世俗的社会,特别是不够理想的乃至异化的现实社会一直保持一定的"健康"的空间。"你们到这里,不是来当官发财的;你们来这里,为的是思考,并学会思考。"这是学校对学生的训导,也是一所研究型大学能经久不衰、基业长青的源泉所在。

无疑,一个良好的"知识生态"必须眼界卓著,反对急功近利,警惕和制止过于实用性和工具性的教育。哈佛大学秉承这种精神的一个具体体现就是以威廉·杜波依斯(William E. B. Du Bois,1868—1963)博士命名的杜波依斯研究所。杜波依斯是哈佛大学历史上第一位获得博士学位的黑人学者,他认为过于实用性的教育会遮蔽人生更崇高的目标;人类未来的领导者应该接受的是教育而不是培训,而教育的内容必须包括古典学科、人文、社会以及自然科学的知识。他在其著名的《有才华的十分之一》(*The Talented Tenth*)一文中有这样的警示,今天读起来无疑是一剂强烈的清醒剂:

> 如果我们把金钱当做人力培养的目标,那么我们就是在制造挣钱机器而未必是人;如果我们把技术当做教育的目标,那么我们就只会培养出工匠而不是人。我们必须把人作为学校教育的目标。教给他们智慧、同情、关于世界过去和现在的知识,教会他们理解他们与世界的关系,这些才是高等教育课程所必须包含的内

容,才是真正的生活所必须包含的内容。①

思想脉络上相一致,查尔斯·艾略特在其1869年的就职演讲中说,哈佛将秉持"代代相传的主流精神……这应该是一种普世的精神……这所大学热切地盼望能够通过培育知识上诚实、思想上独立的人来服务于国家……(而)大学不是由一个教派,而是由一个国家来建立";哈佛"将培育一种公共责任感,而正是这种伟大的美德才使得共和国成为可能"②。在艾略特担任校长期间,哈佛由哈佛学院变成了哈佛大学。詹姆斯·科南特(James Bryant Conant,1893—1978)是美国著名的教育家、科学家、外交家和政治家。他毕业于美国哈佛大学化学系,曾在美国政界、科技界、教育界担任要职,历任美国国防研究委员会主席、哈佛大学校长、美国驻德国大使、美国教育理事会会长以及教育政策委员会主席,被认为是美国20世纪最伟大的教育家之一。对于一流大学培养什么人才的问题,科南特说:"哈佛最希望为国家和世界培养的是有教养的人。哈佛的希望是一如既往地培养一代又一代有思想的人,使他们可以通过自己的信仰和行为继续更新和加强世界生活的优良品质;培养有知识和信仰的人,他们乐于向他人学习,诚实地评价自己的文化,认识到文化的优点和缺点,并且能独立地、公正地看待这些优点和缺点;他们不是抱怨、不理智地批评,或者傲慢、冷漠地改变方向,而是坚定不移地从自己做起,投入到工作中,去改良文化,将文化的精华而不是糟粕展示给别人。"③

2008年3月25日,新上任的哈佛大学历史上第一位女校长傅思德教授率团莅临北京大学,接受北京大学授予的名誉博士学位,我有幸参加并主持

---

① Booker T. Washington et al., *The Negro Problem: A Series of Articles by Representatives American Negroes of Today*, New York: James Pott and Campany, 1903; W. E. B. Du Bois, *The Souls of Black Folk: Essays and Sketches*, A. G. McClurg, Chicago, 1903; Eric J. Sundquist, ed., *The Oxford W. E. B. Du Bois Reader*, Oxford University, 1996.

② "哈佛大学校长查尔斯·艾略特的就职演说,1869年10月19日"(牛可译),哈佛燕京学社主编:《人文学与大学理念》,南京:江苏教育出版社2007年版,第16、19页。

③ 参阅 James Bryant Conant, *The Citadel of Learning*, New Haven: Yale University Press, 1956.

了仪式。随傅思德校长来访的还有哈佛大学主管国际事务的副教务长、政治学教授多明戈斯。在仪式后的会谈中,多明戈斯教授强调了哈佛大学在录取人才政策上的三大政策——不看贫富、不看护照、不看性别。

的确,英文中"大学"的词根"universus",就有"普世""宇宙"的意思,显示了一流大学无涉世俗行政级别的高低,学者的首要任务是崇知求真,因此他们的精神世界必须超越世俗行政级别,具有宇宙的视野。哈佛大学对教授有很高的要求:他们必须同时是富有创造力的学者、杰出的研究者、成功的资金募集者、富有挑战性和鼓动性的教师以及院系生活积极的参与者。如果说中国的孔子倡导"学而优则仕",他们则认为"学而优则学",从政经历只是顺带。他们做研究不是为了得到什么或者因为空虚,做研究是为了真理、为了美丽、为了完美。对他们来说,学习是终身的追求,精益求精是一种标准。他们同时会提请大家注意这个事实,从全球范围和人类历史上看,对人类知识作出最大、最多贡献的是学者,包括孔子本身,而不是行政官员。

顺便再提一下,哈佛大学的诸多学院都会昭示自己培养学生的目标是"leaders"。"Leaders"中文一般翻译成"领袖"或"领导",并附有浓厚的行政色彩。但是哈佛大学培养的目标绝不仅仅是指具有行政权力的官员。中国人一般把具有政治或行政权力的人才称为领袖或领导,而对哈佛大学培养人的理念来说,这是一种误解。对他们来说,有行政级别的人只是"官员"(officials),未必是"领袖"或"领导",反之,"领袖"或"领导"也未必具有行政级别。比如,他们不会把副校长或副院长自动地称为校/院"领导",而是称为校/院"官员";反之,他们会称各行各业的领路人为"领袖"或"领导"。得了诺贝尔奖,就是"学术领袖"(academic leaders)。哈佛大学法学教授克里斯多夫·斯通(Christopher Stone)在与我的一次交谈中说:"把学校的官员想当然地称为领导,要是在哈佛,很有可能招致教授们投不信任票。"可见,称呼后面显示了大学理念的不同和大学制度设计所反映的不同哲学。在那里,举行毕业典礼,主席台上就座的是具有代表性的各路"领袖人物":可能是艺术家,可能是诗人,可能是学者,而不会仅仅是"官员",即便是"高级官员"。这些点点滴滴昭示了世界一流大学要具有什么样的理念和视界,要培养什么样的人才。

世界一流的研究型大学治理的要义是什么?《哈佛走向现代:美国大学的崛起》一书作者所说的话和提的问题值得人们深思:"21世纪的哈佛与18世纪80年代后期刚刚独立的美国所面临的主要挑战不无相像之处,即联邦主义的问题。在一所巨大的国际型大学里,如何实施中央管理当局的必要和合法的任务才不会危害到教员的教学和智力的利益?"[①]其实,加强现代大学的引导和保持学术自由,这何尝不是所有大学都必须面对、思考和实践的问题。有一点是清楚的:对于大学,可以引导、鼓励它,但是不可以"管理"它。管理是工业大规模生产的产物,其特点是,运用严格的控制和集中调控的方法,用标准化、简明化和高效率的生产程序。也许一时不明显,但是时间一长,这种注重机械知识和最基本成果的管理方法必定会破败大学的基础,而不是改善大学的运行情况。这里说的是大学的软件,而不是硬件。

根据2008年《泰晤士报高等教育专刊》[②],在世界顶级大学排名的前20名中,美国大学就有13所。这20所大学的排名是:

1. 哈佛大学(Harvard University)(美国)

2. 耶鲁大学(Yale University)(美国)

3. 剑桥大学(University of Cambridge)(英国)

4. 牛津大学(University of Oxford)(英国)

5. 加州理工学院(California Institute of Technology)(美国)

6. 英国伦敦帝国学院(Imperial College London)(英国)

7. 伦敦大学学院(University College London)(英国)

[①] Morton Keller and Phyllis Keller, *Making Harvard Modern*, *The Rise of American University*, Oxford University Press, 2001, p. 580.

[②] 《泰晤士报高等教育专刊》从2004年起每年进行世界大学排名,2008年的排名结果参考了5101名学者和1482个国际公司的意见。共有5项因素在排名时被重点考虑,分别是各大学的科研能力(40%)、论文的被引用率(20%)、学校师生的比例(20%)、雇主和公司对学生的满意度(10%)、国际学生(5%)和国际教职员工(5%)的比例。

8. 芝加哥大学(University of Chicago)(美国)

9. 麻省理工学院(Massachusetts Institute of Technology)(美国)

10. 哥伦比亚大学(Columbia University)(美国)

11. 美国宾夕法尼亚大学(University of Pennsylvania)(美国)

12. 普林斯顿大学(Princeton University)(美国)

13. 美国杜克大学(Duke University)(美国)

14. 美国约翰霍普金斯大学(Johns Hopkins University)(美国)

15. 康奈尔大学(Cornell University)(美国)

16. 澳大利亚国立大学(Australian National University)(澳大利亚)

17. 斯坦福大学(Stanford University)(美国)

18. 美国密歇根大学(University of Michigan at Ann Arbor)(美国)

19. 东京大学(University of Tokyo)(日本)

20. 马吉尔大学(McGill University)(加拿大)

相比之下,在全球入围的前200所大学中,中国大陆入围有6所大学,即北京大学、清华大学、复旦大学、中国科技大学、南京大学和上海交通大学,分别排在第50、56、113、141、143和144名。

美国显然拥有全世界最丰富的教育资源。仅以哈佛大学为例,至2008年该校的捐赠基金已高达360亿美元,几乎和英格兰地区所有高校的经费相当。英国的剑桥、牛津等大学也排名前列。历史学家告诉我们,工业革命之所以首先发生在英国,教育的作用功不可没。[①] 作为赶超国,近代历史上美国率先实行大众教育(mass education),这有别于英国、法国(lycées)和德国(gymnasia)传统的精英教育。关键是规模效应。虽然美国今天对大众教育的投资不再是世界第一,但是它的研究型大学依然遥遥领先。

美国入围全球前200名的大学最多,共有57所。第二名是英国,共28

[①] 这方面的研究,参见 D. Mitch, "The Role of Education and Skill in the British Industrial Revolution", in J. Mokyr ed., *The British Industrial Revolution: An Economic Perspective*, pp. 241—279, Boulder, CO: Westview, 1993.

所。加拿大12所,德国11所,荷兰10所,日本10所,澳大利亚8所,瑞士7所,瑞典5所,比利时5所,法国4所,丹麦3所,以色列3所,新西兰3所,韩国3所,奥地利2所,爱尔兰2所,新加坡2所,印度2所,中国香港3所,中国台湾1所。俄罗斯只有一所大学上榜,即莫斯科国立大学(Lomonosov Moscow State University),但是排名很靠后,是第183名。

与此相对应,在大量统计数据的基础上,《国际科学发展态势与中国科学的影响力》一书指出:"在国际科学论文产出国中,美国是当之无愧的老大,其在各个学科的论文量和被引用频次均居世界第一,美国、英国、日本、德国、法国当属世界科学研究的强国……尽管中国的论文数量上升很快,但中国在各个学科的论文篇均被引频次均低于全球平均水平,论文质量还有待于提高。"①

理论上如何证明大学对于国富国穷有着不可替代的重要性?或换句话说,我们如何超越斯托尔普-萨缪尔森(Stolper & Samuelson)关于土地、劳力和资本的生产函数?② 如果说亚当·斯密所说的"看不见的手"提醒我们在搭建市场中要重视资源的"配置效益",那么他所说的"扣针工厂"则初步暗示了专业分工及由此产生的专业化的知识对提高生产率的重要性。把两者逻辑推到了极致后再如何比出个高低?从逻辑的推论上看,在制度安排上,只能依靠大学的存在与否,或大学水平的高低来拉开保罗·罗默教授所指的"思想的差距"。

英国数学家、哲学家,哈佛大学教授阿尔弗雷德·怀特海(Alfred N. Whitehead,1861—1947)曾写道:"就理性的思考能影响我们子孙后代这一点而言,大学的任务是创造未来以及文明的判断方式。"③

---

① 该书使用了12个国际文献数据库,时间跨越10年(1993—2003),分别对数学、物理、化学、材料科学、计算机、空间科学、工程、农业、地球科学、环境和生态、生物、医学等学科进行了国际比较。参阅孙成权、肖仙桃:《国际科学发展态势与中国科学的影响力》,北京:科学出版社2005年版,第1页。

② Wolfgang Stolper and Paul Samuelson,"Protection and Real Wages",*Review of Economic Studies*,(9),1941,pp.58—73.

③ Alfred North Whitehead,*Modes of Thought*,New York:Free Press,1968,p.171.

国富之道

想领略一下知识对创造财富的重要性吗？看看以下数据：波士顿银行的一份研究报告发现，到1994年为止，4 000个由美国麻省理工学院校友创办的公司一共创造了110万个就业岗位。这4 000个公司全球年销售总额2 320亿美元，利润是1 160亿美元。报告指出："如果把它们当做一个独立的国家，那么其GDP的全球排名是第24位，稍低于南非但高于泰国。"①

的确，从历史上看，富裕的世界强国的崛起无一不是以无与伦比的创新能力引领世界。它们能够大量地制造出别国无法替代的全新产品和服务，孕育和产生大量世界领先的技术，培育出大量引领世界文明方向的伟大思想和理念，并建立和保护持续产生这种新思想和理念的制度，即一个崇尚自由、激励持续创新的思想市场。或用诺贝尔经济学奖得主埃德蒙·费尔普斯教授的说法，这里需要一个"想象域"(field of imaginations)。他说："如果在一个经济体中，人们没有创新的动力和激励，或无法获得创新的条件，这种'想象域'就根本不存在。"②毕竟，归根到底，现代化是从人类思想的现代化开始的，这里涉及的是一个良好"知识生态"和人力资本的故事。

在学术界，人力资本以不同的视角加以描述和体现，如教育、技术以及社会资本。③ 但不管是从哪个角度，人类从农业社会到工业社会再到后工业

---

① http://web.mit.edu/newsoffice/1997/study-0305.html。
② 埃德蒙·费尔普斯：《大繁荣：大众创新如何带来国家繁荣》，北京：中信出版社2013年版，第31页。
③ 关于用人力资本来解释经济发展的不同水平的研究，参见 Easterlin RA, "Why isn't the Whole World Developed?" *Journal of Economic History*, (41), 1981, pp. 1—19. 此外，这方面重要的开创性文献还包括：Solow R., "A Contribution to the Theory of Economic Growth", *Quarterly Journal of Economics*, (70), 1956; Solow R., "Technical Change and the Aggregate Production Function", *Review of Economic Studies*, (39), 1957, pp. 312—320; Griliches Z., Jorgenson D., "Sources of Measured Productivity Change: Capital Input", *American Economic Review*, 56 (2), 1966; Galor O., Moav O., "From Physical to Human Capital Accumulation: Inequality in the Process of Development", *Review of Economic Studies*, (71), 2004, pp. 1001—1026. 关于社会资本，参见 Robert Putnam, *Bowling Alone: The Collapse and Revival of the American Community*, New York: Simon & Schuster, 2000; *Democracy in Flux: The Evolution of Social Capital in Contemporary Society*, Oxford University Press, 2002; Michael Woodcock, "Social Capital and Economic Development: Toward A Theoretical Synthesis and Policy Framework", *Theory and Society*, 1988.

社会或称知识社会,研究型大学的作用日益凸现。研究型大学之间的差距似乎也间接地反映了国与国之间的财富差异。尤其对于大国来说,如果财富用人均GDP来衡量,要进入富国之列,看来没有几所世界顶级的研究型大学,希望是渺茫的。这不仅是理论逻辑的推导,也是经验数据的结论。曾担任康奈尔大学校长18年之久的美国教育家弗兰克·罗德斯(Frank Rhodes)在《创造未来:美国大学的作用》一书中这样写道:

> 大学是人类经验的保存者,是人类思考、写作、阐述和践行的最好经验的管理者和传递者,是开放、理性论述和实验的化身。它们又是所保存知识和支持它们的社会的批判者。还有一点很重要,它们是新知识、新视角、新技术和创新性方法的创造者。从这一意义上讲,大学是独一无二的。大学是第二个千年中意义最为重大的创造……美国的研究型大学是美国20世纪最伟大的成就之一……现在的政府领导是昨日的毕业生。明天的学术先锋是今天的研究生。世界的未来领导者正漫步于校园之中;将来的立法者、法官和企业CEO正坐在大学的教室里。大学被赋予追求真理的任务,它并不是被动的知识传递者,而是启蒙者和创造者。①

在日趋全球化的21世纪,如果以人均GDP来衡量,追赶国的财富与美国的财富之间,距离会相对缩小,这是趋势,早晚而已。但是,要最终实现超越,关键是比大学的高低,特别是比以创造知识为己任的研究型大学的高低。

在20世纪80年代,日本有一阵子咄咄逼人,但是最终没能成功超越美国,其中的道理大概也与此有关;加之人口老化,可谓雪上加霜。对于日本这个始终是全球最佳实践的追随者而不是领导者而言,缺乏真正原创性的

---

① Frank Rodes, *The Creation of the Future: The Role of the American University*, Cornell University Press, 2001.

思路意味着在后工业时代找不到生产效率增长的新源泉。① 就中国而言,在没有实现建成若干所世界一流大学之前,改革和开放政策使中国年轻一代有机会上国际一流的大学,这无疑是过渡期间明智的政策选择。

目前我们的差距是什么？如果教育的真谛是用开放的头脑代替空洞的头脑,那么与美国一流的大学相比,美国的教育提供的是电流,给你点灯;中国的教育还是填鸭,往肚里塞。不难想象,随着电脑和手机的普及以及云计算(cloud computing)的到来,填鸭式教育模式的生存基础将日益受到挑战。问题的症结不在我们的学生,而是我们缺乏一批一流的教授。我们的教授更多的是匠人般的专家,而不是探索型的学者,体现为重描述多于分析;重记忆多于推理。他们很少在本体论和认识论层面对自己提出挑战。正因为如此,他们可以储存知识、传播知识,但是创造知识的能力有限,这部分地体现在原创性研究与世界一流大学的差距上(见表24)。如何更有效地创造知识也是包括我们国学在内所面临的挑战。我们已经站在古代巨人的肩膀上,本应看得更深、更远,但是我们的创新是什么？除非我们承认一代不如一代。爱因斯坦曾经说过,让一个制造问题②的人用同样的思维方式解决同一个问题,概率不大。换言之,如果我们要改变、提升、进步、创新,首先我们

表24 1998—2000年世界一流大学与中国大学在世界顶级期刊发表论文数比较

期刊名	哈佛大学	剑桥大学	东京大学	北京大学	南京大学	中国科技大学	复旦大学	浙江大学	清华大学
Science	203	39	63	3	3	2	2	0	0
Nature	184	104	66	1	0	2	1	1	0
计	387	143	129	4	3	4	3	1	0

资料来源:向洪等:《哈佛理念》,青岛:青岛出版社2005年版,第279页。

---

① 在20世纪80年代,日本经济一片繁荣:高调收购美国媒体、影视业和制造业,夏威夷几乎成了日本旅游者的天下;1989年年底,日本股市到达历史巅峰,指数接近40000大关。于是乎,石原慎太郎等人著的《日本可以说不》的畅销书引起了日本内外的广泛关注。然而,仅仅过了20年,这一切像是过眼云烟。20年后的今天,日本股市仍然在7500点上下徘徊。经济的长期的低迷挫伤了日本人的自信心,直至现在再没有对美国说"不"的底气。

② 注意英语是problem而不是question。两者在中文都翻译成"问题"。但是在英语中二者是有区别的,前者是"麻烦",后者才是有疑惑提出的"问题"。

必须要有改变思维方式的理念。看来,中国要真正办出为世人所公认的具有国际影响力的一流大学,就不能幻想用中国象棋的规则来赢得国际象棋的金牌。

"最近,我游览了埃及的亚历山大。我站在遗址边,想象着古世界伟大图书馆的模样,想象着它的存在和消失如何影响人类的知识积累,猛然间我意识到,人们可能再次迷失方向,想到这些让我十分震惊。现在知识的传播范围已远比那时更深更远。"①这是约翰·马瑟(John Mather)在其《人类探索永无止境》一文中说的话。他是美国宇航局的天体物理学家,因发现宇宙微波背景辐射的黑物质形态和各向异性而获得2006年的诺贝尔物理学奖。② 他的话暗示了专事人类知识贮存、传播和创造的研究型大学对人类进步的重要性。一个反证的例子是澳大利亚东南部的塔斯马尼亚人(Tasmania),考古和人类学家发现他们经济的落后与知识流失相关。③ 看来,我们的进步未必一定是单向的、线性的。

的确,大约在300年前,巫术信仰还盛行于欧洲大陆。之后文明世界的人们停止焚烧女巫,但这并不是因为人们变得更加宽容、更加人道了,而是

---

① 埃及的亚历山大图书馆是历史上第一个由国家供养的图书馆型研究院,藏书繁多,大约70万册,设施包括天文台、实验室、解剖实、植物园和动物园。由于良好的学术氛围和生活待遇,它在当时引发了早期的地中海地区"人才流失"现象,众多的哲学家、数学家、医生、植物学家、生物学家、天文学家、语言学家、地理学家、艺术家和诗人纷纷来到埃及。在第一部分我们已提到,不幸的是,公元47年亚历山大图书馆在战乱中被大火烧毁。

② Mike Wallace and Bill Adler, *The Way We Will Be 50 Years from Today:60 of the World's Greatest Minds Share their Visions of the Next Half-Century*, Nashvill Tennessee, Thomas Nelson, 2008, p.50. 黑物质是一种无法直接观测的物质,但是科学家通过观测其对可见物质的重力作用进而推断黑物质的物理特性;与之相关,还有黑能量,它是指一种不仅能够提高宇宙运行速度,而且还能改变星系外观形状的能量。宇宙中可观测的发光物质,或重子物质只占宇宙总能量的5%以下,暗物质占23%,70%以上是所谓的黑能量。

③ 塔斯马尼亚人是澳大利亚东南部岛屿的原住民。与大洋洲本土最南方的维多利亚首府墨尔本隔海相望,塔斯马尼亚岛是世界上第26大岛屿,那里气候良好,资源丰富,但是塔斯马尼亚人的经济极其不发达。根据考古学家的研究,其实塔斯马尼亚人的知识和技术早有倒退迹象,他们原来还会造船和捕鱼,之后反而不会了。参阅 Michael Kremer, "Population Growth and Technological Change:One Million BC to 1990", *Quarterly Journal of Economics*, 108, 1993, pp.681—716.

因为科学知识使人们不畏惧女巫了。然而,即便是在今天,类似的迷信依然潜伏在社会中,并随时有可能在无知无识的人群中复燃。①

缺乏市场的结果:俄罗斯作为反面教材

说到俄罗斯,让我开门见山。俄罗斯的故事显示了资源丰饶本身并不会自动地使穷国变为富国。除此之外,它是缺乏有效市场从而不利于经济发展的反面素材。它至少证实了两点:一是,它印证了相对于市场而言强势的"绝对主义"国家从长期看不利于经济的持续发展,虽然从短期看"绝对主义"也许有能力建造气势恢宏的宫殿;二是,与市场经济逻辑相反,依靠行政手段的"指令性计划经济"(command economy)对财富增长具有很大的负面影响。

让我们先做一些简单的观察,看一些简单的数据。俄罗斯是世界上面积最大的国家,其天然气储量、煤炭储量分别占到世界的40%和50%以上,都居世界首位。其石油储量也非常惊人,占世界储量的1/3,仅次于沙特阿拉伯,居世界第二。其他自然资源如金、银等金属矿物,还有森林资源和水资源都居世界前列。俄罗斯人口密度是世界平均密度的1/4,可见人均资源拥有量相当高。② 但是,俄罗斯的经济表现却远不能与它所拥有的人口和自然资源相匹配!表25简单地对比了美国、日本和俄罗斯1930—2000年间的可比人均GDP的情况。看得出,暂且不论资源也很充沛的美国,今天就连资源十分匮乏的日本的人均GDP也远远超过了俄罗斯。在1930年,虽然日本的人均GDP已高于俄罗斯,但是两者之间的差距在当时并不十分显著。真正拉开距离是在第二次世界大战以后。原因是什么?

---

① William D. Dampier, *A History of Science and Its Relations with Philosophy and Religion*, Cambridge University Press, 2008.

② 更多的详细描述,可以参见金连娜:《俄罗斯国情》,哈尔滨:哈尔滨工业大学出版社2001年版。

表 25　1930—2000 年美、日、俄人均 GDP 比较　　（1990 年国际元）

	1930	1940	1950	1960	1970	1980	1990	2000
美国	6 213	7 010	9 561	11 328	15 030	18 577	23 201	28 403
日本	1 850	2 874	1 921	3 986	9 714	13 428	18 789	21 051
俄罗斯*	1 448	2 144	2 841	3 945	5 575	6 427	7 779	5 277

根据以下资料中数据整理：*Monitoring the World Economy 1820—1992*，Paris：OECD，1995；*The World Economy：A Millennial Perspective*，Paris：OECD Development Centre，2001；*The World Economy：Historical Statistics*，Paris：OECD Development Centre，2003.

* 1930 年至 1980 年使用的是苏联的数据。

绝对主义时期的俄罗斯

细心的读者也许还记得，我们在解释早期欧洲的崛起时，花了相当的篇幅围绕着"绝对主义"国家这个概念并从国家税收入手，讨论了国家与市场的关系。得出的教训是，由于当时欧洲大陆是多元政治实体的相互竞争体系，欧洲国家作为整体实行相对微弱的"绝对主义"可以解释为什么欧洲大陆比地球上别的大陆实现了总体更高的人均生产率。在欧洲内部，如果把强势"绝对主义"国家与弱势"绝对主义"国家相比，前者的经济业绩系统地不如后者。这个逻辑同样可以解释俄罗斯①，因为俄罗斯历史上充满了沙皇穷兵黩武、领土扩张和对贵族的掠夺性行为。1828 年沙皇派 15 万大军对土耳其发动战争；1830 年沙皇派 11.5 万人镇压波兰反俄起义；1849 年沙皇派 20 万大军镇压匈牙利革命。匈牙利著名诗人裴多菲（Petöfi Sándor，1823—1849）就是牺牲于抗俄的战役中，用鲜血实现了他"生命诚可贵，爱情价更高；若为自由故，二者皆可抛"的豪迈誓言。

到了 19 世纪末，俄罗斯的国家版图才基本确立。经过几个世纪的血腥

---

① 根据麦迪森 1990 年国际元计算，1700 年，西欧人均 GDP 1 024 元，亚洲是 570 元，美洲是 528 元，非洲是 400 元。同在 1700 年，如果我们大致按最"绝对主义"国家到最不"绝对主义"国家从左到右以人均 GDP 排队，即俄罗斯（611 元）、葡萄牙（854 元）、西班牙（900 元）、法国（986 元）、英国（1 250 元）、荷兰（2 110 元），我们会发现"绝对主义"国家的经济表现系统地不佳。数据来源：安格斯·麦迪森：《世界经济千年史》，任晓鹰等译，北京大学出版社 2003 年版，第 262 页。

扩张后,它由原先的280万平方公里扩展到2 280万平方公里,包括掠夺自中国东北和西部边境的大约150万平方公里的土地,成为横跨欧亚大陆的庞大帝国。然而,1904年日俄战争(1904—1905)的失败也使庞大帝国背后的虚弱暴露无遗。

说到这里,也许有人会问,经济落后的俄罗斯凭什么能战绩辉煌?这是因为俄罗斯人口相对众多的优势,但是这种优势到了工业革命后就被迅速削弱。

历史学家佩里·安德森在其《绝对主义国家的系谱》一书中指出,欧洲的主要绝对主义国家的时代是不统一的。16世纪西班牙的绝对主义在尼德兰遭受了第一次打击,英国绝对主义在17世纪得以铲除,法国绝对主义则延续到18世纪末,普鲁士绝对主义则保留到19世纪后期,相比之下,俄国是欧洲持续时间最长的绝对主义国家。"俄国沙皇专制(Tsarism)比所有早于它和与它同时产生的绝对主义体制更长寿,成为大陆上唯一直至进入20世纪仍完好无缺的绝对主义国家。"[①]

实行"绝对主义"的沙皇在19世纪推动工业化的主要表现形式是国家垄断资本主义。1876年俄国出现了第一个生产铁钉和铁丝的卡特尔;在19世纪末,南俄顿涅茨煤炭公司的产量占该地区总量的2/3以上;巴库油田产量更高居全俄石油总量的95%以上。随着垄断企业的快速崛起,到了20世纪初俄国出现了具有国家垄断资本主义特征的大型企业联合——辛迪加。它们控制了国家的经济命脉,成为沙皇政府必须依靠的对象。国家垄断资本主义对劳工的压榨是内在逻辑使然[②],这也部分地体现在俄国当时发生的罢工和骚乱的次数上:1879—1884年有145次,1885—1889年有221次,1890—1894年有232次,参加人数高达16万人。

另外,农奴制也是俄国落后的原因之一。19世纪上半叶,农业仍然是俄国的主要经济,农业人口占全国的90%,并且依然以农奴制为基础。至于农

[①] 佩里·安德森:《绝对主义国家的系谱》,刘北成、龚小庄译,上海人民出版社2001年版,第4页、第350页。

[②] 在其他条件相同的情况下,资方N越小,就越削弱劳方讨价还价的地位;反之,则会增加劳方的地位。

奴制度如何阻碍经济,札依翁契可夫斯基所著的《俄国农奴制度的废除》一书中有一段话,形象地说出了其中的道理。"唐波夫州的一个地主写道:'如果从秋天起,所有的谷子都打下来了,那么冬天,农民和他们的妻子将干些什么活呢?打谷机要花费许多钱,它需要修理,还需要喂养马匹,而农民的工作一文钱也不要花费。'"①可见,现代市场经济所要求的技术进步和自由劳动力,都与俄罗斯农奴制形成对立。虽然沙皇亚历山大二世于1861年废除了农奴制,但是农民必须向政府交纳49年的补偿金,因此他们的生活依然十分贫困。

"软预算":计划经济的致命弱点

但是,俄罗斯的问题并不只是这些。正如表25所示,为什么到了第二次世界大战后俄罗斯(苏联)的经济发展速度依然远远不如发达国家?简单的答案是,苏联实行了与市场经济逻辑相反、依靠行政手段的计划经济。苏联高度集中的计划经济模式几乎完全排斥了市场运作的逻辑(1990年在所有制结构中,国有制比重占92%,工业中的国有制比重高达99%)。国家对经济活动的高度垄断,扭曲了商品货币关系下的价格体制。长期以来执行的优先发展重工业,漠视轻工业和农业发展的经济战略,造成了日用消费品的长期短缺。重积累、轻消费的低工资制导致了居民购买力的严重萎缩。

要在理论层面说清其中的逻辑,我们在这里不能不提到两位经济学家:弗里德里希·哈耶克和雅诺什·科尔奈。哈耶克是1974年度诺贝尔经济学奖得主,但其学术贡献却远远超出经济学范围本身。他毕生发表了130篇文章和25本专著,涵盖的范围从纯粹的经济学到理论心理学,从政治哲学到法律人类学,从科学哲学到思想史。对于计划经济,哈耶克认为它不仅仅限制了利己的动力,更要命的是,它所要求的集中决策没有市场经济中分散决策的灵活性,所以不可能有高效率。早在第二次世界大战前他就断言,

---

① 关于俄罗斯农奴制度的更多介绍,参见札依翁契可夫斯基:《俄国农奴制度的废除》,叔明译,北京:三联书店1957年版。

计划经济将导致政府集权,用他的话说就是"通向奴役之路"①,与此同时,计划经济不能克服信息问题,因而最终必然会失败。② 在苏联早期实行土地集体化时,就遭到了许多农民,特别是富农的反对,因为他们必须以贫农一样的条件加入集体农庄。作为抵抗,他们有时会毒死耕牛,烧毁房屋和破坏工具。到了1991年,苏联的解体似乎印证了他的逻辑。

科尔奈是哈佛大学经济学教授、匈牙利布达佩斯高级研究所的终身研究员,是研究计划经济的另一位最杰出的经济学家。我在哈佛大学学习期间就慕名听过他的课。他的《短缺经济学》(Economics of Shortage)以及有关中央计划经济的诸多理论和著述影响了整整一代研究转型经济的学者。他的最大贡献是提出了"预算软约束"(soft budget constraints)的概念。③

何谓预算软约束?在市场经济国家中,企业经营不好就要破产,此为预算硬约束。相反,在计划经济国家里,情况却很不一样。由于国有企业是政府的一个延伸,同时承担社会责任,因此经营不好的企业随时可以跟政府要更多的优惠和更多的补贴。因为信息的不对称,政府并不知道要多少保护和补贴才够,因此,企业会把因为经营不善而引起的亏损的责任也推给政府,说是政府的保护和补贴的力度不够。而在政府不愿意让这些企业破产,这种国家对企业的父爱主义必将导致预算约束的软化。在这种情况下,再加上缺乏市场的定价体系以及现代企业内部的公司治理④,计划体制中国有企业就不可能造就一支"有志实业,无意仕途"的现代职业经理队伍。科尔

---

① 《通向奴役之路》也是他的一本书名。参见 Friedrich A. Hayek, *The Road to Serfdom*, London: Routledge and Kegan Press, 1944.

② Friedrich A. Hayek, ed., *Collectivist Economic Planning*, London: Routledge and Kegan Press, 1935.

③ János Kornai, "The Soft Budget Constraint", *Kyklos*, 1986, 39(1), 3—30.

④ 这方面较系统的论述,参阅 Michael Jensen and William Meckling, "Theory of the Firm: Managerial Behavior, Agency Costs, and Capital Structure", *Journal of Financial Economics*, 1976, (3), pp. 305—360; Mark Casson, *The Entrepreneur: An Economic Theory*, Oxford University Press, 1982; Oliver Hart, *Firms, Contracts and Financial Structure*, Oxford University Press, 1995; Margaret Blair, *Ownership and Control: Rethinking Corporate Governance for the 21 Century*, Washington: the Brookings Institution, 1995.

奈认为预算软约束是计划经济中国有企业缺乏改进生产的积极性、普遍存在道德风险的主要原因。在苏联计划经济时代,由于中央政府控制着苏联经济和生活的各个方面①,这使旨在预算约束硬化的努力变得不可能,最终导致供应定量、到处排队的"短缺经济"。这个逻辑也部分反映在改革开放前的中国。

北京大学光华管理学院的张维迎教授在其《企业理论与中国企业改革》一书中有这样的观察:"经营者的行为与企业预算约束的软硬有着密切的关系,在软预算企业,经营者不可能有真正的企业家行为……企业预算软化的根源在于国家所有制本身,在于没有真正承担财产风险的主体。所谓破产,就是破所有者的产。在国家所有制下,充其量只能出现"关、停、并、转",而不可能有真正意义上的破产。没有人因为破产而遭受财产损失,破产又有多大意义呢?"②

市场经济包括大量物品与劳务的成千上万的买者和卖者,如果所有人都主要关心自己的福利,没有一个人追求整个社会的经济福利,那如何促进整体福利?关于这个问题,亚当·斯密在《国富论》已有十分清晰的回答。此外,不管感情上或意识形态上接受与否,经验数据已经雄辩地证明:市场经济作为一种提高生产效率、促进整体社会福利的制度安排成绩斐然;与之相比,计划经济相形见绌(见表26)。苏联的轰然解体,似乎给人以如梦初醒的感觉。计划经济之所以失败,就是因为它把市场这只"看不见的手"给捆绑死了,它扭曲了本应由市场供求决定的价格,从而也扭曲了千千万万个人、家庭和企业的决策,结果必将造成生产要素的巨大浪费。耶鲁大学历史学家肯尼迪教授在其《大国的兴衰》中所提供的数据充分地说明了这一点(见表27)。

---

① 俄罗斯对经济的控制程度,也可以从其强势的统计局看出来。相关文章请参见 Huang, Yasheng, 1994, "Information, Bureaucracy, and Economic Reforms in China and the Soviet Union", *World Politics* 1994:47, pp. 102—134.

② 张维迎:《企业理论与中国企业改革》,北京:北京大学出版社 2002 年版,第 26—27 页。

表26　二战后部分市场经济体和非市场经济体人均国内生产总值

	1950	1960	1970	1980	1990	2000
美国	9 561	11 328	15 030	18 577	23 201	28 403
英国	6 939	8 645	10 767	12 931	16 430	20 159
韩国	854	1 226	2 167	4 114	8 704	13 985
苏联	2 841	3 945	5 575	6 427	7 779	5 277
中国	448	662	778	1 061	1 871	3 421
越南	658	799	735	757	1 025	1 809
朝鲜	854	1 105	1 954	2 841	2 841	1 169
古巴	2 046	2 052	1 917	2 644	2 948	2 416

根据以下资料整理：*Monitoring the World Economy 1820—1992*，Paris：OECD，1995；*The World Economy：A Millennial Perspective*，Paris：OECD Development Centre，2001；*The World Economy：Historical Statistics*，Paris：OECD Development Centre，2003。

注：1. 此表格中1950—1980年数据是苏联共和国整体的数据，1990—2000年使用的是俄罗斯的数据。

2. 中国于1979年进行市场经济改革，越南于1986年开始经济改革。

表27　1979—1980年部分国家每1 000美元GDP所耗费的标准煤和钢铁的公斤数

	煤	钢铁		煤	钢铁
苏联	1 490	135	英国	820	38
民主德国	1 356	88	联邦德国	565	52
捷克斯洛伐克	1 290	132	法国	502	42
匈牙利	1 058	88	瑞士	371	26

资料来源：Paul Kennedy，*The Rise and Fall of the Great Powers：Economic Change and Military Conflict from 1500 to 2000*，Random House，1989，p.493。

迈向市场的磨难：方向没错或许战略错了

到了20世纪90年代，苏联的解体和东欧剧变曾引发从"计划"向"市场"转轨应采取何种战略的激烈辩论，这种辩论也波及改革正酣的中国。注意，争论的焦点其实并不是改革的方向，而是战略的选择！当时政策和学术界常规的思路是将转型战略区分为激进和渐进两种。然而，这种以速度为划分标准的讨论比较肤浅，难以得出具有理论意义的结论。

考虑到企业自身能力不是给定的①以及各个转型国家具体条件的不同,科尔奈提出了一个更能触及事物本质的理论框架,即他所谓"后社会主义"的转型有两种基本战略:战略 A,或称有机发展战略,是把最重要的任务确定为创造有利条件,使私有部门逐步增进自身能力、得以从下而上地生长起来;战略 B,或称加速私有化战略,则是把最重要的任务确定为尽可能快地通过国有企业私有化,消灭国有制。

中欧和东欧各国的转型经验表明,战略 A 由于能够促进资本积累、培育企业家阶层、增强企业自身能力和加速市场制度形成,是一种较为有效的转型战略;而战略 B 却由于无法做到这一切而不能提高效率,还可能形成被一小撮寡头控制的无规则市场,贻害无穷。

俄罗斯的情况似乎是跟随了后者,即采取了所谓激进的"休克疗法"②。"休克疗法"的结果众所周知。在长期指令性价格和商品短缺的情况下突然放开价格,导致商品价格的飞涨和恶性的通货膨胀。在居民的购买力极其有限的背景下,强力推行私有化,结果是总价值超过 2 000 亿美元的 500 家国有大型企业仅以实际价格的 3% 被转归私有,造成国有资产的大量流失。从前的政府官员、企业官员们利用私有化的天赐良机大发横财,绝大多数的老百姓却变得一贫如洗。

在国家工业,尤其是民用工业长期落后、不具有自生能力的情况下,实施财政紧缩政策,增加企业税收,结果是,企业家的努力不是用在发展生产上,而是用于逃避税务,迅速致富,以便日后能不再工作。总之,俄罗斯的经济不但没有提速,反而出现了严重的滑坡,并出现了黑手党、严重腐败等权

---

① 企业自身能力和战略选择的关系越来越得到学者的重视。例如,林毅夫在 2007 年马歇尔讲座中也强调了战略与自生能力的关系。参见林毅夫:《经济发展与转型:思潮、战略与自生能力》,北京:北京大学出版社 2008 年版。

② "休克疗法"由美国经济学家杰弗里·萨克斯提出。它的具体内容被萨克斯概括为"三化",即自由化、私有化和稳定化。自由化指经济自由化,包括价格自由化和对外贸易自由化;私有化指国有企业私有化;稳定化指采取财政紧缩政策,实现财政与货币的稳定。当时俄罗斯总统兼总理叶利钦将"休克疗法"作为俄罗斯经济改革的纲领,自 1992 年 1 月 1 日起全面推行与实施。

力真空的情况。①

显然,仅仅私有化本身并不是市场经济的充分条件。如果市场的作用是促进竞争,那么俄罗斯的情况看来适得其反。根据世界银行驻莫斯科代表处协同一个俄罗斯及国外经济小组估算,寡头正在形成对该国经济的控制。以销售量衡量,仅23个寡头或集团就控制了俄罗斯1/3以上的工业,他们还控制着16%的就业岗位,并掌握着该国银行业资产的17%。②

"权力真空导致私人公司和机构攫取国家职能,它们控制着它们的影子集团、势力集团以及通过非法手段获取信息的非法安全机构。"这是俄罗斯总统普京在刚登上总统宝座后的国情咨文中的一段话。③ 它从反面证明了,作为市场经济制度安排的有机组成部分,有效的政府和反垄断对市场经济良性运作至关重要。进一步说,如果要进行有效的反垄断,基础是健全的法制,这是因为市场和法治是一个硬币的两面,彼此不可分开。这一点也反映在铁杆崇尚自由市场的奥地利经济学派旗手弥尔顿·弗里德曼对自己的反思上。在2001年的一次专访中,他说:"如果在10年前,我会用三个词来描述计划经济向市场的过渡,即'私有化、私有化、私有化';但是我错了,理论和实践都显示'法治很可能比私有化更具根本性'。"④

俄罗斯问题专家斯特凡·赫德伦德(Stefan Hedlund)在其《俄罗斯的"市场"经济:掠夺性资本主义的一个负面案例》(*Russia's "Market" Economy: A Bad Case of Predatory Capitalism*)一书中不无感叹地写道:"很遗憾,俄罗斯的历史是一部糟糕的管理史。说得婉转一些,上帝给的资源没有充分

---

① Yan Sun, "Reform, State, and Corruption: Is Corruption Less Destructive in China than in Russia?" *Comparative Politics*, 32, 1999. pp. 1—20.
② 郑羽:《普京时代》,北京:经济管理出版社2008年版,第43页。
③ 关于俄罗斯经济寡头的形成过程,参阅克里斯蒂娅·弗里兰:《世纪大拍卖——俄罗斯转轨的内幕故事》,刘卫、张春霖译,北京:中信出版社2004年版。对于普京任内的一些政治变革,可以参见 Cameron Ross, *Russian Politics under Putin*, Manchester University, 2004.
④ James Gwentney and Robert Lawson et al., *Economic Freedom of the World: 2002 Annual Report*, Washington DC: Cato Institute, 2002. p. 3.

用好,今天的俄罗斯人远没有享受他们本应享受的美好生活。"[1]注意,他把俄罗斯的"市场"经济,打上了引号。

正如表28所示,与富裕国家相比,俄罗斯在建立有序的和竞争性市场经济的努力上,特别是法治建设上,还有很长的路要走。纵观全世界,理论和经验都告诉我们,长期可持续的经济发展离不开能力政府,但是法治也不可或缺。法治的重要性在于,它可以避免权力变得武断和具有掠夺性;从历史上看,法治同时为扩大民主铺平了道路。从目前人均GDP的跨国比较上看,中国和印度的任务也不轻,尽管近年来中国和印度经济的增长速度很快。中国只有坚定不移地推进改革,中国的民众,而不仅仅是国家,才有可能重新富有。国民的富裕是亚当·斯密《国富论》的要义所在。

表28　1990—2003年俄罗斯、日本、中国、美国和印度人均GDP水平比较
（以1990年的购买力为基础）

	俄罗斯	日本	中国	美国	印度
1990	7 779	18 789	1 871	23 201	1 309
1991	7 373	19 355	1 967	22 849	1 299
1992	6 300	19 482	2 132	23 298	1 341
1993	5 752	19 478	2 312	23 616	1 390
1994	5 020	19 637	2 515	24 279	1 463
1995	4 813	19 979	2 863	24 603	1 538
1996	4 645	20 616	2 892	25 230	1 630
1997	4 717	20 929	3 013	26 052	1 680
1998	4 475	20 662	2 993	26 824	1 760
1999	4 776	20 594	3 162	27 699	1 835
2000	5 277	21 051	3 421	28 403	1 885
2001	5 573	21 062	3 759	28 347	1 963
2002	5 865	20 969	4 197	28 535	2 012
2003	6 323	21 218	4 803	29 037	2 160

数据来源:www.ggdc.net/maddison。

2005年1月17日,科尔奈来到我曾执教三年有余的清华大学作报告。

---

[1] Stefan Hedlund, *Russia's "Market" Economy: A Bad Case of Predatory Capitalism*, London: UCL Press, 1999, p.2.

国富之道

这位曾经影响一代中国经济学人的匈牙利籍学者,又一次把目光从东欧和俄罗斯投向转型中的中国。从演讲的字里行间可以看出,他显然不愿把自己限定在经济学家的位置上,而是以更宽广的视野,谈及"体系范式"(system paradigm)这个概念。他认为,一个新的体系范式大体决定一个国家的经济业绩。比如,农业社会相对于游牧部落来说是个体系范式,它决定了一定的经济表现。体系范式不能够被限制在任何传统的学科分类中,比如政治学、经济学或者社会学。它必须被视为一个综合的、一般性的社会科学流派。它必须同时对社会功能,诸如政治、经济、文化、意识形态等不同领域之间所发生的交互影响给予特别的关注。

特别的,他提醒人们警惕"制度陷阱"。他说:"经济增长有时会让我们掉入一个陷阱,一个制度陷阱,而且不能自拔。我们不能依赖这种幻觉:中国的经济增长非常迅速,它会把我们自动带入制度改革。制度改革也许会随经济增长出现,也许不会,历史上没有这种自动进入其他改革的先例。"

与此相关的另一个议题是"后发劣势"。所谓"后发劣势",是指落后或追赶型国家由于发展比较迟,有很多东西可以学习发达国家,但是由于学习硬件技术比较容易,而学习制度技术比较困难,加之改革制度会触犯既得利益集团,因此落后国家会倾向于学习硬件技术。这样,虽然落后国家或可以在短期内取得非常好的发展,但正因为如此而忽视或拖延改革制度,并强化国家机会主义,可能会给长期的发展留下许多隐患,最终甚至导致长期发展失败。[①]

的确,也许人们的记忆已经淡忘了,因此有必要在这里提醒一下。在二战以后的一段时间里,苏联的经济也曾有傲人的增长业绩,并在当时被许多人看成是世界上最成功的发展案例。在斯大林执政的 1945—1950 年间,苏联的国民收入几乎翻了一番。假定 1940 年为 1,那么 1945 年则为 0.83,

---

[①] Jeffrey Sachs, Wing Thye Woo and Xiaokai Yang, "Economic Reforms and Constitutional Transition", *Annals of Economics and Finance*, Nov. 2000, Vol. 1, No. 2, pp. 435—491.

1950 年迅速增长到了 1.61。① 英国首相丘吉尔曾说过:"斯大林是一个世上无出其右的独裁者,他接过俄国时,俄国只有木犁;当他撒手人寰时,俄国已拥有原子弹。"

在赫鲁晓夫时期,苏联经济在 1950—1955 年间的年平均增长率高达 14.2%,虽然在 1956—1960 年间有所下降,但是年平均仍然高达 10.9%。1957 年,苏联成功发射世界上第一颗人造地球卫星史普尼克(Sputnik),显示了其科技能力。之后,苏联的宇航员尤里·加加林(Yuri Gagarin)还成了人类第一个进入太空的宇航员。但不幸的是,这种业绩却使苏联掉进了制度的陷阱。从 20 世纪 60 年代开始,苏联以往蓬勃向上的经济增长开始减速;到了 70 年代,年均经济增长率跌落至大约 5%;而到了 80 年代,速度更是跌入低谷,大约为 4%。②

作为全球知名的政治学家,哈佛大学教授萨缪尔·亨廷顿也观察到,从全球范围看,由于权力和利益制衡制度的缺乏,一些追求高速增长的国家往往也付出了沉重的代价,如生活水平和政治权利提高受到限制、血汗工厂、生态的破坏和环境的污染。如果有人认为,增长、公平、民主、稳定等目标具有自动的相容性以及这些目标的实现是直线式的,那么,亨廷顿提供的经验数据值得我们再想一想。他指出,"贫穷和落后,动乱与暴力,这两者之间的表面关系乃是一种假象……证据表明,贫穷和动乱之间没有肯定的直接比例关系"③;"最严重的不稳定状态是与中等发展水平相关联的。不稳定的各种原因同样出现在经济增长的过程中。"④

---

① Martin McCauley, *The Soviet Union, 1917—1991*, London: Longman, 1993, p.190.
② Stephen White, "Economic Performance and Communist Legitimacy", *World Politics*, vol. 38, no. 3, April 1986, pp. 462—483.
③ Samuel A. Huntington, *Political Order in Changing Societies*, Yale University Press, 1996, pp. 32—33. 关于这方面更多的实证研究,参阅 "Political Instability and Economic Growth" in Adam Przeworsk, Michael Alvarez, Jose Antonio Cheibub, Fernando Limongi, *Democracy and Development: Political Institutions and Well-Being in the World, 1950—1990*, Cambridge University Press, pp. 187—215.
④ 萨缪尔·亨廷顿:《发展的目标》,载罗荣渠主编:《现代化:理论与历史经验的再探讨》,上海:上海译文出版社 1993 年版,第 342 页。

前途是光明的,道路是曲折的。值得一提的是,东欧国家在经历了20世纪90年代转型期的阵痛后,在过去的10年间纷纷走出低谷,成为经济增长十分强劲的国家,其中斯洛文尼亚、捷克、匈牙利已进入发达国家之行列。而爱沙尼亚、斯洛伐克、克罗地亚、立陶宛、波兰、拉脱维亚等国也发展势头良好,纷纷进入发达国家的预备梯队中。这不仅证明了市场导向的改革方向是正确的,而且也显示了科尔奈所说的"有机战略"的有效。

前苏联及东欧的改革经验值得我们再思考。看来改革方向和改革策略是两组既相关但又不同的议题,不能混淆。① 就前苏联而言,或许改革方向没错,但整体"休克疗法"的改革策略错了。成功的策略或路径无疑不能脱离实际,并要讲究因势利导,但是这个"导"字却也暗含了某个既定的大方向。如果没有一个既定的大方向,拉大时空来看,一时一地的策略或路径也容易陷入盲目经验主义的泥沼。毕竟,效率和效益是不同的概念;国家发展追求的不仅是效率,同时还要追求正义和自由。

行文到此,我想起了中国西汉时期伟大的历史学家司马迁。他为研究历史立下的目标是"究天人之际,通古今之变"。当一个国家和民族面临挑战、探寻出路时,最明智的方法就是对过去的历史和传统,对前人走过的路,对眼下的处境以及对未来的方向,展开一次彻底的清理、反省、检讨、展望。此乃"通古今之变"的意义所在。

小结:理论之树常青

"我的朋友,理论是灰色的,而生命之树常青"(Grau, teurer Freund, ist alle Theorie, Und grün des Lebens goldner Baum)。此语出自德国诗人歌德(Johann Wolfgang von Goethe, 1749—1832)的诗剧《浮士德》(*Faust*)。虽然歌德这句似是而非的话时常能打动人的心,并常被人所引用,但是句中涉

---

① 类似的,所谓"华盛顿共识"和"北京共识"的争议也混淆了方向和策略两组问题的讨论。参见本书就此争论的相关讨论。

理论的部分,我不能全部苟同。相反,我在这里要强调理论的重要性。正如我在本书序言中开宗明义,本研究"是一个理论框架引导下的实证探索"。

确实,回过头来看,如果本书没用一个贯穿始终的理论作为灯塔,我很难想象能把世界各国历史上浩如烟海而又支离破碎的经验有序地整合起来,系统地探讨国富国穷的因果关系,并对研究假说进行证实或证伪的检验。毕竟,我试图完成的是一部一以贯之的专著,而不是拼凑一本滥竽充数的文集。为此,我必须努力做到名副其实。

作为本章的小结,我特别想再次提醒,超越感知的理性知识必须建立在科学理论的基础之上,没有结构的感受是不能构成好的思想的。强调思想的结构性在认识论相对缺乏的中文语境中尤为重要。君不见,我们的语言是需要语法作支撑的!同理,我们的思想也需要思想的语法作支撑,而实证研究的有效性也是相对于检验理论假说而言的。不然,我们的视野将被五彩缤纷的现象和时空有限的经验所迷惑,在现象和经验的泥沼中不能自拔,无法超越。逻辑上相一致,爱因斯坦不无风趣地说,"政治只是昙花一现,而一个方程才是永恒"(Politics is for the present, but an equation is for eternity);他还告诫道,"如果你不能用简洁的方法解释事物,那就说明你离真理还很远"(If you cannot explain things in a simple way, that means you are still far away from truth)。寥寥数语足显他超越(特殊)现象看到(一般)本质的气质和能力。

作为一项理论导向的实证研究,在本书的第二和第三部分,我们分别在 B 和 M 两个维度上,花了相当的篇幅从正反两个方面回顾了典型国家纵向和横向两组制度演绎及其与国民财富关系的历史。当然,我们的目的并不在于事无巨细地描述,而是根据本书的中心议题展开有理有据的解释。尽管如此,如果阅读中的您在浩瀚的经验数据中忘记了本书的中心议题,那么让我们再次回顾本书第一部分所提出的那个一以贯之的简单结构或叫理论命题。即各国国民财富是该国政治经济制度演绎的函数,用数学符号表达, $W_t \approx f(B, M)_t$,其中: $B > 0, M > 0; b \in B, m \in M$ 。

这个简单的数学公式表达的不仅是基于而且是试图超越新古典经济学视野的努力,同时也隐含了人性与制度的关系以及制度演变和制度创新的逻辑与空间。① 我们不妨也把它当做本书看似复杂现象背后简单的本质,或中国语境中老子形而上的"道"。没错,国(民)富(裕)之"道"这本几十万字的专著其实可以简约到这个简洁的数学公式。

爱因斯坦曾提醒,是理论决定了我们能看到什么。通过本项理论导向

---

① 具体地说,既然属于社会科学的范畴,本研究从人出发,从人性出发。理论构建的出发点是基于主流新古典经济学理性经济人微观基础,但是进一步认为人是社会和历史的人,因此这种理性经济人微观基础同时也表现为制度环境和制度演绎的函数。就制度而言,在历史上的每个时间点上,制度在结构上是稳定的,因而给社会提供秩序;但是在边际上是模糊的,因而给创新提供空间。在逻辑上,正是因为边际上的模糊,才给制度的演绎进而历史的发展提供了可能和空间。考虑到制度结构稳定和边际模糊的双重特性,模糊集合数学的思路尤具启发。

从认识论上看,数学作为形而上的工具,其作用在于给予人的思路以纪律或语法。就我们手头的研究而言,我们不妨把模糊集合数学作为我们思考制度演绎的纪律或语法。基于结构稳定和边际模糊的方法可以使我们既贴近经验表面的真实,又不阻碍我们探寻经验后面的真实,即所谓理论的严谨性。这样,即便我们的结论不是百分之百的确定,但是我们起码可以得出一个近似值。的确,即便是从科学理论和科学知识的最前沿来看,虽然爱因斯坦更相信决定论,因此他说"上帝不玩骰子",但是量子力学至今依然基于海森堡的不确定性原理。可见,即便在自然科学界,知识的前沿早已超越了牛顿经典力学确定性的藩篱。

就社会科学分支的经济学而言,在历史上经济学对制度在经济中的作用大致有三种方法或态度:第一种是新古典经济学的方法,此法在追求万有引力定律一样的确定性时,干脆假设掉了(assume away)制度的作用。第二种方法视制度变迁为外生的、给定的,因此假设经济增长与制度变迁无关。第三种方法是新制度经济学的方法,此法将制度视为经济过程的内生变量,因而注重制度演绎的经济效率问题。但是让人感到缺憾的是,以上三种方法都没有考虑到人的思想对制度演绎的作用。本书最后涉及大学和人力资本,并在同一个理论框架中柔入人的思想,其用意正是要弥补这个缺憾,因为大学的目的就是产生思想和提高人力资本。

如果我们说制度不是给定的,那么制度的源泉是什么?归根结底是人的思想!套用哲学家黑格尔把精神世界分为"主体、客体、绝对"的概念,制度是"客体精神",是人"主体精神"即思想的"客体化"。由此,在我们的理论框架内,作为对新制度经济学的超越,我们再度把人"主体精神"的思想融入"客体精神"的制度,并对制度的演绎加以诠释。与此相一致,我在本书的序言中就开宗明义,"本书将制度作为均衡现象加以研究,把制度的动态变迁作为历史过程加以诠释。制度是共同作用于行为秩序的社会因素糅合在一起的一个系统工程的结果或过程中的局部均衡……发展的秘诀在于,在变化中保持秩序,在秩序中寻求变化"。

的实证研究,我们发现了什么?长话短说,研究国家治理,我们系统地从制度入口,因为制度是治理的机制;纵观人类历史,在公理层面是否摆正权力——即对权力进行合理制衡——将在定理层面决定一个国家的制度安排的良性与否,制度安排又决定了激励结构,而不同的激励结构将最终决定一个国家是繁荣或是衰败。

朋友,经验是灰色的,理论之树常青!

后　　续
金融危机的再思考和解释中国经济的三个假说

美国幽默大师、小说家马克·吐温说过,做预言很难,特别是关于未来。的确,从事社会科学研究的不是算命先生,算命先生可以告诉你在某时某刻会发生什么事,但是严肃的社会科学家不会这么说。他一定会谨慎地说,如果发生某些条件的变化,大概会发生什么事,因为未来是不确定的。

在本书初稿完成后,有不少人问我对眼下全球金融危机以及中国和世界经济现状与未来走势的看法。2008年10月24—26日,我有机会出席了在意大利西西里岛举办的"雅思本领导者会议"(Aspen Leaders Conference)。时隔不久,2009年2月20—21日,我又应意大利经济和财政部长、雅思本学会会长朱利奥·特雷蒙蒂(Giulio Tremonti)的邀请,以学者身份参加了在罗马举行的八国集团国际预备会议。我在会上的发言和答问,部分反映了我对上述问题的看法。对这两次会议,北京大学政府管理学院的网页上有过专题报道。我把报道摘录如下:

(2008年)10月24—26日,傅军教授应邀出席了在意大利举行的"雅思本领导者会议",主题是"评估全球化"(Assessing Globalization),并与剑桥大学女王学院(Cambridge University Queen's College)院长伊特威尔勋爵、教授(Lord John Eatwell)共同主持了"金融危机和政府作用"(The Financial Crisis and the Role of the States)的分论坛。

国富之道

傅军教授在会议的序言中指出,从总体看,虽然全球化加速了各国经济的发展,但是有人对全球化和贸易自由持怀疑的态度,这并不是毫无道理。仅就经济,特别是金融层面而言,存在着国内和国际科层制度安排,如政府的监管能力和各国政府之间以及国际组织的协调能力,远远滞后于市场上生产要素,特别是资本在全球市场中流动速度的局面。

与金融相关,发达经济金融市场中金融衍生品(credit derivatives)的创新①,如债务抵押凭证(CDOs, collateralized debt obligations)②和

---

① 衍生品是相对于原生资产(underlying assets)而言的,是当今金融市场的重要工具。原生资产也称基础资产,它和衍生品的关系并不难理解。原生资产是指用于买卖并具有现金流的目标物,而衍生品则是将原生资产和约定的未来交易方式组合在一起所构成的新资产,它的最大特征是跨时交易。衍生品的收益分布应该是原生资产收益的一部分,两者的收益分布只是局部线形,而不是全局线形相关。正因为如此,我们可以推出,市场可以在保持与原生资产不变的情况下,导致衍生品的价格的变化,风险由此也可能产生和扩大。逻辑上类似,传统投资银行业务是把私人公司上市,即以一定价格买下私人公司的股票,然后再以更高的价格在股市上卖给大众投资者。相对而言,杠杆收购业务(LBO, Leveraged buyout)是将已上市的公司私有化来赚钱。在具体的运作上,通过借债获得资金,买断公司的控股权,然后再用公司未来经营中的现金收入来偿还债务利息。理论上,杠杆收购成功的关键(也是风险起源)在于是否准确预测出目标公司的现金流,并以此约定它能借多大规模的债来实施杠杆收购。当然,这说起来容易,做起来难,因为市场是多变化的,而且资本市场往往又是跨国界的,而各国的监管只能止步于国家的边境之内。目前,要在制度上改变这一点非常困难,因为它要涉及世界大国在主权上做出实质性的让步。

② 一个典型的例子是美国两大政府特许机构房地美(Freddie Mac)和房利美(Fannie Mae)。这两家超级金融公司负责建立美国房地产贷款的二级市场,发行以房地产为抵押的债券(MBS, Mortgage Backed Securities)。它们发行的 MBS 债券和它们从银行手中收购的房地产按揭贷款之间存在的利差,就构成这两家公司利润的来源。通常在操作上,房地美和房利美用发行短期债务来资助 30 年固定利息的房地产贷款,辅之以"利率掉期"(interest rate swap)来对冲未来利率变化的风险。"利率掉期"主要是指,在一定的期限内,用"浮动利息现金流"去交换"固定利息现金流",交易一般不涉及本金,产生一种"短期债务+未来固定利息现金流"的组合,目的是以更低的成本来模拟长期固定利率债券的运作。据统计,MBS 的总额高达 4 万亿美元,因为它可以作为抵押,美国有 60% 的银行持有这两家公司的债券的资金超过银行资本的 50%。类似的,金融衍生品还有所谓的资产抵押债券(ABS, Asset Backed Securities)。作为房地产做抵押的债券逻辑的延伸,这种产品是把一切有未来现金流作为抵押的资产进行证券化,包括汽车贷款、学生贷款、商业贷款、信用卡应收账款等。

分级投资工具（SIVs, structured investment vehicles）①，其核心是用短期的债务来为长期的投资融资。这类似于银行的业务模型，但却没有银行资本金的要求以及银行所需的存户，放在国际资本市场上运作。这种深度证券化发展的逻辑方向是利润的私有化和风险的社会化，甚至全球化，使新兴市场也不能独善其身。在政策层面上，21世纪信息技术的日新月异，信息的全球化和金融、会计规制的标准化，如《新巴塞尔协议》的要求以及资产评估"以市价计价"（Mark-to-Market）方法②，促使了资产评估和投资行为，包括杠杆投资行为的同质化（homogeneity），这种趋势与分散风险的异质化（heterogeneity）的要求和逻辑背道而驰，其结果是使集体同步行动所引起的风险大大增加，宛如一颗定时炸弹。在技术层面，由马柯维茨（Harry Markovitz）、默顿（Robert Merton）和沙普（William Sharpe）发展的，被投资、保险和风险评级公司广泛运用的现代投资组合理论（modern portfolio theory），已不适应新形势的发展，因为在新的条件下该模型在大家认为好的时候（quiet time），

---

① 例如，根据客户收入的稳定性和还债能力，美国的按揭贷款市场大致可以分为三个等级：优质市场（prime market），良好贷款市场（Alternative A）和次级贷款市场（subprime market）。次级贷款市场的对象主要是收入证明缺失，负债较重的人群。可以想象，以次级放贷为抵押的MBS债券容易产生，但是不易脱手。这是因为美国大型机构投资者（如退休基金、保险基金）的投资目标物必须要符合一定的投资条件，即达到穆迪或标普的AAA评级。为此，投资银行家按照可能出现拖欠的概率，把不良MBS债券切割成不同的几块（tranches），此所谓CDO，即债务抵押凭证。其中，风险最低的称高级CDO，风险中等的称中等（mezzanine）CDO，风险最高的称普通（equity）CDO。通过一番包装，达到AAA的评级，让退休基金、保险基金、教育基金、政府托管基金和外国机构投资基金认购。现在许多金融机构所谓"有毒债务"（toxic loans）也由此产生d。

② 1987年达成的《巴塞尔协议》，首先由美国和英国签署，然后又要求日本和其他国家签署，否则它们就无法与美英银行进行交易。协议的核心是，规定从事国际银行业务的银行自有资本金最低限，即资本化率必须达到8%。2004年巴塞尔协议又有升级，称为《新巴塞尔协议》（Basel II）。该协议要求签字国国内所有外国银行的分支机构也必须完全符合巴塞尔新资本协议的要求才能运行。这方面的更多信息，参见 Basel II——A Guide to New Capital Adequacy Standards for Lenders, The United Kingdom Council of Mortgage Lenders, February 2008.

系统地低估了风险;而在大家认为坏的时候(stressed time),系统地高估、放大了风险。

在以上所述这种极其复杂的情况下,就政府而言,如果研究和实践政府的人不懂或其认知水平滞后于市场发展的趋势,必然的结果是与监管相关的制度设置的缺位、混乱或失败。这种问题不只存在于某一国家,从总体上讲,如果我们在方法论上控制各国的发展阶段和水平,这种现象在转型国家也特别明显,不要说实践的政府部门,学术和知识界更是如此,教政府的不懂市场,教市场的不懂政府,其后果反映在经济的发展相对水平上;与此相对照,发达经济毕竟处于人类制度创新的前沿,考虑到人类认知的局限性,在前沿中寻求创新,风险和错误也是难免。

在谈到政府的作用时,傅军教授指出,世界上从来就不存在没有政府的市场,这不应该是争论的问题,更不应成为定式的意识形态,问题是在作为市场规制者、管理者或游戏参与者三者之间政府如何定位,它与市场的边界在哪里。也许不少人认为此次金融危机是市场的失败,但是这其实是政府的失败。人们常常忘记,即便是市场原教旨主义者弗里德曼提倡的所谓市场导向的"中性"货币主义,作为政策工具,市场上的主体如公司和个人是无法使用的,只有政府才能使用。在这个意义上,除了市场规制者的作用外,政府显然要起有限管理者的作用,但不是市场游戏的直接参与者。在格林斯潘掌管美联储的时代,美国自从2001年科技股泡沫破灭后政府过度宽松的信贷不能不说是造成此次金融危机的原因之一。更深层的原因可以追溯到1971年,当时美国政府决定使美元与黄金脱钩①,但美元作为国际储备货币的地位并没有变,结果是美国的货币政策不再受约束,这在制度上使美国过度超前消费成为可能。在今后新的国际金融制度中,关于新兴市场国的话语权,如中国、印度、巴西等,国际外汇储备体系货币多元化的问题,还有对美元的约束是什么,都是值得深思的议题,我们的研究和思考必须跳出技术层面本身,具有全球战略的高度。

在历史上,1929年美国经济的大萧条,由于政府宏观调控行动的缓慢,加深和延长了经济危机。从这个角度说,这也是政府的失败,是在宏观层面作为管理者的失败。但是,与那时相比,傅军教授对今天各国政府在危机中的作用更为审慎地乐观。他认为,那时还没有凯恩斯,现在有了他的超越微观经济的宏观经济思想,并已成为经济教科书的主食;那时各国纷纷转嫁危机,而现在各国政府之间的合作和协调加强了,至少这是目前可以观察到的现象,包括2008年10月10日在华盛顿举行G20财政部长和中央行长的会议。主要国家的政府似乎从历史中吸取了有益的教训,在没有超主权国"最后的贷款人"(lender of last resort)的条件下,各国"最后的贷款人",即中央银行之间必须协调和合作,包括银行存款担保的额度,否则在短期内会大大加剧全球金融市场的恐慌和由此产生的动荡,之后对实体经济造成负面影响。他同时指出,如果历史能给我们启示的话,各国政府必须警惕保护主义和极端民族主义的抬头。道理很简单,经验数据告诉我们,全球化和与此相随的国际贸易与投资给各国带来的财富增长在人类历史上是空前的。

---

① 根据二战后布雷顿森林体系(Brettonwood system),即战后国际金融制度安排,国际经济组织成员国的货币与美元挂钩,这使美元成为国际货币;作为对美元的约束,美元与黄金挂钩,这使美国成为国际金融体系中"最后的贷款人"。越战使美国财政赤字高攀,黄金贮备下降。1971年尼克松总统单边决定美元与黄金脱钩,这标志着布雷顿森林体系的崩溃。英国著名专栏作家威尔·赫顿(Will Hutton)把此看做"战后历史中与1991年苏联解体一样重要的大事"。参见 Will Hutton, *The World We're In*, Little Brown, 2002, p.235.

国富之道

傅军教授认为,市场经济作为制度安排虽然不完美,这是给定的,因为从哲学上讲,"完美"就意味着历史的结束,但是相对而言,市场经济至今仍然是创造财富效率最高的制度安排。根据傅军教授计算,1929年美国经济大萧条后的十年,如果美国的人均生产率是1,那么当时的西欧各国平均是0.8,苏联是0.3,亚洲平均水平是0.1。类似的,即便是今天,在过去几十年,虽然全球经济增长的中心、乃至于地缘政治的中心越来越移向亚洲,这主要是因为亚洲国家起点较低,同时遵循了市场导向的经济改革,但是发展中国家要进入富国的行列,还有很长的路要走。在政府和市场之间,对所有国家来说,特别是追赶型国家,它们必须根据自身的发展阶段,把握尺度,看清形势,认清方向。

本次"雅思本领导者会议"在意大利西西里岛美丽的地中海边巴勒莫城的一个海边别墅中举行。与会者均是来自世界主要国家政府、学界和企业界的领军人物。会议的风格是与会者着装随意,即席发言,互动性强,信息量大。除会议主持人外,每人每次发言时限在3分钟内。①

(2009年)2月20—21日,北京大学政府管理学院傅军教授出席了在意大利举行的八国集团罗马国际预备会议。今年意大利担任八国集团的轮值主席。作为八国集团峰会的预备会,本次会议在位于罗马的联合国世界粮食组织总部举行。130名与会人员先后围绕四个议题展开互动性极强的发言和讨论。四个议题是:(1)全球化世界中的危机;(2)教训和寻求新的出路;(3)气候政策和能源安全;(4)可持续的粮食生产。联合国前秘书长科菲·安南、国际货币基金组织总干事多米尼克·施特劳斯-卡恩、意大利外交部长弗朗哥·弗拉蒂尼和经济部长朱利奥·特雷蒙蒂参加了第一场会

---

① http://www.sg.pku.edu.cn/news/News_View.asp? newsID=759。

议并发表了演讲。

作为发言嘉宾,傅军教授参加了第二场会议的研讨和会后的记者会。与他同场参加研讨的演讲嘉宾包括经合组织(OECD)秘书长安赫尔·古里亚先生,美国布鲁金斯学会副主席、曾任布什总统特别顾问的卡罗斯·帕斯库尔大使,曾任里根总统首席经济顾问、哈佛大学教授马丁·菲尔德斯坦,欧洲央行执委会委员罗伦佐·斯马奇先生,阿根廷央行行长马丁·雷德拉多先生,印度战略研究院院长桑迪普·瓦斯勒卡先生,美国AIG集团副主席、前以色列央行行长贾科布·法兰克尔博士。

会议的形式是简要发言、讨论、回答提问。以下是傅军教授发言的部分摘要。

在会议讨论国家和市场的关系时,傅军教授说:在经验世界中,从来就不存在没有政府的市场。当下美国引发的金融危机,与其说是市场的失败,还不如说是政府的失败,是政府在市场某一部分监管的失败。允许几十倍的金融杠杆是不可想象的。树是长在地上的,不应长在天上。在理论上,亚当·斯密在《国富论》中所说的那只"看不见的手",虽然强调了市场的配置效率,但是其中隐含信息完全的假设。有鉴于此,要在理论上说清政府的作用,让我在此提及三位杰出的经济学家、诺贝尔经济学奖得主,他们是罗纳德·科斯、乔治·斯蒂格勒和约瑟夫·斯蒂格利茨。斯蒂格勒对经济学理论的贡献是他提出信息不是完全的。斯蒂格利茨则进一步指出信息是不对称的。对于科斯来说,由于横向的市场上有机会主义的风险,因此纵向的制度安排是必需的。问题只是纵向和横向的制度安排之间的界线应划在哪里?由此可见,市场是离不开政府的。

是否管制太少了?傅军教授认为,问题不是多少,而是管制的质量。出路何在?为了厘清和剥离所谓的有毒的坏账,对银行进行暂时的国有化也是可以考虑的。但是注意,这至多是为了应急而采取的过渡手段,不是目的。

还有,今天全球化的条件下我们所面临的问题是,对于国内市场,有主权政府;但是即便如此,监管也出现了问题。对于全球市场,没有跨国的政府。危机是全球的,政府是有国别的。这在理论上有矛盾,很有可能会导致全球市场上的机会主义。① 在不存在类似主权政府中央协调机制的情况下,在国际层面,出路只能是加强国际合作。当然,合作的前提是信任。目前一些国家贸易和金融保护主义出现抬头,如果不及时遏制,会使各国失去彼此的信任,进而引发以牙还牙的贸易战。历史上,1930年美国《斯姆特-霍利关税法》(Smoot-Hawley Tariff Bill)就是试图以高关税壁垒保护美国,结果触发了各国之间的贸易战,使全球经济进一步恶化。今天该法案被普遍认为是20世纪30年代大萧条加剧的催化剂。曾是美国议长的迪普·奥尼尔说:"一切政治都是地方的。"此时此刻这句话也在提醒大家,在当下危机还没见底的时候,各国的政治家更是必须顶住来自地方的政治压力。不然,理论和经验都告诉我们,危机只会加深、加长。②

在谈及中国经济与世界经济的关系以及贸易不平衡与汇率时,傅军教授说:请允许我说三个相关的方面。第一观察,第二解

---

① 就金融市场而言,正如诺贝尔经济学奖得主罗伯特·蒙代尔(Robert Mundell)所指出的,目前没有金融架构能解开他所谓的"三元悖论"(impossible trinity),即国家主权不受损失,受国际监管的金融市场,以及全球资本流动的好处。换言之,一国在经济发展中不可能同时实现汇率稳定、资本自由流动和货币政策的独立性,只能选择其中的两个目标。

② 当时,保护主义的《斯姆特—霍利关税法》在政治上获得了巨大的同情和支持,美国总统胡佛(Herbert C. Hoover,1874—1964)不顾1000多名经济学家的联名反对,于1930年6月17日签署了这个法案,将农产品和工业品的关税同时大幅度提高。但是实际效果适得其反。作为报复措施,其他国家立刻提高对美国产品所征收的关税,这导致了世界贸易系统的崩溃。就美国而言,1929年出口商品总额是52.41亿美元,而1932年只有16.1亿美元;考虑到通胀因素,这个数字估计是1896年以来的最低值。在1932年的总统竞选中,富兰克林·罗斯福击败胡佛,成为美国第32届总统。

后续 | 金融危机的再思考和解释中国经济的三个假说

释,第三涉及相关问题。至于观察,我们不但要看总数,还要看人均。在19世纪初中国的GDP大约是世界的1/3,当时中国的人口也是世界的1/3。人均效率还不错。一个世纪后,中国GDP占世界比例跌到13%,改革开放前,还不到5%。今天根据不同的计算,中国的GDP占世界的比例大约又回到了10%—15%,但目前中国人口是世界的1/5。可见,今天中国人均GDP还不如自己的历史水平,目前还排在全球的平均以下。相对于发达国家,相对于自己,中国的发展还有很长的路。

第二,怎么解释中国近年来快速的经济增长?傅军教授提出三个假说。一是借用亚当·斯密关于市场配置效率的逻辑。设想一下,由于农业的性质,改革前中国农民有效工作时间一年只有3个月,不然,多干也是拔苗助长;再设想,改革后,他们一年12个月都干活了,后来他们离开土地来到城里和市郊,或是制造鞋和玩具,或是当建筑工人。仅仅计算一下时间,他们的生产力也提高了。二是,让我们超越新古典经济主义的技术边界,进入约瑟夫·熊彼特强调技术的逻辑世界。只要发展中国家与发达国家有技术距离,而且能把这个距离逐步缩小,这又是提高生产力的源泉。如果说前两个假说分别是在国家和国际层面,第三个假说则是企业层面,与卢卡斯-罗默内生增长模型有关,或叫企业的自生能力。在这一点上,FDI在中国起了联结劳力和技术的媒介作用。[①] FDI不光是资本,更是技术和管理。与俄罗斯不同,中国改革开放时代吸收了大量的FDI。作为从计划向市场转型的桥梁,FDI总体是逐

[①] FDI(foreign direct investment)是外国直接投资。实证研究发现,目前在中国,多于85%的IT产品是由中外合资或外国独资公司制造的。中国企业主要参与来料加工和设计组装。参阅 Dieter Ernst and Barry Naughter, "China's Emeerging Industrial Economy-Insights from the IT Industry", in Christopher A. McNally, ed., *China's Emerging Political Economy: Capitalism in the Dragon's Lair*, New York: Routedge, 2007; Arthur Kroeber, "China's Push to Innovate in Information Technology", in Linda Jackson, ed., *Innovation with Chinese Characteristics: High-Tech Research in China*, Hampshire: Palgrave MacMillan, 2007, pp. 37—70.

步增强了中国企业的自身能力,没有使中国企业像俄罗斯转型时所经受的"休克疗法"。当然,下一步,中国更应重视自主研发。我们把以上三点加起来,大体可以解释中国经济的增长。

最后是相关的问题。中国经济增长模式长期过多地依赖出口和投资,国内消费不强。造成这种结构的深层原因是中国劳工收入提高的速度没有跟上他们的生产力增长的速度。此观察后面有更深层的结构因素,即缺乏权力和利益合理制约和平衡的制度安排。结果是,生产大于消费,剩余只能靠国际市场。中国出口占GDP的比率远远高于美国,高于日本。现在设想一下,如果国际市场突然萎缩了,将是什么情况!产能过剩是必然。要解决问题,提振内需的重要性凸现,不然就将面临工厂倒闭、工人失业。其实,根据报道,中国目前失业回乡的民工已达2600万之多。但是内需不是可以在短期内解决的事,此外,中国还有国情的特点,即社会保障体系很不完善,因此中国目前面临的压力可想而知。这时候拿汇率来说事显得政策上很不务实。好的政策必须基于现实,有所超前,但不能过于超前。因此,汇率的升降必须是个过程,不能操之过急,一步到位。顺便一提,过去3年来人民币已升值了20%以上。①

现实是,中国的经济与世界的相互依存。根据有关研究,下一年中国对世界经济增长的贡献可能会高达50%。在全球经济出现严重衰退的情况下,中国经济如能保持一定的增长,就是最大的贡献。

在讨论世界经济前景时,傅军教授说,应该把发达国家与发展

---

① 过快升值的风险是很大的。历史上,1985年,美英日德法五国财长在纽约的广场宾馆(Plaza Hotel)签署了所谓"广场协议",目的就是让美元对其他主要货币"有控制地"贬值,日本在美国的压力下同意日元升值。在协议签署后的几个月之内,日元对美元就由250日元兑换1美元升值到149日元兑换1美元。在如此短的时间内,货币兑换发生如此剧烈的变化,使日本的出口厂家元气大伤。

中国家加以区别。发达国家已完成了工业化,在此基础上进一步增长的空间在理论上还没能说得很清楚。日本经济长期萎靡在深层面与此有关。至于美国的情况,原来是拿所谓"新经济"来解释。虽然理论的逻辑方向没错,但程度似乎是夸张了。2001年互联网泡沫破灭和眼前的金融危机都说明了这一点。发达国家现在正在经历的,就是从一个被夸张的高均衡点跌到一个真正体现生产率的均衡点上。除非在理论上能说清楚生产率提高的新的增长点,我的估计是,发达国家的经济在相当时间内将是"L"形态。它们面临的挑战估计比上一次经济大危机还要严峻,原因是那时发达国家的工业化还在过程中,还有很大的增长空间。①

至于发展中国家,那些新兴国家将越来越成为世界经济增长的亮点,原因是它们的工业化过程还没有走完,还有很大的增长空间。当然,前提是它们必须走向市场、法治以及对权力和利益的有效制衡。从近期看,如果贸易和金融保护主义得以有效的遏制,估计它们的经济发展趋势会是"V"形态。建立和完善法治以及市场经济导向的发展中国家的人均收入将与发达国家人均收入之间的差距逐步收敛,这是总体趋势。这主要不是因为发达国家的下降,而是因为新兴市场国家的上升。正如一场110米栏的赛跑,跑进13秒的人已不容易再提高了,跑在后面的人还有很大的提高空间。当然,这种经济增长中心的调整和转移不是给定的,需要各国高超的政治智慧,减少摩擦,避免战争。从历史上看,其实在很长的时间里,地球上各国人口的人均收入相差不大,只不过那时大家都处在一个更低的均衡点上,都生活在专制的、农业经济的制度下。②

---

① 股票市场一般被认为是经济的晴雨表,但我认为它不是一个精确的晴雨表,因为它包含着主观的判断。有时股市大跌并没有预示经济的衰退;反之,有时股市大涨也不预示经济的复苏。某些资产的价格变化只是反映了人们主观相信有些事情会发生。

② http://www.sg.pku.edu.cn/news/News_View.asp? NewsID=799。

读者也许不难看出,上述观点与本书的中心假说在逻辑上和相关的经验数据上是一致的。改革开放 30 年后,中国目前走到了哪里?前景又是如何?

人类经验、中国现状、挑战与展望

早在 17 世纪,古典政治经济学派前辈、英国经济学家威廉·配第(William Petty,1623—1687)①就极具远见地提到了产业结构的转移问题。他指出,随着经济的不断发展,产业中心将逐渐由有形财物的生产转向无形的服务性生产。根据当时英国的实际情况,他明确指出,工业往往比农业、商业往往比工业的利润多得多。② 这一思想后来得到了众多经济学家的发展,其中最重要的是另一位英国经济学家科林·克拉克(Colin Clark,1905—1989)。他在《经济进步的条件》(Conditions of Economic Progress)中,对三次产业进行了详尽的划分,并基于对 20 世纪 30—40 年代世界主要国家劳动力结构分布变化与经济发展水平之间关系的研究,提出了一个重要的论断:劳动人口由第一产业的农业转移到第二产业的制造业,再由第二产业的制造业转移到第三产业的商业和服务业,是所有国家在经济发展过程中的一个一般性的规律。③ 这个定理一般被称为"配第-克拉克定理",它揭示了劳动力在三次产业转移的一般规律。

如果这个定理对中国有什么启示的话,那么中国目前主要处在劳动人

---

① 古典政治经济学所涵盖的时间段并没有确切的界定。一般来说,这包括 18 世纪中叶法国的重农学派(Physiocrats)以及亚当·斯密在 1776 年发表的《国富论》,直至 19 世纪中叶约翰·穆勒的《政治经济学原理》以及卡尔·马克思的《资本论》。关于古典经济学或古典政治经济学的历史讨论,参见 Eric Roll, *A History of Economic Thought*, Englewood Cliffs, NJ: Prentice-Hall, 1953; Vivian Walsh and Harvey Gram, *Classical and Neoclassical Theories of General Equilibrium*, New York: Oxford University Press, 1980.

② Terence Hutchison, "Petty on Policy, Theory and Method", in *Before Adam Smith: the Emergence of Political Economy 1662—1776*, Basil Blackwell, 1988.

③ Colin Clark, *Conditions of Economic Progress*, MacMillan & Co. Ltd, 1957.

口由第一产业的农业转移到第二产业制造业的过程。大量的劳动力释放，加上大量的外国直接投资的流入，使中国成了世界制造业中心；与此相关，能源供应和环境问题也越来越成为中国下一步发展的严峻挑战。① 目前中国制造业工业总产值约占全国 GDP 的 40% 多。至于第三产业，根据清华大学钱颖一和白重恩教授的研究得出的修正数字，中国第三产业占 GDP 的 40.7%（官方是 31.7%）。相比之下，印度是 50.7%，美国则高达 70%。他们的研究同时发现，在制造业中，虽然中国的全要素生产率高于印度，但是在第三产业中，中国的全要素生产率却低于印度，主要原因是政府对市场的干预过多和法治环境的不完善。②

真正的国富意味着什么？亚当·斯密在谈到国富时，用的词汇是"nations"，而不是"states"，可见他指的主要是国民的富裕，而不是国家的富裕。相应的，本书的书名虽为《国富之道》，但我真正想表达的是，在当下以"民族国家"（nation-state）为主体的国际关系中，各国"国民富裕之道"。

国民富裕与国家富裕是两个相关但又不同的概念。在欧洲历史上，"国富民穷"的现象曾经出现在那时实行"绝对主义"的国家，但是这种现象常常是昙花一现。从长远看，由于民间消费和投资的缺乏，此类政策的有效性最终敌不过"藏富于民"的政策。相关的，亚当·斯密在谈到税收时写道："税收……不应是随意的。如若不然，每个纳税人就会被置于收税人的权力之中，他可以加重任何他不喜欢的纳税人的税，或者通过这种加税的恐吓，索取某种礼品或酒钱。税收如果不确定，就会怂恿蛮横无理，使那些天生不受

---

① 有关数据显示，2003 年中国 60% 的能源消费来自煤，相比之下，美国这一指标是 23%，俄罗斯是 17%，法国是 5%。中国电力的 80% 是通过煤来生产的。这意味着中国的二氧化碳排放对能源消费的比例大大高于其他许多国家。煤是一种不清洁的能源，因燃煤而产生的二氧化硫和煤炭颗粒已污染了中国许多城市，它所产生的酸雨使 30% 的土地受到侵蚀。不难想象，来自国内和国际关于保护环境的压力，将是中国下一步发展的瓶颈。参见 International Energy Agency, *CO2 Emissions from Fuel Combustion*, 1971—2003, IEA, 2005.

② http://finance.people.com.cn/GB/1045/3993507.html; http://news.xinhuanet.com/video/2007-03/17/content_5859024.htm。

欢迎的人,甚至原本不蛮横也不腐败的人,变得腐败。"①

其实,现代国家所谓现代性的重要特质之一,就是税收的非随意性,而且是法定的(statutory taxation)。在更抽象的制度层面上,这涉及如何有效地平衡国家公权与纳税人私权的问题。

从人类的经验来看,为了确保"藏富于民",这种制度上的劳作从13世纪英国的《大宪章》就开始了,虽然途经波折,绝对王权论在都铎王朝和斯图亚特王朝复辟期间卷土重来,但是到了1688年"光荣革命"胜利后,英国最终确立了君主立宪制。议会在1689年颁布的《权力法案》中重申,国王未经议会同意而随意征税,为非法。至此,先于法国在1789年爆发大革命的一个多世纪前②,英国已在制度设计上保证了不沉溺于"国富民穷"的短暂的、不可持续的财富幻觉。

之后,发达国家的宪政历程在很大程度上均是围绕着国家权力和公民纳税——即公权和私权之间的张力——这一主轴而展开的。人类社会的政治史其实就是一个不断与权力进行斗争的产物。专制主义者千方百计地要扩大权力,自由主义者则想方设法限制权力。每个国家就此而做出的制度安排对国民财富的众寡意义深远。

对于国民富裕来说,除了国内贫富差距是一个重要的考量外,国内的人均收入也是一个非常重要的指标。从人均GDP而言,目前中国大约是全球的中等水平稍偏下。根据IMF的数据,2009年中国人均GDP是3566美元,排名全世界第99名;相比,日本人均GDP是39 573美元,是中国的十倍以

---

① 亚当·斯密:《国民财富的性质和起因的研究》,谢祖钧译,北京:新世界出版社2007年版,第626页。
② 1789年法国大革命的直接原因亦与课征新税有关。大革命后,法国《人权宣言》中也规定,公民代表有权确定赋税的必要性、税额、用途、征收方法和时间。值得一提的是,法国大革命前,其绝对主义国家的经济政策表现之一是重商主义。重商主义的核心是相信货币的重要性,把金银看做财富的标志,认为一个国家拥有金银越多,就越富裕。在实践中,重商主义表现为政府广泛干预经济,不仅是为了促进贸易,更重要的是使更多的金银流入国库,以增加国家的实力。法国路易十四时期的财政部长科尔贝即为重商主义的倡议者和推行者,因此在法国重商主义亦称为"科尔贝主义"(Colbertisme)。关于法国大革命的起源,参阅William Doyle, *Origins of the French Revolution*, Oxford University Press, 1999.

上。需要指出的是，就中国而言，人均GDP本身还掩盖了城乡收入巨大的鸿沟。由于城市居民和农村居民的人均收入差距已达3∶1以上，因此，中国农村绝大多数人口远远达不到人均GDP的水平，估计他们的排名还在世界150名以后。从国际比较的视野看，中国大多数国民依然相当贫困，远谈不上富裕。

按照经济学比较优势理论的逻辑，随着生产和贸易全球化的加剧，发展中国家的劳动密集型产业本应会获益，从而缩小该国的贫富差距。然而在中国，经验证据并非完全如此；相反，贫富差距还有扩大的趋势。为什么？魔鬼还在细节中。根据传统比较优势理论，劳动密集型产业被假定为单一的分析单位，因而不再细分为高技术的管理人员和低技术的生产工人；而正是这种粗犷的假定，导致了理论预测与经验观察的偏离。事实是，在全球化的产业链中，发达国家的企业往往选择与发展中国家的高技术管理层合作，而让低技术的生产工人完成附加值最低的制造环节。就中国而言，这些低技术的生产工人还包括大量缺乏集体行动（collective action）①能力的农民工。这样的结果是，前者确实从全球化受益，而后者未必，于是贫富差距反而会有拉大的趋势。

相应的，值得引起我们警觉的是，2003年以后，中国居民收入结构出现了惊人的变化，即劳动力报酬所占的比重从前25年长期保持在52%左

---

① 在政治学的经济学分析方法中，以个人理性为基础的公共选择理论和博弈理论（game theory）是显著的例子。集体行为理论（collective action theory）可谓同一研究思路的进一步延伸。在这方面，曼瑟·奥尔森做了开创性的工作。他在《集体行动的逻辑》一书中认为，集体行为不是自发的和给定的，相反，它的难度是一个团体人员数量的增函数，而每个个人得到的利益随着团体规模而递减。因此，如果没有中央协调机制（如工会）的作用，团体（如劳工）中个人之间是很难实现集体行为的，此即所谓"集体行动的困惑"（the problem of collective action）。在逻辑上，这与著名的阿罗不可能定理（Arrow's impossibility theorem）相一致。诺贝尔经济学奖得主肯尼思·阿罗在其《社会选择与个人价值》一书中论证，当通过自愿民主的程序在一个群体中做决策时，不会存在一个满足下列两个要求的社会福利函数：（1）表达集体整体的偏好；（2）服从由个人偏好次序所制定的一致性要求。可见，集体达不成集体"理性"，这使集体行为变得困难。参阅Mancur Olson, *The Logic of Collective Action: Public Goods and the Theory of Group*, Harvard University Press, 1965; Kenneth Arrow, *Social Choice and Individual Values*, New York: Wiley, 1951.

右迅速滑坡到2007年的40%。相比之下,发达国家的可比数字是55%以上。从衡量贫富差距程度的基尼系数看,根据世界银行《2006年世界发展报告》,中国居民收入的基尼系数已由改革开放前的0.16上升到目前的0.47,不仅超过了国际公认的0.4的警戒线,也超过了世界所有发达国家的水平。① 该报告提供的127个国家近年来收入分配不平等状况的指标表明,基尼系数低于中国的国家有94个,高于中国的国家只有29个,其中27个是拉丁美洲和非洲国家,亚洲只有马来西亚和菲律宾两个国家高于中国。②

更近期,在一篇由中外学者联合撰著的题为《中国经济转型中的收入不平等》的论文中,我们可以看到大量系统的统计数据以及这样的陈述:

> 自从1987年以来,即我们现有数据最早的一年也是改革开始后没几年,中国总体的不平等毫无疑问是扩大了。城市和农村地区的不平等在上升,尽管据我们所知,城市里的不平等更严重。我们绝大部分的资料表明官方对不平等的估计可能太低,而城市和

---

① 基尼系数是国际上用来衡量某国居民收入分配差异状况的一个重要指标,最早由意大利统计学家和社会学家科拉多·基尼(Corrado Gini,1884—1965)提出。其含义是,在全部居民收入中,用于进行不平均分配的那部分收入占总收入的百分比。基尼系数最大为"1",最小等于"0"。前者表示收入分配的绝对不平均,即一个单位的人占有全部100%的收入;后者表示居民之间的收入分配绝对平均,即每个人的收入完全平等。一般来说,基尼系数在0.2以下,表示收入分配"高度平均",0.2—0.3之间表示"相对平均",0.3—0.4之间表示"比较合理",0.4作为收入分配贫富差距的"警戒线",0.4—0.6之间表示"收入差距偏大",0.6以上表示"高度不平均"。根据联合国的统计,目前全球的基尼系数大约在0.56—0.66之间。发达国家大多在0.24—0.36之间(美国例外,超过0.4),贫穷国家多在0.4—0.65之间。参阅 Antonio Forcina and Giovanni Maria Giorgi,"Early Gini's Contributions to Inequality and Measurement and Statistical Inference",*Electronic Journal for History of Probability and Statistics*,vol 1,no 1,2005.

② 一般人会认为,中国传统社会是一个财富和收入极不平等的社会。但是,有研究表明,即便是明清时期,也没超过现在的水平。具体地说,明末的基尼系数为0.45,清代的基尼系数为0.43。在明末,最富的1%的人口(皇室人员、官僚、大地主、工商主)占全社会大约10%的收入,前3.8%的人口占大约20%的收入,收入最低的30%的人口占大约15%的收入。在清代,最富的1%的人口占全社会大约14%的收入,前5%的人口占大约26%的收入,收入最低的20%的人口占大约10%的收入。参阅刘狄:《前近代中国总量经济研究》,上海:上海人民出版社2010年版,第157页。

农村的真实的基尼系数很可能都在 0.4—0.5 之间。总体（结合城市和农村）的基尼系数则很可能超过 0.5，跟南非的水平相当。①

相关的，北京大学中国社会科学调查中心发布的《中国民生发展报告 2014》指出，中国的财产不平等程度在迅速升高：1995 年中国的财产基尼系数为 0.45，2002 年为 0.55，2012 年中国家庭净财产的基尼系数高达 0.73；顶端 1% 的家庭占有全国 1/3 以上的财产，底端 25% 的家庭拥有的财产总量仅在 1% 左右。②

经验显示，收入差距过大会抑制消费、引发社会的不稳定，掉入所谓中等收入国家的陷阱。世界银行曾把人均 800 美元定为中等收入国的门槛。按此定义，1950 年时世界上大约有 100 个国家进入了中等收入国家的行列，但是六十多年过去了，今天将近 90 个国家还没有从陷阱中走出来。

马丁·雷德拉多（Martin Redrado）是我哈佛大学的校友，现任阿根廷中央银行行长，在数次国际会议上与他的交谈，进一步加深了我对阿根廷以及拉美的了解。大约 100 年前，阿根廷是拉美最富有的国家，人均 GDP 接近 4 000 美元，随后不幸经历了经济停滞、腐败高发、民主乱象、社会动荡、过度城市化、公共服务缺乏、就业困难、贫富分化、信仰缺乏、金融体系脆弱等十大政治、经济、社会乱象。100 年后的今天，阿根廷依然步履艰难，没有从中等收入国家的行列中走出来。相比之下，当时与阿根廷几乎在同一起跑线上的美国，今天人均 GDP 已达到 48 000 美元。

所谓"拉美教训"，表面上是民主化过程中民粹主义的泛滥，经济政策上体现为放弃财政纪律和产权保护的原则，从而导致通货膨胀和外债高筑。但是现象后面的深层原因是，缺乏有房产、有固定职业的中等收入阶层和自治的公民社会以及与之相伴的理性制约，这使民粹主义难以避免。

---

① 劳伦·勃兰特、托马斯·罗斯基：《伟大的中国经济转型》，方颖和赵扬等译，上海人民出版社 2009 年版，第 624 页。

② 《北京大学中国社会科学调查中心召开〈中国民生报告 2014〉发布会》，北京大学中国社会科学调查中心，北京，2014 年 7 月 26 日。

国富之道

就中国而言,改革开放 30 年后,中国已经实现了一部分人先富起来的阶段性目标,一个逐步扩大的中产阶层正在出现。但是,相对而言,它的比例还很偏低,估计不到人口的 20%,而且这个新兴阶层的公民意识和社团自治能力还很薄弱。这不足以支撑扩大内需的需要和社会的长治久安。

就国家治理的制度设计而言,社会组织的功能以及相关社团的自治能力可以为国家和市场的无缝衔接起到缓冲和补漏的作用。就理论而言,公共选择引入自治领域,因为存在内部成员的重复博弈,所以在其公共资源的治理中,可以比政府更容易找到效率、财产和自由之间的均衡点。这无疑超越了新古典经济学的市场主义和新霍布斯福利经济学的国家主义[1];这座链接传统思维上政府和市场之间非此即彼的桥梁,无疑加强了现代国家治理制度设计的韧性。当然,其大前提是主权在民和实现法治。

诺贝尔经济学奖得主斯蒂格利茨认为,中国已经走出了从计划向市场转型初期的浅滩阶段,目前正站在大河的中间,选择到达彼岸的位置。顺着斯蒂格利茨大河的比喻,我们不妨再加一句:大河中间是深水区,逆流汹涌,暗礁纵横。[2] 要使中国经济在原有的基础上进一步发展,中国无退路可走,

---

[1] 这方面相关的理论和实证研究,参见 2009 年诺贝尔经济学奖得主埃莉诺·奥斯特罗姆(Elinor Ostrom,1933—2012)。她是美国政治经济学家,第一位获诺贝尔经济学奖殊荣的女性,其研究对制度分析理论、集体行动理论、公共资源管理、可持续发展等领域有重要影响,代表作是《公共事务治理之道》。Elinor Ostrom, *Governing the Commons: The Evolution of Institutions for Collective Actions*. Cambridge University Press, 1990.

[2] 这些隐性的、类似慢性病的风险是存在的。在国家层面,耶鲁大学商学院陈志武教授的研究发现,如果把中国 GDP 这块蛋糕分成三块,最大的一块被政府拿走了,第二块被城镇居民拿走了,最小的一块属于农村居民。1978 年,中国年度财政税收相当于 3.3 亿城镇居民一年的可支配收入。1978—1995 年,随着中国经济市场化的发展,特别是非国有经济的增长,政府财政税收占 GDP 的比例总体呈下降趋势。但是在 20 世纪 90 年代中期的财税体制改革后,这一趋势又发生了变化。到 2007 年,政府的财税相当于 3.7 亿城镇居民一年的可支配收入。另外,全国资产性的财富总量中,76% 掌握在政府手里,只有 1/4 在民间。1995—2007 年间,政府财政收入增长了 5.7 倍,城市居民人均收入增加了 1.6 倍,而农民的人均收入只增长了 1.2 倍。

在企业层面,麻省理工学院商学院黄亚生教授研究发现,在过去 30 年的前半段中,中国的金融系统对非国有企业、中小企业的支持力度相当大,但是在后半段时间里,政府的经济金融政策越来越倾斜于国有企业,特别是大型垄断性国有企业。与此相关,中国的储蓄率远

只有勇往直前。前行路上,必须警惕钱和权结合的特权或国家资本主义的幽灵,以及垄断,特别是行政型垄断的抬头。特权与市场经济的原则背道而驰,因为市场的核心逻辑不是纵向而是横向平等的制度安排。犹豫、推迟或放松这方面的改革力度,只会增加今后前进路上的社会和政治风险。

2014年4月1日,中国新任国家主席习近平在比利时布鲁日欧洲学院发表演讲时表示:

> 中国是正在发生深刻变革的国家……在激烈的国际竞争中前行,就如同逆水推舟,不进则退。改革是由问题倒逼而产生,又在不断解决问题中深化。我们强调,改革开放只有进行时、没有完成时。中国已经进入改革的深水区,需要解决的都是难啃的硬骨头,这时候需要"明知山有虎,偏向虎山行"的勇气,不断把改革推向前进。

或许你在纳闷,什么硬骨头?就深化市场而言,包括建立生产要素和资源市场,我认为其中难啃但必须啃的一块硬骨头是行政垄断以及与之相关

高于其他国家,其背后的事实并不只是因为老百姓喜欢储蓄,而是因为一些大企业的大量储蓄。雇佣着80%劳动力的中小企业获得金融服务的机会非常小,因为中国的金融服务基本上被四大银行主宰,而四大银行主要是为大公司提供服务的。

在社会层面,清华大学李强教授的研究发现,改革前期,即1978—1990年间,中国社会基层家庭的子女走出其父母所在的低阶层的机会远高于20世纪90年代初之后。然而,1990年之后,那些无权无钱的家庭出身的子女,社会流动的翻身的机会反而更少了。原因是,在1990年之前,教育机会尤其是高等教育,主要由国家买单,家庭所承担的教育支出较少。这些趋势如得不到根本的扭转,则很难改变中国目前不可长期持续的增长模式,即重出口和投资,轻居民消费。中国居民消费占GDP的比例大约是35%—37%,在全球是最低的,我们的近邻印度达到60%左右。毫无疑问,中国长时间居民消费拉动的内需不足(注意,有别于政府投资)所引发的张力将在目前全球金融和经济危机中加剧。

参见Yasheng Huang, *Capitalism with Chinese Characteristics: Enterpreneurship and the State*, Cambridge University Press, 2008;陈志武:《为什么百姓收入赶不上GDP增长》,http://view.news.qq.com/a/20080804/000004.htm;李强:《社会分层十讲》,北京:社会科学文献出版社2008年版。

的国有企业改革。① 特别需要指出,行政垄断是一个"垄断陷阱",它不仅会降低市场的配置效率,而且也是产生腐败的制度因素,最终削弱政府在市场中的诚信。政府作为市场的守夜人,其职责本应是维护公平的市场秩序,消除市场进入的法律障碍,而不是相反。

在本书的第三部分,我们的讨论已经涉及垄断以及市场经济所必需的反垄断的制度安排。在这里还有必要对行政垄断作点说明。

何谓行政垄断?格里高利·曼昆指出,垄断主要可分市场垄断、自然垄断和行政垄断三种形式。市场垄断是少数公司通过自身的资本、管理或技术优势,取得具有市场实力的垄断地位,是市场竞争自发形成的。自然垄断主要出于规模经济的需要,即单个企业生产给定数量的多种产品的总成本小于多个企业生产该产品组合时的成本。自然垄断一般出现在电话、供电、供水、供气等公共领域,因为它们的固定成本都很高,而增加一个电话或多加一瓦电的边际成本都很低。与上述两类垄断形式不同,行政垄断指的是政府为了保护本部门或本地区所属企业的利益,通过法律、行政法规或规定的形式,维护这些企业的市场垄断地位,阻止竞争市场形成的行为。

行政垄断是世界各国普遍存在的现象,但是在经济转型国家中表现得尤为突出。由于中国正处于从计划经济向市场经济过渡中,行政垄断现阶段也是中国最主要的垄断形式。而在行政垄断的诸多表现形式中,行业垄断和地区垄断是其中最为主要的两种。行业行政垄断直接造成了社会福利的净损失,导致垄断行业运行的低效率,同时还将产生以寻租为目标的腐败行为;地方行政垄断妨碍了全国统一大市场的形成,降低了企业的收益和运

---

① 改革的策略可考虑从国营过渡到国资,即国有资产(国资)可以参股但不直接介入企业日常经营(国营)。这方面的经验可以借鉴新加坡淡马锡公司。淡马锡成功的关键是通过国资参股但不直接经营的策略实现了政府和市场的分开,把公共服务机构和政联公司分开,而那些政联公司除投资人为政府外,其余一切运营模式和私营公司一样,在市场竞争中地位一律平等。淡马锡的经理人选择不仅与政府完全脱开,而且在国际范围内搜寻。相比,中国过去三十多年的国企改革,虽已把国企改革的一些浅层次问题解决了,如进行股份制改革、设立董事会等,但真正的深层次问题还没有解决,即政府与企业分开。

行效率，使得资源难以在地区之间实现优化配置。①

行政垄断的大量存在还反映了这样一个基本事实：虽然改革在中国已经进行了三十多年，并已形成了商品市场，但是至今为止，市场依然没能在要素和资源配置中发挥其应有的作用。换言之，中国市场这个竞技赛场仍然是不平的，这很容易导致权贵勾结，从而成为寻租和腐败的温床。

目前在中国，具有浓厚行政垄断特征的许多国有企业的一个重要的不合理还在于，虽然国有企业的产权属于大众，因此产权收益的一部分本应用于公共事业，诸如社会保障和公共医疗体制的建设，但是实际掌握企业控制权的内部人却独自分享了本应属于大众的收益。这不符合产权的基本原则。产权的本质是一种反对所有占有者占有它的权利。然而，在中国从计划走向市场的过程中，这种产权与收益权之间混乱或不对称的现实，进一步造成了财富分配的不合理；类似的，在城镇化的过程中农村土地的转让也发生了农民土地所有权与收益权不对称的各种扭曲。这种分配的扭曲并不是市场本身造成的；相反，它与基于产权清晰的市场经济的逻辑背道而驰。

鉴于此，2009年中国出台新的政策，规定在境内将含国有股上市公司首次发行（IPO）股票的10%的股权转为全国社保基金会持有，这无疑是正确的一步②，体现了产权与收益对称的原则。需要特别指出，2007年全国人大通过了《物权法》。作为民法典的重要组成部分，《物权法》明确指出，"国家、集体、私人的物权和其他权利人的物权受到法律保护，任何单位和个人不得侵犯"，并对调整范围、原则、所有权、用益物权、担保物权、登记制度、物权的保护等均作了详细的规定。

问题是面对权力机构的侵权，如何保障合法产权？看来，归根结底还是

---

① 关于垄断造成社会福利损失的经济理论分析，参见傅军、张颖：《反垄断与竞争政策：经济理论、国际经验及对中国的启示》，北京大学出版社 2004 年版，第 49—50 页。

② 参见中国财政部、国资委、证监会、社保基金会 2009 年 6 月 19 日联合发布的《境内证券市场转持部分国有股充实全国社会保障基金实施办法》。基于产权与收益权一致的逻辑，2013 年底召开的中国共产党第十八届三中全会明确提出："划转部分国有资本充实社会保障基金。完善国有资本经营预算制度，提高国有资本收益上缴公共财政比例，2020 年提高到百分之三十，更多用于保障和改善民生。"这无疑是在同一个方向上更迈进了一步。

要涉及"权大还是法大"这个问题;中国需要的显然不是另立法律,而是将《物权法》落到实处,重拾法律尊严。就现代国家治理而言,说到底,这涉及公理层面——而不仅仅是定理层面——的制度设计。

宋代苏轼在《晁错论》中有曰:"天下之患,最不可为者,名为治平无事,而其实有不测之忧。"与此相关,中国学者吴敬琏在其2007年出版的《呼唤法治的市场经济》一书的序言中不无忧患地写道:

> 中国的改革并不是一路凯歌,经济改革所采取的从非国有部门入手,由易而难的策略,一方面减少了改革的阻力,增加了改革的助力,另一方面又使以双轨制为特征的寻租环境得以广泛存在,以权谋私的腐败行为得以四处蔓延……改革的两种前途严峻地摆在我们的面前,一条是政治文明下法治的市场经济道路,一个是权贵资本主义的道路。在这两条道路的交战中,后者来势汹汹逼人。我们必须清醒地认识这种潮流对于我们民族前途和未来的威胁。在我看来,克服这种危险的唯一途径在于朝野上下共同努力,切实推进改革,建立公正法治的市场经济……经济和政治改革的迟滞,造成了两个方面的严重后果:第一,中国经济继续沿着依靠资本和其他资源投入驱动的粗放增长方式一路狂奔,引发了一系列社会问题和经济问题;第二,设租和寻租活动,以及随之而来的贪污腐败、贫富差距扩大和社会失范愈演愈烈。这些,都引起了社会各界人士的强烈不满。①

对一个正在再次兴起的经济转型的大国,这是健康的忧患意识。

儒学典籍《礼记·礼运》曰:"大道之行也,天下为公,选贤与能,讲信修睦。故人不独亲其亲,不独子其子,使老有所终,壮有所用,幼有所长,鳏、寡、孤、独、废疾者,皆有所养。男有分,女有归。货恶弃于地也,不必

---

① 吴敬琏:《呼唤法治的市场经济》,北京:生活·读书·新知三联书店2007年版。根据有关统计,近年来中国社会的冲突事件呈上升的趋势,并引起政府部门的重视,参见顾光青:《构建社会主义和谐社会》,载《上海经济研究》2004年第11期。

藏于己;力恶其不出于身,不必为己,盗窃乱贼而不作,故外户而不闭,是谓大同。"这是规范的语言,或称期盼的表达。但是,如前所述,英国哲学家大卫·休谟提醒人们,应然命题并不能与实然命题自动相洽。孔子在公元前提出的期盼到今天还没实现就说明了这一点。显然,从文化建设来说,来回重复应然命题本身的有效性是极其有限的。从现实世界看,其实文化的先进性更多体现在如何更有效地进行制度安排,把应然的命题变成现实,或换过来说,使现实世界更接近理想世界。这是各国都面临的挑战。

以史为鉴。从人类经验看,类似的,美国历史上有所谓"镀金时代"(Gilded Age)。此语来自马克·吐温的同名小说,指的是美国内战后到实行"新政"之前,工业化引发财富的急剧膨胀。当时,美国正处在从农业社会向工业社会转型,面临着社会经济大转折时期的一系列难题,如政治特权化、社会两极分化、社会动荡和道德沦丧。有意思的是,当时美国人均GDP大致与今天的中国相当(见图6)。那时的美国,虽然经济发展迅速,但是社会严重不公。世风低俗堕落,腐败猖獗[①],假冒伪劣产品充市,食品和住房安全无保障[②],血汗工厂和重大事故泛滥[③],流氓大亨(Robber Barons)和恶人政客(spoilsmen)成为耀眼的成功者。历史学家不无嘲讽地说,那个时候,美国政

[①] 直到20世纪初,美国政府部门还没有完善的预算体系。但是,所谓预算只是一段杂乱的事后报账单。对政府某个部门的拨款只是一个总数,没有开支分类。在这种条件下,美国虽然政治民主,但是大众实际无法对政府行为进行有效的监督。亚当斯(Henry Adams)的小说《民主》(*Democracy*)一书中,主人公加科比(Baron Jacobi)说:"我已活了75岁了,这一辈子都生活在腐败中。我去过很多国家,没有一个比美国更腐败。"终于到了1921年,美国国会通过了《预算与会计法》(The Budget and Accounting Act),美国的预算改革才取得实质性的胜利,这在技术上增加了政府行为的透明度,并起到了遏制腐败的作用。参阅 Henry Brooks Adams, *Democracy:An American Novel*, Henry Holt & Co. Publisher, 1880.

[②] 美国当时著名的"耙粪者"小说作家辛克莱(Upton Sinclair)在其小说《丛林》(*The Jungle*)中描写了屠宰业的黑幕。该书导致消费者的恐慌。由此引发的讨论,促使美国政府通过了《肉品检验法》,并设置了食品与药品管理局。参阅 Upton Sinclair, *The Jungle*, New York:Doubleday, Page and Company, 1906.

[③] 当时影响最大的灾难是发生在1911年纽约的"三角衬衫厂大火",由于工厂老板无视建筑物防火标准,造成146名工人被活活烧死。

治生活中"没有领袖,没有原则,没有政党"。美国政府的对外政策是,"小声说话,举着大棒"(speak softly,carry a big stick);对内政策则是,"大声说话,举的只是鸡毛掸帚"(speak loudly,carry a feather duster)。①

对美国来说幸运的是,作为对镀金时代的反思和反动,当时也出现了政治和社会渐进改革的"进步主义运动"(the progressive movement)。所谓进步主义运动是指19世纪末20世纪初美国历史上一股很有影响的社会运动和思潮。它引发了包括政治、经济政策、社会公正和促进道德水准普遍提高等方面的改革。当时弱肉强食的社会达尔文主义②以及极端的市场原教旨主义的危害日益明显。工业化一方面使经济快速发展,另一方面,也加剧了贫富悬殊和阶级冲突。垄断资本的蛮横和下层社会的不满,使中产阶级倍感威胁。人们开始认识到,如果忽视"社会正义"和"公共福利",美国就无法长期、稳定地发展下去。运动的推动者,同时也是激进革命的坚决反对者,包括许多著名学者、作家、社会工作者和新闻工作者,或所谓揭发丑闻黑幕的"耙粪者"(Muckraters)。在这场进步主义运动中,美国总统西奥多·罗斯福(即老罗斯福)扮演了重要角色,他致力于协调社会各方的利益,最终形成了社会上层和下层"双赢"的政治局面,既消弭了政治和社会的危机,也催生了永垂青史的重大改革。

1901年,老罗斯福在就职演说中表达了美国对繁荣强大的信心和对存在问题的认识,认为美国产生了"与工业中心巨大财富积累密不可分的烦恼与焦虑",并一针见血地指出,"我们的实验成功与否,不仅关系到我们自己

---

① Andrew Sinclair, *A Concise History of the United States*, Sutton Publishing, p. 129—131.
② 英国著名生物学家、进化论奠基人查尔斯·达尔文在两部重要的著作《物种起源》和《人类的起源》中,用自然选择的观点阐述了进化论,并将这一理论用于人类。结果引发了一场不仅影响生物学,还影响宗教、哲学、社会学,甚至政治学的争论。例如,同样是在形而下的世界,达尔文的进化论最终导致了基督化的亚里士多德主义在生物界的失势。亚里士多德认为生物的形态是永恒的,就像天体永恒运转一样,新的形态不能发生,有的只是在"同"类中,个体生物有生有死,发生替代的过程。参阅 Majorie Grene, *A Portrait of Aristotle*, University of Chicago Press, 1965, pp. 60—62; Charles Darwin, *The Origin of Species by Means of Natural Selection*, London: John Murray, 1859; *The Descent of Man, and Selection in Relation to Sex*, London: John Murray, 1871.

的幸福,而且关系到人类的幸福"。他认为那时的美国面临两个危害:一是暴民,二是托拉斯。他的切入点是"制服托拉斯"。在执政期间,老罗斯福总统通过反托拉斯法有力地打击了垄断集团①,并通过法律来保护环境、保障劳工利益、保护食品安全,使美国得以重新焕发活力,进而跻身世界强国之林。② 美国著名学者阿瑟·施莱辛格(Arthur Meier Schlesinger Jr.,1917—2007)是反映进步主义运动的思想代表。他曾担任过哈佛大学历史学教授,

---

① 在《大国崛起(美国)》中(中国中央电视台《大国崛起》节目组编著,北京:中国民主法制出版社2007年版),我们可以读到以下这些文字,足显老罗斯福作为政治家的勇气和果断:

1902年2月19日晚。摩根在他的寓所举行简单的宴会,突然电话铃声大作。摩根接完电话回到座位时,他握着杯子的手因愤怒而微微发抖。因为他刚刚得到消息,司法部长诺克斯在罗斯福命令下,对摩根等巨头的北方证券公司提出控告,理由是它违反了"反托拉斯法",必须解散。

就在诺克斯提出控告后第三天,摩根晋见了总统,他质问43岁的年轻总统:"你为什么直接提出诉讼,却不事前通知我呢?"

罗斯福的回答是:"我才不事先通知呢……我的一贯方针就是决定后立即执行!"

摩根继续说:"总统如果认为我们的企业违法,请司法部长同我们的律师互相协调不就可以了吗?"

罗斯福依然强硬地说:"不,不可以!"

司法部长诺克斯补充说:"我们要禁止垄断,因为它妨碍了自由竞争,这不是协调可以解决的。"

看着摩根铁青着脸离去,罗斯福对诺克斯说:"这就是所谓华尔街朱庇特神所想的!他把堂堂美利坚合众国总统当做他的一位投机竞争对手,把我当成要毁掉他公司的人,一旦情势于他不利,就提议妥协了。"

诺克斯问道:"妥协吗?"

总统的回答是:"不! 因为屈服的不是我。"

经过两年的较量,摩根败诉。这一裁决让华尔街大为震动,因为"金融皇帝"们知道自己不能为所欲为了。

罗斯福以打击托拉斯赢得了"反托拉斯健将"的美名,他还要求对罢工的煤矿工人实行"公平待遇",他支持对肉类生产行业进行联邦调查,支持食物卫生和药品立法,使政府有权力为保护消费者而制裁弄虚作假的食品制造商。

在罗斯福的两届任期内,提出了43起反托拉斯的起诉案件。还有1903年由国会通过的《埃尔金斯法》和1906年由国会通过的《赫伯恩法》。这些法案禁止铁路公司擅自定价和给大公司优惠,授权州际商务委员会确定铁路最高运费。

② 有关美国进步主义运动研究的史学评论,参见 George E. Mowry, *The Progressive Era 1900—1918: Recent Literature and New Ideas*, Washington DC: The American Historical Association, 1968.

做过记者和肯尼迪总统的演讲撰稿人,还是普利策奖(Pulitzer Prize)获得者。在作为战后美国自由派宣言的《至关重要的中心:自由的政治》一书中,他对富豪统治的狭隘、势利和庸俗表示了蔑视和憎恶。他指出,"富豪统治的思想出发点是阶级而不是国家,是私人利益而不是社会责任,是商业交易而不是宣战,是苟安而不是荣誉";富豪统治的结果"是阉割统治阶级的政治能量"①。

在谈及大变革时代中政治领袖、社会精英及其作用时,阿瑟·施莱辛格的名言是:"如果要挺过去,我们必须有思想、愿景和勇气。这些东西很少是委员会产生的。说到底,最后还得是一个人独自在屋里问问自己的良心、挑战自己的智识。"②无疑,政治领袖在大变革时期所起的作用是极其关键的。③

看来绝不是偶然。正如我们在本书第二部分中所论及的(见表12),美国是在这一期间扩大了普选权,这种渐进的进步主义的政治改革使更广泛的民众可以对政府问责。就本书理论框架中内容的表述而言,在纵向的制度安排上,国家治理的现代化意味着政府必须是一个有能力的政府、一个法治的政府、一个超越权贵对大众负责任的政府。

大约在同期,西方市场发达国家的工人也赢得了选举权和组织工会权。他们利用这些权利增加了工资,建立起福利国家,结果是从激进的革命者变成了温和的改良者。与此相关联,我们可以观察到,那时他们的政府开始了早期的规范市场、劳动保护、保护妇女儿童权益、注重大众教育、公共卫生、

---

① Arthur M. Schlesinger, Jr., *The Vital Center: The Politics of Freedom*, New Brunswick, NJ: Transaction, 1998, p.13—15.

② 原文是:If we are to survive, we must have ideas, vision, and courage. These things are rarely produced by committees. Everything that matters in our intellectual and moral life begins with an individual confronting his own mind and conscience in a room by himself.

③ 这方面的实证研究,参见 Jones B. F., Olken B. A., "Do Leaders Matter? National Leadership and Growth since World War II", *Quarterly Journal of Economics*, (120), 2005, pp. 835—864.

社会保险以及反垄断等方面的努力。① 效果如何？到了20世纪，出乎马克思的预料②，发达经济体的社会结构发生了重大的变革，财富分配呈现的不是两极分化，而是橄榄或鸭梨形状。上端具有相当规模的统治精英，中层是数量众多的掌握专业技能的中产群体，下端则是社会的底层。这种变化使传统的贫富分化和对抗失去了革命的潜能。

再回到中国，与富裕国家相比，今天的中国仍然是一个收入较低的国家。如前所述，中国目前的人均收入与100年前的美国大致相当，当时美国也正好处于工业化高歌猛进的热浪中。根据安格斯·麦迪森提供的数据，以可比的国际元计算，2003年中国的人均收入水平仅相当于美国的17%，日本的23%，韩国的31%。目前由世界金融危机引发的经济萧条意味着什么？对中国来说，在今后相当长的时间内至少国际经济环境将不再宽松。这意味着中国目前重出口、重投资、轻内需的经济增长模式必须在根本上扭转。过分依靠出口拉动型发展的经济增长模式的局限性显而易见。③ 从某

---

① 关于这方面的更多信息，参阅 Floud, R. and McClosky, D., eds., *The Economic History of Britian since 1700*, (2nd Edition), Cambridge: Cambridge University Press, 1944, (1) pp. 44—59; (3) pp. 284—317.

② 在马克思看来，到了19世纪后期，资本主义已显现出爆发最终危机的态势。由于资本日益集中到少数人手中，不断缩小的资产阶级面临日益增长的无产阶级，并且无产阶级越来越意识到自己的力量，因此革命不可避免。

③ 近年来中国经济发展在很大程度上靠地方政府不断推动GDP工程所导致。相应的，固定资产投资在GDP构成中比率很高，2008年是55%以上，这大约是发达国家的两倍。但是居民消费比例却过低，从20世纪90年代的60%降到现在的大约30%，这大约是发达国家的一半。这种发展模式效率低下，长期不可持续。与90年代相比，现在要花上3倍的投资才能创造同样的GDP。

2008年世界金融危机爆发后，在中国4万亿元刺激经济的救市计划中，15 000亿元用于重大基础设施建设，10 000亿元用于四川震区重建，4 000亿元用于保障性安居工程，3 700亿元用于农村，3 700亿元用于技术创新，2 100亿元用于生态工程建设，1 500亿元用于医疗卫生、文化教育事业发展。这种分配比例不容易看出可以有效地提升国内（特别是广大农民）的家庭消费。这是因为，一次性基础设施投资不能起到藏富于民的作用。而且，总体上将扩大内需的重点放在投资上只能起到短期效应，无法有效地改变中国低消费、高储蓄的结构失衡状况。相反，这方面投资过多，将会进一步扭曲中国的经济结构，并导致国进民退，与改革方向背道而驰。虽然，在某个时点上，消费需求不足可以拿扩大投资需求来弥补，但是这将导致今后产能的进一步扩张，这本身又需要更大的消费来消化。因为，这种循环到了一定的

种意义上,它的实质是靠美国债务增加来拉动中国的经济增长。2008年由美国次贷危机引发的全球金融危机的教训之一是,美国人民早已不堪债务的重负了,持续透支他们的债务能力,将会造成中国出口依赖度的进一步失衡,产能过剩将更加严重。

不难想象,今后美国贸易逆差的减少意味着中国贸易顺差的减少,中国要面临的现实是,不管中国政府采取什么样的经济刺激措施,中国出口增长速度下降不可避免。如果中国现在不主动抓住机遇、咬紧牙关进行结构调整,包括调整以牺牲环境为代价的粗放型发展模式,那么以后将更加痛苦。今天中国人均资源占有量不到世界平均水平的一半,但是单位GDP耗能、耗物大大高于世界平均水平。美洲印第安人有句谚语:"我们不是从先辈那里继承了地球,而是从我们的子孙那里借来的。"

可见,在21世纪前半期里,中国追赶发达国家的过程充满着机遇,但更多的是挑战。与短期国际市场萎缩和周期性经济萧条相比,全球气候变暖将构成新的更大的挑战。资源环境对经济发展的"瓶颈制约"将凸现。中国经济发展前进路上必须克服这个所谓的"资源陷阱"。

联合国开发计划署《2007/2008年人类发展报告》指出:"现在,已有强有力的科学证据证明:人类引起的气候变化问题正将这个世界推向生态灾难的深渊,很有可能会给人类发展带来无法挽回的影响。""若听之任之,不加改变,那么气候变化无疑将带世界走向一个明确的方向:在我们有生之年,人类发展将面临前所未有的翻天巨变,而我们的子孙后代也将面临严重的风险。要避免最严重的毁灭性的气候变化的影响,仍有一线生机,但是,这一生机也正在消失:人类只有不到十年的时间力挽狂澜,远离这条不归之路⋯⋯要采取行动,人类既不缺财力,也不乏技术,我们缺乏的紧迫感、人类

临界点后,除非不断扩大净出口,否则无法保持经济的持续增长。再者,由于缺乏有效的权力制衡和监督,政府导向的巨大投资尤其容易引发大面积的腐败。

中国近期将面临的挑战在于,在4万亿元投资结束后,如果低消费、高储蓄的结构不改善,新增的产能过剩、内需不足将导致经济萧条。人们应该期待复苏,但更是没有后遗症的复苏。

团结和集体关注。"① 根据经济合作和发展组织(OECD)的研究,在全球范围内,温室气体的排放从20世纪70年代以来已经翻了一番,如不作任何限制,在2008—2050年间还将再增长70%,其中发展中国家将占新增数量的2/3。②

在减少温室气体二氧化碳排放问题上,和其他发展中国家一样,由于工业化进程起步晚,虽然中国的人均碳足迹并不高,大约只是美国的1/5、发达国家平均水平的1/3,但是以总量计,作为发展中国家最大的排放国,中国将面临来自国际上巨大的外交压力。③ 无疑,前进的方向是朝着绿色经济包括低碳技术和可再生能源迅速转移。但是,鉴于中国中央政府与地方政府以

---

① 联合国开发计划署:《2007/2008年人类发展报告:应对气候变化,分化世界中的人类团结》,www.hdr.undp.org,报告封面。
② OECD, *Climate Change Mitigation: What Do We Do?* 2008, p.6.
③ 二氧化碳排放量是指因化石燃料燃烧、天然气燃烧以及水泥生产等人为活动引发的二氧化碳排放量。排放量是根据固体、液体和气态燃料的消耗量以及天然气燃烧和水泥生产的数据计算的。森林枯竭时,森林生物能也会释放出二氧化碳。由于基本化学性质是惰性力,二氧化碳一经排放将在大气中长期存在。为了避免危险性气候变化,科学家认为,大气中二氧化碳当量的临界点必须在0.45‰浓度之下。2005年,全球二氧化碳平均浓度已达到0.379‰。在整个历史长河中,地球摇摆在冷暖交替之间,过了极限都会危及地球上物种的存在。有大量科学证据显示,温度上升与大气中二氧化碳和其他温室气体的浓度有关。根据联合国政府间气候变化专门委员会的研究,在当前的变暖周期中,二氧化碳浓度提高的速度极快。从工业革命之前起,大气中二氧化碳存量提高了1/3,这种增速在过去的两万年中是史无前例的。在过去的1300年中,最近半个世纪的温度可能是最高的。气候变化引起的经济损失也是巨大的。例如,1999—2004年间,气候事件导致的保险损失平均每年为170亿美元。参见 Intergovernmental Panel on Climate Change, *Climate Change 2007: Mitigation of Climate Change*, Working Group Ⅲ Contribution to the Fourth Assessment Report of the Intergovernmental Panel on Climate Change, New York: Cambridge University Press, 2007; Evan Mills, R. J. Roth and E. Lecomte, "Availiablity and Affordability of Insurance Under Climate Change: A Growing Challenge for the US", Prepared for the National Association of Insurance Commissioners, University of California at Berkeley, 2005.
2008年11月17日,美国新任总统奥巴马明确表示,将履行他在竞选过程中做出的承诺,即致力于在2050年之前将美国的二氧化碳排放减少80%,并且把1500亿美元投资到新节能技术上。2009年2月20日,美国国务卿希拉里·克林顿访华,中美双方即展开了一系列关于气候变化的高层谈判,为12月在哥本哈根主办联合国气候变化大会作准备。根据2007年在印尼巴厘岛大会上达成的协议,各国将在2009年达成全球气候变化协议,即提出温室气体减排具体目标的《哥本哈根协议》,以取代第一阶段将到期的《京都议定书》。从历史累计来看,美国是大气中温室气体最大贡献国;从目前的排放量以及未来的趋势看,中国是最大的排放国家。尽管两国因经济发展阶段、经济结构的差异造成了如今的排放现状,但它们均面临着共同的气候和能源经济安全的挑战。

及地方政府与地方政府之间极其复杂的利益关系,中国准备好了吗?不然,人们不得不担心,在告别了很长一段时间后,马尔萨斯陷阱也许又将悄悄地出现。① 相关的,恩格斯在《自然辩证法》中早就提醒大家:"我们不要陶醉于人类对自然界的胜利。对于每一次这样的胜利,自然界都会对我们进行报复……美索不达尼亚、希腊、小亚细亚以及其他各地的居民,为了得到耕地,毁灭了树林,但是他们做梦也没有想到,这些地方今天竟因此而成为不毛之地。"

是的,虽说发展是硬道理,但与此同时还必须警惕"人口陷阱"②和"资源陷阱"③。展望未来,让我在此引用麦迪森对中国经济的长期表现所作的

---

① 在《人口原理》一文中,马尔萨斯指出,人们吃饭和男女性事是给定的。基于此,他断言,由于人口按几何级数增长(2,4,8,16,32,64,128……),而粮食按算术级数增长(10,20,30,40,50,60,70……),人类社会早晚会出现饥荒的危机,即所谓马尔萨斯陷阱(Malthus trap)。回过头来看,显然马尔萨斯没有预料到避孕药片的发明;更错误的是,他假设了人类技术是以算术级数增长的。这个假设在18世纪以前大致是合适的,但是自从工业革命以后,实际情况显然不是如此。之后,技术进步对经济增长和人类发展的重要性日益彰显。参阅 Gregory Clark, *A Farewell to Alms: A Brief Economic History of the World*, Princeton University Press, 2007.

② 根据中国国家人口与计划生育委员会的预测,未来几十年间,中国人口的发展态势将呈现新老问题错综交织的局面。第一,人口总量、劳动年龄人口和老龄人口三大增长高峰叠加,总人口预计在2033年到达15亿的高峰,未来几十年每年将新增人口800万—1 000万;劳动年龄人口于2016年到达10.1亿的高峰,占人口的70%;"未富先老"问题凸现,65岁以上老年人口比重将由2000年的6.7%上升到2020年的11.4%,进入空前的快速增长期,到2025年到达高峰。第二,人口素质存在深层结构性缺陷,出生人口素质,身体健康素质和文化素质等都亟待提高。2000年中国15岁以上文盲、半文盲人口达8 507万,人均受教育年限仅相当于美国大约100年前的水平。第三,性别比例严重失调,预计到2020年男性将比女性多3 000万人左右。第四,艾滋病蔓延加速,预计到2010年将超过1 000万人。感谢北京大学人口所郑晓瑛教授让我对人口的关注。

③ 另一个严峻的挑战是能源以及相关的环境和气候问题。根据2000—2005年的能耗趋势,中国目前进入了比以往消费量更大、更不可持续的能源增长道路。中国主要矿产品资源对国际的依赖度不断提高。估计,中国石油对国际市场的依存度将从2000年的31%上升到2020年的58%,铁从33%到52%,锰从16%到38%,铜从48%到82%,铅和锌分别从0到52%和69%。那时,中国的石油进口量将接近5亿吨,成为仅次于美国的世界能源进口大国。随着中国对进口能源依赖度的加深,能源发展的安全问题将迅速凸现。

新的研究还发现,在20世纪80—90年代,中国耗能增长率低于经济增长率,但是2000年以来,由于重化工业的迅速发展、城市化进程的加快、国际制造业迅速向中国转移,中国耗

简单、线形的预测,包括图标和文字(见图12)。但是注意,这种简单、线形的预测并不考虑大转折中所有国家将面临的诸如政治、经济、社会①、人口、

能增长率开始高于经济增长率。能源消费总量从2000年的13.9亿吨标准煤急剧增加到2005年的22.5亿吨标准煤。5年的总量超出1980—2000年的总量。目前中国制造业效率相对低下,全行业人均劳动生产率只是美国的1/25,德国的1/20,主要用能产品的能耗比发达国家高出25%—90%。此外,2000年后中国能源使用效率也开始偏离良性的轨道。能源消费与经济增长的弹性系数在1980—2000年间低于0.5;而2000—2005年间大于1。中国每生产1吨钢的耗能要比国际平均水平高出20%;水泥高出45%。每生产1万美元的产品,中国的耗能是日本的7倍,美国的6倍,差不多是印度的3倍。由于中国能源构成中大量是"肮脏"煤,能源消费的快速增长和能源效率的急剧下降,导致环境的恶化。

目前中国的主要污染物(如二氧化硫、二氧化碳、甲烷、沙尘、黑炭、污水等)排放量已居世界第一或第二。仅二氧化硫就从1999年的1858万吨上升到2003年的2220万吨,大大超过环境自净能力。全国有3/4的城市空气污染严重,大气污染导致的经济损失占2005年全国GDP总量的3%;40%的土地面积遭受酸雨侵袭;大约有100个城市面临严重的水资源短缺危机;城市75%以上的河水已无法饮用和养鱼。据预测,2030年时中国人均水资源量只有1750立方米,将列入严重缺水的国家,需水量接近可利用水量的上限。英国期刊 *Biology Letters* 发表《2006长江豚类考察》报告指出,长江环境严重恶化,已经不再适合白鳍豚生存了。白鳍豚,这个在长江生活了几百万年的物种,可能是历史上第一个被人类消灭的鲸种。中国若不采取紧急综合的能源政策以扭转高能耗的发展道路,将威胁到能源供应安全,对环境造成不可持续的影响。发达国家的经验表明,一个国家一旦做出了重大的发展道路和社会方式的选择,国家将在数十年内被锁定在相对固定的能源消费模式中,原因是能耗设备(如电厂、工业锅炉和建筑等)有较长的生命周期,一般在30—40年。同理,能源高消费的生活方式一旦形成,就很难改变。

关于能源和环境方面中国面临的严峻挑战,参见世界银行东亚和太平洋地区基础设施局、国务院发展研究中心产业经济研究所:《机不可失:中国能源可持续发展》,北京:中国发展出版社2007年版。王梦奎:《中国中长期发展的重要问题:2006—2020》,北京:中国发展出版社2006年版,第291页;韩立华:《能源博弈大战:影响人类未来命运的最大挑战》,北京:新世界出版社2008年版;Todd Stern and William Antholis, "A Changing Climate:The Road Ahead for the United States", *The Washington Quarterly*, 31:1, 2007, pp. 175—188.

① 中国社会保障和医疗保险体制落后。历史上,西方社会保障制度可以追溯到1601年英国的《济贫法》以及德国1883年的《疾病保险法》和1884年的《工伤保险法》。美国的情况始于1929年经济大危机后罗斯福的新政。目前中国社会保障体系 覆盖面小,保障水平低。根据2007年《中国社会保障发展报告》,在社会保险制度中,覆盖面最大的是基本养老保险,但即便这样,参加该保险的在职职工加上机关事业单位职工目前还不到2亿人,相对于近2.8亿城镇从业人员、4.2亿第二和第三产业从业人员以及7.6亿全社会从业人员的总数,养老保险覆盖面分别只有70%、45%和25%左右。特别是,广大农村劳动者几乎都没有养老保险,1亿多丧失劳动能力的农村老人没有社会化的养老保障。至于医疗,据世界银行估计,中国各类与健康相关的服务设施覆盖率仅21%,低于世界低收入国家30%的平均水平。2000年世界卫生组织对191个成员卫生体系绩效的评估中,中国仅排在第144位,其中"公共卫生体系的财务负担在国民中的分布状况"这项指标,中国排在第189位,被认为是"世界上公共资源分配最不公平、分布最不平衡的国家之一"。参见陈佳贵:《中国社会保障发展报告》,北京:社会科学文献出版社2007年版。

能源和环境等因素的挑战。其实,就今天的国际政治经济而言,古希腊历史学家修昔底德所描述的安全困境依然存在。不足为奇,随着中国的崛起,不少国家会觉得像雅典一样处在"安全困境"(security dilemma)①中。同理,中国也难免遇到与安全问题和地缘政治相关的挑战。

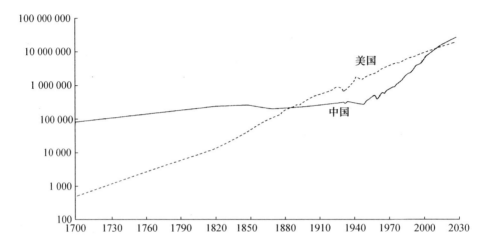

图 12　1700—2030 年中美 GDP 总量之比(百万国际元,1990 年价格)
资料来源:安格斯·麦迪森:《中国经济的长期表现》,伍晓鹰等译,上海:上海人民出版社 2008 年版,第 98 页。
注:据联合国经济及社会事务部人口司的统计,至 2030 年,中国人口大约为 15 亿,而美国人口为 3.70 亿。具体请参见:http://esa.un.org/unpp/p2k0data.asp.

随着逐渐接近世界技术前沿,中国增长的步伐就会放慢。我假定从 2003—2030 年人均收入会以平均每年 4.5% 的速度增长,但增长速度将是逐步放慢的。具体来说,我假定 2003—2010 年期间的年增长率为 5.6%,2010—2020 年期间为 4.6%,2020—2030 年期间略高于 3.6%。按照这样一个假设的情况,到 2030 年时,中

---

①　在国际政治的现实主义理论中,"安全两难"是指一个国家为了保障自身安全而采取的措施,会降低其他国家的安全感,从而导致该国自身更加不安全的现象。一个国家即使出于防御目的增强军备,也会被其他国家视为需要作出反应的威胁,这样一种相互作用的过程是国家难以摆脱的一种困境。"安全困境"所描述的情形古已有之,最早可追溯到有文献记载的公元前 5 世纪。其时修昔底德在《伯罗奔尼撒战争史》中写道,正是"雅典力量的增长以及由此导致的斯巴达的恐惧使得战争无法避免"。

国的人均收入会达到西欧1990年的水平，或日本1986年的水平。这也就是西欧和日本追赶过程停止的时候。在接近那个水平时，技术进步的成本就会更高，因为要用技术创新取代技术模仿。然后，到2030年时，世界技术前沿还会进一步外移，所以中国在那之后仍然存在一些追赶的余地。①

2003年12月10日，中国总理温家宝在哈佛大学发表了题为《把目光投向中国》的演讲。的确，中国近年来快速的发展无疑吸引了全球的目光。2008年哈佛大学在上海召开了全球校友会，会议期间（3月28—30日）来自全球50多个国家的800多个代表开展了丰富多彩的研讨。会后在北京，我又有机会和我的博士论文导师之一哈佛大学经济学教授德怀特·珀金斯及夫人一起午餐并讨论了当时我正在进行的此项研究。我们的话题涉及历史、工业化的国际比较，以及政府在发展中的作用。回顾人类工业化的足迹，我们不难发现：越是工业化后发展的国家，完成工业化的时间也越短。道理其实不难，从人类认知角度上，总体来说，后来者不是再创新，而是借用前人的成果。完成工业化过程，英国花了大约200年，美国花了100年，战后日本花了30年。与此同时，不同时期工业化的产业结构也有差异。英国是纺织、机械、冶炼、煤炭；美国是电力、石油、化工、铁路、汽车、无线通信；轮到日本的时候，则是电子、通信、新材料、新能源、宇航、海洋。目前，人类的知识前沿又移到了信息、生物工程、新医药、现代服务等领域。②

谈到中国的未来，我和他的看法基本一致。跳出眼前的数据，从长远的角度来看，中国经济的增长的速度最终将取决于技术进步和创新能力。目前中国还处在工业化过程中、处在追赶阶段，可以模仿和学习发达国家的先进技术，获得快速的发展，此所谓"后发优势"。在这过程中，中国积极的开

---

① 安格斯·麦迪森：《中国经济的长期表现》，伍晓鹰等译，上海人民出版社2008年版，第97—98页。
② 关于这方面更多的论述，参阅 Chris Freeman and Francisco L., *As Times Goes By: From the Industrial Revolutions to the Information Revolution*, New York: Oxford University Press, 2001.

放政策作用相当大,全球化在这方面也帮了中国的忙。但是 20 年以后,随着中国与发达国家技术距离的收敛,技术上的后发优势将逐步消失,中国经济的增长速度将会降下来。那时,毫无疑义,中国更需要良好的制度安排,包括培养创新能力和创造新知识的研究型大学,以保证技术和资源得到最有效率的利用,以及人们原创能力的不断开发。

说到底,发展的瓶颈就是创新。或许很快我们会看到,中国经济粗犷式增长模式必须转向集约式增长模式,那么,创新瓶颈将是下一步中国经济发展的巨大挑战。

在这里,考虑到中国经济是全球经济的重要组成部分,我不妨再补充一点。遵循一样的逻辑,在人类面临气候变暖更为严峻的挑战时,我们不但需要技术创新,更需要全球治理或制度创新,即在国际上为我们这个地球村提供有关温室气体减排更良好的制度技术,如碳交易市场。我们今天的选择不仅仅关系到我们自己的生活,而且将影响我们子孙后代的生活。其实,这个任务已经迫在眉睫。对于那些高枕无忧的人,我建议大家去读一读《寂静的春天》(*Silent Spring*)、《增长的极限》(*The Limits to Growth*)和《只有一个地球》(*Only One Earth*)这三本关于环境问题的醒世之作,虽然它们都有争议。①

与诺贝尔奖得主的对话和合作

最后,我想用我与斯蒂格利茨教授②的一次对话和与斯宾塞教授的合作

---

① Rachel Carson, *Silent Spring*, Boston: Houghton Mifflin, 1962; Donella Meadows, Dennis Meadows, Jorgen Randers and William Behrens Ⅲ, *The Limits to Growth: A Report to the Club of Rome*, New York: University Books, 1972; Barbara Ward and Rene Dubos, *Only One Earth: the Care and Maintenance of a Small Planet*, W. W. Norton and Company, 1983.

② 约瑟夫·斯蒂格利茨是美国哥伦比亚大学商学院、国际和公共事务学院教授。他由于在"对充满不对称信息市场进行分析"领域所作的重要贡献,而获得 2001 年诺贝尔经济学奖。他曾任美国前总统克林顿经济顾问团主席,世界银行副总裁、首席经济学家,美国布鲁金斯学会高级研究员。他长期关注中国经济的改革与发展,主持开展了"中国经济新增长制度设计模型"等重大课题。他认为,21 世纪世界经济增长的两个主要的火车头,一个是中国的工业化而引发的城市化,另一个是以创新为基础的美国的高新技术。

研究来作为这一部分的结尾。相关内容在北京大学政府管理学院网站上有报道,我将报道摘录在下面。

2009年3月21日,主题为《中国、美国和世界经济——与诺贝尔奖得主斯蒂格利茨对话》午餐会在北京钓鱼台宾馆举行。此次活动由欧美同学会2005委员会和北京哈佛大学校友会联合举办。北京哈佛校友会会长、北京大学政府管理学院傅军教授主持了本次活动。活动吸引了近100名来自政府、企业、学术和媒体等领域的代表。

在简短的欢迎词后,傅军教授开门见山:"作为主持人,我先扼要地谈点我对中国、美国和世界经济的担心或问题,希望斯蒂格利茨教授回答。

"第一是关于美国。我注意到,很多人常常把今天美国金融和经济危机与20世纪30年代的大萧条相比。我的担心是,美国今天面临的问题比那时更具挑战。那时,美国还处于工业化过程中。现在已是后工业化时代。问题是,随着IT泡沫的破灭和金融市场的倒塌,后工业时代效率增长的新的源泉到底是什么?最终是第二次世界大战把美国从大萧条中拉了出来。听听罗斯福总统当时的演讲——我们是民主国家的兵工厂。[①] 在这些因素不在的前提下,往前看几年,美国经济的前景是什么?

"第二是关于中国。这些年来,中国经济高速发展,尽管如此,今天占世界人口大约1/5的中国,它的GDP,按不同的计算方法,大约是世界总量的10%—15%。与自己的历史相比,在1820年

[①] 罗斯福"新政"的效果似乎被夸大了,其实美国真正走出大萧条是第二次世界大战结束时。1940—1944年间,美国经济扩张了125%,是经济发展史上令人瞩目的高速增长期。二战期间,美国军队解决了失业问题;到1945年,在军队服役的人数是1 200万人。战争期间,美国不仅民用经济增长迅速,还生产了大量的武器,包括29.64万架飞机,86 330辆坦克,6 500艘军舰,64 545艘登陆艇,350万辆军用吉普车、卡车和运兵车。参阅 Paul Kennedy, *The Rise and Fall of the Great Powers*, New York: Vintage Books, 1987, pp. 347—356.

时，中国的人口大约是世界的 1/3，当时它的 GDP 大约占世界的 1/3。可见，从人均看，中国要走的路还很长。今天，中国的人均效率大约是美国的 20%，日本的 25%，韩国的 30%。请问，中国到今天为止改革之路已走到了哪里？还有哪些亟待于进一步提高？下一步的方向是什么？

"第三是关于世界经济。我们都知道在现实中从来就不存在没有政府的市场。需要政府的原因之一是，正如斯蒂格利茨教授所指出的，信息是不对称的。但是，国内市场有主权国家，全球市场却没有超越国界的主权国家。迪普·奥尼尔说，一切政治都是地方的。当前世界经济陷入衰退，保护主义抬头，出路是什么？"

斯蒂格利茨教授的回应大致围绕着上述问题展开。关于美国经济面临的挑战，斯蒂格利茨教授承认，今天美国面临的挑战确实比大萧条时更大。他不无嘲讽地指出，那时银行还是银行，而今天银行变成了赌场。对于经济发展而言，金融市场的作用本应是手段，而不应是目的。但是今天在美国，这似乎已经颠倒了。大量金融衍生产品制造的只不过是很多想象的、虚拟的财富。在经济中高达 30% 的利润属于金融业是不合适的。在宏观层面，美国必须要做的是重组资本，纠正资产价格，这是艰巨的工作，估计需要一整代人的努力。在微观层面，美国还必须纠正目前错误的激励机制。与此相关，美国要回答的问题是，谁对目前巨大的损失负责，是纳税人还是华尔街。

与 20 世纪 30 年代相比，的确，那时美国正处于工业化的过程中，今天已是后工业化时代。当时人们能听到的故事是，农村人口从诸如俄克拉荷马州向城市大规模地迁徙，而今天，美国从事农业的劳动力只占全国人口的大约 3%。这使今天的经济复苏工作更具挑战。目前从表面看，美国的失业率是 8%，但是，由于服务业工作的性质，很多人现在其实是少拿钱、半时工作。如果把他们计算在内,估计失业率已高达 20%。随着 IT 泡沫的破灭和金融市场的缩水,估计美国的经济将在相当长的时间里"呈很长的、深度的 L"形态。如何从今天的困境中走出来? 美国必须改变花的比挣的多的习惯。这还取决于美国的政策选择。借助凯恩斯的思路,从更高层面的总需求看,今天我们要进行的是另一种战争,即提倡绿色经济和向贫困宣战。从全球范围看,除了清洁能源外,还没有满足的需求是大量存在的。

关于中国经济,斯蒂格利茨教授指出,目前中国的经济大约只是美国的 1/8,因此具有很大的提升空间。总体上中国市场走向的经济改革取得了巨大的成功,但是中国应从美国金融市场本末倒置引发的全球危机中吸取教训。中国的成功经验的一个启示是,在赶超的某一阶段,缩短资本的间隔是有限度的,而缩短知识的间隔似乎是无限的。"你们出国学习,回国服务,我们在这里的对话就说明了这一点。"往前看,中国经济最大的结构问题是,供给大于需求;靠出口增长模式是不可持续的。提高中国国内家庭的消费是关键,这当然涉及排除深层面制度的障碍,包括各利益阶层的代表性。比如,他在美国就建议在政府中设置消费者部长一职。至于中国经济刺激方案"保 8"的目标,斯蒂格利茨教授认为这是有难度的,但是目光更长一点,他更关心的是中国经济结构变化的走向。

在谈到世界经济时,斯蒂格利茨教授指出,经济全球化和政治不全球化加剧了目前我们面临的困难。面对世界经济危机,富国还可谈经济刺激方案,虽然方案的好坏可以再讨论。比如他认为,对美国来说,考虑到气候变化和环保压力,与其救助汽车工业,还不如向中国学习投资铁路。但是,贫穷的国家根本无钱,更不用谈及刺激方案,它们将是世界经济危机最大的受害者。斯蒂格利茨教授批评了美国目前的政策,包括"买美国货"的保护主义倾向。他注意到,在 2008 年 G20 会议后,已有 17 个国家不同程度地出现了贸易保护主义。他还指出,美国在对外出口了非管制化和信贷按揭后,今天又用大量的钱来求助自己的企业,这从根本上破坏了全球市场的"平面赛场"。很难想象,一个发展中国家的企业可以与华盛顿政府竞争。他认为目前全球治理存在严重的缺陷,他倡议扩大诸如 G8、G20 的代表性,并鼓励中国不应只满足于被邀请参加这些国际性的俱乐部,而是更大胆地说话。他将建议成立一个全球经济协调委员会,先是从专家组开始,然后再加上政治分量。对话或开会为了什么?正是因为大家有不同的观点。①

迈克尔·斯宾塞(Michael Spence)教授是 2001 年诺贝尔经济学奖得主。鉴于 2008 年全球金融危机后全球经济复苏的疲弱以及诸多不确定性,2012 年 6 月达沃斯世界经济论坛特设"新增长模型全球议程委员会"(Global Agenda Council on New Growth Models),邀请了 19 位包括国家元首和世界银行前行长在内的专家和思想领袖担任委员会委员,由斯宾塞教授担任委员会主席、我担任副主席。除了参与达沃斯 2013—2014《全球议程展望》的撰写工作,我们共同展开全球新增长模型的研究工作。

2014 年 1 月 22 日,由斯宾塞和我领衔的研究团队在 2014 年冬季达沃斯向全球发布了该项研究报告,题为《新增长模型:取得更公平、包容、可持续发展的步骤和挑战》(New Growth Models: Challenges and Steps to Achieving Patterns of More Equitable, Inclusive and Sustainable Growth)。② 发布会当天,我在接受央视(CCTV News)采访时谈了达沃斯议程展望和该研究报告。北京大学政府管理学院网站发布了这次采访的部分内容,现摘录如下:

> 傅军教授首先指出,报告的题目虽然叫"新"增长模型,但这并不意味着"旧"模型都错了,要全部推倒重来。当然,我们必须首先识别旧增长模型中的漏洞或缺陷。例如,现有增长模型对资源有

---

① http://www.sg.pku.edu.cn/news/News_View.asp? NewsID = 809.
② http://www.weforum.org/reports/new-growth-models-challenges-and-steps-achieving-patterns-more-equitable-inclusive-and-susta.

限性的敏感度不够;再者,长期以来所谓技术创新往往过于偏重节省人力技术(labor-saving technology)而忽视节省资源技术(earth-saving technology),这不仅会加剧就业瓶颈,而且会加剧资源瓶颈;还有,与资本这个变量相关,如果投资增长率大大高于资本回报率,或资本回报率系统高于经济实际增长率,从长远计这种增长显然是不可持续的,会造成财富过于向资方转移,加剧贫富分化。这些都是现有增长模型中的窟窿或不足,必须弥补。

傅军教授接着指出,从具有微观基础的理论推理出发,并与经济学基本原理逻辑一致,所谓"新"增长模型也并不排除"旧"模型的那些基本要件,如开放的市场及其配置效率、不同发展阶段的专业化问题以及相关的比较优势和贸易、高投资(注意,这里指的是有效的、不过度金融杠杆化的投资),还有竞争和创新,即所谓不停地拓展技术边疆。在这个基础上,考虑到全球人口的增长、资源的短缺和环境的承受力,可持续增长模型中新的主要元素还必须包括:资源必须有更好的定价,从而更好地反映所谓自然资本的稀缺性,并强调节省资源的技术创新;影响环境的负面外部性必须依靠更有效的国内和国际公共政策来得到控制;各类资产负债表必须提高跨时的敏感度,以避免青黄不接或寅吃卯粮,这里涉及财政和货币政策长短期效应的权衡。

无疑,这些关于公平、包容、可持续性问题的挑战都不是简单的纯经济学问题,而是深刻的政治经济学议题,涉及政府与市场的准确定位,以及构建更合理有效的国际和全球治理。权力和与权力相关的政府在市场中要起作用,这是无疑的,但是政府这只看得见的手应该是"帮助之手",而不是"掠夺之手"。这里涉及的议题包括教育、医疗、社会保障,还有反垄断,特别是形形色色的行政垄断,因为垄断是腐败和贫富两极分化的温床。这些是各国在国家治理中都面临的基本问题,涉及权力及其合理的使用和约束,只是认识水平以及相关的制度设计和实施程度不同而已,具体表现为各国政治经济社会发展的水平不同,而改革和发展战略也因发展阶段的不同而不同。

总体而言,可以把新增长模型看做一个长线的资产管理模型,其核心理念是不能因为对短期收入的冲动而使基础资产打折扣。当然,从"旧"过渡到"新"增长模型不可能是一蹴而就的,需要时间来改革和调整,但首先要做的是改变观念,因为任何改变都是从思想和理念开始的。

特别的,报告还包含了制度学习和制度创新的章节,采纳和提出了"制度技术"的概念,以引发对制度背后经纬关系更深入和系统的研究,并认为从长远看制度技术是增长的深层动力,提请各国领袖高度关注。从深层讲,有序的竞争、创新的概率和企业家精神的发挥都离不开所谓"制度基本设施"(institutional infrastructure)的支撑(如保护产权,包括知识产权)。因为制度不仅规范人的行为,还塑造人的价值;人的理性不是给定的,而是制度环境的函数。

与价值取向相关,用 GDP 或人均 GDP 来衡量经济增长或有一定的"工具理性",但却不能充分涵盖人之所以成为人的"价值理性"(value rationality)。因此,新增长模型还专门谈及关于增长的多维度衡量问题。就制定有效的公共政策而言,不同的价值取向需要不同的衡量指标,然后才能产生有证据支撑的(evidence-based)政策方案以及有效的监督和实施过程,即所谓"沟通理性"。

有证据显示,可持续性与包容性是相关联的。长期忽视包容性(如贫富两极分化),会造成有效总需求不足,最终会拖累持续的经济增长。对新兴经济体而言,要避免"中等收入陷阱"(middle-income trap),应该特别引起关注。①

---

① http://www.sg.pku.edu.cn/news/News_View.asp? NewsID = 1740.

顶层制度设计：公理层与定理层的区别和顺序

2010年12月14日，我应邀去哈佛大学做讲座，题为《解释经济增长：对"道"的不同解释》(*Explaining Economic Growth: Different Approaches to the Dao*)。演讲内容基于本研究。

听众中的一位学者问："我注意到你的理论框架基于一个贯穿始终的微观基础，即人是理性的，但理性同时是制度的函数。由此我是否可以推出，制度改革是很难的？因为任何制度都内含激励，如中国的官本位。既然人的理性是有限的，人们为什么不在现有制度中寻求和维护利益，而要去进行改革呢？他们怎么知道新的制度更好呢？"

我回答道："无论是思想上还是实践中，如果仅在一个孤立的体系中，改革的确非常困难，因为没有更大或更好的参照系。正如柏拉图所喻，人生活在黑暗的洞穴中。缤纷现象往往让人看不清头绪，而正是因为如此，本研究力图把全球的经验放在一个控制时空的 $y_i = f(x_i)$ 的理论框架中加以审视，系统比较。这样或许我们更有可能看到洞穴外之光。记得耶鲁大学的校训是 lux et veritas（光和真）。

现代化说到底是人的思想的现代化。思想有好有坏，怎么判断？我们需要思想市场来筛选。从某种意义上讲，这里提供的不啻一个思想市场；搁在 $y_i = f(x_i)$ 的理论框架中，这是一个有秩序、有竞争的思想市场。在这个平台上，人们可以超越孤立的体系向全世界这个更大的体系进行系统的学习，可以系统地从远古一直学习和比较到今天，看看什么制度安排更能彰显效率、正义和自由。这样做，便于我们解放思想，看清现代化的本质到底是什么，或是器物，或是制度，或是思想，以及它们彼此之间的因果关系。

我认为思想是因，器物是果，纽带是制度；然后，果再影响因，通过纽带，因再结出果；循环往复，螺旋上升，推动历史向前发展。

邓小平很聪明，三十多年前他在发动改革的同时也发动了开放；开放意味着更大的参照系。就改革策略而言,中国往往是通过办特区先打破既有均衡,然后扩大试点来倒逼现有体制的改革。就形而下的'道'而言,这种策略或许是中国独特的'道路';但就形而上的'道'而言,这显然遵循了'帕雷托改进'的一般性'原理'。不难想象,如果没有开放以及伴随开放而来的新视野、新认知和竞争压力,中国改革不可能取得今天的成就;其中的逻辑包括中国加入WTO,尽管当时争议和阻力很多。

现在,中国经济总量已超过日本,全球排第二,仅次于美国。这是好消息,或许也隐含了坏消息,会消减继续改革的动力。正如你说所,任何既有制度也内含激励,既然人是理性的且理性是制度的函数,那么,人们特别是那些已经富裕的人为什么要再思改革呢?尤其是当权贵结合,改革无疑将变得异常艰难。这时,如果我们只看经济总量,不看人均,不看财富分布的差距,则更容易引起误导或误判。

放在全球视野中换个角度看中国,中国人均GDP还停留在全球中等水平,而且贫富差距远在国际警戒线以上。可见,中国要全面走向效率、正义和自由的道路还很长,前面面临'中等收入国家陷阱'。除了'资源陷阱''人口陷阱',更不能忽视的是'制度陷阱'。成功的改革不仅是经济改革,还必须伴有政治改革。马克思也说过,上层建筑必须适应经济基础。

中国目前在哪里?如今中国已建立起了产品市场,但还没有健全要素和资源市场,还有大量形形色色的行政垄断,包括户籍制度,结果是中国还没有形成全国统一的大市场,已有的市场也是不平的。这种半'计划'半'市场'的制度安排既不公平,也是寻租和腐败的温床。在制度层面,这些中国市场改革不到位的地方——包括法治还有基于法治的民主——应该是下一步改革的重点和方向。

往前看,我们确实不能低估反对改革的力量,无论是来自思想混乱,还是利益集团。因为越往下改就越会涉及现代国家治理的核心问题,需要顶层设计。用几何语言说,即是在公理层面把权力关进笼子。权力没有约束,权利就难以得到保障;不受约束的权力总是倾向于入侵个人领域,干涉、削减和剥夺个人权利。从人类经验看,政府和市场最终是否能形成良性互动,并由此最大限度地彰显效率、正义和自由,关键就在于此。

　　历史告诉我们,现代国家治理作为知识体系,宛如一座宏伟的几何大厦,有公理和基于公理的定理之分,其坚固与否往往取决于隐藏其中、肉眼看不见的制度机理,公理摆正了,定理迎刃而解,一阶定理、二阶定理、三阶定理……其中包括解决权力的委托—代理问题,如现代公务员制度。这个逻辑顺序,一先不易后,一后不易先;不然,就如逆水行舟,在经验世界中你会看到乱象丛生、险情时发,甚至覆舟,无论是过去还是现在。历史上,英国的发展轨迹是先摆正了公理,即在公理层面把权力关进了笼子,然后在定理层面解决了权力的委托—代理问题,这使得以后现代市场和法治发展变得顺利;而中国的发展轨迹则相反。在没有修正公理前,古代中国通过科举先解决了权力的委托—代理问题,然而这使得后来的现代市场和法治建设的道路变得异常艰难。当一个武断的权力又佐以一个强大的官僚体系时,社会上任何力量就很难再与其博弈了,这几乎是不大可能定理。难怪黑格尔说,中国的文明早熟了。历史还告诉我们,一个国家的发展无疑需要大批创造财富的商业企业家;但是,在国家发展的关键时刻,更需要胆识卓越的'政治企业家'(political entrepreneurs)。"

　　问:"这里政治企业家的卓越胆识指的是什么?请举个例子。"

　　答:"说到最后,所谓现代国家和现代市场,都同源于一个起步公理,即'主权在民,人人平等','判则'(algorithm)都是'法律至上',剩余的都只是些定理层面的技术问题或注释而已。这是识。他们应为之而奋斗,这是胆。举个例子,林肯总统是位典型的自学成才的人,他特别喜欢的书籍包括欧几里得的《几何原本》。在美国南北战争和解放黑奴的重大决策中,据说是《几何原本》让他透过现象看到了科学理性的力量:根据几何原理,直角三角形无论大小,所有的直角都是一样的。基于这种理性的原理,林肯用了极其简洁的语言在葛底斯堡的演说中界定了内战的目的,即,为人人平等,值得献身。历史告诉我们,南北战争为美国以后的迅速崛起奠定了坚实的基础。

因为生产要素的自由流动是现代市场经济的基础,这些要素包括人力资本。"

摒弃教条主义,创造科学知识

去过哈佛大学学习、访问或讲学的中国学者,一般都会慕名前往费正清研究中心。作为结束语,我要引用哈佛大学已故历史学家费正清教授的一段话:

> 结果很可能只是一个不完善的近似。但是,可幸的是,谁也不必把它看做是盖棺定论。当一个作者回顾他自己正在尽力做的事情时,就会出现许多不同角度的看法。最主要的是遗漏,至少就我个人而言是这样。一部著作对于它的作者而言,仅仅是整个尚未装满的图书馆的一个前厅,还有很多有待探讨的问题。但是对于读者来说,它似乎已经很坚固,只能去研究别的问题。没有办法使他们相信这部著作百孔千疮。①

我总体赞同费正清教授的这段话,但是至少有一点比他更为乐观,即我并不担心我的读者会被愚弄。这在一定程度上也是由理论导向的研究方法所决定的。正如我在本书的序言中指出:"本研究的出发点是理论导向的;采取的方法是实证的和开放的。所谓开放的是指,除了本书引用的经验证据之外,还欢迎读者根据自己所掌握的经验证据对本书所提出的国富国穷的理论假说进行证实或证伪的检验。换句话说,这里提供的是一个对众多杂乱现象进行排序的开放平台!"

理性主义(rationalism)和实证主义,以及它们之间的互动,是人类思想现代性的两大支柱。文艺复兴以后兴起的科学革命告诉我们,人类社会的现代化首先是从思想的现代化开始的。先进制度基于先进思想,并进一步

---

① John King Fairbank, *Trade and Diplomacy on the China Coast*, Stanford: Stanford University Press, 1969, xii.

激励创新。在某种意义上,工业革命不过是先进思想的制度化和物体化的过程。据说,20世纪20年代中期,当一个普林斯顿大学的研究生被问到对著名的爱因斯坦的讲座有何感受时,这位学生的回答是:"太好了。上星期我们还认为是真理的东西,没想到现在发现是错误的。"的确,先进的国家必须有活跃的思想市场,这样才能不停地拓展人类知识的疆界。

最后,让我们先后呼应一下,再回归哲学的思考!"哲学"一词源于希腊文"philosophia",意思是"与智慧为友"(philia是友爱,sophia是智慧)。由此,古希腊哲人宣告了智者的死亡,并代之以哲学家,或称"智慧之友",即那些寻找智慧,但是自己还没拥有智慧的人。古希腊哲人相信,智慧不在人的此岸而在神的彼岸,从此岸到彼岸是一个永不停顿的探寻过程,没有哪个人可以声称已经掌握了宇宙的真理。

相应的,哲学家托马斯·内格尔(Thomas Nagel)告诫我们:"即便那些认为哲学既真实又重要的人也知道,他们还处在(我们也希望)哲学发展的特殊的早期阶段,这是因为他们受到自身思想能力的局限,只得依赖于过去少数伟人的部分洞见。当我们判断他们的成果犯了根本性错误的时候,我们也必须假定,即便是我们这个时代最伟大的努力,回过来看,眼光也是有缺憾的。"①

"路漫漫其修远兮,吾将上下而求索",此话出自屈原的《离骚》。的确,求真或求道是漫长之路,路上充满危险,需要努力,更需要勇气。抛砖引玉,让我们把对理论证实或证伪的检验在我们的学习、生活和工作中永远地继续下去,摒弃教条主义,创造科学的知识。

* * * * * * * *

《国富之道》第一版出版后三年,麻省理工学院经济学教授阿斯莫格鲁(Daron Acemoglu)和哈佛大学政治经济学教授罗宾逊(James Robinson)出版了《国家衰败的原因:权力、财富和贫困的根源》(*Why Nations Fail: the Ori-*

---

① Thomas Nagel, *The View from Nowhere*, Oxford University Press, 1986, p.10.

gins of Power, Prosperity, and Poverty)。① 这是一本全球畅销书,书中的许多论点和论据,特别是关于南美和非洲的数据,其实也进一步证实了《国富之道》的中心假说。读完《国富之道》后,我还建议读者阅读该书,并希望我们所涉及的理论和全人类的经验对关心国家治理现代化的人有所启示。

---

① Daron Acemoglu and James A. Robinson, *Why Nations Fail: the Origins of Power, Prosperity, and Poverty*, New York: Crown Business, 2012.

致　　谢

本书第一版从动手开始写作到初稿完成,大约花了半年多时间,很多情况下是没日没夜地写,但是与此相关的阅读、思索、考察、交流、切磋、构思过程却要长得多。现在,距第一版出版又近 5 年过去了。当然,期间对相关议题的思考和研究从没有停止过。

早在 2000 年,美国密歇根大学出版社便出版了我的第一本英文学术专著《制度与投资:中国改革时期的外国直接投资》(*Institutions and Investments: Foreign Direct Investment in China during an Era of Reforms*),这本专著是在我哈佛大学博士论文的基础上改写而成的。看过那本书的人也许会发现,与眼下的这本书相比,尽管两者涉及的主题有所不同,一个是外国直接投资,一个是国富国穷,但是用来解释看来似乎复杂的现象后面的理论逻辑是一致的,即强调制度的作用;而且两者都是理论导向的实证研究,上一本书还运用数学模型对制度因素进行了系统、严格的论证。的确,制度塑造着一个社会的激励,从长远看是一个国家经济能否持续发展的决定因素。良好的制度可以提高人们对未来的信心,激励人们更努力工作,从而促进人力和物质资本的积累,最终走向富裕;相反,就会陷于贫困。因此,从理论逻辑的一致性上,可以说这本书是上一本书的延续,只是实证拉大了时空、加深了历史的纵深,研究的视野则扩展到了全球。

为此,我首先要再次感谢在哈佛大学学习期间直接指导过我写博士论文的老师:罗伯特·贝茨(Robert Bates)、理查德·卡夫(Richard Caves)、罗德里克·麦克法夸尔(Roderick MacFarquher)、德怀特·珀金斯(Dwight

Perkins)、瑞·孚能(Ray Vernon),还有诺贝尔经济学奖得主、制度学派代表人物道格拉斯·诺斯。尽管诺斯不在哈佛大学任教,但是他却给我亲自写信并寄来了制度经济学的最新文献。这些横跨政治和经济学科、注重理论和国别特点的教授的组合,迫使我在写博士论文时,不得不在关心区域或国别特点的同时,探寻不同现象背后一以贯之的理论逻辑。其中的辛苦不言而喻,但最终获得宛如雨后天晴的乐趣。贝茨教授尤其强调理论导向的实证研究,为了尽可能大范围地检验理论,他将实验地选在了远离美国主流文化的非洲,足显他力图透过现象看本质的用意和努力。他的言传身教使我终生受益。2008年珀金斯教授在北京访问期间还与我讨论我的研究,继续鼓励我不但要从小议题入手,还要敢问大的问题,要把看似小的逻辑在大范围内检验。珀金斯教授著有《中国农业的发展:1368—1968》(*Agricultural Development in China, 1368—1968*),研究跨度从明朝开始一直到20世纪60年代。他对中国农业经济的长期研究也给了我很大的启示。他们育人、治学的理念和风范,令人肃然起敬。

2003年年初,我第一次受"世界经济论坛"的邀请前往达沃斯参加年会,我的任务除了要在一场分会中讨论外国直接投资外,更具挑战的是,还要在一场题为"全球经济"的全会中解释中国经济增长的动力。"全球经济"由英国《金融时报》主编马丁·沃尔夫(Martin Wolf)主持,与我同台发言和回答问题的有曾任美国前总统克林顿经济顾问的劳拉·泰森(Laura Tyson)教授、东京大学教授、日本前财政部副部长伊藤隆敏(Takatoshi Ito)、摩根士丹利亚洲董事长斯蒂芬·罗奇(Stephen Roach)以及美国国际集团(AIG)副董事长、前以色列央行行长、芝加哥大学教授雅各布·富兰克尔(Jacob Frankel)。可以想象,如此的议题和人员组合以及来自世界各国的听众使我从那时开始就不得不以全球的视野来观察和解释中国的改革、发展和取得的成就。与他们的交流使我受益良多,在此我深表谢意。

本书的部分研究曾先后两次在英国曼彻斯特大学商学院举办的学术会议中进行交流。对此我要特别感谢诺贝尔经济学奖得主、哥伦比亚大学教授约瑟夫·斯蒂格利茨,是他邀请我参加由他主持的注重"制度和经济发展"的课题组,以及在英国曼彻斯特举行的国际研讨会。这些场合使我有机会进一步与国内和国际学术界杰出的政治学家、经济学家、法学家进行交流。与斯蒂格利茨教授关于垄断和专利制度方面的讨论,尤其使我受益匪浅。

类似的,我还要特别感谢另一位诺贝尔经济学奖得主迈克尔·斯宾塞教授,他是世界经济论坛新增长模型议程委员会主席。有机会与他一起在该委员会共同研究全球经济增长面临的挑战,无论是理论思维上还是经验数据上,我都是受益良多。

此外,我还要感谢雅思本学会主席、意大利前副总理朱利奥·特雷蒙蒂教授。在过去的10年中,他每年都邀请我参加由雅思本学会组织的"着装随意、不讲等级、朋友之间"的国际会议,使我有机会与世界很多国家的政治、经济、学术、社会、文化等领域的包括总统在内的领军人物一起,共同探讨全球和各国所面临的发展问题。学术方面代表都是全球知名人物,包括已故哈佛大学政治学教授萨缪尔·亨廷顿,哈佛大学经济系主任艾尔波托·艾莱斯纳教授,哈佛大学燕京学社社长、儒学研究大家杜维明教授,耶鲁大学政治和管理学教授约瑟夫·拉巴龙巴腊(Joseph LaPalombara),英国剑桥大学女王学院院长、教授约翰·伊特威尔勋爵。特别一提,在2008年参会期间,与美国前财政部副部长提姆·亚当斯(Tim Adams)关于美国选举和公务员制度的交谈使我对书中相关议题的讨论有了更好的把握。我在此特表谢意。

我还要感谢马丁·雷德拉多、约翰·寇茨沃斯、霍华德·戴维斯爵士(Sir Howard Davies)、欧威廉爵士、里卡尔多·谢飒(Riccardo Sessa)、帕斯卡尔·拉米、罗伯特·佐利克(Robert Zoellick)、申凤吉(Bongkil Shin)、侯赫·多明戈斯、克里斯多夫·斯通、罗伯特·基欧汉(Robert Keohane)、埃德蒙·费尔普斯。与他们做朋友并进行交流,加深了我对拉丁美洲、欧洲历史、韩国的发展、资本市场、大学理念、创新等议题的理解。雷德拉多是阿根廷中央银行的行长。寇茨沃斯是美国哥伦比亚大学国际和公共事务学院院长、拉丁美洲事务的经济史学教授。他也关注制度对拉美经济的影响。2008年他在访问北京期间特别与我讨论了彼此的研究,并作了题为"拉丁美洲的不平等,制度和经济落后"的演讲。拉美是我原来不太熟悉的地区,与他们的交谈使我对该地区的历史和经济发展有了进一步的了解。申凤吉是韩国驻华大使,他的书法很好,热情好客,与他的交谈加深我对韩国发展的理解。

欧威廉爵士是英国前驻华大使,里卡尔多·谢飒是意大利前驻华大使。我在阅读欧洲国家文献时,他们及时地送来相关的书籍,大大地减少了我研究的搜索成本。帕斯卡尔·拉米是世界贸易组织前总干事。佐利克是世界银行前行长。戴维斯爵士是英国伦敦政治经济学院院长,他曾担任英国金融监管局局长,近些年来担任中国证监会和银监会顾问委员会委员。他每次来北京,大都会访问我,并用英国人特有的幽默与我谈论相关的研究。他们关于全球发展、世界贸易和资本市场丰富的专业知识无疑加深了我对贸易和资本在大国崛起中所起作用的认识。多明戈斯是哈佛大学的副教务长、政治学教授;斯通是哈佛肯尼迪政府学院非营利组织豪瑟研究中心主任、法学教授;基欧汉是普林斯顿大学国际关系学教授。与这些学者的交流使我进一步理解了什么样的理念才能造就世界一流的大学。费尔普斯教授是2006年诺贝尔经济学奖得主,他送给我的《大繁荣》一书使我对思想和创新的重要性有了更深的理解。这些都部分地体现在本书有关章节中。在本书写作的最后阶段,中国前外交部长、现任南开大学周恩来政府管理学院院长李肇星送来了关于能源方面的书籍,加深了我对人类,特别是发展中的中国所面临的能源和大气挑战严峻性的认识。

曾执教于哈佛大学商学院,现在麻省理工学院商学院任教的黄亚生教授是我的老朋友。他是中华人民共和国成立以来最早毕业于哈佛大学的中国本科生之一,是中国改革开放以来华人在美国社会科学领域做得最出色的学者之一。与他的交谈,或是在中国或是在美国,虽然在外行听起来也许像漫无边际的调侃,但这种谈话常常说明了逻辑的严谨缜密与语言的风趣幽默并不矛盾,而且时常会加强我们对认识论或本体论的深层认识。关于社会科学研究的方法以及证伪对于理论发展的必要性,他对我研究的评论以及他所推荐的书都对我很有帮助和启发。我要特别对他表示感谢。

在研究、写作以及第二版修订过程中,我还得益于朋友和同事许许多多的切磋和讨论以及他们给我的诸多反馈和帮助。在此我特别要感谢王波明和李宏。他们自始至终关心我的研究,阅读我的写作。多年来他们不仅与我慷慨地分享时间和知识,交流思想,坦陈观点和认识,还穿针引线、搭建平台让我与更多相关的人员进行不同形式的务虚、切磋和研讨。或是分享研究成果,或是提供书籍文章,或是参与务虚讨论,或是批评和争论,或是提出问题,或是指出漏洞,以下诸位都对我的研究有不同的贡献:林毅夫、钱颖一、景军、丁学良、王缉思、张维迎、周其仁、吕晓波、葛明、朱德森、廖凯原、赵敦华、陈启宗、茅道临、王军、秦晓、何迪、秦晖、田溯宁、路风、朱天飚、朱云来、潘维、张千帆、张俊妮、包万超、万鹏飞、昌增益、刘志、郝斌、朱朗瑞、徐湘林、徐步、杜越、李婷、宋磊、戴必坚、阚凯力、丘成桐、张健、黄晓明、王捷、史天健、胡伟、顾昕、饶毅、卢锋、赵明。

本书的第一版出版后,基于研究的部分内容,我还在国际学术机构进行了演讲和交流,受益良多,其中的一些反馈成了新版修订的基础。这些机构包括哈佛大学肯尼迪政府学院和费正清中国研究中心、耶鲁大学法学院、哥伦比亚大学东亚研究所、麻省理工学院商学院、纽约大学商学院、斯坦福大学可持续发展和全球竞争力研究中心、世界经济论坛思想实验室。在此我一并致谢。当然,不必说,文责自负。

研究跨越上千年,错误自然在所难免。我很可能会对一些重大观点、关键事件、主要人物和事实描述得不够精确。我希望读者能指出我的错误和疏忽;同时也希望他们在放下本书之前,想一想那些错误在多大程度上影响了本书的中心命题。毕竟,本书用意不在描述而在解释。

我还要特别感谢赵婷、黄琪轩、叶静、包刚升、余嘉俊和朱良。赵婷多年来担任我的行政助理。黄琪轩、叶静和包刚升三位是当时北京大学政府管理学院在读博士研究生。黄琪轩和叶静先后担任我的研究助理,他们电脑技术娴熟,查询资料速度惊人,工作效率给人以深刻印象。黄琪轩在美国康乃尔大学学习期间还给我寄来了相关文献。叶静则无数次地替我奔波在办公室与图书馆之间,帮助我借来相关的书籍。她还整理了不少统计数据并根据要求计算和绘制了书中不少图表。他们各自井井有条、高效的助理工作,使我在繁多的庶务中得以挤出时间将研究和写作进行下去。包刚升为初稿作了前期的编辑工作和索引。余嘉俊和朱良承担了新版初步的编辑和索引工作。

在与出版社的沟通和第一版书稿编辑过程中,欧美同学会2005年委员会的王红秘书长,北京大学出版社的王明舟社长和方希、于海岩、谌三元三位编辑体现了极大的热心、耐心和出色的职业标准和判断。

在准备和出版本书第二版的过程中,北京大学出版社原副社长、副总编辑张文定和副编审高桂芳给我提了很好的建议,并做了极其专业、细致的编辑工作,特此感谢。

最后我要感谢我先后在清华大学和北京大学教过的学生和学员,包括历届参加北京大学与哥伦比亚大学、伦敦经济和政治学院、巴黎政治学院联合举办的"全球公共政策高级培训项目"的国内和国际官员,以及参加北京大学政府管理学院公共政策硕士学位学习的亚非国家的官员。孟子曰:"得天下英才而教之,为一乐也。"他们在课堂上的讨论和提问为我提供了诸多启示,让我真切体会到"教学相长"这句古训的含义。他们的批评、建议和勉励开拓了我的视野,使我在探索过程中的许多观点在这些年的教学中逐步得以修正、归类、充实、深化和完善,最后形成一个一以贯之的以理性为基础的理论假说来解释国富国贫,其中包含了对多学科相关理论前沿的回顾和糅合,并力图贯穿古今,在全球范围内对该理论假说的可信性进行系统的证实或证伪的检验。

我谨把本书献给他们,并期待再和他们一起展开更深入的探讨和研究。

参 考 文 献

Abranmovitz, Moses, "The Search for the Sources of Growth: Areas of Ignorance, Old and New", *Journal of Economic History*, 53, June 1993, pp. 217—243.

Acemoglu, Daron, and James A. Robinson, *Why Nations Fail: the Origins of Power, Prosperity, and Poverty*, New York: Crown Business, 2012.

Acemoglu, Daron and Simon Johnson and James Robinson, "The Rise of Europe: Atlantic Trade, Institutional Change, and Economic Growth", *American Economic Review*, 95, no. 3 (June 2005), pp. 546—579.

Acton, Lord, *Essays on Freedom and Power*, The Beacon Press, 1948.

Aghion, Philipe and Robin Burgess, *Liberalization and Industrial Performance: Evidence from India and the UK*, Cambridge MA: Harvard University Press, 2003, processed.

Ahluwalia, Montek, "Economic Reforms in India Since 1991: Has Gradualism Worked?" *Journal of Economic Perspectives*, 16(3), 2002, pp. 67—88.

Airaldi, Gabriella, "Groping in the Dark: The Emergence of Genoa in the Early Middle Ages", *Miscellanea di Studi Storia*, 2: 1983, pp. 7—17.

Alchian, Armen and Harold Demsetz, "Production, Information Costs, and Economic Organization", *American Economic Review*, 1972, 62, pp. 777—95.

Alchian, Armen and Harold Demsetz, "Property Rights Paradigm", *Journal of Economic History*, 33 (March 1973), pp. 16—27.

Alesina, Alberto and Robert Perotti, "The Political Economy of Growth: A Review of the Recent Literature", *The World Bank Ecomnic Review*, 8(3), 1994.

Allen, G. C., *Japan's Economy Recovery*, London: Oxford University Press, 1958.

Amin, Samir, *Unequal Development: An Essay on the Social Formations of Peripheral Capi-

talism. New York: Monthly Review Press, 1976.

Anellis, Irving H., "Peirce Rustled, Russell Pierced: How Charles Peirce and Bertrand Russell Viewed Each Other's Work in Logic, and an Assessment of Russell's Accuracy and Role in the Historiography of Logic", *Modern Logic*, 1995, 5, pp. 270 – 328.

Angier, Natalie, *A Revolution at 50*, www.nytimes.com/indexes/2003/02/25/health/genetics/index.html.

Arrow, Kenneth, *Social Choice and Individual Values*, New York: Wiley, 1951.

Arthur, Brian, Steven Durlauf and David Lane, eds., *The Economy As An Evolving Complex System II*, Santa Fe Institute Studies in the Sciences of Complexity Lecture Notes, Paperback, 1997.

Arthur, W. Brian "Increasing Returns and the Two Worlds of Business", *Harvard Business Review*, July-August 1996, pp. 100—109.

Ashton, T. S., *The Industrial Revolution 1760—1830*, New York: Oxford University Press, 1964.

Balazs, Etienne, *Chinese Civilization and Bureaucracy*, New Haven: Yale University Press, 1964.

Bankston, John, Francis Crick and James D. Watson, *Francis Crick and James Watson: Pioneers in DNA Research*, Mitchell Lane Publishers, Inc., 2000.

Barbour, Violet, *Capitalism in Amsterdam during the Seventeenth Century*, John Hopkins Press, 1950.

Barnes, Peter, *Capitalism 3.0: A Guide to Reclaiming the Commons*, CA: San Francisco, Berrett-Kochler Publisher, 2006.

Barrow, John D., *The Constants of Nature, From Alpha to Omega-The Numbers that Encode the Deepest Secrets of the Universe*, Pantheon Book, 2002.

Bartels, Larry M., "Resource Allocation in a Presidential Campaign", *Journal of Politics*, 47 (August 1985), pp. 928—936.

Barzel, Yoram, *Economic Analysis of Property Rights*, Cambridge: Cambridge University Press, 1989.

Bator, Francis M., "The Anatomy of Market Failure", *Quarterly Journal of Economics*, vol. 72, no. 3, August 1958, pp. 351—379.

Beasley, W. G., *The Meiji Restoration*, Stanford: Stanford University Press, 1972.

Berman, Harold J., *Law and Revolution: Formation of the Western Legal Tradition*, Harvard University Press, 1983.

Bernanke, Ben, *Essays on the Great Depression*, Princeton, N. J.: Princeton University Press, 2000.

Bernstein, Jeremy, *Hans Bethe, Prophet of Energy*, New York: Basic Books, 1980.

Best, Judith A., *The Choice of the People? Debating the Electoral College*, Lanham, Md.: Rowman and Littlefield, 1996.

Blair, Margaret, *Ownership and Control: Rethinking Corporate Governance for the 21 Century*, Washington: the Brookings Institution, 1995.

Bloom, David, David Canning, Jaypee Sevilla, "Economic Growth and the Demographic Transition", NBER, 2001.

Bloom, David, David Canning, Jaypee Sevilla, "The Demographic Dividend: A new perspective on the economic consequences of population change", RAND, 2002.

Boesche, Roger, "Kautilya's Arthaśāstra on War and Diplomacy in Ancient India", *The Journal of Military History*, 67 (1), January 2003, pp. 9—37.

Bois, W. E. B. Du, *The Souls of Black Folk: Essays and Sketches*, A. G. McClurg, Chicago, 1903.

Bon, Gustave Le, *The Psychology of Revolution*, New York, 1913.

Bowen, Cathrine Drinker, *The Lion and the Throne, the Life and Times of Sir Edward Coke*, Boston and Toronto: Little, Brown and Company, 1957.

Brent, Joseph, *Charles Sanders Peirce: A Life*, Revised and enlarged edition, Indiana University Press, Bloomington, IN, 1998.

Brown, Sidney D., "Okubo Toshimichi: His Political and Economic Policies in Early Meiji Japan", *Journal of Asian Studies*, 21 (1961—62), p. 190.

Buchanan, James and Robert Tollison, eds., *Theory of Public Choice: Political Applications of Economics*, Ann Arbor: The University of Michigan Press, 1972.

Buchanan, James, Robert Tollison and Gordon Tullock, *Toward a Theory of a Rent-Seeking Society*, College Station, Texas A&M Press, 1980.

Parain, C., *Cambridge Economic History*, vol. I, 1941.

Cassidy, David C., *Uncertainty: The Life and Science of Werner Heisenberg*, Freeman, 1992.

Cahan, David, *Hermann von Helmholtz and the Foundations of Nineteenth-Century Science*, University of California Press, 1993.

Caiden, Gerald E., *Administrative Reform Comes of Ages*, New York: Walter de Gruyter, 1991.

Cameron, Rondo, *A Concise Economic History of the World, from Peleolithic Times to the Present*, New York: Oxford University, 1989.

Camp, Robert C., "Learning From the Best Leads to Superior Performance", in Arthur A. Thompson, Jr. A. J. Strickland III, and Tracy Robert Kramer, eds., *Reading in Strategic Management*, 5th ed., Chicago: Irwin, 1995.

Campbell, Andrew and Kathleen S. Luchs, *Core Competency-based Strategy*, Boston: International Thomson Business Press, 1997.

Campbell, Jeremy, *Grammatical Man: Information, Entropy, Language, and Life*, New York: Simon and Schuster, 1982.

Caramani, Damiele, *The Societies of Europe: Elections in Western Europe since 1815: Electoral Results of Constituentcies*, London: Macmillan, 2000.

Carson, Rachel, *Silent Spring*, Boston: Houghton Mifflin, 1962.

Casson, Mark, *The Entrepreneur: An Economic Theory*, Oxford University Press, 1982.

Chaffee, John W., *The Thorny Gate of Learning in Sung China: Social History of Examination*, Cambridge: Cambridge University Press, 1985.

Chandler, Alfred D. Jr., Franco Amatori and Takashi Hikino eds., *Big Business and the Wealth of Nations*, Cambridge University Press, 1977.

Chandler, Alfred D. Jr., *Managerial Hierarchies*, Harvard University Press, 1980.

Chandler, Alfred D. Jr., *The Visible Hand: the Managerial Revolution in American Business*, Cambridge: The Belknap Press of Harvard University Press, 1977.

Chandler, Alfred D. Jr., *Scale and Scope: The Dynamics of Industrial Capitalism*, Cambridge MA: The Belknap Press of Harvard University Press, 1990.

Cheung, Steven, "The Contractual Nature of the Firm", *Journal of Law and Economics*, 26, 1983, pp. 1—21.

Choate, Robert A., William H. Francis, Robert C. Collins, *Cases and Materials on Patent Law: Including Trade Secrets, Copyrights, Trademarks*, St. Paul, Minn.: West Press, 1987.

Collingwood, R. G., *Essay on Metaphysics*, Oxford University Press, 1940.

Christianson, Gale, *Edwin Hubble: Mariner of the Nebulae*, Farrar Straus & Giroux (T), New York, 1995.

Clark, Gregory, *A Farewell to Alms: A Brief Economic History of the World*, Princeton University Press, 2007.

Clark, John Maurice, *Competition as a Dynamic Process*, Washington D. C.: Brookings Institution, 1961.

Clayton, Julie, (Ed.) *50 Years of DNA*, Palgrave MacMillan Press, 2003.

Clegg, Brian, *The First Scientist: A Life of Roger Bacon*, Constable & Robinson, 2003.

Cloug, S. B., and C. W. Cole, *Economic History of Europe*, Washington D. C.: Heath Press, 1952.

Coase, Ronald, "The Nature of the Firm", *Economica*, Vol. 4, no. 6, November 1937, pp 386—405.

Coase, Ronald, "The New Institutional Economics", *American Economic Review*, Papers and Proceedings, vol. 88 (2), 1998, pp. 72—74.

Coase, Ronald, "The Problem of Social Cost", *Journal of Law and Economics*, 1960, v. 3, no. 1 pp. 1—44.

Cohen, Saul, "Reflections on the Elimination of Geography at Harvard, 1947—51", *Annals of the Association of American Geographers*, 1988, 78(1), p. 148.

Collis, Maurice *Marco Polo*, Collier's Encyclopedia, 1960, vol. 15, p. 383.

Commager, Henry S. editor, *Selections from the Federalist, Hamilton, Madison, Jay*, Harlan Davidson, Inc., 1949.

Conant, James Bryant, *The Citadel of Learning*, New Haven: Yale University Press, 1956.

Corwin, Edwards, *Control of Cartels and Monopolies: An International Comparison*, Oceana Publications, 1969.

Cosgrove, Richard A., *The Rule of Law: Albert Venn Dicey, Victorian Jurist*, London: Macmillan, 1980.

Crafts, N. F. R., "Economic Growth in France and Britain, 1830—1910: A Review of the Evidence", *The Journal of Economic History*, Vol. 44, No. 1 (Mar., 1984), pp. 49—67

Creel, H. G., "The Beginnings of Bureaucracy in China: The Origin of the Hsien", *The Journal of Asian Studies*, 1964, vol. 23, no. 3, pp. 155—183.

Crick, Francis, *Of Molecules and Men*, Seattle: University of Washington Press, 1966.

Crosby, A. W., *The Columbian Exchange: Biological and Cultural Consequences of 1492*, Westport, Connecticut: Greenwood University Press, 1972.

Crosby, A. W., *The Columbian Voyages: the Columbian Exchange, and their Historians*, Washington DC: American Historical Association, 1987.

Dahl, Robert A., *On Democracy*, New Haven: Yale University Press, 2000.

Dahl, Robert A., *How Democratic is the American Constitution?* New Haven: Yale University Press, 2001.

Dahl, Robert A., *Polyarchy: Participation and Opposition*, New Haven: Yale University Press, 1971.

Dampier, William D., *A History of Science and Its Relations with Philosophy and Religion*, Cambridge University Press, 2008.

Darwin, Charles, *The Origin of Species by Means of Natural Selection*, London: John Murray, 1859.

Darwin, Charles, *The Descent of Man, and Selection in Relation to Sex*, London: John Murray, 1871.

Dasgupta, Partha S., "Natural Resources in an Age of Substitutability", in A. V. Kneese and J. L. Sweeney, eds., *Handbook of Natural Resources and Energy Economics*, Amsderdan: Elsevier, 1993, III, pp. 111—30.

David, Paul, "Path Dependence and the Quest for Historical Economics: One More Chorus of the Ballad of QWERTY", *Oxford University Discussion Papers in Economic and Social History*, No. 20, (November) 1997.

Davis, Glyn, *History of Money from Ancient Times to the Present Day*, University of Wales Press, 2002.

Davis, Lance E. and Robert A. Huttenback, *Mammon and the Pursuit of Empire: the Political Economy of British Imperialism, 1860—1912*, New York: Cambridge University Press, 1986.

Dawkins, Richard, *The Selfish Gene*, 30th Anniversary Edition, Oxford University Press, 2006.

Dawnie, J., *The Competiton Process*, London: Duckworth, 1958.

DeLong, J., Bradford and Andrei Shleifer, "Princes and Merchants: City Growth before the Industrial Revolution", *Journal of Law and Economics*, 36 (October, 1993), pp. 671—702.

Derev'anko, Anatoliy, *The Paleolithic of Siberia: New Discoveries and Interpretations*, Urbana: University of Illinois Press, 1998.

Diamond, Martin, *The Electoral College and the American Idea of Democracy*, Washington D. C. : American Enterprise Institute, 1977.

Dietz, F. C. , *English Public Finance, 1558—1641*, The Century Co. , 1932.

Doyle, William, *Origins of the French Revolution*, Oxford University Press, 1999.

Dubois, D. and H. Prade, *Fuzzy Sets and Systems*, New York: Academic Press, 1988.

Dunn, Charles J. , *Everyday Life in Traditional Japan*, Tokyo: Charles E. Tuttle Company, 1969.

Dutz, Mark and Maria Vagliasindi, "Competition Policy Implementation in Transitions: An Empirical Assessment", *European Bank Working Paper*, No. 47, 1999.

Edelson, Edward, *Francis Crick and James Watson: And the Building Blocks of Life*, Oxford University Press, 2000.

Elster, Jon, *Ulyssess and the Sirens*, Cambridge University Press, 1979.

Elster, Jon, "Social Norms and Economic Theory", *Journal of Economic Perspectives*, 3(4) 1989, pp. 99—117.

Engles, Frederick, *The Origins of the Family, Private Property, and the State*, New York: International Publishers, 1973.

Eriksen, Eirk O. , and Jarle Weigard, *Understanding Habermas: Communicative Action and Deliberative Democracy*, Continuum International Publishing, 2004.

Ernst, Dieter and Barry Naughter, "China's Emeerging Industrial Economy-Insights from the IT Industry", in Christopher A. McNally, ed. , *China's Emerging Political Economy: Capitalism in the Dragon's Lair*, New York: Routedge, 2007.

Ertman, Thomas, *Birth of the Leviathan: Building States and Regimes in Medieval and Early Modern Europe*, Cambridge: Cambridge University Press, 1999.

Fairbank, John King, *The United States and China*, Cambridge: Harvard University Press, 1971.

Fairbank, John King, *Trade and Diplomacy on the China Coast*, Stanford: Stanford University Press, 1969.

Farrand, Max ed. , *The Records of the Federal Convention of 1787*, revised edition, 4 volumes,

New Haven: Yale University Press, 1966.

Feng, Wang and Andrew Mason, "Demographic Dividend and Prospects for Economic Development in China", UN Expert Meeting on Social and Economic Implications of Changing Population Structures, Mexico City, 2005.

Finer, S. E., *The History of Government from the Earliest Times*, New York: Oxford University Press, 1997.

Fishlow, Albert, "Review of Alexander Gerschenkron, *Economic Backwardness in Historical Perspective: A Book of Essays*", EH. Net Economic History Services, Feb 14 2003.

Floud, R. and McCloskey, D., eds, *The Economic History of Britian since 1700*, (2nd Edition), Cambridge: Cambridge University Press, 1994.

Fogel, Robert, "Simon S. Kuznets: April 30, 1901—July 9, 1985", NBER Working Paper, No. W7787, 2000.

Fogel, Robert, *Railroads and American Economic Growth: Essays in Econometric History*, Baltimore: Johns Hopkins, 1964.

Forcina, Antonio, and Giovanni Maria Giorgi, "Early Gini's Contributions to Inequality and Measurement and Statistical Inference", *Electronic Journal for History of Probability and Statistics*, vol 1, no 1, 2005.

Forrest, Tom, *Politics and Economic Development in Nigeria*, Boulder Colorado: Westview Press, 1995.

Fox, Harold G., *Monopolies and Patents: A Study of the History and Future of the Patent Monopoly*, Toronto University Press, 1947.

Fukuyama, Francis, *State-Building: Governance and World Order in the 21st Century*, Cornell University Press, 2004, p. 6.

Frank, Andre Gunder, *ReOrient: Global Economy in the Asian Age*, Berkeley: University of California Press, 1998.

Frank, John P., *The Justices of the United States Supreme Court: Their Lives and Major Opinions* (Leon Friedman and Fred L. Israel, editors), Chelsea House Publishers, 1995.

Freedman, Chris and Francisco L., *As Time Goes By: From the Industrial Revolutions to the Information Revolution*, New York: Oxford University Press, 2001.

Friedman, Milton, with the assistance of Rose D. Friedman, *Capitalism and Freedom*, The University of Chicago Press, 1962.

Fu Jun, *Institutions and Investments: Foreign Direct Investment in China during an Era of Reforms*, Ann Arbor: Michigan University Press, Studies in International Economics, 2001.

Fudenberg, Drew and Jean Tirole, "Noncooperative Game Theory for Industrial Organization: An Introduction and Overview", in Richard Schmalensee and Robert D. Willig, eds. , *Handbook of Industrial Organization*, vol. 1, Amsterdam: North-Holland, 1989, pp. 259—328.

Fukuyama, Francis, *The End of History and the Last Man*, Free Press, 1992.

Galbraith, John Kenneth, *The Affluent Society*, Boston: Houghton Mifflin, 1958.

Galbraith, John Kenneth, *American Capitalism: The Concept of Countervailing Power*, Cambridge MA: the Riverside Press, 1952.

Gao, Bai, *Japan's Economic Dilemma: The Institutional Origins of Prosperity and Stagnation*, New York: Cambridge University Press, 2001.

Garrett, James, ed. , *World Antitrust Law and Practice*, Aspen Publishers, 1995.

Gellhorn, Ernest and William E. Kovacic, *Antitrust Law and Economics*, St. Paul, Minn: West Publishing Co. 1994.

Gerschenkron, Alexander, *Economic Backwardness in Historical Perspective: A Book of Essays*, Cambridge: The Belknap Press of Harvard University Press, 1962.

Gerstner, Louis V. Jr. , *Who Says Elephants Can't Dance? Learning A Great Enterprise Through Dramatic Change*, HarperCollins Publishers, 2002.

Giuseppe, John, *The Bank of England: A History from its Foundation in 1694*, London: Evans Brothers Limited, 1966.

Glennon, Michael, *When No Majority Rules: Electoral College and Presidential Succession*, Washington D. C. : Congressional Quarterly Press, 1992.

Godek, Paul E. , "A Chicago-school Approach to Antitrust for Developing Countries", *Antitrust Bulletin*, Spring, 43, 1, 1998, pp. 261—274.

Goldsmith, Raymond William, "An Estimate of the Size and Structure of the National Product of the Roman Empire", *Review of Income and Wealth*, 1984, v. 30, pp. 263—288.

Goldstein, Paul, *Copyright, Patent, Trademark, and Related State Doctrines: Cases and Materials on the Law of Intellectual Property*, Westbury, N. Y. : Foundation Press, 1990.

Goldstone, Jack A. , *Europe's Peculiar Path: Would the World be "Modern" if William III's invasion of England in 1688 had Failed*? California: University of California, Department of Sociology Position Paper, 2000.

Goldstone, Jack A., *The Rise of the West-or Not? A Revision to Socio-economic History*, California: University of California, Department of Sociology Position Paper. 2000.

Gorden, Scott, *Controlling the State: Constitutionalism from Ancient Athens to Today*, Cambridge: Harvard University Press, 1999.

Gordon, John Steele, *The Great Game: The Emergence of Wall Street as a World Power*, Scribner, 1999.

Grene, Majorie, *A Portrait of Aristotle*, University of Chicago Press, 1965.

Greif, Avner, *Institutions and the Path to the Modern Economy: Lessons from Medieval Trade*, Cambridge University Press, 2006.

Groenewegen, Peter, *Classics and Moderns in Economics: Essays on Nineteenth and Twentieth Century Economic Thought*, Routledge, 2003.

Grossman, Sanford and Oliver Hart, "An Analysis of the Principal Agent Problem", *Econometrica*, 1983, 51, pp. 7—45.

Grossman, Sanford and Oliver Hart, "The Costs and Benefits of Ownership: A Theory of Vertical and Lateral Integration", *Journal of Political Economy*, 94 (1986), pp. 691—719

Gwentney, James and Robert Lawson, et al, *Economic Freedom of the World: 2002 Annual Report*, Washington DC: Cato Institute, 2002.

Habermas, Jurgen, *The Structural Transformation of the Public Sphere*, Cambridge: MIT Press, 1989.

Hall, A. R., *The Scientific Revolution, 1500—1800*, Boston: Beacon Press, 1954.

Hamel, Gary and C. K. Prahalad, "The Core Competence of Corporation", *Harvard Business Review*, 1990.

Hane, Mikiso, *Eastern Phoenix: Japan Since 1945*, Boulder: Westview Press, 1996.

Hansen, Morgans Herman, *The Athenian Democracy in the Age of Demosthenes: Structure, Principles and Ideology*, Oxford: Blackwell, 1991.

Hansen, Morgans Herman, "Initiative and Decision: The Separation of Powers in 4th Century Athens", *Greek, Roman, and Byzantine Studies*, 22, 1981, pp. 345—370.

Harford, Tim, *The Logic of Life: Uncovering the New Economics of Everything*, Boston: Little,

Brown, 2008.

Harkins, Charles H., *The Rennaissance of the Twelfth Century*, Cambridge: Harvard University Press, 1928.

Hart, Oliver and Moore, "Property Rights and the Nature of the Firm", *Journal of Political Economy*, 1990, vol. 98.

Hart, Oliver, Firms, *Contracts and Financial Structure*, Oxford University Press, 1995.

Hawking, Stephen W., *A Brief History of Time*, Bantam Press, 2005.

Hawkins, Hugh, *Between Harvard and America: The Educational Leadership of Charles W. Eliot*, New York: Oxford University Press, 1972.

Hawley, E. W., *The New Deal and the Problem of Monopoly*, Princeton N. J.: Princeton University Press, 1966.

Hay, Donald A. and Derek J. Morris, *Industrial Economics and Organization: Theory and Evidence*, Oxford University Press, 1979.

Hayek, Friedrich, ed., *Collectivist Economic Planning*, London: Routledge and Kegan Press, 1935.

Hayek, Friedrich, *The Road to Serfdom*, London: Routledge and Kegan Press, 1944.

Hayek, Friedrich, "Rules and Order", *Law, Legislation and Liberty*, London: Routlege and Kegan Paul, 1973.

Hayek, Friedrich, *Rules and Order*, reprinted in *Law, Legislation and Liberty*, London: Routledge & Kegan Paul, 1973.

Hayek, Friederich, *Studies in Philosophy, Politics and Economics*, Chicago: University of Chicago Press, 1976.

Hayek, Friedrich A., *Fatal Conceits: The Errors of Socialism*, The University of Chicago Press, 1988.

Hedlund, Stefan, *Russia's "Market" Economy: A Bad Case of Predatory Capitalism*, London: UCL Press, 1999.

Hegel, G. W. *Lectures on the Philosophy of History*, (translated by J. Sibree, M. A.), London: George Bell and Son, 1902.

Heilbron, J. L., *The Dilemmas of an Upright Man: Max Planck and the Fortunes of German Science*, Harvard, 2000.

Held, D. A. McGrew, D. Goldblatte and J. Perraton, *Global Transformations: Politics, Economics and Culture*, UK: Polity Press Limited, 1999.

Hirschman, Albert, "Exit, Voice, and the State", *World Politics*, 31(1): 1978, pp. 90—107.

Hirschman, Albert, *Exit, Voice, and Loyalty: Responses to Decline in Firms, Organizations, and States*, Cambridge, MA: Harvard University Press, 1970.

Ho, Ping-ti, *The Ladder of Success in Imperial China: Aspects of Social Mobility, 1368—1911*, New York: Columbia University Press, 1962.

Hobson, John M., *The Eastern Origins of Western Civilization*, Cambridge University Press, 2004.

Hogan, Jenny, "Unseen Universe: Welcome to the dark side", *Nature*, 448 (7151) 2007: pp. 240—245.

Holbrook, Thomas, "Presidential Elections in Space and Time", *American Journal of Political Science*, vol. 35, no. 1, February 1991, pp. 91—109.

Holldobler, Bert and Edward O. Wilson, *The Arts*, Belknap Press, 1990.

Holmstrom, Bengt, "Moral Hazard in Teams", *Bell Journal of Economics*, 1982, 13, pp. 324—40.

Horan, Richard D. Erwin Bulte and Jason F. Shogren, "How Trade Saved Humanity from Biological Exclusion: An Economic Theory of Neanderthal Extinction", *Journal of Economic Behavior and Organization*, September 2005, 58, no. 1, pp. 1—29.

Houn, Franklin W., "The Civil Service Recruitment System of the Han Dynasty", *The Tsing Hua Journal of Chinese Studies*, New Series, 1956, vol. 1, p. 149.

Huang, Yasheng, "Information, Bureaucracy, and Economic Reforms in China and the Soviet Union", *World Politics* 1994: 47, pp. 102—134.

Hulme, E. W., "The Early History of the English Patent System", in *Selected Essays in Anglo-American Legal History*, Little Brown and Co., 1090, vol. 3.

Huntington, Samuel, "Political Development and Political Decay", *World Politics*, 1965, 17, no. 3, pp. 386—430.

Huntington, Samuel, *Political Order in Changing Societies*, Yale University Press, 1996.

Huntington, Samuel, *Political Order in Changing Societies*, BookCrafters Inc., 1968.

Huntington, Samuel, *The Clash of Civilizations and the Remaking of World Order*, New York:

Touchstone,1996.

Hutton,Will,*The World We're In*,Little Brown,2002.

Intergovernmental Panel on Climate Change, *Climate Change 2007: Mitigation of Climate Change*,Working Group III Contribution to the Fourth Assessment Report of the Intergovernmental Panel on Climate Change,New York:Cambridge University Press,2007.

Isaacson,Walter,*Einstein:His Life and Universe*,New York:Simon & Schuster,2007.

Migdal,Joel S.,*Strong Societies and Weak States:State-Society Relations and State Capabilities in the Third World*,Princeton,New Jersey:Princeton University Press,1988.

Jackson,J. D.,*Classical Electrodynamics*(3rd ed.),Wiley,1999.

James,John A.,"Structural Change in American Manufacturing,1850—1890",*Journal of Economic History*,43,1983,pp. 433—460.

Jech,Thomas,*Set Theory:Third Millennium Edition*,*Springer Monographs in Mathematics*,New York:Springer-Verlag,2003.

Jensen,Michael and William Meckling,"Theory of the Firm:Managerial Behavior,Agency Costs,and Capital Structure",*Journal of Financial Economics*,1976(3),pp. 305—60.

Jones,Eric,*The European Miracle:Environment,Economics and Geopolitics in the History of Europe and Asia*,New York:Cambridge University Press,2003.

Jones,Eric,*The European Miracle:Environments,Economies,and Geopolitics in the History of Europe and Asia*,Cambridge:Cambridge University Press,1987.

Jones,W. T.,*The Classical Mind:A History of Western Philosophy*,Harcourt Brace Jovanovich,1980.

Judson,Horace Freeland,*The Eighth Day of Creation:Makers of the Revolution in Biology*,Cold Spring Harbor Laboratory Press,1996.

Keene,D.,*The Japanese Discovery of Europe,1720—1820*,California:Stanford University Press,1969.

Keller,Morton and Phyllis Keller,*Making Harvard Modern:The Rise of America's University*,Oxford University Press,2001.

Kelley,Stanley Jr.,"American Constitutional System",in Stephen K. Bailey,ed.,*American Politics and Government*,1965,p. 10.

Kennedy,Paul,*The Rise and Fall of the Great Powers:Economic Change and Military Conflict from 1500—2000*, London: Unwin Hyman, 1988.

Kenny, Anthony, *A New History of Western Philosophy*, 4 volumes, Oxford University Press, 2006.

Kernell, Samuel and Gary Jackson, *The Logic of Politics*, Washington D. C. : Congressional Quarterly Press, 2000.

Keynes, John Maynard, *The Economic Consequences of the Peace*, Harcourt, Brace and Howe, 1919.

Kirby, William C. , "China, Unincorporated: Company Law and Business Enterprise in Twentieth Century China", *Journal of Asian Studies*, 54, no. 1 (February 1995): 43—63. (Reprinted in *Capitalism in Asia: Sixty Years of the Journal of Asian Studies*, edited by David Ludden, Ann Arbor: Association for Asian Studies, 2004, pp. 29—50).

Kirchner, Walther, *Western Civilization Since 1500*, New York: Barnes & Noble, Inc. 1965.

Kissinger, Henry *Diplomacy*, New York: Simon and Schuster, 1994.

Knight, Frank H. , *Risk, Uncertainty, and Profit*, Chicago: University of Chicago Press, 1971.

Kornai, János, "The Soft Budget Constraint", *Kyklos*, 1986, 39 (1), 3—30.

Kovacic, William E. and Carl Shapiro, "Antitrust Policy: A Century of Legal and Economic Thinking", *Journal of Economic Perspectives*, 14, 2000, pp. 43—60.

Kremer, Michael, "Population Growth and Technological Change: One Million BC to 1990", *Quarterly Journal of Economics*, 1993, no. 108, pp. 681—716.

Kroeber, Arthur, "China's Push to Innovate in Information Technology", in Linda Jackson, ed. , *Innovation with Chinese Characteristics: High-Tech Research in China*, Hampshire: Palgrave MacMillan, 2007, pp. 37—70.

Krueger, Anne, "The Political Economy of the Rent-seeking Society", *American Economic Review*, 1974: 44, pp 291—303.

Kuhn, Steven L. and Mary C. Stiner, "What's a Mother to Do? The Division of Labor among Neanderthals and Modern Humans in Eurasia", *Current Anthropology*, December 2006, 47, no. 6, pp. 953—80.

Kukanthas, Chandran and Philip Pettit, *Rawls: A Theory of Justice and its Critics*, Stanford University Press, 1990.

Kuppers, Bernd-Olaf, *Information and the Origin of Life*, Cambridge MA: MIT Press, 1990.

Kuran, Timur, "Islam and Underdevelopment: An Old Puzzle Revisited", *Journal of Institutional and Theoretical Economics*, 153(1), 1997, pp. 41—71.

Kuran, Timur, "The Islamic Commercial Crisis: Institutional Roots of Economic Underdevelopment in the Middle East", *Journal of Economic History*, 63(2), 2003, pp. 414—46.

Kuznets, Simon, *Population, Capital and Growth: Selected Essays*, New York: Norton Book, 1973.

Lakatos, Imre, "History of Science and its Rational Reconstructions", D. Rothbart, ed. *Science Reason and Reality: Issues in the Philosophy of Science*, Wadsworth, 1998, pp. 58—76.

Lall, Sanjaya, "Structural Problems of African Industry", in Stewart et al., eds., *Alternative Development Strategies*, pp. 103—144.

Landes, David S., *The Unbound Prometheus: Technological Change and Industrial Development in Western Europe from 1750 to the Present*, 2d ed., Cambridge University Press, 2003.

Landes, David S., *The Wealth and Poverty of Nations*, W. W. Norton & Company, 1988.

Landes, David S., *The Wealth and Poverty of Nations: Why Some Are So Rich and Some So Poor*, New York: Norton & Company, 1999.

Lane, F. C. and R. C. Mueller, *Money and Banking in Medieval and Renaissance Venice*, Baltimore: Johns Hopkins Press, 1985.

Langlois, Richard and Paul L. Robertson, *Firms, Markets and Economic Change: A Dynamic Theory of Institutional Business Change*, London and New York: Routledge, 1995.

Lau, Lawrence, Yingyi Qian and Gerard Roland, "Pareto-Improving Economic Reforms through Dual-Track Liberalization", *Economics Letter*, 1997, 55(2), pp. 285—292.

Launius, Koger and Howard McCurdy, *Spaceflight and the Myth of Presidential Leadership*, Urbana: University of Illinois Press, 1997.

Lazonick, William, *Competitive Advantage on the Shop Floor*, Cambridge Mass.: Harvard University Press, 1990.

Levy, Albert William, *Philosophy and the Modern World*, University of Chicago Press, 1977.

Law, Marc and Sukkoo Kim, "Specialization and Regulation: The Rise of 'Professionals' and the Emergence of Occupational Licensing Regulation in America", Working Paper, Washington University in Saint Louis, 2003.

Lewis, W. Arthur, "The State of Development Theory", *American Economic Review*, 5, March

1984, p. 8.

Li, David, "Ambiguous Property Rights in Transition Economics", *Journal of Comparative Economics*, 1996, 23, pp. 1—19.

Lieberson. Stanley, "Small n's and big conclusions: An Examination of the reasoning in comparative studies", *Social Forces*, 72 (4), 1994, pp. 1225—37.

Lin, Justin Yifu, "The Needham puzzle, the Weber question, and Chin's miracle: Long-term performance since the Sung dynasty", *China Economic Journal*, volume 1, Issue 1, February 2008, pp. 63—95.

Long, Bradford De, "India since Independence: An Analytic Growth Narrative", in Dani Rodrik, ed., *In Search of Prosperity*, Princeton: Princeton University Press, 2003.

Lu, David John ed., *Japan: a Documentary History: The Late Tokugawa Period to the Present*, Armonk, New York: M. E. Sharpe, 1996.

Lucas, Robert, "On the Mechanics of Economic Development", *Journal of Monetary Economics*, 22, no. 1, July 1988, pp. 2—42.

MacFarquhar, Roderick, *The Hundred Flowers Campaign and the Chinese Intellectuals*, New York: Praeger, 1960.

MacFarquhar, Roderick, *The Origins of the Cultural Revolutions* (3 volumes), Oxford: Oxford University Press, 1974—97.

Maddison, Angus, *Chinese Economic Performance in the Long Run, 960—2030*, Paris: OECD, 1998.

Maddison, Angus, *The World Economy: A Millennial Perspective*, Paris: OECD, 2001.

Mahbubani, Kishore, "The Pacific Way", *Foreign Affairs*, 74 (Jan./Feb. 1995), pp. 100—103.

Malthus, T. R., *An Essay on the Principle of Population: Influences on Malthus' Work Nineteenth-century Comment, Malthus in the Twenty-first Century*, New York: Norton, 2004.

Mankiw, N. Gregory, *Principles of Economics*, 3rd Edition, Thomson Learning, 2004.

Mann, Michael, *States, War and Capitalism*, Oxford: Blackwell, 1988.

Mann, Michael, *The Rise of Classes and Nation-states, 1760—1914*, Cambridge: Cambridge University Press, 1993.

Mann, Michael, *The Sources of Social Power I: A History of Power from the Beginning to A. D.*

1760, New York: Cambridge University Press, 1986.

Marshall, Thomas H., *Citizenship and Social Class*, Cambridge University Press, 1950.

Marx, Karl and Fredric Engels (1848), "The Communist Manifesto", *Marx and Engels Selected Works*, Volumes 1, Moscow: Progress Publishers, 1969, pp. 98—137.

Maskin, Eric, "Nash Equilibrium and Welfare Optimality", *Harvard Institute of Economic Research Working Papers*, 1892, Harvard Institute of Economic Research, 1998.

Mason, Alpheus Thomas, "The Role of the Supreme Court", in Stephen K. Bailey, ed., *American Politics and Government*, 1965.

Mazlish, Bruce, *The Horizon Book of Makers of Modern Thought*, New York: American Heritage Publishing, 1972.

Meadow, Donella, Dennis Meadows, Jorgen Randers and William Behrens III, *The Limits to Growth: A Report to the Club of Rome*, New York: University Books, 1972.

Merton, Robert K., "Social Structure and Anomie", *American Sociological Review*, 3, 1938, pp. 672—682.

McCloskey, Donald N., "Does the Past Have Useful Economics?" *Journal of Economic Literature*, June 1976, vol. xiv, no. 2, pp. 434—461.

McCraw, Thomas K., *Prophets of Regulation*, Cambridge MA: the Belknap Press of Harvard University Press.

McCraw, Thomas K. ed., *Creating Modern Capitalism: How Entrepreneurs, Companies, and Countries Triumphed in Three Industrial Revolutions*, Cambridge: Harvard University Press, 1997.

Michelis, Gianni De, "Understanding China", in *Aspenia, An Aspen Institute Italia Review*, Year 10, no. 23-24-2004, p. 49.

Milgrom, Paul and John Roberts, *Economics, Organization and Management*, New Jersey: Princeton Hall, 1992.

Mills, Evan, R. J. Roth and E. Lecomte, "Availability and Affordability of Insurance Under Climate: A Growing Challenge for the US", Prepared for the National Association of Insurance Commissioners, University of California at Berkeley, 2005.

Mintzberg, Henry, ed., *Mintzberg on Management*, New York: The Free Press, 1989.

Miyazaki, Ichisada, *China's Examination Hell: The Civil Service Examination of Imperial China*, New Heaven: Yale University Press, 1976.

Modelski, G., *Principles of World Politics*, New York: Free Press, 1972.

Mokyr, Joel, *The Gifts of Athena: Historical Origins of the Knowledge Economy*, Princeton: Princeton University Press, 2002.

Montgomery, David, *The Fall of the House of Labor: The Workplace, the State, and American Labor Activism*, Cambridge University Press, 1989.

Morphy, Kevin, Andrei Shleifer and Robert Vishny, "The Transition to a Market Economy: Pitfalls of Partial Reform", *Quarterly Journal of Economics*, 1992, 107, pp. 889—906.

Morris-Suzuki, Tessa, *The Technological Transformation of Japan: From the Seventeeth to the Twenty-First Century*, Cambridge: Cambridge University Press, 1994.

Nagel, Thomas, *The View from Nowhere*, Oxford University Press, 1986.

Nakayama, Shigeru, *Academic and Scientific Traditions in China, Japan, and the West*, Tokyo: Tokyo University Press, 1984.

Nash, John, "Noncooperative Games", *Annnals of Mathematics*, 54, 1951, pp. 286—295.

National Science Board, *Science and Engineering Indictors—2000*, Arlington, VA: vol. 1, appendix table 4—18, 2000.

Neale, Alan Derrett and D. G. Goyder, *The Anti-trust Laws of the United States of America*, Cambridge University Press, 1980.

Needham, Joseph, *Science and Civilization in China: Physics and Physical Technology*, Cambridge University Press, 1971.

Nelson, Daniel, *Frederick W. Taylor and Rise of Scientific Management*, Madison: University of Wisconsin Press, 1980.

Nelson, Richard R., "The Role of Knowledge in R&D Efficiency", *The Quarterly Journal of Economics*, vol., 97, no. 3, pp. 453—470.

Nelson, Richard R., "Recent Evolutionary Theorizing about Economic Change", *Journal of Economic Literature*, 33, no. 1 (March 1995), pp. 48—90.

Nelson, Richard R., "Where Are We in Discussion? Retrospect and Prospect", in John W. Kendrick, ed., *International Comparison of Productivity and Causes of the Slowdown*, Cambridge MA: Ballinger Publishing, 1984.

Nelson, Richard R., "What is 'Commercial' and What is 'Public' About Technology, and What Should Be?" in Nathan Rosenberg, Ralph Landau, and David Mowery, eds., *Technology and* the Wealth of Nations, Stanford: Stanford University Press, 1992, pp. 57—71.

Nelson, Richard R., and Sidney Winter, *An Evolutionary Theory of Economic Change*, Cambridge MA: The Belknap Press of Harvard University Press, 1982.

Neumann, John won and Oskar Morgenstern, *Theory of Games and Economic Behavior*, Princeton University Press, 1944.

Newman, John Henry, *The Idea of A University*, ed, Frand M. Turner, New Haven: Yale University Press, 1996.

Nicholas, Barry, *An Introduction to Roman Law*, Clarendon Press, 2008.

Nikolaos, Bakalis, *Handbook of Greek Philosophy: From Thales to the Stoics Analysis and Fragments*, Trafford Publishing, 2005.

Nordhaus, William, "Do Real Output and Real Wage Measures Capture Reality? The History of Lighting Suggests Not", in Timothy F. Bresnahan and Robert J. Gordon, eds, *The Economics of New Goods*, University of Chicago Press, 1997.

North, Douglas, *Institutional Change and American Economic Growth*, New York: Cambridge University Press, 1971 (with Lance Davis).

North, Douglas, *The Economic Growth of the United States, 1790—1860*, Prentice Hall, 1961.

North, Douglas C., *Institutions, Institional Change, and Economic Performance*, New York: Cambridge University Press, 1990.

North, Douglas, *Understanding the Process of Economic Change*, Princeton: Princeton University Press, 2005.

North, Douglas and Robert P. Thomas, *The Rise of the Western World: A New Economic History*, Cambridge: Cambridge University Press.

North, Douglas and Robert P. Thomas, *Structure and Change in Economic History*, W. W. Norton & Company, 1981.

O'Brian, Anthony P., "Factory Size, Economies of Scale, and the Great Merger Wave of 1898—1902", *Journal of Economic History*, 48, 1988, pp. 639—650.

Odekunle, Femi, ed., *Nigeria: Corruption in Development*, Ibadan, Nigeria: Ibadan University Press, 1986.

OECD, *Climate Change Mitigation: What Do We Do?* 2008.

Olby, Robert, *The Path to The Double Helix: Discovery of DNA*, MacMillan, 1994.

Olson, Mancur, *The Logic of Collective Action*, Cambridge, MA: Harvard University Press, 1965.

Osborne, David and Ted Gaebler, *Reinventing Government: How the Entrepreneurial Spirit Is Transforming the Public Sector*, New York: Plume Books (Penguin Group), 1993.

Ostwald, Martin, *From Popular Sovereignty to the Sovereignty of Law: Law, Society and Politics in Fifth-century Athens*, Berkeley: University of California Press, 1986.

Pagden, Anthony, *Peoples and Empires: A Short History of European Migration, Exploration, and Conquest from Greece to the Present*, Random House, 2001.

Palim, Mark R. A., "The Worldwide Growth of Competition Law: An Empirical Analysis", *Anti-trust Bulletin*, Spring 43, 1998, 1, pp. 105—145.

Panagopoulos, E. P., *Essays on the History and Meaning of Checks and Balances*, Lanham, Md: University Press of America, 1985.

Persky, Joseph, "The Ethology of Homo Economicus", *Journal of Economic Perspectives*, Spring 1995, 9, no. 2.

Pettit, Philip, *Judging Justice: An introduction to Contemporary Political Philosophy*, London: Routledge and Kegan Paul, 1980.

Pickover, Clifford, *Archimedes to Hawking: Laws of Science and the Great Minds Behind Them*, Oxford University Press, 2008.

Ping-ti, Ho, "The Salt Merchants of Yang-chou: A Study of Commercial Capitalism in Eighteenth-Century China", *Harvard Journal of Asiatic Studies*, (17) 1954.

Pirenne, Henri, *Early Democracy in the Low Countries*, W. W. Norton, 1963.

Pollitt, Christopher and Greet Bouckaert, *Public Management Reform: A Comparative Analysis*, New York: Oxford University Press, 2000.

Polanyi, Karl, *The Great Transformation: The Political and Economic Origins of Our Times*, Boston: Beacon Press, 1944.

Polybius, *The Rise of the Roman Empire*, Book VI, Penguin Books, 1979.

Popper, Sir Karl, "Science: Conjectures and Refutations", in *Philosophy of Science*, edited by E. D. Klemke, Robert Hollinger, David Wyss Rudge, with A David Klime, New York: Prometheus Books, 1998, pp. 35—58.

Porter, Alan L. et al, *High Tech Indicators: Technology-based Competitiveness of 33 Nations, 2007 Report* (Report to the Science Indicators Unit, Division of Science Resources Statistics, National

Science Foundation, January 22, 20008), Technology Policy and Assessment Center, Georgia Institute of Technology.

Porter, Michael E., *Competitive Advantage: Creating and Sustaining Superior Performance*, New York: Free Press, 1985.

Porter, Michael E. Mirotaka Takeuchi and Mariko Skakibara, *Can Japan Compete*? MacMillan Press, 2000.

Posner, Richard A., "The Social Cost of Monopoly and Regulations", *Journal of Political Economy* 83, 1975, pp. 807—828.

Prescott, Edward C., "The Transformation of Macroeconomic Policy and Research", in *Federal Reserve Bank of Minneapolis 2004 Annual Report*, pp. 19—22.

Przeworski, Adam and Fernando Limongi, "Modernization: Theories and Facts", *World Politics*, 49, 1997, p. 165.

Przeworsk, Adam, Michael Alvarez, Jose Antonio Cheibub, Fernando Limongi, *Democracy and Development: Political Institutions and Well-Being in the World, 1950—1990*, Cambridge University Press, pp. 187—215.

Rahe, Paul A., "Moderating the Political Impulse", in Gary Gregg, ed., *Securing Democracy: Why We Have an Electoral College*, Wilmington, Del.: ISI Books, 2001.

Rashdall, Hastings, *The University of Europe in the Middle Ages*, New York: Oxford University Press, 1936.

Rasler, Karen A. and William R. Thompson, "Global Wars, Public Debts, and the Long Cycle", *World Politics*, 35(4), 1983, p. 496.

Rawls, John, *A Theory of Justice*, Oxford: Oxford University Press, 1971.

Riordan, Michael and Oliver E. Williamson: "Asset Specificity and Economic Organization", *International Journal of Industrial Organization*, 1985, 3, pp. 365—78.

Riper, Paul P. Van, *History of the United States Civil Service*, Greenwood Press, 1958.

Roberts, Adam Charles, "The History of Science Fiction", in *Science Fiction*, Routledge, 2000.

Robinson, Joan, *The Economics of Imperfect Competition*, St. Martins Press, 1969.

Rodes, Frank, *The Creation of the Future: The Role of the American University*, Cornell University Press, 2001.

Roll, Eric, *A History of Economic Thought*, Englewood Cliffs, NJ: Prentice-Hall, 1953.

Romer, Paul, "Endogenous Technological Change", *Journal of Political Economy*, October 1990.

Rosecrance, Richard, "Long Cycle Theory and International Relations", *International Organization*, 1987, 41(2), pp. 283—301.

Ross, Cameron, *Russian Politics under Putin*, Manchester University, 2004.

Rosser, B., "Extensions of Some Theroms of Godel and Church", *Journal of Symbolic Logic*, 1 (1936), N1, pp. 87—91.

Rubio, Philip F., *A History of Affirmative Action, 1619—2000*, University Press of Mississippi, 2001

Russell, J. C., *Medieval Regions and their Cities*, Newton Aboot: Aldus Book, 1972.

Rutherford, Malcolm, *Institutions in Economics: the Old and the New Institutionalism*, Cambridge: Cambridge University Press, 1996.

Rwals, John, "Kantian Constructivism in Moral Theory", *The Journal of Philosophy*, 1980, v. 88, pp. 515—72.

Sachs, Jeffrey and Andrew Warner, "Economic Reform and the Process of Global Integration", *Brookings Papers on Economic Activity*, 1, 1995.

Sachs, Jeffrey and Andrew M. Warner, "The Curse of Natural Resources", *European Economic Review*, 45(4—6), 2001, pp. 827—38.

Samuelson, Paul, "Illogic of Neo-Marxian Doctrine of Unequal Exchange", D. Belsley et al., (eds.) *Inflation, Trade and Taxes*, Ohio State University Press. 1976.

Schelling, Thomas, *Micro Motives and Macro Behavior*, New York: Norton, 1978.

Scherer, Frederic, *Competition Policy, Domestic and International*, Cheltenham, UK Northampton, Edward Elgar, 2000.

Schonberger, R. J., *Japanese Manufacturing Techniques: Nine Hidden Lessons in Simplicity*, New York: Free Press, 1982.

Schultz, Theodore, "Economics, Agricutfure and the Political Economy", in Anderou, P. ed., *Agricultural Development of Poor Nations*, Nairobi: East African Literature Bureau, 254—265.

Schultz, Theodore, *The Economic Organization of Agriculture*, McGraw Hill, 1953.

Schumpeter, Joseph A., *Capitalism, Socialism, and Democracy*, New York: Harper and Brothers Publishers, 1942.

Schwartz, Bernard, *A History of the Supreme Court*, Oxford: Oxford University press, 1993.

Schwartz, Herman M., *States versus Markets: The Emergence of a Global Economy*, New York: St. Martin's Press, 200.

Scott, W. R., *Joint Stock Companies to 1720*, Cambridge: Cambridge University Press, 1912.

Sen, Amartya, *Development as Freedom*, New York: Anchor Books, 1999.

Service, Elman R., *Origins of the State and Civilization*, New York: W. W. Norton and Company, 1975.

Shaw, Jonathan, "Physics of the Familiar", *Harvard Magazine*, March-April 2008.

Shiller, Robert, *Irrational Exuberance*, Princeton University Press, 2000.

Shleifer, Andrei & Vishny, Robert W, "Corruption", *The Quarterly Journal of Economics*, 1993, vol. 108(3), pp. 599—617.

Shleifer, Andrei and Robert Vishny, *The Grabbing Hand: Government Pathologies and Their Cures*, Cambridge, MA: Harvard University Press, 1998.

Shumer, Wesley, *College for Sale: A Critique of the Commodification of Higher Education*, Washington D. C.: The Falmer Press, 1997.

Simon, Herbert, *Models of Bounded Rationality*, MIT Press. 1997.

Sinclair, Andrew, *A Concise History of the United States*, Sutton Publishing Limited, 1999.

Singh, Simon, *The Code Book*, New York: Anchor Books, 1999.

Slonim, Shlomo, "Designing the Electoral College", in Thomas E. Cronin, ed., *Inventing the American Presidency*, Lawrance: University Press of Kansas, 1989.

Smith, Adam (1776), *An Inquiry into the Nature and Causes of the Wealth of Nations*, New York: Random House, 1985.

Smith, N., "'Academic War over the Field of Geography': The Elimination of Geography at Harvard, 1947—1951", *Annals of American Association of American Geographers*, Vol. 77, No. 2, 1987, pp. 155—172.

Solow, Robert, "A Contribution to the Theory of Economic Growth", *Quarterly Journal of Economics*, 70 (February 1956), pp. 65—94.

Solow, Robert, "The last 50 years in growth theory and the next 10", *Oxford Review of Economic Policy*, 2007: 23 (1), pp. 3—14.

Soros, George, *The Alchemy of Finance: Reading the Mind of the Market*, John Wiley & Sons,

Inc. 1987.

Stavrianos, L. S., *A Global History: From Prehistory to the 21st Century* (7th edition ed.), Upper Saddle River, New Jersey: Prentice Hall, 1998.

Stern, Todd and William Antholis, "A Changing Climate: The Road Ahead for the United States", *The Washington Quarterly*, 31:1, 2007, pp. 175—188.

Stigler, George, "The Division of Labor is Limited by the Extent of the Market", *Journal of Political Economy* LIX, No. 3 (June 1951), pp. 185—93.

Stiglitz, Joseph, *Wither Socialism*? Cambridge: MIT, 1994.

Stocking, George W. and Myron W. Watkins, *Cartels in Action*, New York: 20th Century Fund, 1964.

Stockton, David, *The Classical Athenian Democracy*, Oxford: Oxford University Press, 1990.

Stokes, Geoff, *Popper: Philosophy, Politics and Scientific Method*, Cambridge: Polity Press, 1998.

Strayer, Joseph R., *On the Medieval Origins of the Modern State*, Princeton: Princeton University Press, 1970.

Streeter, E. C., *Solving the Solar Enigma: The Story of the Scientists Behind the Discovery of the Sun's Energy*, Source Dimension Engineering Press, 2005.

Sun, Yan, "Reform, State, and Corruption: Is Corruption Less Destructive in China than in Russia?" *Comparative Politics*, 32:1999. pp. 1—20.

Sundquist, Eric J., ed., *The Oxford W. E. B. Du Bois Reader*, Oxford University, 1996.

Sutton, Robert, *Weird Ideas That Work*, New York: Free Press, 2002.

Tanner, J. R., *Constitutional Documents of the Reign of James I, 1603—1625*, Cambridge: Cambridge University Press, 1930.

Tanzi, Vito and Ludger Schuknecht, "Reconsidering the Fiscal Role of Government: The International Perspective", *American Economic Review*, vol. 87, no. 2, Papers and Proceedings of the Hundred and Fourth Annual Meeting of the American Economic Association, May, 1997, pp. 164—168.

Taviani, Paolo Emilio, *Columbus, the Great Adventure: His Life, his Times, and his Voyages*, New York: Orion Books, 1991.

Tawny, Richard Henry, *Religion and the Rise of Capitalism*, New York: Harcourt, Brace and

Company,1926（Reprinted and published as a Mentor Book,New York,1948）.

Teng,Ssu-yu,"Chinese Influence on the Western Examination System：I. Introduction",*Harvard Journal of Asiatic Studies*,1943,vol. 7,no. 4,pp. 275—276.

Teschke,Benno,"Theorizing the Westphalian System of State：International Relations from Absolutism to Capitalism",*European journal of International Relations*,8(1),2002,p. 12.

The United States of America,*House Executive Document*,43rd Congress,1st Session (1873—74),Doc,No. 221,p. 24.

Thurow,Lester,*Head to Head：The Coming Economic Battle Among Japan，Europe，and America*,New York：Warner Books,1992.

Tierney,Brian,Donald Kagan and L. Pearce Williams eds. ,*Great Issues in Western Civilization：Since 1500*,Ithaca：Cornell University Press,1967.

Tilly,Charles,*Coercion，Capital，and European States*,Oxford：Blackwell,1992.

Tilly,Charles. ed. ,*The Foundation of the National State in Western Europe*,Princeton：Princeton University Press,1975.

Tipler,Paul,*Physics for Scientists and Engineers：Electricity，Magnetism，Light，and Elementary Modern Physics*(5th ed.),W. H. Freeman,2004.

Tortellas,Gabriel,"Patterns of Economic Retardation and Recovery in South-western Europe in the Nineteenth and Twentieth Centuries",*Economic History Review*,47,1 (Feburary),1994,p. 1—21.

Toynbee,Arnold J. ,*A Study of History*(Abridgement of Volumes I—VI),Oxford University Press,1987.

Treadgold,Warren,*Renaissance Before the Renaissance：Cultural Revivals of Late Antiquity and the Middle Ages*,Stanford University Press,1985.

Tullock,Gordon,*The Economics of Special Privileges and Rent Seeking*,Boston：Kluwer Academic Publisher,1989.

Tullock,Gordon,*The Social Dilemma*,Blacksburg,VA：University Publications,1974.

UNESCO,*What is Race*? Paris,1952.

Utton,Michael,"Fifty Years of U. K. Competition Policy",*Review of Industrial Organization*,16,2000,pp. 267—285.

Violet Barbour,*Capitalism in Amsterdam During the Seventeenth Century*,Johns Hopkins Press,

1950.

Vogel, Ezra F., *Japan as Number One, Lessons for America*, Cambridge: Harvard University Press, 1979.

Waldrop, M. Mitchell, *Complexity: The Emerging Science at the Edge of Order and Chaos*, New York: Touchstone, 1992.

Wallace, Mike and Bill Adler, eds., *The Way We Will Be 50 Years from Today: 60 of the World's Greatest Minds Share Their Views of the Next Half-Century*, Nashvill Tennessee: Thomas Nelson, 2008.

Wallerstein, Immanuel, *The Politics of the World-Economy: The States, Movements and Civilizations*, Cambridge: Cambridge University Press, 1984.

Walker, Iain, and Heather J. Smith, *Relative Deprivation: Specification, Development, and Integration*, Cambridge University Press, 2001.

Walsh, Vivian, and Harvey Gram, *Classical and Neoclassical Theories of General Equilibrium*, New York: Oxford University Press, 1980.

Warch, David, *Knowledge and the Wealth of Nations: A Story of Economic Discovery*, W. W. Norton & Company, 2006.

Ward, Barbara and Rene Dubos, *Only One Earth: the Care and Maintenance of a Small Planet*, W. W. Norton and Company, 1983.

Washington, Booker T., et al., *The Negro Problem: A Series of Articles by Representatives American Negroes of Today*, New York: James Pott and Company, 1903.

Watson, James D., *The Molecular Biology of the Gene*, New York: W. A. Benjamin, 1965.

Watson, James D., *Avoid Boring People and other Lessons from a Life in Science*, New York: Random House, 2007.

Weber, Max, *The Protestant Ethic and the Spirit of Capitalism*, New York: Scibners, 1958.

Weber, Marx, *Economy and Society*, Guenther Roth and Carl Wittich, trans, New York: Bedminster Press, 1968.

Weiss, Linda and John M. Hobson, *States and Economic Development: A Comparative Historical Analysis*, Cambridge: Polity Press, 1995.

Weitzman, Martin and Xu Chenggang, "Chinese Township and Village Enterprises as Vaguely Defined Cooperatives", *Journal of Comparative Economics*, 1994, 18, pp. 121—145.

Wesson, Robert, *State Systems: International Pluralism, Politics, and Culture*, New York: The Free Press, 1978.

West, Richard, *Tito and Rise and Fall of Yugoslavia*, New York: Caroll and Graf Publishers, 1996.

Whitehead, North Alfred, *Modes of Thought*, New York: Free Press, 1968.

Williamson, Oliver E., "The New Institutional Economics: Taking Stock, Looking Ahead", *Journal of Economic Literature*, 38 (3), September 2000, pp. 595—613.

Williamson, Oliver E., *Markets and Hierarchies: Analysis and Antirust Implication*, New York: The Free Press, 1975.

Williamson, Oliver E., "Examining Economic Organization Through the Lens of Contract", *Industrial and Corporate Change*, 12 (4), August 2003, pp. 917—942.

Williamson, Oliver E., "Credible Commitments: Using Hostages to Support Exchange", *American Economic Review*, September 1983, 73, pp. 519—40.

Williamson, Oliver E., "Public and Private Bureaucracies: A Transaction Cost Economics Perspective", *Journal of Law, Economics, and Organization*, 15 (1), 1999, pp. 306—342.

Williamson, Oliver E., "Revisiting Legal Realism: The Law, Economics, and Organization Perspective", *Industrial and Corporate Change*, 5 (2), 1996, pp. 383—420.

Williamson, Oliver E., *Transaction Cost Economics and Organization Theory*, *Industrial and Corporate Change*, 2 (2), reprinted in the *Mechanisms of Governance*, W. E. Williamson, Oxford University Press, 1966.

Wolferen, K. Van, *The Enigma of Japanese Power: People and Politics in a Stateless Nation*, New York: A. A. Knopf, 1989.

Wood, Frances, *The Silk Road: Two Thousand Years in the Heart of Asia*, Berkeley: University of California Press, 2002.

World Bank, *The East Asian Miracle: Economic Growth and Public Policy*, Oxford University Press, 1993.

World Bank, *World Development Report*, New York: Oxford University Press, 1997, 2005.

Wright, H. T., "Recent Research on the State", *Annual Review of Anthropology*, 6 (1977), pp. 379—397.

Wyckoff, Peter, *Wall Street and the Stock Markets: A Chronology, 1644—1971*, Philadelphia:

Chilton, 1972.

Yang Xiaokai and Yewkwang Ng, "Theory of the Firm and Structure of Residual Rights", *Journal of Economic Behavior and Organization*, 26, 1995, pp. 107—128.

Yonekura, Seiichiro, *The Japan Iron and Steel Industry, 1850—1990: Continuity and Discontinuity*, London: MacMillan Press, 1994.

Zhang, Weiying, "Decision Rights, Residual Claim and Performance: A Theory of How the Chinese State Enterprise Reform Works", *China Economic Review*, vol. 7(1), 1997, pp. 68—82.

〔波〕哥白尼:《天体运行论》,叶式辉译,北京:北京大学出版社2006年版。

〔德〕恩格斯:《英国工人阶级状况》,北京:人民出版社1956年版。

〔德〕哈贝马斯:《公共领域的结构转型》,曹卫东等译,上海:学林出版社1999年版。

〔德〕黑格尔:《历史哲学》,王造时译,北京:三联书店1956年版。

〔德〕黑格尔:《哲学史讲演录》第一卷,贺麟、王太庆译,北京:商务印书馆1983年版。

〔德〕康德:《法的形而上学原理——权利的科学》,北京:商务印书馆2005年版。

〔德〕马克思:《马克思恩格斯全集》,北京:人民出版社2003年版。

〔德〕马克斯·韦伯:《经济与社会》上卷,林荣远译,北京:商务印书馆1997年版。

〔俄〕列宁:《帝国主义是资本主义的最高阶段》,中共中央马克思恩格斯列宁斯大林著作编译局译,北京:人民出版社1964年版。

〔俄〕札依翁契可夫斯基:《俄国农奴制度的废除》,叔明译,北京:三联书店1957年版。

〔法〕弗朗斯瓦·魁奈:《中华帝国的专制制度》,谈敏译,北京:商务印书馆1992年版。

〔法〕孟德斯鸠:《论法的精神》,张雁深译,北京:商务印书馆1982年版。

〔法〕皮埃尔·米盖尔:《法国史》,蔡鸿滨译,北京:商务印书馆1985年版。

〔法〕施阿兰:《使华记:1893—1897年》,郑永慧译,北京:商务印书馆1989年版。

〔法〕托克维尔:《旧制度与大革命》,冯棠译,北京:商务印书馆1992年版。

〔法〕托克维尔:《论美国的民主》,董果良译,北京:商务印书馆1988年版。

〔古希腊〕柏拉图:《法律篇》,张智仁、何勤华译,上海:上海人民出版社2001年版。

〔古希腊〕修昔底德:《伯罗奔尼撒战争史》,徐松岩、黄贤全译,桂林:广西师范大学出版社2004年版。

〔古希腊〕亚里士多德:《政治学》,北京:商务印书馆1965年版。

〔美〕阿尔伯特·赫希曼:《退出、呼吁与忠诚:对企业、组织和国家衰退的回应》,卢昌崇译,北京:经济科学出版社2001年版。

参考文献

〔美〕阿瑟·刘易斯:《二元经济论》,施炜、谢兵、苏玉宏译,北京:北京经济学院出版社1989年版。

〔美〕阿瑟·刘易斯:《经济增长理论》,梁小民译,上海:上海人民出版社、上海三联书店1994年版。

〔美〕阿图尔·科利:《国家引导的发展——全球边缘地区的政治权力和工业化》,朱天飚、黄琪轩、刘骥译,长春:吉林科学技术出版社2007年版。

〔美〕爱德华·O.威尔逊:《社会生物学:新的综合》,毛盛贤等译,北京:北京理工大学出版社2008年版。

〔美〕埃德蒙·费尔普斯:《大繁荣:大众创新如何带来国家繁荣》,余江译,北京:中信出版社2013年版。

〔美〕白修德:《美国的观念》,北京:三联书店1996年版。

〔美〕查尔斯·德伯:《公司帝国》,闫正茂译,北京:中信出版社2004年版。

〔美〕查默斯·约翰逊:《通产省与日本奇迹》,戴汉笠等译,北京:中共中央党校出版社1992年版。

〔美〕戴维·S.兰德斯:《国富国穷》,门洪华等译,北京:新华出版社2007年版。

〔美〕戴维·奥斯本、特德·盖布勒:《改革政府:企业家精神如何改革着公营部门》,周敦仁等译,上海:上海译文出版社2006年版。

〔美〕丹尼斯·古莱特:《靠不住的承诺:技术迁移中的价值冲突》,邴立志译,北京:社会科学文献出版社2004年版。

〔美〕道格拉斯·诺斯:《经济史中的结构与变迁》,陈郁、罗华平等译,上海:上海人民出版社1994年版。

〔美〕道格拉斯·诺思:《理解经济变迁过程》,钟正生等译,北京:中国人民大学出版社2008年版。

〔美〕德·希·珀金斯:《中国农业的发展:1368—1968》,宋海文译,上海:上海译文出版社1984年版。

〔美〕费约翰:《唤醒中国:国民社会中的政治、文化和阶级》,李恭忠等译,北京:三联书店2005年版。

〔美〕费正清等:《剑桥中华人民共和国史(1949—1965)》,王建郎等译,上海:上海人民出版社1990年版。

〔美〕佛格尔:《日本第一》,李孝悌译,台北:长河出版社1982年版。

〔美〕汉密尔顿、杰伊、麦迪逊:《联邦党人文集》,程逢如、在汉、舒逊译,北京:商务印书馆1980年版。

〔美〕黄仁宇:《明代的漕运》,张皓、张升译,北京:新星出版社2005年版。

〔美〕黄仁宇:《十六世纪时代中国之财税与税收》,阿风等译,北京:三联书店2001年版。

〔美〕卡尔·魏特夫:《东方专制主义》,徐式谷等译,北京:中国社会科学出版1989年版。

〔美〕科恩:《论民主》,聂崇信译,北京:商务印书馆1994年版。

〔美〕科斯、阿尔钦等:《财产权利与制度变迁:产权学派与新制度学派译文集》,刘守英等译,上海:上海人民出版社1994年版。

〔美〕克里斯蒂娅·弗里兰:《世纪大拍卖——俄罗斯转轨的内幕故事》,刘卫、张春霖译,北京:中信出版社2004年版。

〔美〕库尔特·马尔克特:《美国反托拉斯法的现状和发展趋势》,载松尼曼:《美国和德国的经济与经济法》,北京:法律出版社1991年版。

〔美〕拉普:《技术科学的思维机构》,刘武译,长春:吉林人民出版社1988年版。

〔美〕劳伦·勃兰特、托马斯·罗斯基:《伟大的中国经济转型》,方颖、赵扬等译,上海:上海人民出版社2009年版。

〔美〕迈克尔·波特、〔日〕竹内广高:《日本还有竞争力吗?》,陈小悦等译,北京:中信出版社2002年版。

〔美〕迈克尔·波特:《国家竞争优势》,李明轩、邱如美译,北京:中信出版社2007年版。

〔美〕格里高利·曼昆:《经济学原理》,梁小民译,北京:北京大学出版社2001年版。

〔美〕乔·萨托利:《民主新论》,冯克利、阎克文译,北京:东方出版社1993年版。

〔美〕萨缪尔·亨廷顿:《变动社会的政治秩序》,张岱云等译,上海:上海译文出版社1989年版。

〔美〕萨缪尔·亨廷顿:《第三波——20世纪后期民主化浪潮》,刘军宁译,上海:上海三联书店1998年版。

〔美〕萨缪尔·亨廷顿:《发展的目标》,载罗荣渠:《现代化:理论与历史经验的再探讨》,上海:上海译文出版社1993年版。

〔美〕萨缪尔·亨廷顿:《文明的冲突与世界秩序的重建》,周琪等译,北京:新华出版社2002年版。

〔美〕斯塔夫里阿诺斯:《全球通史:从史前史到21世纪》,吴象婴等译,北京:北京大学出版社2006年版。

〔美〕托马斯·弗里德曼:《世界是平的:21世纪简史》,何帆、肖莹莹、郝正非译,长沙:湖南科学技术出版社2006年版。

〔美〕威尔逊:《国会整体:美国政治研究》,熊希龄、吕德本译,北京:商务印书馆1986年版。

〔美〕威廉姆·尼斯坎南:《官僚制与公共经济学》,王浦劬等译,北京:中国青年出版社2004年版。

〔美〕韦克特:《大萧条时代》,秦传安译,北京:新世界出版社2008年版。

〔美〕韦斯特福尔:《牛顿传》,郭先林、尹建新等译,北京:中国对外翻译出版公司1999年版。

〔美〕小艾尔弗雷德·D.钱德勒:《看得见的手:美国企业的管理革命》,重武译,北京:商务印书馆1987年版。

〔美〕熊彼特:《资本主义、社会主义与民主》,吴良健译,北京:商务印书馆1999年版。

〔美〕约翰·P.科特:《以变求生》,郭明芳、温新年译,北京:新华出版社1998年版。

〔美〕约翰·戈登:《伟大的博弈:华尔街金融帝国的崛起(1653—2004)》,郝斌译,北京:中信出版社2005年版。

〔美〕约翰·惠特尼·霍尔:《日本》,周一良译,北京:商务印书馆1997年版。

〔美〕约瑟夫·斯蒂格利茨:《社会主义向何处去——经济体制转型的理论与证据》,周立群等译,长春:吉林人民出版社1998年版。

〔葡萄牙〕曾德昭:《大中国志》,何高济译,上海:上海古籍出版社1998年版。

〔日〕平川佑弘:《利玛窦传》,刘岸伟、徐一平译,北京:光明日报出版社1999年版。

〔日〕永井道雄:《近代化与教育》,王振宇、张葆春译,长春:吉林人民出版社1984年版。

〔西〕门多萨:《中华大帝国史》,何高济译,北京:中华书局1998年版。

〔匈〕科尔纳:《短缺经济学》,张晓光等译,北京:经济科学出版社1986年版。

〔意〕利玛窦、金尼阁:《利玛窦中国札记》,何高济、王遵仲、李申译,北京:中华书局1983年版。

〔意〕马基雅维利:《君主论》,潘汉典译,北京:商务印书馆1985年版。

〔意〕马可·波罗:《马可·波罗游记》,北京:中国文史出版社1998年版。

〔意〕尼科洛·马基雅维利:《论李维》,冯克利译,上海:上海人民出版社2005年版。

〔英〕安格斯·麦迪森:《世界经济千年史》,伍晓鹰等译,北京:北京大学出版社2003年版。

〔英〕戴维·赫尔德:《全球大变革:政治、经济和文化》,杨雪冬等译,北京:社会科学文献出版社2001年版。

〔英〕汉斯·约阿西姆·施杜里希:《世界哲学史》,吕叔君译,济南:山东画报出版社2006年版。

〔英〕霍布斯:《利维坦》,朱敏章译,上海:商务印书馆1934年版。

〔英〕简·莱恩:《新公共管理》,赵成根等译,北京:中国青年出版社2004年版。

〔英〕卡尔·波兰尼:《大转型》,冯钢、刘阳译,杭州:浙江人民出版社2007年版。

〔英〕卡尔·波普尔:《科学发现的逻辑》,查汝强、邱仁宗、万木春译,杭州:中国美术学院出版2008年版。

〔英〕李约瑟:《中国科学技术史》,《中国科学技术史》翻译委员会译,北京:科学出版社1975年版。

〔英〕理查德·道金斯:《自私的基因》,卢允中等译,长春:吉林人民出版社1998年版。

〔英〕罗伯茨:《世界文明通史》,周国强等译,上海:上海人民出版社2002年版。

〔英〕罗素:《西方哲学史》,何兆武、李约瑟译,北京:商务印书馆1963年版。

〔英〕马歇尔:《经济学原理》,陈良璧译,北京:商务印书馆1964年版。

〔英〕帕特里克·敦利威:《民主、官僚制和公共选择》,张庆东译,北京:中国青年出版社2004年版。

〔英〕莎士比亚:《莎士比亚全集》,朱生豪译,北京:人民文学出版社1994年版。

〔英〕史蒂芬·霍金:《时间简史》,许明贤、吴忠超译,长沙:湖南科学技术出版社1995年版。

〔英〕斯当东:《英使谒见乾隆纪实》,叶笃义译,上海书店出版社2005年版。

〔英〕大卫·休谟:《人性论》,关文运译,北京:商务印书馆1980年版。

〔英〕大卫·休谟:《论艺术和科学的兴起和进步》,载《人性的高贵与卑劣——休谟散文集》,杨适译,上海:上海三联书店1988年版。

〔英〕约·雷·麦克库洛赫:《政治经济学原理》,郭家麟译,北京:商务印书馆1975年版。

〔英〕约翰·亨利·纽曼:《大学的理念》,高师宁等译,贵阳:贵州教育出版社2003年版。

〔英〕约翰·基西克:《理解艺术——5000年艺术大历史》,水平、朱军译,海口:海南出版社2003年版。

〔英〕约翰·梅纳德·凯恩斯:《就业、利息和货币通论》,魏埙译,西安:陕西人民出版社2006年版。

参考文献

〔英〕约翰·密尔:《论自由》,程崇华译,北京:商务印书馆1959年版。

〔英〕约翰·希克斯:《经济史理论》,厉以平译,北京:商务印书馆1987年版。

《英国100问》,英国外交和联邦事务部出版,(中文版由英国驻华大使馆提供)。

陈敦德:《毛泽东与尼克松的最后一次见面》,载《学习月刊》2002年第6期。

陈佳贵:《中国社会保障发展报告》,北京:社会科学文献出版社2007年版。

陈钦庄、詹天祥、计翔翔:《世界文明史简编》,杭州:浙江大学出版社2000年版。

陈哲夫:《漫谈民主政治》,载王浦劬、傅军主编:《政府管理研究》第一辑,北京:中国经济出版社2003年版。

崔之元:《美国29州国有公司法变革的理论背景及对我国的启示》,载《经济研究》1996年第4期。

邓嗣禹:《中国对西方考试制度的影响》,载《哈佛亚洲研究学报》1943年第7卷。

邓嗣禹:《中国科举制度在西方的影响》,载《释中国》(第一卷),上海:上海文艺出版社1998年版。

邓小平:《邓小平文选》,北京:人民出版社1993年版。

冯绍庭:《四大发明》,上海:上海古籍出版社1995年版。

冯友兰:《中国哲学史新编》第四卷,北京:人民出版社1992年版。

傅军:《色彩后面的理论功底》,载李海剑主编:《中国油画50家——王衍成》,海口:海南出版社2006年版。

傅军:《制度安排与技术进步:两个市场的命题》,北京大学政府管理学院企业与政府研究所,工作论文。

傅军、张颖:《反垄断与竞争政策:经济理论、国际经验及对中国的启示》,北京:北京大学出版社2004年版。

韩立华:《能源博弈大战:影响人类未来命运的最大挑战》,北京:新世界出版社2008年版。

何怀宏:《选举社会及其终结——秦汉至晚清历史的一种社会学阐释》,北京:生活·读书·新知三联书店1998年版。

贺渊:《三民主义与中国政治》,北京:社会科学文献出版社1998年版。

侯宜杰:《二十世纪初中国政治改革风潮》,北京:人民出版社1993年版。

胡适:《充分世界化与全盘西化》,载罗荣渠编:《从"西化"到现代化》,合肥:黄山书社2008年版。

胡适:《答陈序经先生》,载《独立评论》第160号。

黄留珠:《中国古代选官制度述略》,西安:陕西人民出版社1989年版。

黄仁宇:《资本主义与二十一世纪》,北京:生活·读书·新知三联书店1997年版。

黄现璠:《中国封建社会史》,桂林:广西大学图书馆铅印,1952年版。

江泽民:《论科学技术》,北京:中央文献出版社2001年版。

江泽民:《在激烈的国际竞争中掌握主动》,载《江泽民文选》第3卷,北京:中央文献出版社2003年版。

金克木:《说八股》,北京:中华书局1994年版。

金连娜:《俄罗斯国情》,哈尔滨:哈尔滨工业大学出版社2001年版。

李弘祺:《宋代官学教育与科举》,台北:联经出版事业公司1994年版。

李明伟:《丝绸之路贸易史研究》,兰州:甘肃人民出版社1991年版。

李双璧:《入仕之途——中西选官制度比较研究》,贵阳:贵州人民出版社2000年版。

联合国开发计划署:《2007/2008年人类发展报告,应对气候变化:分化世界中的人类团结》,www.hdr.undp.org。

梁启超:《饮冰室合集·文集》,北京:中华书局1989年版。

梁启超:《祖国大航海家郑和传》,载《新民丛报》1904年版。

列宁:《关于农业中资本主义发展规律的新材料》(1915年),载《列宁全集》第22卷,北京:人民出版社1990年版。

林毅夫:《关于制度变迁的经济学理论:诱致性变迁与强制性变迁》,载 R.科斯、A.阿尔钦、D.诺斯等:《财产权利与制度变迁——产权学派与新制度学派译文集》,上海:上海三联书店、上海人民出版社1994年版。

林毅夫:《经济发展与转型:思潮、战略与自生能力》,北京:北京大学出版社2008年版。

刘钝、王杨宗:《中国科学与科学革命》,沈阳:辽宁教育出版社2002年版。

刘海峰、李兵:《中国科举史》,上海:东方出版中心2004年版。

罗红波:《博洛尼亚大学》,长沙:湖南教育出版社1993年版。

马寅初:《马寅初全集》第15卷,杭州:浙江人民出版社1999年版。

马寅初:《新人口论》,北京:北京出版社1979年版。

毛泽东:《论十大关系》,北京:商务印书馆1978年版。

苗力田:《亚里士多德全集》第1卷"序",北京:中国人民大学出版社1990年版。

潘光旦、费孝通:《科举与社会流动》,载《社会科学》第4卷第1期,北京:清华大学出版社 1947 年版。

钱颖一:《市场与法治》,载王梦奎主编:《经济全球化与政府的作用》,北京:人民出版社 2001 年版。

任达:《新政革命与日本》,李仲贤译,南京:江苏人民出版社 1998 年版。

任继愈:《中国佛教史》第一卷,北京:中国社会科学出版社 1981 年版。

世界银行:《1996 年世界发展报告》,北京:中国财政经济出版社 1996 年版。

世界银行:《1997 年世界发展报告——变革世界中的政府》,北京:中国财政经济出版社 1997 年版。

世界银行:《2005 年世界发展报告》,北京:清华大学出版社 2005 年版。

世界银行:《2006 年世界发展报告》,北京:清华大学出版社 2006 年版。

世界银行:《东亚奇迹:经济增长与公共政策》,北京:中国财政经济出版社 1995 年版。

世界银行东亚和太平洋地区基础设施局、国务院发展研究中心产业经济研究所:《机不可失:中国能源可持续发展》,北京:中国发展出版社 2007 年版。

孙成权、肖仙桃:《国际科学发展态势与中国科学的影响力》,北京:科学出版社 2005 年版。

汤用彤:《汉魏两晋南北朝佛教史》,北京:中华书局 1983 年版。

田玉敏、张雅光:《美国的人力资源开发》,载《中国人力资源开发》2004 年第 4 期。

仝志敏:《国家公务员概论》,北京:中国人民大学出版社 1989 年版。

王梦奎:《中国中长期发展的重要问题:2006—2020》,北京:中国发展出版社 2006 年版。

王韬:《上当路论时务书》,载《弢园文录外编》卷十,郑州:中州古籍出版社 1998 年版。

王天有等:《郑和远洋与世界文明》,北京:北京大学出版社 2005 年版。

王小鲁:《我国灰色收入与国民收入差距》,载《比较》第 31 辑,北京:中信出版社 2007 年版。

吴大英等:《西方国家政府制度比较研究》,北京:社会科学文献出版社 1996 年版。

吴汉东等:《知识产权基本问题研究》,北京:中国人民大学出版社 2005 年版。

吴敬琏:《当代中国经济改革》,上海:上海远东出版社 2003 年版。

吴敬琏:《呼唤法治的市场经济》,北京:生活·读书·新知三联书店 2007 年版。

吴敬琏等:《建设市场经济的总体构想与方案设计》,北京:中央编译出版社 1996 年版。

吴学昭:《吴宓与陈寅恪》,北京:清华大学出版社 1992 年版。

吴宗国:《唐代科举制度研究》,沈阳:辽宁大学出版社 1997 年版。

向洪等:《哈佛理念》,青岛:青岛出版社2005年版。

萧公权:《中国政治思想史》,沈阳:辽宁教育出版社1998年版。

谢庆奎:《政治改革与政府创新》,北京:中信出版社2003年版。

许明龙:《孟德斯鸠与中国》,北京:国际文化出版社1989年版。

严复:《论教育与国家之关系》,载《东方杂志》第2卷第3期。

阎步克:《察举制度变迁史稿》,沈阳:辽宁人民出版社1991年版。

杨百揆等:《西方文官系统》,成都:四川人民出版社1985年版。

杨晓升:《政府机构改革之剑指向自身》,载《北京青年报》1998年4月8日。

叶朗等:《中国文化导读》,北京:生活·读书·新知三联书店2007年版。

余秋雨:《山居笔记·十万进士》,上海:文汇出版社2002年版。

袁行霈等:《中华文明史》,北京:北京大学出版社2006年版。

张铠:《庞迪我与中国》,北京:北京图书馆出版社1997年版。

张维迎:《企业理论与中国企业改革》,北京:北京大学出版社1999年版。

张维迎:《公有制经济中的委托人—代理人关系:理论分析和政策含义》,载《经济研究》1995年第4期。

张五常:《经济组织和交易费用》,载约翰·伊特韦尔、墨里·米尔盖特、彼得·纽曼编:《新帕尔格雷夫经济学大辞典》,北京:经济科学出版社1992年版。

张希清:《中国科举考试制度》,北京:新华出版社1993年版。

郑成思:《知识产权论》,北京:社会科学文献出版社2007年版。

郑家馨:《论国家权力对15世纪中国和葡萄牙两国海洋活动的不同作用》,载王天有等主编:《郑和远洋与世界文明》,北京:北京大学出版社2005年版。

郑利平:《腐败的经济学分析》,北京:中共中央党校出版社2000年版。

郑羽:《普京时代》,北京:经济管理出版社2008年版。

中国国际文化书院:《中西文化交流先驱——马可·波罗》,北京:商务印书馆1995年版。

中国现代化报告课题组、中国科学院中国现代化研究中心:《中国现代化报告》,北京:北京大学出版社2001年版。

中国证券监督管理委员会:《中国资本市场发展报告》,北京:中国金融出版社2008年版。

中央党校科研办公室:《中国古代史讲座》,下册,北京:求实出版社1987年版。

周宁:《2000年西方看中国》,北京:团结出版社1999年版。

朱天飚:《比较政治经济学》,北京:北京大学出版社2005年版。

朱孝远:《近代欧洲的兴起》,上海:学林出版社1997年版。

《晁错论》。

《道德经》。

《管子·明法》。

《汉书·高帝纪下》。

《红楼梦》。

《黄帝内经》。

《货殖列传》。

《谏逐客书》。

《老子》。

《礼记·礼运》。

《列子》。

《论语·为政》。

《孟子·梁惠王章句下》。

《明史》卷69—71。

《明通鉴》卷1。

《明太祖宝训》卷5。

《明夷待访录·置相》。

《墨子·尚贤》。

《儒林外史》。

《三十六计》。

《尚书·洪范》。

《尚书·泰誓》。

《诗经·大雅·文王》。

《诗经·小雅·北山》。

《史记·李斯列传》。

《史记·廉颇蔺相如列传》。

《殊域周咨录》。

《四书集注》。

《孙子兵法》。

《题西林壁》。

《天工开物》。

《万国公报》1905年10月号《中国振兴之新纪元》。

《文献通考·钱币二》。

《文子》。

《选举志》。

《荀子·君子》。

《荀子·王制》。

《盐铁论》。

《易经》。

《易系词》。

《岳阳楼记》。

《早送举人入试》。

《贞观政要·政体》。

《周易》。

《周易略例·明象》。

《庄子》。

索 引

A

阿尔钦,阿门 89,93,262,263,337

阿富汗 120,330

阿根廷 75,222,381,391,423

阿基米德 122

阿克顿,约翰 23,119

阿拉伯 4,5,20,114,165,166,267,268,310,358

阿罗,肯尼思 9,63,329,389

埃及 65,114,117,268,274,275,357

艾莱斯纳,艾尔波托 423

艾略特,查尔斯 345,349

爱因斯坦,阿尔伯特 11,16,17,30,37,48—52,55,62,76,104,175,306,356,371,372,419

安德森,佩里 82,230,282,283,360

奥巴马,巴拉克 200,247,316,403

奥地利 75,125,129,221,222,261,284,290,308,336,353,366

奥斯本,戴维 73,112

奥斯曼帝国 294

B

澳大利亚 15,26,75,119,125,225,352,353,357

BMW 18,26,31,56,57

BM=W 56—58,62,135,143,253

八股文 157—159

巴甫洛夫,伊凡 133

巴基斯坦 101

巴特,罗兰 2

巴西 32,101,134,135,379

霸权 84,161,284,310

白居易 108,155

百日维新 130,131

半殖民地 311

保护产权 18,85,109,135,219,249,262,267,268,282,286—288,293,296,313,320,414

保护主义 379,382,385,410—412

暴力 117,123,141,175,232,258,279,369

北京共识 127,133,370

本体论 42,45,83,105,164,356,425

比利时　56,75,85,125,221,222,231,304,
　　353,393

彼得大帝　5,296

俾斯麦　232

庇古,阿瑟　325

边际分析　97,325

边际效应　35,108

《变化社会中的政治秩序》120

波兰尼,卡尔　60,255

波普尔,卡尔　14,50,54

波斯纳,理查德　337,338,340

波特,迈克尔　25,240

伯克,罗伯特　63,337,338

伯里克利　203

伯南克,本　325

博丹,让　161,293

博弈论　102,121,128,329,337

不完全竞争　338,339

布莱尔,托尼　104,239

布鲁诺　122

布什,乔治　188,189,192,193,381

C

财产　84,99,117,123,126,196,202,214,218,
　　219,258,265,272,273,283,288,293—
　　295,316—318,320,326,327,363,
　　391,392

财产权利　74,93,172,262,263,265,293,296

财产所有权　84,87,89,124,266

财富　3,4,6,8,10,11,16—18,20,21,23,27,
　　31—34,53,57,58,62,64,71,78,85,90,
　　93,98,99,107,109—111,113,116,142,
　　143,172,173,190,206,214,220,224,
　　239,248,250,273,278,282,287—289,
　　292,295,301,311,316,320,330,332,
　　333,335,341—343,354,355,358,371,
　　379,380,387,388,390,392,395,397,
　　398,401,410,413,416,417,419

财政收入　85,295,392

财政政策　326—330

查士丁尼　65,208,264,266

《查士丁尼法典》65,208,264,266

察举　150—152,156

产权　9,17,27,59,74,82,84,85,93,96,106,
　　109,132,133,174,216,220,242,256—
　　259,262—270,272,273,276,277,279,
　　282—286,288,289,300,303,317,
　　391,395

产业结构　90,337,338,386,407

朝鲜　98,101,364

朝鲜半岛　6

成本　11,31,92,136,144,219,236,251,259,
　　263,267,269,273,277,278,322,327,
　　335,376,394,407,424

传教士　70—72,165,168,170,179

创新　8,16—18,23—25,41,51,71,80,84,
　　102,105,130,133,136,146,148,151,
　　152,159,179,197,219,223,225,227,
　　236,237,253,255,257,260,263,264,
　　269,286,292,299,300,306,314,315,

317,319,325,327,332—335,338—340,
344—346,354—356,372,376,378,401,
407,408,413,414,419,423,424

创造性的破坏 334,344

春秋战国 147,186

纯粹的民主 123,197

慈禧太后 131

D

达·芬奇 78,79,82

《大不列颠游记》253

《大国的兴衰》309,311,363

大久保利通 232,234

大陆法系 267

《大明律》277

大清民律 130

大熔炉 316

《大宪章》74,176,208,210,211,214,216,
217,225,283,295,296,317,388

大萧条 5,109,321—323,325—327,332,379,
380,382,409,410

大学 13,14,16,21,22,24,25,27,33,34,36,
37,39,40,43,44,46,51—53,55,59—61,
63,67,69—71,73,75,77,78,83,87,89,
93,99,102,103,105,106,113—115,117,
121—124,127,129—131,134,137,145,
150,151,153,156,157,164,166,167,
176,179,181,183,195,200,208,213,
221,225—228,233,236,238—240,242,
247,252,255,260—262,266,271,273—

276,280,283,286,290,294,297,299,
304,306,309,311,312,315,319,321,
327,328,334,338—341,343—353,355—
359,362—364,367,369,372,375,380,
381,387,391—394,399,404,407—409,
412,414,415,418,419,421—426

《大学的理念》43

《大中国志》70,169

《大转型》255

代理 89,96,97,146,157,182,212,222,225,
280,417

丹麦 75,125,218,221,222,284,353

道德风险 35,89,363

《道德经》153

道金斯,理查德 46

德布鲁,热拉尔 9,63,329

德国 3,5,6,19,31,33,36,37,57,70,73,75,
77,78,85,101,125,126,161,165,169,
174,176,182,200,221,222,227,231,
233,237,261,267,281,284,286,312,
315,336—338,342,345,349,352,353,
364,370,405

邓小平 24,92,94,111,120,130,137,138,
243,251,252,415

笛福,丹尼尔 253

笛卡尔 14,37

地缘政治 380,406

帝国 65,68,88,142,143,165,169,170,172—
174,176,184,196,217,223,238,254—
256,264,266—268,280,282—284,294,

309,320,351,360

《帝国主义是资本主义的最高阶段》3

丁韪良 179

定理 9,39,49,175,182,212,225,280,373,386,389,396,414,417

东方 17,20,72,77,120,145,152,162,166,167,170,173,174,179,180,182,239,268,271,280,295,320

东欧 59,95,127,132,364,365,368,370

东学西渐 144,160,163—165,168—170,182

东亚 6,94,114,117,226,405,425

东印度公司 86,170,248,309

动态 10,17,23,77,97,102,112,124,129,135,201,207,222,265,322,334,337,372

都铎王朝 283,388

《独立宣言》175,196,215,321

独立战争 198

杜鲁门,哈里 189,330

短缺经济 362,363

多明戈斯,侯赫 200,350,423,424

多数人的暴政 121,125,127,194,197,203

多元主义 126,219,223,280

E

俄国 64,66,67,71,119,121,133,196,218,235,236,284,286,287,296,308,309,320,360,369

《俄国农奴制度的废除》361

俄罗斯 5,75,101,113,156,175,252,290,353,358—361,363—368,383,384,387

恩格斯,弗里德里希 33,47,237,252,258,266,404

F

法国 2,5,34,57,70—72,75,77,78,84,85,101,118,121—126,161,165,169—173,175,176,194,196,200,208,210,211,216—218,221,222,231,233,235,238,242,261,267,269,283,284,286—290,292,293,295—297,308,309,312,319,320,336,352,353,359,360,364,386—388

法国大革命 107,175,176,194,289,290,388

法律 12,65,68,73,74,82,85,87,88,90,109,112,118,119,124,126,130,134,136,159,161,173,174,177,178,187,188,195,196,198,203,204,208—216,219,223,230,238,242,262—264,266—268,272,273,282,285,289,293,295,296,299,300,316—320,323,325,337—339,361,394—396,399

《法律篇》205

法律至上 183,185,212,417

法制 12,59,68,82,112,126,148,159,169,212,214,215,241,242,264,337,339,366,399

法治 10,12,18,59,85,87,88,90,91,97,112,118,119,121,122,124—127,135,141,159,175,181,183—185,187,188,197—199,207,210,212—215,221,222,235,

241—243,264,272,280,298,303,305,
313,318,339,340,366,367,385,387,
392,396,400,416,417

法治建设 123—125,157,367,417

法治政府 27,59,85,118,174,185,198,225,
241,280,318

反垄断 4,17,27,59,102,109,127,333—335,
337—341,366,394,400,413

反垄断法 102,109,112,127,333—340

纺织业 252,253

放任自流 10,107,279,286,322,324,329,331

非国有经济 98,129,392

非国有制 98

非理性 36,306

非人格化 17,27,73,143

非人格化交易 242

非市场 35,96,279,339,364

非市场制度 9

非洲 4,27,46,51,59,114—116,120,127,
226,257,268,269,271,359,390,420,422

费正清 91,92,145,146,418,425

分工 73,118,119,251,254,255,257,262,
270,353

分配 107,124,128,129,133,188,250,254,
282,291,294,295,303,390,395,401,405

分权和制衡 197

分权制衡 198

芬兰 75,113,125,221,222

焚书坑儒 65

风险 10,23,25,26,41,61,63,88,120,128,
129,133,241,248,290,300,303,306,
307,316,323,332,345,363,376—378,
381,384,392,393,402

封建 69,145,211,241,254—256,259—261,
280,283,320

佛教 21,44,229

弗里德曼规则 328

弗里德曼,米尔顿 218,328,366

弗里德曼,托马斯 25

伏尔泰 70,81,169—172,230,270

福格尔,罗伯特 106

福利 10,61,89,102,107,112,138,250,291,
325,327,335,337,340,363,389,392,
394,398,400

福山,弗朗西斯 38,198

福斯特,德鲁 200

福泽谕吉 230

腐败 23,113,115,116,119,129,133,178,
179,209,267,278,365,387,391,394—
397,402,413,416

傅斯年 43,77

富裕 5,8,21,25,26,31,32,64,74,113,114,
124,175,178,222,224,237,254,295,
311,354,367,387—389,401,416,421

《富裕社会》334

G

改革开放 2,26,31—34,91,93—96,98,99,
110,111,120,124,129,131,132,137,
138,146,160,241—243,251,273,281,

284,363,383,386,390,392,393,424

盖布勒,特德 73

戈登,约翰 178,179,224,258,287,292,304,305,319,332

戈尔,阿尔 188,193,299

哥白尼 50,52,54,55,78,122

哥伦布 66,167,268—276,278

格兰特,尤利西斯 180

格林斯潘,艾伦 329,330,378

格申克龙,亚历山大 111

个人理性 8,9,17,89,115,389

个人收益率 249,263,268,269,273,282,284,299

个人主义 35,48

工业 4,5,22,82,98,116,129,158,226,227,232,233,236,252,253,260,261,281,282,290,296,297,302,310,311,325,328,334,336,342,343,351,354,355,358,360,361,365,366,382,385—387,397,398,401,403—405,407—411

工业产量 310

工业革命 26,33,74,79,81,124,176,213,217,219,252—254,257,259,261,275,283,290,297,300,302,309,352,360,403,404,419

公共产品 40,117,257,258

《公共领域的结构转型》281

公共支出 296,326

公理 8,9,175,176,182,210,212,215,216,222,223,225,280,318,373,396,414,416,417

公民 26,68,87,88,114,119,121,123—125,141,161,168,181,185,187,190,197,202—207,210,213,218,220—222,233,272,318,321,388,391,392

公民大会 202,203,206

公司 4,21,36,38,40,70,86—90,99,105,109,138,144,173,227,247,256,292,303,304,309,316,318,319,321,323,330,334—337,343,351,354,360,366,376—378,383,393—395,399

《公司的性质》61,247

公司法 17,27,59,86,89,91,97,317,323

公司治理 89,96,362

公司治理结构 89

公务员制度 177,178,180,181,198,200,225,239,280,417,423

供给 43,227,327,329,411

共和制 185,194,196,290,294

古典 8,37,49,65,73,161,164,168,172,194,219,223,249,262,326,329,348,386

《谷物法》297

股份公司 86,88,303,309

股份制 88,226,393

股票市场 86,303,304,307,317,385

故宫 164,183,271,274,276

顾立雅 156

顾炎武 159

官僚 9,68,69,73,85,91,112,151,159,178,182,281,390,417

官僚机构 116,141,182,289

官僚科层制 73

官僚制 67,69,73,141,143,144,175,182

官学 70,153

管理者 134,229,330,355,378,379

管制 59,92,133,288,324,381,412

管仲 147,264

光荣革命 176,215,217,233,303,388

光绪 130,145,179

归纳 48,54,56,80,83,163

规范世界 313,314

规模经济 84,96,259,262,263,394

贵族 74,126,150,161,163,172,173,175,205—207,210,211,216—219,223,224,255,283,285,289,294,295,317,320,359

贵族制 161,223

郭士纳,路易斯 240

《国富国穷》 13,333

《国富论》 7,10,11,47,107,164,247,250,251,288,294,301,302,317,339,363,367,381,386

国会 7,164,177,178,180,187,188,195,197,217,223,224,319,397,399

国家 1—10,12,13,16,18—22,24—27,31—33,40,57,58,65,66,68,70,72—75,78,82,84,85,87,92—96,98—101,104—106,109—116,118—127,131—137,141—146,148,156,159—161,164,168,169,173,175,176,178,179,181,182,185,186,194,196,198—205,207—210,212,217,218,220—222,224—226,228—232,235—237,239—243,246,248,249,252,254,257—259,261,262,264,267,268,271—273,276—296,299,302—304,308—320,322—327,331—334,338—340,342—347,349,354,357—365,367—371,373,376—395,397,400—412,416,417,419,421,423,424,426

国家道德主义 272

《国家的自主权力》 282

国家发展 241,321,346,370,417

国家活动的范围 198

《国家竞争优势》 25

国家能力 85,121,143,144,159,198

国家权力的强度 198

国家职能 114,198,199,366

国家治理 7,10,11,18,19,59,118,138,141,142,144,146,157,158,175,182,213,215,216,220,222,240,280,281,373,392,396,400,413,416,417,420

国有经济 98,323

国有制 361,365

国子监 69,153,155

H

哈贝马斯,尤尔根 37,227,281

哈佛 13,21,22,24,25,33,37,43,44,52,67,70,113,117,121,124,134,145,179,183,200,226,227,239,240,247,280,294,304,319,321,334,337—340,343,345,

347—353,356,362,369,381,391,399,407,409,414,418,419,421—425

哈默尔,加里 239

哈耶克,弗里德里克 61,107,250,361

海地 113,120,357

韩国 4,6,32,75,95,98,101,102,111,113,239,353,364,401,410,423,424

汉朝 44,149—152,156,165,277

汉密尔顿,亚历山大 123,321

豪尔绍尼,约翰 121,337

合伙制 88

荷兰 4,5,70,75,84,86,115,125,161,170,216,221,222,227,230,233,248,284,286—288,290—295,297,300,303,308,309,320,353,359

核心竞争力 42,240

赫德伦德,斯特凡 366

赫希曼,阿尔伯特 280

黑船 230

黑格尔 36,37,77,109,146,174,176,178,183,200,237,239,372,417

亨利三世 211,298

亨利王子 269

亨廷顿,萨缪尔 44,119—121,219,369,423

横向 9,16,58,61,62,90,92,109,141,143,144,187,199,247,248,272,278,338,339,371,381,393

横向制度 10,17,18,27,138,252,340

宏观调控 330,379

后发优势 111,407,408

《呼唤法治的市场经济》396

呼吁 81,281,313

胡锦涛 34,110,137,138

胡适 53,54,57,236

互补性贸易 255

华盛顿 133,178,188,193,196,242,317,379,412

华盛顿共识 127,133,370

桓宽 278

皇帝 65,85,87,148,149,153—155,158,163,164,172—174,179,183,186,209,238,241,264,271,273,276,277,283,320,399

黄仁宇 88,260,273

黄宗羲 159,174,212

混合政体 205—207,223

货币政策 326—330,379,382,413

霍布斯,托马斯 12,73,76,142,161,185,209,392

霍金,斯蒂芬 37

J

饥荒 104,297,404

机会成本 35

机会主义 9,248,259,302,368,381,382

机制 8,11,15,16,23,50,58,85,91,96,97,111,112,129,132,144,165,169,203,216,225,263,281,282,291,329,373,382,389

机制设计理论 291

基础权力 282

索　引

基因　45,46,104

激励　17,18,27,31,34,66,84,89,92,93,96,104,106,111,136,138,160,237,249,258,268,276,284,299,306,319,354,373,415,416,419,421

激励机制　59,92,111,115,237,249,263,410

集合数学　62,183,372

计划　31,94,95,104,105,111,127,128,247,291,313,326,327,330,343,362,364,383,392,395,401,402,404,416

计划经济　34,85,92—95,128,131—134,332,361—363,366,394

技术　6,18,20,39—41,51,67,68,75,78,80—82,84,86,88,90,91,96,98,104—106,108,113,115,116,124,130,132,134—137,142,158,174,177,190,197,199,236,238,254,255,257,259,260,268,270,297—300,305,306,310,313,315,325,330,334,338,342—344,346,348,354,355,357,361,368,377,379,383,389,394,397,401—404,406—408,413,417,426

《济贫法修正案》297

伽利略　55,76,78,82,122,166,346

加德纳,约翰　138

加尔布雷思,约翰　321,334

价值取向　112,314,414

假设　6,9,11,14,16,30,34,35,48—50,53—57,60,74,106,115,183,185,186,190,225,238,324,372,381,404,406

假说　14—16,18,26,31,33,34,39,41,50,52—57,62,76,102,104,105,110,111,142,143,145,240,253,261,346,371,375,383,386,418,420,426

监管　178,248,249,278,305,306,323,324,330,376,378,381,382,424

渐进主义　134

鉴真　71,229

江泽涵　24

江泽民　18,25,136,137,334

交换　124,232,254—257,259,260,270,299,302,376

交易成本　17,35,87,144,224,248,259,277,278,292,303

交易费用　9,84,89,129,144,263

教育　6,20,22,31,34,39,41,43,69,70,80,114,121,135,136,138,145,153,170,181,187,218—220,230,235,261,263,295,333,344—349,351,352,354—356,376,393,400,401,404,413

杰文斯,威廉　8

杰伊,约翰　123

结构—行为—绩效　337

《解除束缚的普罗米修斯》254

金融　3,87,112,124,248,282,287,292,301,303,305—309,325,332,336,337,343,376—379,381,382,385,391—393,399,409,410,413,422,424

金融市场　108,248,287,297,302—306,332,376,379,382,409—411

473

金融危机 248,307,312,321,323,325,330,332,343,375,378,381,385,401,402,412

金融衍生品 248,305,306,376

金砖四国 101

进士 69,135,145,150—155,157,168,169,172

经济 2—9,13,18,20,21,31—34,52,57,58,60,61,63—68,70,71,73,82—85,88,90—98,101,102,107—111,114—120,122,125,127—137,142,144,148,160,170,172,175,179,182,185,200,206,216,217,219—222,225—228,230,232,235,237,239—243,246,247,250,251,253—257,259,262—268,270,273,277—294,296,301—304,306,307,309—313,317,320—334,338—345,354,355,357—361,363—369,371,372,375,376,378—386,388,390—394,396—398,401—414,416,421—426

经济发展 1,3,5—7,18,27,47,74,85,93—95,101,106,108,112—114,117,118,124,125,133,135,143,145,164,213,217,235,237,242,246,249,254,258,265,273,282,290,303,304,332,334,342,354,358,361,364,367,382,385,386,397,401—403,408—410,423,424

经济发展水平 65,113,120,123,160,163,226,324,340,386

经济规模 35

经济基础 132,220,260,294,416

《经济进步的条件》386

经济人 16,35,60,92,108,132,141,185,242,291,329,372

经济学 1,5,7—11,16,18,31,33—36,52,56,58,60,62—64,68,69,73,78,89,92,93,96,97,99,102,104,107,108,110,113—115,117,128—130,134,135,144,146,164,173,182,185,201,218,225,246,247,249,251,259,262,263,265—267,269,277,280,290,291,295,302,306,317,321,325—330,333,334,337—339,343,345,361,362,365,366,368,372,381,382,386,389,392,407,408,413,419,422,423

《经济学原理》36,97,317

经济增长 3,6,31,35,59,64,84,93—96,106,108,110,114,117,120,124,125,129,249,253,254,257,258,262,263,268,277,282,283,305—307,323,325,327,330—332,342—344,368—370,372,380,383—385,401,402,404,405,408,409,414,422,423

《经济增长理论》247

经济战略 361

经济自由 31,107,126,172,365

经济组织 73,84,144,249,263,286,378

经验 6,7,9,14—16,19,20,23,32—34,37—40,44,45,48,51,53,55,56,62—64,77,79,81,83,94,100,102,108—110,117,119,124—130,133,134,142—145,164,

167,173,179,183,186,195,205,219,
222,226,231,232,235,237,239,241,
242,247,281,282,292,304,305,312,
331,332,338,355,363,365,367,369—
373,379,382,386,388,389,391,393,
394,397,405,411,415,417,418,420,423

经验世界 3,9,10,14,16,18,53—55,63,
124,141,248,294,381,417

精英 18,116,156,181,201,282,352,400,401

竞争性贸易 255

竞争优势 21,240

静态 10,23,97,102,124,201,222,240,265,
322,334,337

九年战争 308

《旧制度与大革命》165,175

《就业、利息和货币通论》325

局部均衡 17,97,372

绝对主义 12,144,176,198,207,225,272,
284,285,288—290,293,294,296,318,
320,358—360,387,388

《绝对主义国家的系谱》82,230,282,
283,360

均衡 10,17,18,97,100,108,113,128,129,
146,160,224,281,324,329,334,337,
372,385,392,416

君权神授 107,208,215,219,288

《君主论》80,185

君主制 143,161,201,208,209,223,289,
290,293

君主专制 119,161,162,172,174,194,207,
208,210,293

K

凯恩斯,梅纳德 35,201,251,287,322,325—
329,331,343,379,411

凯利,马克 22

凯利,斯坦利 190

恺撒大帝 65

坎贝尔,艾伦 41,164

看不见的手 9,11,107,108,247,249—251,
314,323,329,334—336,339,344,353,
363,381

看得见的手 323,330,344,413

《看得见的手:美国企业的管理革命》343

康德 19,37,74,210,233,234

康有为 130,159

考试 17,27,69,70,144,145,150—155,157—
159,163,168,169,171—173,176,177,
179—182,195,196,222,234,238

考试制度 69,70,72,148,151,176,177,179—
181,234

柯克,爱德华 214,215,241

柯立芝,卡尔文 316

科尔贝,让 288,388

科尔奈,雅诺什 134,361,362,365,367,370

科举 69,70,85,87,134,145—148,150—160,
165,169—171,173—175,181,182,237,
239,272,282,417

科举制 68—70,134,143—146,148—153,
155,156,159,160,163,165,168—176,

178,179,181,182,196,200,204,208,
212,225,229,237,239,313

科南特,詹姆斯 349

科斯,罗纳德 9,10,35,61,68,89,93,109,
110,144,247,248,259,262,263,278,
337,381

科特,约翰 22

科学 6,8,13,14,16,18—22,31,35—38,40,
41,45,47—54,56,58,75—83,91,104,
105,110,116,121,122,126,133—136,
142,144,156,158,160,161,166—168,
170,173,175,177,181,194,197,199,
210,227,230,250,291,315,317,319,
321,334,342,344,346,348,349,353,
357,361,372,402,403,417—419

《科学发现的逻辑》54

科学理论 13—15,26,33,34,47—50,80,
132,371,372

科学知识 14,15,17,34,39,41,50,52—54,
65,77,78,82,160,341,342,346,358,
372,418

克拉克,科林 386

《克莱顿法》338,339

克里克,弗兰西斯 41,76

克鲁格曼,保罗 3,4

克洛斯基,唐纳德 64

肯尼迪,保罗 309

肯尼迪,约翰 19,105

孔子 44,47,147,169,173,180,184,204,
350,397

扣针工厂 11,251,339,353

寇茨沃斯,约翰 200,423,424

库恩,托马斯 1,14,52

库兹涅茨,西蒙 254,331,332

魁奈,弗朗斯瓦 172,173

L

拉丁美洲 127,275,390,423,424

拉尔,桑加亚 115

兰德斯,戴维 13,70,124,254,333

劳动 13,23,43,80,81,84,110,149,227,248,
249,255,257,262,267,386,389,400,
404,405

劳动力 9,18,23,90,97,110,124,132,135,
236,256,260,297,313,343,344,361,
386,387,389,393,410

老子 16,22,32,44,45,47,372

勒庞,古斯塔夫 194

冷战 5,104

李嘉图,大卫 1,8,262

李世民 148

李斯 149

李约瑟 75,77,81,83,166,314

里根,罗纳德 5,25,324,327—329,381

里根主义 324

理论 1,3,7—10,12—16,18,26,30—33,36,
37,39,42,44,45,47—58,60—63,71,73,
77,78,80—83,87,89,92,93,96—98,
100,102,104,105,108,110,111,114,
115,118—120,122,126—129,132,133,

135,136,138,141—144,160,161,164,173,174,185,186,188,190,207,209,210,219,220,230,232,238,242,247,258,262,265,273,278,280,281,291,300,302,306,313,317,324—329,331—333,335,337,338,343,345,353,355,361—367,369—373,376,377,381,382,385,389,392,394,398,400,406,413,415,418—423,425,426

《理想国》203

理性 8,14,16,17,23,24,35—37,40,43,45,53,56,57,60,61,73,75—77,83,89,92,94,108,109,111,126,132,141,160,164,168,170,172,175,185,187,191,200,204,209,210,214,222,223,227,233,258,281,291,302,306,329,338,353,355,371,372,389,391,414—418,426

理性化 67,73

理性选择 74,80,185,186

历史 2—8,13,14,16—24,26,27,31—35,38,39,43,44,46,50,51,53,56,60,62—66,68—71,73,74,78—83,85,87,88,90,93,94,101,104—106,108—110,117,119,120,122—125,128—130,132,134—137,141,143—146,148,150—152,154,157,159—166,168,170,174,175,177,178,181,183,185,186,188,194—210,212,214,216,217,219—224,228—232,234—239,241,243,249,252,254,256—258,260—264,266—271,273—278,280,282,284,288—292,300,302,304,305,307—309,311,312,315—320,322,324,327,330—332,334,335,337,338,345,347—350,352,354,355,357,359,360,363,366—373,378—380,382—387,397—399,403,405—407,409,415,417,418,421,423,424

《历史拥有有益的经济学吗?》64

立法 73,85,87,118,126,195—197,206,213,223,225,272,293,294,298,319,355,396,399

立法权 119,217,294

立宪 73,118,175,201,204,210,217,218,235,290,318,388

立宪主义 207—209,219,222

利玛窦 72,81,82,168,170

《利玛窦中国札记》70,82,168

《利维坦》12,73,161,209

《联邦党人文集》123,186,321

《联邦贸易委员会法》338,339

梁启超 37,63,130,159,231,273,278

梁启超问题 278

量子物理 15,16,50,51,54

列宁 3,199

林肯,亚伯拉罕 189,319,325,417

林毅夫 93,364,425

领导 99,112,118,119,124,185,202,232,348,350,355,375,380

刘邦 149,150

刘易斯,阿瑟 110,114,246,247,300

垄断 10,82,84,91,96,102,112,127,156,178,224,251,258,261,268,269,277,278,288,289,292,298,300,318—320,334—340,360,361,392—394,398,399,413,423

卢卡斯,罗伯特 1

卢梭 73,123,161,185

路径依赖 129,130,182,207

路易八世 211

路易十四 72,161,288—290,388

掠夺之手 325,413

《论法的精神》 126,127,141,173

《论李维》 185

《论美国的民主》 34,200

《论十大关系》 128

《论语》 147,157

《论自由》 107

罗宾逊夫人 339

罗伯斯庇尔 194

罗马 18,22,45,63,65,68,87,122,126,161,165,166,184,196,208,223,243,254,256,262,264,266,268,284,375,380

罗马法 65,68,109,126,161,208,263—268,272

罗默,保罗 345,353

罗斯福,富兰克林 321

罗斯福,西奥多 398

罗素,伯特兰 54,76,77,183

洛克 73,76,107,115,161,173,178,185,200,209,233,258

M

马尔萨斯,托马斯 1,104,297,404

马基雅维利 79,185,279

马克思,卡尔 3,15,22,23,33,47,48,76,77,95,108,109,132,237,266,302,386,401,416

马拉维 101,270

马斯金,埃里克 111,291

马歇尔,阿尔弗雷德 8—11,97,220,325,364

马寅初 122

麦迪逊,詹姆斯 123,186

麦克阿瑟,道格拉斯 235

麦克库洛赫,约翰 8

麦克劳,托马斯 33,296,319

麦哲伦 269,272

卖官鬻爵 172,289

曼昆,格里高利 36,52,246,247,317,394

曼,迈克尔 281,288

毛泽东 124,128,130,136,241,242

贸易 25,82,90,96,101,113,133,136,163,165,170,211,224,249,254—256,259,260,262,268—270,272,275—279,288,292,300,309,311,318,322,329,335,336,339,342,343,365,376,379,382,385,388,389,402,412,413,424

美国 3—5,13,21,22,25,26,31,33,35,41,48,53—55,60,63,64,66,67,71,72,74,75,78,80,84,86—89,91,94,97—99,101—106,108,109,111,113,114,118—

125,127,129,133,135,137,138,142,
144,145,156,163,164,166,168,170,
175,176,178—181,186—191,194—201,
203,205,207,208,215—218,221,224—
227,230—233,235,236,239,241,242,
247,252,257,262,270,281,283,284,
287,290,292,294,299,303—306,309—
325,327—345,347,349,351—359,364,
365,367,375—382,384,385,387,390—
392,397—412,416,417,421—424,426

美国宪法 107,123,187,188,190,193,197

美国总统 5,52,105,118,187—189,191,195,
196,247,319,321,325,346,382,398

美联储 87,329,330,378

门德尔松,埃弗里特 67

门多萨 70

孟德斯鸠 70,126,127,141,170,173,185,
200,206

孟子 11,12,22,147,157,212,426

缅甸 101

民粹主义 121,391

民营化 97

民主 73,112,116—127,136,141,161,182,
185,187,188,190,191,193,194,197,
198,200—207,220—225,235,241,242,
272,315,364,367,369,389,391,397,
399,409,416

民主化 119—121,205,222,391

民主选举 123,124,178,235

民主制 161,198,204,223

民主制度 119,124

民族国家 124,130,257,258,285,286,387

民族主义 116,124,196,379

明朝 148,153,156—158,168,169,185,256,
271,272,274—277,302,422

《明代的漕运》260

明宪宗 276

明治维新 228,230,231,234

墨西哥 4,5,75,192,226

墨子 147

穆勒,约翰 76,107,294,386

N

拿破仑 66,84,85,238,267,289,342

《拿破仑法典》267,289

拿破仑三世 122

纳粹德国 122

纳尔逊,理查德 344

纳什均衡 111,291

纳什,约翰 121

南美 27,51,117,120,133,276,420

南斯拉夫 33

内生变量 343,372

内生增长模型 18,343,344,383

内战 113,115,117,142,215,284,318,322,
397,417

能耗 105,404,405

能力 4,9,10,12,14,18,21,25,39,40,43,45,
61,64,78,85,90,114—116,118,128,
131,134,135,141,146,156,176,177,

179，182，190，198，199，217，219，223，228，229，237，238，240，256，284，287，297，302，305，314，322，328，331，332，336，343，344，347，351，354，356，358，364，365，369，371，376，383，384，389，392，400，402，405，407，408，419

能力政府 27，59，85，118，185，198，225，241，280，318，367

尼日利亚 32，115，116

逆向选择 35

牛顿 11，13，37，38，48，49，62，63，68，73，76，78，108，110，250，306，372

牛顿定律 49

纽曼 43，144

农村劳动力 132

农奴制 360，361

农业 65，96，117，129，131，142，158，172，199，227，260，263，268，288，297，314，325，334，353，354，360，361，368，383，385—387，397，410，422

奴隶制 20，122，320

挪威 75，125，221，222，345

诺贝尔经济学奖 1，3，9，10，31，36，59，61，89，95，106，111，114，120，121，144，185，218，247，249，252，254，257，262，284，291，300，317，328，329，331，335，337，344，354，361，381，382，389，392，408，412，422—424

诺斯，道格拉斯 3，59，93

O

欧洲 2，4，5，33，42，55，64—68，70—72，74，75，78，81，82，88，91，99，116，124，125，141，142，146，148，157，161，163—173，175，176，184，194，200，208，217，222，229，230，233，234，238，239，252—263，266，268—272，275，276，279—281，283—286，288—297，301，302，308—313，315，316，319，320，332，336，357，359，360，381，387，393，423，424

《欧洲的奇迹》279

P

帕雷托改进 128，129，416

帕累托，维尔弗雷多 99，128

潘孚然 134

陪审法庭 202，203

培根，弗朗西斯 12，14，38，76，81，212，342

佩里，马休 230

配第-克拉克定理 386

配第，威廉 386

配置效率 237，335，381，383，394，413

皮尔斯，查尔斯 54

贫穷 4，26，31，32，57，221，237，268，274，287，369，390，411

平衡 61，97，109，197，198，206，225，227，278，282，286，296，299，320，321，331，382，384，388，405

《破产法》316

葡萄牙 4,70,127,169,170,222,268,269,
    276,284,342,359
普拉哈拉德 239
普朗克,马克斯 15,50,54,76,78
普雷斯科特,爱德华 284
普鲁士 232,234,235,290,308,309,360
普世 32,43,144,349,350
普通法系 267

Q

企业 4,16,18,19,21,22,35,36,41,58,63,
    73,86—91,95,96,98,106,112,115,129,
    133,134,144,146,225—227,236,240,
    247,250,256,266,277,278,281,291,
    305,316—318,320,322,323,326—328,
    334—340,343—346,355,360,362—365,
    380,383,384,389,392—395,399,409,
    412,414,417
企业的边界 89
企业契约理论 89
契约 9,12,73,74,87,89,96,107,161,190,
    209—211,259,265,269,292,299,
    318,336
钱德勒,艾尔弗雷德 21,343,344
钱穆 134
乾隆 163,164,184
《强社会与弱国家》 290
乔纳森咖啡馆 86
乔治三世 197
秦始皇 65,149

清朝 69,86,145,153,155,156,163,227,277
清末新政 130,131
穷国 1,5,10,31,358
琼斯,埃里克 279
琼斯,理查德 295
丘吉尔 24,369
权力 4,12,18,23,27,58,59,73,74,85,87,
    88,112,115,116,118,119,126,127,133,
    135,136,143,144,146,152,157,161,
    175,176,182,186,187,190,194—198,
    201—204,206—209,211—213,216—
    220,222—226,232,235,237,240,241,
    257,276,280—283,289,293—295,313,
    316,318,320,321,339,350,365—367,
    369,373,384,385,387,388,395,413,
    416,417,419
权力和利益的制衡 17,27,187,198,206
权力制衡 23,113,144,202,210,212,240,402
《权利法案》 74,208,216,217,296
《权利请愿书》 74,296
《全球大变革:政治、经济和文化》 290
《全球通史:从史前史到21世纪》 25

R

染色体 45
人格化 17,27,92,93,161
人均收入 1,3,31—33,57,65,71,91,93,
    101,113,115,124,164,222,254,311,
    385,388,389,392,401,406,407
人口 1,2,4,5,26,31,32,57,58,62,65—67,

71,75,91,93,99,101,104,110,112,114,
115,122,126,131,135,141—143,146,
156,157,159,178,188,190,191,195,
200,202,238,251,253—256,258,261,
277,292,297,311,313,315,322,334,
344,345,355,358,360,383,385,386,
389,390,392,404—406,409,410,413

人口陷阱 404,416

《人口原理》104,297,404

人力资源 18,135,313,315

人治 58,112,207,212,215,243

认识论 16,36,42,45,50,58,83,142,164,
314,332,356,371,372,425

日本 3,5,6,21,26,31,33,59,64,66,67,69,
71,75,85,91,94,95,99,101,102,105,
111,113,119,127,130,144,158,164,
168,175,176,185,217,221,225—237,
239,284,312,336,337,342,345,352,
353,355,358,359,367,377,384,385,
388,401,405,407,410,416,422

《日本第一》226—228

《日本还有竞争力吗?》227

儒教 6,159

儒学 6,44,65,77,78,82,83,153,158,159,
185,186,204,212,238,314,396,423

软预算 134,361,363

瑞典 6,75,119,121,125,141,218,221,222,
232,284,291,302,353

瑞士 1,75,118,125,126,221,222,284,336,
353,364

S

撒哈拉以南 4

撒切尔夫人 24,225,328

撒切尔主义 324

萨缪尔森 9,31,335,353

塞拉利昂 120

塞默多,奥伐罗 70,169

三鹿奶粉事件 248

三权分立 118,126,173,200

三十年战争 84,284

森,阿马蒂亚 95,120

莎士比亚 42,75

上层建筑 132,282,416

上院 218,223,224

少数人的利益 197

《社会成本问题》61

社会动员 121

社会规范 17,60

社会科学 6,11,14—16,19,32—35,44,46,
51,52,54,56,59,60,63,67,79,91,119,
124,128,136,156,181,185,224,242,
298,299,320,368,372,375,391,393,
405,424,425

社会契约论 73,161

社会收益率 84,249,263,268,269,273,284

社会正义 73,109,327,398

社会主义 26,33,61,94,95,120,121,128,
194,268,273,323,326,365,396

神学 46,55,56,75—77

生产率 227,251,262,272,273,344,353,359,
　　380,385,387,405
生产效率 3,78,99,254,257,339,355,363
生产要素 9,18,25;59,115,132,135,256,
　　257,260,292,300,302,313,363,376,
　　393,418
《圣经》42,68,135,209,234
《圣塔菲协定》269,270
失败国家 116
失灵 61,144,259
时间 5,6,8,10,18,32,33,37,40,44,49,62,
　　64,68,81,87,91,99,104,108,110,116,
　　123—125,130—132,134,137,161—164,
　　170,176,181,184,191,208,214,221,
　　223,227,236,239,240,254,257,267,
　　269,278,280,283,284,290,296,299,
　　300,302,328,330,331,337,341,351,
　　353,360,368,372,383—386,388,392,
　　393,401,402,404,407,411,414,421,
　　425,426
《时间简史》37
实证主义 76,77,418
世界 1—5,9,11,16,18,20—26,31—34,37,
　　39,40,42—45,47,48,50—53,55—61,
　　63—68,70,72,73,75,77,81,83,84,86,
　　91,93,94,96,97,99,101,102,104—110,
　　113,114,121,124,126,127,130,131,
　　135,136,138,142,144—146,150,155,
　　156,159—161,163—168,170,172,174—
　　176,180,181,187,196,198—201,207,
　　209,211,217,220,224—226,228,230—
　　239,242,243,247,249,253—255,260—
　　264,267—272,274—276,279,284,291—
　　293,295,297,298,302,303,305—307,
　　309—315,319,321,323,325,327,328,
　　330,332—334,336,338—340,342,343,
　　345—358,361,367—369,371,372,375,
　　376,378,380,382—391,394,397—399,
　　401,402,404—412,415,422—425
世界博览会 237,310
《世界经济千年史》59,71,75,99,103,127,
　　164,213,226,236,275,286,311,312,
　　341,359
《世界是平的:21世纪简史》25
世界银行 32,93,94,101,110,131,198,199,
　　366,390,391,405,408,412,424
市场 3,4,8—12,16,18,21,25,27,35,58—
　　61,63,74,83—92,94—97,101,102,
　　106—109,111,112,115,118,119,124—
　　129,131—136,141,143,144,157,159,
　　175,178,179,183,187,198,199,219,
　　224,235,236,242,243,247—252,254,
　　257,259—261,267,270,272,273,277,
　　278,280,285,288,289,291—293,297,
　　300,302—304,306,309,313,317,318,
　　320,322—324,326,328—342,344,353,
　　358,359,361—367,376,378,380—385,
　　387,392—395,398,400,402,404,408,
　　410—413,416,417
市场导向 94,98,99,112,133,273,323,330,

370,378,380

《市场规模决定分工》257

市场规制者 330,378

市场经济 7,10,11,34,73,75,85,88,94,104,106,108,109,112,123,126,128,133,134,158,159,164,178,181—183,185,198,202,207,215,217,220,239,242,243,249,256,258,264,267,273,279,283,289,294,307,318,320,322—324,326,328—330,332,334,336,340,342,358,361—364,366,367,380,385,393—396,418

市场力量 335,336

市场垄断 394

市场失灵 61,339

市场原教旨主义者 330,378

市场制度 18,84,92,143,257,365

市民社会 280—282

事务官 177,178,234,239

释迦牟尼 22

收入差距 3,133,390,391

收益 96,115,179,249,263,265,276,302,376,394,395

收益递减 11,251

收益递增 11,108,129,251

收益率 84,292

守夜者 248

舒尔茨,西奥多 144,277,328,346

双轨制 129,396

税率 90,133,284,288

税收 90,216,273,279,281,287—289,293,295,296,308,331,359,365,387,388,392

司法 11,73,74,118,126,177,178,196,197,202,203,206,211,215,219,231,242,264,295,339—341,399

司法独立 196,219

司法权 119,197,203,213,293

司马迁 108,370

私人的市场力量 322

私塾 261

私有化 97,133,328,365,366,376,377

思想市场 27,341—343,345,346,354,415,419

斯宾诺莎,贝内迪特 12,187

斯蒂格勒 9,257,337,381

斯蒂格利茨,约瑟夫 9,61,252,381,392,408—411,423

斯密,亚当 7—11,14,47,60,68,69,107,108,164,172,246,247,249—251,255,270,288,294,301,302,314,317,329,334—336,339,344,353,363,367,381,383,386,387

斯塔夫里阿诺斯 24,72,78,238,271,301,310

斯图亚特王朝 84,283,388

四大发明 68,144,156,181

《四书集注》157

四小龙 6,26,94,124,232

宋朝 69—72,143,146—148,154,155,160,185,208,212,272,280

索 引

宋应星 158

苏格拉底 36,39,121,197,203—205

苏联 5,59,85,91,95,120,125,127,129,132—134,226,233,323,332,359,361—364,368—370,378,380

苏轼 94,155,396

隋朝 69,144,147,149,151—153,156,208

孙中山 102,124,138,181

所有制 82,132,361,363

索洛,罗伯特 344

索马里 120,248

T

台湾 6,75,95,353

泰国 32,101,354

谭嗣同 130

唐朝 68,69,71,147,148,152—154,156,157,229,255,264

梯利,查尔斯 280

体系范式 368

《天工开物》158

《天体运行论》122

挑选人才 144—146,163

《通向奴役之路》361

通用电气 21,343

统治者租金 277

投资 25,86,88—90,96,97,108,112,124,125,132,227,254,257,260,282,284,287,293,300,301,303,304,306,308,317,323,329,352,376,377,379,383,384,387,393,401—403,411,413,421,422

透明国际 113

土地 4,8,9,24,131,132,141,199,216,217,235,255,256,260,261,270,274,278,282,285,294,295,317,320,353,360,362,383,387,395,405

《退出、呼吁与忠诚》280

托尔斯泰,列夫 119

托克维尔 34,121,165,175,200

托勒密 55,166

《脱亚论》230

拓扑 9,24,63,329

W

瓦尔拉斯,里昂 8,97

外部性 35,96,413

外生变量 343

完全竞争 11,58,251,339

完全理性 36

完全垄断 11,251,339

王国维 63

王韬 72,159,160

《王位继承法》74,296

威尔逊,爱德华 46

威廉一世 239

威权国家 119

《威斯特伐利亚和约》284

微观基础 8,9,16,17,23,57,60,132,141,210,222,223,372,413,415

韦伯,马克斯 6,26,73,88,98,112,135,182,258,281

韦尔奇,杰克 21

《伟大的博弈:华尔街金融帝国的崛起》179,287,305,319,332

委托 89,96,97,146,157,182,417

温加斯特,巴里 283

温家宝 407

文官制度 156,164,174—176,178—181,234

文化 6,7,12,13,20—24,26,31,39,44,45,50,53,57,66,70,71,76,77,82,83,92,93,98,99,109,112,117,119,129,135,137,138,148,158,165—167,169,170,173,179,181,182,184,199—201,207,209,225,228,229,235,238,239,261,264,278,300,314,316,333,349,368,397,401,404,422,423

文艺复兴 14,20,42,74—79,109,124,148,158,166,168,185,207,266,291,292,342,418

问责政府 27,59,85,118,174,185,198,225,241,280,318

无形资产 300

吴敬琏 128,133,396

武士 229,234

戊戌变法 130

物权 265,273,395

《物权法》109,272,273,395,396

X

西班牙 4,57,66,70,82,84,85,117,118,127,141,165,170,218,222,269—271,284,286—288,290,293,297,301,320,342,359,360

《西班牙经济史》288

西方 6,7,12,17,20,37,47,56,59,65,68,70,72,73,75,77—83,107—109,119,121,123,125,143,158,160,163—165,167—176,178,179,181,182,184—187,194,196,201,203—205,207—210,212,220,228,230,231,234—236,239,253,254,256,260,263,266,271,327,332,342,400,405

《西方世界的崛起——新经济史》74

《西方哲学史》76,77

西蒙,赫伯特 36,60,331

西欧 5,26,59,71,74,75,84,85,121,124,126,127,137,164,226,230,237,261,268,275,280,284,286,287,332,359,380,407

西塞罗 45,63

希克斯,约翰 108,302

希腊 8,12,14,16,24,36,37,39,42,45,47,48,53,58,63,65,76,117,119,121,123,161,166,175,177,197,201,203,205—207,222,223,243,256,289,320,404,406,419

希罗多德 63,161

希特勒,阿道夫 122

下院 217,218,223

夏商周 147

现代公司 303,309

现代化 10,11,18—22,25—27,94,111,118,120,137,141,142,144,175,182,219,220,235,236,243,354,369,400,415,418,420

现代企业 309,362

现代性 14,109,210,219,227,388,418

宪法 74,87,107,118,123,127,136,161,175,181,186,190,196—198,203,205,208,210—213,216,219,220,235,242,272,296,318—320,340

宪政 12,119,123,175,185,188,194—197,201,203,207,216,217,219,220,243,280,293,294,318,388

宪政主义 293,294,313

相对论 48—51,306

香港 6,75,95,113,239,353

项羽 149

消费 3,16,60,90,260,290,309,317,329,330,336,339,361,379,384,387,391,393,397,399,401,402,404,405,411

萧公权 80

《谢尔曼法》109,335—340

新大陆 270,272,275,279,319

新古典 9,10,58,60,62,63,78,97,108,129,143,325,328,334,343,372,383,392

新加坡 6,75,95,101,111,113,239,304,353,393

《新教伦理与资本主义精神》6,98

新凯恩斯主义 327,329

《新人口论》122

新西兰 26,124,125,225,353

新兴市场 377,379,385

新政 63,130,322,325,327,397,405,409

新制度学派 9,93,262,263

信任 17,83,89,186,259,302,303,307,350,382

信息 9,31,37,39,41,42,63,89,96,120,226,259,300,306,323,362,366,377,380,381,400,407,408,410

信息完全 9,291,381

行政 36,43,51,73,85,91,116,118,119,126,128,134,148,151,153,172,178,180,182,196,197,202,203,206,217,225,260,264,278,330,340,350,358,361,393,394,425

行政垄断 4,112,260,278,340,393—395,413,416

行政权 118,119,197,216,217,294,340,350

形而上 14,22,32,37,43—45,47,48,53,55,75—77,83,158,206,210,372,416

熊彼特,约瑟夫 33,120,194,333,334,344,383

休克疗法 97,129,134,365,370,384

休谟,大卫 51,76,140,173,183—185,397

休谟定理 204

修昔底德 53,406

需求 4,8,106,227,229,256,261,302,309,325,329,334,339,401,411

玄学 44,45,78

选举人 187,188,197

选举人票 187,188,191—193

选举人团 187—191,193,195

学习能力 21,229,240,343,344

学者 2,7,13,25,32,36,37,39,40,42,43,45,51,52,54,65,66,68,69,71—73,77,78,80—84,91,94,102,104,114,115,117,119,120,123,130,133—136,148,150,163,166—168,172,173,175,176,185,203,204,206,219,224—226,228,235,237,253,255,260,262,266,271,281,285,299,301,309,335,337,340,346,348,350,351,356,362,364,368,375,390,396,398,399,415,418,424

寻租 23,115,129,133,394—396,416

荀子 12,140,148

Y

鸦片战争 122,264,277

雅典 14,53,65,121,197,201—206,297,406

《雅典政制》203

亚里士多德 12,14,36,37,39,43,46,47,65,68,74,112,161,166,203—208,223,320,348,398

亚洲 5,6,26,59,70,90,94,95,99,124,179,226,232,239,249,253,268,295,315,332,359,380,390,422

严复 145

岩仓具视 232

研究型大学 75,333,334,341,343,345—348,351,352,355,357,408

《盐铁论》278

盐铁专营 277

颜色 37,46,47

演绎 16,18,20,54,56,58,62,81,83,175,220,227,324,335,371,372

要素禀赋 5

耶林,鲁道夫 126

一般均衡 9,58,62,63,97

一元化体制 92

伊凡三世 285

伊凡四世 285

伊丽莎白二世 197

伊莎贝拉 269,288

伊斯兰世界 239,294

伊藤博文 232,234

依附理论 232

移民 75,78,200,314,315

《以变求生》22

以色列 4,208,209,353,381,422

议会 74,84,161,187,197,208,211,213,215—218,222,224,225,232,261,283,294,295,388

《易经》44,230

意大利 55,65,70,72,75,78,79,81,85,99,125,128,166—168,185,221,222,224,232,233,261,266,268—270,291,292,301,307,312,336,342,346,375,380,390,423,424

意识形态 15,20,93,94,131,181,218,330,

332,363,368,378

因果关系 2,8,19,22,59,79,81,82,120,142,253,299,338,371,415

因果逻辑 20,27,48,49,58,144

银行 87,90,231,278,282,287,292,301—303,305,307,308,310,317,322,323,325,354,366,376,377,379,381,391,393,410,424

印度 7,21,25,32,44,64,66,67,69,75,78,86,91,95,96,101,105,113,117,125,127,135,144,166,170,226,230,235,236,267,269,272,309,353,367,379,381,387,393,405

印度尼西亚 111

英格兰银行 303,308

英国 1,3—5,7,8,23,24,31,33,37,40,42,51,70,72,74—78,81,82,84—86,97,101—104,107,108,111,113,115,118,119,122,124,125,142,163,164,170,172,173,175—178,180—182,184,187,197,200,201,207—225,227,231—233,239,241,252,253,261,262,269,276,282—284,286—288,290,292—300,302,303,308—312,314,315,317—320,322,324,325,327,328,336,337,339—342,345,347,351—353,359,360,364,369,377,378,386,388,397,398,405,407,417,422—424

《英国工人阶级状况》252

英国宪政 210,217,295

英国议会 216—218,283,299

英美法系 267

赢家通吃 188

永乐 271,272

游戏参与者 330,378

有限公司 86

有限理性 16,36,60,259

预期 259,263,314,328,329

预算软约束 362,363

袁世凯 131

约翰王 210,211,295

越南 101,274,364

Z

宰相 69,149,153,155,232,302

泽尔滕 121,337

札依翁契可夫斯基 361

詹姆斯二世 215,216

詹姆斯一世 208,214,215,241

张伯伦 337

张謇 22

张维迎 89,97,363,425

哲学 2,8,10,12,14,16,19,22,23,32—39,42—45,47,48,50—54,56,60,61,63,65,74,76,77,79—83,97,106,107,121—123,126,141,142,144,146,161,169—171,173—175,178,183,185—187,201,203—205,207,209,210,212,223,227,230,233,234,237—239,294,315,342,348,350,353,357,361,372,380,397,

398,419

哲学博士 35,39,43

哲学王 204

贞观政要 148,149

贞观之治 148

真理 8,10,13,19,38,43,53,80,122,167,175,215,241,251,301,348,350,355,371,419

征税权 74,211,217,225,283,295

正当法律程序 195

正式规则 136

证券交易所 85—87,287,303,309

证实 6,14—16,18,23,41,50—52,54—56,62,102,119,142,143,216,237,284,314,358,371,418—420,426

证伪 6,14—16,18,34,47,50,52—54,56,58,62,76,97,104,111,142,232,371,418,419,425,426

郑和 268,271—276,278

郑和下西洋 271,272,274—276,278

政策 1,7,21,35,58,74,75,92—94,96—98,100,102,111,115,120,122,127,128,131—133,135,137,164,187,198,200,203,204,232,251,276,277,285,286,288,296,313—315,317,321—332,338,339,349,350,356,364,365,377,378,380,384,387,388,391,392,394,395,398,405,408,411,413,414,426

政党分肥 176—178

政府 7,9—12,16,18,23,27,31,35,51,58,61,73,74,85,87,91—94,96,97,100,106,107,110—115,117—120,123,124,128,131,133,134,140,141,143—145,151,155,156,159,161,169,172,174,177—181,185,186,190,195—200,202,204,207—209,212,216,218,220,222,224,225,227,230,231,237,241—243,246—249,251,260,267,272,277,278,280,281,283,284,287,288,290,291,293,294,296,297,302—304,306,308,309,315,317,318,320—328,330,331,340,346,355,360—363,365,366,375,376,378—382,387,388,392—394,396—404,407,409—413,417,424—426

政府干预 321,326,329

《政府论两篇》 73,107,209,233

政府失灵 61

政府作用 247,375

政务官 177,178,195,234,239

政治 4,8,10,12,16,18,23,25,26,31,33—36,41,44—46,51,58,60,63,66,68,70,71,73,74,80,84,87,88,91,107,114—121,123—128,130,132—134,136,141,142,144,146,147,154,157—161,164,165,170,173,174,176—178,181,182,185—187,190,194—199,201—207,210,212,213,217,219—225,230—233,237—243,258,267,272,276,279—283,290,293,294,305,315,320,339,340,349,350,359,361,366,368,369,371,382,

385,388,389,391,393,396—400,405,406,410—412,414,416,417,422—424,426

《政治发展和政治衰败》120

政治经济学 1,8,104,117,130,141,143,144,164,172,182,225,294,386,392,413,419,424

《政治学》12,112,203,204,206,320

政治制度 18,118,120,121,123,126,135,169,186,198,202,203,205—207,218,313

芝加哥学派 218,257,328,337,338,345

知识 6,7,12—16,18,21—23,27,34,35,37—43,45,47,51,53,56,61,65,67,68,72,76,77,79,80,83,87,91,97,104,105,108,123,135,141,153,158,165—168,170,172,173,176,185,190,201,212,214,215,229,231,238—240,261,262,269,280,299,300,332—334,341—351,353—357,371,372,378,407,408,411,417,419,424,425

知识产权 18,59,106,135,292,297—300,319,320,414

知识传播 65,70,84,299,345

知识创造 13

知识贮存 357

直接民主 123,201

殖民地 5,201,202,269,288,309,311,317,318

指令性计划经济 358

制度 11,14,16—23,25,27,36,58—64,68,69,71—73,82,84,90,93,96,97,99—103,106,110,112,115,119,120,124,128—130,132—136,138,141—144,146,147,150—152,154,156,159—161,169,170,173,175—179,181,182,186—191,193—195,198,200,204,206—209,211—213,216,217,220,222—225,227,229,231,234,235,237,241,249,262—264,268,269,272,273,278,282,283,291,292,294,296,300—302,304—307,311,313,314,316,317,319,320,322,326,327,330,332,333,339,342,346,350,354,368,369,371—373,376,378,379,385,388,392,394—396,405,408,411,414—419,421—424

制度安排 4,6,9,16,20,22,23,27,58,68,82—85,87—89,91,95,98,99,105,106,109,112,119,120,122,123,134,136,138,141,143,144,146,148,152,160,161,163,176,181,186,190,194,195,197—199,202,207,213,220—223,226,239,247—249,257,259,262—264,268,269,273,276,277,286,292,299,300,302,303,307,313—316,332—334,339,346,353,363,366,373,376,378,380,381,384,388,393,394,397,400,408,415,416

《制度变迁与美国经济增长》106

制度创新 18,68,71,87,103,135,143,146,

491

160,164,175,182,208,212,219,228,237,292,313,322,372,378,408,414

制度技术 90,91,212,219,220,222,223,229,268,270,280,299,300,332,334,368,408,414

制度建设 61,65,136,143,156,185

制度陷阱 368,416

制度真空 134

制衡 4,18,58,73,85,118,119,121,123,135,144,160,185,187,190,195—207,210,213,216—218,220,222—226,235,237,240,281,313,369,373,385

秩序 12,17,18,44,60,68,78,107—109,117—121,134,144,159,161,172,181,204,219,224,250,278,280,288,346,372,394,415

滞胀 327—329

中东 4,113,114,167,243

中国 2—6,12,15,16,20—22,24,26,31—35,37,38,40,42—45,47,48,51,53,54,56,60,61,63—73,75,77,78,80—83,85—89,91—98,101—105,107—114,117,120—124,126—138,141—148,150—153,155—160,163—165,167—176,178—186,196,200,204,205,208,209,212,213,220—222,225—231,236—239,241—243,248,251,253,255,256,260—262,264,267,270—284,297,302,303,313—315,320,321,327,330,338,340,345,347,350,352,353,356,357,360,362—364,367,368,370,372,375,379,380,382—397,399,401—412,415—418,421,422,424,425

《中国科学技术史》81

《中国历史上之考试制度》134

《中华大帝国史》70

《中华帝国的专制制度》172

中世纪 65,73,84,85,87,109,124,165,176,181,223,224,248,259—261,266,284,293,297,301,335,346

中央集权 141,229,260,277,293

忠诚 281

重农轻商 65,277

重农学派 172,386

重农主义 8

重商主义 8,288,296,388

《周易》44

朱棣 271,274,276

朱天飚 116,130,425

朱熹 43,157

朱元璋 148,277

主导企业 335

主权 12,73,87,116,132,141,157,159,161,175,182,203,209,210,218,225,270,280,284,285,302,376,379,382,392,410,417

专断权力 282,288

专家 39,43,142,145,161,231,275,356,366,412

专利 17,27,84,90,91,263,297—300,

309,319

专利法 84,298—300

专利制度 297—300,317,319,423

专业化 73,84,259,262,281,353,413

专制 68,73,85,91,117—119,122,142,143,148,154,158,159,163,173—175,182,185,194,198,201,209,220,223,235,241,279,280,289,294,295,320,360,385,388

转型经济 4,127,134,247,340,362

庄园 255,259—261,295

庄子 30,44,153

资本 9,82,86,88,96,97,99,107,117,125,133,135,136,216,237,256,260,261,263,280—282,288,292—294,300—305,307,343,344,353,354,365,372,376,377,382,383,394—396,398,401,410,411,413,418,421,424

《资本论》3,22,386

资本市场 292,300—304,307,309,332,376,377,423,424

资本主义 4,6,33,88,95,120,121,135,164,194,199,278,283,292,301,323,360,366,393,396,401

《资本主义和自由》218

资源陷阱 402,404,416

自然垄断 394

《自私的基因》46

自由 12,20,23,26,59,73,74,87,91,95,97,107,109,121,126,127,129,132,133,140,141,144,151,152,164,169,174,182,190,194—200,204,205,208—211,213,215—218,220,232,233,247,250,255—257,260,261,278,280,295,296,318,319,321,322,326—328,336,346,351,354,359,361,365,370,376,382,388,392,399,400,415—418

自由放任 84,97,321,325,326,328

《自由和权力》23

自由贸易 288,296

自由民主 197,220

自由市场 97,108,114,297,321,326,366

纵向 9,10,16,17,23,27,58,61,62,73,90,92,109,141,143,144,186,187,199,237,248,257,272,278,339,340,371,381,393,400

纵向制度 18,197

宗教改革 20,109,266,284

总需求 326,327,411,414

组织 14,21,25,26,40,42,59,60,71,73,80,87—89,91,108,116,117,124,129,136,143,144,161,186,195,206,224,225,228,231,254,257,258,260,277—279,281,283,309,326,334,336,337,343—345,376,380,381,392,400,403,405,423,424

最后的贷款人 378,379